Démocratie et pauvreté

Démocratie et pauvreté

Du quatrième ordre
au quart monde

Présentation de René Rémond
Postface de Michel Vovelle

Éditions Quart Monde
Albin Michel

Les Actes du colloque tenu les 27 et 28 octobre 1989, sous le haut patronage de M. François Mitterrand, Président de la République française, ont été rassemblés dans cet ouvrage par MM. Jean-Claude Caillaux et Louis Join-Lambert (Mouvement ATD Quart Monde), avec le concours scientifique de MM. Alain Leménorel et Yannick Marec.

© Éditions Albin Michel S.A., 1991
22, rue Huyghens, 75014 Paris
ISBN 2-226-05307-7

Remerciements

Nous tenons à exprimer nos respectueux remerciements à Monsieur le Président de la République, François Mitterrand, qui a bien voulu accorder son haut patronage à la manifestation dont les Actes sont ici rassemblés.

Notre reconnaissance va aussi à Monsieur le Président de la Mission du Bicentenaire, Jean-Noël Jeanneney, qui a personnellement soutenu ce colloque et à Monsieur le Président de la Commission nationale de recherche historique pour le Bicentenaire de la Révolution française, Michel Vovelle, qui l'a honoré de sa participation.

Nous remercions toutes les personnalités qui ont apporté leur concours, et tout particulièrement :

— les membres du comité du Forum, qui ont soutenu notre volonté de réunir quart monde et monde universitaire pour une réflexion commune ;

— les membres du comité scientifique qui ont apporté leur caution à notre demande d'apports scientifiques ;

— Michelle Perrot, Alain Leménorel et Yannick Marec qui, outre le considérable travail de synthèse par lequel ils ont ouvert les deux temps de la rencontre, ont été d'un précieux conseil tant pour la conception ou le déroulement du colloque, que pour la publication des Actes ;

— l'Université de Caen, Claude Quétel, directeur du Centre de recherches d'histoire quantitative, Robert Hérin, directeur du Centre d'études régionales et d'aménagement, qui ont accueilli ce colloque ;

— le service de la Recherche du ministère de l'Education nationale, la Mission du Bicentenaire de la Révolution française et le Conseil régional de Basse-Normandie qui ont apporté leur appui financier à la tenue du colloque et à la publication de ses Actes ;

— Madeleine Rebérioux, Jean Imbert, Michel Vovelle et Philippe Joutard qui nous ont fait l'honneur de présider les différentes séances ;
— tous les auteurs dont on trouvera les contributions dans ces pages.

Enfin, nous voudrions adresser nos remerciements à chacun de ceux qui, même si leurs noms ne sont pas cités dans ce volume, ont permis que cette rencontre et cet ouvrage honorent les plus pauvres d'aujourd'hui. Particulièrement à Jean-Claude Caillaux qui, aidé de Louis Join-Lambert, a été l'artisan principal de toute cette manifestation dont l'impulsion avait été donnée par le père Joseph Wresinski dans les dernières semaines de sa vie. Celui-ci pensait que la célébration du Bicentenaire de la Révolution française devait être l'occasion pour les citoyens les plus pauvres d'enrichir la réflexion sur la démocratie et de contribuer à son progrès. Les délégués des Universités du Quart Monde ont témoigné que cet espoir est celui de toute une population. Ce programme n'est pas achevé !

Claude Ferrand
Délégué général du Mouvement
international ATD Quart Monde

Comité scientifique

Jean-Claude CAILLAUX	Volontaire permanent du Mouvement international ATD Quart Monde.
Gabriel DÉSERT	Professeur à l'Université de Caen.
Étienne FOUILLOUX	Professeur à l'Université Lumière-Lyon II.
Robert HÉRIN	Professeur à l'Université de Caen.
Alain LEMÉNOREL	Maître de conférences à l'Université de Rouen.
Yannick MAREC	Maître de conférences à l'Université de Nancy II.
Marc-Henri SOULET	Maître de conférences à l'Université de Caen.

Comité du forum

François EWALD	Chargé de recherches au CNRS.
Alan FORREST	Professeur à l'Université de York (Grande-Bretagne).
Alfred GROSSER	Professeur des Universités à l'Institut d'études politiques de Paris.
Philippe JOUTARD	Recteur de l'Académie de Besançon.
Michelle PERROT	Professeur à l'Université de Paris VII.
René RÉMOND	Président de la Fondation nationale des sciences politiques.
Jean-Maurice VERDIER	Professeur à l'Université de Paris X.

Intervenants au colloque et au forum

Didier ANGER	Député au Parlement européen.
Jean-Marie ANGLADE*	Ingénieur. Délégué régional ATD Quart Monde à Rennes.
Jean BART	Professeur à l'Université de Bourgogne.
Marcel BERNOS	Maître de conférences à l'Université de Provence.
Dominique BEYNIER	Assistant à l'Université de Caen.
Henri BOSSAN*	Ingénieur. Responsable des comités « Droit Quart Monde ».
Bertrand BOUREAU*	Travailleur social. Délégué régional ATD Quart Monde à Marseille.
Eugen BRAND*	Secrétaire général ATD Quart Monde, chargé des relations internationales.
Nicolas CAPELLE	Vice-Président de l'Institut De La Salle.
Bruno COUDER*	Ingénieur. Délégué national ATD Quart Monde (France).
Claude COURVOISIER	Professeur à l'Université de Bourgogne.
Marcel DAVID	Professeur émérite à l'Université de Paris I.
François-Paul DEBIONNE*	Médecin. Délégué régional ATD Quart Monde à Nancy.
Jean-Pierre DEGIVE	Représentant la Fédération de l'Éducation nationale.
Marcel DEPREZ	Inspecteur général honoraire, Communauté française de Belgique (Belgique).
Jean-Pierre DUCASTELLE	Archiviste de la ville d'Ath (Belgique).

* Volontaires permanents du Mouvement international ATD Quart Monde. Sont indiquées ici leur profession d'origine et leurs fonctions actuelles.

Léon DUJARDIN	Secrétaire national du Secours populaire français.
Georges ENDERLÉ	Privatdozent für Wirtschaftsethik (Suisse).
Arlette FARGE	Directeur de recherches au CNRS.
Alain FAURE	Ingénieur à l'Université de Paris X.
Claude FERRAND*	Délégué général du Mouvement international ATD Quart Monde.
Françoise FERRAND*	Professeur de gymnastique. Coordinatrice des Universités populaires Quart Monde pour l'Europe.
Pierre FONTAINE	Professeur émérite à l'Université catholique de Louvain.
Hans Peter FURRER	Directeur des Affaires politiques du Conseil de l'Europe.
Olivier GERHARD*	Chercheur. Chargé des relations avec le Conseil de l'Europe.
Jean-Louis GOGLIN	Chargé de cours à l'Université de Paris IV.
Rémi GONTHIER*	Architecte. Animateur d'Université populaire en hospice.
Drs. Joop GOUDBERG	(Pays-Bas).
Jean-Jacques GOUGUET	Maître de conférences à l'Université de Limoges.
Michèle GRENOT	Historienne. Institut de recherche et de formation d'ATD Quart Monde (Pierrelaye).
André GUESLIN	Professeur à l'Université de Clermont II.
Pierre GUILLAUME	Professeur à l'Université de Bordeaux I.
Christophe GUITTON	Chargé de mission la MIRE (Ministère du Travail et de l'Emploi).
Nicole HAESENNE-PEREMANS	Directeur de la Bibliothèque générale, Université de Liège (Belgique).
Philippe HAMEL*	Ingénieur. Chargé de formation à l'Institut de recherche et de formation (Pierrelaye).

Philippe-Jean HESSE	Professeur à l'Université de Nantes.
Yves-Marie HILAIRE	Professeur à l'Université de Lille III.
Francis HORDERN	Maître de conférences à l'Université d'Aix-Marseille II.
Jean IMBERT	Membre de l'Institut de France.
Louis JOIN-LAMBERT*	Economiste. Institut de recherche et de formation de Pierrelaye et revue *Quart Monde*.
Yvonne KNIBIEHLER	Professeur émérite à l'Université de Provence.
Françoise LAMOTTE	Docteur ès lettres.
Laure de LARTURIÈRE	Enseignante et ATD Quart Monde.
Françoise LEBOUCHER	Directrice du Foyer FARES (Caen).
Gérard LECOINTE	Délégué des Universités populaires.
Jean LECUIT*	Enseignant. Chargé de relations avec les Universités (Belgique).
Edna-Hindie LEMAY	Maître de conférences à l'École des hautes études en sciences sociales.
Sabine LEMERCIER*	Bibliothécaire-documentaliste (Pierrelaye).
Pierre LÉVÊQUE	Professeur à l'Université de Bourgogne.
Jean-Noël LUC	Maître de conférences à l'ENS (Fontenay/Saint-Cloud).
Claude MAZAURIC	Professeur à l'Université de Haute-Normandie.
Daniel MURAT	Professeur de lycée professionnel (Avignon).
Gérard NOIRIEL	Maître de conférences à l'ENS (rue d'Ulm).
Eugene NOTERMANS*	Sociologue. Délégué national ATD Quart Monde (Pays-Bas).
Henri PÉQUIGNOT	Professeur honoraire à la Faculté de médecine de Paris.
Jacques-Guy PETIT	Maître de conférences à l'Université d'Angers.

Jean-Pierre PINET*	Sociologue. Institut de recherche et de formation (Pierrelaye).
Annick POUTAS	Manutentionnaire. Délégué des Universités populaires.
Anne-Marie RABIER	ATD Quart Monde (Belgique).
Jacques-René RABIER	ATD Quart Monde (Belgique).
Philippe RAXHON	Aspirant du Fonds national belge de la recherche scientifique (Belgique).
Madeleine REBÉRIOUX	Professeur à l'Université de Paris VIII.
Ton REDEGELD*	Juriste. Attaché au Secrétariat général ATD Quart Monde pour le Tiers Monde.
Thomas RIIS	Docteur ès lettres, Université de Copenhague (Danemark).
Pierre ROSANVALLON	Directeur d'études à l'École des hautes études en sciences sociales.
Jacqueline ROUBERT	Directeur des Services d'archives et Conservateur du musée des Hospices civils de Lyon.
Roger RUSSEL	Aide-chimiste. Délégué des Universités populaires.
Claude SALESSE	Enseignant-chercheur en sociologie, Laboratoire d'études et de recherches (Rouen).
Étienne THÉVENIN	Agrégé d'histoire.
Jean TONGLET*	Assistant social. Délégué national ATD Quart Monde (Belgique).
Jacques VATTIER	Vice-Président de la Mutualité française.
Marc VÉNARD	Professeur à l'Université de Paris X.
Alwine de VOS VAN STEENWIJK*	Présidente du Mouvement international ATD Quart Monde.
Pierre-Yves VERKINDT	Professeur à l'Université de Lille.
Michel VOVELLE	Directeur de l'Institut d'histoire de la Révolution française.
Leila WOLF	Chercheur associé au Centre de recherches et de documentation sur l'Amérique latine.

Participants inscrits au colloque
(Puisque le Forum était public, nous n'indiquons pas ici
les noms des participants qui n'y ont pas pris la parole.)

Claude BALLADE	Représentant Monsieur le Préfet de Basse-Normandie.
Léon BAUCHER	Vicaire général, représentant Mgr Pican, évêque de Bayeux.
Bernard BELLANGER	Maison Familiale Gavrus.
Jean-Jacques BERTAUX	Conservateur-Directeur du musée de Normandie.
Isabelle BERTHELIER	
Véronique BILLET	
Marie-Louise BLUM	Professeur de linguistique
Jean-Pierre BLUM	Professeur agrégé de philosophie
Marie-Thérèse CÉREUIL	
Anne-Marie CHALVET	Directrice du Foyer La Clarté (Sées).
Anne-Marie CHAMPION-HESSE	Documentaliste au lycée Monge (Nantes).
Henryane de CHAPONAY	
Noldi CHRISTEN*	Enseignant. Délégué national ATD Quart Monde (Suisse).
Bruno DABOUT*	Economiste. Directeur d'une cité de promotion familiale et sociale.
Gilbert DECOSSE	Comédien, Enseignant.
Carl EGNER*	Journaliste. Responsable administratif ATD Quart Monde (New York).
Anne-Marie FIXOT	Maître de conférence en géographie (Caen).
Maurice GARDEN	Représentant Monsieur le Ministre de l'Education nationale.
Hélène GARGOL	Assistante sociale chef CPAM.
Geneviève de GAULLE-ANTHONIOZ	Présidente du Mouvement ATD Quart Monde (France).
Xavier GODINOT*	Economiste. Délégué régional d'ATD Quart Monde à Lyon.

Philippe GOUSSAULT	
Didier HAMON	Représentant Monsieur le Ministre de la Culture.
Michel HANNHART*	Animateur à Metz.
Jean-Pierre HOTTOIS*	Economiste. Chargé d'administration.
Susan JONES	Université de Cambridge.
Jacqueline LABROUSSE-MIRANDE	Écrivain.
Christian LATTÉ	Foyer L'Abri
André LEMARCHAND	Représentant Monsieur le Président du CESR de Basse-Normandie.
Jean-Marc LÉPINEY	SOMOCOE.
Monique LE PLEUX	Foyer L'Abri.
Bérangère LESONNEUR*	Enseignante. Institut de recherche et de formation ATD Quart Monde (Pierrelaye).
Suzanne LOUIS	Assistante sociale, Conseillère du Travail.
Henri MALTIER	Assistant social DDS (Seine-et-Marne).
Dominique MÉNART	ATD Cherbourg.
Claude MORMONT*	Travailleur social. Délégué national adjoint ATD Quart Monde (Belgique).
Antoinette MUGGEO	Responsable des relations extérieures et communication.
Jean-Paul PETITAT*	Sociologue. Chargé d'études (Suisse).
Henri PEYRONIE	Maître de conférences en sciences de l'éducation à l'Université de Caen.
Suzanne PHILIPPE	
Mary RABAGLIATI*	Responsable du secteur publications ATD Quart Monde.
Chantal RIVIÈRE	
Marie-Agnès ROBERT	Formatrice auprès d'illettrés.
Martine SAVARY	
Fernand TANGHE	Chargé de cours à la Katholicke Universitest Brabant/Pays-Bas

Colette Tempere   Assistante sociale chef/Cellule
                               RMI DPAS Rhône Lyon.

Françoise Thouard
Jeanine Travadon
Niek Tweehuysen *   Dessinateur technique. Responsable du Mouvement international
                               « Jeunesse Quart Monde ».

Didier Unvoas   Enseignant en sciences économiques et sociales.

Henri Van Rijn *   Juriste. Responsable administratif.
                               ATD Quart Monde (Pays-Bas).

Elisabeth Vénard
Anne-Marie Vibert

Préface

RENÉ RÉMOND

Le colloque qui s'est tenu en octobre 1989 à Caen, à l'initiative du Mouvement international ATD Quart Monde, n'a assurément pas été un colloque comme les autres. Même s'il s'est référé au Bicentenaire de 1789, il s'est nettement détaché de la foule des manifestations placées sous l'invocation de la Révolution française.

Il s'en est distingué d'abord par son objectif : les plus pauvres, les très pauvres, et pas seulement en termes d'indigence matérielle, de dénuement, mais de privation de leurs droits, d'exclusion du savoir, de négation de leur dignité, qui font la vraie, l'intolérable pauvreté. Pour une fois, c'est aux oubliés de l'histoire, aux exclus de la société qu'on s'intéressait. La démocratie ayant progressivement, depuis deux cents ans, élargi l'aire de ceux qui étaient admis à y participer, par cercles concentriques, la commémoration de 1789 n'était-elle pas l'occasion de franchir un pas de plus pour y faire entrer ceux qui avaient jusqu'à ce jour été réduits au silence ?

Deuxième singularité de ce colloque : le rôle dévolu aux universitaires. Ce n'est certes pas qu'il ait réuni des universitaires qui était original, mais qu'ils fussent associés aux pauvres et aux volontaires qui s'emploient depuis quelque trente ans à leur restituer leur dignité. C'était un vœu du Père Joseph Wresinski, le fondateur du Mouvement ATD Quart Monde, de faire se rencontrer les démunis et les universitaires, ceux qui étaient tenus à l'écart de toute culture et les hommes de savoir : son intuition était qu'ils avaient les uns et les autres à recevoir de leurs échanges. Cette volonté avait pris corps à la rencontre de 1983 à la Sorbonne.

Les pauvres n'ont pas seulement, ni même peut-être principalement, besoin d'aide matérielle : il leur est plus nécessaire encore d'avoir accès au savoir, pour rompre l'enfermement où ils sont murés. D'où l'importance que le Père Joseph attachait à la constitution de bibliothèques pour eux, le respect quasi religieux qu'il professait pour le livre. Mais ce savoir ne peut être uniquement un apport extérieur ; les pauvres sont eux aussi dépositaires d'un savoir propre : la misère est une redoutable institutrice qui en apprend beaucoup sur l'homme et la société. Ce savoir, les pauvres ont besoin de se le réapproprier. Pour ce faire, le concours des universitaires leur est indispensable. A condition que ceux-ci acceptent de les entendre et les aident à exprimer leur expérience. Le fondateur d'ATD Quart Monde appelait de ses vœux une rencontre débouchant sur un partage du savoir qui établirait la communication tant désirée entre le Quart Monde et la Société.

Dans cet esprit, le colloque avait l'ambition de retrouver l'histoire des plus pauvres par une collaboration étroite entre leurs représentants et les historiens de métier. Le rôle des premiers est symbolisé dans les Actes publiés par la place réservée aux premières pages aux interventions des délégués des Universités populaires du Quart Monde : elles ne sont pas un hors-texte, mais un élément constitutif de la rencontre. Viennent à leur suite les communications proprement historiques. Par leur qualité scientifique, la rigueur de la démarche, parfois la nouveauté des aperçus, elles soutiennent la comparaison avec n'importe quel colloque d'historiens : il ne pouvait être question, au motif que ce colloque avait aussi des intentions d'ordre social, de se satisfaire à peu de frais et de se contenter d'une production au rabais.

Le colloque approfondit effectivement la connaissance historique sur un sujet qui a été longtemps négligé ou occulté. Non pas de propos délibéré ou par quelque calcul, mais parce que l'attention s'était concentrée sur le prolétariat des ouvriers d'industrie. Le monde ouvrier et, plus encore, le mouvement ouvrier avaient éclipsé dans l'esprit des historiens le monde des plus démunis. Ceux-ci revendiquent désormais leur place dans l'histoire. La rencontre de Caen a commencé de déférer à leur requête.

Le colloque s'intitulait : *Les plus pauvres dans la démocratie*. De fait, il n'avait pas pour seul objectif de ressaisir une histoire oubliée ; il avait aussi l'ambition de nourrir une réflexion sur la démocratie avec le concours de juristes, de politistes. L'existence de la grande pauvreté est en effet, pour la démocratie, un défi et une exigence. Si l'on prend au sérieux les principes énoncés dans les déclarations des droits, comment s'accommoder de la misère ? Il convient donc de s'interroger sur les moyens pour la démocratie d'intégrer les pauvres, de les admettre à participer à part entière, de les rendre responsables eux aussi du destin collectif. On vérifie que la notion de démocratie est inépuisable et loin d'avoir encore développé toutes ses conséquences, et révélé toutes ses implications. En particulier, l'attention au Quart Monde invite et oblige à approfondir notre réflexion sur la notion de « représentation » et sur ses modalités d'application. Ainsi, se nouent retour sur le passé et regard sur l'avenir, à la jointure de l'expérience personnelle de la grande pauvreté et de l'intervention des hommes de savoir.

CHAPITRE 1

Citoyens à part entière

Communication des délégués
des Universités populaires du Quart Monde

Tout être humain a sa dignité

GÉRARD LECOINTE

« Tous les êtres humains naissent libres et égaux en dignité et en droits. Ils sont doués de raison et de conscience, et doivent agir les uns envers les autres dans un esprit de fraternité. »
 Dans la société actuelle, qu'est-ce qu'il nous reste de ce premier article de la Déclaration universelle des Droits de l'Homme ?
 Tout être humain est un être humain. Qu'il soit riche ou pauvre, qu'il soit bien habillé ou en haillons, il est avant tout une personne humaine à part entière.
 Le Père Joseph ne voyait pas en nous des pauvres. Il voyait en nous des hommes. Il nous mettait à égalité avec tous les hommes. Et c'est cela qui change tout. Pour lui, la différence entre les riches et les pauvres, entre les instruits et les non-instruits, ce n'était pas que les uns étaient plus valables ou plus intéressants que les autres. Non ! Il nous a appris que la différence et l'injustice qui existent entre les hommes, ce sont les conditions dans lesquelles ils vivent.
 On n'a pas le droit, on ne peut pas accepter de laisser vivre des hommes, des femmes, des enfants dans des conditions de misère.

La misère abîme celui qui y vit

L'autre jour, à Paris, je me suis trouvé face à un homme d'une trentaine d'années, qui avait besoin d'aide. Ça se voyait tout de suite.

Et pour voir cela, ce n'est pas la peine d'avoir fait des études. Il n'avait pas de chaussures, et il n'avait pas mangé depuis plusieurs jours. Je suis entré avec lui à la mairie. On n'a pas voulu nous laisser prendre l'ascenseur, certainement parce qu'on avait peur qu'on le salisse.

Je voyais bien qu'on dérangeait. Ça aussi, on le sent très bien quand on est en trop, quand on dérange. Alors j'ai dit à la dame qui était là : « Ecoutez, Madame, si cet homme-là vous fait honte, sachez que moi, il me fait mal. »

Je n'ai pas quitté cet homme jusqu'à ce que je sois sûr qu'il allait être accueilli quelque part. Pour cela, j'ai dû aller jusqu'au commissariat de police. J'ai dû montrer ma carte d'inscription à l'Université populaire du Quart Monde, et ils ont fini par appeler une voiture de pompiers pour l'emmener dans un foyer.

Ensuite, j'ai écrit au maire pour lui dire ce que je pensais. Il m'a d'ailleurs répondu.

Par cet exemple, je voulais dire à quoi nous entraîne le Père Joseph, et les options de base du mouvement ATD Quart Monde : « Tout homme porte en lui une valeur fondamentale, inaliénable, qui fait sa dignité d'homme. »

Reconnaître la dignité de tout homme nous entraîne à vivre autrement. Nous ne pouvons plus accepter que des êtres humains ne soient pas respectés comme des êtres humains, à cause de la misère dans laquelle toute une société les fait vivre.

Reconnaître la dignité de tout homme nous entraîne à vivre en citoyens à part entière, responsables du sort de nos frères les plus démunis.

La lutte contre la misère concerne tous les hommes

ANNICK POUTAS

Quand le Père Joseph est arrivé au camp de Noisy-le-Grand, où j'habitais avec ma famille, il n'a pas dit : « Je vais vous donner un logement. » Mais il a dit : « On va se battre ensemble pour avoir des logements décents. On va se battre ensemble pour que vos enfants aient un métier. »

Le Père Joseph n'a jamais traité quelqu'un d'incapable. Il nous a montré qu'on avait une force en nous, que nos enfants n'étaient pas plus bêtes que les autres. C'est cela qui nous a rendu la confiance.

Quand il a dit, à Noisy-le-Grand, qu'il ferait entendre notre voix partout, à l'Elysée, à l'O.N.U., au Vatican, ça voulait dire que, partout, il ferait connaître qui nous sommes vraiment.

Le Père Joseph ne nous a pas vus comme des gens à aider, ou comme des gens à problèmes. Il a dit au monde : c'est la misère qui est un scandale.

Il a vécu lui-même la misère, étant enfant, et il a vu le courage de sa mère.

Qui peut vraiment voir les efforts que nous devons faire chaque jour pour élever nos enfants ?

Celui qui n'a pas connu la misère ne peut pas savoir. Il croit savoir, mais il ne sait pas.

C'est pour cela que le Père Joseph nous a demandé d'écrire : pour que le monde nous connaisse vraiment. A chaque fois qu'il nous voyait, il nous encourageait. Il nous disait : « Continuez, continuez. Quand le monde saura, il changera. »

Les *Cahiers du Quart Monde*[1], que nous venons d'écrire, sont le témoignage vivant du courage et de l'endurance des familles de la misère.

---

1. Mouvement international ATD Quart Monde, *Cahiers du Quart Monde*, Paris 1989 et 1990. Versions française, anglaise, allemande, néerlandaise.

En lisant l'histoire de M. et Mme Thibaud, en lisant les centaines de témoignages des familles de tous les continents, comme le Père Joseph, comme nous, vous direz : « Ça ne peut plus durer ! La misère doit être détruite ! »

Nous ne pouvons pas nous battre seuls contre cette misère qui nous écrase.

Le Père Joseph a fait appel à tous les hommes, quelles que soient leurs compétences, leur religion, leur situation. Il a créé un Mouvement de rassemblement. Et ce rassemblement doit gagner toute la terre.

On a besoin de l'engagement de tout le monde.

En habitant à Noisy-le-Grand, j'ai eu la chance de connaître beaucoup de volontaires du Mouvement ATD Quart Monde. A la suite du Père Joseph, ils sont venus nous rejoindre. Ils ont apporté avec eux leur instruction, leurs connaissances.

Mais, pour moi, le plus important c'est qu'ils vont vers les gens qui sont les plus malheureux. Ils ne les laissent pas tomber.

Si des personnes, des volontaires, des alliés, viennent ainsi s'engager à nos côtés, c'est que notre vie a un sens. Tout ce qu'on endure, nos souffrances, nos humiliations, comptent pour d'autres personnes. C'est pour cela qu'on peut dire que le Mouvement ATD, les volontaires sont notre deuxième famille.

Pourquoi ça ne pourrait pas être pareil pour tous les hommes ! Puisqu'on fait tous partie du peuple des hommes ! Aucun homme ne peut rester insensible aux souffrances d'un autre homme.

Nous qui avons vécu la misère, ou qui la vivons encore, nous le savons. Nous avons ce message à transmettre au monde. Un message d'humanité.

Quand on a faim,

Quand on a connu des jours, des années, dans la rue, sans logement,

Quand on n'a pas eu l'argent nécessaire pour se faire soigner,

Quand pendant des jours, des années, on s'est senti inutile, parce que personne ne voulait de notre travail,

Quand on a eu peur pour nos enfants,

On veut que plus personne ne passe par là !

Ce ne sont pas des aides que nous demandons !

Nous voudrions que, à votre tour, vous disiez : « On va se battre ensemble pour que la voix des plus pauvres soit entendue. »

C'est une question de justice.

Nous sommes un peuple en marche

ROGER RUSSEL

On a préparé, on a écrit ce qu'on a à dire. Les professeurs de l'Université font pareil. Alors, pourquoi l'un d'entre eux nous a dit : « Ce serait mieux si vous parliez sans papier ! Comme cela, on pourrait être sûr que ce que vous dites, c'est bien de vous ! »

Vous comprenez, c'est ça l'injustice profonde : nous, on ne nous croit jamais comme les autres !

Dernièrement, à une réunion de l'Université populaire du Quart Monde, où nous apprenons à exprimer ce que nous vivons et à comprendre le monde dans lequel nous vivons, l'un d'entre nous disait : « Pourquoi, quand j'étais complètement dans la détresse avec ma famille, j'ai rencontré plein d'assistantes sociales, mais pourquoi on ne m'a jamais parlé à ce moment-là du Mouvement du Quart Monde ? »

Moi aussi, je me suis posé la question.

Mon grand-père, mon père ont vécu dans la misère. A moi, on me disait que c'était ma faute, que c'était moi qui faisais vivre ma famille dans la misère, parce que je n'avais pas appris à l'école, parce que je n'avais pas de métier.

Je me culpabilisais, et j'en devenais malade.

J'ai connu le Mouvement en participant à un rassemblement à Bruxelles, en 1982. Le thème était : « Pleins droits pour tous les hommes. »

Et là, j'ai compris que ce n'était pas de ma faute. Qu'il y avait tout un peuple comme moi, exclu de la société. Alors j'ai repris courage et confiance. J'ai commencé à lire beaucoup de livres d'histoire. Les pauvres sont présentés comme des gens qui sont paresseux, des gens qu'on enferme pour les obliger à travailler, ou qu'on met dans des prisons. L'histoire de M. Dufourny de Villiers, pendant la Révolution, m'a beaucoup intéressé, parce que lui, il voulait donner la parole aux très pauvres, à ceux qu'on appelle la racaille. Mais l'histoire de M. Dufourny, je ne l'ai pas lue dans les livres d'histoire, c'est du Père Joseph et de Henri Bossan que je l'ai apprise. Dans les livres que j'ai lus, j'ai beaucoup appris sur les conditions de misère dans lesquelles vivaient les gens.

Nous les pauvres, on a suivi l'Histoire. Mais ce n'est jamais nous qui la faisons, parce que les combats, les luttes que nous menons, ne sont pas écrits. En fait, on donne notre vie pour défendre le bien des nantis.

L'esclavage a été aboli, et c'est une grande victoire. Mais on continue à prendre des gens dans les plus basses classes de la société, pour faire les tâches les plus rebutantes.

En rencontrant le Mouvement, j'ai compris que les plus pauvres étaient témoins de tout ce qui ne va pas dans la société. On est témoins, mais on est tellement étouffés qu'on ne peut plus parler.

Le Père Joseph, ce n'est pas merveilleux ce qu'il a fait, c'est grandiose.

A une autre réunion d'Université populaire, une personne disait : « Le Père Joseph, c'est ma force. »

Moi je dis : « Le Père Joseph, c'est notre fierté. »

Comme nous, il a vécu la misère, et il est allé jusqu'au bout de la route pour faire reconnaître notre dignité et nos droits.

A cause de lui, le peuple du Quart Monde est en marche, et fait entendre sa voix.

Les familles les plus pauvres du monde entier ont le droit de connaître qui est le Père Joseph. Elles ont le droit de connaître ce qu'il a fait et ce qu'il continue de faire, puisque le Mouvement qu'il a créé continue.

Les ouvriers de maintenant sont fiers de toutes les luttes menées par les ouvriers qui ont vécu avant eux. Les plus pauvres aussi doivent pouvoir être fiers de leur histoire commencée en 1957 au camp de Noisy-le-Grand. Et même avant, car dès l'âge de 4 ans le Père Joseph aidait sa famille à vivre.

Cette histoire, nous l'écrivons avec les volontaires, chaque jour. Mais les livres d'Histoire de nos enfants, de nos petits-enfants, devront aussi en parler. Déjà nous avons vu que, dans plusieurs livres d'Instruction civique consacrés aux Droits de l'Homme, il est parlé du Père Joseph et de son message gravé sur le parvis du Trocadéro, à Paris :

« Là où des hommes sont condamnés à vivre dans la misère, les Droits de l'Homme sont violés.
S'unir pour les faire respecter est un devoir sacré. »

Toutes les familles écrasées par la misère ont le droit de savoir qu'elles font partie d'un peuple en marche.

Nous avons eu la chance, ma femme et moi, de faire partie cet été des délégués du Quart Monde, qui sont allés rencontrer le pape à Rome.

Avec les familles d'Asie, d'Afrique, d'Amérique, d'Europe qui vivent la misère, nous avons la même histoire de souffrance et de courage.

Nous nous sommes reconnus d'une même famille, d'un même peuple, même si nos cultures, nos religions sont différentes.

Le Père Joseph a créé et rassemblé le peuple du Quart Monde. Et cela, l'Histoire doit l'écrire et le comprendre.

Chacun à notre place, nous sommes témoins de cette histoire grandiose qui fait des plus pauvres et des plus misérables des hommes et des citoyens à part entière. Nous sommes des témoins actifs, car le Père Joseph a laissé entre nos mains le Rapport *Grande Pauvreté et précarité*[1], voté par le Conseil économique et social français, en 1987.

Dans ce Rapport, il a transmis toute sa connaissance et son expérience. Sa mise en application changera l'avenir de nos enfants. Des pré-écoles aux Universités populaires du Quart Monde, des moyens existent et doivent être développés.

Pour que nos enfants ne connaissent pas toute une vie de misère, nous avons besoin de vous, mais vous aussi vous avez besoin de nous.

---

1. *Grande pauvreté et précarité économique et sociale*, Rapport présenté au nom du Conseil économique et social par Joseph Wresinski et adopté le 11 février 1987, dans *Journal officiel, Avis et Rapports du Conseil économique et social*, 6 (1987), 28 février 1987.

CHAPITRE 2

*Du quatrième ordre
au Quart Monde*

La parole aux absents

JEAN IMBERT

Permettez-moi, à l'ouverture de ce colloque, d'évoquer la riche personnalité du Père Joseph Wresinski, trop tôt enlevé à notre affection. Cette réunion l'aurait particulièrement réjoui, puisqu'il l'avait lui-même voulue peu de temps avant sa disparition.

Il aurait été heureux que ce colloque ait été organisé sous le double patronage d'ATD Quart Monde et de l'Université de Caen. Il aurait été heureux également que soient rassemblés ici tant de savants français et étrangers : plus d'une demi-douzaine de nationalités sont ici représentées actuellement. Savants rassemblés pour parler des plus pauvres dans la démocratie, hier, aujourd'hui et demain.

Permettez-moi de rappeler les paroles qu'il prononçait le 13 juin 1983, à l'Académie des Sciences morales et politiques, dans une allocution qui avait beaucoup impressionné :

« L'histoire des pauvres n'est transmise que lorsque ceux-ci affleurent dans la vie des non-pauvres, au moment des guerres, des catastrophes. En dehors de ces événements, elle n'a laissé de traces que dans les archives des œuvres d'assistance, de la justice, de la police. » Mais, ajoutait-il, « les sous-prolétaires, eux, veulent conserver d'autres souvenirs. Ils veulent pouvoir se référer à une histoire propre, authentique, attestant les situations subies, les obstacles malgré tout vaincus ».

Dès les origines du Mouvement ATD Quart Monde au camp de Noisy-le-Grand, le Père Joseph Wresinski souhaitait faire appel aux universitaires. Nous répondons aujourd'hui à cet appel, tout en sachant qu'il ne s'agit pas d'un point final ou définitif à nos réflexions, mais bien au contraire d'un élan enthousiaste vers une recherche historique, sociologique, politique de la vie de nos frères les plus pauvres parmi les pauvres.

C'est dans cet esprit que je suis heureux et fier d'ouvrir ce colloque.

Du quatrième ordre au Quart Monde.
La représentation des plus pauvres dans la démocratie

CLAUDE FERRAND

« Echec à la misère ». Tel est le rendez-vous que le Père Joseph Wresinski avait donné au monde de l'Université, des sciences et de la pensée, à la Sorbonne, en 1983. C'est à un rendez-vous équivalent qu'il voulait convier les universitaires, à l'occasion du Bicentenaire de la Révolution française et de la Déclaration des Droits de l'Homme et du Citoyen. Car c'est bien lui qui, aux ultimes semaines de sa vie, a lancé ce colloque.

Dans le grand amphithéâtre de la Sorbonne, le Père Joseph s'adressait à certains des plus grands esprits de ce temps en même temps qu'à plusieurs centaines de délégués des familles du Quart Monde. Il invitait les uns et les autres à une réflexion sur la connaissance qui, en notre temps, est indispensable pour faire échec à la misère.

A sa suite et au nom de tous ceux qui se rassemblent dans le Mouvement ATD Quart Monde, nous vous avons invités à continuer cette réflexion commune. Réflexion qui concerne éminemment les hommes de connaissance que vous êtes en tant que professeurs et chercheurs. Mais réflexion qui sollicite aussi l'intelligence et la pensée de tous les citoyens. Réflexion où les victimes de la misère, de l'ignorance et du silence ont souvent davantage à apporter que d'autres. C'est pourquoi, avec les conseils du comité scientifique et du comité du forum de ce colloque, nous avons voulu que cette rencontre des savants que vous êtes ne soit pas seulement une rencontre entre savants.

Dans le colloque et le forum, vous rencontrerez des membres du Mouvement. En leur nom à tous, je vous remercie d'emblée de les avoir pris au sérieux et d'avoir préparé des contributions de haut niveau pour alimenter leur réflexion. Sachez qu'eux aussi se sont préparés à cette rencontre avec un très grand sérieux, tant les délégués des Universités populaires du Quart Monde en Europe qui participeront demain après-midi au forum, que les volontaires-permanents et les alliés qui sont déjà dans cette salle.

D'autres participants nous rejoindront au forum. Ils y sont invités d'abord en tant que citoyens soucieux, comme les plus pauvres, du présent et de l'avenir de la cité. Ils sont souvent eux-mêmes confrontés en tant qu'élus, responsables d'associations, fonctionnaires recevant les représentants de groupes ou animant des négociations de partenaires sociaux, à la réalité de la représentation des plus pauvres dans la démocratie de 1989.

Pourquoi réfléchir ensemble aujourd'hui à la représentation des plus pauvres ?

Le Bicentenaire de 1789 est une bonne occasion. Mais la raison est ailleurs. Le décès du Père Joseph Wresinski nous a fait prendre la mesure de l'espoir que sa démarche a suscité parmi les plus pauvres. A cause de ce qu'il a su être et accréditer auprès d'eux, les très pauvres témoignent d'eux-mêmes, avec les volontaires et les alliés qui ont fait le choix d'être à leurs côtés dans le Mouvement ATD Quart Monde. Ils témoignent de leurs souffrances et de leurs luttes pour refuser la misère, par exemple dans les *Cahiers annuels du Quart Monde*, que le Mouvement a rendus publics ce 17 octobre à Paris, sur la Dalle mémoriale des victimes de la misère, lors du troisième Rassemblement des défenseurs des Droits de l'Homme.

Or cette mise en route du dernier des nouveaux ordres de nos sociétés à deux ou trois vitesses est une chance pour la démocratie.

Cette démocratie a-t-elle conscience que pendant qu'elle opère ses grandes restructurations économiques, les chômeurs se taisent ? Peut-elle se contenter de vivre leur silence comme un heureux miracle ? Se rend-elle compte que depuis des décennies elle fait la sourde oreille à ce que les plus pauvres ont à lui dire sur elle-même ? Comment s'étonner alors qu'elle ait laissé se créer ou s'approfondir les coupures qui divisent ces « ordres » ?

Se rend-elle compte qu'aujourd'hui comme hier les moins privilégiés sont absents des débats de notre temps ? Les autres dessinent l'Europe de demain. Comment cette Europe leur ferait-elle une place de citoyen ? Déjà ils n'y ont pas le même droit que les autres à la libre circulation des personnes. C'est pourtant un droit fondamental, nous en sommes d'accord avec tous ceux qui sont en train de le conquérir chèrement dans les pays d'Europe de l'Est.

A vous, historiens, juristes, politologues, économistes, philosophes, de nous aider à réfléchir à cette absence et de la faire connaître. A vous de nous aider à voir aussi que cette absence n'est pas totale.

Au plus bas de l'échelle sociale, le rejet, expérimenté souvent depuis des générations, a bâti bien des comportements, des attitudes, parfois des cris qui témoignent de la pensée d'un milieu. Que nous disent ces hommes et ces femmes, sur les décharges des capitales du tiers monde ou de chez nous, en train de grappiller ce qui peut encore être vendu pour se procurer quelque argent, ce qui peut encore être utilisé pour se nourrir, se vêtir ou s'abriter ? Que nous disent-ils, sinon le refus de la mendicité et de l'assistance ? Par leur courage, ils affirment la dignité de tout être humain et le droit au travail qui en découle.

Mais ce « décodage » relève d'une longue démarche de connaissance que nous devons à l'intelligence que le Père Joseph avait de la misère et à l'énergie qu'il a mise à la développer et à la faire partager. Démarche dans laquelle il a entraîné ceux qui le rejoignaient dans un volontariat de refus de la misère — leur demandant de se faire chroniqueurs de l'histoire quotidienne des plus pauvres, en écrivant ce que les personnes en grande pauvreté leur disaient et ce qu'elles faisaient. Sous l'impulsion du Père Joseph, notre rigueur est de nous retrouver devant une feuille de papier et de chercher à y noter les mots mêmes que nous avons entendus, les gestes que nous avons vus. Exigeant effort que de se vouloir clairement engagé par la souffrance et le refus de la souffrance de notre interlocuteur et, en même temps, aussi près que possible de l'objectivité des faits.

En réalité, cette démarche est une aide précieuse pour renouer une communication forte avec des personnes sur lesquelles notre culture et notre information comportent en général plus de préjugés que de connaissances. Elle permet de devenir partenaire d'une relation dans laquelle chacun peut mieux se découvrir lui-même et découvrir l'autre. Les réalités concrètes y devenant très présentes, cette démarche donne une mémoire précise des faits et permet de prendre du recul par rapport au quotidien. Rassemblées, ces chroniques tissent une cohérence qui, rendue aux plus pauvres eux-mêmes dans le dialogue de l'action quotidienne, les aide à bâtir leur pensée, leur parole, leur action.

Une première attente des plus pauvres face à leurs concitoyens est celle-ci : « Apprenez à nous connaître, prenez les moyens de nous connaître. Pas seulement en termes de statistiques, mais aussi en des termes qui nous permettent d'agir contre la misère. » Il est en effet injuste qu'un savoir forgé dans la souffrance et le courage ne puisse servir à l'humanité.

Il est une autre attente : les familles les plus pauvres ont un savoir et toute une expérience de vie, mais bien souvent ne les comprennent pas, ne pouvant prendre du recul par rapport à cette expérience. N'est-ce pas une profonde injustice ? Ces familles veulent comprendre pourquoi elles vivent dans la misère malgré tout ce qu'elles entreprennent. Et elles ont le droit que ceux qui font spécialement œuvre de connaissance les y aident.

Au Père Joseph, nous devons aussi le commencement d'une histoire qui témoigne de l'intelligence des plus pauvres.

Tout a commencé avec des familles du camp des Sans-Logis de Noisy-le-Grand, en 1957, et quelques volontaires, venus de différents pays, pour partager la vie des familles au creux de la misère.

Dans ce camp de l'Abbé Pierre où sévissent le froid, la faim et les privations, le Père Joseph construit en tout premier lieu, avec quelques pères de famille, une bibliothèque et un jardin d'enfants. Acte surprenant pour l'extérieur, mais qui découle (non sans audace et non sans confiance) de ce que, enfant pauvre, il avait compris dans sa chair : la misère est plus qu'un manque personnel, elle est un échec pour nos sociétés et un enfermement pour ceux qui la subissent.

Il ne cherche pas le soulagement de la misère, mais une clé pour permettre aux familles de sortir de l'enfermement et de devenir plus fortes que la honte qui les ronge. Le livre, et par le livre, l'accès au savoir, est cette clé.

Pour le Père Joseph, « seuls, le savoir et l'amour ouvrent à la liberté : sans le savoir lire et écrire, sans la connaissance d'un métier, les hommes sont sans défense devant le destin ».

C'est dans cet esprit qu'il a voulu susciter des bibliothèques de rue là où des familles subissaient la misère — que ce soit sur une décharge du Guatemala ou dans un bidonville de Bangkok, dans une prison à Bouaké ou dans nos cités de misère en Europe. Provoquer une rencontre entre ces familles de l'extrême pauvreté et le livre, c'est les rejoindre dans leurs aspirations profondes.

Il s'agit de créer une dynamique de partage du savoir dont le livre est l'emblème, mais qui s'applique aussi bien à l'ordinateur, à l'art ou à divers savoir-faire, et que l'on retrouve à travers les Universités populaires du Quart Monde, les clubs du savoir et de la solidarité pour les jeunes, les maisons des métiers, etc.

Cette dynamique de partage des savoirs pourrait être une véritable chance pour l'Université, si beaucoup d'étudiants faisaient cette expérience décapante d'aller dans la rue, non pas pour enquêter ou stocker des informations pour eux-mêmes, mais pour se faire enseigner ce que les plus pauvres veulent transmettre, prêts à remettre en question non seulement leur savoir, mais les fondements, la méthode, la signification de savoirs qui sont imposés aux plus pauvres, bien qu'ils soient élaborés en dehors et sans tenir compte d'eux.

Connaître les plus pauvres, ceux dont l'humanité est mise à mal par leur condition de vie et la manière dont ils sont traités, conduit à les entendre parler de l'inacceptable. « On n'est pourtant pas des chiens ! », disent-ils. La vie, les paroles et les gestes de ceux qui sont les plus dévalorisés par une société sont un écho permanent des Déclarations des Droits de l'Homme.

Les difficultés, par exemple, pour élever leurs enfants, les suivre à l'école, sont autant de souffrances destructrices vécues par des parents qui ont pourtant, nous pouvons en témoigner, une haute idée des Droits de l'Enfant. Mais plus destructrice encore l'accusation qui leur est faite de rester indifférents à l'éducation. Ils savent qu'en toute justice, pour leurs enfants et pour eux-mêmes, ils ont le droit d'être aidés à vivre cette responsabilité de manière constructive, comme tout autre parent.

Ceux qui vivent dans la grande pauvreté ne peuvent guère, comme le rappelle le *Rapport Wresinski*, « réassumer leurs responsabilités et reconquérir leurs droits par eux-mêmes dans un avenir prévisible »[1]. Ils ont besoin que d'autres citoyens, les considérant comme leurs égaux, s'investissent pour témoigner avec eux, rendre leur projet intelligible, et se compromettre avec eux dans des actions de solidarité.

Mais cette démarche ne peut rester une démarche de co-citoyenneté et de participation que si elle est apprentissage commun d'une histoire à faire ensemble. Cet apprentissage de la manière de changer la réalité ensemble, nous le faisons en programmant et en évaluant nos actions avec les familles en grande pauvreté. Leur jugement sur ce qui change ou demeure, sur ce qui doit changer, est à nos yeux essentiel. Agir avec elles en partenaires oblige à vérifier si, oui ou non, nous nous mettons au service de l'histoire qu'elles veulent faire. De cette manière, nous nous rendons souvent compte que nous devons les mettre en relation avec d'autres partenaires que nous.

C'est bien tout le sens du *Rapport Wresinski* que de solliciter, non pas, comme toujours, les administrations sociales, mais les partenaires économiques, associatifs, culturels...

En voulant changer les choses, on est conduit à se heurter aux résistances, et aussi aux failles d'une société. La connaissance qui vient de l'action est porteuse d'une compréhension des moyens et méthodes pour combattre la misère. Et c'est souvent un savoir précieux qui n'est pas reconnu à sa juste valeur par la démocratie.

Le Père Joseph nous a appris que la fierté des plus pauvres ne pouvait jamais être dans l'aide qu'ils reçoivent, mais dans celle qu'ils donnent. Aussi, tout en affirmant que la misère est une violation des Droits de l'Homme, il n'a pas proposé aux plus pauvres de se faire aider en tant que victimes des violations des Droits de l'Homme, mais de s'associer, de s'unir en tant que défenseurs de ces droits. Et là, les plus pauvres se sont reconnus dans une démarche qui s'attaquait enfin à l'existence même de leur condition.

Les plus pauvres, défenseurs des Droits de l'Homme, voilà l'histoire que notre société ignore et qui lui manque le plus cruellement. En conséquence, elle ne croit pas qu'il soit utile et fécond de chercher les solutions avec les plus pauvres. Notre société fait comme si les techniques pédagogiques suffisaient pour enseigner à des enfants dont les parents sont considérés comme indésirables par les offices de relogement et les communes, insensés par les diplômés, dangereux par les tenants de l'ordre, etc.

Lorsque le Père Joseph imposait un mouvement familial, ce n'était pas pour désigner une catégorie de pauvres, dont les autres ne feraient pas partie. C'était pour ne pas laisser échapper de leurs mains le premier terrain où les plus pauvres savent, très consciemment, qu'ils sont debout, parce qu'ils se battent pour d'autres. Combien de femmes et d'hommes ont été brisés sans recours, le jour où, leur retirant leurs enfants, on leur déniait leur raison d'être ?

Mais de cette histoire-là, que savons-nous ?

Pourtant, toute politique de l'instruction, de l'éducation, de la formation, de l'accès au métier, de lutte contre le chômage, a besoin de savoir les raisons qui poussent un homme, une femme mis à l'écart, à reprendre courage et à se projeter dans l'avenir.

A contre-courant encore, le Père Joseph a toujours dénoncé

l'écrémage qui consistait à retirer d'un milieu ses éléments les plus dynamiques, en les poussant à se désolidariser des autres. Les moins dynamiques restaient dans un milieu appauvri dont on disait bientôt qu'il n'y avait rien à attendre.

ATD Quart Monde cherche à saisir toutes les occasions de faire reconnaître le milieu le plus pauvre par tous ceux, personnes, institutions, qui peuvent contribuer à ce que ce milieu gagne en honneur aux yeux des autres et aux siens propres. La démarche du volontariat permanent que nous vivons et celle que font les alliés du Mouvement sont au cœur de ce processus.

Le Père Joseph avait promis aux familles misérables du camp de Noisy-le-Grand qu'elles graviraient les marches de l'ONU, de l'Elysée, du Vatican... pour y faire entendre leurs frères. Ces promesses tenues sont le symbole des avancées qu'il a permises dans leur participation à la vie démocratique. Les rassemblements de familles du Quart Monde du monde entier avec d'autres défenseurs des Droits de l'Homme, sur le parvis des Droits de l'Homme et des Libertés, au Trocadéro à Paris, sont devenus une référence pour des familles extrêmement pauvres sur quatre continents.

L'histoire de ce rassemblement que le Père Joseph a déjà provoqué doit être mieux connue et comprise. Ceux qui s'engagent contre la misère et les familles qui vivent en extrême pauvreté en ont besoin pour continuer. Nos démocraties d'aujourd'hui en ont aussi besoin, car, si elles le veulent, les plus pauvres les entraîneront toujours vers des pratiques novatrices des Droits de l'Homme.

Le Père Joseph, s'il avait une ambition très haute pour l'apport que son peuple devait faire à l'histoire d'aujourd'hui et de demain, se considérait avant tout comme héritier de mille tentatives avant lui. L'histoire de ce rassemblement, c'est donc aussi l'histoire de ces tentatives. Ce colloque et ce forum seront importants, à cause de la qualité de la réflexion sur l'histoire des plus pauvres qui en sortira et dont nous espérons qu'elle fera mieux comprendre l'appel pressant du Père Joseph à alimenter la mémoire de ceux qui, aujourd'hui, vivent l'extrême pauvreté.

Ils seront aussi importants parce que des universitaires de plusieurs disciplines auront pris au sérieux la question de la représentation des plus pauvres, hier, aujourd'hui et demain. Or il faut que les démocraties occidentales introduisent cette question comme prioritaire dans la réflexion qu'elles doivent faire devant les fractures de leurs sociétés civiles.

En cette célébration du Bicentenaire de la Grande Révolution, votre présence ici témoigne de la nécessité que notre culture commune, que nos lieux de mémoire se bâtissent avec les plus pauvres de nos concitoyens, et que leur pensée soit reconnue car elle est urgente pour notre démocratie.

Cette reconnaissance en actes est le défi qu'a lancé le Père Joseph pour faire échec à la misère : « Le jour où des hommes libres et instruits rejoindront le Quart Monde, la misère sera détruite[1]. »

1. *Grande pauvreté et précarité économique et sociale*, Rapport présenté au nom du Conseil économique et social par Joseph Wresinski et adopté le 11 février 1987, in *Journal Officiel. Avis et rapports du Conseil économique et social*, 6 (1987), 28 février 1987, pp. 6-25.

L'absence et la présence des plus pauvres : quelle signification pour la démocratie ?

ALFRED GROSSER

Voici plus d'un quart de siècle que j'ai la joie de travailler avec le Mouvement ATD Quart Monde, et j'éprouve toujours le même malaise lorsque, par-delà un accord profond sans lequel cette coopération n'aurait évidemment pas d'objet, je me trouve en désaccord avec telle ou telle orientation, telle ou telle formulation. De quel droit ne pas approuver ceux qui ont choisi de partager le sort de ceux dont il s'agit de changer le sort ? Je dis souvent que ce qui distingue un évêque allemand d'un évêque français, c'est que le premier se penche sur la pauvreté tandis que le second est pauvre. Disons qu'en l'occurrence, je me sens évêque allemand...

Je veux d'abord souligner ce qui ne fait pas problème, à commencer par la satisfaction de voir un tel colloque avoir lieu à l'occasion du Bicentenaire. La devise (pas encore complète en 1789, mais à juste titre identifiée depuis la Révolution) « Liberté, Egalité, Fraternité » fait aujourd'hui l'unanimité — en principe du moins. Cette unanimité résulte notamment de deux ralliements. Le plus récent est celui des pays de l'Est et, par contrecoup, de toute une extrême gauche occidentale. Qui oserait encore dire — comme cela a été si souvent proclamé, notamment par nombre de « révolutionnaires » de 1968 — que nos valeurs sont simplement « bourgeoises », que nos libertés sont purement « formelles » ?

L'autre ralliement, c'est, si j'ose dire, la conversion de l'Eglise au christianisme. Lorsqu'en 1980, dans son homélie au Bourget, Jean-Paul II a dit : « On sait la place que l'idée de Liberté, d'Egalité et de Fraternité tient dans votre culture. Au fond, ce sont des idées chrétiennes », j'ai entendu distinctement Pie IX se retourner avec fureur dans sa tombe ! Pas seulement à cause de la liberté. A cause aussi de l'idée de prochain que contiennent les notions d'égalité et de fraternité. Il a fallu des prélats comme l'évêque de La Nouvelle-Orléans ou Mgr Duval, archevêque d'Alger, pour dire fermement, après 1945, que le prochain, c'était le persécuté, fût-il non-catholique et fût-il persécuté par des catholiques, et non le catholique, fût-il persécuteur.

Aussi, dois-je avouer au passage que je me sens en désaccord avec l'un des rapports soumis au colloque où il est dit que les valeurs pratiquées en milieu de pauvreté ne sont pas les mêmes que celles de ceux qui disent parler au nom des pauvres.

En revanche, je crois tout à fait qu'il existe dans notre société actuelle, en France et dans les autres pays occidentaux, une nouvelle immoralité qui gêne considérablement le travail d'ATD Quart Monde et notre travail à tous. En fait, cette immoralité est double. D'une part, il y a eu l'irruption d'un ultra-libéralisme qu'exprime notamment la philosophie d'un prix Nobel d'économie, Friedrich August von Hayek. Il a consacré tout un volume à dénoncer le caractère pernicieux de la notion de justice sociale. Dans une interview, il expliquait que les New-Yorkais n'avaient aucune raison de partager avec les habitants de Porto Rico, eux aussi citoyens américains : les Portoricains n'avaient qu'à travailler et à produire aussi bien...

En tant que doctrine, l'ultra-libéralisme est de nouveau en baisse et aucun homme politique n'oserait nier les nécessités de la protection sociale, ni même d'un minimum de redistribution. Cependant, l'autre volet de l'immoralité conforte l'individualisme indifférent au prochain : c'est le formidable déferlement du narcissisme, de l'auto-contemplation, de l'autoglorification, favorisés plusieurs heures par jour par les messages publicitaires : « Soyez jeunes, soyez beaux, prenez du plaisir, surtout par la possession d'objets. Soyez libres. » Il y a là une méconnaissance de la devise républicaine. En effet, dans « Liberté, Egalité, Fraternité », si le troisième terme veut dire solidarité avec autrui et le second justice pour autrui, le premier veut dire liberté pour autrui — ce qui entraîne un effort, un engagement, nullement identique à la liberté de faire n'importe quoi. Et je comprends mal notamment comment les hebdomadaires de la bonne gauche continuent allégrement d'être en contradiction avec eux-mêmes : pages politiques : engagez-vous, rengagez-vous dans la solidarité, dans la lutte pour la Justice ! pages culturelles et publicitaires : éclatez-vous, prenez votre plaisir (voir aussi les petites annonces érotico-sentimentales !), vous n'êtes responsables de rien devant personne, même pas devant vous !

Laissons la contradiction et supposons acquise la volonté de mettre en application les valeurs de référence. Il n'est pas aisé de les transformer en principes juridiquement, socialement et politiquement applicables. Le Père Joseph a dit, et ATD reprend souvent cette formule : « Là où des hommes sont condamnés à vivre dans la misère, les Droits de l'Homme sont violés. » De quels droits s'agit-il ? En France, nous sommes dans une situation différente de celle des Etats-Unis ou de la République fédérale d'Allemagne, où la Constitution énonce avec précision quelle est la règle. Chez nous, c'est plus flou parce que la nature du texte de base n'est pas claire. Il s'agit du Préambule de la Constitution de 1946, texte déclaré valable par celle de 1958. Mais quels sont les droits énoncés dans le Préambule qui doivent s'appliquer absolument dans les lois ? La réponse — qui remplit de perplexité les juristes étrangers — c'est que sont obligatoires les passages que le Conseil constitutionnel a déclarés tels.

Le chômage est-il autorisé par la Constitution ? Que se passerait-il demain si soixante députés ou sénateurs déposaient un recours devant le Conseil constitutionnel en évoquant le passage du Préambule où il est dit : « Chacun a (...) le droit d'obtenir un emploi » ? Et doit-on accepter comme conforme à la Constitution une loi fixant une « fin de droit » aux allocations de chômage, alors que le Préambule dit que « tout être humain qui, en raison de son âge, de son état physique ou mental, de *sa situation économique*, se trouve dans l'incapacité de travailler, a le droit d'obtenir de la collectivité des moyens convenables d'existence » ?

Le même alinéa dit également que la Nation « garantit à tous, notamment à l'enfant, à la mère et aux vieux travailleurs la protection de la santé, la sécurité matérielle, le repos et les loisirs ». Le Mouvement ATD Quart Monde a-t-il jamais obtenu qu'une telle formulation devienne réalité, ou même donne lieu à une législation précise à traduire en réalité ?

Si la société politique n'a pas été plus loin dans l'application des valeurs dont elle se réclame, est-ce parce que les privés-de-droits étaient des exclus de la représentation politique ? Pour une bonne part assurément, à condition de voir que l'exclusion n'avait pas nécessairement comme origine les ressources matérielles. La fameuse démocratie athénienne était en réalité pour les citoyens, pas pour les esclaves ; la démocratie américaine, jusque voici peu, ne jouait pas pour les Noirs. Les femmes françaises n'ont été citoyennes qu'en 1945, et je pense à tel article d'un grand journaliste français, retour d'Algérie après une enquête menée un an après l'indépendance, où il disait que la démocratie régnait là-bas, sauf évidemment pour les femmes, comme si celles-ci ne constituaient qu'un élément marginal de la société !

Peut-on parler du même type d'exclusion pour les pauvres ? Oui, en faisant attention à une définition changeante. Pour le XIXe siècle, vous trouverez des textes terribles dans un petit livre malheureusement épuisé, *Regards neufs sur le mouvement ouvrier* (Le Seuil). Voici, par exemple, Guizot, écrivant en 1847 : « Qui n'est frappé de l'absurdité des idées politiques répandues dans les classes pauvres sur l'organisation sociale, sur les droits de l'individu, sur la constitution du gouvernement. Vous n'avez contre ces dispositions révolutionnaires des classes pauvres, vous n'avez, indépendamment de la force légale, qu'une garantie efficace, puissante : le travail, la nécessité incessante du travail. » Il s'agissait là des ouvriers qui ont pourtant réussi à se faire entendre, notamment par l'action de mouvements représentatifs conquérant la représentativité aux yeux du monde bourgeois.

Que veut dire « conquérir la représentativité » ? Un vieux reproche fait à ATD Quart Monde n'a jamais été fondé : les porte-parole n'appartiendraient pas au groupe social au nom duquel ils cherchent à conquérir audience ! Karl Marx n'était pas ouvrier. Et aujourd'hui, quand je considère la belle action d'un autre mouvement auquel j'ai l'honneur d'appartenir, le GISTI (Groupement d'Information et de Soutien aux Travailleurs Immigrés), je vois également comment des juristes finissent par obtenir des droits — dont celui d'expression — pour ceux qui, pour le moment, sont privés de parole, ne serait-ce que par manque d'organisations où articuler cette parole.

La parole n'est pas tout : le rôle des représentants est aussi d'obtenir, au moins dans les Etats de droit, l'ancrage dans une règle permanente, c'est-à-dire dans une loi, de ce que l'on a obtenu comme avantage ou comme compensation à un désavantage. Ici une remarque incidente : quelle erreur commise en 1968 par ceux qui, sous prétexte que la Loi servait en effet partiellement à la défense des forts contre les faibles, ont proclamé qu'elle n'était que cela, alors que la Loi est aussi la défense des faibles contre les forts ! Les syndicats français l'ont compris (parfois à l'excès, si l'on compare aux syndicats d'autres pays) : qu'il s'agisse de congés payés ou d'horaire hebdomadaire de travail, il n'y a « conquête » que lorsqu'il y a traduction du succès en une loi. De la même façon, le Père Joseph a élaboré la loi d'orientation contre la grande pauvreté. Une telle loi n'émane pas nécessairement du groupe concerné, mais elle permet entre autres d'accélérer la sortie du groupe de l'exclusion.

Une exclusion qui, pour les plus pauvres de notre société, a des aspects multiples qui — je le dis une première fois — ne renvoient pas nécessairement à l'idée d'un groupe homogène. Ainsi pour le vote : les plus pauvres ne pèsent pas du poids de leurs votes potentiels, comme le font les autres citoyens, mais pour deux raisons différentes : les étrangers n'ont pas accès au vote, les Français les plus pauvres, pour des tas de raisons, ne se servent pas de leur droit, ne serait-ce que par manque de domicile.

Autre type d'exclusion : déjà peu intéressants, en tant que non-votants, pour les hommes politiques nationaux ou locaux, les plus pauvres et même les pauvres tout court, sont inintéressants comme cibles de publicité. Or, on n'existe vraiment dans les médias que comme membre de catégories cibles ! De plus, les plus pauvres n'existent pas pour les sondages, n'entrent pas dans les catégories à interroger. Revenus inférieurs au SMIC : il suffit que le sondeur trouve, par exemple, un jeune homme habitant un quartier à peu près fréquentable ! (Il n'y a pas que les pauvres en général. Dans les catégories d'âge, les instituts de sondages conservent la notion de « plus de 65 ans » — comme s'il y avait uniformité de situation psychique, physique, matérielle entre les 80-85 ans et les 65-70 ans !)

Il serait facile de montrer que la meilleure façon, pour les exclus de la représentation politique, publicitaire et démoscopique de se faire reconnaître, c'est la violence. Cela vaut même pour un colloque comme celui-ci : que je sorte un revolver et tue l'un d'entre vous, et voici le colloque présent à la télévision, alors qu'il a peu de chances d'y apparaître malgré son intérêt. Mais c'est évidemment beaucoup plus vrai pour les pauvres qui pourraient peut-être à la fois mieux se constituer en groupe et mieux se faire entendre s'ils avaient recours à la violence, génératrice à la fois de sentiment d'appartenance et de représentativité. Et vous savez bien qu'ATD Quart Monde a parfois reçu le même reproche que, par exemple, Farhat Abbas en Algérie : il aurait objectivement maintenu un frein, par son action légale et pacifique, à la violence créatrice de représentation, puis d'égalité. En tant qu'homme pacifique, je préfère la façon d'agir d'ATD, encore que je demeure incertain, non sur sa façon de représenter, mais sur la nature de ce qu'il représente.

Chacun d'entre nous appartient à de multiples catégories sociales et chaque appartenance donne lieu à une représentation. Personnellement, j'appartiens à plusieurs catégories privilégiées : les hommes face aux femmes, les Parisiens face aux provinciaux (comparez les dépenses culturelles par tête !), les professeurs d'université par rapport aux maîtres auxiliaires, etc. J'ai parfois des conflits d'appartenance : je suis automobiliste et cycliste, avec des intérêts divergents, avec des antagonismes différents.

Il est légitime qu'une catégorie demande à ses membres de privilégier cette appartenance-là, si c'est à ce titre qu'il y a sous-privilège ou exclusion. Ainsi pour le mouvement ouvrier du siècle dernier appelant les ouvriers à comprendre que le fait de se considérer prioritairement comme français ou allemands les détournait de leur appartenance à l'ensemble sous-privilégié « ouvriers ». Ainsi encore pour les mouvements féministes faisant à juste titre remarquer aux bourgeoises et aux ouvrières que c'est en tant que femmes qu'elles étaient toutes enchaînées — par la loi autant que dans la réalité sociale.

Faut-il pour autant hypostasier, glorifier, cette appartenance ? Cela a été fait pendant fort longtemps pour la classe ouvrière devenue entité chargée d'une mission historique rédemptrice. L'ultra-féminisme a lui aussi été dans cette direction-là. Au risque de vous choquer, je me sens réservé sur la notion de « peuple des pauvres ». Voici ce qu'écrivait le Père Joseph, racontant son arrivée au camp de Noisy-le-Grand, le 14 juillet 1956 : « Je savais ne plus être en face d'une situation banale de pauvreté relative, de difficultés personnelles. J'avais affaire à une collectivité. D'emblée, j'ai senti que je me trouvais devant mon peuple. Depuis, j'étais hanté par l'idée que jamais ce peuple ne sortirait de la misère aussi longtemps que... », etc.

Je ne m'interroge nullement sur la nécessité de considérer l'ensemble des exclus comme un groupe à structurer, à établir dans sa conscience de soi et dans sa représentativité face aux autres. Je m'interroge, en revanche, sur cette notion de peuple. « Le peuple français » : je vois assez bien et l'aspect politico-juridique, l'appartenance étant marquée par la citoyenneté, et l'aspect sentimental. En milieu juif, je me suis fait plus d'une fois mal voir en disant que je ne voyais pas très bien quelle était la définition du « peuple juif ». Je comprends encore moins, du côté catholique, ce que veut dire « peuple des rachetés », les baptisés constituant donc une catégorie à part des hommes pourtant tous rachetés par le sacrifice de la Croix. Pas plus que « peuple de Dieu », formule reprise par tant de chants. Laissons l'ironie, même légère : je dois avouer que je ne parviens pas à bien cerner ce que signifie et ce qu'implique « peuple des pauvres ». Sont-ils destinés à rester pauvres ? Cette pauvreté leur donne-t-elle une position quasi messianique, comme la classe ouvrière chez Marx ?

Le but de l'action entreprise n'est-elle pas de faire disparaître un tel peuple comme communauté d'exclus et de souffrants ? Action double, comme le disait si bien l'Abbé Pierre dans les Règles des Compagnons d'Emmaüs, à mener d'une part pour soulager les souffrances, d'autre part pour changer les structures qui ont permis ces souffrances. Action déjà menée par le seul fait — et là je suis dans la pure doctrine d'ATD ! — de permettre aux sans-voix de prendre conscience de leur situation et de se mettre en état d'articuler cette prise de conscience collective. Mais d'une collectivité dont l'idéal devrait tout de même être sa propre disparition, une fois que l'exclusion aurait cessé, une fois que la pauvreté ne serait plus qu'un degré parmi des inégalités affectant d'ailleurs différemment, au sein de la catégorie « pauvres », les jeunes et les vieux, les hommes et les femmes, les pauvres du Sud chaud et ceux du Nord froid.

Transposons en langage chrétien. Autre chose est la glorification de la pauvreté absolue comme condamnation du « monde », autre chose est la dénonciation de la misère dans *Gaudium et spes* afin qu'il y soit porté remède.

Peut-être l'orientation de ma réflexion vous aura-t-elle surpris, peut-être même choqués. Mais il me semble que le meilleur hommage à rendre aux intentions des organisateurs de ce colloque, c'est de procéder avec une sincérité aussi complète que possible.

Les plus pauvres dans la démocratie : enjeux et perception

ALAIN LEMÉNOREL et YANNICK MAREC

Le Mouvement ATD Quart Monde accorde une importance d'autant plus essentielle au problème de la représentation de l'extrême pauvreté que son existence même repose sur la volonté de donner la parole aux plus pauvres.

La question de la sous ou de la non-représentation de l'extrême pauvreté, soulevée dès 1789 par Dufourny de Villiers dans son *Cahier du quatrième ordre*, est à l'origine de ce colloque organisé conjointement par l'Université de Caen et le Mouvement ATD Quart Monde.

En cette année du Bicentenaire de l'événement fondateur de notre démocratie politique, il a paru souhaitable et, nous l'espérons, riche d'enseignements, de confronter les interrogations émanant de volontaires engagés concrètement, avec d'autres, dans la lutte contre l'exclusion et pour une meilleure représentation des plus démunis, avec les réflexions de spécialistes de sciences humaines.

Parmi les objectifs proclamés de ce colloque figure prioritairement l'ouverture de nouvelles pistes susceptibles d'améliorer l'identification de la catégorie des plus pauvres afin de mieux faire reconnaître leurs droits fondamentaux. Mais il apparaît que cette connaissance de l'extrême pauvreté ne peut être dissociée de l'image ou des images qu'en donne la société depuis deux siècles. C'est pourquoi la question de la représentation, sous ses différents aspects, a été choisie comme devant être au centre des débats de cette assemblée.

C'est cette approche qui guidera ce propos introductif qui n'a pour ambition que de préciser, et sur le mode interrogatif, la problématique du colloque. A cette occasion, vous comprendrez qu'il n'était pas possible de citer tous les spécialistes présents qui ont bien voulu participer à ces travaux, ce dont nous les remercions vivement au nom du comité scientifique. Nous avons donc choisi, délibérément, de n'évoquer que des absents...

En premier lieu, nous aborderons un problème délicat, celui de la définition et de la représentation de la grande pauvreté.

Puis nous évoquerons la question de la responsabilité des historiens vis-à-vis de la reconnaissance sociale et politique des plus pauvres, en nous attachant à dégager brièvement quelques-unes des tendances historiographiques concernant l'histoire de la grande pauvreté.

Enfin, nous aborderons les relations entretenues entre la démocratie politique et la marginalité sociale ; ce sera l'occasion de soulever le problème de l'exclusion, au regard de l'histoire.

I. DÉFINITION ET REPRÉSENTATION DE LA GRANDE PAUVRETÉ

1. *Le caractère relatif de la grande pauvreté*

Définir la grande pauvreté pose des problèmes de sources et de critères, d'autant plus qu'il n'est pas certain qu'il y ait eu ou même qu'il y ait encore actuellement (ce que nous incite à penser le thème récurrent des « nouveaux pauvres ») une frontière bien marquée entre les différents degrés dans le dénuement. S'agit-il d'une différence de nature, provenant de cumuls de handicaps et d'une généralisation du phénomène de misère sociale, ou simplement d'une différence de degré ? Et s'il y a eu à un moment donné divergence d'évolution entre le monde de la pauvreté ou de la précarité et celui du Quart Monde, quand et comment situer et expliquer cette divergence ? Faut-il évoquer, par exemple, la « grande dépression » de la fin du XIXe siècle et « la fin des vagabonds », ou remonter plus loin dans le temps, jusqu'à la fin du Moyen Age, selon les enseignements de Michel Mollat, voire plus haut encore[1] ?

Affirmer l'existence de « plus pauvres » signifie que la grande pauvreté est relative, comme la pauvreté d'ailleurs. Cela ne va pas sans poser quelques problèmes à l'historien, tant il est vrai qu'une des difficultés majeures de son travail consiste à trouver des critères de définition mêmes de la pauvreté ou de l'extrême dénuement. Et cela d'autant plus que cette condition se détermine par rapport à d'autres situations, l'aisance ou la moindre pauvreté des autres. De plus, la définition peut être variable selon les époques et les lieux, ce qui rend difficile l'élaboration d'un seuil de pauvreté ou de dénuement valable pour des périodes relativement longues ou des espaces socialement hétérogènes. La difficulté d'identifier l'extrême pauvreté amène à s'interroger sur le bien-fondé de l'idée d'une filiation entre quatrième ordre et Quart Monde.

Quels critères retenir ? L'absence de travail ou l'incapacité à travailler, la situation par rapport à un minimum vital qu'il reste à déterminer ? Certains auteurs vont jusqu'à affirmer que la conscience de la pauvreté est peut-être l'élément essentiel de sa définition. Ceci peut d'ailleurs être rapproché du sentiment d'exclusion auquel les volontaires permanents d'ATD Quart Monde accordent une grande importance. Mais comment arriver à saisir cette dimension subjective, psychologique, à travers les sources dont dispose l'historien ? Si la difficulté est réelle, le caractère relatif voire subjectif de la grande pauvreté doit aussi inciter à se méfier des définitions trop précises d'autant plus que les stratifications sociales adoptées sont elles-mêmes souvent tributaires des représentations qu'on s'en fait. Mais la relativité de la pauvreté doit-elle inciter à renoncer à la définir ? Les termes « pauvres » et « pauvreté » n'ont-ils pas concerné des populations très variables dans le temps ? Il n'en faut pas moins disposer de concepts opératoires, d'autant que l'évolution du contexte rend nécessaire le réajustement des politiques, donc des connaissances. Plus qu'à l'addition de critères quantitatifs et qualitatifs de pauvreté — chacun accordera que la grande pauvreté est un cumul de précarités — il faut s'attacher à l'étude des processus qui font « entrer » en pauvreté, ce qui renvoie à l'analyse des représentations, des critères d'identification de chaque groupe au sein du corps social : alors apparaîtront les logiques ou le sens du social.

Précisément, la question de la représentation doit être le point focal des réflexions de ce colloque. Encore faut-il s'entendre sur le terme, d'autant plus que la question de la nature de la représentation dans la démocratie politique devra être élucidée. C'est aussi évoquer le problème du passage de la représentation-image à la représentation des plus pauvres dans la démocratie.

2. De l'image de la pauvreté à la représentation des plus démunis dans la démocratie

La vision de la pauvreté a évolué suivant les périodes. Le pauvre a pu être considéré comme un intercesseur privilégié auprès de Dieu ou à l'inverse comme le symbole de l'échec et du danger social. De là cette peur du vagabond et du mendiant qui s'est notamment développée à l'approche de la Révolution. De là aussi cette sélection des pauvres entre « vrais » et « faux » ou « mauvais » pauvres, thème que plusieurs ateliers devraient aborder afin d'expliquer les raisons d'une telle distinction.

La Révolution elle-même n'a pas échappé au phénomène et nous savons bien qu'elle a opéré des distinctions entre les citoyens, dans la mesure où l'égalité proclamée par la Déclaration des Droits de l'Homme n'a pas été conçue comme une égalité sociale ni même, jusqu'en 1792, comme une égalité politique. Plusieurs intervenants l'ont montré dans le cadre du colloque organisé par l'Unesco, en mars 1989. Bien plus, à partir du moment où les citoyens étaient proclamés égaux en droits, égalité toute relative puisqu'elle ne concernait pas les femmes, ne devenaient-ils pas responsables de leur destinée ? Cette notion de responsabilité individuelle a sans doute été un facteur de dynamisme économique et social. Mais elle a aussi consacré des phénomènes d'exclusion. A la limite, l'extrême pauvreté relevait d'une faute imputable à l'exclu. Or la démocratie telle qu'elle a été conçue dans le prolongement de la Grande Révolution donnait-elle aux plus pauvres les moyens de se défendre de l'image qu'on donnait d'eux ? Rien n'est moins sûr, d'autant plus qu'il n'est pas certain que la question de la grande pauvreté et de sa représentation ait été un problème central chez les constituants notamment. C'est ce que nous incite à penser le texte de Dufourny de Villiers dont l'importance n'a pas échappé aux volontaires permanents d'ATD Quart Monde et dont la signification pourra être précisée dans l'atelier consacré à la période révolutionnaire.

D'autres communications devraient évoquer les limites de la démocratie politique issue de 1789, en les articulant avec le problème de la représentation des plus pauvres. Pourtant il serait injuste et inexact de dire que la Révolution n'a rien fait ou rien tenté en faveur des plus démunis. Mais comme l'indiqueront plusieurs intervenants, rapidement s'est posée la question des moyens durant une période d'ailleurs marquée, suivant les phases de la Révolution, par de fortes différences dans l'appréhension du phénomène de pauvreté et les manières d'y faire face. Il conviendrait aussi de préciser comment, à travers l'évolution historique, depuis la proclamation de l'existence d'un quatrième ordre, a été abordée la question de l'exclusion des plus pauvres. De ce point de vue, les responsables d'ATD Quart Monde attendent beaucoup, peut-être trop, des historiens.

II. LES HISTORIENS INTERPELLÉS PAR LA GRANDE PAUVRETÉ

1. Des réponses partielles et insuffisantes concernant l'histoire des plus pauvres

Y-a-t-il une responsabilité particulière de l'historien, ou du chercheur se préoccupant d'histoire, en ce qui concerne l'absence de parole accordée aux plus pauvres ? Peut-on suivre le Père Joseph Wresinski lorsque, dans sa conférence donnée à la Sorbonne en juin 1983, il s'en prenait à l'Université, accusée d'être aux antipodes de la misère ? A ses yeux, l'histoire universitaire n'a jamais mis au jour l'histoire des plus pauvres et les universités n'ont donné que « des exemples attristants de connaissances ébréchées, émiettées, résultat de recherches, de bonnes volontés, de curiosités personnelles, se poursuivant, s'interrompant, cahotant au fil des âges ». N'auraient droit à une place dans l'histoire des autres « que les pauvres qui, d'une manière ou d'une autre, affleurent l'histoire des nantis », ceux qui ont pris de l'importance après coup [2].

Ainsi, le voile jeté sur l'histoire des plus pauvres les priverait de leur identité historique et par voie de conséquence de leur juste représentation politique aujourd'hui. Redoutable accusation qui, de plus, s'accompagne d'une remise en cause de l'évaluation des recherches universitaires concernant l'histoire de la grande pauvreté. Mais n'y a-t-il pas une part d'injustice dans ces attaques provocatrices, voire culpabilisatrices, qui ne tiennent guère compte des conditions de la recherche historique ? En effet, comment donner la parole à ceux qui ne l'ont prise que bien rarement dans l'histoire, sinon par l'élaboration indirecte de connaissances ? Les critiques du Père Wresinski ne prennent pas davantage en considération les efforts, pas seulement individuels, effectués par les historiens pour rendre compte de l'extrême pauvreté à travers les âges.

Malgré les difficultés de l'entreprise, l'attention portée aux pauvres et miséreux ne date pas d'aujourd'hui, ce colloque étant d'ailleurs la preuve vivante de la pérennité de cet intérêt. Déjà au XIXe siècle et au début du XXe siècle, les historiens s'étaient penchés sur les plus pauvres, par le biais il est vrai de l'histoire de la charité et de l'assistance. Il suffit d'évoquer ici le grand livre consacré par Camille Bloch à *L'Assistance de l'Etat en France à la veille de la Révolution*, publié en 1908, pour rappeler ce que nous devons à nos devanciers[3]. Dans l'entre-deux-guerres et les décennies qui suivirent le second conflit mondial, l'histoire du quotidien et des luttes sociales s'est développée, notamment sous l'influence de l'Ecole des *Annales* et du marxisme. Certes, l'extrême pauvreté n'était abordée que de manière incidente, mais le renouvellement de l'histoire s'est accompagné d'un développement d'approches pluridisciplinaires favorable à l'essor de nouvelles problématiques et de nouvelles approches. S'il est vrai qu'aujourd'hui la vague libérale préfère succomber aux charmes de « l'entrepreneur » plutôt qu'au « vice ridicule du misérabilisme », selon les expressions de François Crouzet[4], il faut rappeler que l'histoire est loin d'avoir négligé les pauvres. Bien plus, depuis les années 70-80, les études menées sur la pauvreté et les marginaux accordent une attention grandissante aux problèmes de la représentation. De ce point de vue, l'influence des sociologues ou de philosophes tel Michel Foucault, qui ne fait pourtant pas l'unanimité chez les historiens, semble avoir été déterminante. Mais ce mouvement a aussi été renforcé par les travaux des historiens du droit, de la médecine ou des religions. Plus récemment, les praticiens de l'action sociale ont également entrepris de faire l'histoire du travail social dont l'aspect normatif peut susciter des interrogations proches de celles qui nous rassemblent en ce lieu[5].

Ainsi, à côté de l'approche descriptive, classique, du travail de l'historien, se sont affirmées peu à peu d'autres préoccupations concernant les motivations et les finalités des politiques sociales menant elles-mêmes à l'étude des représentations.

2. De la description de la grande pauvreté à l'étude des représentations

La description des phénomènes de pauvreté et d'exclusion est nécessaire. Elle est d'ailleurs à l'origine de recherches importantes qui gagnent peu à peu les différentes périodes de l'histoire universitaire, même si pour les deux derniers siècles les travaux restent relativement peu nombreux, en France du moins. Cette nécessaire approche descriptive intègre d'autant plus l'étude des motivations et des représentations que, parallèlement, l'histoire de la gestion du social, en plein essor, met l'accent sur les finalités des pratiques d'intervention menées en direction des pauvres et des exclus. Plusieurs ateliers doivent aborder ces questions, particulièrement ceux consacrés aux formes d'exclusion, aux conceptions et à l'action des élites sociales. Mais, de près ou de loin, la plupart des communications devraient contribuer à faire mieux comprendre les processus qui ont pu mener à la marginalisation de certaines couches des milieux populaires, la notion de « peuple » du Quart Monde restant à élucider.

S'interroger sur les finalités qui ont présidé à la mise en place des politiques sociales implique d'aborder les divers aspects des luttes menées contre la pauvreté et l'extrême pauvreté en cherchant à en dégager les réussites et les limites. C'est s'attacher aussi bien aux œuvres charitables et philanthropiques, aux mouvements d'entraide qu'aux institutions sociales ou à l'émergence et au développement de cet Etat providence qui a fait l'objet d'études, complémentaires ou contradictoires[6]. L'analyse de l'articulation entre les différentes formes de la protection sociale, de leurs succès ou de leurs insuffisances et de leur inadaptation, devrait permettre de préciser la nature et l'évolution du lien social, thème abordé par des sociologues et des historiens dont certains participent à ce colloque.

Confronter le développement de la démocratie politique et le maintien, voire l'affermissement de formes d'exclusion, peut mener à s'interroger sur le rôle de l'Etat dans la prise en charge de la protection sociale. Peut-on suivre le Père Wresinski lorsqu'il s'insurge contre l'administration qui prendrait en « otages » les enfants des familles du Quart Monde afin de mieux les contrôler ? Ce problème doit être évoqué, particulièrement dans l'atelier sur « Enfance pauvre et éducation ». Peut-être aboutira-t-on à une réponse plus nuancée, prenant en compte le rôle protecteur de l'Etat, y compris en direction de la famille, structure à laquelle les volontaires permanents d'ATD Quart Monde accordent une grande importance dans la lutte contre l'exclusion. S'il nous était permis d'émettre une opinion, nous dirions, comme Heinz Gerhard Haupt lors d'une récente table ronde consacrée aux politiques sociales de l'Etat en Allemagne et en France aux XIXe et XXe siècles, qu'il nous paraît réducteur de concevoir les politiques sociales comme se résumant à des projets de discipline sociale ou de recherche d'une plus grande efficacité économique.

Cela dit, ces aspects existent bien pourtant. Ils contribuent à donner du pauvre et de l'exclu une image qui, généralement, n'est guère flatteuse d'autant plus que c'est souvent un abstentionniste sur le plan politique. Piètre consommateur, le pauvre, surtout le marginal, n'est pas davantage un bon producteur. Le passage du

« mauvais » pauvre au travailleur a été une entreprise de longue haleine qui semblerait se poursuivre. Même le RMI récemment adopté n'est pas totalement étranger à la valorisation du et par le travail. Depuis plusieurs siècles, le travail constitue en effet un critère fondamental d'identification sociale. Le médiéviste Jacques Le Goff a ainsi pu montrer comment, dès le Moyen Age, il avait permis une réhabilitation des métiers touchant à l'argent, processus que viendra confirmer voire accentuer la Réforme. La pensée des économistes classiques est allée dans le même sens et, à la veille de la Révolution, l'influence du libéralisme, notamment celui d'Adam Smith qui inspira les plus révolutionnaires des libéraux, donnait à l'effort individuel une importance telle que la lutte contre la pauvreté risquait de se heurter au butoir de la responsabilité individuelle. La solution libérale et individualiste, adoptée en 1789, menait-elle à une contradiction entre l'affirmation de la démocratie politique et la volonté de résoudre la question de la pauvreté et, de surcroît, celle de l'exclusion ?

III. DÉMOCRATIE POLITIQUE ET MARGINALITÉ SOCIALE

1. La démocratie politique peut-elle éviter les exclusions ?

Des chercheurs, dans le cadre d'un programme interministériel de la MIRE, « Fractures du social », ont récemment souligné le rôle important joué par les œuvres privées comme laboratoire social pour l'Etat, tout en montrant comment elles avaient fortement contribué à la professionnalisation des activités liées au social. Parmi les résultats de ces recherches, on peut aussi retenir le fait que les œuvres auraient montré « la nécessité de sensibiliser les acteurs de la politique non pas seulement au sort des déshérités, des indigents, mais aussi au sort de la population salariée[7] ». C'est rappeler la priorité donnée, en principe, par toute démocratie aux majorités. Mais en même temps le risque n'est-il pas de renforcer les phénomènes d'exclusion ? Cette question qui est au cœur des préoccupations du Mouvement ATD Quart Monde, doit aussi guider nos réflexions lors de ce colloque et du forum qui suit. La démocratie est-elle la « dictature » des majorités sur les minorités, comme l'affirmaient certains opposants aux gouvernements et au régime de la IIIe République en voie d'affermissement dans les dernières décennies du XIXe siècle ?

Répondre par l'affirmative, de manière péremptoire, serait oublier les luttes politiques et sociales qui ont rendu possible cette démocratie qui doit encore être défendue contre les différentes formes d'intégrisme et les entreprises de dévalorisation de l'idéal démocratique. Ce serait aussi passer sous silence le fait que la démocratie politique, comme l'affirmation des Droits de l'Homme, est un devenir, une notion ouverte qui doit prendre en considération l'évolution de la réalité sociale. En même temps qu'ont été mises en évidence des générations de droits (naturels et individuels, puis sociaux et collectifs), a été soulignée leur interdépendance ; rien d'étonnant dès lors à voir confrontés aujourd'hui la misère et les Droits de l'Homme avec le souci de concilier la liberté et l'égalité.

A cette fin, faut-il mettre en cause les fondements mêmes de la démocratie politique issue de la Révolution et de deux siècles de luttes sociales et politiques ? Cela signifie d'abord s'interroger sur la nature du régime démocratique et sur sa capacité à évoluer et à tenir compte des minorités. A ce stade de la réflexion, il faut s'interroger sur la fonction de « miroir de la société » souvent prêtée aux pauvres, et en particulier par le Mouvement ATD Quart Monde. Il est incontestable que toute politique sociale doit se faire désormais avec et non pour les pauvres — d'où leur nécessaire présence ou représentation, et le rôle du Père Joseph Wresinski au sein du Conseil économique et social a été de ce point de vue exemplaire — mais faut-il pour autant faire de la « culture de pauvreté », une réalité trop longtemps bafouée mais une notion également controversée, le fondement de tout nouveau projet « sociétal » ? Certes, le pauvre est, par sa seule existence, un déni des choix qui ont été faits et un défi pour la démocratie dans sa forme actuelle, fût-elle sociale. Mais n'y a-t-il pas risque à vouloir faire de ses valeurs la seule alternative possible, comme le laisseront entendre quelques communicants ?

En d'autres termes, faut-il adapter les pauvres à la société, ou adapter la société aux pauvres ? Dans la mesure où la pauvreté est tout de même aujourd'hui minoritaire, doit-on pour autant faire table rase d'un système qu'elle discrédite ? Ainsi posées, ces questions sont à l'évidence abruptes ; aux intervenants de ce colloque de les nuancer. L'enjeu est de taille, et il serait bon qu'en toute indépendance ils réfléchissent sur les logiques d'une société. La réponse suppose, entre autres, une analyse des solutions retenues depuis deux siècles pour résoudre le problème de l'inégalité sociale, celle-ci apparaissant comme une illustration des limites de l'égalité politique et assurément de la démocratie libérale représentative.

Dans cette perspective, il serait utile de réexaminer comment s'est effectué le passage de la sécurité-propriété à la sécurité-droit du travail pour reprendre une problématique développée par Henri Hatzfeld dans son ouvrage pionnier *Du paupérisme à la Sécurité sociale* (1971), et plus récemment par Jacques Le Goff dans son histoire de l'évolution du droit social (*Du silence à la parole*, 1985)[8]. C'est aussi évoquer le conflit entre deux libertés, celle d'association contre celle du travail, auquel s'est attaché Bernard Gibaud pour la période révolutionnaire[9]. La progression de l'idée de solidarité, dont les rapports avec celle de fraternité seront précisés dans le chapitre 8, a finalement contribué à remettre en cause la philosophie libérale et individualiste de la fin du XVIIIe siècle. C'était là, selon Pierre Laroque auquel notre système de Sécurité sociale doit tant[10], une condition nécessaire pour permettre le développement des politiques sociales. Encore convient-il d'être nuancé. Peut-être ne s'agit-il que d'une adaptation voire d'une récupération par un système d'organisation sociale et politique suffisamment souple pour qu'il puisse réduire les inégalités, sans extirper les exclusions ni se modifier radicalement.

2. Le projet d'ATD Quart Monde et l'Histoire

Existe-t-il et peut-il exister un projet politique et social qui soit autre chose que la mise en œuvre d'un moindre mal ? La question se pose d'autant plus qu'on peut se demander si, depuis deux siècles, ce qui a été jugé essentiel par les notables comme par les pouvoirs publics a été vraiment l'éradication de l'extrême pauvreté. N'est-ce pas plutôt d'empêcher que d'autres familles n'y tombent et de favoriser la capillarité sociale susceptible d'intégrer une part toujours plus importante des milieux populaires dans la masse des producteurs ? De ce point de vue, la démocratie a remporté d'indéniables succès, même s'il reste beaucoup à faire pour en finir avec l'inégalité sociale.

Depuis la crise économique née des années 70, ne parle-t-on pas d'avènement d'une société duale, loin du rêve égalitaire de 1789 ? Certains préféreraient, il est vrai, l'expression « société tripartite » par référence à l'existence de salariés qui, pourvus d'un emploi et assurés d'une couverture sociale, sont aussi les mieux armés pour se défendre, notamment par l'intermédiaire des syndicats. Mais peut-on assimiler le syndicalisme au corporatisme, que le Père Joseph Wresinski jugeait « incompatible avec une solidarité authentique avec les plus pauvres » ? Est-ce un privilège d'avoir du travail alors que l'espérance libérale a voulu résoudre le problème social par le travail et que l'organisation comme la défense des salariés reposaient et reposent encore sur ce qui pouvait les faire vivre ou survivre, le travail, qui possède aussi une dimension libératrice et dont la garantie s'est fragilisée avec le développement de la crise ?

Ce n'est pas là la seule ambiguïté. Si, à lire certaines études, le syndicalisme semble avoir substitué une logique d'appareil à celle de la représentation [11], que penser alors des autres partenaires sociaux ? De l'Eglise, par exemple, qui bien que première à défendre le « droit des pauvres » n'en a pas moins longtemps prêché la soumission à l'ordre divin. De la bourgeoisie également, accusée, dans sa version paternaliste, d'entretenir une pauvreté qu'elle voulait sincèrement soulager et combattre. Sans oublier cependant qu'à tout prendre, et à défaut de système assuranciel, l'assistance ou l'encadrement valent peut-être mieux que l'exclusion !

Cela dit, les volontaires permanents d'ATD Quart Monde soulèvent un problème réel pour la démocratie lorsqu'ils l'interpellent sur sa capacité à éviter les exclusions. Mais leur interrogation légitime ne peut trouver de réponse valable s'il n'y a pas, au préalable, une réflexion sur les causes de l'extrême pauvreté et sur les manières d'y faire face. Dans cette perspective, les enseignements susceptibles d'être retirés de l'histoire des plus pauvres paraissent indispensables. Mais il reste aux historiens à repérer et à identifier ces « plus pauvres ». L'étude des représentations devrait permettre d'avancer dans cette direction.

L'accent mis sur la représentation s'inscrit dans un courant actuel de recherche centré sur l'image dont la manifestation la plus éclatante a sans doute été, en cette année du Bicentenaire, le congrès mondial sur l'image de la Révolution française qui s'est réuni en juillet dernier à la Sorbonne. Le comité scientifique souhaite que les travaux de ce colloque puissent concourir à montrer les enseignements fructueux que l'on peut retirer d'une telle approche.

Pour conclure, nous dirons que la question de la représentation, aussi enrichissante soit-elle, ne saurait être exclusive. L'Histoire se veut aussi analyse de la réalité à travers les âges. C'est la confrontation entre l'étude de la réalité historique et celle des représentations qui permettra, peut-être, de donner effectivement la parole et une existence repérable aux plus pauvres.

Un sentiment plus aigu que jamais des Droits de l'Homme rend aujourd'hui encore plus insupportable la pauvreté et incite à réfléchir sur ses rapports avec la démocratie. Il faut insister sur l'urgence du défi. On le sait, la solidarité par transferts de revenus est insuffisante. Au-delà de l'assistance ou de l'assurance, les plus pauvres ont surtout besoin de retrouver une identité, individuelle et sociale. Or, dans une société aujourd'hui « plurielle », construite sur de nouveaux supports d'identification, et face à l'accélération des mutations — dont témoignent l'illettrisme et la qualification croissante du travail — l'intégration n'est aisée que pour ceux qui ont le pouvoir de se repérer. Contrairement à d'autres populations, notamment ouvrières, les plus pauvres, eux, n'ont ni identité, sinon négative, ni représentation. Dès lors comment les leur restituer ?

---

1. Sur le problème de la définition de la pauvreté d'un point de vue historique, on peut se reporter notamment à M. Mollat, *Les Pauvres au Moyen Age*, Paris, Hachette, 1978 ; J. P. Gutton, *La Société et les pauvres en Europe (XVIe-XVIIIe siècle)*, Paris, PUF, 1974 ; J. Imbert, *Le Droit hospitalier de la Révolution et de l'Empire*, Paris, Sirey, 1955 ; A. Forrest, *La Révolution et les pauvres*, Paris, Perrin, 1986 ; B. Geremek, *La Potence et la pitié. L'Europe et les pauvres du Moyen Age à nos jours*, Paris, Gallimard, 1987.

Parmi les monographies régionales, citons : N. Haesenne-Peremans, *La Pauvreté dans la région liégeoise à l'aube de la révolution industrielle. Un siècle de tension sociale (1730-1830)*, Les Belles Lettres, Paris, 1981 ; J. Lothe, *Paupérisme et bienfaisance à Namur au XIXe siècle, 1815-1914*, Crédit Communal de Belgique, 1978 ; M.-C. Vitoux, *Paupérisme et assistance à Mulhouse au XIXe siècle*, Presses universitaires de Strasbourg, 1988 ; Y. Marec, *Le « Clou » rouennais des origines à nos jours (1778-1983). Du Mont-de-Piété au Crédit Municipal. Contribution à l'histoire de la pauvreté en province*, Rouen, Ed. du P'tit Normand, 1983 (préface de Jean Imbert).

Voir également J.-B. Martin (pseudonyme), *La Fin des mauvais pauvres. De l'assistance à l'assurance*, Seyssel, Champ Vallon, 1983 (préface de Madeleine Rebérioux).

2. Père Joseph Wresinski, fondateur du Mouvement ATD Quart Monde, *Echec à la misère*, conférence donnée à la Sorbonne le 1er juin 1983, Pierrelaye, Ed. Science et Service, 1983, p. 20.

3. C. Bloch, *L'Assistance et l'Etat en France à la veille de la Révolution (Généralités de Paris, Rouen, Alençon, Orléans, Soissons, Amiens), 1764-1790*, Paris, A. Picard et fils, 1908. De la même époque, date la monumentale *Histoire de la charité* de L. Lallemand (plusieurs volumes publiés entre 1906 et 1912).

4. F. Crouzet, *De la supériorité de l'Angleterre sur la France : l'économique et l'imaginaire, XVIIe-XXe siècle*, Paris, Perrin, 1985.

5. Parmi la nombreuse production concernant ce thème, il suffit d'évoquer ici les débats entre M. Foucault et les historiens. Voir notamment sur ce point, M. Foucault, *Surveiller et punir. Naissance de la prison*, Paris, Gallimard, 1975 ; *L'Impossible Prison. Recherches sur le système pénitentiaire au XIXe siècle*, ouvrage collectif sous la direction de Michelle Perrot, Paris, Le Seuil, 1980.

Sur le récent développement de l'histoire du travail social, se reporter au n° 8-9 de *Vie sociale* (août-septembre 1987), intitulé : *Pour une histoire du service social*. Voir aussi *les Cahiers de la Recherche sur le travail social*, n° 16 (mai 1989), intitulé *Le Social aux prises avec l'Histoire*, volume 1 : *De l'assistance à l'action sociale*.

6. P. Rosanvallon, *La Crise de l'Etat providence*, Paris, Le Seuil, 1981 ; F. Ewald, *L'Etat providence*, Paris, Grasset, 1986.

7. E. Diebolt et S. Fayet-Scribe, *La Créativité des œuvres privées et prémices de leur insertion dans le secteur public en France (1889-1938)*. On peut trouver un résumé de cette étude ainsi qu'une note de lecture la concernant dans *MIRE Info*, 18 (mai-juin 1989).

8. H. Hatzfeld, *Du paupérisme à la Sécurité sociale : 1850-1940*, Presses Universitaires de Nancy, 1989 (rééd.) ; J. Le Goff, *Du silence à la parole. Droit du travail, société, Etat (1830-1989)*, Quimper, Ed. Calligrammes, 1989 (préface de Marcel David, postface d'Edmond Maire).

9. B. Gibaud, *Révolution et droit d'association. Au conflit de deux libertés*, Paris, Mutualité française, 1989 (préface de Michel Vovelle).

10. P. Laroque, « L'influence mutualiste dans le système de protection sociale français, évolution récente et perspectives d'avenir », *in Autour du premier Congrès des sociétés de secours mutuels (Lyon, 1883-1983)*, *Prévenir*, 9 (mai 1984), pp. 125-134.

11. P. Rosanvallon, *La Question syndicale. Histoire et avenir d'une forme sociale*, Paris, Calmann-Lévy, 1988.

CHAPITRE 3

*La période révolutionnaire.
Nouvelles représentations
et nouvelles pratiques sociales*

Les pauvres font-ils partie du peuple à l'Assemblée constituante, 1789-1791 ?

EDNA-HINDIE LEMAY

Dans la salle des Menus-Plaisirs, à Versailles, le 12 juin 1789, le Tiers Etat veut débloquer la situation dans laquelle il se trouve en raison du refus des ordres privilégiés de se réunir à lui. A défaut des Etats généraux, quel nom adopter pour se constituer légalement ? Mirabeau propose « représentants du peuple français », mais Thouret l'attaque en indiquant que le terme « peuple » n'est pas assez précis. Dans sa réponse du 16 juin, Mirabeau examine toutes les définitions latines : *populus*, qui signifie nation ; *plebs*, qui suppose des ordres ; *vulgus*, qui désigne la canaille. Puis il explique pourquoi sa préférence est pour le terme français « peuple » : il « nous qualifie sans nous avilir, nous désigne sans nous rendre terribles, un mot qui ne puisse nous être contesté, et qui, dans son exquise simplicité, nous rende chers à nos commettants, sans effrayer ceux dont nous avons à combattre la hauteur et les prétentions ». Autrement dit, le diplomate en Mirabeau choisit le terme qui convient au plus grand nombre de personnes possible, mais en même temps qui offense le moins ceux qui appartiennent aux ordres privilégiés. Après tout, il faut attirer ces derniers vers le Tiers Etat, et non les éloigner en leur faisant peur par un terme signifiant plus crûment le bas de l'échelle sociale !

Ce n'est pas de l'hypocrisie de la part de Mirabeau, mais du réalisme : le bas peuple fait peur, parce qu'il peut facilement recourir à l'émeute ; et ceux qui n'ont rien font encore plus peur. Comment partager le pouvoir politique, que réclame le Tiers Etat, avec ceux qui sont dépourvus de tous moyens d'existence ? Puisque le Tiers Etat comprend tous ceux qui n'appartiennent pas aux ordres privilégiés, c'est-à-dire 98 % de la population, il rassemble aussi les pauvres. Mais les pauvres, qui sont-ils au XVIIIe siècle ? Les chiffres donnés par

Expilly, en 1778, montrent que 60 % de la population (estimée à un peu plus de 24 millions), soit 14 500 000, est constituée de vignerons et cultivateurs à bras, de manœuvriers et journaliers, avec leur famille. Un vaste monde de travailleurs, dont la situation économique est si précaire qu'on ne peut distinguer les pauvres (qui n'ont rien) des nantis (qui n'ont que le strict nécessaire) : un monde d'insécurité complète, aux frontières très floues.

Référons-nous au tableau de Paris que donne Daniel Roche : « La misère de Paris au XVIIIe siècle est épouvantable, elle est dans le paysage quotidien où se côtoient dans un contraste cher aux observateurs les pauvres voués à une économie de la précarité, et les intégrés qui ont trouvé leur place, un travail, un logement. La vie ordinaire est faite de cette confrontation[1]. » Moins épouvantable, plus atténuée, cette image de la capitale peut s'appliquer à toutes les villes du royaume. Dans la correspondance des députés qui viennent à Paris, il n'y a aucune mention des pauvres. L'habitude de les côtoyer partout dans la vie quotidienne rend fortement insensibles ceux qui sont un peu plus riches.

Parce que les pauvres font partie du paysage quotidien de la France du XVIIIe siècle, on comprend pourquoi Rousseau choisit d'élever un enfant qui « ait de la naissance » (l'*Emile*, I). C'est au riche qu'il faut inculquer les valeurs humaines que Rousseau pense trouver naturellement et plus facilement chez les pauvres : « Le pauvre n'a pas besoin d'éducation ; celle de son état est forcée, il n'en saurait avoir d'autre ; au contraire, l'éducation que le riche reçoit de son état est celle qui lui convient le moins et pour lui-même et pour la société. » En choisissant d'élever un enfant riche, « nous serons sûrs au moins d'avoir fait un homme de plus, au lieu qu'un pauvre peut devenir homme de lui-même ».

Rousseau, plus loin dans le livre IV, revient sur la question des « pauvres » quand il décrit le sentiment de pitié que l'on doit avoir pour ceux qui n'ont rien. Il prétend qu'il est plus fort chez les Turcs parce que le riche, vivant sous un gouvernement despotique, peut tout perdre d'un jour à l'autre. En France, au contraire, le système de gouvernement stabilise la vie des privilégiés : « Pourquoi la noblesse a-t-elle un si grand mépris pour le peuple ? C'est qu'un noble ne sera jamais roturier. » Si les nobles ne perdent pas leurs privilèges, les membres du Tiers Etat qui montent à Versailles en 1789 vivent, pour la plupart, sans crainte de tout perdre, même avec les bouleversements de la Révolution. Un bon nombre d'entre eux profiteront de la Révolution pour agrandir leur propriété. Ils ne sont pas nécessairement durs envers les pauvres, comme le prétend Rousseau, mais ils savent que le problème se règle en haut, au niveau gouvernemental.

Enfin, toujours dans l'*Emile*, Rousseau fait une troisième remarque, pertinente pour l'Assemblée nationale : « Les riches se consolent du mal qu'ils font aux pauvres, en les supposant assez stupides pour n'en rien sentir. (...) Il est naturel qu'on fasse bon marché du bonheur des gens qu'on méprise. Ne vous étonnez donc plus si les politiques parlent du peuple avec tant de dédain. » Ainsi, les pauvres font partie du peuple ; et pour Rousseau, le peuple est plus proche des pauvres que des riches, enfoncés dans leur position confortable. Toutefois, Rousseau révèle le fond de sa pensée quand, quelques lignes plus loin, après une longue définition du peuple, il écrit : « Le peuple se montre tel qu'il est, et n'est pas aimable », ajoutant « mais il faut bien que les gens du monde se déguisent ; s'ils se montraient tels qu'ils sont, ils feraient horreur ». Vivant une situation sociale ambiguë, entre les pauvres du peuple et les riches des ordres privilégiés, Rousseau se rend compte que l'homme idéal, dont il veut faire une démonstration dans l'*Emile*, doit bénéficier des deux états. Il lui faut la bonté et la simplicité des pauvres, enveloppées dans les manières « plus aimables » dont les riches, par leur naissance, sont bénéficiaires.

Ainsi, Rousseau et Mirabeau se rencontrent dans cette vaste opération d'épuration de la société française à la fin du XVIIIe siècle. Le « dédain » des riches pour les pauvres, dont parle Rousseau, est celui que Mirabeau sait très bien être le péché capital des ordres privilégiés : d'où le rejet du terme *vulgus*, « canaille », si offensant à leurs oreilles si l'on cherche à se les attacher. Tout autre est l'approche de Robespierre pendant ces premières années de la Révolution française. Loin de vouloir attirer les nobles vers son point de vue, il fera constamment l'éloge du peuple qui constitue pour lui la force de l'avenir sur laquelle il misera jusqu'à la fin, quoique hué par ce peuple sur le chemin qui le conduit vers la mort le 9 thermidor.

Les deux grands orateurs de l'Assemblée nationale constituante se distinguent donc dans leur manière d'envisager la Révolution : Mirabeau, en se servant des instruments du gouvernement de l'Ancien Régime ; Robespierre, en faisant constamment appel au peuple et aux plus pauvres dans une volonté de tout recommencer selon les principes des Lumières. La mort prématurée de Mirabeau nous empêche de savoir si sa technique aurait pu sauver la monarchie ; la mort violente de Robespierre, elle, a retardé la victoire de la république pendant presque un siècle.

Qui s'occupe vraiment des pauvres dans les débats parlementaires ? Considérons le petit groupe de marchands-négociants (14 % de l'ensemble du Tiers Etat) qui auraient eu intérêt à la réussite économique de la Révolution. Leur rôle à la Constituante est minime : 18 députés seulement ont pris la parole plusieurs fois, dont un, Le Couteulx de Canteleu, banquier à Rouen, parle beaucoup. Les autres sont présents, et c'est à peu près tout. Contrairement à la situation en Angleterre, leur voix n'est pas écoutée, et leur avis jamais sollicité. Quelle est leur plainte principale ? Si Begouën, du Havre, et Nairac, de Bordeaux, sont tous deux hostiles au privilège de la Compagnie des Indes, Nairac réclame la liberté complète du commerce en se référant à Montesquieu. Protestant, doyen de ce petit groupe, d'une expérience riche et variée, Nairac se révèle comme un véritable homme des Lumières. Il croit que le commerce libre entre tous les pays est la voie d'avenir où chacun pourrait trouver et accroître sa richesse. Pour l'ensemble des négociants, la Révolution française serait l'occasion d'augmenter le bonheur général, car plus leur chiffre d'affaires s'élèverait, plus les bienfaits de la fortune rejailliraient sur tous les hommes à tous les niveaux. La prospérité générale du pays donnerait du travail à un plus grand nombre de personnes et il y aurait moins de pauvres. Si les négociants n'ont pas, comme objectif premier, de soulager les pauvres, ils croient que leur voie professionnelle pourrait résoudre indirectement le problème dans une certaine mesure.

Peut-être est-ce pour cette raison qu'il n'y a que deux marchands-négociants dans le Comité de mendicité : Decrétot, de Louviers, près de Rouen, 46 ans, et Defay, d'Orléans, 50 ans. Le premier appartient au petit groupe de négociants actif à l'Assemblée nationale et le deuxième au groupe de la majorité silencieuse. En fait, selon Arthur Young, Jean-Baptiste Decrétot était l'un des premiers manufacturiers de Louviers. Avant la Révolution, en 1784, avec son beau-frère et quelques autres fabricants, il avait fondé une manufacture mécanique de coton. Sa fabrique de drap traverse la Révolution, et est visitée par Napoléon en 1802 et 1810. Au Comité de mendicité, Decrétot est chargé des sections des pauvres valides, des maisons de correction et des prisons. En mai 1790, il est envoyé au Comité des finances, chargé des mémoires pour le soulagement des pauvres. En juin, il soumet un projet de règlement concernant les mendiants qui est examiné attentivement. De la discussion, il résulte une vision plutôt négative des pauvres : ils sont mendiants et souvent « fripons ». Le chevalier de Murinais se méfie des mendiants ; Voidel distingue entre les mendiants valides pour le travail et ceux qui ne veulent rien faire, donc qui doivent être punis ; Long veut ne rien accorder à ceux qui refusent de travailler et propose de les obliger à pomper l'eau s'ils veulent boire ; Buzot trouve des excuses pour « cette classe d'hommes réduite à l'état déplorable de mendicité », car à peine sortie d'un régime où toutes les impositions pesaient sur le peuple, il est impossible de se procurer du travail et il faut attendre avant de faire des lois. Seul, le marquis de Crillon avoue que les mendiants volontaires sont une classe d'hommes à charge de l'Etat. La fainéantise étant un vice et non un crime, « il faut chercher à la contenir et à la corriger (...). Il faut donner l'habitude du travail pour les ramener dans la société ». Les trois articles du plan de Decrétot sont finalement adoptés, assurant au pauvre mendiant pain et soupe et une rémunération minime pour son travail (6 juin 1790).

Le 6 juillet 1790, Decrétot prononce un discours contre le retour libre des bateaux de l'Inde dans tous les ports de France : cela entraînerait la ruine des manufactures nationales de drap. « Sans manufacture, point de consommation, et sans consommation, point de culture », donc la ruine aussi de l'agriculture. Sans mentionner les pauvres, il est évident que Decrétot envisage que leur nombre augmenterait en conséquence. Au mois de septembre, dans un autre long discours, cette fois contre les assignats, il estime qu'une émission de 2 milliards serait catastrophique pour l'économie du pays et ferait tort à plusieurs millions d'ouvriers. Comme Dupont de Nemours d'ailleurs, il est d'avis qu'un nombre élevé d'assignats en circulation ferait monter les prix des denrées et de la main-d'œuvre, faisant tort aux manufactures dont les produits plus chers se vendraient moins, ce qui conduirait à débaucher beaucoup d'ouvriers. Ecoutons-le : « Le fabricant, cherchant toujours à procurer les moyens de subsistance au plus grand nombre possible d'ouvriers, leur mesure l'ouvrage, ainsi que dans les longs et pénibles voyages on mesure les vivres aux matelots pour les faire lutter contre la mort » (25 septembre 1790).

Quant à Defay, l'autre négociant du Comité de mendicité, complètement silencieux à l'Assemblée, il cite Priestley, Lavoisier et d'autres auteurs lorsqu'il tente d'écrire une histoire naturelle. Ce ne sont pas tant les pauvres qui l'intéressent que la santé des hommes en général : l'air malsain des villes, corrompu par les ordures et les fossés, ou la fabrique de Rouen, d'où s'échappent de mauvaises odeurs (1783). Plus tard, en 1785, il sera directeur de l'académie royale d'Orléans et membre de la société royale des sciences, à Montpellier.

Ainsi, pour les négociants qui s'expriment, les pauvres sont en grande partie des ouvriers à qui il faut procurer du travail. A défaut de manufactures qui puissent les employer, on doit avoir recours aux ateliers de travail pour ne pas les laisser tomber dans la fainéantise. La méfiance à l'égard de ce qui serait susceptible d'encourager les paresseux est grande, car, si un pays riche se mesure par le nombre de ses habitants, un pays mal organisé (comme l'était la France de la fin du XVIIIe siècle) ne sait pas comment employer toute sa population.

La discussion au sujet des biens du clergé introduit les pauvres dans les débats parlementaires par un autre biais. Plusieurs députés, notamment des nobles, rappellent à l'Assemblée nationale que ces biens étaient destinés aux frais du culte religieux et à l'entretien des pauvres. « Quelle propriété doit être plus sacrée que celle des pauvres ? Nous lui devons un respect d'autant plus religieux, une protection d'autant plus active que cette malheureuse classe ne peut avoir de représentants directs parmi nous » (Achard de Bonvouloir, 14 avril 1790). Dès le 23 octobre 1789, le comte de Custine admet que ces biens appartiennent aux pauvres et aux indigents : « Or, le pauvre n'est pas la nation. Déclarer que les biens du clergé sont à la nation serait en dépouiller celui qui a des droits réels. » Cette remarque nous renvoie au problème posé au début : les pauvres font-ils partie du peuple à l'Assemblée nationale ? Si « peuple » et « nation » sont assimilables dans le contexte de plusieurs discours à l'Assemblée nationale, alors les pauvres, selon Custine, ne font pas partie du peuple. Mais plus tard, lorsque Custine cherche « à favoriser la classe la plus pauvre du peuple », en refusant une émission de petits assignats si une quantité suffisante de cuivre ne les garantissait, son langage fait entrer les pauvres dans les rangs du peuple (6 mai 1791). Seulement, comme plusieurs députés, il voudrait que les bienfaits des mesures prises par la Révolution soulagent directement les pauvres concernés, et ne se perdent pas dans la masse de la population.

Les débats parlementaires révèlent que, dans l'ensemble, les Constituants estiment que la société a une dette envers les pauvres : il faut, par la voie du travail, les faire entrer dans le monde des nantis ou des employés, c'est-à-dire de ceux qui jouissent de tous les droits civiques. « Je ne puis croire que la nation, dont la partie pauvre est une des plus nombreuses, se refuse à des dépenses qui, assurant des secours à cette classe malheureuse, ne peuvent que faire honneur à l'humanité d'un peuple libre qui désire sincèrement que tous les individus qui le composent soient heureux » (27 octobre 1790). C'est ainsi que le marquis de Savary de Lancosme (Tours) présente son projet sur la mendicité, voulant assurer les secours publics aux citoyens qui ont droit d'y prétendre et leur procurer en même temps les moyens du travail sans lesquels ils tomberaient dans une pauvreté forcée. Pour connaître les vrais pauvres, il faut d'abord éloigner les faux en affichant les noms de ceux qui se déclarent démunis de tout. Ensuite, Lancosme classe comme pauvres les vieux, les orphelins, les enfants trouvés, les infirmes et les veuves avec enfants. Nul n'est pauvre qui est en état de travailler et que le travail peut faire vivre ; mais il ne mentionne pas tous ceux, nombreux sans aucun doute, qui ne trouvent pas de travail. Leur situation, toutefois, préoccupe des négociants qui cherchent à rénover et à moderniser les structures économiques du pays.

Jetons un coup d'œil sur les débats entourant le plan de tontine viagère et d'amortissement d'un certain Lafarge, présenté par l'abbé Gouttes, le 30 octobre 1790. Comme ce dernier l'explique six mois plus tard, il s'agit de la création d'actions de 90 livres, payables en 10 ans, à raison de 9 livres par an. L'Assemblée nationale avait réagi favorablement au projet dont le but était de prévoir des ressources pour la vieillesse des pauvres, moyennant un sacrifice de leur part. Le projet est appuyé par Mirabeau pour qui ce serait un moyen d'inciter les pauvres à l'économie et ainsi de les aider à détruire la mendicité, « ce redoutable ennemi des mœurs et des lois ». Dans une vision réaliste du problème, Mirabeau l'envisage chez les nations les plus riches comme chez les plus pauvres : « Ce n'est donc pas dans l'inégalité des fortunes qu'il faut en chercher la véritable cause, elle est tout entière dans l'imprévoyance de l'avenir, dans la corruption des mœurs. » En donnant un autre nom au projet, comme « caisse des pauvres », on ferait mieux connaître aux pauvres leurs besoins et aux riches leurs devoirs. Ainsi, les pauvres, ayant la possibilité de faire fructifier leur plus petite épargne, seraient encouragés à travailler dans un esprit d'économie pour sortir de l'état de la mendicité, si proche « de la plus dangereuse corruption ! Tout se tient dans l'ordre moral. Le travail est le pain nourricier des grandes nations » (3 mars 1791).

Cette vision du problème de la pauvreté est combattue par Robespierre qui trouve le projet Lafarge peu conforme à la morale, car comparable à une loterie présentée « sous des formes séduisantes ». Mirabeau veut sortir les pauvres de leur état de dépendance par une caisse d'épargne à laquelle eux-mêmes auraient contribué, tandis que Buzot, en accord avec Robespierre, voit dans le projet un moyen de prendre sur le nécessaire du pauvre une somme annuelle dont il n'est pas sûr de bénéficier — car dans dix ans, sera-t-il encore en vie ? Buzot termine son discours en se demandant : « Qui sommes-nous donc, Messieurs ? Ne sommes-nous pas nous-mêmes le peuple ? Je voudrais mettre à l'écart toutes ces idées qui tendent à isoler les représentants du peuple, du peuple lui-même. » Buzot est très applaudi lorsqu'il affirme que les députés, issus du peuple, travaillent pour ce même peuple (13 mars 1791).

En conclusion, on peut dire que pour tous les députés, les pauvres forment une proportion énorme du peuple qu'ils sont censés représenter. Les uns se préoccupent des moyens de les soulager par des institutions précises : hospices, orphelinats, ateliers de travail, maisons de correction ; les autres veulent les faire entrer dans le monde du travail où les manufactures dépendent moins de l'Etat que de la « régénération » générale du pays ; d'autres encore font appel aux pauvres en vue d'attirer au maximum les nombreux individus, dans les tribunes ou dans la rue, qui sont peuple aux frontières floues entre le monde de l'emploi et du non-emploi. Si dans l'ensemble des débats on parle très peu des pauvres en tant que tels, toute la restructuration constitutionnelle du royaume, qui est en voie d'élaboration, vise à donner plus de bonheur à un plus grand nombre de personnes. Les pauvres font partie du peuple bien qu'ils soient encore très loin de pouvoir bénéficier des fruits de la Révolution.

1. Daniel Roche, *Le Peuple de Paris. Essai sur la culture populaire au XVIII*ᵉ *siècle*, Paris, Aubier-Montaigne, 1981, p. 66.
Les dates entre parenthèses renvoient aux discours publiés dans *Les Archives parlementaires* 1ʳᵉ série, 1789-1791, Paris, 1881.

Du Comité de mendicité au Rapport Barère : continuité et évolution

MADELEINE REBÉRIOUX

Le 21 janvier 1790, l'Assemblée constituante, qui siège depuis 9 mois, crée un de ces comités à travers lesquels elle a décidé, très tôt, de faire passer l'élaboration des lois régénératrices dont elle considère avoir reçu le mandat : le Comité pour l'extinction de la mendicité. Le 22 floréal an II (11 mai 1794), Barère de Vieuzac, membre de l'instance politique dirigeante de la Convention, le Comité de Salut public, présente devant cette assemblée un grand rapport centré sur le même thème, suivi d'un décret — nous dirions aujourd'hui une loi — qui en reprend les grandes lignes. D'une décision à l'autre, il s'est écoulé un peu plus de quatre ans. Fruit de la peur et/ou de la philanthropie, dans l'aspiration à laïciser et à nationaliser la charité que le XVIII siècle, de Montesquieu à Rousseau, avait renouvelée, la « question des pauvres », sans accéder au rang des grands problèmes politiques débattus dans les Assemblées révolutionnaires, a été le souci constant d'un certain nombre de représentants et ne pouvait être tenue à l'écart par les pouvoirs publics. Les rapports ont été assez étoffés, les décrets assez nombreux, les prévisions financières elles-mêmes assez précises pour qu'il soit clair qu'en ce domaine « la Révolution » n'a pas limité son œuvre à quelque parole hautaine.

Mon exposé sera dépourvu d'ambition. Non seulement, en effet, les matériaux parlementaires produits au cours de ces discussions ont été édités[1], notamment, dès le début du XX siècle, par Camille Bloch[2], non seulement l'émergence de formes « nouvelles » de la pauvreté, l'action de mouvements spécifiques, la mise en place du RMI ont suscité maints travaux récents[3], mais surtout je ne dispose, pour traiter ce sujet, que d'une compétence limitée. Je me bornerai donc à examiner brièvement trois points :

Quels hommes ? Quels concepts et quels textes ? Enfin, pour

aborder *in extremis* l'intitulé de cette communication, quelle continuité et quelles ruptures ?

Les hommes

Louis Blanc a écrit à bon droit dans son *Histoire de la Révolution*, à la fois admirable et méconnue [4], qu'à la veille de la Révolution « la voix des salariés ne faisait que proférer des sons inarticulés ». Un demi-siècle plus tard, Jaurès a confirmé ce pronostic [5]. Un propos d'autant mieux fondé qu'à la différence du XIXe siècle, né sous le signe de la révolution industrielle capitaliste, l'extrême pauvreté, à la fin du XVIIIe, ne concerne pas essentiellement les salariés mais les sans-travail.

On ne peut s'étonner dans ces conditions si ceux qui s'intéressent au « quatrième état » ne sont ni ouvriers, ni artisans, ni « socialistes » — un mot inconnu à l'époque —, bref, s'ils relèvent de ce qu'on appelle la philanthropie. C'est le cas pour plusieurs personnages sur lesquels d'autres que moi attirent l'attention dans le cadre de ce colloque : Dufourny, bien sûr, ingénieur en chef de la ville de Paris ; Lambert, inspecteur des apprentis de l'hôtel de la Pitié qui tente en vain de faire adopter un Cahier des pauvres [6]. C'est le cas surtout des membres de ce qu'on appelle, pour faire vite, le Comité de mendicité dont le premier rapport sera distribué par la Constituante, le 12 juin 1790. Dix personnages. Six sont d'Eglise dont deux évêques, celui de Rodez, de Colbert-Seignelay, et de Faye, évêque d'Oléron ; deux abbés et deux curés : une composition trop balancée pour ne pas être voulue et qui a le mérite de rappeler le rôle joué par le clergé dans la gestion de la bienfaisance sous l'Ancien Régime. Quatre laïcs tout de même dont Barère sur lequel, en raison de sa longévité philanthropique, je vais revenir, Prieur de la Marne, un avocat de Châlons et le duc de la Rochefoucauld-Liancourt.

Tous trois sont des hommes jeunes : entre 33 et 35 ans. Deux d'entre eux, Barère et Prieur, avocats de province, appartiennent à la catégorie de ces hommes de loi instruits qui ont tant contribué au succès de la Révolution ; ils feront partie de la Montagne. La Rochefoucauld est un cas à part. Issu d'une très ancienne et riche famille du Beauvaisis, grand propriétaire de terres sur lesquelles il a créé fermes modernes et manufactures, ami de l'Anglais Arthur Young, il joue un rôle éminent dans le Comité dont il est le premier commissaire et devient le rapporteur. Anglomane convaincu, il est pourtant hostile au système anglais de taxe pour les pauvres. Esprit ouvert à toutes les novations économiques, mais non à la République, il est un de ceux dont les idées sociales vont franchir leur époque, le représentant d'une famille d'esprits qui, sans jamais devenir représentatifs de leur classe, n'ont jamais renoncé à l'influencer. Il en va tout autrement de Bertrand Barère dont la personnalité, mal connue — 15 000 feuillets de sa main dorment dans les archives de Tarbes, sa ville natale — reste fort controversée : « un géant de la Révolution » ? Un « rhéteur » versatile ? Avocat, journaliste, franc-maçon, très ancré, de Tarbes à Toulouse, en terre occitane, homme plus tard de la Plaine et rallié à la Montagne, élu en tête de tous ses collègues au premier Comité de Salut public le 7 avril 1793, il sera renouvelé à ce poste le 10 juillet et y fera montre, à la manière de l'abbé Grégoire, d'un bel activisme auquel nous devons, entre autres, le rapport du 22 floréal an II. La fin de sa vie, passionnante et incertaine, atteste une permanente disponibilité de pensée à la rencontre du politique et du social. Comme La Rochefoucauld, il échappe à toutes les répressions et revient mourir chez lui en 1841. Voici donc nos deux hommes clés : inventifs et passionnés, ils ont dominé en matière d'assistance l'époque de la révolution monarchique et celle de la République jacobine.

Aucun doute cependant : il n'est jamais bon de s'en tenir aux ténors. L'extrême vigilance et la passion érudite de Guy Thuillier — un conseiller-maître à la cour des comptes qui, en matière d'histoire du social, en remontrerait à bien des historiens — ont ainsi mis en évidence, à l'occasion du Bicentenaire, quelques personnages moins connus, quelques administrateurs qui ont su se mêler de politique sociale. Il serait regrettable de ne pas évoquer, fût-ce brièvement, « le citoyen Maignet », un Auvergnat élu à la Législative, puis à la Convention, ami de Robespierre et de Couthon, auteur du projet de décret de Caisse d'épargne lu au Comité de secours le 21 août 1793, que G. Thuillier juge « des plus raisonnables »[7]. Et surtout, un protégé de Necker, passé en 93 dans la mouvance de Barère, Leclerc de Montlinot, excellent observateur de la généralité de Soissons à la veille de la Révolution[8], auteur du brouillon de ce qui aurait dû être le « deuxième rapport Barère », que la Convention lui avait commandé quelques jours avant la chute de Robespierre et, peut-être, probablement même s'il faut en croire G. Thuillier, inspirateur de celui du 22 floréal[9].

Le rapport au passé

Le cas de Leclerc de Montlinot suffirait, si besoin était, à nous le rappeler : les problèmes soulevés par la grande pauvreté ne sont pas une nouveauté à la veille de la Révolution. Après le livre récent d'Alan Forrest[10], le Bicentenaire a été parfois l'occasion d'enquêtes locales complémentaires : ainsi dans la Nièvre[11]. La Révolution hérite d'une double détresse, rurale et urbaine : malheur du temps, malheur des temps. Plaie principale aux yeux des autorités : la mendicité.

Or, la rupture avec le passé, la fracture révolutionnaire, s'énonce dès la Constituante. Elle s'exprime dans le Comité de mendicité. Lorsque celui-ci, le 6 juin 1790, présente son plan de travail, il prend pour première cible une lacune, à ses yeux inacceptable, de la Déclaration des droits. Il proclame « le droit à la subsistance » pour tout être humain, « vérité fondamentale de toute société et qui réclame impérieusement une place dans la Déclaration des Droits de l'Homme[12] ». C'est poser le problème de la responsabilité de la société et du pouvoir de l'Assemblée elle-même envers qui le Comité s'est engagé à proposer des solutions. La question, en somme, est « politique »[13]. Les temps de la charité s'achèvent. L'assistance, regardée jusque-là comme un « bienfait », apparaît désormais comme un « devoir » de la société, comme un « droit de l'homme pauvre sur elle ». Grande nouveauté mise en scène avec force et conviction : « Aucun Etat encore, écrit La Rochefoucauld, n'a considéré les pauvres dans la Constitution. »

Naturellement, les membres du Comité ne sont pas des hommes nouveaux. Ils ont lu Montesquieu et Rousseau. On le mesure d'autant mieux qu'on avance davantage dans la lecture des rapports et des projets de décrets que La Rochefoucauld présente au fil de l'été 1790. Grands seigneurs, avocats, membres du clergé, tous sont marqués par la tradition économiste et philanthropique du XVIIIe siècle. Les causes de la misère, pensent-ils, ne relèvent pas de la méchanceté des gouvernants. Proches de Malthus, ils attribuent une lourde responsabilité à la surpopulation. Frères des physiocrates, ils jugent, surtout par comparaison avec l'Angleterre, que l'agriculture n'est pas assez encouragée. Les villes détournent indûment des capitaux qui seraient bénéfiques aux campagnes ; ces campagnes où les calamités naturelles menacent en permanence les laboureurs et réduisent à néant l'espérance d'éradiquer complètement la pauvreté.

L'homme de la terre, tel est à leurs yeux le grand sacrifié de l'assistance traditionnelle, au bénéfice des villes turbulentes, alors que les vertus sont aux champs tout comme la vraie richesse, alors que les liens de famille contribuent à y rendre inutile le grand hôpital urbain avec ses vices.

Enfin, ces hommes de bien ont un souci majeur à travers lequel s'exprime leur attachement à la liberté et au marché : ne pas favoriser chez ceux qui, valides et sans travail, ont droit aux secours, la paresse et l'incurie ; ne pas leur « donner » du travail au même « tarif », au même salaire que celui qu'obtiennent ceux qui ont dû chercher pour en trouver ; ne pas assister « à l'excès » la vieillesse en courant le risque de favoriser l'imprévoyance. Leur jugement social ne les conduit vers aucun Etat providence. La liberté de contracter reste leur horizon. Et l'on ne sait pas trop si c'est à elle ou à leur moralisme religieux qu'il convient de rattacher leur refus de mettre en question la distinction héritée de l'Ancien Régime, entre les « bons pauvres », les pauvres véritables parmi lesquels on pourrait à la rigueur ranger cette sous-catégorie, les « pauvres honteux », et les « mauvais », ceux qui, « connus sous le nom de mendiants de profession et de vagabonds, se refusent à tout travail, troublent l'ordre public, sont un fléau dans la société et appellent sa juste sévérité[14] ».

La Législative substituera au Comité de mendicité un Comité des secours publics — un concept plus gestionnaire peut-être, plus technique en tout cas — subdivisé en sections spécialisées : hôpitaux — c'est assez dire leur caractère sensible : vices unanimement reconnus, impossibilité en ville de s'en passer, possibilité en revanche de les réduire —, enfants, école de médecine — où former les médecins des pauvres pour les secours ruraux à domicile ? —, pauvres et invalides enfin. Rien de très neuf dans les principes émis et les orientations proposées par le rapport et le projet de décret du 28 juillet 1792. Il en est de même pour les textes présentés à la Convention, le 19 mars, le 26 juin, puis le 15 octobre 1793. Que La Rochefoucauld ne soit plus là ne change rien à l'affaire. Même affirmation de la responsabilité de l'Etat. Même rejet de la charité tenue, depuis la Législative, pour infamante. Conviction, mieux assise encore, non seulement de la valeur régénératrice du travail, mais de sa capacité à remplacer la propriété dans la lutte contre la pauvreté ; l'homme n'est pas pauvre parce qu'il ne possède rien, mais parce qu'il ne travaille pas : une prise de position opportune face à l'égalitarisme sans-culotte. Volonté encore de privilégier les « tribus rustiques » et le retour à la terre toujours féconde, toujours susceptible d'être bonifiée. Enfin, deux catégories de textes émergent lentement de ce socle consolidé : ceux qui visent les mendiants valides désireux ou non de travailler, ceux qui ont pour objectif la protection des faibles : « La société doit la subsistance aux citoyens malheureux, soit en leur procurant du travail, soit en assurant les moyens d'exister à ceux qui sont hors d'état de travailler [15]. » Si bien que, à la constance du discours tenu depuis 89, commence à s'opposer la nouveauté, certes relative, des propositions.

Du rapport de La Rochefoucauld au rapport Barère

Il faut attendre le rapport Barère du 22 floréal an II, il faut attendre le printemps 1794 pour cerner, au plan du langage comme à celui des suggestions concrètes, l'évolution parcourue dans le domaine de l'assistance aux pauvres et d'une façon plus générale de la protection sociale : un texte d'une vingtaine de pages imprimées, un rapport prononcé au nom, non plus d'un comité spécialisé, mais du corps le plus politique du gouvernement révolutionnaire, le Comité de Salut public lui-même, un long exposé des motifs qui débouche sur un décret de cinq pages articulé autour de cinq titres et intitulé : « Sur l'extinction de la mendicité des campagnes » ; le titre même du Comité de la Constituante, l'objectif que celui-ci s'était donné, mais à une autre époque. Le rapport et le décret du 22 floréal constituent le point d'orgue de la politique de protection sociale de la Révolution française. L'un et l'autre comportent en effet un noyau dur : la création du *Livre de la bienfaisance nationale*.

On ne s'étonnera pas dès lors du caractère radical du discours. Les mendiants ne sont plus explicitement visés ; encore moins Barère distingue-t-il entre les « bons » et les « mauvais » : ce ne sont ni des catégories politiques ni des catégories sociales. Les secours envisagés visent les « citoyens indigents », des hommes qui doivent au 10 août et à la Constitution de l'an I le droit de vote, des individus fiers et que le malheur rend « sacrés ». La mendicité, elle, ce malheur justement, est proclamée (et sur quel ton !) incompatible avec la République : « Ce mot honteux de mendiant ne fut jamais dans le dictionnaire républicain [16]. » Oui, c'est bien l'esprit jacobin le plus ardent qui souffle à travers ces lignes. Un républicanisme social, aux résonances sans-culottes, qui dénonce comme responsables de la pauvreté, non point les forces économiques et démographiques chères à Malthus et aux physiocrates, mais le complot permanent formé par les riches :

« Le tableau de la mendicité n'a été jusqu'à présent sur la terre que l'histoire de la conspiration des grands propriétaires contre les hommes qui n'ont rien. » Et de se reporter au décret du 26 ventôse, adopté deux mois plus tôt par la Convention, et au discours, tôt célébré, par lequel Saint-Just, son collègue au Comité de Salut public, avait voulu donner aux plus démunis l'espoir de changer non seulement le monde, mais leur propre vie : « Les malheureux sont les puissances de la terre, ils ont le droit de parler en maîtres aux gouvernements qui les négligent. »

Ernest Labrousse, dans sa profonde connaissance du mouvement séculaire de l'humanité, a dit un jour : « La radicalisation incidente du langage de la Révolution propriétaire au sommet de sa course ne tire pas à conséquence [17]. » Il faut entendre cet avertissement, même si nous cédons d'abord aux fanfares de la parole politique et à leur chaleureuse et authentique mise en scène. Au-delà de l'évidente distance qui distingue le ton, la couleur de la loi du 22 floréal et les textes qui l'ont précédée, il faut donc maintenant, au petit point, rechercher non plus les ruptures de style, mais, dans les contenus, dans les argumentaires et les propositions, les infléchissements, sinon les continuités.

Les catégories de bénéficiaires, tout d'abord, sont de mieux en mieux définies. Le monde rural reste, comme en 1790, privilégié. La voilà bien la population « la plus nombreuse » — les quatre cinquièmes de la France —, la plus pauvre et la plus utile. La moins aidée aussi, sous l'Ancien Régime : « Dans ce partage de charité, écrivait en 1786 Leclerc de Montlinot, à propos du Soissonnais, les campagnes ont été entièrement oubliées », et, avec elles, les « pauvres (paysans) qu'il faut honorer et non avilir par l'aumône, ceux (...) contre lesquels toute loi serait injuste. » Commencer par les campagnes, puisqu'un second texte était prévu à destination des villes [18], c'était aussi répondre à une nécessité politique : il fallait attacher les paysans, menacés de fédéralisme, à la République. Rien de plus « normal » donc. L'intérêt principal du rapport Barère n'est pas là. Il réside dans la distinction soigneusement établie, à l'intérieur du monde rural, entre les paysans et les artisans valides, voire parmi les paysans — mais les conséquences sont de peu d'importance — entre « laboureurs domestiques et ouvriers agricoles », clairement distingués des « artisans rustiques ». L'inscription sur le *Livre de la bienfaisance nationale* rapportera annuellement 160 livres au cultivateur qui l'aura obtenue, 130 livres seulement à l'artisan ; le certificat de service sera de 25 ans pour l'artisan et de 20 ans pour le paysan.

Double motif à ce double privilège : l'utilité essentielle du cultivateur, cet « homme précieux », la possibilité pour le vieil artisan, même estropié, de continuer à pratiquer un métier sédentaire. Rien d'impossible à ce que Montlinot ait largement inspiré ces solutions favorables à ces « humains purs » : ainsi nommait-il les agriculteurs [19].

Le souci familial s'avère d'autre part important dans la distribution des bienfaits de la République aux indigents. A la différence des malthusiens convaincus du Comité de mendicité, Barère et ses coauteurs ne dénoncent pas l'excessive « fécondité des mariages ». Non qu'ils exaltent explicitement les familles nombreuses, nées de la pauvreté. Mais « c'est à la Convention nationale à décréter que la fécondité des mariages, loin de craindre la misère, recevra des encouragements et des secours de la République »[20]. Le « ménage indigent » peut être aidé dès lors qu'il a dépassé le nombre d'enfants nécessaires à sa stricte reproduction, dès lors que ceux-ci sont plus de deux : « c'est la loi de la nature que doit suivre la politique. » Toutefois, la famille ne constitue pas à proprement parler une catégorie indigente distincte. Et l'homme malade ou invalide est secouru en tant que travailleur, non en tant que chef prioritaire du ménage [21]. C'est la femme qui est visée, mère ou veuve : en ce cas, il lui suffit d'avoir deux enfants puisqu'elle reste seule chargée du soin de la famille. « Mères et veuves habitant les campagnes », tel est l'intitulé du titre III de la loi du 22 floréal. Etroitement associées à leur statut de mère — ce qui pose incontestablement le problème de la femme célibataire, mais il n'est nulle part écrit qu'elle n'est pas traitée comme l'homme qui a travaillé — les femmes se voient valorisées juridiquement et financièrement dans ce rôle. Reste le problème de la mère célibataire, de « celle qu'un moment de faiblesse a rendue mère ». Elle aussi, somme toute, a « donné des citoyens à l'Etat ». Peut-on pour autant oublier les « bonnes mœurs » ? Barère ne pose pas le problème. Maignet, un an plus tôt, si : « Quelle que soit la différence que l'on puisse mettre » entre la mère légitime et celle qui ne l'est point, « les enfants ont un droit égal aux secours de la société [22] ».

Ainsi se met en place un projet qui ne se veut pas utopique, loin de là, un projet rigoureux. Ces hommes ont à cœur de récuser non seulement les accusations de barbarie que leurs ennemis du temps font peser sur eux, mais celles d'abstraction, d'ignorance du réel dont Taine, un siècle plus tard, dans ses *Origines de la France contemporaine*, fera ses délices [23]. Mieux : de 1789-1790 à 1793-1794, le propos se fait de plus en plus précis, de plus en plus adapté aux réalités de la France en révolution.

Ainsi, au plan de l'organisation locale, des états rigoureux de la population indigente, infirme, chargée de famille doivent être dressés. La chose n'est pas nouvelle : la royauté, le « despotisme », en faisaient autant, mais c'était pour soumettre les hommes à « l'humiliante capitation », pour décimer la population par « les milices ». Au reste, les municipalités ne suffisent pas à la tâche. D'autant que Barère considère nombre d'entre elles, élues avant que ne se déchaîne la guerre civile et étrangère, comme politiquement douteuses... Rigueur et volonté civiques se conjuguant, ce sont des « commissaires patriotes et éclairés » nommés par les agents nationaux du district qui, dans les cantons, seront chargés d'établir les états de citoyens nécessiteux et... patriotes. Le canton était, depuis le décret du 19 mars 1793, la structure choisie pour la distribution des secours. Il reste le lieu de rassemblement des informations et d'attribution des aides : c'est là que fonctionne « l'agence de secours ». Mais c'est au niveau du district que seront ouverts les *Livres de la bienfaisance nationale* et inscrits les bénéficiaires. Et c'est la commune, plus proche des souffrants, qui sera chargée, en cas de maladie des « inscrits », de veiller à ce qu'il ne s'introduise nul abus dans le service des « officiers de santé » implantés au district qu'elle a le pouvoir de requérir[24]. Un grand récusé, le département : « Le fédéralisme ne doit ni flétrir, ni empoisonner la bienfaisance. »

A ce mélange de considérations administratives et politiques dont je ne prétends donner ici qu'une faible idée, on reconnaît la Révolution française. On reconnaît aussi la « nouvelle bienfaisance nationale » à sa volonté de budgétiser les recettes et les dépenses. La législation sociale est chiffrée : un budget de 13 millions de livres est mis au compte du Trésor public. Des taxes locales autorisées par l'Etat peuvent être en outre affectées au financement du social : les droits d'octroi en particulier. Mais Barère dans son rapport ne fait fond que sur le national. Il en prévoit la modulation, au prorata des trois premiers titres d'inscription sur le livre : 7,5 millions pour les cultivateurs vieux et infirmes, 2 millions pour les artisans ruraux, 3 millions pour les mères et les veuves[25]. Des sommes modulées mais modestes : « Si la Nation doit être juste, elle ne doit pas être prodigue[26]. » Des sommes que l'auteur du rapport prend grand soin — un soin presque maniaque où se lisent la passion du chiffre et la confiance dans la statistique — de justifier dans le détail : les modes de calcul élaborés par ses services doivent être soumis à la glasnost républicaine.

Le caractère réaliste du projet de la Convention se reconnaît enfin aux obligations de retour auxquelles les protégés sont soumis. L'homme est bon, certes ; le malheureux meilleur encore. Mais dans la société républicaine, solidarité n'est pas charité. C'est à cet entrelacs de dons et de contre-dons autant qu'au souci d'une juste économie que répondent les obligations définies chapitre après chapitre. Ainsi la jeune mère, pour obtenir la mise en œuvre de son inscription et une layette, doit-elle allaiter et accepter l'inoculation, la vaccine. Ainsi l'enfant protégé doit-il impérieusement fréquenter l'école jusqu'à 12 ans. Ainsi le malade, soigné à domicile gratuitement, doit-il voir son état de santé soumis à vérification tous les 10 jours, les « officiers de santé » chargés de soigner étant eux-mêmes l'objet de la vigilance des agents nationaux des communes : ni la négligence ni le laxisme ne sauraient être ici tolérés.

C'est par le biais des « secours à domicile » donnés aux « citoyens et citoyennes ayant des inscriptions » — l'égalité des sexes est ici clairement proclamée — que se signale enfin le passage du discours aux actes décrétés qui constitue le dernier volet de la nouvelle bienfaisance nationale. Il y avait beau temps que les grands hôpitaux urbains faisaient l'objet de vives critiques : le rapport rédigé en décembre 1786 par La Rochefoucauld-Liancourt, Bailly, l'astronome qui deviendra maire de Paris, et le chirurgien Tenon avait été accablant pour l'Hôtel-Dieu et l'ensemble des hôpitaux parisiens[27]. Et dès 1789, les premiers comités fraternels de bienfaisance se formaient dans les villes pour distribuer les secours à domicile. C'est pourtant la Convention qui prend pour la première fois le problème à bras-le-corps. « " Plus d'aumônes, plus d'hôpitaux " (…). Ces deux mots doivent être effacés du vocabulaire républicain (…). La nation se montrera bienfaisante comme la nature, en disséminant obscurément les secours dans les maisons des citoyens malheureux[28]. » Pour payer les officiers de santé — trois par districts —, pour financer leurs « boîtes à médicaments » complétées par des provisions de farine de riz et de fécule de pomme de terre — la distribution de bouillon et de viande aux malades par les communes est proscrite —, pour donner aux malades un secours de 10 sous par adulte et 6 sous par enfant de moins de 10 ans, le décret du 22 floréal envisage une dépense nationale de 260 000 livres. Une somme certainement sous-estimée, les calculs concernant « la proportion la plus ordinaire des maladies sur une masse d'hommes quelconque[29] » paraissant fort aléatoires...

Nous n'avons pas d'équivalent pour les villes du rapport Barère. Le brouillon découvert par G. Thuillier[30] ne concerne guère que les hôpitaux et hospices, toujours soumis à véhémente critique. Les secours à domicile ne sont pourtant pas jugés généralisables, à la différence des campagnes : le projet — ce stade ne fut jamais dépassé — suggère la suppression de 200 hospices-hôpitaux sur 400. Surtout, si inachevé qu'il soit, ce texte frappe, davantage encore que celui du 22 floréal, par l'horreur morale que la ville, mère des vices et des maux, inspire à ses auteurs et par l'utopie ruraliste dont elle se nourrit : « Nous avons été effrayés quand nous avons aperçu que les villes regardées comme célèbres, ces villes manufacturières, ne renfermaient qu'une population misérable, tous les genres de corruption et cette profonde immoralité qui fait germer tous les vices. C'est alors que nos yeux se sont reportés avec complaisance vers ces heureux cultivateurs pour lesquels il ne faut imaginer ni hospices de vieillards, ni réceptacles vénériens, de galeux et de tout le ramas le plus dégoûtant des infirmités humaines. Transportés par l'imagination dans les temps fortunés de la République, qui sont prochains, nous voyons la population des campagnes se former de la dépopulation des villes, le Français, comme le paisible fabricant de l'Inde, fabriquant sous l'ombre d'un arbre les étoffes les plus précieuses[31]. » Et de conclure : « Il n'y a que deux états dans le monde : cultiver le territoire de sa patrie ou la défendre. »

On admettra volontiers que le culte de la Rome antique et celui de Rousseau ne sont pas seuls responsables de cette vision du monde que bien des jeunes des « sixties » — gardiens de chèvres, tisseurs à domicile — ont en somme retrouvée. En l'an II, elle est aussi le fruit des terribles difficultés de la vie urbaine dont plusieurs travaux ont souligné, à l'occasion du Bicentenaire, le caractère dramatique pour les plus pauvres : ainsi, à Nevers, les ouvriers de la faïence atteints par la crise et le chômage, les mariniers de la Loire victimes en outre d'un hiver exceptionnellement rigoureux, les estropiés, les femmes seules ou veuves[32]. On soulignera aussi le caractère précaire de ces lignes. Barère ne les eût peut-être pas avouées.

Par leur fragilité même, elles indiquent pourtant une des limites de son rapport. Il en comporte une seconde. Quoique désireux d'élever « chaque citoyen au-dessus du besoin », il n'envisage pas tous les malheurs de la vie. Peut-être le décret adopté le 15 octobre 1793 par la Convention sur le rapport de J.-B. Bo lui donnait-il satisfaction [33] malgré la place qu'y tenaient pour les mendiants valides peu désireux de fréquenter les « ateliers de secours », les « maisons de répression », voire la « transportation », difficile à parer de riantes couleurs ?

Quoi qu'il en soit, de La Rochefoucauld à Barère, quelques conclusions peuvent être énoncées. La protection dont jouit l'homme du xxe siècle, essentiellement urbanisé, s'enracine clairement dans celle que la Révolution a élaborée, de préférence pour des ruraux. Il s'agit désormais d'un service public à la charge de la nation. Il s'agit aussi, et peut-être surtout, d'un ensemble de droits : « Oui, je parle ici de leurs droits », s'écrie Barère. Pour qu'ils acquièrent réalité, pour que les sans-culottes suivent la République et que les pauvres cessent de souffrir, pour que le malheur soit honoré [34] et limité, il convient de préciser ces droits et de les budgétiser, il convient aussi de soigner les êtres humains chez eux, loin de ce monde de souffrance : l'hôpital, dont la « carrière maudite a commencé » [35].

Les mots étaient là, dès 1790. 1793 les a inscrits dans la loi. L'Etat de l'an III se déchargera partiellement de la bienfaisance nationale sur la philanthropie : ce retour au caritatif marquera le premier xixe siècle. Il s'est à nouveau éloigné. Au reste, la réapparition de la charité n'était pas parvenue à amputer la France du rôle singulier qu'y joue depuis la Révolution, à côté de l'initiative de chacun, à tout le moins le contrôle des pouvoirs publics.

---

1. Cf. *La Sécurité sociale. Son histoire à travers les textes*, t. 1 : *1780-1870*, Association pour l'histoire de la Sécurité sociale, 1988, 720 p.
2. C. Bloch, *L'Assistance et l'Etat en France à la veille de la Révolution*, Paris, A. Picard et fils, 1908, 504 p. ; et C. Bloch et A. Tuetet, *Le Comité de mendicité et la Constituante*, Paris, Imprimerie Nationale, 1911, 847 p.
3. Ainsi, B. Gibaud, *Révolution et droit d'association. Au conflit de deux libertés*, Paris, Mutualité française, 1989, 165 p. et *La protection sociale sous la Révolution française*, sous la dir. de Jean Imbert, Paris, Association pour l'étude de l'histoire de la sécurité sociale, 1990.
4. Elle paraît entre 1847 et 1862. Il n'a pas été possible de trouver, l'année du Bicentenaire, un éditeur qui republie la première histoire socialiste de la Révolution.
5. Cf. J. Jaurès, *Histoire socialiste de la Révolution française*, un livre essentiel paru entre 1901 et 1904 et réédité en 1968 par les Editions Sociales. Le Centre Jaurès de Castres vient de publier un recueil de conférences qui lui sont consacrées.
6. *La Sécurité sociale, op. cit.*, pp. 46-50. Ces hommes sont déjà des « hommes spéciaux », comme on dira au xixe siècle, quand se mettra en place l'économie sociale, des experts comme on dit aujourd'hui.
7. *Bulletin d'Histoire de la Sécurité sociale*, 18(1988), p. 5. L'article est destiné à présenter un statisticien, inspirateur des systèmes d'épargne, dont Maignet faisait grand cas : Emmanuel-Etienne Duvillard.
8. Le cinquième « compte » du dépôt de mendicité de la généralité de Soissons qu'il rédige pour l'année 1786 est publié à Soissons en 1789. Il est consacré aux « pauvres des campagnes ».

9. Cf. G. Thuillier, « Le Deuxième Rapport Barère », *Bulletin d'histoire de la Sécurité sociale*, 17(1968), et « Un observateur des misères sociales : Leclerc de Montlinot (1732-1801) », *ibid.*, 19(1989).
10. A. Forrest, *La Révolution française et les pauvres*, Paris, Perrin, 1981, 283 p.
11. Cf. G. Camin, « Pauvres et indigents à Nevers pendant la Révolution », dans *Du Nivernais à la Nièvre. Etudes révolutionnaires*, Conseil général de la Nièvre, 1989, t. IV, pp. 133-145. Ou encore, plus brièvement : *La Révolution en Haute-Normandie*, Rouen, Editions du P'tit Normand, 1988, p. 17.
12. *La Sécurité sociale, op. cit.*, p. 396.
13. Premier rapport du Comité de mendicité, 12 juin 1790, dans *La Sécurité sociale, op. cit.*, p. 409.
14. Rapport du 6 juin 1790, dans *La Sécurité sociale, op. cit.*, p. 401. J.-B. Martin, *La fin des mauvais pauvres. De l'assistance à l'assurance*, Seyssel, Champ Vallon, 1985.
15. Article XXI de la Déclaration des Droits de l'an I (24 juin 1793). Edition des différentes étapes de ce texte et commentaires dans M. Rebérioux, A. de Baecque, D. Godineau, *Ils ont pensé les droits de l'homme*, Paris, EDI-LDH, 1989, 205 p.
16. Rapport du 22 floréal an II, dans *La Sécurité sociale, op. cit.*, p. 604.
17. E. Labrousse, *Regards sur le garantisme de la Révolution française et sur le garantisme de Sismondi*. (L'origine de ce texte dont je possède un tiré à part n'a pu être retrouvée.)
18. « Ce n'est pas que nous puissions jamais oublier l'artisan des villes », écrit Barère, et d'énumérer « les carriers, les maçons, les charpentiers ». Mais, ajoute-t-il, « la préférence pour les cultivateurs, les bergers et les artisans des campagnes est trop juste, trop *urgente* (souligné par moi) pour être contestée » (Rapport du 22 floréal an II, *op. cit.*, pp. 611-612).
19. Brouillon du projet d'introduction au deuxième rapport Barère, *Bulletin d'histoire...*, *op. cit.*, 17(1968), p. 21.
20. Rapport du 22 floréal an II, dans *La Sécurité sociale, op. cit.*, p. 616.
21. Mon interprétation diffère ici, après lecture attentive des textes, de celle que donne Christine Dousset : « La Perception de la pauvreté féminine sous la Révolution, dans la législation sur l'assistance », dans *Les femmes et la Révolution française*, Actes du Colloque international d'avril 1989, éd. préparée par Marie-France Brive, Toulouse, Presses universitaires du Mirail, 1989, pp. 397-402.
22. Cf. Rapport Maignet sur l'organisation des secours à accorder aux enfants et aux vieillards (26 juin 1793), dans *La Sécurité sociale..., op. cit.*, p. 528.
23. De toutes les formules dénigrantes utilisées par Taine à l'égard de la Révolution française, celle-ci est trouvée par Jaurès particulièrement injuste, particulièrement absurde : cf. *Histoire socialiste de la Révolution française*, éd. Soboul, t. I, p. 97.
24. Décret du 22 floréal an II, *dans La Sécurité sociale, op. cit.*, titre IV, pp. 99-101.
25. Cf. l'utile présentation chiffrée de Lucien Jullian : « Y a-t-il eu une protection sociale sous la Révolution ? », *Revue de l'économie sociale*, mars 1989.
26. Rapport du 22 floréal an II, dans *La Sécurité sociale, op. cit.*, p. 614.
27. Pour un survol rapide, mais précis, cf. Catherine Duprat, « L'Hôpital et la crise hospitalière », dans *L'Etat de la France pendant la Révolution* (sous la direction de Michel Vovelle), Paris, La Découverte, 1988.
28. Rapport du 22 floréal an II, dans *La Sécurité sociale, op. cit.*, pp. 618-619.
29. *Ibid.*, p. 621.
30. Cf. *supra*, note 9.
31. Projet d'introduction au deuxième rapport Barère : cf. *supra*, note 9, p. 21.
32. Cf. article de G. Camin, cité *supra*, note 11.
33. *La Sécurité sociale, op. cit.*, pp. 467-591.
34. Barère prévoit, dans le rapport du 22 floréal, l'organisation d'une « fête annuelle du malheur ».
35. Sur sa longue durée et, peut-être, sa faible conformité au réel, un siècle plus tard en tout cas, cf. O. Faure, « L'Hôpital et le monde du travail au XIXe siècle : une relecture nécessaire », *Prévenir*, 2e semestre 1989, n° spécial intitulé : *Mouvement ouvrier et santé*.

Babeuf et la pauvreté

CLAUDE MAZAURIC

La pauvreté fut une compagne que Babeuf côtoya pratiquement sa vie durant. D'abord en ce qu'elle fut pauvreté pour lui-même et pour les siens. En vérité, une vraie pauvreté matérielle aux limites quelquefois de l'indigence et qui ne le lâcha guère dans les 37 années de son existence fébrile, depuis le temps des premières privations d'une enfance misérable jusqu'aux dernières semaines d'une fin sans ressources ; pauvreté sociale ensuite, cette pauvreté en masse des autres et des proches dont le spectacle quotidien lui révéla les déchirures profondes de l'ordre habituel des choses : un ordre tel, selon lui, que la hiérarchie sociale qu'il engendre enregistre, comme la norme, la séparation des riches d'avec les pauvres et finit par se faire reconnaître par les victimes elles-mêmes, comme une fatalité naturelle et donc éternelle. Comme d'autres parmi ses contemporains, mais bien avant et plus que bien des révolutionnaires radicaux qui n'eurent pas son audace, sa persévérance ni sa foi, et après d'innombrables prédécesseurs qui rêvèrent d'un monde duquel seraient bannies l'extrême opulence de quelques-uns et la grande misère de masses de gens, Babeuf ne se résigna pas à tenir la pauvreté pour un mal inévitable.

C'est pour éteindre le mal social de la misère de masse et, simultanément, pour effacer la pauvreté quotidienne qui ravage la vie des êtres et les poursuit inlassablement que François-Noël, de contestataire de l'ordre établi qu'il fut dans sa jeunesse d'avant 1789, devint *in fine* le « Tribun du peuple », c'est-à-dire le héraut qui en appelle à l'action du peuple lui-même. C'est devant ce peuple qui « souffre et meurt sans oser se plaindre » qu'il proclame dans le « Manifeste des plébéiens » (n° 35 du *Tribun du peuple*, du

30 novembre 1795) : « Peuple ! Réveille-toi à l'espérance, cesse de rester engourdi et plongé dans le découragement. »

Dans un manuscrit de 4 pages in 4°, datant de l'automne de 1793 et conservé à Moscou[1] mais qu'Advielle avait déjà signalé — quoique[2] seul Victor Daline nous en ait donné une transcription complète sous l'intitulé « Notes pour sa défense dans l'affaire du faux » — Babeuf évoque son enfance[3]. Il le fait avec l'intention de montrer sa bonne foi surprise dans l'affaire du prétendu « faux en écritures » qui lui valut les poursuites haineuses des notables de Roye et de Montdidier, ses adversaires politiques. Voici ce document relatif à lui-même :

« Je suis né dans la fange. Je me sers de ce mot par lequel nos anciens grands avilissaient tout ce qui n'était pas autant qu'eux éloigné de la nature ; je me sers de ce mot, dis-je, pour exprimer fortement que j'ai reçu l'être sur les durs degrés de la misère, par conséquent sur les premiers degrés du sans-culottisme. Mon père, vieux soldat, s'était trouvé réduit à falloir prendre un simple emploi de garde des fermes générales. Les appointements que je lui connus furent de 19 à 20 livres par mois. Il n'avait pas un sol de patrimoine. Ce fut avec ce salaire justement exigu qu'il éleva en partie 13 enfants dont j'étais l'aîné. Je dis qu'il éleva en partie ces 13 enfants, car la profonde misère, qui mettait sa femme dans l'impossibilité de leur administrer tous les besoins nécessaires en tua 9 en bas âge. Trois de mes frères et sœurs et moi survécûmes. »

Cette brève note autobiographique invalide les romans antérieurs imaginés par Emile, son fils, qui rêvait d'une généalogie plus reluisante, mais elle a le mérite prosaïque de nous rappeler ce qui fut, avec la grande pauvreté matérielle, l'originalité de la première enfance de Babeuf : avoir été éduqué par un père, un ancien soldat déserteur amnistié en 1755, mais qui fut capable, non sans brutalité, de dispenser à son fils aîné une instruction primaire faite de lecture, d'écriture, de rhétorique élémentaire et d'un ensemble de savoirs empiriques. Ceux-ci constituaient cette sorte de culture technique et de tours de main ordinaires dont un enfant de pauvre pouvait faire un patrimoine. C'est pourquoi le jeune François-Noël, aîné d'une famille nombreuse dont les seules ressources correspondaient au salaire minimum d'un journalier rural de Picardie, bénéficia cependant de cette richesse, rare à cette époque parmi les enfants de sa classe et de son milieu, une bonne pratique de l'écriture et une instruction minimale grâce à laquelle il put devenir ce « lettré pour la populace » qui plus tard effraya les nantis de sa province. L'on voit ici combien, dans le cas de Babeuf, l'exceptionnalité concrète de la biographie corrige la fatalité de la sociologie et comment, en cette fin de l'Ancien Régime, émerge un nouveau type historique d'individualité : le publiciste, orateur ou écrivain, issu de la plus basse roture et bientôt porte-parole de la doléance populaire. C'est aussi à ce fait que se comprennent la crise de l'Ancien Régime et l'exigence révolutionnaire du respect des Droits de l'Homme, qui inspirent la grande mobilisation populaire de 1789.

En attendant, il fut, avec sa famille, acculé aux pires difficultés, toujours sauvé *in extremis* par l'obtention d'une aide amicale, d'un secours inattendu : on songe à la vie de Marx et de sa famille à Londres dans les années 60 du siècle suivant !

On sait que Babeuf chercha dès 1789 à échapper à cette apparente fatalité de la misère. Ce fut l'une de ses motivations en rédigeant le *Cadastre perpétuel*[4], ce beau texte qui s'inscrivait bien dans l'ambiance de réforme et de régénération de l'aube de la Révolution. Pour le succès du livre dont il corrigea les épreuves au cours de l'été de 1789 en résidant à Paris, il comptait sur la collaboration et les avances du géomètre Audiffred, mais son attente fut déçue. Il chercha par la suite à gagner sa vie comme journaliste, d'abord à Paris comme chroniqueur à gages, puis en Picardie, comme fondateur et rédacteur de journaux ; *Le Journal de la Confédération* en 1790, puis le *Correspondant Picard*[5], imprimé par Devin, à Noyon, en 1791, absorbèrent toute sa talentueuse énergie rédactionnelle... Mais toujours sous le coup de poursuites pour son activité antiféodale et antifiscale au service des petites gens, il ne peut assurer la régularité de parution de ces périodiques. De ce fait, il ne put tirer de son engagement de plume qu'une notoriété régionale, considérable dans sa province, mais qui n'était pas en soi susceptible de le faire vivre. En septembre 1792 (le 17), il fut cependant élu administrateur du département de la Somme : une carrière politique s'offrait à lui mais l'affaire de « faux en écritures publiques », acte de forfaiture imaginaire exploité à fond par les bourgeois fayettistes et girondins de sa région, brisa net cet élan, et revoici Babeuf contraint à vivre dans la précarité, l'insécurité et même la prison. Désormais, ni avant ni après Thermidor, pas plus à la veille dans la clandestinité qu'au lendemain de la Conspiration pour l'égalité dans ses prisons du Temple puis de Vendôme, Babeuf ne retrouvera un semblant de ressources régulières. Il ne vécut avec sa famille, que du soutien que lui dispensaient des bailleurs de fonds, un temps intéressés par sa plume enflammée et populaire, comme Guffroy ou Fouché pendant l'automne thermidorien de toutes les équivoques, ou des amis et compagnons comme Félix Le Pelletier[6].

Mais, de tous les innombrables témoignages qui nous sont restés de la gêne matérielle éprouvée par les Babeuf, je n'ai voulu ici retenir que les évocations épistolaires de l'été de 1789[7]. Cela pour deux raisons. En premier lieu, parce que, trait de sa personnalité, ni la foi ni l'optimisme révolutionnaires de Babeuf ne sont atteints par les effets d'une révolution antiféodale qui ruine le feudiste qu'il est devenu ; le 25 juillet, n'écrit-il pas : « On dit hautement qu'on ne veut plus ni noble, ni seigneurie, ni château, ni haut clergé. On a cent fois raison, et je souscris volontiers à tous ces changements : je suis même tout disposé à donner un coup d'épaule pour opérer celui qui doit renverser ma marmite ; les égoïstes me taxeront de folie, n'importe. » En second lieu parce qu'à cette date Babeuf ne désespère pas encore de s'en sortir personnellement grâce à son talent : le constat des difficultés en acquiert encore plus de vérité. Lisons. Lettre du 25 juillet : Babeuf a réussi à gagner 42 livres et en expédie 30 à sa femme sous la forme de 10 écus qu'elle ne recevra peut-être jamais ; il ajoute, avec cette prudence que connaissent tous les pauvres : « Garde tes dix écus et ne paie pas un sou à personne, entends-tu bien ? »

30 juillet : constatant que ses créanciers féodaux ne le paieront pas, il écrit à sa femme : « Je ne suis accoutumé qu'aux malheurs, et ce qui paraîtrait devoir faire ma consolation m'échappe presque toujours. »

8 août : « Je n'arriverai donc qu'à la fin de la semaine. Il te faudra encore emprunter quelques écus pour atteindre à ce terme. Fais comme tu pourras, et tâche de prendre patience. Je suis aussi sans argent depuis plus de huit jours, et je m'estime heureux de trouver à dîner et à souper chez M. Audiffred. Mon linge est d'une extrême saleté, cependant ne m'en envoie pas. »

16 août : « Je suis désespéré, ma bonne amie, de voir la détresse où je te laisse. Ce moment m'est terrible à passer et tu sais que ce n'est pas ma faute si je ne l'ai pas évité. Je suis bien sensible aux efforts que tu fais pour moi. Je te renvoie les dix francs aujourd'hui, s'il faut que quelqu'un de nous souffre, je dois commencer le premier, j'espère pourtant que, dès demain, je pourrai te procurer quelque chose, j'attends une dizaine d'écus de la vente d'une petite brochure de quatre pages que j'ai faite, que l'on a imprimée hier, et que l'on va vendre aujourd'hui. »

20 août : « Je ne sais pas comment tu fais, mais tâche de trouver un écu de six francs encore pour toi pour passer quelques jours... » et plus loin : « Mais, au milieu du trouble continuel qui m'agite et des inquiétudes qui me travaillent, la vue apparente de quelques ressources, capables au moins de procurer du pain à ma suite, vient faire un peu diversion de temps en temps à mes sombres pensées. »

26 août : « Mais je t'engage encore à ne point perdre patience ; ne nous désespérons pas. Je te renvoie tes dix francs », somme que Victorine lui avait fait parvenir on ne sait trop comment, ni à partir de quelles économies. Le 29 août, sa femme lui fait écrire, car elle est illettrée : « Je voudrais bien que tu passes ici avant d'aller à Beauvais — où elle imagine qu'une créance sera honorée par l'abbé de Broglie, abbé commendataire de son abbaye de Beauvais — et qu'en attendant tu puisses m'envoyer, au reçu de cette lettre, deux louis pour pouvoir remplir à peu près pareille somme, que faute de rien recevoir, j'ai été obligée d'emprunter. »

A quoi François-Noël, qui ne perd pas espoir, lui répond le 4 septembre : « Il faut autant qu'on peut cacher sa propre misère. On dit bien vrai, que quand la misère nous talonne, c'est de tous côtés qu'elle s'annonce à la fois. Mais aussi, quand la fortune nous est favorable, tous les biens nous viennent en même temps. » Fol espoir, assez vite déçu car la rédaction des chroniques commandées par M. de la Tour pour *La Correspondance de Londres* [8] lui permettra simplement de régulariser sa situation et de regagner Roye après l'impression du *Cadastre perpétuel :* bref, jamais l'aisance minimale, au mieux le simple règlement des dettes ; le 26 septembre, il écrit : « Je dois tout le loyer de ma chambre à 10 livres par mois. L'argent de M. de la Tour pourra servir pour cet objet. » En fait, toutes les supputations de Babeuf relatives à l'amélioration de sa situation financière par la vente du *Cadastre perpétuel* et le règlement des chroniques destinées à M. de la Tour s'écroulèrent au cours de l'automne. « Adieu, les espérances », écrivit-il enfin [9]. Désormais, il se consacrerait à soutenir exclusivement les luttes populaires contre les droits rachetables et les impôts d'Ancien Régime : « Et pourquoi cette besogne ? écrivit-il à son frère ; est-elle bien lucrative ? Non. » Mais tout Babeuf est là : il a toujours su puiser dans la souffrance de son état et sa propre misère des raisons essentielles de combattre les injustices du monde. C'est à énoncer le sens de ce combat que nous voudrions consacrer la seconde partie de cette communication.

Faire reculer la pauvreté par un effort quotidien et concret portant sur la distribution, se donner comme projet d'abolir la misère de masse par la restructuration de l'ordre social et des dispositifs de production, tels sont les objectifs permanents du combat de Babeuf. Ce combat, il l'a conduit, non sans difficultés ni contradictions, dans une conjoncture économique elle-même tout à fait contradictoire.

Ce contraste de la misère qui là s'étend et de la prospérité qui ici s'étale, fonde la révolte idéologique et morale de Babeuf et nourrit son infatigable passion d'inventeur d'un autre mode d'organisation sociale de la communauté humaine. Nous pourrions trouver, dans la volumineuse collection de ses écrits publiés ou manuscrits, des centaines d'occurrences qui montreraient la permanence jamais démentie de cette volonté de lutte contre l'injustice et la misère sociales. J'ai voulu ne retenir ici que trois témoignages de la vérité de ce que j'avance : trois textes situés à des moments différents de la vie publique de Babeuf.

Voici en premier lieu un constat, lucide dans son éloquence, sur les effets de la crise en 1789. Dans un projet de pétition destinée à l'Assemblée constituante [10], Babeuf montre que le chômage et la cherté ont accru le nombre des pauvres, indigents et nécessiteux, bien au-delà de « ce petit nombre d'hommes abrutis dans la fainéantise et qui dès l'enfance s'était formé un fonds de revenu sur la pitié des autres » et « du petit corps auxiliaire des filous ». D'après lui, « aujourd'hui, ce sont partout des cuvées de pauvres qui viennent assiéger les portes d'autres pauvres, incapables par conséquent de les secourir » : tels sont, à ses yeux, les effets conjoints de la crise et de la concentration des richesses et des moyens de travail en un petit nombre de mains.

Second texte : dans sa lettre à Coupé de l'Oise du 10 septembre 1791, Babeuf montre clairement son irritation devant ce qu'il appelle la proclamation de la simple « égalité nominale » qu'impliquait l'acception libérale et conservatrice de la Déclaration de 1789. Babeuf voyait sa « mission fondamentale » (sic) comme devant être consacrée à la défense de la classe indigente : « J'aime à m'étendre sur ce grand sujet (…). C'est du pauvre qu'il doit être principalement question dans la régénération des lois d'un Empire : c'est lui, c'est sa cause qu'il intéresse le plus de soutenir. Quel est le but de la société ? N'est-ce point de procurer à ses membres la plus grande somme de bonheur qu'il est possible ? Et que servent donc toutes nos lois lorsqu'en dernier résultat elles n'aboutissent point à tirer de la profonde détresse cette masse énorme d'indigents, cette multitude qui compose la grande majorité de l'association ? (...) Vous avez bien pu abattre les sceptres des rois, vous constituer en république, proférer continuellement le mot saint d'Egalité, vous ne poursuivez jamais qu'un vain phantôme (*sic*) et vous n'arriverez à rien[11]. »

Dernier texte, cet extrait du « Manifeste des plébéiens » de novembre 1795, dans lequel, après avoir exalté le projet « d'administration commune », Babeuf rappelle une nouvelle fois ce que la misère sociale a de destructeur pour ceux qui en sont victimes mais aussi pour la communauté humaine tout entière : « Nous démontrerons (...) que ce gouvernement[12] est le seul dont il peut résulter un bonheur universel, inaltérable, sans mélange ; le bonheur commun, but de la société (...). Ce gouvernement fera disparaître les bornes, les haies, les murs, les serrures aux portes, les disputes, les procès, les vols, les assassinats, tous les crimes ; les tribunaux, les prisons, les gibets, les peines, le désespoir que causent toutes ces calamités ; l'envie, la jalousie, l'insatiabilité, l'orgueil, la tromperie, la duplicité, enfin tous les vices ; plus (et ce point est sans doute l'essentiel), il fera disparaître le ver rongeur de l'inquiétude générale, particulière, perpétuelle, de chacun de nous, sur notre sort du lendemain, du mois, de l'année suivante, de notre vieillesse, de nos enfants et de leurs enfants[13]. »

La misère sociale est une réalité, soit. Mais comment en sortir ? Ce fut pour Babeuf la question décisive : au vrai, la seule qui l'ait intéressé. On connaît l'enthousiasme qu'il manifesta à la lecture de la brochure de l'avocat Collignon, *L'Avant-coureur du changement du monde entier par l'aisance, la bonne éducation et la prospérité générale de tous les hommes, ou prospectus d'un mémoire patriotique sur les causes de la grande misère qui existe partout et les moyens de l'extirper radicalement*. Mais, dans cette lettre à Dubois de Fosseux du 8 juillet 1787, où se manifeste cet enthousiasme, le seul reproche que Babeuf puisse faire au projet du réformateur « du monde entier » c'est son caractère utopique, c'est-à-dire détaché de toute ambition politique : « Mais que j'aime le Réformateur général ! C'est bien dommage (*sic*) qu'il laisse ses moyens en blanc ! » s'écrie Babeuf[14].

On le voit, dès 1787, la démarche de Babeuf est essentiellement pratique. C'est dans la réalité sociale qu'il veut instituer un ordre fondé sur l'excision de la misère et non seulement dans le ciel des idées. C'est pourquoi, comprendre en sa vérité le projet babouvien d'abolition du paupérisme suppose de bien en saisir en même temps et organiquement l'ambition théorique et la dimension politico-organisationnelle. Avant, comme depuis le colloque de Stockholm qui fit en 1960 le point sur les études babouvistes, tous les auteurs ont insisté sur cette originalité de l'action et de la pensée de Babeuf. De Buonarroti à Dommanget en passant par Advielle et Jean Jaurès, comme de Lefebvre à Daline en passant par Soboul et Jean Bruhat, chacun s'est employé à valoriser le caractère « agissant » (J. Bruhat) du « communisme » de Babeuf. Moi-même, dans mon livre de 1962, j'avais fortement insisté sur ce point. Aussi, ne redirai-je pas ici ce qui a tant de fois été démontré et illustré[15]. Qu'on me permette cependant de préciser en quelques traits principaux ce qui fut l'essentiel de ce que j'appellerai, dans sa trajectoire spécifique, le « babouvisme de Babeuf ».

En fin de parcours, le projet de Babeuf est incontestablement un *communisme*. Un communisme au service de la communauté des hommes, c'est pourquoi je le qualifie quelquefois de *communautarisme*; Babeuf, lui, parlait de l'*Association*, énoncé dont le succès ira grandissant au XIXe siècle. Le communisme de Babeuf présente une double originalité : la première réside dans la proposition émise dès 1786 de réaliser la « communauté des travaux »[16]. En 1786, celle-ci n'impliquait pas encore la propriété commune, c'est-à-dire l'abolition de la propriété privée de la terre et des moyens de travail à laquelle Babeuf n'adhéra virtuellement que l'année suivante[17]. Il n'était encore question que de travaux en commun entre « associés », de « fermes collectives », d'ateliers coopératifs. Je ne disputerai pas à nouveau pour savoir si Babeuf demeura *ne varietur* attaché à son idée tout au cours de la Révolution[18] mais il reste qu'en 1795, comme le prouvent les fameuses lettres d'Arras à Germain et le « Manifeste des plébéiens », Gracchus Babeuf, qui avait antérieurement soutenu, peut-être par tactique, les projets de « loi agraire », défend le double mécanisme de la « communauté des biens » et autant que faire se peut, la « communauté des travaux ». Mais ce communisme fondé sur un nouveau type de propriété sociale, ou « nationale », et de travaux conduits en commun pour une part de la production sociale, c'est-à-dire celle qui sera distribuée, admet et même généralise l'exploitation familiale privative et préconise la coopération. La seule forme de collectivisme généralisé concerne la distribution, notamment la distribution des subsistances. En quoi, avec Georges Lefebvre et Ernest Labrousse, nous pouvons dire que ce communisme est un « communisme de distribution ». Mais on voit bien que cette organisation alternative s'inscrit en contrepoint systématique du système économique dominant, doublement contrôlé par le capital marchand et par la rente propriétaire avec les phénomènes de concentration en peu de mains de la terre et des moyens de production.

Le projet babouviste de refonte de la société, refonte généralisée en termes de perspective longue mais processive, patiente et transactionnelle en termes de stratégie politique et de réalisation concrète, reposait sur la subordination de l'appareil économique et des formes de la vie sociale à la direction politique d'un pouvoir révolutionnaire conquis de haute lutte. En cela, le projet babouviste, fondateur d'un Etat nouveau chargé de réaliser la transition entre l'ancienne société et la future, anticipait sur le modèle de la « dictature du prolétariat » comme on dira au siècle suivant[19]. L'inspiration évidente, et d'ailleurs reconnue tant par Babeuf dans le « Manifeste des plébéiens » que par Buonarroti dans *La Conspiration*..., on l'avait puisée dans la théorie et la pratique du gouvernement révolutionnaire jacobin de l'an II, mais le dispositif envisagé reposait sur un compromis lentement négocié entre les exigences basistes et décentralisatrices de la sans-culotterie parisienne et les visées centralistes des anciens cadres politiques de l'an II qui avaient eu l'expérience de la passivité populaire, hors les moments d'insurrection, dans une France majoritairement paysanne. De ce fait, la meilleure part dans la mise en forme stratégique du pouvoir révolutionnaire revenait à l'élite dirigeante : une élite soigneusement sélectionnée pour ses qualités morales et son abnégation, mais une élite cependant peu nombreuse et presque inaccessible. Effet de la clandestinité forcée de l'an IV érigée en modèle ou majoration du phénomène par l'ancien franc-maçon Buonarroti, futur fondateur de sociétés secrètes jusqu'en 1837, il demeure que la forme élitaire et délégataire du projet politique des Egaux a longtemps fait partie de la panoplie politique du communisme révolutionnaire. Avec la double fonction assignée à la « dictature » transitoire et provisoire : réprimer les velléités de résistance polymorphes des anciennes classes dirigeantes — c'est l'aspect destructeur — et instruire les générations des bienfaits de la nouvelle communauté — ce qui en est l'aspect constructeur. Ce modèle a trouvé une seconde vie dans une part de la pensée léniniste et bolchevique[20].

De tout cet ensemble de dispositions rapidement évoquées, que conclure ? Assurément, que Babeuf n'a pas abordé ni traité la question sociale de manière étroite ou médiocre, comme le firent ces gestionnaires empiriques qui faisaient bon marché de la souffrance quotidienne et de l'avilissement ou de l'oppression des pauvres. Face au grand débat philosophique qui oppose l'universalité abstraite de la justice et le caractère concret et personnel de la charité, Babeuf se situe avec originalité du côté de ceux qui veulent fonder en priorité un *ordre social juste*, mais sans ignorer, comme dans le « Manifeste des plébéiens », le caractère d'incitation à la justice et à la solidarité de l'acte concret de charité, ni mésestimer non plus la force de la prédication du Nazaréen, le « sans-culotte » Jésus comme a dit Buonarroti[21]. Craignant que l'exigence d'une justice abstraite ne conduise à masquer la nécessité d'une vraie solidarité vécue, dans son *Traité des vertus*, Vladimir Jankélévitch écrit que « la justice est à la charité comme le négatif au positif, ou comme le clos à l'ouvert, comme le bon sens conservateur à l'invention créatrice » (p. 421). Voilà bien un risque que l'on ne court pas avec Babeuf ! Si nous n'hésitons pas à le situer du côté du créatif et de l'imaginatif, c'est qu'il n'a jamais pu se satisfaire, même en paroles, de l'état des choses existant — sous quelque parure qu'on le présentât — ni d'une simple affirmation abstraite.

Mais la réponse qu'il nous a proposée est une réponse datée. Babeuf est un homme du XVIIIe siècle. Certes, il est en avance sur son temps lorsque, par exemple, dès 1786, il préconise l'émancipation des femmes, « la moitié du genre humain », avec celle des serfs de Russie et des esclaves des colonies[22] mais nous ne pouvions attendre de lui que sa pensée légifère pour un monde qu'il n'a fait qu'entrevoir. La productivité du travail, les révolutions techniques, l'intégration des savoirs de caractère scientifique dans les processus de la production matérielle, Babeuf ne les a conçus que comme des moyens possibles d'alléger la peine des hommes, non comme un levier pour la croissance des ressources... Buonarroti dira même que de « nouveaux progrès ne sauraient rien ajouter au bonheur réel de tous » et Sylvain Maréchal dans *Le Manifeste des Egaux*, contre l'avis de Babeuf qui jugea la formule excessive, proclama : « Périssent, s'il le faut, tous les arts pourvu qu'il nous reste l'égalité réelle. »

Peu avant la Conspiration, juste après Thermidor, dans les folles brochures antirobespierristes qu'il publia, Babeuf, qui venait d'adopter le patronyme de Gracchus, imaginait même que, si le nombre des vivants dépassait la quantité des ressources disponibles, il vaudrait mieux, à la différence des robespierristes « populicides », qui tuaient les gens pour en mettre le nombre au niveau des subsistances, diminuer la part de chaque « associé ». L'on sait, d'autre part, que les babouvistes préconisaient la stricte égalité dans la répartition des biens de consommation puisque nul ne saurait prétendre à la supériorité des « talents », cette chimère. De ce point de vue, la pensée de Babeuf s'inscrit dans le champ des idées sociales comme une anticipation de celle de Malthus, même si l'intention morale et l'orientation de classe s'inscrivent aux antipodes de celles de l'auteur de l'*Essai sur la population*[23].

Mais, homme du XVIIIe siècle, Babeuf l'est encore plus lorsqu'il refuse ce qui était encore l'idéologie dominante dans le traitement de la question sociale, c'est-à-dire cette misère de masse dont le constat préoccupait philosophes et hommes d'Etat depuis le XVIIe siècle. Plaçons-nous en 1634, à l'époque où Monsieur Vincent fondait hôpitaux et institutions charitables tandis que la monarchie, en voie de devenir « absolutiste », entreprenait de « régler » la question, non du paupérisme, mais des pauvres. Dans les conférences hebdomadaires du Bureau d'Adresse qu'animait Théophraste Renaudot, eut lieu une longue discussion sur les pauvres[24]. « Il fut dit, qu'il y a trois sortes de pauvres. Les uns qui le sont en effet et se disent tels ; les autres qui se disent l'être et ne le sont pas ; les troisièmes qui ne le disent pas, encore qu'ils le soient. » A chacune de ces catégories, le rapporteur assigne une destinée particulière : les premiers pourront faire appel à la charité ; pour les seconds, les maisons de force et, pour les « pauvres honteux », l'enfermement ; et de conclure : « Je soutiens donc qu'il faut contraindre les valides au travail, en les enfermant et chastiant, voire les envoyer aux galères comme le veut l'Ordonnance du Roy François Ier plutôt que de souffrir leur désordre. » Quant aux intervenants successifs — le deuxième préconisant une charité universelle, le troisième craignant qu'elle n'habitue le pauvre à sa fainéantise, le quatrième estimant que le spectacle de la pauvreté des pauvres est un rappel au devoir de piété et le quatrième opinant en faveur du travail forcé sur le modèle des « pays étrangers » — l'Angleterre —, aucun ne remet en question la nomenclature initiale sur laquelle a fonctionné tout l'Ancien Régime et pour une large part le nouveau. Or, quel est l'effet de cette typologie ? *Il est de rendre le pauvre responsable de sa pauvreté ;* le paupérisme n'était pas dès lors un mal social, ni un effet induit par l'organisation de la cité de Dieu telle qu'elle paraissait immuablement édifiée.

C'est précisément contre ce fatalisme, inévitablement injuste et répressif, qu'a réagi le révolutionnaire Babeuf. Peut-être y a-t-il été conduit par l'expérience qu'il fit de la pauvreté subie, lui qui avait pourtant, presque par hasard, reçu tant de moyens d'y échapper personnellement ? Peut-être y a-t-il été porté par l'élan collectif qui ébranlait les structures, les croyances, les mentalités dominantes de l'Ancienne France en cette fin du XVIIIe siècle ? Peut-être enfin fut-il guidé dans sa quête de la justice par sa pratique de feudiste « découvrant » dans les terriers « les mystères des usurpations de la caste noble » comme il l'écrivit rétrospectivement en 1795. Toujours est-il que, si François-Noël Babeuf, dit Gracchus, nous paraît aujourd'hui encore si moderne malgré l'archaïsme de pans entiers de sa pensée économique, c'est en raison de l'exigence morale qu'il a inlassablement produite jusqu'à en mourir : refuser la fatalité de la misère pour fonder l'unité de la communauté régénérée des hommes sur le seul sentiment qui la puisse rendre heureuse : *la fraternité*[25].

1. Archives de l'IML, Moscou, F. 223, inv. 1, n° 395.
2. Victor Advielle, *Histoire de Gracchus Babeuf et du babouvisme, d'après de nombreux documents inédits*, Paris, chez l'auteur, 1884, t. 1, p. 505 (rééd. : Genève, Slatkine, 1978).
3. Victor Daline, *Gracchus Babeuf à la veille et pendant la Révolution française*, Moscou, Ed. du Progrès, 1987 (2e éd.), p. 35 (en français) ; Robert Legrand, « Les Prisons de Babeuf », *Bulletin de la Société d'Emulation historique et littéraire d'Abbeville*, 1976.
4. *Œuvres* de Babeuf, t. 1 : *Babeuf avant la Révolution*, publiées par V. Daline, A. Saitta, A. Soboul, Paris, Commission d'Histoire économique et sociale de la Révolution française, 1977, pp. 359-404.
5. Cf. V. Daline, *op. cit.*, p. 645 pour les références, et pp. 214, puis 22 sq pour le contenu de ces journaux.
6. Je renvoie ici à mon ouvrage *Babeuf, Ecrits*, Paris, Ed. Messidor, 1988, pp. 213-231.
7. Cf. *Œuvres*, t. 1, *op. cit.*, pp. 339-355, lettres 108 à 119.
8. *Inventaire des manuscrits et imprimés de Babeuf*, par V. Daline, A. Saitta, A. Soboul (coll. « Instructions, bibliographie et recueils de textes », nouvelle série, n° 10 de la Commission d'Histoire économique et sociale de la Révolution française), Paris, BN, 1966, pp. 5-6, n° 22 ; et *Œuvres*, t. 1, n° 205, pp.297-311 ; cf. aussi *Babeuf, Ecrits, op. cit.*, p. 148.
9. Cité par V. Daline, *op. cit.*, p. 169.
10. « Mémoire à l'Assemblée nationale et délibération de la paroisse d'Aury-le-Grand sur les impôts et la mendicité », Roye, novembre 1789, 6 p. brouillons, cité par V. Daline, *op. cit.*, pp. 163-164 ; cf. *Inventaire...*, I, n° 27, p. 6.
11. Cité par Maurice Dommanget, *Pages choisies de Babeuf*, Paris, A. Colin, 1935 (préface de Georges Lefebvre), p. 344.
12. « Ce gouvernement », entendons celui qui réalisera la communauté des biens et des travaux autorisant ainsi « l'administration commune ».
13. *Le Tribun du peuple*, n° 35, 9 frimaire an IV (30 novembre 1795), cité dans *Babeuf, Ecrits, op. cit.*, p. 279.
14. Le prospectus de la brochure de Collignon est conservé à la Bibliothèque municipale de Rouen : rééd. Edhis, Paris, 1966 ; cf. A. Ionnissian, « Sur l'auteur de *L'Avant-coureur* », *Annales historiques de la Révolution française*, 184(1966), pp. 1-14.
15. *Babeuf et la Conspiration pour l'Egalité*, Paris, Editions Sociales, 1962 ; sur le colloque de Stockholm, *Babeuf et les problèmes du babouvisme*, Paris, Editions Sociales, 1963 (pour l'historiographie, cf. mon état des questions, pp. 283-309) ; Jean Bruhat, *Gracchus Babeuf et les Egaux ou le « premier parti communiste agissant »*, Paris, Librairie Académique Perrin, 1978.
16. Cf. La lettre dite « sur les fermes collectives », en fait un long manuscrit expédié à Dubois de Fosseux, conservé à Moscou et daté du 1er juin 1786 ; cf. *Œuvres*, t. 1, *op. cit.*, pp. 79-118 ; des extraits dans *Babeuf, Ecrits, op. cit.*, pp. 90-111.
17. Cf. Lettre à Dubois de Fosseux du 8 juillet 1787 ; cf. *Œuvres*, t. 1, *op. cit.*, pp. 214-217.
18. Cf. mon article « Le Rousseauisme de Babeuf », *Annales historiques de la Révolution*

française, 170(1962), et l'argumentation en réponse de Victor Daline, *Gracchus Babeuf, op. cit.*, pp. 27-29, 355-360 et 488-489.

19. Cf. C. Mazauric, *Jacobinisme et révolution*, Paris, Editions Sociales, 1984, « Buonarroti et l'archaïsme révolutionnaire, relecture de la *Conspiration pour l'Egalité* », pp. 275-301 ; et du même, « La Fonction de l'Etat dans la conception jacobine et babouviste de la transition », Congrès international de philosophie dialectique, Societas Hegeliana, Paris-X-Nanterre, 1988.

20. Tamara Kondratieva, *Bolcheviks et jacobins, itinéraire des analogies*, Paris, Payot, 1989.

21. « Le Manifeste des plébéiens » (cf. *Babeuf, Ecrits, op. cit.*, p. 271). Buonarroti évoque « le législateur des chrétiens » : cf. *La Conspiration pour l'Egalité*, t. 1, p. 27.

22. Cf. la lettre déjà citée du 1er juin 1786.

23. Cf. *Babeuf, Ecrits, op. cit.*, pp. 213-217, et surtout pp. 227-239.

24. *Première centurie des questions traitées en conférences du Bureau d'Adresse...*, dédiée à M. le Cardinal, à Paris, au B. d'A., 1634 ; cf. 35e conférence (2) du 19 avril 1634 : « Du règlement des pauvres ».

25. Marcel David, *Fraternité et Révolution française*, Paris, Aubier, 1987.

Le citoyen et les pauvres dans le discours révolutionnaire liégeois[1]

PHILIPPE RAXHON

« On voit partout dans les auberges, dans les cafés, les plus chétives tavernes, d'habiles commentateurs de gazettes ; l'homme, même le moins instruit, le moins lettré en apparence, disserte, assis devant un pot à bière, tant sur les Droits de l'Homme que sur les autres questions de morale publique (...). Les questions importantes sur lesquelles nous entendons déraisonner ici de toutes parts, ne peuvent, sans doute, être décidées par un charbonnier, un armurier, mais le but, les résultats peuvent être sentis et saisis mieux encore que par les philosophes (...). C'est du sein de la masse que jaillissent les lumières dont la philosophie a répandu les premières semences », écrivait Georges Forster, au cours de son séjour à Liège au début de la Révolution.

Notre approche de la question se limite à appréhender la première révolution liégoise de 1789 qui s'achève en janvier 1791, au moment où les troupes autrichiennes pénètrent dans la ville pour restaurer le prince-évêque dans tous ses pouvoirs.

Deux autres périodes mériteraient une étude approfondie. La première couvre la charnière des années 1792-1793, de novembre à mars, lorsque les troupes de Dumouriez libèrent et occupent Liège, qui se met au rythme de la France en érigeant une Convention nationale élue au suffrage universel, puis en votant la réunion du pays de Liège à la République française. La seconde période concerne les années postérieures à 1794, lorsque Liège est définitivement démembrée et rattachée à la France, tout en traversant une crise socio-économique grave qui ébranle les structures sociales liégeoises.

I. Panorama de la principauté de Liège à la veille de la Révolution. Un Etat bien engagé dans la révolution industrielle

II. La misère à Liège, illustrée par le peintre Léonard Defrance, et ses remèdes : de la peur au paternalisme épiscopal du prince-évêque Velbruck

La pauvreté était alors généralisée et des événements comme une récolte mauvaise ou le passage de troupes pouvaient faire basculer dans l'indigence, et même le dénuement total, une large tranche de la population qui vivait au seuil de la pauvreté. On estime que 20 % de la population de la ville de Liège vivait dans la misère et dépendait pour sa survie des secours de la charité. Ce n'est qu'avec la Révolution française qu'on assistera à l'émergence du processus qui consiste en la prise en charge par l'Etat de l'aide sociale, auparavant assumée par l'Eglise.

Trouver un remède à une misère généralisée fut l'un des soucis du mouvement des Lumières. La tolérance du prince-évêque Velbruck, les nombreuses relations avec la France, le développement de l'imprimerie liégeoise permettent la diffusion des idées nouvelles dans la principauté de Liège. Le juriste liégeois Jacques de Heusy, auteur d'un *Essai sur le projet de l'établissement d'un hôpital général dans la ville de Liège, sur celui d'extirper la mendicité, de la prévenir et d'occuper utilement les citoyens* (s.l., 1773), s'élevait contre les projets d'un hôpital général, car on y regroupe, au détriment de leur santé, « le vieillard, l'enfant, le vagabond, le mauvais citoyen et souvent le scélérat (...). Les hôpitaux, loin de remédier à la pauvreté, la rendent incurable, parce qu'enfin il est contraire à l'humanité de priver un individu de sa liberté simplement parce qu'il est indigent (...). Voit-on en effet dans la nature, une loi qui condamne les vieillards à périr sans secours, parce que le ciel ne les a pas fait naître nos concitoyens ? (...) Ce sont des pères de famille estimables par le sentiment, par la candeur et la pureté de leurs mœurs, ce sont nos frères, et leur refuser de quoi soutenir les restes d'une vie dont ils ont employé une partie au travail, c'est renoncer au titre de Nation compatissante ».

55 % de la population est employée dans l'agriculture, 15 % dans l'industrie, le reste se consacre à l'artisanat, la domesticité, le négoce,

le clergé et les professions libérales. 90 % de la population vit à la campagne.

La propriété foncière est excessivement mal répartie : les terres riches de Hesbaye sont propriété des abbayes, les paysans pauvres vivent sur les terres les moins fertiles, comme la Campine ou la Fagne.

Le pauvre est dans la dépendance de son travail de manouvrier, dont l'absence de statut rend particulièrement fluctuante toute situation de ce type. Mais en général, le sort de l'ouvrier n'est pas sûr. Certaines professions sont assez rémunératrices (armuriers, houilleurs), mais beaucoup de petites entreprises artisanales (clouterie, fonderie...) connaissent des crises fréquentes. La pléthore de main-d'œuvre a créé un sous-prolétariat urbain avant même le développement de la grande entreprise. Elle favorisera d'ailleurs l'expansion de l'industrie en lui assurant une main-d'œuvre à bon marché.

III. L'explosion révolutionnaire du 18 août 1789, le rôle du quatrième état défini par l'historien belge Henri Pirenne (seulement en 1921, après plus d'un siècle d'oubli historiographique).

Le prince-évêque Hoensbroech, pour prévenir la révolte, avait lui-même soulevé la question sociale et les conséquences de l'inégalité devant l'impôt, en s'adressant à son clergé le 13 août 1789 : « Vénérables, Nobles, très chers et bien-aimés confrères ! L'inégalité dans la répartition des impôts est depuis longtemps un fardeau pour mon cœur. Les calamités dont le cours de cette année a été rempli, en ont aggravé le poids, et m'engagent à convoquer mes Etats, pour s'occuper à chercher les moyens les plus propres à soulager la plus nombreuse partie de mes fidèles Sujets. »

IV. La majorité de la population pauvre était exclue de la décision politique : attitude des révolutionnaires à cet égard :

Ambiguïté de la constitution d'une garde bourgeoise.
Les réformes envisagées par les révolutionnaires du 18 août sont plus politiques que sociales.

Une des premières mesures du nouveau Conseil communal est d'un laconisme éloquent : « Le Conseil, souhaitant qu'aucun ouvrier ne soit détourné de son travail, requiert tous les citoyens de bonne volonté de se faire inscrire chez Messieurs les Commissaires des Quartiers respectifs, afin d'en connaître les noms et le nombre... »

V. Une deuxième révolution. Emeutes de la faim en octobre 1789 : la révolution contre la révolution

Le partage entre les pauvres de Liège des capitaux du prince-évêque G. De Berghes, dont les revenus étaient auparavant distribués par les curés des paroisses.

La réforme constitutionnelle du 12 octobre 1789.

Un nouveau « Plan de Municipalité » en vue d'élections : exclusion du « citoyen passif », malgré les efforts du courant démocratique franchimontois.

Conséquences internationales des insurrections liégeoises.

Rôles des sans-noms dans la guerre révolutionnaire liégeoise.

Le mythe de Grégoire Chapuis, ou comment un apôtre de la liberté devient le symbole de l'action caritative libérale belge au XIXe siècle.

---

1. N'ayant pu se déplacer pour le colloque, pour des raisons de santé, M. Raxhon a accepté que nous éditions toutefois le synopsis qu'il nous avait envoyé.

Les irreprésentables[1]

PIERRE ROSANVALLON

L'idée traditionnelle de représentation consiste à faire dériver un organe politique de la structure sociale. Elle présuppose donc une sociologie implicite, car ce sont des ordres, des classes et des corps, constituants de base de la structure sociale, qui sont représentés. Les plus pauvres sont-ils représentables dans cette perspective ? Rien n'est moins sûr. Ils ne constituent pas un ordre, une classe ou un corps. Ils indiquent plutôt un manque, une faille du tissu social ; ils constituent un résidu qui est, au sens propre du terme, irreprésentable. On peut d'ailleurs se demander si ce n'est pas la même caractéristique qui fait actuellement des chômeurs un *groupe purement virtuel*, sans représentants (voir l'échec des syndicats de chômeurs). D'où la tendance dans ces cas à laisser s'effacer une population derrière le problème qui la définit. On parle du paupérisme plus que des pauvres, du chômage plus que des chômeurs ; ou bien une logique de la présentation (l'enquête) se substitue à celle de la *représentation*.

L'idée moderne de représentation est différente. Elle dérive d'un droit naturel lié à l'appartenance au corps social. Mais comment définir cette appartenance ? Le critère de nationalité est bien sûr premier. Mais pour des raisons pratiques, et *indissociablement philosophiques*, les législations électorales ont donné, depuis la Révolution, une grande importance au critère du *domicile*. D'où le problème, pour les instables et les exclus, les « nomades » pratiquement privés de la citoyenneté.

On réfléchira sur ces deux approches — ancienne et moderne — de la représentation en tant qu'elles concernent les populations pauvres et marginalisées, en suivant les débats sur le droit de suffrage pendant la Révolution et au cours du XIXe siècle.

---

1. Ce texte est le résumé, rédigé par lui-même, de la communication de Pierre Rosanvallon.

Rapport de synthèse

YANNICK MAREC

Ce atelier était consacré à la période révolutionnaire comme moment fondateur de nouvelles représentations et de nouvelles pratiques sociales. Dans ce cadre très général, les cinq communicants ont centré leurs interventions à la fois sur le problème de la représentation des plus pauvres et sur les questions relatives à la nature de la Révolution qui sous-tendent celles concernant la prise en compte de l'extrême pauvreté.

Les plus pauvres pouvaient-ils être représentés ? Tel sera le premier axe suivant lequel j'organiserai cet essai de synthèse.

Ensuite j'évoquerai ce que l'on peut appeler le primat du politique sur le social qui semble avoir été une des caractéristiques principales de la Grande Révolution.

Cela n'a pas été sans influencer les modalités de la prise en compte de l'extrême pauvreté par les révolutionnaires de 1789. C'est cet aspect que j'aborderai dans une dernière partie, tout en précisant les limites de l'action menée par les révolutionnaires en faveur des plus pauvres.

I. LES PLUS PAUVRES POUVAIENT-ILS ÊTRE REPRÉSENTÉS ?

A. *Des irreprésentables ?*

C'est une question que pose d'emblée Pierre Rosanvallon lorsqu'il évoque les irreprésentables. Il suggère en effet que l'idée traditionnelle de représentation consiste à faire dériver un organe politique de la structure sociale. Dans cette perspective, les plus pauvres ne paraissent guère être représentables dans la mesure où ils ne constituent ni un ordre, ni une classe ou un corps. Ils indiquent plutôt un manque, une faille du tissu social non susceptible de représentation. De plus, à partir de la Révolution, l'idée d'une représentation des catégories sociales est récusée. On est dès lors dans le domaine de la citoyenneté.

Faisant une analogie avec le groupe purement virtuel des chômeurs, Pierre Rosanvallon estime qu'il y a une tendance à laisser s'effacer une population derrière le problème qui la définit. On parle ainsi du paupérisme plus que des pauvres et bien souvent une logique de la présentation sous forme d'enquête se substitue à celle de la représentation.

Madeleine Rebérioux estime, de son côté, que le problème de la richesse ou de la pauvreté n'a pas été central dans les débats de l'Assemblée constituante. Les différenciations politiques se sont opérées surtout en fonction de la question de la propriété et de la dépendance. Ainsi, comme les domestiques dépendants de leur maître, les femmes riches dépendantes d'un mari n'avaient pas droit à l'expression politique. Selon une intervention de Michelle Perrot, cette question de la dépendance mériterait cependant d'être précisée, en particulier en ce qui concerne le statut des femmes. Pierre Rosanvallon pense qu'il faudrait faire intervenir le rapport privé/public pour arriver à une compréhension plus complète du rôle de la dépendance, mais il admet que le modèle explicatif perd toute efficacité en cas de lutte sociale majeure.

B. Les révolutionnaires ont-ils cherché à représenter les pauvres et les plus démunis ?

Répondre à cette interrogation signifie évoquer l'existence ou non d'une représentation spécifique de l'extrême pauvreté. Or, comme le remarque Edna Hindie Lemay, la correspondance des députés à l'Assemblée constituante ne fait aucune mention des pauvres. Dans une société très marquée par la misère, l'habitude de la côtoyer semble rendre insensibles ceux qui sont un peu plus riches. On parle très peu des pauvres en tant que tels. Toute la restructuration constitutionnelle du royaume vise à donner plus de bonheur à un plus grand nombre de personnes, les pauvres faisant partie du peuple que les députés sont censés représenter.

Edna Hindie Lemay note que Mirabeau a fait adopter la notion de peuple susceptible de rassembler le plus grand nombre et qui présente l'avantage d'évacuer le problème de la peur sociale des privilégiés qu'il s'agit d'attirer vers le Tiers Etat et cela contrairement à Robespierre qui proclamera en 1791 : « Nous sommes les sans-culottes et la canaille. »

C'est que le bas peuple fait peur parce qu'il peut facilement recourir à l'émeute ; et ceux qui n'ont rien font encore plus peur. Il est d'ailleurs difficile de distinguer, dans le vaste monde des travailleurs, les pauvres qui n'ont rien de ceux qui n'ont que le strict nécessaire. Dans ces conditions, le problème du partage du pouvoir politique que réclame le Tiers Etat avec ceux qui sont dépourvus de tout devient encore plus difficile à résoudre. Il l'est d'autant plus que la démocratie issue de 1789 semble s'être caractérisée par le primat du politique sur le social.

II. LE PRIMAT DU POLITIQUE SUR LE SOCIAL

A. *Le problème de l'inégalité sociale était-il central pour les révolutionnaires ?*

En principe égaux en droit, malgré des limites importantes, les citoyens apparaissent responsables de leur destinée. Comme le fait remarquer Claude Mazauric, on retrouve là une conception de l'organisation sociale qui, selon lui, a fonctionné pendant l'Ancien Régime et qui s'est prolongée pour une large part dans le nouveau. En rendant le pauvre responsable de sa pauvreté, on évacue le problème du paupérisme comme mal social et on justifie l'inégalité sociale au nom de l'égalité politique.

Et cela d'autant plus que l'origine sociale, comme les conceptions sociales de la plupart des représentants du peuple, ne les mettent pas en mesure de tenir compte de l'extrême pauvreté. Claude Mazauric souligne d'ailleurs la singularité de Babeuf à cet égard. La pauvreté fut en effet une compagne qu'il côtoya pratiquement sa vie durant, si l'on excepte quelques années antérieures à la Révolution lorsqu'il s'installa comme arpenteur-commissaire à terrier.

Cette singularité le distingue des autres dirigeants révolutionnaires et des représentants du peuple qui, pour la plupart, estiment que la résolution du problème social passe par la propriété et le travail. Edna Hindie Lemay, analysant l'action des marchands négociants présents dans l'Assemblée constituante, montre que les discussions relatives au soulagement des pauvres dénotent une vision plus négative des pauvres, particulièrement des mendiants accusés de fainéantise. Ainsi, le marquis de Crillon, qui consent à admettre que la fainéantise constitue un vice et non un crime, pense qu'il faut donner aux mendiants l'habitude du travail pour les ramener dans la société.

Si les débats parlementaires révèlent que dans l'ensemble les constituants estiment que la société a une dette envers les pauvres, il n'en demeure pas moins que c'est la voie du travail qui doit les faire entrer dans le monde des nantis ou des employés. A la limite, nul n'est pauvre s'il est en état de travailler ou d'économiser — l'épargne, fruit du labeur, constituant une vertu cardinale, pour Mirabeau notamment.

B. *Représentation politique et pauvreté*

Dans ces conditions, l'inégalité des fortunes ne semble pas être un mal irrémédiable susceptible de remettre en cause les fondements de la société et de la démocratie issues de 1789. Celles-ci accordent, en revanche, une place bien plus importante à la notion de représentation politique des citoyens, bien qu'elle demeure limitée.

Selon Philippe Raxhon, la majorité de la population pauvre était exclue de la décision politique avant 1789 dans la principauté de Liège. L'explosion révolutionnaire du 18 août a-t-elle contribué à modifier radicalement cette situation ? Rien n'est moins sûr, le nouveau conseil communal cherchant surtout à éviter que les ouvriers ne soient détournés de leur travail. Après la réforme constitutionnelle du 12 octobre 1789, malgré les efforts du courant démocratique, l'exclusion des citoyens passifs n'a fait que consacrer l'absence de représentation politique du quatrième état.

La Révolution a cependant cherché à prendre en compte le problème de la pauvreté et de l'exclusion, mais avec des modalités qui mettent en évidence les limites des mesures adoptées par les révolutionnaires.

III. MODALITÉS ET LIMITES DE LA PRISE EN COMPTE DE LA PAUVRETÉ ET DE L'EXTRÊME PAUVRETÉ

A. Quelles ont été les principales caractéristiques des mesures prises pour combattre la misère ?

Philippe Raxhon, après avoir rappelé l'importance de la misère qui régnait dans la principauté de Liège à la veille de la Révolution, évoque le paternalisme du prince-évêque Velbruck, tout en précisant l'évolution des conceptions concernant la manière de résoudre le paupérisme. Ainsi, trouver un remède à une misère généralisée fut l'un des soucis du mouvement des Lumières, généralement très critique à l'égard des hôpitaux qui étaient accusés de rendre incurable la pauvreté et de nuire à la liberté individuelle des indigents. Avec la Révolution, on assiste aussi à l'émergence du processus qui consiste en la prise en charge par l'Etat de l'aide sociale auparavant assumée par l'Eglise.

La critique de la charité ou de l'assistance traditionnelle est également évoquée par Madeleine Rebérioux qui brosse un tableau des réalisations révolutionnaires en matière de lutte contre la pauvreté, du Comité de mendicité au rapport Barère, en soulignant l'importance des ruptures introduites par les révolutionnaires en matière de secours. Ainsi, dès 1790, le Comité de mendicité a fait le choix du droit à la subsistance pour tout homme, en refusant en même temps la charité privée, individuelle ou collective. Sous la Convention, Robespierre fait adopter le principe que la société doit la subsistance aux citoyens malheureux. Madeleine Rebérioux insiste aussi sur le fait que le rapport de Barère, de 1794, est le contraire d'un projet utopique. Avec lui, la Convention a mis sur pied un plan d'ensemble très précis, en donnant, dans un premier temps, une priorité aux campagnes et surtout aux cultivateurs. Le rapport de Barère n'est donc pas une utopie et il manifeste une démarche réglementariste qui témoigne d'un souci de réalisme.

Durant ces quatre années, la question des pauvres, sans accéder au rang des grands problèmes politiques débattus dans les Assemblées révolutionnaires, a donc été un souci important d'un nombre non négligeable de représentants organisés, et ce souci s'est accentué avec l'approfondissement de la Révolution. Fruit de la peur sociale, de la compassion et d'une nouvelle vision de la société qui s'ancre dans une philanthropie, une aspiration à laïciser et à nationaliser la charité, la volonté révolutionnaire de lutte contre la pauvreté ne s'est pas limitée à quelques fortes paroles dans le domaine du social. Selon Madeleine Rebérioux, elle s'est en effet traduite par des actes qui, pour être insuffisants, voire inadaptés, n'en sont pas moins significatifs. Ils ont aussi jeté les bases d'une nouvelle manière d'envisager les rapports sociaux qui se développera par la suite.

B. *Les limites des mesures adoptées et leur signification*

Dans l'immédiat, faute de moyens suffisants dans une période où d'autres priorités semblaient s'imposer, les réalisations révolutionnaires dans le domaine de la lutte contre la misère se sont avérées partielles et insuffisantes. Mais ce n'est pas seulement la conjoncture ou l'insuffisance de disponibilités financières qui expliquent les limites de l'action des révolutionnaires en faveur des plus démunis.

Selon Claude Mazauric, il convient aussi de mettre en cause la nature de la Révolution. En effet, le problème de la pauvreté n'était pas alors conçu comme le mal social par excellence. Précisément, l'intérêt des idées et de l'action de Babeuf vient de ce qu'elles visaient à remettre en cause le fatalisme de la pauvreté qui s'avérait à la fois injuste et répressif. L'exigence égalitaire qui les caractérisait constituait le fondement stratégique et en même temps la base de légitimation de l'entreprise de subversion généralisée de la société de classes issue de la Révolution libérale.

Babeuf se donnait en effet pour fin de détruire l'injustice sociale par une promotion généralisée des valeurs égalitaires et de fraternité dans la sphère de la distribution et par la suppression totale de l'exploitation du monde du travail par les détenteurs de la richesse accumulée. Pour lui, il n'y a pas de contradiction entre démocratie politique et transformation des structures de la société et de l'appareil économique.

Donner aux plus pauvres leur juste place dans la société et dans le domaine de la représentation politique peut mener à s'interroger sur l'évolution de l'idée de représentation. Précisément, selon Pierre Rosanvallon, l'idée moderne de représentation dérive d'un droit naturel lié à l'appartenance au corps social. Celle-ci peut se définir par le critère de nationalité, mais pour des raisons pratiques et philosophiques les législations électorales ont donné, depuis la

Révolution, une grande importance au critère du domicile ce qui a, de fait, contribué à exclure de la citoyenneté les instables et les « nomades », au premier rang desquels figurent les populations pauvres et marginalisées.

Pour conclure, on peut évoquer une remarque de Pierre Lévêque qui a tenu à souligner l'importance de la Révolution dans la prise en compte des problèmes sociaux, en précisant que tout n'a pas été dit avec la Constituante. Il est nécessaire de rappeler « les anticipations de l'an II », selon une expression d'Ernest Labrousse. Cependant, selon Claude Mazauric, c'est avant tout la promotion de l'idée de citoyenneté qui constitue un cadre politique culturel radicalement nouveau, à travers lequel peut s'exprimer de manière renouvelée la question de la pauvreté en tant que problème social, c'est-à-dire non pas seulement la gestion des « pauvres ».

Débat

Sous la présidence de PIERRE LÉVÊQUE

Après la communication d'Edna Hindie Lemay.

PIERRE ROSANVALLON. — *Pour prolonger la réflexion dans le sens de ce que vous disiez, je voudrais souligner que le flou sémantique autour des notions de « pauvre », « peuple », « vulgaire », très présent au moment de la Révolution, se trouve déjà dans toute la littérature de la fin du XVIe et du début du XVIIe siècle. Une réflexion sémantique se développe surtout dans le milieu des érudits libertins du début du XVIIe siècle : ils veulent montrer la différence entre l'opinion générale « vulgaire » et la sagesse « savante » — chez des auteurs comme Charon, par exemple. Ce n'est qu'à partir du XIXe siècle qu'il y aura un certain « désépaississement » sémantique.*

MADELEINE REBÉRIOUX. — *Avec les mots « peuple » et « pauvre », tous les flous sémantiques sont possibles. Mais avec un terme comme « nation », la fluidité est moins grande. Faire partie de la nation, en 1789, cela veut dire être « citoyen actif », participer au pouvoir politique ; les textes à ce sujet sont tout à fait formels. Et là se trouve posé le problème de savoir si, pour les constituants, c'est la pauvreté (le fait d'être défini comme « pauvre », avec tout le flou sémantique possible) qui est le principal facteur discriminant. J'ai tendance à penser que la pauvreté n'est pas ce facteur essentiel de discrimination, mais le statut de dépendance : un certain nombre d'individus ou de groupes, parce qu'ils sont dépendants, ne sont pas jugés dignes d'être citoyens actifs, donc de disposer des droits politiques et de faire partie de la nation. J'appuie cette remarque sur deux phénomènes :*
1. A partir du 10 août 1792, les « pauvres » dans leur ensemble, quels que soient leurs revenus et l'impôt qu'ils paient, peuvent voter. En revanche, les domestiques ne le peuvent pas. Il faut attendre 1793,

la Déclaration et la Constitution de l'an I, pour que les domestiques puissent voter. Au prix de grosses difficultés d'expression et de pensée, la Convention parvient à avancer l'idée qu'un domestique peut être gagé sans être « engagé à vie », dans des conditions telles qu'il puisse conserver une certaine indépendance.

2. Penser les femmes comme faisant partie du monde de la nation est impossible pour la Révolution française ; la discrimination à leur égard est plus forte que pour les pauvres. Elles resteront interdites de vie civique jusqu'en 1944. L'une des raisons en est, me semble-t-il, qu'elles sont pensées comme dépendantes, soit de leur père, soit de leur mari, etc.

C'est le statut de dépendance, plus que celui de pauvreté, qui fonctionne de façon discriminante par rapport aux droits civiques, c'est-à-dire l'essentiel des droits du point de vue des constituants en 1790-1791.

CLAUDE MAZAURIC. — *Je suis d'accord avec Madeleine Rebérioux.*

Je voudrais dire un mot à propos de la citation que vous faites de Decrétot, député de Louviers, manufacturier. Lorsqu'il pense aux pauvres et à la question du recul du paupérisme, il participe, je crois, à un milieu culturel, politique, économique très important, celui des manufacturiers, négociants, banquiers de Rouen, Louviers, Elbeuf. Ils considèrent la pauvreté comme essentiellement rurale : c'est celle des errants, des gens rejetés des pays de grande culture, des journaliers sans travail, des affamés. Ils exaltent au contraire l'ouvrier des manufactures qui, lui, n'est pas pauvre : on lui assure un travail et une qualification.

On voit déjà pointer le discours qui sera celui de son arrière-petit-neveu, Victor Grandin, en 1841, sur le travail des enfants : l'entreprise et le travail productif ne sont pas considérés comme des facteurs d'exclusion, mais au contraire d'éducation et d'intégration. Ces manufacturiers n'entendent donc pas du tout la « pauvreté » dans l'esprit des opuscules du XVIIe* siècle ; elle est pour eux le dernier vestige d'un féodalisme de grands propriétaires fonciers.*

LOUIS JOIN-LAMBERT. — *Vous parlez de « pauvres » et de « peuple » : n'y a-t-il pas, au regard de la société, des pauvres qui font partie du peuple, et d'autres qui en font moins partie ?*

EDNA-HINDIE LEMAY. — *Les frontières sont floues. Les « pauvres » sont ceux qui n'ont vraiment rien ; le « peuple », c'est souvent la « nation », donc cette partie du peuple qui n'est pas « les pauvres ».*

Dans d'autres cas, on a l'impression que, lorsqu'il est fait référence au peuple, il s'agit du bas de l'échelle sociale : le « peuple » alors, ce sont les pauvres, la canaille, etc.

C'est pourquoi Mirabeau, dans un discours très important où il essaie d'attirer les ordres privilégiés vers le Tiers Etat, dit : « Nous sommes le peuple. » Ce mot offense moins les privilégiés : le « peuple » ici, c'est tout le monde, mais pas la canaille. « Peuple » est compris dans le sens de « nation ». C'est là que Mirabeau est assez habile, sachant choisir le mot qui offensera le moins et rassemblera le plus. Ce qui n'est pas le propos de Robespierre...

CLAUDE MAZAURIC. — *Robespierre dit même : « Nous sommes les sans-culottes et la canaille. »*

EDNA-HINDIE LEMAY. — *C'est en effet une autre optique. Robespierre est dans l'avenir, Mirabeau a encore un pied dans le passé.*

LOUIS JOIN-LAMBERT. — *Ce qui veut dire qu'implicitement le « peuple » ne comprend pas la canaille ? En tout cas qu'il ne l'assume pas ? En termes de représentation, il ne peut pas l'assumer ?*

EDNA-HINDIE LEMAY. — *Pour Mirabeau, absolument pas.*

CLAUDE MAZAURIC. — *Si Robespierre dit : « Nous sommes les sans-culottes et la canaille », c'est une formule polémique pour montrer que l'alliance n'est plus avec les anciens privilégiés, mais avec les couches populaires nouvelles. C'est le tournant de 1791-1792. La formule est provocante.*

EDNA-HINDIE LEMAY. — *C'est le génie de Robespierre : il sent très bien l'importance du peuple pour l'avenir. Mirabeau, lui, cherche à attirer les nobles à se joindre au mouvement du Tiers Etat.*

MICHÈLE GRENOT. — *Est-ce que le bas clergé n'avait pas une sensibilité plus proche des gens qui vivaient dans la misère ?*

EDNA-HINDIE LEMAY. — *Il ne faudrait pas penser que le Tiers Etat ou les hommes de loi n'avaient pas de pitié pour les gens vivant dans la misère. Je pense qu'à l'époque, comme aujourd'hui, on parlait beaucoup de la misère...*

Quant au bas clergé, dans l'Assemblé constituante, il est généralement silencieux. Ceux qui parlent font plutôt partie du haut clergé.

MICHÈLE GRENOT. — *En 1790, La Rochefoucauld-Liancourt dit : « Là où existe une classe d'hommes sans subsistances, là existe*

une violation des droits de l'humanité : l'équilibre social est rompu. »
Les plus pauvres vont avoir droit à la subsistance, pas à la citoyenneté.

En 1987, le Père Joseph Wresinski inscrit sur la Dalle du Trocadéro : « Là où des hommes sont condamnés à vivre dans la misère, les Droits de l'Homme sont violés. » Pour le Père Wresinski, les plus pauvres ont des droits politiques, économiques et sociaux, profondément liés et indivisibles.

Entre ces deux affirmations, n'y a-t-il pas toute une évolution historique des Droits de l'Homme qui fait appel au droit au travail, à l'expression, à l'association, à la santé, au logement, à la famille ? Quelle place ont les plus pauvres dans cette évolution ?

MADELEINE REBÉRIOUX. — *Pour les Français, le principal garant des Droits de l'Homme, ce sont les droits du citoyen. Ni Dieu, ni l'Eglise, mais la Nation, le pouvoir politique. S'il est clair qu'à terme tout le monde devra participer à la citoyenneté, dans la réalité il y a une dissociation : les pauvres et les dépendants sont exclus des droits du citoyen.*

En 1793-1794, le regard sur le pauvre n'est plus secondaire, contrairement à ce qui prévalait en 1789. Et en 1794, la société doit la subsistance aux individus qui la composent : c'est nouveau.

PIERRE ROSANVALLON. — *On peut considérer que la loi de Speenhamland de 1795, en Angleterre, établit un véritable revenu minimum. En 1800, 60 % des rentrées fiscales sont consacrées à cette loi. La suppression de cette loi, en 1834, correspond au véritable début du capitalisme anglais*[2].

LOUIS JOIN-LAMBERT. — *Par quels intermédiaires les membres du Comité se sont-ils créé une image des pauvres ?*

CLAUDE MAZAURIC. — *Le Comité de mendicité avait recours à des enquêtes menées notamment par l'administration et à des experts, comme Dupont de Nemours.*

MICHELLE PERROT. — *La dépendance ne suffit pas à expliquer l'exclusion des droits du citoyen — notamment en ce qui concerne les femmes. La référence au rapport du public et du privé en donne une meilleure compréhension.*

PIERRE ROSAVALLON. — *Avec la loi du 31 mai 1850, le citoyen est un individu territorialisé ; le vagabond est exclu.*

JOOP GOUDBERG. — *L'affirmation selon laquelle il n'y aurait pas de définition sociologique de l'extrême pauvreté me semble erronée.*

Le Rapport Wresinski en donne une définition, la concevant en particulier comme un cumul de précarités. Permettez-moi de la citer, puisque jamais encore il n'y a été fait référence : « La précarité est l'absence d'une ou plusieurs des sécurités permettant aux personnes et familles d'assumer leurs responsabilités élémentaires et de jouir de leurs droits fondamentaux. L'insécurité qui en résulte peut être plus ou moins étendue et avoir des conséquences plus ou moins graves et définitives. Elle conduit à la grande pauvreté quand elle affecte plusieurs domaines de l'existence, qu'elle tend à se prolonger dans le temps et devient persistante, qu'elle compromet gravement les chances de reconquérir ses droits et de réassumer ses responsabilités par soi-même dans un avenir prévisible[1]. »

---

1. *Grande pauvreté et précarité économique et sociale*, Rapport présenté au nom du Conseil économique et social par Joseph Wresinski et adopté le 11 février 1987, in *Journal Officiel*.
2. Faute d'enregistrement, la suite de ce compte rendu du débat devient lacunaire. Certaines remarques peuvent néanmoins être livrées malgré l'imperfection des notes prises.

De la communauté à la commune ou les méfaits de la représentation

JEAN BART

« Le peuple, dans nos sociétés modernes, n'a pas le temps de connaître ses droits ; il s'en remet à des riches du soin de les défendre, et il continue à travailler pour les faire vivre[1]. »

C'est ainsi qu'Adrien Duport, pourtant hostile à la distinction des *actifs* et des *passifs*, mais partisan du suffrage indirect, justifie le système représentatif devant la Constituante, en octobre 1789. Pour d'autres députés — la grande majorité —, une partie du peuple, le « menu peuple », ne doit même pas prendre part à la désignation « des riches » qui défendront ses droits ; et l'on sait qu'il faudra attendre la chute de la royauté pour que le suffrage universel masculin soit admis, en principe et pour peu de temps. Quel que soit cependant le mode de scrutin, les gens du « quatrième état » ont-ils pu faire entendre leur voix au cours de la décennie révolutionnaire ? Les moyens d'expression directe autres que la violence ne leur ont-ils pas été refusés ou fermés ? La présente contribution n'apporte qu'une réponse partielle à ces questions, limitée qu'elle est, d'une part, à la vie municipale — là où la « démocratie » est sans doute le toutes situations économiques et sociales confondues —, d'autre part, à la vie municipale — là où la « démocratie » est dans doute la plus aisée à mettre en œuvre —; et parce qu'elle puise la plupart de ses exemples dans une partie seulement du territoire national : la ci-devant Bourgogne.

Dans cette province, la *communauté villageoise* avait conservé sous l'Ancien Régime une certaine cohésion et une vigueur certaine, si bien qu'il a paru expédient de rechercher comment le nouveau système politique et administratif a été appliqué et vécu dans les *communes* rurales, et dans quelle mesure les moins aisés des travailleurs de la terre ont pu prendre part au fonctionnement des institutions nouvelles. Il convient, pour ce faire, de rappeler quels étaient leurs moyens d'expression pendant la période qui a précédé la Révolution, avant d'examiner comment la législation et la pratique de l'époque révolutionnaire ont eu pour effet de les rejeter soit dans le silence, soit dans la violence.

Générale, l'assemblée de la communauté rurale l'est, sous l'Ancien Régime, officiellement et réellement, dans la mesure où « tous les habitants » sont convoqués par les syndics ou échevins désignés chaque année par la communauté elle-même. L'expression n'englobe cependant pas la population tout entière du village ; seuls les chefs de feux ont voix délibérative ; les femmes mariées et les enfants, quel que soit leur âge, vivant au domicile paternel, ne participent pas, en principe, à l'assemblée. En revanche, les veuves et ceux que les rôles de taille appellent « mendiants » y sont convoqués. La compétence des assemblées est vaste et variée ; elle comprend, selon les termes mêmes des convocations, « les affaires de la communauté », en fait, avant tout, celles qui doivent entraîner les dépenses à répartir en son sein : procès à engager, droits seigneuriaux à payer, réparations de l'église ou des chemins finérots…, les « habitants » étant réunis en leur qualité de chefs des unités fiscales, au sens large du terme, que sont les feux. Au surplus, si la convocation des assemblées est faite par les syndics ou échevins, ces derniers agissent en réalité sous le contrôle ou les ordres des diverses autorités qui dominent la communauté : autorité royale, autorité seigneuriale ou paroissiale. C'est pourquoi il est interdit de voir dans cette organisation ne serait-ce que l'ombre d'une « démocratie rurale ». L'emploi de ces derniers termes, relativement fréquent, ne peut être qu'un abus de langage. Il demeure que l'assemblée est un lieu d'information et de discussion, exclusif de toute représentation. Les syndics ou échevins, renouvelés chaque année, de même que les assesseurs ou répartiteurs de la taille, ne constituent pas une municipalité, comme dans les villes. Ils ne sont que les agents d'exécution de la communauté, munis, lorsqu'ils agissent en son nom, d'un mandat impératif.

Instance d'information et de discussion, mais aussi et surtout, et de plus en plus au cours des décennies qui précèdent la Révolution, instance de contestation. En Bourgogne comme dans tous les pays du centre-est et du nord-est de la France, la lutte des communautés villageoises contre la réaction seigneuriale est vigoureuse[2]. Qu'elle emprunte les voies juridiques de l'action en justice ou celles de la violence multiforme, du charivari à l'« émotion » populaire, elle trouve sa source et son retentissement au sein de l'assemblée générale. En y participant, les plus démunis peuvent y manifester leur mécontentement ; ils peuvent aussi, le cas n'est pas rare, bloquer le système en refusant de s'y rendre. Car si l'assemblée fait souvent corps face aux exigences renouvelées ou intempestives du pouvoir seigneurial, sa tenue révèle aussi les fractures et les clivages qui s'aggravent en son sein. Deux groupes antagonistes se différencient de plus en plus nettement au cours du siècle des Lumières, au fil des mutations économiques. La hausse des prix profite aux quelques exploitants du village qui peuvent commercialiser une partie de leur production, ceux que l'on qualifie de « laboureurs marchands », de « fermiers marchands », voire de « propriétaires marchands », alors que les petits exploitants qui ne produisent pas suffisamment pour la consommation de leur famille et sont donc contraints d'acheter pour subsister, ainsi que les manouvriers, journaliers et « mendiants », subissent douloureusement les effets du « bon prix » des physiocrates, la hausse des salaires n'étant pas à l'unisson. « L'évolution économique a creusé un fossé entre les gros laboureurs et la plèbe des manouvriers [3]. » Cette dernière catégorie se gonfle et atteint une proportion moyenne de 60 à 80 % de la population — « les trois quarts des habitants au moins sont dans un état qui avoisine de près celui de la misère » [4], comme l'écrit un curé de campagne en 1786. Même si les manouvriers ne constituent pas un groupe homogène — les appellations variant d'ailleurs pour une même personne, selon les sources —, il est certain que l'on rencontre parmi eux de petits laboureurs en voie de paupérisation, que le pouvoir d'achat de tous a diminué et que beaucoup d'entre eux se situent à un niveau proche du seuil de subsistance ou inférieur à lui.

L'accentuation des écarts économiques et sociaux creuse les antagonismes à l'intérieur du village et suscite des conflits opposant les « bourgeois paysans [5] », « coqs de village » souvent liés à la seigneurie dont ils sont les fermiers ou les officiers, et qui dominent ainsi à double titre la communauté, tant du point de vue politique que du point de vue économique, et la masse de ceux qui sont leurs obligés à bien des égards — à la suite d'un endettement tenace, par exemple — mais qui supportent de plus en plus mal cette dépendance. Aussi les assemblées générales sont-elles souvent houleuses : « Après 1770, la division des communautés en deux camps hostiles se précise partout [6] » ; et Pierre de Saint-Jacob de conclure : « On ne saurait trop grandir l'importance (du) prolétariat révolutionnaire [7]. »

Celui-ci a donc la possibilité de s'exprimer lors des tenues d'assemblées ; il a, numériquement, la majorité ; il lui manque cependant le savoir et le savoir-faire : la pratique du maniement des réunions. Aussi les coqs de village ou les bourgeois conservent-ils la plupart du temps le dessus : « Quoique le parti (mené par des avocats et des notaires) soit plus faible en nombre, il arrive presque toujours que ce qu'il veut a lieu et fait par conséquent la loi à l'autre [8]. » Mais le groupe turbulent et toujours prêt à la violence qui perturbe les assemblées reste dangereux. C'est pourquoi, dès avant les ultimes projets de réforme de la monarchie absolue, on s'oriente vers un système représentatif permettant d'éviter les réunions de l'ensemble des habitants et de réduire les risques de débordements populaires. Ainsi évoque-t-on pudiquement, en 1761, « la difficulté d'assembler la (...) communauté et de prendre des délibérations précises », afin de désigner 17 habitants du village « pour composer dorénavant *le corps de ceux plus en estat de pourvoir au bien de ladite communauté* [9] ». Manifestement, cette décision est commandée par le souci d'éviter les blocages dus aux oppositions intempestives des plus pauvres, les personnes choisies appartenant aux franges supérieures de la population rurale. Pierre de Saint-Jacob voit dans une telle délégation des prérogatives de l'assemblée générale la « naissance du conseil municipal [10] » ; elle vise, c'est certain, le même objectif que la réforme projetée par l'édit du 22 juin 1787 remettant le sort de la communauté à une « municipalité » présidée par le seigneur et réunissant, outre le curé, membre de droit, et le syndic, trois, six ou neuf délégués choisis parmi les habitants les plus imposés (ceux qui paient plus de 30 livres, cens considérable) et élus par une partie seulement des contribuables (cens de 10 livres qui aurait exclu, selon les lieux, une grande partie des ruraux). Cette réforme n'eut pas le temps de faire ses preuves ni même d'être mise en place, mais la méfiance à l'égard des réunions nombreuses et tumultueuses demeurera et le problème de la représentation sera bientôt de nouveau posé. Toutefois, lors de la campagne des Etats généraux à la fin de l'hiver 1789, les assemblées de paroisse reprennent vie et vigueur. Les « pauvres » y ont-ils la parole ? Claude Courvoisier, ici même, dessine les limites de leur intervention et de leur action, certainement moins étroites dans les villages qu'au sein des corporations urbaines, mais où l'influence et la pression de la bourgeoisie urbaine ou rurale se font malgré tout pesantes. En dehors du fonds commun des doléances générales habituelles, les clivages apparaissent çà et là, en particulier dans les cahiers dits originaux [11], à plus forte raison dans les cahiers dissidents. Malgré le gommage ou l'occultation des oppositions dans les rédactions de compromis, certains conflits apparaissent au grand jour ; par exemple dans ce village du futur département de l'Yonne où le procès-verbal de l'assemblée tenue le 14 mars, au cours de laquelle un laboureur et un manouvrier ont été députés au bailliage, précise : « A l'instant, la majeure partie des principaux habitants ont déclaré qu'ils s'opposent à la nomination de Maurice Guinot, manouvrier, contre lequel ils prétendent avoir de bons et valables moyens de récusation, n'ayant d'ailleurs été nommé que par la cabale par les manouvriers de ladite paroisse (...) qui n'en ont point voulu nommer d'autres et ont refusé de signer notre présent procès-verbal, et ont fait si grand tumulte qu'il n'a pas été possible de s'entendre [12]. »

Les députés aux Etats généraux, devenus Constituants, vont-ils laisser la parole à des gens aussi agités ?

Les événements de l'été 1789 n'ont rassuré ni les députés ni la bourgeoisie provinciale. Avant même la mise sur pied des institutions administratives nouvelles, toute assemblée générale est considérée comme suspecte ou même séditieuse : la loi martiale est décrétée le 21 octobre 1789, réprimant tout attroupement, armé ou non. C'en est fini de la possibilité légale de se réunir spontanément pour exprimer une opinion collective. Le système représentatif se met bientôt en place ; en 1792, le suffrage universel masculin ne donne guère aux pauvres la possibilité de se faire entendre et la Constitution de l'an III leur enlève de nouveau la parole.

La situation dans les campagnes comme dans les villes a conduit les constituants à construire rapidement, avant le vote de l'acte constitutionnel, une organisation administrative nouvelle et uniforme. C'est chose faite en décembre 1789 par l'adoption de deux lois : celle du 14 décembre relative aux municipalités des communes et celle du 22 décembre qui organise les départements. Ces textes définissent les modalités d'élection des nouveaux organes administratifs en consacrant la distinction des citoyens actifs et des citoyens passifs, imaginée et justifiée par Sieyès [13]. Si certains, à la Constituante, se sont élevés contre la fixation d'un cens électoral, comme l'abbé Grégoire qui « redoute l'aristocratie des riches, fait valoir les droits des pauvres et pense que pour être électeur ou éligible dans une assemblée primaire, il suffit d'être bon citoyen, d'avoir un jugement sain et un cœur français [14] », ou encore Robespierre pour qui « tous les citoyens, quels qu'ils soient, ont droit de prétendre à tous les degrés de représentation[15] », leurs voix sont isolées. Le Comité de Constitution a maintenu fermement la nécessité de déterminer un seuil fiscal au-dessous duquel le droit de vote disparaît : « En n'exigeant aucune contribution (...), on admettrait les mendiants aux assemblées primaires car ils ne payent pas de tribut à l'Etat ; pourrait-on d'ailleurs penser qu'ils fussent à l'abri de la corruption ? L'exclusion des pauvres, dont on a tant parlé, n'est qu'accidentelle ; elle deviendra un objet d'émulation pour les artisans[16]. »

Autrement dit, et Guizot le dira un demi-siècle plus tard : « Enrichissez-vous ! » Remarquons, en outre et au passage, l'assimilation mendiant/pauvres/artisans (ouvriers), qui sont tous des victimes prédestinées des aristocrates corrupteurs. Quant aux domestiques, ils doivent être privés du droit de vote, non pas en raison de la faiblesse de leurs revenus — souvent supérieurs à ceux des manouvriers —, mais en raison de leur dépendance à l'égard de leurs maîtres, qui supprime leur liberté d'opinion. Mais il s'agit surtout d'exclure de la vie politique ceux dont les revenus sont trop bas pour leur assurer indépendance et discernement. Les indigents font peur, à la fois parce que leurs réclamations mettent en cause l'ordre social et parce qu'ils peuvent constituer une masse de manœuvre à l'usage de l'aristocratie. Les lois de décembre — dont les dispositions seront reprises dans la Constitution de 1791 — réservent donc le droit de vote aux citoyens français âgés de plus de 25 ans, domiciliés dans la commune depuis au moins un an, payant une contribution directe de la valeur locale de 3 journées de travail et n'étant pas serviteurs à gages. Quant aux éligibles, seuls véritables citoyens, jouissant de la plénitude des droits attachés à cette qualité, ils doivent payer une contribution annuelle égale au moins à la valeur de 10 journées de travail.

Les citoyens actifs, seuls électeurs, voient d'autre part leur liberté de se réunir singulièrement limitée ; leur « activité » se borne à la désignation de représentants. Une fois l'élection faite, « les citoyens actifs de la communauté ne pourront ni rester assemblés ni s'assembler de nouveau en corps de commune, sans une convocation expresse ordonnée par le Conseil général de la commune (...). Ce Conseil ne pourra la refuser, si elle est requise par le sixième des citoyens actifs dans les communautés au dessous de 4 000 âmes, et par 150 citoyens actifs dans toutes les autres communautés » (article 24 de la loi du 14 décembre). Quant au droit de pétition collective, soumis lui-même à certaines conditions d'exercice, il est également réservé aux actifs : « Les citoyens actifs ont le droit de se réunir paisiblement et sans armes en assemblées particulières, pour rédiger des adresses et pétitions (...) sous la condition de donner avis aux officiers municipaux du temps et du lieu de ces assemblées, et de ne pouvoir députer que dix citoyens pour apporter et présenter ces pétitions et adresses » (article 62 et dernier de la même loi). Les passifs sont donc totalement exclus, non seulement des assemblées électorales mais aussi de toutes les réunions tolérées. La parole leur est confisquée et ce sont eux qui sont les principales cibles de la loi martiale dont l'application est laissée à la discrétion des municipalités. Est-il besoin, enfin, de rappeler que l'objectif premier des lois Le Chapelier (22 mai et 14 juin 1791) est l'interdiction des « coalitions », c'est-à-dire des groupements de travailleurs et des grèves ?

Les citoyens passifs sont-ils nombreux dans les campagnes ? Le cens électoral n'est certes pas très élevé, la valeur de la journée de travail, variable selon les lieux, étant souvent fixée entre 10 et 20 sous, cette dernière somme (= 1 livre) ne pouvant pas être dépassée. Le cens annuel varie donc entre 2,5 et 3 livres, ce qui est relativement faible. On sait cependant que la situation économique de maints manouvriers, comme celle des « mendiants » — dont certains étaient malgré tout contribuables —, est proche du dénuement. D'autre part, en certains lieux, le prix de la journée de travail a été fixé à une somme supérieure au salaire réel, pour écarter le plus possible de travailleurs, ou de sans-travail. Aussi la proportion des passifs par rapport aux actifs reste-t-elle élevée : il arrive, dans certaines communes, que les deux groupes soient équivalents, cas certes peu fréquent ; mais, en moyenne, ceux qui sont privés du droit de voter représentent au moins la moitié du nombre des actifs, donc environ le tiers des hommes en âge d'être citoyens. Quant aux éligibles les moins aisés, il est rare de les retrouver parmi les élus, à quelque fonction que ce soit[17]. Le groupe dominant les premières municipalités rurales de l'époque révolutionnaire est composé de ceux qui se trouvaient à la tête des communautés villageoises, quelques années plus tôt. Cela ne doit pas surprendre. La nouveauté est que les plus pauvres et souvent les plus remuants de la commune — la condition d'âge : 25 ans, est assez élevée — sont exclus de toute instance par la loi. La seule façon de s'exprimer est dès lors pour eux le « tumulte ». Même si dans certaines communes[18] la municipalité a convoqué les habitants pour recueillir leurs avis, ces vestiges d'assemblées générales demeurent rares, leur convocation est laissée à l'initiative des élus et, bien entendu, ces assemblées ne jouissent d'aucun pouvoir de décision. La République allait-elle changer les choses ?

Le jour même de la chute de la monarchie, le 10 août 1792, la Législative rend le suffrage masculin universel... ou presque. Les textes des décrets sont en effet ambigus ; les domestiques semblent bien encore privés du droit de suffrage et, bien que la Déclaration des droits de l'homme et du citoyen de 1793 proclame que « la loi ne reconnaît point de domesticité » (article 18), les serviteurs à gages demeureront frappés d'opprobre.

Quoi qu'il en soit, le corps électoral s'élargit nettement, d'environ un tiers en moyenne, par suite de l'abandon du cens et de la fixation de la majorité à 21 ans. Ces nouveaux électeurs potentiels, pauvres et/ou jeunes, ont-ils profité de leur droit ? Leur accès à l'électorat a-t-il modifié la composition des organes de la commune ? Beaucoup moins qu'on pourrait le penser, en raison du système représentatif et de la situation réelle des dominés. Force est bien de constater, en effet, un manque singulier d'enthousiasme pour les scrutins. Le nombre des participants, important en 1790, diminue ensuite progressivement. Ce peu d'empressement se manifeste sans doute dans toutes les couches sociales, mais selon des degrés différents, et il est notable que l'adoption du suffrage universel n'a pas entraîné une ruée vers les bureaux de vote, loin de là. A la fin de l'année 1792, un tiers seulement des électeurs ruraux votent, selon un sondage réalisé en Côte-d'Or [19] ; par conséquent, les anciens citoyens passifs ne se sont guère montrés actifs. Ainsi, l'abstention à la campagne ne se différencie guère de celle de la ville [20]. Les causes du phénomène sont multiples, à la fois matérielles et politiques. Toujours est-il que le suffrage universel a peu modifié la composition socio-politique des organes de la commune [21].

Exclus des rouages ordinaires de la vie municipale, les gens du quatrième état n'ont-ils pas trouvé au sein des clubs, sociétés populaires ou comités locaux divers, la possibilité de faire entendre leur voix et de prendre part directement à la réflexion et à l'action politique, et ce dès avant 1792 ? Les sociétés populaires ne se bornent pas à rédiger et adresser des pétitions aux autorités constituées, elles exercent une action autonome, prennent des initiatives et exécutent elles-mêmes leurs décisions. Elles ont donc pu, à côté des instances représentatives, faire jouer la démocratie directe. En réalité, les pauvres n'ont guère été reçus dans ces groupements révolutionnaires et, lorsqu'ils l'ont été, ils n'ont pas pu y jouer un grand rôle. D'abord, les sociétés se constituent surtout dans les villes et bourgs, beaucoup moins dans les communes rurales ; d'autre part et surtout, en leur sein, c'est encore la bourgeoisie révolutionnaire, montagnarde ou jacobine, qui l'emporte. Malgré une « popularisation » relative croissante, on y trouve toujours un « noyau bourgeois stable[22] » qui les dirige, ce qui n'exclut pas, bien au contraire, les conflits internes.

Ne resteraient, dans ces conditions, comme lieux d'expression populaire, que certaines assemblées générales qui réapparaissent, au gré de la législation révolutionnaire, pour prendre le pouls d'une opinion particulièrement floue et changeante sur certains problèmes : par exemple, sur le partage des communaux, problème complexe, révélateur de positions contradictoires et de conflits profonds, que la Législative n'a pas su ou n'a pas voulu résoudre et dont la Convention a confié la solution aux communes elles-mêmes, votant, le 10 juin 1793, l'une de ses mesures d'« économie sociale » de caractère égalitaire : le partage des communaux « par tête d'habitant domicilié, de tout âge et de tout sexe » lorsque le tiers au moins des villageois le demandent. Ce qui nous intéresse ici est la manière dont la décision est prise :

« Huit jours après la publication de la présente loi, la municipalité dans l'étendue de laquelle est situé le bien communal (...) convoquera tous les citoyens ayant droit au partage (...).

Tout individu de tout sexe ayant droit au partage, et âgé de vingt ans aura droit d'y voter » (articles 2 et 5, section III de la loi).

L'assemblée communale est donc, dans cette circonstance, beaucoup plus large que les assemblées électorales, du fait de l'entrée des femmes et de l'abaissement de la majorité à 20 ans. En outre, les habitants réunis décident eux-mêmes, à une majorité certes faible, mais sans déléguer ce soin à des représentants. Peu importe que, selon les régions, les votes favorables au partage aient été peu nombreux ; l'essentiel est que la démocratie directe ait pu jouer en cette occurrence. Mais seulement pour résoudre un problème spécifique auquel les représentants du peuple ne pouvaient pas apporter de solution nationale satisfaisante et, surtout, pour peu de temps. La Convention thermidorienne montre peu d'enthousiasme à faire appliquer la loi de 1793 qui devient lettre morte au début du Directoire.

De fait, le régime qui s'installe après Thermidor a peu d'estime et beaucoup de crainte à l'égard de toute forme de démocratie directe. La Constitution du 5 fructidor an III (22 août 1795), non seulement n'abandonne pas le système représentatif ni le principe de l'élection à plusieurs degrés, mais réintroduit le suffrage censitaire. Plus exactement, elle soumet la citoyenneté à la condition d'une imposition fiscale directe quelconque, la qualité de citoyen et celle de contribuable étant confondues.

« Tout homme né et résident en France, qui, âgé de vingt et un ans accomplis, s'est fait inscrire sur le registre civique de son canton, qui a demeuré depuis pendant une année sur le territoire de la République, et qui paie une contribution directe, foncière ou personnelle, est citoyen français » (article 8). Sont dispensés de la « condition de contribution » les anciens soldats de la République (article 9).

Matériellement, l'exigence est assez basse : de nombreux paysans, y compris les petits exploitants, à plus forte raison les micro-propriétaires, sont alors contribuables. Mais le quatrième état rural est bel et bien exclu de la citoyenneté par cette condition.

Quant aux citoyens/contribuables eux-mêmes, la nouvelle organisation territoriale et le jeu de la représentation réduisent encore leurs possibilités de participer aux rouages de l'administration locale, puisque les communes rurales (au-dessous de 5 000 habitants) perdent, pour des raisons tant politiques que financières, leurs municipalités. Celles-ci siègent désormais au chef-lieu de canton, réunissant deux délégués de chaque commune : un « agent municipal » et un « adjoint ». Cette organisation, en réduisant le nombre des élus, accroît encore l'importance ou l'influence des dominants. Elle ne diminue pas, bien au contraire, l'acuité, voire la violence, des conflits à l'intérieur du village[23]. Ces derniers ne sont pas apaisés en l'an VIII, lorsque la loi du 28 pluviôse (17 février 1800) réorganise fondamentalement l'administration locale. Les communes rurales, comme les autres, sont dotées d'un maire, d'adjoint(s) et d'un conseil municipal, mais l'élection disparaît au bénéfice de la nomination, et ce ne sont pas les listes de notabilités qui peuvent accueillir les gens du quatrième état ! Restent, il est vrai, les plébiscites qui invitent tous les citoyens à voter ; mais peut-on voir en eux un instrument de démocratie ?

Il n'est pas dans notre propos d'idéaliser la vie au village sous l'Ancien Régime ; nous savons que les assemblées des communautés rurales étaient étroitement contrôlées et dominées, à la fois par des représentants des pouvoirs supérieurs et par les membres les plus aisés des communautés elles-mêmes. Il demeure que toutes les structures de l'administration qui se mettent en place à partir de 1789 ont eu pour effet de faire disparaître les instances où les plus pauvres auraient pu faire entendre leurs voix et leurs plaintes. Cette réduction au silence — du moins dans le cadre de la légalité — a été encore renforcée par la dislocation de la solidarité villageoise, déjà commencée sous l'Ancien Régime, mais que les conquêtes de l'individualisme agraire au cours de la décennie révolutionnaire ont accentuée.

La parole reste aux meilleurs, c'est-à-dire aux propriétaires, comme Boissy d'Anglas l'avait si bien dit dès l'an III : « Nous devons être gouvernés par les meilleurs : les meilleurs sont les plus instruits et les plus intéressés au maintien des lois ; or, à bien peu d'exceptions près, vous ne trouvez de pareils hommes que parmi ceux qui, possédant une propriété, sont attachés au pays qui la contient, aux lois qui la protègent, à la tranquillité qui la conserve et qui doivent, à cette propriété, et à l'aisance qu'elle donne, l'éducation qui les a rendus propres à discuter avec sagacité et justesse les avantages et inconvénients des lois qui fixent le sort de leur patrie. L'homme sans propriété, au contraire, a besoin d'un effort constant de vertu pour s'intéresser à l'ordre qui ne lui conserve rien (...). Si vous donnez à des hommes sans propriété les droits politiques sans réserve (...), ils nous précipiteront dans ces convulsions violentes dont nous sortons à peine (...). Un pays gouverné par les propriétaires est dans l'ordre social, celui où les non-propriétaires gouvernent est dans l'état de nature [24]. »

Et nous savons depuis Hobbes que l'état de nature est la guerre de chacun contre chacun.

---

1. *Archives parlementaires*, t. IX, p. 479.
2. Cf. P. de Saint-Jacob, *Les Paysans de la Bourgogne du Nord au dernier siècle de l'Ancien Régime*, (fasc. 21 des publ. de l'Université de Dijon), Paris, Les Belles lettres, 1960. Voir aussi « La communauté rurale dans la France du Centre-Est au XVIIIe siècle », article collectif du Centre de recherches historiques de la faculté de Droit et de Sciences politiques de Dijon, in *Les communautés rurales* (Recueil de la société Jean Bodin pour l'histoire comparative des institutions, XLIII), Paris, Dessain et Tolra, 1984, pp. 519-551.
3. Cf. P. de Saint-Jacob, *Les paysans de la Bourgogne...*, *op. cit.*, pp. 538-539.
4. *Ibid.*
5. Cf. J. Bart, « Les Bourgeois des champs », *Bourgeoisies de province et Révolution*, Actes du colloque de Vizille, oct. 1984, Presses universitaires de Grenoble, 1987, pp. 155-165.
6. Cf. P. de Saint-Jacob, *op. cit.*, p. 555.
7. *Ibid.*, p. 556.
8. *Ibid.*, Bligny-sur-Ouche (Côte-d'Or), 1782.
9. Grancey-le-Château (Côte-d'Or), texte publié par P. de Saint-Jacob, *Documents relatifs à la communauté villageoise en Bourgogne, du milieu du XVIIe siècle à la Révolution*, (fasc. 28 des publ. de l'Université de Dijon), Paris, les Belles Lettres, 1962, pp. 51-54.
10. *Ibid.*
11. Cf. R. Robin, *La société française en 1789 : Semur-en-Auxois*, Paris, Plon, 1970.

12. Procès-verbal de l'assemblée de Villiers-les-Hauts (Yonne), publié par R. Robin, *op. cit.*, p. 379.

13. Voir, en particulier, *Préliminaire de la Constitution. Reconnaissance et exposition raisonnée des droits de l'homme et du citoyen*, texte lu les 20 et 21 juillet 1789 au Comité de Constitution, cité dans Emmanuel-Joseph Sieyès, *Ecrits politiques* (choix et présentation de Roberto Zappieri), Paris, éd. des Archives contemporaines, 1985, p. 199.

14. *Archives parlementaires*, t. IX, p. 479.

15. *Ibid.*

16. *Ibid.*

17. Cf. F. Fortunet *et alii.*, *Pouvoir municipal et communauté rurale en Côte-d'Or (1789-an IV)*, Dijon, 1981, pp. 22 sq.

18. *Ibid.*, p. 20.

19. *Ibid.*

20. Cf. M. Genty, *L'Apprentissage de la citoyenneté, 1789-1795*, Paris, Messidor-éd. Sociales, 1987.

21. F. Fortunet *et al.*, *Pouvoir municipal...*, *op. cit.*, pp. 74-75.

22. Cf. O. Payeur, *Le Réseau des sociétés populaires dans le département de la Côte-d'Or (1790-1795)*, mémoire de maîtrise, université de Paris-I, octobre 1985, 2 vol.

23. Voir un exemple parmi bien d'autres, dans J. Bart, « Charivari et Révolution », dans *Festschrift für Louis Carlen zum 60. Geburtstag*, édité par Louis C. Morsak et Markus Escher, Zurich, 1989, pp. 557-567.

24. Ce texte magnifique de candeur et/ou de cynisme, extrait du rapport de Boissy d'Anglas à la Convention, sur le projet de constitution, est très souvent cité. Il l'est ici d'après Georges Lefebvre, *La France sous le Directoire (1795-1799)*, éd. présentée par J.-R. Suratteau, Paris, éd. Sociales, 1977, p. 35.

Le quart état
dans les cahiers de doléances

CLAUDE COURVOISIER

> « Le plus grand mal est déjà fait quand on a des pauvres à défendre et des riches à contenir... »
>
> J.-J. Rousseau

« Les pauvres exigent... », lit-on dans le cahier d'une paroisse du Pays de Caux. Ces trois mot contiennent, dans leur affirmation péremptoire, les principales questions de notre propos : qui sont les pauvres ? Peuvent-ils exiger ? Peuvent-ils le dire ?

Les conditions de rédaction des cahiers de doléances en 1789[1] obligent simplement à inverser l'ordre des questions.

I. CONDITIONS D'EXPRESSION DU QUART ÉTAT

Les conditions institutionnelles de la consultation et la nature même du quart état — si l'on entend en première approximation par ce terme l'ensemble des plus pauvres ou plus démunis — obscurcissent singulièrement l'identification du sujet et de son expression. Les conditions dans lesquelles s'opère, en droit et en fait, la rédaction des cahiers conduisent à cet égard à une confluence apparemment paradoxale : la plainte du quart état se perdrait dans l'océan des plaintes ou bien elle disparaîtrait au profit de celles des moins défavorisés. L'expression du quart état serait ainsi doublement voilée ou occultée. Comme le rappelle G. Balencie, éditeur des cahiers de Bigorre, le principe, partout, est de se plaindre et « les communautés étalent leur misère[2] », à tel point que, parfois, la réalité serait exagérément noircie, comme le remarque pour la sénéchaussée de Nîmes l'éditeur des cahiers[3]. Dans ces conditions, les plaintes des plus à plaindre, si elles existent, n'en deviennent-elles pas plus difficiles à repérer ? On sait aussi que, par le jeu de la « réduction » des cahiers, et par celui de l'inégalité elle-même, l'expression au sein du tiers état peut être accaparée par une élite.

Les cahiers primaires, et tout particulièrement ceux des paroisses, doivent être privilégiés dans notre interrogation. S'agissant des communautés de métiers urbaines, il est à craindre en effet que, le plus souvent, le corporatisme conduise à exprimer, comme à Alençon, l'indifférence des maîtres et artisans pour le sort du compagnon et de l'ouvrier[4], ce qui peut provoquer d'ailleurs des protestations de dissidents, comme en témoigne, à Marseille, un mémoire complémentaire au cahier des calfats[5]. Comme le suggère Patrice Gueniffey à propos de la participation aux assemblées préliminaires[6], le tissu des solidarités, moins relâché dans les campagnes, ne permettrait-il pas mieux que dans les villes l'expression des plus démunis, ou leur résistance à l'influence de l'élite ?

S'agissant des cahiers de paroisses, les phénomènes ou mécanismes propres à défigurer les plaintes d'un éventuel quart état sont réels. Mais, quand ils sont soulignés par les éditeurs des cahiers, c'est souvent pour en marquer les limites. L'influence des présidents de séance, des rédacteurs, robins ou curés, existe. Mais elle n'est pas générale : certains éditeurs de cahiers s'attachent à identifier une série de « cahiers originaux » ou « populaires »[7]. Ailleurs, l'influence de l'élite s'accommode d'une restitution, jugée acceptable, des plaintes des plus pauvres où l'on souligne les résistances à l'influence des élites[8]. Les indications de ces auteurs ont été pour nous particulièrement précieuses et ont guidé, sans totalement l'accaparer, notre recherche. Mais autant dire que cette recherche ne peut aboutir qu'à une approximation tirée d'approximations, tant les instruments de filtrage des doléances restent importants.

Pourtant c'est aussi toucher déjà, peut-être, au cœur de la nature du quatrième état. Les plus pauvres ou les plus démunis ont-ils la parole, en ont-ils une, et comment peuvent-ils l'exprimer, directement ou indirectement, spontanément ou par la parole de l'autre sur eux ? L'une des conditions du quatrième état n'est-elle pas l'absence de parole reconnue ? La question n'est-elle pas encore d'actualité ? Toujours est-il qu'en 1789, l'originalité de la consultation, qui comporte non seulement élection mais aussi rédaction de doléances, permet au moins au quart état d'expliquer son silence en parlant juste ce qu'il faut pour dire qu'on ne peut pas parler, ce qui ne signifie pas nécessairement que l'on n'a rien à dire. Nous prenons, comme exemple, celui de la paroisse de Prin (14 feux), dans le bailliage de Châtillon-sur-Marne, dont le cahier tient en ces quelques lignes : « Pour se conformer aux ordres de Sa Majesté, les habitants de Prin observent qu'ils paient au Roi, forcément, ce que leurs bras peuvent arracher pour la vie de leurs enfants : qu'ils ne savent pourquoi, et se reposent sur la bonté du Roi et les Etats généraux [9]. »

C'est un exemple, mais les cas analogues ne sont pas rares, où l'on s'en remet à d'autres du soin d'exprimer ses plaintes : dans les bailliages voisins de Châlons et de Sézanne, le sentiment que la pauvreté rend incapable de s'exprimer, inspire les cahiers d'Aulnay-aux-Planches, de Lhuitre, Linthelles et Soyer, par exemple [10]. Certes, on peut imputer à plusieurs causes l'expression de cette incapacité (paresse, absence de réactions rapides à une réunion prématurée, manipulation du président de séance...), mais, à ce compte-là, ne risquerait-on pas, même aujourd'hui, de passer à côté d'une dimension de la condition des plus défavorisés, celle de la reconnaissance d'une dépendance ? A force de traquer les raisons de l'inauthentique, ne risque-t-on pas d'être sourd à la sincérité ? Sans méconnaître toutes les raisons qu'il y a de douter, nous pensons qu'en 1789, pour reprendre les termes de Pierre Goubert et Michel Denis, « les Français ont la parole [11] » ; que, malgré le poids institutionnel, sociologique ou spirituel qui pèse sur l'expression des plus faibles d'entre eux — et qui n'est pas nécessairement une caractéristique propre à la consultation de 1789 —, ces derniers peuvent se faire entendre. Il s'agit de repérer les traces de leur expression.

II. LE QUATRIÈME ORDRE DES CAMPAGNES

Contrairement à ce qu'une inadvertance coupable nous a naguère laissé écrire [12], nous n'avons pas rencontré, dans les cahiers consultés, de référence explicite à un quatrième état. En revanche, des références formelles existent à un quatrième ordre, sans parler de celle, célèbre mais étrangère aux cahiers de doléances officiels, de Dufourny de Villiers, en avril 1789 [13]. Certes, l'identité de l'*ordre* et de l'*état* peut être, en première approximation, retenue en ce qui concerne la fin de l'Ancien Régime. Mais de savantes distinctions montrent qu'à certains égards, l'identité s'imposerait dans l'histoire avec moins d'évidence qu'il ne le semblerait[14]. On remarque en outre que, dans la littérature historique, fortune est faite à l'expression de quatrième état, plus qu'à celle de « quatrième ordre ». C'est le cas chez Albert Soboul, chez Pierre Goubert et Michel Denis et chez Marc Bouloiseau, dans la présentation que ce dernier fait des cahiers de bailliage de Rouen[15]. Sans vouloir exagérer la différence — peut-être impalpable — des formulations, suggérons que, sans doute, la deuxième est choisie pour exprimer plus radicalement la transgression de la société d'ordres ou pour la placer dans une sociologie de la réalité plutôt que dans les institutions ?

Transgresser la société d'ordres : une interrogation sur la présence des plus démunis dans les cahiers doit commencer par là, c'est-à-dire, plus précisément, par rechercher les traces de l'expression d'antagonismes ou de différences au sein du tiers état lui-même. Il semble, au premier abord, que la référence explicite à un quatrième ordre soit précieuse à cet égard, dans la mesure où elle consacrerait l'auto-identification des plus démunis.

En réalité, cette référence est pleine d'ambiguïtés, même si elle peut conduire à la perception de tensions ou d'oppositions intéressantes pour notre propos.

La référence à un quatrième état peut désigner tout autre chose que les moins nantis — et l'on est là très loin de Dufourny de Villiers. Les orfèvres de Saint-Maixent, par exemple, s'en prennent à ce « nombre des hommes trop multiplié que nous regardons comme un quatrième ordre, créé pour la perception des deniers royaux (...) qui n'ont cru bien remplir leur place qu'en imaginant les moyens de placer les impôts sur tout (...), cet ordre, véritablement d'une grande charge à la société, nous coûte en sus autant que la moitié des troupes[16]... » Le quatrième ordre désigne ici une bureaucratie fiscale parasitaire...

D'autres références au quatrième ordre nous rapprochent davantage, elles, de notre propos, sans pour autant exprimer les vœux des plus pauvres. Il s'agit de celles qui appuient la demande d'une représentation authentique et propre des campagnes dans celle du tiers état. Par exemple, le cahier de la paroisse des Sièges, dans le bailliage de Sens, développe l'idée que « les habitants de la campagne (...), qui forment environ la moitié dudit tiers état aient aux Etats généraux la moitié des députés dudit tiers état, qui soient pris dans leur classe (...) ». En effet, lit-on ensuite, « les utiles et nombreux habitants des campagnes (forment) un quatrième ordre dans l'Etat[17] ». De même, une délibération de la paroisse de Saint-Rieul, dans la sénéchaussée de Rennes — antérieure il est vrai à la rédaction du cahier —, met-elle l'accent sur la nécessité de « créer un quatrième ordre » pour représenter « les droits de la classe la plus nombreuse et la plus précieuse », « le peuple des campagnes », aux Etats de la province comme aux Etats généraux[18].

En vérité, on ne peut tenir ces textes pour des expressions authentiques des vœux des plus pauvres. Les références savantes dont ils sont agrémentés l'interdisent. A Rennes, il s'agit pour la bourgeoisie d'une contre-offensive destinée à dissuader les ruraux de suivre les appels de la noblesse. Ces textes toutefois mettent sur la voie d'une opposition, simpliste mais réelle, entre ville et campagne, où l'on aurait tort probablement de ne rien voir qui importe pour notre interrogation.

L'opposition, l'antagonisme peut-être, entre ville et campagne, s'exprime souvent dans les cahiers. Le thème d'une représentation authentique, au sein du tiers état, du « tiers état des campagnes » est souvent évoqué, là même où l'éditeur des cahiers ne signale pas de stratégie analogue à celle des bourgeois de Rennes, là même où il n'est plus question de la formulation expresse d'un quatrième ordre : on en trouve, par exemple, des expressions dans le bailliage de Sézanne (Allibaudières), dans celui de Châtillon-sur-Marne (Bouffiguereux, Maizy-sur-Aisne) où l'on demande une représentation égalitaire du tiers état des campagnes et de celui des villes[19].

Dans le bailliage de Blois, le cahier de Viévy demande que « les députés du tiers des campagnes soient aux Etats généraux en plus grand nombre que ceux du tiers des villes, parce que le tiers des campagnes est plus nombreux ». Il ajoute, curieuse et intéressante inversion des revendications générales du tiers, que le tiers des campagnes devrait « délibérer à part, sans être mêlé avec le tiers des villes ; et que les délibérations se fassent toujours par ordre et non par tête, à cause de l'influence des gros propriétaires et des gens des villes ». A Moléans, on demande « que le tiers des campagnes ait des représentants tirés de sa classe[20]... ».

La conscience des différences d'intérêts entre ville et campagne est vive. Un cahier du bailliage de Bourges en parle comme de « deux espèces différentes » ; un autre dit que les « intérêts (de la campagne) et ceux du peuple des villes sont toujours en opposition. Indifférents sur le prix trop haut des matières employées dans la culture, (...) il y a à craindre qu'ils (les représentants urbains du tiers) ne s'occupent que de ce qui est onéreux aux villes (...)[21] ».

De la revendication politique d'une représentation authentique — plus ou moins bien formulée —, on arrive à la simple description des inégalités entre ville et campagne qui, dans son amertume, nous rapproche encore plus de notre propos. Il n'y a plus là système ou projet construit, mais quelques évocations simples d'un dénuement qui peut nous paraître aujourd'hui simplement historique, mais qui a pu marquer, entre-temps, la société française, à moins que l'on ne perçoive, dans ces témoignages d'un autre âge, quelques traces de ce que peut être, ici ou là, aujourd'hui encore, le sort de quelques-uns.

La ville peut à l'époque être tenue pour le lieu de franchises, d'exemptions et de privilèges ignorés de la campagne. C'est aussi le cadre d'une vie plus sûre, moins dure. Par exemple, le cahier de Séris, dans le bailliage de Blois, insiste, dans l'opposition qu'il dresse entre la ville et les « pauvres des campagnes », sur l'inaccessibilité de l'hôpital — entendons l'hospice des vieux — à ceux qui ne sont pas nés dans la ville[22].

Avec ce dernier registre des plaintes des campagnes, on accède à l'expression de la pauvreté elle-même, qui n'est plus essentiellement rurale. Le dénuement des campagnes est en quelque sorte exemplaire d'une pauvreté qui ne s'identifie pas complètement à lui. On a vu le cahier de Viévy, à Blois, associer dans ses griefs « gros propriétaires et gens des villes » ; à Vivier-Jussaud, dans le bailliage d'Angoulême, le cahier envisage la question de la représentation aux Etats provinciaux en des termes qui dépassent la distinction des villes et des campagnes : il s'agit de l'opposition entre « les grands propriétaires » et « les pauvres »[23].

III. PAUVRE TRAVAILLEUR ET PAUVRE MENDIANT

Même si le jeu est, en 1789, de se plaindre, et si on est toujours le pauvre de quelqu'un, les descriptions du dénuement que donnent les cahiers de paroisses restent frappantes. Le discours est en lui-même intéressant, mais il est souvent aussi confirmé par des études objectives des conditions économiques et sociales, sur lesquelles il ne nous est pas possible de revenir ici.

Nombreux sont les cahiers de paroisses qui décrivent le dénuement naturel de telle ou telle campagne, la stérilité des sols, l'ingratitude du climat[24]. Mais, bien entendu, ce sont les descriptions des conditions de vie en termes de distinctions sociales ou de rapports sociaux qui sont les plus évocatrices pour notre propos. La pauvreté est inégalité, mais aussi dépendance.

Le vocabulaire par lequel s'expriment les distinctions est à lui seul, déjà, significatif d'un dépassement de la société d'ordres, quelles qu'en soient les approximations ou la variété. On oppose ainsi le « moyen et menu peuple » aux laboureurs et aux marchands, les pauvres manouvriers ou journaliers aux « maîtres et bourgeois », la basse classe du peuple aux laboureurs opulents, le riche propriétaire au pauvre journalier, le cultivateur misérable au riche négociant ou, tout simplement, le pauvre et le riche, la vie de l'un à la propriété de l'autre[25]. Ailleurs, on parle des roturiers privilégiés ou des membres privilégiés du tiers. L'évocation des « capitalistes » en antithèse aux « misérables matelots », « pauvre laboureur », « pauvre salarié » n'est pas rare[26].

A côté de ces oppositions simples, les cahiers offrent aussi une description plus détaillée des conditions de la pauvreté et de ses causes.

Dans le bailliage de Reims, par exemple, des cahiers distinguent et décrivent « trois classes d'habitants » : par exemple, à Boult-sur-Suippe, « les laboureurs, les sergers qui travaillent ou qui font travailler pour leur compte, et les sergers à façon, et les manouvriers ou journaliers ». Sergers à façon, manouvriers et journaliers forment le plus grand nombre des habitants, la troisième classe, la plus démunie :

« (...) plus de quarante familles de ces derniers sont forcées de mendier, presque tous les autres ont besoin de secours, tous ne possèdent aucune propriété et tous payent de la taille, ou du moins tous y sont imposés, si considérablement que la plupart d'entre eux sont tous les ans dans une impossibilité absolue de pouvoir la payer entièrement. C'est vraiment cette dernière classe qui est le plus à plaindre et la plus chargée de ses forces (...)[27]. »

Ailleurs, c'est la situation des étaminiers à façon et manouvriers qui est décrite dans les mêmes termes[28], ou encore celle des vignerons ouvriers :

« Point d'autre occupation pour eux que celle des vignes, ils n'en peuvent façonner que quatre arpents par année ; font une petite moisson dans les villages de la Champagne, le temps des vendanges en est encore une autre pour eux. Pas un de cette classe ne possède ni moisson, ni vignes ou si peu qu'il est inutile d'en parler (...). De tous les états, il n'en est pas de plus pénible et de plus dur que celui du vigneron en général, point d'ouvrier qui gagne si peu (...)[29]. »

Les cahiers du bailliage de Reims offrent, avec ceux du bailliage de Rouen, de nombreuses analyses des causes de la pauvreté, des mécanismes économiques et des rapports sociaux qui l'expliquent. Les éditeurs y insistent d'ailleurs, et nous ne pouvons ici que résumer leurs démonstrations et les illustrer. Le prix ou la rareté des denrées de première nécessité est, bien entendu, un fait essentiel, et certains cahiers l'expliquent bien, qui font référence pour le commerce des grains aux spéculations des négociants ou des gros laboureurs, à la liberté des prix. A Reims comme à Rouen, de nombreuses évocations des émeutes qui ont eu lieu à ce propos existent.

Les travailleurs sont pauvres, on l'a vu, mais le travail lui-même manque parfois. Pour l'agriculture, on dénonce le cumul des fermes qui s'effectue au profit des gros laboureurs. Pour le travail du textile, on s'en prend aux « mécaniques » à filer qui, dans les campagnes rouennaises ou champenoises, risquent d'accroître le chômage, ou plutôt le « manque d'ouvrage ».

Un cahier connu, celui de Letteguives, dans le bailliage de Rouen, est particulièrement expressif à cet égard et mériterait d'être cité longuement[30].

En ville, lorsque l'expression en est possible, les mêmes plaintes s'expriment, comme en donne un exemple le cahier des manouvriers de Lunéville, « sans pain, sans bois et sans ouvrage (...) à la veille de mourir de faim[31] ».

De l'absence de travail résulte une autre pauvreté : celle de la mendicité. On a vu comment, à Boult-sur-Suippe, beaucoup de la « troisième classe » sont contraints à mendier. Les références de ce genre sont nombreuses, qui s'attachent à dénombrer, dans les paroisses, les mendiants ou ceux qui ont besoin de secours. La moitié des habitants de Suippes (bailliage de Châlons) ou de Bailly-en-Rivière (bailliage de Neufchâtel-en-Bray), « la plupart des pauvres manouvriers et journaliers » de Ferrières (Reims) qui représentent les deux tiers des habitants, sont réduits à la mendicité. A Saint-Pierre-de-Varengeville (bailliage de Rouen), c'est le cas de plus de 60 feux sur 130 ; à Voisey (bailliage d'Amont), celui d'un sur quatre habitants ; à Saint-Germain (sénéchaussée d'Angers) d'un sur trois[32]... C'est en tout cas le discours des cahiers. Mais on sait bien que la mendicité est un réel fléau à cette époque et que la Révolution française y sera confrontée[33].

Le cas de la mendicité est d'ailleurs exemplaire du regard que l'on peut porter sur les pauvres, même chez les pauvres. Décidément, on est toujours le pauvre de quelqu'un... et ce que l'on dit de la pauvreté est bien compliqué.

Dans les cahiers, déjà, l'ambiguïté existe. Deux registres principaux dominent : le discours répressif et moralisateur, le discours humaniste, ce qui ne signifie pas qu'ils ne peuvent pas se rejoindre : ainsi, à Blainville, dans le bailliage de Rouen, évoque-t-on tout à la fois, à ce propos, la « sûreté publique » et « l'humanité »[34].

C'est en effet la double nature du mendiant que d'incarner à la fois une menace — surtout s'il vagabonde avec d'autres — et la nécessité d'un secours. La frontière entre pauvreté et délinquance est difficile à tracer. Le discours du pauvre sur le pauvre mendiant est parfois de dire que ce dernier n'est pas « le vrai pauvre ». Ainsi des cahiers de Saint-Brice et de Beine, dans le bailliage de Reims. A Charny, dans le bailliage de Sézanne, on dit que la mendicité est « fruit de la paresse et de la débauche[35] ». A Fontaine-sous-Montaiguillon, on oppose « le vrai et bon pauvre » aux « mendiants valides et coureurs »... et l'on propose un remède « infaillible » : un bureau de charité[36].

Qu'il soit de sûreté ou d'assistance, le discours sur le mendiant — comme celui qui porte sur le travailleur pauvre — aboutit le plus souvent à demander l'intervention de la collectivité, de la communauté, des autorités qui les représentent. Taxer le blé, interdire les cumuls, secourir les pauvres et leur offrir du travail dans des bureaux ou ateliers de charité, voilà qui, en 1789, exprime un besoin d'interventions « publiques » et celui de solidarités communautaires qui — héritage ou anticipation ? — rompt avec l'individualisme libéral dominant et qui dépasse d'ailleurs l'assistance immédiate[37].

Mais, du pauvre travailleur au pauvre mendiant, le quart état a-t-il fini de se définir ?

IV. PAUVRETÉ ET EXCLUSION

C'est peut-être péché d'anachronisme que d'étendre la réflexion sur le quart état de 1789 à des cas d'exclusion ou de discrimination que la société contemporaine nous suggère et dont le rapport à la pauvreté n'est pas en soi toujours direct. Nous pensons par exemple à des cas aussi divers que ceux des minorités raciales ou religieuses, des fous ou des prisonniers... La question mérite pourtant d'être posée, comme le suggère Michel Mollat [38]. Dufourny de Villiers nous y invite pour sa part quand, à côté des « pauvres journaliers, infirmes ou indigents », il étend son quatrième ordre aux « infortunés » et ajoute : « Tout ce qui opère l'infortune, l'accompagne ou la suit, a droit d'intéresser [39]. »

Nous n'avons pas pu envisager cette question de manière complète, à partir d'un inventaire systématique, même si l'occasion nous a été donnée naguère d'étudier la question des minorités dans les cahiers [40]. On se bornera ici à quelques allusions, mal étayées. Elles peuvent se regrouper autour de deux idées. D'une part, s'il n'est pas inhérent logiquement aux cas retenus, le rapport à la pauvreté est perçu. D'autre part, le discours sur ces cas d'exclusion présente, lui, des analogies avec celui qui porte plus directement sur la pauvreté. La pauvreté est « accompagnée », pour reprendre le terme de Dufourny de Villiers, d'un certain nombre de situations d'exclusion qu'elle aggrave, alors qu'elles ne sont pas consubstantielles à la pauvreté. La maladie, par exemple, est vécue différemment, et particulièrement la folie, dans la mesure où elle est envisagée ainsi [41]. On voit, dans les cahiers, exprimée l'idée d'une association entre aliénation mentale et pauvreté. Le Tiers Etat de la ville de Troyes, par exemple, lorsqu'il souhaite voir établir « une maison où on recevrait gratuitement les malheureux dont l'esprit est aliéné » ajoute immédiatement : « Nombre d'exemples nous apprennent que des pauvres, réduits à cette fâcheuse extrémité, ont causé les plus grands ravages dans la campagne (...) [42]. » A Vildé-la-Marine, dans la sénéchaussée de Rennes, le cahier joint les cas des « pauvres vagabonds » et des « furieux » [43].

Quant aux prisonniers, s'il existe bien entendu une orientation humaniste et juridique dans la considération de leur cas [44], le sentiment s'exprime aussi que le pauvre est dans une situation de particulière fragilité à l'égard du système judiciaire qui peut conduire à l'incarcération.

Mais l'identification de l'exclusion et de la pauvreté n'est pas si simple. Le cas des Juifs est révélateur à cet égard. On est toujours le pauvre de quelqu'un, et si « le peuple » se sent écrasé par les Juifs, « comme le pauvre et stupide paysan [45] », les Juifs eux-mêmes peuvent exprimer leur sentiment d'être placés, par les discriminations dont ils font l'objet, « en dessous des Turcs et des paysans (...) [46] ». La dissociation de la pauvreté et de certains cas d'exclusion existe aussi dans la capacité à faire entendre sa propre voix, ce que Michelle

Perrot appelle « la parole sur soi[47] ». Les exclus dont nous parlons ne s'expriment pas en général eux-mêmes, à l'exception de certaines communautés juives, mais on parle d'eux : ce sont les autres qui parlent des nègres, des prisonniers et des fous. En revanche, on a vu que les pauvres, malgré les obstacles institutionnels et sociologiques, arrivaient parfois à parler eux-mêmes d'eux-mêmes.

La perception des exclus qu'ont les autres obéit enfin à la dichotomie que l'on a rencontrée à propos du pauvre mendiant : assistance et secours, ou répression ; intégration ou exclusion. Dans les solutions proposées, les hôpitaux voisinent avec les maisons de force[48], l'expulsion avec l'assimilation[49]. Humanisme et sécurité s'emmêlent encore. Elargi aux exclus, le Quart Monde devient encore plus dangereux. C'est bien pour cela qu'on en enferme une partie, ou qu'on la parque, même si c'est dans des institutions de secours.

1. On a choisi d'explorer les cahiers publiés dans la *Collection des documents inédits sur l'histoire économique de la Révolution française*. Les notes font donc référence, sauf indication contraire, aux textes publiés dans cette *Collection*.
2. Gaston Balencie, *Cahiers... de la sénéchaussée de Bigorre*, 1925, p. 11.
3. E.Bligny-Bondurand, *Cahiers... de la sénéchaussée de Nîmes*, 1908, tome 1, p. XXV.
4. René Jouanne, *Cahiers... de la ville d'Alençon*, 1929, p. LXXXVI.
5. Joseph Fournier, *Cahiers... de la sénéchaussée de Marseille*, 1908, p. 39 sq.
6. *Le Monde de la Révolution française*, n° 3, mars 1989, p. 7.
7. Cf. par exemple : G. Laurent, *Reims et la région rémoise à la veille de la Révolution... Introduction aux cahiers de Doléances du bailliage de Reims...*, 1930, p. CCCXII ; P. Bois, *Cahiers... de Château-du-Loir*, 1960, pp. XLVI et LVII ; F. Lesueur et A. Cauchie, *Cahiers... du bailliage de Blois...*, 1907, LXV ; Albert Blossier, *Cahiers... de la sénéchaussée d'Angers*, 1915, p. CLV ; Henri Sée et André Lesort, *Cahiers... de la sénéchaussée de Rennes*, t. 1, 1909, pp. LXXXIV sq. ; Marc Bouloiseau, *Cahiers... du bailliage de Rouen...*, 1957, t. 1, pp. CXXXIX sq.
8. Henri Sée et André Lesort, *op. cit.*, pp. LXIV, LXIX ; Albert Blossier, *op. cit.*, pp. XLIII sq. ; P. Boissonade, *Cahiers... d'Angoulême*, 1907, p. 5.
9. *Cahiers de doléances...*, publiés par Gustave Laurent, t. 3, *Bailliages de Sézanne et Châtillon-sur-Marne*, 1911, p. 297, 2ᵉ partie.
10. *Ibid.*, t. 1, *Bailliage de Châlons-sur-Marne*, 1906, p. 43 ; t. 2, pp. 420, 430, 676 ; voir aussi pour Nancy, Jean Godfrin, *Cahiers... de Metz et Nancy*, t. 4, 1934, p. XL. On rencontre des cas moins convaincants où l'aveu qu'il faut s'en rapporter aux plus instruits n'empêche pas le cahier d'être relativement copieux : cf. par exemple celui des imprimeurs de Lunéville, dans Françoise Job, *Cahiers... des corporations de Lunéville*, Paris, 1978, p. 103.
11. Pierre Goubert et Michel Denis, *1789. Les Français ont la parole*, Paris, Gallimard-Julliard, coll. « Archives », 1964, p. 157 sq.
12. « Les Droits de l'homme dans les cahiers de doléances », dans *Les Droits de l'homme et la conquête des libertés*, Presses Universitaires de Grenoble, 1988, p. 47.
13. *Cahiers du quatrième ordre*, largement publié par la revue *Quart Monde*, 121 (1986), pp. 48-52 et 122 (1987), pp. 44-50. Cf. aussi Albert Soboul, *1789, L'an un de la liberté*, Paris, Editions sociales, 1950, p. 68.
14. Dans le sens de l'identité, cf. par exemple, M. Fogel, dans Albert Soboul, *Dictionnaire historique de la Révolution française*, Paris, P.U.F., 1989, p. 799 ; J. Krynen, « La

Représentation politique dans l'ancienne France... », *Droits*, 6(1987), Paris, PUF, pp. 31 sq.

Pour une thèse plus nuancée, cf. Roland Mousnier, « Les concepts d' " ordres ", d' " états "... », dans *Revue historique*, 1972, pp. 289 sq ; *Les institutions de la France sous la monarchie absolue*, Paris, PUF, 1974, t. 1, pp. 14 sq. et 94-95.

15. Albert Soboul, *La civilisation et la Révolution française*, t. I, Paris, Arthaud, 1970, pp. 383 sq. ; Pierre Goubert et Michel Denis, *op. cit.*, pp. 20 sq. (dans un chapitre intitulé « L'apparition des " bras nus " ») ; Marc Bouloiseau, *op. cit.*, p. CXXXIX.

16. *Cahiers... de la sénéchaussée de Niort et... Saint-Maixent*, publiés par Léonce Cathelineau, 1912, p. 335.

17. *Cahiers... du bailliage de Sens*, publiés par Charles Porée, 1908, p. 372.

18. *Cahiers... de la sénéchaussée de Rennes, op. cit.*, t. 3, pp. 698 sq.

19. *Cahiers... des bailliages de Sézanne et Châtillon-sur-Marne, op. cit.*, 1re partie, p. 50 ; 2e partie, pp. 62 et 227.

20. *Cahiers... du bailliage de Blois, op. cit.*, pp. 502 et 372.

21. *Cahiers... du bailliage de Bourges*, publiés par Alfred Gaudilhon, 1910, p. 350 (Sennecay), p. 363 (Le Subdray).

22. *Cahiers... de Blois, op. cit.*, p. 110.

23. *Cahiers... d'Angoulême, op. cit.*, p. 466.

24. Cf. par exemple, *Cahiers... de Neufchâtel-en-Bray*, publiés par E. Le Parquier, 1908 (nombreuses références) ; *Cahiers... du bailliage d'Amont*, publiés par M. Godard et L. Abensour, 1927.

25. *Cahiers... de Reims, op. cit.*, pp. 574, 404 ; *... de Bourges, op. cit.*, pp. 359, 196 ; *... de Rouen, op. cit.*, II, pp. 217, 369 ; cf. aussi Robert Jouvenot, *Le bailliage de Beaume-les-Dames en 1789. Les cahiers de doléances*, Paris, Les Belles Lettres, p. 102 ; *Cahiers... du bailliage d'Arques*, publiés par E. Le Parquier, 1922, p. 330. Cf. aussi C. Courvoisier, « Les droits de l'homme dans les cahiers de doléances », *art. cit.*, p. 47.

26. Cf. C. Courvoisier, *art. cit.*, p. 47 ; P. Goubert et M. Denis, *op. cit.*, pp. 231 et 235.

27. *Cahiers... de Reims, op. cit.*, p. 340. Une autre distinction des trois classes à Chigny, *Ibid.*, p. 447.

28. *Ibid.*, p. 252.

29. *Ibid.*, p. 449.

30. *Cahiers... de Rouen, op. cit.*, t. 2, pp. 369 sq. ; cf. aussi *Ibid.*, p. 217 (Blainville), p. 340 (Anzouville-sur-Ry) ; *Cahiers... de Reims, op. cit.*, p. 404 (Champigny), p. 579 (Cumières)... Un extrait du cahier de Letteguives est donné dans P. Goubert et M. Denis, *op. cit.*, p. 228.

31. *Cahiers... des corporations de Lunéville, op. cit.*, p. 188.

32. *Cahiers... de Châlons, op. cit.*, p. 687 ; *... de Neufchâtel-en-Bray, op. cit.*, p. 15 ; *... de Reims, op. cit.*, p. 616 ; *... de Rouen, op. cit.*, p. 122 ; *... d'Aumont, op. cit.*, p. 511 ; *... d'Angers, op. cit.*, t. II, p. 642.

33. Cf. Camille Bloch, *L'assistance et l'Etat en France à la veille de la Révolution*, Paris, Librairie Alphonse Picard, 1908, p. 30 ; Jean Bart, « La Révolution française, le manque d'ouvrage et le devoir de travailler », dans *Les Sans-Emploi et la loi, hier et aujourd'hui* (Actes du Colloque, Nantes, juin 1987), Quimper, Calligrammes, 1988, p. 15 ; « La Révolution française et les pauvres », dans *Partage*, n° 39 (octobre-novembre 1987).

34. *Cahiers... de Rouen, op. cit.*, t. II, p. 220.

35. *Cahiers... de Reims, op. cit.*, pp. 882, 276 ; *... de Sézanne, op. cit.*, p. 185.

36. *Cahiers... de Sézanne, op. cit.*, p. 299.

37. Des moyens divers sont envisagés dans les cahiers pour l'organisation des bureaux de charité (cf. de multiples références, par ex. in *Cahiers... de Bourges, op. cit.*,). Au-delà de l'assistance immédiate, on insiste souvent sur les mesures à prendre pour une instruction ou des services de santé gratuits. Cf. C. Courvoisier, « Les Droits de l'homme... », *art. cit.*, p. 47.

A Chamery, on insiste par exemple sur un système permettant l'accès gratuit pour « les pauvres » aux remèdes et aux médecins, qui seraient « payés par les riches » (cf. *Cahiers... de Châtillon, op. cit.*, p. 83).

38. Michel Mollat, « L'Empreinte de la pauvreté médiévale dans les représentations

collectives actuelles », dans *Dossiers et documents de la revue Quart Monde*, n° 1, intitulé : *Le Quart Monde, partenaire de l'histoire*, 1988, pp. 11 sq.

39. *Quart Monde*, 122(1987), *art. cit.*, p. 49.

40. C. Courvoisier, « Minorités et différences dans les cahiers de doléances », dans *Les Minorités et leurs droits depuis 1789*, études réunies par Alain Fenet et Gérard Soulier, Paris, L'Harmattan, 1989, pp. 13-26.

41. Cf. Michel Foucault, *Histoire de la folie à l'âge classique*, Paris, Gallimard, 1972.

42. *Cahiers de doléances du bailliage de Troyes...*, publiés par J.-J. Vernier, 1909, t. I, p. 278.

43. *Cahiers... de Rennes, op. cit.*, t. II, p. 552.

44. Cf. Michel Foucault, *Surveiller et punir*, Paris, Gallimard, 1975, pp. 121-122. Aboutissement extrême de l'humanisme : dans un cahier, on estime que l'emprisonnement est pire que l'exécution... (Vorly, *Cahiers... de Bourges, op. cit.*, p. 525).

45. *Cahiers de doléances des prévôtés bailliagères de Sarrebourg et de Phalsbourg...*, publiés par P. Lesprand et L. Bour, 1938, p. 188.

46. Robert Weyl et Jean Daltroff, « Les Cahiers de doléances des juifs d'Alsace », *Revue d'Alsace*, n° 109(1983), pp. 65-80.

47. Michelle Perrot, « Synthèse des orientations historiques à prendre », dans *Dossiers et documents de la revue Quart Monde*, n° 1, *op. cit.*, p. 78.

48. *Cahiers... de Rennes, op. cit.*, t. 2, p. 552.

49. *Cahiers... de Sarrebourg et Phalsbourg, op. cit.*, p. 44.

Louis-Pierre Dufourny de Villiers : pour le droit des pauvres, jusqu'aux plus pauvres, à la représentation politique (1789-1790)

HENRI BOSSAN

> « Et surtout, n'oublie pas le citoyen. »
> Père Joseph Wresinski

En 1983, dans *Les pauvres sont l'Eglise,* le Père Joseph Wresinski, fondateur du Mouvement ATD Quart Monde, soulignait la signification politique du volontariat de ce Mouvement — signification qu'il avait acquise dès ses débuts au camp de Noisy-le-Grand. Il ajoutait qu'en reprenant, en 1968, la démarche de Dufourny de Villiers lors des Etats généraux en 1789, le Mouvement ATD Quart Monde avait suscité dans toutes les cités de France la rédaction de cahiers de doléances qu'il publia sous le titre *Un peuple parle*[1].

Au début du mois de janvier 1988, le Père Joseph — qui devait nous quitter le 14 février suivant — me demanda de rechercher, dans les travaux des historiens et les archives, ce que l'on pouvait connaître :

du quatrième ordre ou quart état ;

de la réalité de la participation politique des plus pauvres, ou au contraire de leur exclusion politique ;

de la personne de Dufourny de Villiers et de son action politique relative au quatrième ordre — en particulier à l'époque de la campagne pour la rédaction des cahiers de doléances et l'élection de représentants aux Etats généraux (janvier-mai 1789), et dans la période qui suivit la Déclaration des Droits de l'Homme et du Citoyen (26 août 1789).

Le Père Joseph a toujours affirmé que les pauvres devaient reconquérir leur histoire pour mener à bien leur combat contre l'exclusion. En me demandant ce travail, il ne me demandait pas de l'aborder en historien que je ne suis pas, mais en volontaire du Mouvement ATD Quart Monde, engagé avec d'autres à faire entendre la parole et l'espoir des familles les plus exclues. Je dois à la vérité de dire que ce sont elles qui m'ont fait découvrir, avec force et à partir de leur vie, l'importance de leur histoire : histoire de leurs familles et de leur milieu, histoire d'exclusion et d'humiliations, mais aussi histoire de courage, de résistance, de fierté, et non pas de honte.

Quelque 15 ans plus tôt, à la cité sous-prolétaire de Stains (dans la Seine-Saint-Denis, près de Paris), où nous habitions avec 220 familles, nous nous efforcions, habitants de cette cité et équipe du Mouvement, de développer une action culturelle, de prise de parole et de représentation politique. Dans notre logement, il y avait une bibliothèque très active. Et un soir de l'automne 1974, Mme Beuriot nous avait apporté deux grands volumes d'Histoire de France, ainsi dédicacés de sa main : « J'offre ces deux livres pour prêter à tous ceux qui veulent s'instruire. » Aujourd'hui, Mme Beuriot est décédée, après avoir lutté toute sa vie, dans les pires conditions, pour résister à la misère et rester une femme debout, pour encourager d'autres familles, aussi mal considérées qu'elle à cause de la misère, à défendre leur intégrité familiale et leur dignité. Evoquant son souvenir, le Père Joseph me disait : « Ce serait formidable si des familles du Quart Monde pouvaient s'associer à ce travail ! »

C'est ainsi que deux militantes de l'Université populaire du Quart Monde de l'Ile-de-France, malgré les difficultés qu'elles ont rencontrées, m'ont aidé dans ces recherches, depuis 1988. Elles ont obtenu, dans le cadre du Bicentenaire, la publication d'une part significative de leur travail dans un quotidien populaire, *Le Parisien libéré*[2]. Je ne veux pas manquer, au seuil de cette communication, de leur rendre hommage et de les remercier — comme je remercie également les volontaires et amis du Mouvement qui ont collaboré à ce travail, dont je rends compte aujourd'hui au nom du Père Joseph.

Dans son ouvrage *Comme l'oiseau sur la branche*, Alwine de Vos Van Steenwijk a tracé l'essentiel de l'histoire de Dufourny de Villiers et de son action pour la participation et la représentation politique des pauvres, jusqu'aux « mauvais pauvres », jusqu'à « la canaille » comme on disait alors[3]. Lui-même écrira dans le premier *Cahier du Quatrième Ordre* : « C'est de cette prétendue canaille que je me ferai gloire d'être le défenseur[4]. »

Je me propose de communiquer ici un peu plus de détails sur cet homme et sur son combat politique, pendant la période comprise entre la fin de 1788 et le 25 avril 1790.

De janvier à mai 1789

Dans sa lettre et son règlement pour la convocation des Etats généraux du 24 janvier 1789, le roi en appelle à tous ses sujets : « Le Roi, en adressant aux diverses Provinces soumises à son obéissance, des lettres de convocation pour les Etats généraux, a voulu que ses sujets fussent tous appelés à concourir aux élections des députés qui doivent former cette grande et solennelle Assemblée ; Sa Majesté a désiré que des extrémités de son Royaume et des habitations les moins connues, chacun fût assuré de faire parvenir jusqu'à elle ses vœux et ses réclamations. »

Nous pouvons souligner l'aspect général — à *tous* ses sujets — de la convocation. En outre, on peut remarquer l'inquiétude du roi de n'atteindre qu'insuffisamment les plus pauvres : « Sa Majesté ne peut souvent atteindre que par son amour à cette partie de ses Peuples (...) qui, hors de la portée de ses regards, se fie néanmoins à la protection de sa justice et aux soins prévoyants de sa bonté. » La démarche est directe ou indirecte : « Sa Majesté a tâché de remplir encore cet objet particulier de son inquiétude, en appelant aux Assemblées du Clergé tous les bons et utiles pasteurs qui s'occupent de près et journellement de l'indigence et de l'assistance du peuple, et qui connaissent plus intimement ses maux et ses appréhensions. » Et nous savons que le bas-clergé a pu être en effet porte-plume et porte-parole, représentant indirect des plus pauvres. Dufourny de Villiers se battra, lui, pour des droits directs.

Mais, dans le même texte, dans ce que nous pourrions appeler le « décret d'application », le roi devient alors très restrictif. Il écarte certaines institutions touchant de près les pauvres : par exemple les hôpitaux « étant des établissements publics, à la conservation desquels les ordres ont un égal intérêt, ne seront point admis à se faire représenter ». Il exclut les personnes sans domicile et non inscrites au rôle des impôts : « Les paroisses et communautés, les bourgs, ainsi que les villes non comprises dans l'état annexé au présent Règlement, s'assembleront dans le lieu ordinaire des Assemblées et devant le Juge du lieu, ou en son absence, devant tout autre Officier public, à laquelle Assemblée auront droit d'assister tous les habitants composant le tiers état, nés Français ou naturalisés, âgés de vingt-cinq ans, *domiciliés* et *compris au rôle des impositions*, pour concourir à la rédaction des cahiers et à la nomination des Députés[5]. » Quant au règlement particulier des élections pour Paris, publié seulement deux semaines avant les Etats généraux, il étend l'exclusion politique à ceux qui paient moins de six livres d'impôt personnel.

L'écriture des doléances pouvait s'exercer soit collectivement dans les assemblées locales, soit individuellement par de multiples mémoires, lettres, vœux ou suppliques adressés directement au roi, à Necker ou aux Etats généraux. A Paris, deux boîtes aux lettres avaient même été installées à cet effet dans la grande salle de l'Hôtel-de-Ville ! Cette pratique pouvait permettre alors de contourner une certaine exclusion. Mais évidemment seuls ceux qui en avaient les moyens pouvaient se saisir de cette opportunité.

En revanche, la pratique des élections a été plus restrictive et exclusive — la force publique devant même intervenir. Nous savons peu ce qui s'est passé dans les campagnes quant à l'exclusion plus ou moins physique ou violente des plus pauvres, des mendiants et des gueux, des serfs aussi, qui ont pu çà et là se glisser dans les assemblées ; mais pour les villes, les témoignages ne manquent pas sur l'exclusion physique et de force des plus pauvres au moment des assemblées. A Rouen, les bourgeois de la ville, au nom des malheureux de toute la province de Normandie, écrivent au roi :

« Sire, par votre lettre du 24 Janvier dernier (...), vous invitez vos Peuples à vous faire part des moyens les plus prompts à arrêter les abus qui s'opposent à leur bonheur ; (...) ce n'est point dans les trois premiers ordres assemblés, (...) que vous trouverez cette franchise si essentielle à notre Constitution ; c'est, au contraire, dans cette classe malheureuse qu'on nomme haillons du tiers état (...). Pourquoi leurs plaintes n'iraient-elles pas jusqu'à vous ? (...)

Les Supplians, Sire, (...) ont l'honneur de vous représenter la criante injustice qui préside dans l'Assemblée du tiers état de la Ville de Rouen (...) que des orgueilleux Commissaires, députés pour la rédaction des cahiers de doléances, ont rejeté les leurs, comme étant tout à fait contraires à leur intérêt personnel, en leur imposant un silence absolu (...). Suppliés d'être touchés du sort de tant d'infortunés (...) (ils) s'arrêtent sur celui qui ose élever la voix ; aussitôt brûlent leurs cahiers, les chassent des Assemblées, en les comblant d'horreurs, et les sacrifient. Voilà, Sire, le tableau hideux de ces Députés (...).

Le malheureux journalier qui mendie de l'ouvrage, passe sa vie dans l'opprobre et dans la misère (...). Celui qui mendie, rebuté à chaque pas, qui, au lieu de pain ou d'aumône, ne reçoit que des injures, forcé de rentrer dans sa chaumière, sans pain et sans argent, voit ses enfants que le besoin déchire ; son cœur crève, la douleur le brise (...).

Délibéré en l'Assemblée tenue à cet effet aux approches de la ville de Rouen, lieu choisi par les Commissaires destinés pour la rédaction du présent, qui en ont donné lecture à près de six mille malheureux, et une infinité de soldats qui s'y sont trouvés ; ils ont tous répondu par des acclamations prépondérantes (...) et ont, les plus habiles, signé. Aujourd'hui 29 Avril 1789[6]. »

Les villes, en ce temps, avaient des chasse-gueux. En témoignent les quittances de gages de chasse-pauvres de Bayonne[7] ou les *Statuts et Règlements pour la Police, Gouvernement, Administration et Economie de l'Hôpital Général de la Charité de Marseille*[8], traitant des brigadiers et archers... A Paris aussi, les archers de l'hôpital, le guet remplissent cet office[9]. En temps ordinaires, les chasse-gueux étaient chargés par le capitaine du guet (à Bayonne) d'expulser les vagabonds et mendiants étrangers. Mais en cette période, ces chasse-gueux jouent le rôle d'agents d'exclusion de la représentation. Le témoignage parisien du sieur de Lahaye[10] est explicite (et nous transmet, en plus, la parole même de très pauvres, si difficile à trouver parmi la masse des documents !) : « J'ai été envoyé de mon district en députation dans plusieurs autres districts. En sortant de l'Assemblée, j'ai été environné de plusieurs de ces citoyens à qui on n'avait pas accordé l'entrée. Ils n'avaient qu'une voix : " S'occupe-t-on de nous, Monsieur ? Pense-t-on à nous faire diminuer le pain ? Il y a deux jours que je n'en ai pas mangé ", me dit un de ceux qui étaient le plus près de moi. " Il est si cher... on nous le fait payer à présent 15 sous... ah ! Monsieur, ne nous oubliez pas ! Nous prierons Dieu pour vous... " » Enfin, comme nous le dit Dufourny de Villiers, en son propre district comme en d'autres, les « Barrières colossales et la Garde » à l'entrée de l'assemblée excluent beaucoup de ces citoyens infortunés.

En cette période préparatoire des cahiers de doléances et des élections aux Etats généraux, le combat politique de Dufourny de Villiers est d'introduire *sans retard* la représentation des *plus* pauvres. Il s'est battu dans son district des Mathurins. Voici ce qu'il nous en dit :

« Le règlement du 16 Avril 1789 pour la convocation des citoyens de Paris à leur première Assemblée en district, (...) devait porter l'empreinte de l'égoïsme, de la cupidité, de la tyrannie et de ce mépris du pauvre, qui, produisant tous les maux des sociétés, engendre enfin les révolutions ; (...) ce règlement qui excluait des Assemblées tout citoyen qui ne payait pas six livres de capitation, n'excita pas cependant une réclamation universelle, (...) quoi qu'ils (les habitants de Paris) reconnussent unanimement que certains Officiers de l'ancienne municipalité attentaient à leur liberté en prétendant les présider de droit, ils ne voyaient pas que leur liberté était encore plus attaquée par l'exclusion de leurs concitoyens, par *une exclusion qui rendait nulles de droit leurs Assemblées.*

(...) Un sentiment confus de ces vérités inspira cependant à quelques districts de ne point exécuter à la lettre cette partie du règlement ; mais, s'ils ne contribuèrent pas directement et servilement à l'humiliation des infortunés, leurs Assemblées n'en furent pas moins incomplètes, puisque leur intention n'étant point aussi manifestée que le règlement spoliateur, ce règlement affiché avec affectation, les Barrières colossales et la Garde continuèrent d'en exclure ou d'en écarter beaucoup de bons citoyens, de ces citoyens qui, par cela même qu'ils sont plus infortunés, doivent, au contraire, être spécialement appelés aux Assemblées, et admis aux délibérations qui ont pour objet le salut de tous, et surtout la défense du faible et de l'infortuné (...). Ce n'est pas que je ne lui (le district des Mathurins) présentasse dans le cours de cette Séance (22-23 avril), tous les motifs qui pouvaient porter à l'enfreindre totalement en ce point. Ainsi, vivement touché de cette injuste exclusion (...), je demandai que les cahiers portassent le mandat exprès de développer dans l'Assemblée Nationale les principes et motifs de la réclamation, en faveur de l'exercice nécessaire de ce droit imprescriptible et inaliénable de tout homme libre de coopérer aux lois qu'il doit suivre, aux délibérations qui le concernent, ainsi qu'il coopère à la défense commune. L'Assemblée approuva généralement notre demande ; mais par une fatalité dont je ne développerai pas les motifs, son Arrêté ne fut pas pris en considération par les Commissaires rédacteurs du Cahier[11]. »

Dufourny de Villiers a donc échoué. Trois jours après cette séance, il diffuse à Paris, en France, et peut-être à Versailles même auprès des députés, son premier numéro des *Cahiers du Quatrième Ordre*. Ici et là, en province par exemple, on trouve des échos au « quatrième ordre, ordre sacré des infortunés » : Larrard de Villary en est un exemple dans les *Plaintes et doléances*[12], envoyé début mai à Necker, et d'autres cahiers ou mémoires adressés de la même façon.

D'autres que Dufourny ont aussi lutté pour la participation des pauvres aux assemblées, par exemple Lambert, du district de Saint-Étienne-du-Mont, à Paris, avec son *Cahier des Pauvres* et surtout sa *Supplique au Roi et aux Etats généraux*. Il y demande d'être nommé représentant des pauvres aux Etats généraux, avec M. de Montlinot, inspecteur du dépôt de la Généralité de Soissons[13]. Mais il ne va pas jusqu'à une représentation directe, ni jusqu'aux plus pauvres, jusqu'aux « mauvais pauvres ». On a là une différence fondamentale entre Dufourny de Villiers et Lambert, même si tous deux posent la question de la représentation des pauvres.

Pendant la période précédant les Etats généraux, il y eut tout un débat sur la question de la représentation politique. L'idée de la création dans le royaume de France de plus de trois ordres (clergé, noblesse, Tiers Etat), c'est-à-dire quatre, voire cinq, six ou sept ordres, était envisagée chez certains publicistes politiques comme Michel des Essar, Restif de la Bretonne, Escard de Pérusse ou Sellier (d'Amiens). Dufourny n'était pas un inconditionnel du quatrième ordre. Il espérait en fait l'abolition des ordres : « Il a paru nécessaire de distinguer encore les membres de la Nation par ordres ; et le nombre de ces ordres a été, selon l'usage, limité à trois : mais est-il nécessaire de distribuer la Nation par ordres ? Et ces trois ordres renferment-ils exactement toute la Nation ? Peut-être cette distribution sera-t-elle abolie ; il faut l'espérer ; et si elle ne l'est pas, il faut faire un quatrième ordre[14]. » Nous retrouvons, par ailleurs, citée par Patrick Kessel la réclamation, par des anonymes, du suffrage universel[15].

Parmi ces propositions d'accroissement des ordres — ou celles de leur suppression —, la représentation des plus pauvres trouvait-elle son compte ? Ce n'est jamais évident à la lecture de ces textes. Même si, par exemple, l'abolition de la servitude était souvent demandée, personne ne posait la question des ex-serfs les plus pauvres, une fois la servitude abolie pour tous les serfs. Car les serfs subsistaient encore ici et là dans le royaume, particulièrement en Franche-Comté, où un serf a laissé un cahier de doléances célèbre[16], et où des moines et aussi l'évêque de Saint-Claude tenaient encore des hommes en servitude. D'autres exclusions survivaient, qui n'ont guère été prises en compte, comme le racisme à l'égard des Cagots ou Cacous, assimilés aux lépreux : « En 1788, le curé de Lurbe, apercevant une Cagote qui s'était assise hors de la place traditionnellement réservée à ses pareils, l'apostropha en plein office ; traita les Cagots de damnés, expulsa pour toujours un Cagot qui avait touché l'encensoir par mégarde[17]. »

Dans ce débat sur les ordres, une division particulière en quatre ordres est proposée et réclamée par certains auteurs de l'époque, sous l'influence de la Suède qui vient juste de réunir ses Etats généraux. Ces quatre ordres seraient : clergé ou premier ordre, noblesse ou deuxième ordre, bourgeois des villes ou troisième ordre, paysans ou quatrième ordre. Et ces auteurs rappellent souvent, pour appuyer leur demande de création d'un ordre supplémentaire, le précédent historique des Etats généraux de 1301 où Philippe le Bel avait reconnu le troisième ordre, ou Tiers Etat. Les auteurs qui demandent quatre ordres à la suédoise prévoient-ils effectivement — et comment ? — l'inclusion des *plus* pauvres des villes et des campagnes, et de ceux qui, vagabonds, erraient entre ville et campagne ? Le nombre des errants à cette époque était très important, et les dépôts de mendicité de France étaient loin de les enfermer tous — leurs séjours y étaient d'ailleurs en général courts, car ces dépôts étaient surpeuplés.

Qui, parmi les auteurs des nombreux écrits politiques produits avant les Etats généraux, envisagea de noter, sous la dictée, les doléances des sujets les plus pauvres échoués dans les dépôts ? Pourtant le règlement du roi, du 24 janvier 1789, que nous avons cité plus haut, non seulement ne l'interdisait pas, mais souhaitait que « chacun fût assuré de faire parvenir ses vœux et ses réclamations[18] ».

Voilà qui nous ramène à Dufourny de Villiers s'appliquant à rejoindre, jusque dans ces « gouffres appelés dépôts », cette « prétendue canaille », et à la représenter dans les *Cahiers du Quatrième Ordre*.

Cette démarche s'inscrit dans son histoire personnelle, histoire que nous connaissons encore mal. Ne peut-on se demander si son travail d'architecte, vingt ans durant (1769-1789), sur des canaux, nivellements ou assèchements de marais ne l'a pas amené à rencontrer et connaître de très pauvres journaliers qui pouvaient y travailler ?

Un autre fait de sa vie de citoyen de Paris nous pousse à poursuivre des recherches pour connaître ce point capital : l'histoire du développement de la sensibilité humaine et politique de Louis-Pierre Dufourny de Villiers, jusqu'aux plus pauvres. En décembre 1788, au cœur de la période la plus dure de cet hiver exceptionnellement long et rigoureux, il écrit au secrétaire d'Etat Laurent de Villedeuil[19], ministre de la Maison du roi chargé du département de Paris. Il dénonce la situation catastrophique des très nombreuses familles pauvres et mendiantes, jetées à la rue et acculées « à exposer à la rigueur de la saison leurs enfants nouveau-nés[20] ». Le 3 janvier 1789, le ministre lui fait savoir qu'il adresse sa lettre à M. le lieutenant général de police et qu'il le charge de prendre les moyens d'y remédier. Même si la réponse est d'ordre répressif, l'action de Dufourny, elle, manifeste une attention évidente à la souffrance humaine des très pauvres, et aussi un esprit politique.

La pensée de Dufourny de Villiers est en avance sur celle de nombre de ses contemporains : en publiant les *Cahiers du Quatrième Ordre*, il veut gagner la reconnaissance des droits politiques des plus pauvres — ceux-ci devant pouvoir être membres des Assemblées et envoyer des représentants aux Etats généraux. Sieyès, quant à lui, pour disqualifier les nobles, va jusqu'à se servir de l'exclusion des plus pauvres : « Je sais qu'il est des individus, en trop grand nombre, que les infirmités, l'incapacité, une paresse incurable ou le torrent de mauvaises mœurs rendent étrangers aux travaux de la société... Une telle classe est assurément étrangère à la Nation par sa fainéantise. L'ordre noble n'est pas moins étranger au milieu de nous[21]. »

Dans les mois qui suivent, Dufourny de Villiers continue sa réflexion et son engagement politiques. Il publie un ouvrage, sous le titre de *Constitution Philadelphique*, « dans lequel, dit-il, j'ai développé les véritables bases des sociétés (...) en demandant des lois spécialement protectrices des faibles et des indigents[22] ». Malheureusement, nous n'avons pu à ce jour retrouver cet ouvrage[23]. Signalons qu'en tant qu' « ingénieur en chef de la Ville de Paris et de la commune », il est envoyé le 15 juillet en mission pour inspecter les souterrains de la Bastille, « pour en visiter les cachots, et surtout pour sauver de la faim et de tout autre accident les prisonniers, s'il en existe, nous en rapportant, à cet égard, à son zèle et à son humanité bien connus[24] ».

Du 26 août 1789 au 25 avril 1790

C'est une période de la Révolution qui débute avec l'adoption de la Déclaration des Droits de l'Homme et du Citoyen. C'est aussi l'époque du fameux décret distinguant citoyens « actifs » et « passifs » et du décret dit du « marc d'argent », sur l'éligibilité à l'Assemblée nationale, décrets qui excluent de la citoyenneté politique la masse des pauvres et des indigents.

Quelques hommes politiques s'indignent, comme l'abbé Grégoire, Robespierre et trois autres députés de l'Assemblée nationale. Ils sont bien peu. Hors de l'Assemblée, il y a Condorcet, et quelques personnes moins connues comme L'Ange et son pamphlet sur les citoyens dits passifs... Marat s'était indigné le 1er octobre de la proposition de Thouret, au Comité de Constitution, du projet de décret du marc d'argent[25]... Nous ne retrouvons qu'en juin 1790 un long texte de lui dénonçant l'exclusion des citoyens « passifs[26] ».

Les 22 et 29 octobre, les décrets sont adoptés, sans scrutin.

Et Dufourny de Villiers ?

Il publie, le 11 novembre 1789, un document intitulé *Invitation aux districts à former des Comités fraternels... Observations sur les causes de la misère... Suite des Cahiers du Quatrième Ordre et de la Constitution Philadelphique*[27]. Il y rappelle son combat pour la représentation politique des plus pauvres depuis l'action qu'il avait entamée, pour les élections aux Etats généraux, au district des Mathurins. Puis il s'indigne de la distinction faite par l'Assemblée nationale entre citoyens passifs et actifs, qui viole la Déclaration des Droits de l'Homme et du Citoyen, et qui ne peut être, selon lui, que provisoire et prochainement abolie : c'est une méprise de l'Assemblée nationale.

Dès lors, il va développer une réflexion et une action sur les conditions de cette représentation des plus pauvres. C'est pourquoi, dans le même texte, il invite les districts à accepter en leur sein les infortunés et à être de véritables « *écoles de droit public* dans lesquelles tous les citoyens, s'instruisant mutuellement de leurs droits et de leurs devoirs, (...) se dévouent à la défense de la Patrie (...). Les districts (...), pour assurer la gloire qu'ils ont acquise, doivent l'accroître encore en s'affiliant les infortunés et cet acte seul les rendra inviolables et immortels[28] ». Il invite les districts à se mobiliser contre l'infortune en créant des Comités fraternels — et il insiste sur le mot « fraternel », par opposition à « charité » ou « bienfaisance » : « j'insisterai sur cette dénomination, parce qu'il est humiliant pour des hommes libres, et par conséquent nos frères, d'accepter, au titre repoussant de charité, au titre orgueilleux de bienfaisance, le partage de notre superflu[29] ».

Dufourny de Villiers n'entre pas au Comité de mendicité de l'Assemblée nationale, contrairement à Lambert qui se battait depuis des mois pour la création de ce Comité. Lambert lui rend hommage et reconnaît ses mérites : « Il n'est point de cahier où les pauvres n'aient été compris pour quelque chose. Aucun cependant, comme le remarquait très bien M. du Fourny de Villiers (*sic*), en avril dernier, n'a présenté le mandat, distinctement énoncé, de donner pour *base* inamovible du *bonheur général* des lois conformes au but de la société : *la protection et la conservation des faibles de la dernière classe : seule remarque de ce genre qui ait jamais été faite*[30]. »

Mais il y a une différence de vision à l'égard des pauvres, *a fortiori* des plus pauvres, entre Lambert et Dufourny. Lambert fait référence à la Déclaration des Droits de l'Homme, en oubliant en fait le citoyen. Dufourny, lui, considère à la fois l'homme et le citoyen ; dans les comités fraternels, il lie des droits économiques et sociaux à une concertation entre fabricants, ouvriers mais aussi infortunés, concertation qui n'existera ni dans les objectifs ni dans les propositions du Comité de mendicité. « D'autre part, ils (les districts) concerteront, soit en particulier, soit en commun, tous les moyens de multiplier les secours en secondant tous les travaux, tous les ateliers, toutes les manufactures, qui peuvent soutenir l'indigent par le travail (...). Cette recherche de moyens indique la création d'un Comité fraternel dans le district (...). Dans ce Comité seraient invités successivement les citoyens des diverses professions (...). Comme, le plus souvent, les intérêts des fabricants sont opposés à ceux des ouvriers, on réunirait aussi, et d'abord à part, les ouvriers, pour les consulter ; et ensuite on rapprocherait leurs déclarations et les avis des uns et des autres, pour les concilier tant entre eux qu'avec l'intérêt public. Ces assemblées, soit d'ouvriers, soit de journaliers (...), on pourrait les autoriser à se réunir (...) pour élire un ou plusieurs citoyens (...) afin de les représenter dans les Comités. (...) *Quant aux infortunés actuels (...) qui ne sont pas spécialement compris dans la classe précédente, je crois qu'ils doivent être admis (...) ou au moins représentés semblablement par un citoyen qu'ils auraient élu librement et qui, responsable envers eux, comme de droit, serait révocable*[31]. »

Ces comités fraternels ne verront pas le jour, à ce qu'il semble. Par ailleurs, l'idée d'un Comité national de mendicité « en faveur de la classe non-propriétaire », énoncée par Lambert, puis reprise (d'abord telle quelle !) par Guillotin, sera finalement transformée et mise en œuvre par La Rochefoucauld-Liancourt.

En avril 1790, Dufourny de Villiers est président d'un Club des droits de l'homme et du citoyen, aux Cordeliers. Le registre de ce club en présente les objectifs : « Le but principal de ce club étant de dénoncer au tribunal de l'opinion publique les abus des différents pouvoirs et toute espèce d'atteinte aux droits de l'homme[32]. »

Le 25 avril 1790, un an jour pour jour après les *Cahiers du Quatrième Ordre*, il s'explique dans un ouvrage adressé aux citoyens[33] : « Passionnés pour la liberté, (...) quelques-uns de vos concitoyens, (...) se sont étreints plus puissamment encore par le pacte d'une société qui, sous le titre de club des droits de l'homme et du citoyen, oblige tous ses membres à maintenir non seulement la constitution, mais ses propres bases, les droits naturels, inaliénables, imprescriptibles et sacrés de l'homme et du citoyen. » A partir d'une analyse détaillée du texte de la Déclaration des Droits de l'Homme et du Citoyen, il s'indigne à nouveau contre la distinction entre citoyens « passifs » et « actifs ». « Les décrets ont établi un privilège exclusif d'homme citoyen (...), établi une distinction entre les citoyens qui ont les qualités déterminées, et ceux qui y ajoutent la qualité d'être plus riche : il semblerait voir renaître par ces distinctions trois nouveaux ordres entre les hommes (...). Les droits de l'homme et de la morale réclament également contre ce système[34]. » « La déclaration (devrait commencer) par ces éternelles vérités : *L'homme est plus grand que le citoyen. L'infortuné est plus qu'un homme*[35]. » « Nous qui avons détruit les ordres, nous serions indignes de la révolution si nous disions à la classe indigente ce que la noblesse et le clergé avaient la tyrannie d'opposer aux réclamations du tiers. Car notre position actuelle ne diffère pas de l'ancienne qu'en ce qu'autrefois la Nation était tenue dans la servitude par $1/50^e$ de ses membres, et qu'elle le serait par $1/16^e$! et la servitude restante serait d'autant plus accablante qu'elle serait légale, et qu'elle serait exercée par un plus grand nombre ! (...) alors que c'est eux qui nous ont en fait si généreusement acquis notre liberté par leur courage, par leurs souffrances, par leur misère, par la famine, par leur patience, par la vertu avec laquelle, frappés à la fois des fléaux physiques et politiques, ils ont résisté[36] (...). »

Nous voici un an après les *Cahiers du Quatrième Ordre*. Nous quittons ici Dufourny de Villiers[37].

Dès le début des Etats généraux, cet homme a combattu pour la représentation et l'expression politiques de tous les hommes sans exclusion : c'est extraordinaire ! En affirmant le droit du plus pauvre à être citoyen, il a situé le combat contre la misère au niveau de la globalité des « droits de l'homme et du citoyen » dont il fut un défenseur avant la lettre. Il le fut, non seulement pour les personnes exclues parmi les populations bourgeoises ou rurales, mais jusqu'aux indigents, aux « mauvais pauvres » et à la « prétendue canaille ».

Deux cents ans après, c'est toujours le combat du Quart Monde : un combat pour la représentation des plus pauvres, un combat pour faire reconnaître la misère comme violation des droits de l'homme, combat mené par le Père Joseph depuis 1956 quand il fonde, avec les familles sous-prolétaires du camp de Noisy-le-Grand (France), le Mouvement international ATD Quart Monde. Cette lutte est concrétisée dans le *Rapport Wresinski* du Conseil économique et social français : *Grande pauvreté et précarité économique et sociale*, qui devient référence au niveau européen[38] ; et elle est résumée en ces termes, depuis le 17 octobre 1987, sur la Dalle gravée sur le Parvis des Libertés et des Droits de l'Homme, au Trocadéro, à Paris :

« Là où des hommes sont condamnés à vivre dans la misère,
les Droits de l'Homme sont violés.
S'unir pour les faire respecter est un devoir sacré. »
                                                            Père Joseph Wresinski

1. Père Joseph Wresinski, *Les pauvres sont l'Eglise*, entretiens avec Gilles Anouil, (Coll. « Les interviews »), Paris, Le Centurion, 1983, p. 188.
Mouvement ATD Quart Monde, *Un peuple parle*, Pierrelaye, éd. Science et Service, 1968.
2. *Parisien Libéré*, 22 juin 1989.
3. A. de Vos Van Steenwijk, *Comme l'oiseau sur la branche*, Paris, éd. Science et Service Quart Monde, 1986, pp. 37-41, 55.
4. Dufourny de Villiers, *Cahiers du quatrième ordre, celui des pauvres Journaliers, des Infirmes, des Indigents, etc., l'ordre sacré des Infortunés ; ou Correspondance Philanthropique entre les Infortunés, les Hommes sensibles, et les Etats Généraux : pour suppléer au droit de députer directement aux Etats, qui appartient à tout François, mais dont cet Ordre ne jouit pas encore*, n° 1, 25 avril 1789 (réimp. : Paris, Edhis, 1967, p. 22).
5. *Lettre du Roi pour la convocation des Etats Généraux*, Paris, 1789 (réimp. intégrale par la MAVPS, pp. 6, 7, 14, 15 ; c'est nous qui soulignons).
6. *La Mort du Tiers Etat ou plaintes que présentent au Roi les Bourgeois de la Ville de Rouen, au nom des malheureux de toute la Province de Normandie*, Rouen, 1789 (29 avril), B.N. Lb 39/1629, pp. 1-3, 20-21, 33.
7. *Recherches-essais sur la pauvreté au Pays Basque aux XVIIe et XVIIIe siècles*, Groupe ATD Quart Monde au Pays Basque, mai 1989, pp. 103-107.
8. « La Vieille Charité de Marseille », dans *Arts et Livres de Provence* (printemps 1970), n° 75. En particulier, « La Répression de la mendicité et l'hôpital général de la Charité de Marseille aux XVIIe et XVIIIe siècles ».
9. Arlette Farge, *Vivre dans la rue à Paris au XVIIIe siècle*, Paris, Gallimard-Julliard, coll. « Archives », 1979, 249 p.
10. Lahaye (de), BN, Lb 39/1661. Chassin, *Les Elections et les Cahiers de Paris*, (1789), tome 2.
11. Dufourny de Villiers, *Invitation aux districts à former des Comités fraternels. Invitation*

aux bons Citoyens à verser dans le sein des Infortunés une partie du quart des revenus et des autres dons patriotiques. Observations sur les causes de la misère, son accroissement et ses remèdes. Suite des Cahiers du quatrième ordre et de la Constitution Philadelphique, BN, 8° Lb 40/287 ; c'est nous qui soulignons.

12. Larrard de Villary, *Plaintes et doléances des Pauvres et Mendiants du Royaume de France*, AN, Ba5, d.L, Pce 65, (mai 1789).

13. Lambert, *Cahiers des pauvres*, Paris, 1789, BN, b 39-1588 (in-8°, 16 p.) ; *Supplique au roi et aux Etats Généraux, présentée d'abord à l'Assemblée des Electeurs du Tiers Etat de Paris, qui n'a pu y être prise en considération, pour sauver le droit du Pauvre et pour l'intérêt commun de tous les ordres*, Paris, 1789, BN Lb 39/1709 (in-8°, 16 p.).

14. *Cahiers du quatrième ordre*, *op. cit.*, p. 7.

15. Patrick Kessel, *La Nuit du 4 août 1789*, Paris, Arthaud, 1969, pp. 24-25.

16. *Protestation d'un serf du Mont Jura*, 1789, Paris, (réimp. Edhis, s.d.).

17. Osmin Ricau, *Histoire des Cagots (race maudite), suivie de Cagots de Gascogne et Cacous de Bretagne*, Bordeaux, chez l'auteur, 1969, p. 88.

18. *Lettre du Roi pour la convocation des Etats Généraux*, *op. cit.*

19. Qui signera sous le roi la lettre pour la convocation des Etats généraux.

20. Correspondance. Tableau des lettres 1789, f°s 2 et 3. Echange de lettres entre Dufourny, de Villedeuil et de Crosne (lieutenant général de police), AN 0/1/500.

21. Sieyès, *Qu'est-ce que le Tiers Etat ?*, cité dans A. Soboul, *1789. L'An Un de la Liberté*, *op. cit.*

22. *Invitation aux districts*, *op. cit.*, p. 6

23. Ni savoir si l'histoire a conservé des traces du « second ouvrage », devant paraître le 13 juillet et que Dufourny dit avoir supprimé (de la publication ?) ; cf. *Invitation aux districts*, *op. cit.*, pp. 5-6.

24. Cette appréciation par des contemporains est intéressante à relever ; *Ancien Moniteur* (réimp. de l'), t. I, mai-octobre 1789, p. 585.

25. *L'Ami du peuple*, n° 21, du 1er octobre 1789 ; *Œuvres de J. P. Marat (L'Ami du peuple)*, recueillies et annotées par A. Vermorel, Paris, Décembre-Alonnier Libraire-Editeur, 1869, p. 67.

26. *Ibid.*, n° 149, du 30 juin 1790 : « Supplique de dix-huit millions d'infortunés privés de leurs droits de citoyens actifs, à l'Assemblée Nationale », p. 111.

27. *Invitation aux districts*, *op. cit.*

28. *Ibid.*, pp. 28-29. C'est nous qui soulignons.

29. *Ibid.*, p. 30.

30. « Adresse à l'Assemblée Nationale à l'effet d'en obtenir la formation d'un Comité dans son sein pour appliquer, d'une manière spéciale, à la protection et à la conservation de la classe non propriétaire, les grands Principes de Justice décrétés dans la Déclaration des Droits de l'Homme », prononcée par Lambert, le 27 novembre 1789, à l'assemblée du district de Saint-Etienne-du-Mont, et imprimée le 20 janvier 1790, en exécution d'un arrêté de l'assemblée des représentants de la Commune de Paris. L'existence du Comité de mendicité sera votée le 21 janvier 1790. (C'est nous qui soulignons.)

31. *Invitation aux districts*, *op. cit.*, pp. 30-31 (c'est nous qui soulignons).

32. *Dictionnaire historique et biographique de la Révolution et de l'Empire. 1789-1815*, Paris, Kraus Reprint, 1975, p. 479.

33. Dufourny de Villiers, *Adresse aux citoyens sur le meilleur plan de municipalité, conclu de la Déclaration des Droits de l'Homme et du Citoyen*, 25 avril 1790, BN, Lb 39/3332.

34. *Ibid.*, p. 33.

35. *Ibid.*, p. 36 (c'est nous qui soulignons).

36. *Ibid.*, pp. 42-43.

37. Pour quelques précisions sur la fin de sa carrière politique et professionnelle (président du directoire du département de Paris, régisseur des poudres et salpêtres à l'arsenal, membre de clubs, participation à la révolution du 31 mai, emprisonnement aux Carmes, libération après la chute de Robespierre), voir Roman d'Amat et R. Limouzin-Lamotte, *Dictionnaire de*

biographie française, Paris, Letouzey et Ané, 1965, volume 11, p. 1449 ; E. Boursin et A. Challamel, *Dictionnaire de la Révolution française*, Paris, Jouvet, 1893 ; Sigismond Lacroix, *Le Département de Paris et de la Seine pendant la Révolution (février 1791-ventôse an VIII)*, Paris, Société d'histoire de la Révolution française, 1904, pp. 452 sq ; André Martin et Gérard Walter, *Catalogue de l'histoire de la Révolution française*, t. II, *Ecrits de la période révolutionnaire*, Paris, éd. des Bibliothèques nationales, 1938, pp. 146-147, n°s 11618 à 11635.

38. *Grande pauvreté et précarité économique et sociale*, Rapport présenté au nom du Conseil économique et social par Joseph Wresinski et adopté le 11 février 1987, dans *Journal officiel. Avis et Rapports du Conseil économique et social*, 6(1987), 28 février 1987.

Les pauvres devant la militarisation de la France révolutionnaire

ALAN FORREST

L'idéologie de la Révolution française n'acceptait pas facilement qu'en France une partie considérable de la population soit dépourvue de droits et condamnée à vivre en marge. L'existence dans la société d'un quart état, de pauvres sans moyens ni espérances était insupportable aux révolutionnaires, dans un pays où l'on avait proclamé la liberté. Les procès-verbaux du Comité de mendicité de la Constituante le confirment : on ne vivait plus sous l'Ancien Régime où l'inégalité était un aspect naturel de la condition humaine et où les hommes étaient des sujets et non pas des citoyens. Sous l'Ancien Régime, l'on s'était accoutumé à l'omniprésence de la misère, à un sous-prolétariat rural contraint de mendier son pain ou de chercher le salut dans la migration temporaire ou saisonnière. Sous la monarchie, cet état de choses pouvait se comprendre, et les diverses réponses des pauvres — la mendicité, le vagabondage, les menaces, les petits larcins, la prostitution — également. Car les pauvres n'y avaient pas de droits, et sans droits l'homme est poussé au crime, au désordre, à l'émeute.

Mais dans une société révolutionnaire les choses devaient s'ordonner différemment. La charité traditionnelle et catholique était insuffisante pour les besoins de la population et mal distribuée d'une région à l'autre ; les pauvres devaient avoir droit à un système de bienfaisance nationale[1]. Pour les révolutionnaires, inspirés par les idées les plus humanistes des Lumières, cette idée de droit se trouvait au cœur de leur philosophie. L'homme avait le droit de manger, de travailler, d'élever sa famille — bref, d'exercer ses facultés humaines — dans des conditions correctes et décentes. Certes, personne, sinon un Enragé comme Jacques Roux ou un grand égalitaire comme Gracchus Babeuf, ne parlait d'une véritable redistribution économique, d'une égalité du bien-être. Mais les révolutionnaires favorisaient l'égalité en droits, l'égalité civique : tous devaient être égaux devant la loi, les pauvres aussi bien que les riches. Car les pauvres étaient, eux aussi, des citoyens (passifs, il est vrai, pendant les premières années de la Révolution, et sans droit de participation électorale, mais des citoyens tout de même). Et tout citoyen avait quelques droits, tout comme il avait quelques obligations envers la société : d'après la Déclaration des Droits de l'Homme, « la liberté consiste à pouvoir faire tout ce qui ne nuit pas à autrui : ainsi l'exercice des droits naturels de chaque homme n'a de bornes que celles qui assurent aux autres membres de la société la jouissance de ces mêmes droits[2] ». La citoyenneté était un concept civique qui ne reconnaissait pas de distinctions sociales, et dorénavant les pauvres étaient des citoyens. C'était là le premier point — et non pas le moindre — qu'ils gagnaient à la Révolution.

Mais le fait d'être citoyen impliquait aussi un niveau de services et d'obligations, une nouvelle perception du rôle de l'individu dans la société. Si la citoyenneté donnait aux pauvres les mêmes droits qu'aux autres, elle exigeait d'eux aussi une obéissance à ses règles. A l'époque de la Révolution, les pauvres ne pouvaient espérer bénéficier d'un statut spécial : ils étaient des citoyens à part entière et, comme tels et comme tout le monde, ils devaient contribuer à la chose publique. Car une révolution humaniste était aussi une révolution morale : pour la défense du nouvel ordre, on devait faire des sacrifices sur le plan politique, économique, militaire. Si l'on se contentait de faire marcher ses propres affaires, on risquait fort d'être accusé de tiédeur, d'égoïsme ou de comportement contre-révolutionnaire. Et le pauvre, lui aussi, autant qu'il en était capable, devait contribuer à ce nouvel ordre et lui donner autant qu'il en recevait, au risque sinon d'être traité de parasite ou de suspect.

D'où la distinction très nette que l'on continuait à faire entre les « bons pauvres » (les malades, les vieillards, les estropiés, les enfants trouvés, ceux qui étaient incapables de gagner leur pain et auxquels l'Etat devait procurer de quoi vivre) et les « mauvais pauvres » (les vagabonds, les jeunes, les « pauvres valides »). Cette distinction était séculaire : en effet, ce n'était que dans la littérature des années 1770-1780 qu'elle commençait à être discutée. L'ouverture des dépôts de mendicité et l'accent mis sur la réclusion comme punition sous Louis XV trouvaient leur origine dans cette distinction brutale entre bons et mauvais[3]. Les révolutionnaires avaient hérité des attitudes et des préjugés de leurs aînés. Pour la grande majorité d'entre eux —

républicains ou monarchistes, jacobins ou girondins — ces « mauvais » pauvres étaient à réprimer plutôt qu'à secourir. Car, pensait-on, leur pauvreté n'était que paresse et refus de travailler, leur mode de vie découlait d'un choix volontaire, d'une préférence : ils ne méritaient donc aucune pitié. Bien plus, leur existence même était une insulte pour le nouvel ordre, et les révolutionnaires, en les dénonçant comme « un fléau social », ne leur promettaient que le bannissement ou la réclusion. L'objectif exprimé de « détruire la mendicité » était moins un souhait charitable qu'une volonté policière.

Quelles étaient donc les obligations du citoyen français à l'égard de l'Etat révolutionnaire ? Il devait, bien sûr, obéir aux lois et payer ses impôts, comme dans n'importe quel régime politique ; mais la Révolution, et surtout la République jacobine de l'an II, exigea davantage. Il ne suffisait plus de suivre d'une façon aveugle. Le bon citoyen devait assister à son club, servir dans son bataillon de la garde nationale, acquitter ses contributions patriotiques et, dès la déclaration de guerre de mars 1792, accepter de servir sous les drapeaux de la patrie. Le seul fait d'être en état de guerre changea brusquement les priorités de l'Etat. La poursuite de la victoire ne pouvait qu'être prioritaire, même si d'autres objectifs du gouvernement devaient en conséquence être abandonnés ou différés jusqu'à la paix.

Inévitablement, cette situation eut de graves conséquences sociales, notamment des conséquences relatives au bien-être des pauvres dans la société civile. La guerre précipitait la crise économique qui risquait d'engloutir la jeune République et d'épuiser les ressources de l'Etat. Et parmi les nombreuses ambitions du gouvernement, ambitions aussi coûteuses que souhaitables, il fallait choisir ; il n'était plus possible de tout faire. Malheureusement, en temps de crise, les pauvres sont généralement parmi les premiers sacrifiés, peut-être parce qu'ils ne forment que rarement une force de pression efficace. Les secours, les pensions prévues pour les vieillards et pour les malades, les nouveaux ateliers qui devaient fournir aux chômeurs un emploi et apprendre aux vagabonds une façon de gagner leur vie, tout cela risquait d'être abandonné. En même temps, la guerre créait un grand nombre de nouveaux pauvres : les mutilés de guerre, les victimes de fièvres et de maladies pulmonaires, les veuves et les enfants de ceux qui étaient morts pour la France.

A l'égard de ces nouveaux pauvres, le gouvernement avait une responsabilité toute particulière et il était soucieux d'y répondre autant qu'il le pouvait. Si les blessés étaient négligés, ou les veuves et les enfants abandonnés, le moral des armées en souffrirait, et on devait à tout prix éviter les mutineries dans les régiments ou les désertions en masse qui pouvaient facilement en résulter[4]. Car de l'effort et de la bonne volonté des jeunes défenseurs de la patrie, dépendait la sûreté de l'Etat. C'est pourquoi la Révolution traitait ses soldats avec un respect et une générosité au-dessus du commun. La Convention, par exemple, écoutait les plaintes des soldats et répondait à leurs colères. Elle acceptait de construire de nouveaux hôpitaux militaires, tout en ordonnant aux hôpitaux civils de soigner un plus grand nombre de soldats blessés ou malades. De même, elle rendait plus égalitaire le système des pensions allouées aux troupes et à leurs parents. Dès 1793, la somme versée à un soldat blessé, et handicapé pour la vie civile, était proportionnelle à la gravité de ses blessures, et non pas à son grade dans l'armée. Et en prairial de l'an II, Collot d'Herbois proposa une loi qui fixait toutes les pensions des veuves, jusqu'alors calculées en fonction de la solde de leur mari, à un même taux[5].

En fait, le bilan de ces réformes restait assez modeste. Les hôpitaux qui furent bâtis manquaient souvent de médecins et d'infirmières, et quand les pensions militaires furent finalement versées aux veuves, souvent avec un retard de plusieurs mois, c'étaient des pensions réduites en valeur, rongées par l'inflation et par la méfiance de la population envers les assignats. Mais le soldat était quand même un privilégié, du moins à l'intérieur du monde des pensionnés et des assistés. Car le peu d'argent dont disposait le gouvernement fut effectivement octroyé aux militaires et à leurs proches. Les pauvres ordinaires, les « bons pauvres » de l'Ancien Régime, en étaient les principaux perdants. Déjà écrasés par la crise économique, ils entraient en concurrence très inégale avec les soldats pour le peu d'assistance qui restait disponible.

Avec l'extension de la guerre, les exigences de l'Etat devenaient de plus en plus lourdes : des contributions spéciales, des réquisitions de grains et de bestiaux et surtout le recrutement des soldats. En mars 1793, on recruta 300 000 hommes, et en août on parla de créer une armée forte de 750 000 soldats. Un tel nombre ne s'était jamais vu dans les armées du XVIIIe siècle, dont les effectifs étaient relativement restreints. Ces armées de l'Ancien Régime trouvaient leurs recrues dans des catégories sociales assez précisément délimitées : parmi les étrangers (avec des régiments de mercenaires) et les couches les plus

159

pauvres de la société française. Evidemment, le recrutement de cette armée royale ne s'était jamais préoccupé des Droits de l'Homme : on utilisait toutes les ruses et tous les moyens de persuasion pour embaucher les jeunes sans emploi ni sécurité familiale, ceux qui étaient le plus vulnérables aux promesses de l'aventure. On battait le tambour sur les places publiques, on payait des primes, on avait recours au racolage[6]. Et en temps de crise, on augmentait les effectifs en faisant appel aux miliciens, c'est-à-dire à ceux qui avaient eu le malheur de tirer un mauvais numéro et qui en conséquence devaient faire un service personnel dans les rangs de la milice royale[7].

Mis à part les officiers, ces régiments de l'Ancien Régime, surtout l'infanterie, étaient des régiments de pauvres. Dans tous les villages de France on en connaissait les soldats : c'étaient les troisième et quatrième fils de domestiques de ferme ou de paysans pauvres, qui ne pouvaient espérer ni terre ni véritable indépendance dans la communauté rurale, et dont l'avenir ne pouvait être que de longues années de service chez les autres ou la vie d'insécurité d'un bordier ou d'un journalier[8]. Ils choisissaient la vie militaire pour échapper à la pauvreté ancestrale des campagnes, ou pour fuir un malheur familial ou un scandale de jeunesse. Dans beaucoup de villages, leur sort suscitait une certaine compassion. On connaissait aussi les anciens militaires, ces vieillards tristes et solitaires, sans femme ni propriété, physiquement cassés, revenus de l'armée pour passer le reste de leurs jours dans leur village natal. Pour les villageois, ces hommes n'avaient rien du héros revenu en triomphe..., c'étaient plutôt des hommes pauvres, dignes de pitié et donc de secours, prématurément vieillis par les rigueurs de la vie. Ou bien, comme Voltaire ou Diderot, on les considérait avec mépris et répulsion. Dans l'*Encyclopédie*, par exemple, le fantassin est identifié à la pire « canaille[9] ».

Une telle image du soldat n'était pas du tout compatible avec une armée révolutionnaire qui avait pour but de proclamer la liberté partout sur le continent européen. Cette armée se devait d'être composée d'hommes libres, combattant de bon cœur pour une idéologie et pour une cause. Le recrutement devait donc être volontaire et la discipline consentie. Du moins était-ce l'idéal dont se vantait la Révolution dans sa guerre de propagande contre l'Europe des rois — idéal retenu par l'historiographie classique de l'époque[10]. L'image d'une armée d'esclaves, de pauvres, de requis fut bannie pour toujours. Et pour cause. En effet, en 1789, la France avait encore une armée traditionnelle, dont la loyauté pour le nouvel ordre était loin d'être assurée. Dans les mois qui suivirent la Révolution, presque tous les officiers (nobles, comme ils devaient nécessairement l'être depuis 1781) démissionnèrent ou trahirent[11]. Quant à la troupe, comment continuerait-elle à obéir à ses officiers et à accepter une discipline arbitraire et brutale, alors que dans le même temps l'insurrection populaire menaçait à Paris où l'on chantait la liberté et la sainte égalité ? Consentirait-elle à réprimer des émeutes populaires ? Ne serait-elle pas tentée, elle aussi, par la désobéissance ? Les mutineries de 1790 indiquaient nettement que l'armée traditionnelle ne s'adapterait que difficilement au nouvel ordre politique.

D'où les nombreuses réformes militaires des années 1790, réformes dont le but exprès était la création d'une armée nouvelle, reflet de la société tout entière. On voulait d'abord une armée de volontaires, de jeunes hommes qui brûlaient de se battre pour la France révolutionnaire. Et quand on dut accepter la nécessité d'un recrutement imposé, l'esprit égalitaire de la Révolution trouva sa meilleure expression dans la levée en masse de 1793. Le décret du 29 août exprima ainsi le caractère de la nouvelle mobilisation : dès ce moment jusqu'à celui où les ennemis auront été chassés du territoire de la République, tous les Français sont en réquisition permanente pour le service des armées. Les jeunes gens iront au combat ; les hommes mariés forgeront les armes et transporteront les subsistances ; les femmes feront des tentes, des habits et serviront dans les hôpitaux ; les enfants mettront le vieux linge en charpie ; les vieillards se feront porter sur les places publiques pour exciter le courage des combattants, exhorter à la haine des rois et à l'unité de la République[12]. Sentiment égalitaire qui faisait appel à tous, sans distinction d'âge, de sexe, ou de classe sociale, et qui exigeait de tous une contribution personnelle, sans possibilité de s'acheter un remplaçant. Mais était-ce une égalité pour tous ? Peut-on en conclure que les pauvres en étaient les bénéficiaires ? Cette armée de citoyens était-elle assez différente de l'ancienne pour leur fournir un bien-être matériel ou civique ?

En ce qui concerne l'organisation, les réformes de la Révolution visaient la nationalisation de l'espace militaire. On insistait sur un nouveau conformisme et on voulait se défaire de toutes les distinctions artificielles de l'Ancien Régime (distinctions de région, de classe, de solde) pour créer une seule armée véritablement nationale. Volontaires et requis, « soldats à quinze sous » et « culs-blancs », tous seraient mélangés sans distinction dans les mêmes demi-brigades. Ce qui impliquait que tout soldat, une fois incorporé dans son régiment, était bel et bien l'égal des autres. Les registres de contrôle au ministère de la Guerre ne font aucune référence aux origines sociales du soldat ni à son ancienne profession. Les réformes de 1793 visaient à la création d'une armée d'hommes libres et égaux, qui seraient tous des citoyens à part entière. Le but de ces réformes était double : débarrasser les armées d'une structure dépassée faite de privilèges et de hiérarchie, et améliorer par ces réformes mêmes l'esprit et le moral des soldats. C'est cette ambition qu'exprima si bien Robespierre dans ses observations sur le plan de réforme : « Elever les âmes des soldats, leur offrir tous les avantages qui peuvent flatter des hommes armés pour une si grande cause ; faire disparaître les vices d'une organisation qui est l'ouvrage du despotisme et de l'aristocratie militaire, fille de la royauté, devant les principes de la République nouvelle ; effacer dans l'armée cette monstrueuse différence, qui conserve le règne de l'Ancien Régime à côté du nouveau, entre des citoyens qui combattent pour la même patrie ; donner aux uns les droits que l'intérêt public a sollicités pour les autres : voilà, sans contredit, l'opération la plus analogue à la fois aux besoins actuels de l'Etat et aux maximes sur lesquelles repose notre liberté [13]. »

En ce qui concerne le recrutement, on voulait, disait-on, incorporer des hommes de tous milieux et de toutes couches sociales, et dans la levée en masse de 1793 on s'approchait de cet idéal. Les levées précédentes avaient été beaucoup moins égalitaires du point de vue social. En 1791 et 1792, pour voler au secours de la patrie, le gouvernement avait fait appel aux hommes âgés de 18 à 40 ans, célibataires ou veufs sans enfants, et leur avait enjoint de s'enrôler volontairement. Mais dans beaucoup de régions, l'esprit volontaire manquait. Au printemps de 1793, les girondins ordonnèrent la levée des 300 000 : chaque département devait fournir des effectifs dont le nombre était fixé proportionnellement à sa population ; mais le gouvernement ne disait rien sur les modalités d'exécution. Quelques-uns trouvaient des volontaires, beaucoup utilisaient le tirage au sort, d'autres laissaient au suffrage la désignation de ceux qui devaient partir — méthode ouverte à tous les abus et connue sous le nom de scrutin révolutionnaire. L'égalité ne comptait pas pour grand-chose : tout ce qu'exigeait Paris, c'était que le quota fût rempli. Et même si — comme Jean-Paul Bertaud le démontre — les 300 000 venaient de toutes les couches sociales, urbaines autant que rurales, la représentation bourgeoise y était faible, et celle des pauvres plus forte. En Seine-et-Oise, par exemple, 65 % du contingent étaient des paysans et plus de la moitié des paysans pauvres, domestiques de ferme ou employés agricoles [14]. Dans beaucoup de communes rurales cette disproportion et le poids du recrutement chez les pauvres agriculteurs furent âprement ressentis. A Saint-Flour, en mai 1793, on nota, par exemple, que « les municipalités se coalisent avec les riches propriétaires et se concertent pour désigner ou les pauvres ou leurs ennemis personnels, et qu'en général le recrutement ne porte que sur les pauvres » [15]. Avec la levée en masse, le gouvernement se montra plus conscient de ces problèmes, plus prêt à imposer l'égalité devant le sergent recruteur.

Mais une fois incorporé, souvent contre son gré, dans les demi-brigades de la Révolution, quel sort attendait le pauvre, accoutumé à vivre en marge, souvent illettré, et peu formé pour une vie en dehors du village ? Echapperait-il, par le fait même de son incorporation, à la misère et au mépris auxquels il était accoutumé ? Il faut répondre avec prudence. Du point de vue proprement matériel, il est probable qu'il continuerait à souffrir, à avoir faim et froid. Les lettres envoyées aux parents et aux frères en fournissent un témoignage fidèle : les jeunes soldats décrivent les rigueurs de la vie militaire, le froid et la faim, les fatigues de la marche, les douleurs et les fièvres, les jours d'hôpital, le manque de vêtements, les ennuis, les inquiétudes familiales, le mal du pays... Tout cela constituait pour eux le quotidien [16]. La solde, payée en assignats dévalués, arrivée de Paris avec des mois de retard, ne leur suffisait même pas à acheter de quoi manger et s'habiller — dans une armée où les fournisseurs étaient soupçonnés de spéculation et d'accaparement et où, en 1795 ou 1796 surtout, même les choses de première nécessité faisaient régulièrement défaut [17]. Mais il faut comparer le soldat avec ses semblables. Avait-il plus faim dans son régiment que son frère resté au village, plus froid sous le bivouac que s'il devait errer de village en village et mendier son pain comme tant de pauvres pendant les dernières années de l'Ancien Régime ? C'est peu probable. Le gouvernement voulait lui assurer un régime convenable et une nourriture suffisante, et il cherchait à privilégier le soldat qui s'était sacrifié pour le salut de tous. Il envoyait des commissaires aux armées dans le but exprès de régulariser les livraisons et d'éviter la crise de subsistances ; il cherchait dans le privé des fournisseurs fiables. Il répétait sans cesse qu'il tenait à bien nourrir la troupe, et à la récompenser, même s'il était incapable d'honorer ses promesses face à l'inflation et à la disette.

Ce que la Révolution pouvait garantir au soldat, c'était la dignité humaine. Car, dans le régiment, il pouvait mettre de côté ses origines sociales ; c'était la profession de soldat, de volontaire, qui assurait dorénavant son prestige, et ses qualités militaires qui gagneraient l'estime de ses pairs. Pendant toute la Révolution, mais surtout en 1793 et 1794, les discours des hommes politiques font l'éloge du soldat et de sa vertu, et témoignent d'une nouvelle estime, d'un nouveau prestige social. Il s'était montré digne de cette estime en acceptant son sort de militaire, qu'on identifiait avec le sacrifice et le patriotisme. Le soldat était un citoyen qui avait le droit de s'exprimer sur les questions politiques aussi bien que sur les affaires des armées. On l'encourageait à former des sociétés populaires dans les armées, et même à se mêler à la politique des civils en assistant aux clubs dans les villes d'étape ou dans celles où il se trouvait en garnison. On le familiarisait avec les symboles politiques pour éveiller son patriotisme et sa conscience révolutionnaire. Il portait un uniforme républicain, se battait avec des armes républicaines (la pique et la baïonnette, la fameuse « arme blanche »), se formait à de nouvelles tactiques militaires qu'on disait révolutionnaires. En tant que soldat, il participait aux fêtes populaires, symboles elles aussi des grandes victoires de la Révolution et des bienfaits gagnés par un peuple reconnaissant. Il chantait des refrains révolutionnaires dans ses heures de loisir ou assistait à la lecture d'une presse carrément idéologique, comme *Le Père Duchesne* ou *La Soirée du camp*, dont la distribution aux armées fut autorisée par le ministre de la Guerre lui-même. La justice révolutionnaire, à son tour, était vouée à son éducation politique[18]. Dès le moment de son incorporation, il entrait dans un espace politisé, où les leçons des Droits de l'Homme étaient bien enseignées.

En 1793 et en l'an II, quand l'armée restait le champ privilégié de l'éducation politique, le statut civique du soldat était assuré et son sacrifice lui valait la reconnaissance publique. Les pauvres incorporés dans les demi-brigades ne pouvaient qu'être flattés par cette nouvelle considération, même dans les moments où ils étaient le plus misérables sur le plan matériel. En effet, l'influence des sans-culottes dans les régiments était considérable, et leur idéologie fortement égalitaire privilégiait surtout les hommes simples, pauvres, et vertueux. Sous la Convention thermidorienne et pendant les années du Directoire, l'armée changea, il est vrai, de caractère ainsi que de priorités : on note le déclin de l'idéologie et l'essor d'un nouvel esprit de professionnalisme militaire. Ce qui comptait était moins l'orientation idéologique du soldat que son efficacité technique et ses qualités guerrières[19]. Pour l'individu prêt à maîtriser les armes et les manœuvres tactiques, l'armée offrait une carrière, une possibilité de promotion, et toute la considération qui pouvait en découler. Pour le pauvre, ce changement de priorités n'était pas sans attraction. Illettré et peu accoutumé à la vie publique ou politique, ce n'était pas nécessairement lui le premier à se jeter dans le discours égalitaire de 93. Mais s'il démontrait une aptitude pour la carrière des armes, il continuerait à en récolter les bienfaits. Nombreux étaient ceux qui, d'origine très humble, n'avaient aucun désir d'entrer à nouveau dans la misère de la vie civile et préféraient rester dans les régiments, encouragés par l'estime de leurs officiers et attirés par la camaraderie de la caserne. Pour quelques-uns d'entre eux, l'armée ouvrait une carrière des plus brillantes. Parmi les maréchaux créés le 14 mai 1804 par Napoléon, par exemple, il y avait des hommes d'origine assez humble. Non pas parmi les plus pauvres, il est vrai, mais de souche modeste : Ney était le fils d'un artisan tonnelier, Murat d'un aubergiste, et Augereau d'un domestique[20]. C'étaient leurs capacités qui comptaient dans la société méritocratique des armées, où le respect était devenu un reflet de leur fonction et de leurs responsabilités. Pour les pauvres, les bienfaits en étaient évidents. Exclus de toute sécurité économique au village, l'armée de la Révolution constituait une sorte de terre d'asile et d'opportunité.

1. C. Bloch et A. Tuetey, *Procès-verbaux et rapports du Comité de Mendicité de la Constituante, 1790-1791*, Paris, Imprimerie nationale, 1911.
2. Voir le texte de la Déclaration des Droits de l'homme et du citoyen, surtout l'article VI.
3. R.M. Schwartz, *Policing the Poor in Eighteenth Century France*, Chapel Hill, North Carolina, 1988, pp. 47-49.
4. M. Reinhard, « Nostalgie et service militaire pendant la Révolution », *Annales historiques de la Révolution française*, 30(1958).
5. A. Forrest, *La Révolution française et les pauvres*, Paris, Perrin, 1986, p. 208.
6. G. Girard, *Le service militaire en France à la fin du règne de Louis XIV. Racolage et milice, 1701-1715*, Paris, Plon-Nourrit, 1921, pp. 75-135.
7. C. Achard, « Le Recrutement de la milice royale à Pézenas de 1689 à 1788 », *Recrutement, Mentalités, Sociétés* (Colloque international d'Histoire militaire), Montpellier, 1974, pp. 45-56.
8. J. Chagniot, « Quelques aspects originaux du recrutement parisien au milieu du XVIIIe siècle », *ibid.*, pp. 103-113.
9. E.G. Léonard, *L'armée et ses problèmes au XVIIIe siècle*, Paris, Plon, 1958, pp. 229-230.
10. Voir, par exemple, A. Soboul, *L'Armée nationale sous la Révolution, 1789-1794*, Paris, éd. France d'Abord, 1945.
11. S.F. Scott, *The Response of the Royal Army to the French Revolution*, Oxford, 1978, chap. 3 et 4.
12. A. Soboul, *Les Soldats de l'an II*, Paris, Club français du livre, 1959, p. 119.
13. M. Robespierre, *Œuvres*, t. III, New York, 1970, p. 259.
14. J.-P. Bertaud, *La Révolution armée*, Paris, Laffont, 1979, p. 103.

15. A. Forrest, *Déserteurs et insoumis sous la Révolution et l'Empire*, Paris, Perrin, 1988, p. 41.
16. A. Forrest, *The Soldiers of the French Revolution*, Durham, North Carolina, 1990, chap. 6.
17. J.-P. Bertaud, *La Vie quotidienne des soldats de la Révolution, 1789-1799*, Paris, Hachette, 1985, pp. 55-76.
18. J. Lynn, *Bayonets of the Republic*, Urbana, 1984, pp. 119-162.
19. A. Meynier, « L'Armée en France sous la Révolution et le Premier Empire », *Revue d'études militaires*, 1932, pp. 17-23.
20. L. Bergeron, *Nouvelle histoire de la France contemporaine*, t. IV, *L'épisode napoléonien, 1799-1815. Aspects intérieurs*, Paris, Seuil, 1972, p. 79.

Les pauvres sous la Révolution : projets et réalités

JEAN IMBERT

Sous l'Ancien Régime finissant, les pauvres sont objet de pitié, mais aussi de crainte : une bonne partie d'entre eux sont enfermés dans les « hôpitaux généraux », qui ressemblent à des prisons plutôt qu'à des établissements sanitaires. S'ils sont malades, s'ils sont atteints par l'âge, s'il s'agit d'enfants abandonnés, les hôtels-Dieu et des hôpitaux spécialisés les recueillent. Nombre de ces établissements sont de petite taille et fonctionnent relativement bien, tel celui fondé par Mme Necker en 1778 (qui est un modèle du genre), celui de l'abbé Cochin (1780), ou celui du fermier général Beaujon (1784). Mais les hôtels-Dieu sont surpeuplés et la vie quotidienne y est atroce : ainsi à Paris en 1789, l'hôtel-Dieu reçoit plus de 4 000 personnes, mais ne compte que 1 219 lits ; dans la salle double Saint-Pierre-Saint-Paul, destinée aux opérations chirurgicales, 345 personnes sont couchées dans 111 lits : le patient est opéré dans son lit et « tourmente, par le spectacle qu'il offre et par ses cris, les malades qui seront bientôt soumis aux mêmes douleurs ».

Les secours à domicile sont assurés par les paroisses, qui gèrent les fondations créées au cours des siècles par de généreux donateurs : les revenus du capital foncier ne permettent de porter aide qu'à un nombre insuffisant de pauvres, tant la misère est grande...

Un immense élan de compréhension envers les pauvres se fait jour dès les premiers mois de 1789 : ainsi Dufourny de Villiers publie les *Cahiers du Quatrième Ordre* (réédités par Edhis en 1967) qui annoncent le Quart Monde. Il y présente l'origine des sociétés qui, selon lui, ont été formées « par la réunion des faibles contre les puissants (...) ce n'était pas seulement la conservation des propriétés ; quand même sous ce titre on embrasserait comme la plus précieuse de toutes, la liberté (...) c'était bien plus pour conserver les hommes que les choses ; (...) c'était pour suppléer à la propriété de ceux qui n'en avaient pas ; (...) c'était enfin pour constituer la plus grande force, la plus grande félicité commune, sur la conservation de l'énergie, sur le bonheur de tout individu » (p. 10) ; « (...) il est évident que le but principal, la condition nécessaire de la société, a été la protection, la conservation des faibles » (p. 11) ; « (...) c'est pour le faible, le pauvre et l'infirme, que la Société s'est formée » (p. 12).

Autre témoignage de l'intérêt porté aux pauvres, dont la seule ressource — faute de secours — est de mendier par les rues : l'Assemblée constituante crée en son sein un Comité de Mendicité dont l'un des premiers soins est de calculer le nombre des pauvres. Dans un premier temps, Thouret, membre de ce Comité, publie des statistiques en s'efforçant de procéder à un recensement exact : selon lui, le seuil de pauvreté se situe, pour une famille de 3 enfants, à 435 livres. Sa méthode est primitive, ses calculs sont loin d'être rigoureux, mais ce premier essai impartial mérite d'être salué avec reconnaissance : il fixe le nombre des pauvres à un million (sur 25 millions d'habitants).

Par la suite, l'Assemblée reprendra le travail, en faisant la synthèse des statistiques effectuées par département, et parviendra au chiffre de 2 millions de pauvres, que notre collègue Alan Forrest considère comme exact.

Mais l'Assemblée constituante, comme la Législative et la Convention, ne retient pas les idées vraiment révolutionnaires de Dufourny de Villiers, pas plus que celles de l'abbé Antoine de Cournand, professeur au Collège de France et curé de Saint-Etienne-du-Mont à Paris, qui propose de réformer les institutions dans le sens d'un partage égalitaire des propriétés territoriales (*De la propriété ou la cause du pauvre plaidée au Tribunal de la Raison, de la Justice et de la Vérité*, brochure rédigée fin 1789 et publiée en 1790). Les Assemblées révolutionnaires entendent respecter l'article 17 de la Déclaration des Droits de l'Homme et du Citoyen, qui proclame le caractère sacré et inviolable de la propriété privée : Babeuf, qui plaidera vigoureusement pour le partage des fortunes, sera condamné à mort... Mais sur quels principes vont s'appuyer la Constituante et les Assemblées suivantes ? C'est ce qu'il nous faut étudier avant de scruter la réalité sociale.

I. LES IDÉES NOUVELLES

Sur le plan institutionnel, l'Assemblée constituante n'entend pas que les pauvres participent au gouvernement ou à la législation du royaume. Certes, tous les hommes sont égaux, selon la Déclaration de 1789 mais, selon le raisonnement de Sieyès, tous les citoyens sont « passifs » par rapport aux droits civils. Un petit nombre seulement est actif par rapport aux droits politiques. La Constitution de 1791 prévoit donc, sur le plan électoral, un régime censitaire comme celui qui était en vigueur en Angleterre et aux Etats-Unis, les deux pays dont les institutions servaient de modèle à l'Assemblée constituante. Pour être citoyen actif, il fallait, outre les conditions d'âge et de domicile, payer une contribution égale à trois journées de travail. Mais les citoyens actifs n'élisaient pas les députés : ceux-ci étaient élus par des électeurs nommés eux-mêmes par les assemblées primaires composées de l'ensemble des citoyens actifs et un cens beaucoup plus élevé était exigé de ces électeurs au second degré.

Au contraire, lorsque la Législative fixe le mode d'élection à la Convention, elle décide qu'il n'y aura plus de citoyens passifs : le suffrage universel est établi et les pauvres participent au choix des conventionnels, de même qu'ils voteront l'approbation de la Constitution de 1793 (qui ne devait jamais être appliquée). Sous le Directoire, on en revient au système censitaire ; ni les femmes ni les pauvres ne sont alors réputés citoyens.

Pourtant, déjà sous la Constituante, des voix éloquentes s'étaient élevées en faveur des pauvres. Lors de la mise en œuvre de la Constitution civile du clergé, nombre d'évêques se plaignent de ce que les pauvres ne participent pas à l'élection de leur curé ni de leur évêque... Mais personne ne protestera lors du rétablissement du système censitaire sous le Directoire : les dés en sont jetés pour près d'un demi-siècle.

Cependant, si les pauvres sont exclus de la vie publique, les constituants s'en préoccupent activement. Leurs idées s'inspirent des propositions émises par les philosophes du XVIIIe siècle, qui pratiquement ne connaissaient du système d'assistance que les grands établissements du type de l'hôtel-Dieu ou de l'hôpital général de Paris et partaient en guerre contre ces « tombeaux de l'espèce humaine »...

Il faut donc, selon le Comité de mendicité de la Constituante, préférer les secours à domicile à ces mouroirs, dont il faut réduire le nombre. Deuxième idée : à la charité individuelle et aux fondations, il faut substituer un véritable service public d'assistance. Enfin, il faut prévoir l'organisation d'ateliers publics, pour donner à tous les pauvres la possibilité de travailler : « Ce n'est pas tout d'assurer des secours à l'indigent (...) c'est sans doute un devoir impérieux de la société que celui d'assister la pauvreté ; mais celui de la prévenir n'en est pas un moins sacré et moins nécessaire. Toutes les fois que la société met un de ses membres en état de se passer des secours, elle s'enrichit (...). » Le Comité demande donc l'ouverture de grands travaux utiles (communications, défrichements, assèchements, etc.), manifestement inspirés des « ateliers de charité », lesquels avaient relativement bien réussi au XVIIIe siècle.

En contrepartie, il est décidé de lutter contre « les mauvais pauvres », ceux qui refusent de travailler : la mendicité sera interdite et réprimée.

Le problème de financement de l'organisation nouvelle des secours publics est envisagé par le Comité de mendicité selon un projet de Necker, traduit dans une ordonnance royale de 1780, qui n'avait jamais été appliquée. Chaque hôpital du royaume possédait avant 1789 un patrimoine important, soit en immeubles de rapport (urbains ou ruraux) soit en rentes. Ce patrimoine sera vendu et les ressources ainsi récoltées seront rassemblées en une « caisse des hôpitaux », qui en répartira les intérêts entre les multiples établissements hospitaliers, selon leurs besoins réels. De même, les fondations privées, dont les revenus alimentaient les secours à domicile, seront aliénées et leur produit sera lui aussi rassemblé dans une caisse centrale. Ce programme ne sera appliqué ni sous la Constituante ni sous la Législative, mais sera mis en œuvre par la Convention.

II. LA MISE EN ŒUVRE DES IDÉES NOUVELLES

Trois étapes très différentes scandent l'évolution des secours pendant la période 1789-1799.

1. Les premières difficultés sous la Constituante et la Législative

Les établissements hospitaliers du royaume ne sont guère visés par les lois des deux premières Assemblées révolutionnaires, mais subissent le contrecoup de mesures institutionnelles très générales. Ainsi, ils sont touchés de plein fouet par la suppression des droits féodaux, partie importante de leurs ressources, à la suite de la nuit du 4 août : La Rochefoucauld-Liancourt, président du Comité de mendicité en 1791, estime que sur un revenu annuel de 30 millions de livres, les hôpitaux ont perdu 10 millions, soit le tiers de leurs ressources. Dans le même temps, la « taxe des pauvres », prélevée sur le prix des places de spectacle, disparaît à la suite de la « liberté industrielle des théâtres », tandis que les dons individuels (quêtes, legs, etc.) sont réduits à néant : « Ce n'est pas dans les temps de troubles qu'on peut attendre de la charité des particuliers des fruits abondants en faveur des pauvres », constatent les administrateurs hospitaliers de Rouen, où les donations individuelles avaient rapporté 10 000 livres en 1788, rien en 1790.

Sous la pression des circonstances, le gouvernement doit prévoir des fonds afin de verser des subventions aux établissements : 2 millions de livres en 1790, 4 en 1791, sommes manifestement insuffisantes puisque les revenus hospitaliers avaient chuté de plus de 10 millions... Mais on s'habitue à l'idée que l'Etat doit prendre en charge les dépenses des établissements charitables.

Sur le terrain, faute de ressources, il faut nécessairement réduire les dépenses : on rogne sur la nourriture, les vêtements, les médicaments, tandis que les autorités municipales s'efforcent de regrouper les établissements pour diminuer les frais de gestion. A Paris, par exemple, il existait une cinquantaine de maisons en 1789 ; à la fin de la Révolution, il n'en subsistera que 22. Mais, dans le même temps, les charges s'accroissent dans la mesure où de nombreuses religieuses refusent de prêter le serment civique et quittent leur poste : il faut les remplacer par des servantes salariées. Sous la Législative, on commence à changer les noms des établissements et des salles pour bien marquer leur laïcisation : l'hôtel-Dieu de Paris devient le Grand Hospice d'humanité.

2. La législation sociale de la Convention

La législation sociale de la Convention est très ambitieuse ; on peut même considérer qu'elle constitue un modèle dont certains aspects seront retenus à la fin du XIXe siècle et au début du XXe siècle. Elle multiplie les secours à domicile, tandis qu'elle prive les hôpitaux de leurs ressources anciennes. « Plus d'aumônes, plus d'hôpitaux » : ces deux termes doivent être effacés du vocabulaire car, proclame Lebon, « si, la Révolution finie, nous avons encore des malheureux parmi nous, nos travaux révolutionnaires auront été vains ».

A. Multiplication des secours à domicile

A l'échelon local, sont prévues des agences de secours, alimentées par les subventions du gouvernement : ces agences sont chargées de distribuer aux plus démunis les pensions et allocations inscrites au Grand Livre de la Bienfaisance nationale. Toutes les situations sont prévues : les allocations prénatales sont versées au sixième mois de la grossesse ; des allocations familiales seront distribuées aux familles pauvres en argent ou en nature (layette, lait, viande, bois de chauffage, etc.) ; des pensions alimentaires seront en outre payées aux enfants des pauvres jusqu'à 14 ans ; un système de retraite est envisagé pour les agriculteurs invalides, les artisans âgés et infirmes, etc.

Malheureusement, ce magnifique programme ne peut être réalisé, faute de ressources. Le Grand Livre de la Bienfaisance a été à peine entrouvert et les agences de secours ne reçoivent que des sommes dérisoires, versées avec retard et en assignats dévalués. Seule la ville de Paris semble avoir bénéficié de subventions assez importantes, la Convention craignant les émeutes de la faim... mais les pauvres parisiens touchent relativement peu : faute de contrôle en effet, même les artisans et commerçants émargent à la distribution des secours (600 000 personnes sur une population de 700 000 âmes reçoivent des subsides...).

B. La spoliation hospitalière

Déjà en 1780, un édit royal envisageait de vendre les immeubles appartenant aux hôpitaux (propriétés urbaines et autres). C'est précisément du rapport de ces immeubles que les établissements charitables tiraient un bonne partie de leurs ressources régulières. L'édit prévoyait que le produit de la vente serait versé dans la caisse des Domaines, laquelle paierait tous les trois mois les intérêts de ces sommes aux établissements... Mais les dispositions royales n'étaient qu'indicatives, et l'édit n'a pas été appliqué. Le même principe avait été envisagé par les deux premières Assemblées révolutionnaires qui n'avaient pas osé le mettre en œuvre, en raison de la situation critique où se débattaient les établissements.

La Convention, pour faire face aux dépenses entraînées par les guerres extérieures et intérieures, vote la loi du 23 messidor an II (11 juillet 1794) : les propriétés mobilières et immobilières des hôpitaux seront vendues « conformément aux lois existantes pour les domaines nationaux ». L'initiative de cette mesure ne vient d'ailleurs pas de la Commission des secours publics, mais de Cambon et du Comité des finances, qui ne rencontrent aucune opposition dans l'Assemblée. Il s'agit essentiellement — avec le produit de la vente — de payer les dépenses militaires. Et, contrairement à ce qui avait été prévu en 1780 et dans les projets de la Constituante, l'Etat ne s'engage pas à verser les intérêts des sommes ainsi récoltées aux établissements tant critiqués, tandis qu'on ouvre le Grand Livre de la Bienfaisance publique pour aider les pauvres à domicile ; c'est la formule des secours individuels préférée à celle de l'assistance hospitalière.

Dans la plupart des villes, on assiste alors à un véritable pillage du patrimoine hospitalier : les agents des Domaines vendent les immeubles urbains et les fermes, s'emparent de l'argent liquide restant dans les caisses. Parfois même, on met aux enchères les maisons charitables. Ainsi, à Cahors, on rassemble les hospitalisés des quatre établissements en deux maisons et les deux autres sont aliénées. Il arrive que des municipalités, conscientes du danger, parviennent à empêcher ou à retarder la spoliation, mais ces cas sont malheureusement assez rares.

Certes, des fonds spéciaux sont prévus au budget national afin de verser des subventions aux hôpitaux, mais ils représentent à peine le dixième des ressources nécessaires : certains établissements ne touchent rien, d'autres reçoivent leurs maigres subsides avec plusieurs mois de retard, en assignats dévalués. Les résultats de cette politique sont bien connus. Ici, on chasse les indigents et l'on refuse les nouvelles admissions ; là, les malades décèdent faute de médicaments ou de nourriture. Les plus touchés sont les enfants, déposés à l'hôpital par les parents qui ne peuvent plus les nourrir : plus de 95 % des bébés meurent avant l'âge d'un an.

Il faut cependant reconnaître que le système mis en place par la

Convention était cohérent et logique. Comme l'ont souligné tous les historiens, elle a assigné aux hôpitaux la place qui leur revenait dans l'ensemble de la protection sociale, à côté de l'assistance à domicile et de l'assistance par le travail... mais, en raison des circonstances économiques et militaires — dévaluation de l'assignat, guerres de Vendée, coalition d'une partie de l'Europe —, cet ambitieux programme s'est révélé totalement inopérant.

De tout le territoire, plaintes et protestations virulentes parviennent à la Convention. Ainsi, le conseil général de la commune de Dijon fait imprimer un long rapport qui dénonce « les méfaits de cette mesure inconsidérée », rapport qui inspirera d'autres réclamations : « Nous osons vous le dire, la ruine des hôpitaux, leur anéantissement total seront les suites funestes du décret lancé contre ces établissements, ce sera le coup de foudre qui les réduira en poussière (...). » Des milliers de pétitions de ce genre parviennent au Comité des secours publics. Effrayés par les conséquences de la loi de messidor an II, les conventionnels en suspendent l'exécution le 9 fructidor an III (25 août 1795, 13 mois après), mesure provisoire « en attendant qu'il ait été statué sur l'organisation définitive des secours ».

3. Le réalisme du Directoire

L'orientation du Directoire est toute différente de celle de la Convention. Alors que la Déclaration des Droits de l'Homme de 1793 avait proclamé que les secours publics étaient une dette nationale, on chercherait en vain un tel principe dans la Déclaration de 1795... L'élaboration d'un nouveau système est longue et délicate, tandis qu'au ministère de l'Intérieur, la deuxième division s'occupe de la distribution de secours et prépare des lois. Après de longues discussions au Conseil des Cinq Cents et au Conseil des Anciens, une loi fondamentale sur les hôpitaux est votée le 16 vendémiaire an V (7 octobre 1796) : ses principes survivront jusqu'au milieu du XXe siècle.

Cette loi entend d'abord liquider les séquelles du passé récent. Les établissements charitables gardent leurs biens dans la mesure où ils n'ont pas été aliénés. Quant aux « biens qui ont été vendus en vertu de la loi du 23 messidor », ils seront remplacés par des biens nationaux de même produit. Pour éviter les fraudes — on connaît les tares du régime — une procédure très complexe est prévue et, en fait, le « remplacement » ne sera effectué que sous le Consulat et l'Empire : les hôpitaux demeurent donc, sous le Directoire, dans une situation déplorable. Mais, avec l'Empire, le patrimoine ancestral sera pratiquement reconstitué : dorénavant, les grands hôpitaux sont propriétaires immobiliers d'un patrimoine considérable : Paris, Lyon (immeubles urbains), Nancy (forêts), Beaune (vignes).

Pour l'avenir, deux sortes de mesures fixent les règles nouvelles. D'une part, pour ne pas imposer aux Parisiens la charge des établissements qui reçoivent en majorité des provinciaux, les maisons destinées aux aveugles et aux sourds-muets « restent à la charge du Trésor national ». Ces établissements nationaux, dont la liste s'allongera par la suite, sont placés sous la surveillance immédiate du ministre de l'Intérieur.

D'autre part, à l'échelon local, ce sont désormais les municipalités qui ont la surveillance immédiate des « hospices » civils de leur circonscription (le terme « hôpital », jugé odieux, a en effet disparu). Le conseil municipal nommera une commission de 5 membres qui élira un président et désignera un secrétaire. Un receveur salarié lui rendra compte tous les 3 mois. Ce compte sera transmis à l'administration municipale. La structure administrative ainsi imposée aux établissements hospitaliers devait avoir la vie longue. Quelques modifications y seront apportées : Bonaparte remplace le président élu par un « président né » : le maire de la commune : depuis le début du XXe siècle, le nombre des commissaires a augmenté et leur origine n'est plus essentiellement communale.

Mais subsistera jusqu'en 1958, le principe selon lequel c'est la commission qui assume toute l'administration, le secrétaire (finalement appelé directeur) n'étant que l'exécutant passif de ses décisions : situation délicate, car chacun sait les inconvénients résultant d'une responsabilité diluée entre les membres d'un organisme collégial... Depuis 1958, la situation s'est inversée : le directeur dirige l'établissement, sous le contrôle d'un conseil d'administration.

Sous le Directoire, par le truchement de cette commission, ce sont donc les municipalités qui ont la charge des hospices, mais sans avoir les moyens de l'assurer, d'autant plus que la restitution du patrimoine hospitalier ne sera effective que 10 à 15 ans après la loi de vendémiaire an V. Très courageusement, le Directoire fait voter plusieurs mesures qui vont améliorer la situation financière. Malgré le « groupe de pression » des directeurs de théâtre (qui faillirent faire capoter le projet devant le Conseil des Anciens), la taxe sur les spectacles est rétablie et portée au quart du prix des places ; elle sera partagée, au gré de la municipalité, entre les bureaux de bienfaisance et la commission des hospices.

Et il a fallu beaucoup d'audace au Directoire pour rétablir l'impôt le plus détesté de l'Ancien Régime : l'octroi. C'est la situation de la capitale qui a provoqué cette mesure exceptionnelle. Depuis la Convention, Paris ne faisait face à ses dépenses locales que par les avances successives consenties par le Trésor national, avances qui ne devaient d'ailleurs jamais être remboursées (elles seront mises « hors budget » par Napoléon en 1813). La loi du 18 octobre 1798 rétablissant l'octroi ne vise que la capitale et ne comporte pas moins de 7 longues pages imprimées : tout y est prévu, le vin entrant dans Paris est taxé à 5,50 F l'hectolitre, l'eau-de-vie à 16,50 F, le vinaigre ou le vin gâté à 0,50 F, etc. Les jacobins, à l'annonce du rétablissement de cet impôt, s'efforcent d'agiter le peuple : « Vous le voyez, citoyens, on vous ramène toutes les charges de l'Ancien Régime. » Tous les commissaires de police parisiens sont en alerte, mais aucune émeute ne vient répondre aux espoirs des anarchistes. Résultat : en l'an VI, les recettes de la capitale se montaient à 503 000 F ; en l'an VII, elles passent à plus de 7 millions, grâce à l'octroi (200 millions en 1799).

Une part seulement de ces sommes revient aux hospices : 2 millions en l'an VII, 20 millions en 1899. Et, puisque le retour de l'impôt honni n'avait suscité aucun trouble, pourquoi ne pas l'imposer dans d'autres villes ? L'octroi est progressivement rétabli dans toutes les communes de quelque importance, sous le Directoire, le Consulat et l'Empire... Et il ne disparaîtra qu'après la Première Guerre mondiale.

Même retour, plus discret cependant, aux pratiques d'Ancien Régime à l'égard du personnel hospitalier. Les religieuses avaient été pour la plupart chassées des hôpitaux sous la Convention (certaines ont été fusillées ou guillotinées) et remplacées par des laïques pour qui le fanatisme républicain tenait lieu de compétence. Les commissions désiraient le retour des sœurs et le ministre ne s'y opposa pas : « De ce que l'on doit considérer ces personnes comme ex-religieuses, il ne s'ensuit pas qu'elles doivent être jugées inhabiles à remplir les fonctions dans les hospices... ce n'est plus ce qu'elles ont été autrefois qu'il faut examiner, mais bien leur aptitude et leur moralité. » Les religieuses reprendront leur habit sous le Consulat.

A la fin de l'Ancien Régime, certains hôtels-Dieu, notamment ceux de Paris, Montpellier, Strasbourg, s'étaient progressivement « médicalisés » et c'est dans leur enceinte que s'étaient réalisés les progrès de la médecine et de la chirurgie. Sous le Directoire, les médecins reprennent leur place primordiale et la science retrouve ses droits : témoignage du lien entre 1788 et 1795, une gravure représente Desault (qui donnait autrefois des leçons de clinique chirurgicale à l'hôtel-Dieu et les reprend) avec son jeune ami Bichat, arrivé à Paris en 1794. Bichat pousse encore plus loin que Desault ses investigations et travaille sur les cadavres (il est arrêté au cimetière de la rue Royale où il en déterrait et passe une journée au poste de police). La renaissance de la science médicale française est l'œuvre des hospitaliers : les ouvrages fondamentaux de Bichat, de Pinel et de bien d'autres sont publiés à la fin du Directoire. La « naissance de la clinique », pour reprendre l'expression de Foucault, s'opère dans les écoles pratiques, intimement liées à l'hôpital ; la plus célèbre est sans doute l'école de dissection de Paris, qui préfigure l'internat. Un ouvrage récent de Maulitz (publié à Cambridge) montre que l'influence de la science médicale française s'est étendue alors au-delà du Pas-de-Calais.

Seuls les hôpitaux militaires, pour des raisons aisément compréhensibles, ont connu une certaine prospérité pendant la Révolution, les ministères de la Guerre et de la Marine leur assurant un budget confortable. Pour tous les autres, la situation est, sous le Directoire, aussi lamentable que sous la Convention. Mais les mesures prises par les Assemblées et par le gouvernement directorial allaient porter leurs fruits quelques années plus tard. Notamment, le Directoire avait rendu l'autonomie financière aux commissions des hospices : ce n'était pas le retour pur et simple à l'Ancien Régime (où chaque établissement possédait la personnalité morale), mais chaque commission, regroupant tous les établissements de la commune, pouvait désormais agir à sa guise et disposait de ressources propres. A la bienfaisance nationale, était donc substituée la bienfaisance municipale. La tutelle du gouvernement, sous-jacente sous le Directoire, imposée plus brutalement par Bonaparte et par les régimes politiques qui ont suivi, se ferait de plus en plus lourde jusqu'à nos jours : comme l'écrivait Christian Maillard en 1986, « la santé est maintenant devenue une affaire d'Etat ».

Rapport de synthèse

JEAN BART

« Fidélité à l'atelier, mais sans s'interdire une certaine liberté... » Telle est l'une des directives adressées aux rapporteurs. Ce qui m'amène, sans trop trahir, je l'espère, le contenu des communications, mais en intégrant dans ce rapport la teneur des débats, à dégager une incertitude, à poser une question, à formuler une affirmation.

L'incertitude résulte à la fois du flou des définitions et des difficultés des estimations numériques.

Qu'entendre par quatrième ordre (expression qui apparaît parfois dans les textes de la fin du XVIIIe siècle, alors qu'on n'y rencontre pas celle de quatrième état) ? Pauvres travailleurs, pauvres honteux, indigents, mendiants, vagabonds, canaille... Les mots n'ont pas de sens, ils n'ont que des emplois. Il semble que les réalités soient fort différentes à la ville et à la campagne et que, dans tous les cas, la terminologie fluctuante exprime une attitude moralisatrice ou répressive : cf. la distinction des bons et des mauvais pauvres.

Où se situe le seuil de pauvreté ? En dessous de 435 livres par an pour une famille de 3 enfants, comme le voulait le rapporteur du Comité de mendicité de la Constituante ? Cette barre paraît bien élevée ; n'aurait-elle pas dû faire considérer comme pauvre une bonne partie de la population ? Dans certains villages, la proportion des citoyens passifs n'avoisinait-elle pas la moitié des hommes majeurs ? Le nombre souvent avancé des indigents, 2 millions, n'est-il pas minoré ? N'est-il pas celui des feux ou familles réduits à la misère plutôt que celui des individus ? Songeons qu'en l'an II, 600 000 Parisiens ou Parisiennes reçoivent des subsides, sur une population de 700 000 personnes environ.

Ne convient-il pas, en outre, d'adjoindre à la pauvreté d'autres catégories déterminant les mêmes exclusions : celles de la folie ou de diverses minorités, comme les minorités religieuses ?

Les gens du quatrième ordre peuvent-ils être considérés comme des sujets de droit ? Certes, au regard de la législation civile de la Révolution. Le droit nouveau, reposant sur l'individualisme libéral, désincarne l'être humain : il en fait un sujet abstrait : d'où l'égalité des droits déclarée en août 1789. La situation économique n'entre pas en ligne de compte. Même s'il est passif, le pauvre jouit des droits naturels et civils de l'homme.

Est-il autonome pour autant ? Peut-il faire entendre sa voix ? N'a-t-il pas toujours besoin d'un porte-parole ? Comme Dufourny de Villiers par exemple. D'autant que le système représentatif élaboré par les assemblées révolutionnaires supprime les Assemblées générales des communautés rurales au sein desquelles les plus démunis pouvaient exprimer leurs revendications. Les gens du quatrième ordre, les gens sans voix, les silencieux de l'histoire, n'ont plus que la violence comme mode d'expression.

Titulaires de droits sans avoir la possibilité matérielle ni intellectuelle de les exercer, les pauvres sont soumis, et plus que d'autres, à des obligations, en particulier à celle de défendre la patrie en danger. Les « levées » ou mobilisations d'hommes n'ont-elles pas permis aux pauvres d'atteindre à la « dignité humaine » ? L'armée de la République peut apparaître comme un moyen d'éducation politique et d'intégration ou de promotion sociales. Mais la guerre n'engendre-t-elle pas des nouvelles pauvretés ?

Sujets abstraits, les pauvres sont réincarnés pour être objets : objets de sollicitude ; objets de crainte et de répression. Les sentiments, les attitudes et comportements sont mêlés. En dépit des anticipations de l'an II, en dépit de la volonté d'organiser des secours, demeure prédominant le souci de préservation sociale et de répression, au moins à l'égard des « mauvais pauvres », des pauvres « honteux », des « mendiants d'habitude » ou encore des « vagabonds de race »..., termes entendus à la Convention en 1793. Bien sûr, après Thermidor, cette conception ne fera que se renforcer.

Débat

Sous la présidence d'ALAN FORREST

JACQUES-RENÉ RABIER. — *Tout d'abord, je voudrais poser une question de langage à Claude Courvoisier. Si j'ai bien compris, le mot quart état n'apparaît pas, autant qu'on puisse le savoir, dans les cahiers de doléances; mais on y trouve celui de quatrième ordre. Possède-t-on un recensement systématique de l'occurrence de ce terme dans les cahiers?*

D'autre part, à la fin de votre exposé, vous avez établi une relation entre exclusion et pauvreté : d'un côté, des similitudes entre les deux concepts et les deux situations, de l'autre, le fait qu'il pouvait y avoir exclusion sans pauvreté et vice versa.

N'étant pas historien, ma question va peut-être vous sembler naïve : y a-t-il dans les cahiers des références à des populations — hormis les juifs et les gitans qui étaient exclus de fait de la vie villageoise, paroissiale... —, comme par exemple les Cagots dans le Béarn, ou les Caquous en Bretagne? J'ai été surpris de ne pas trouver mentionnées dans les cahiers ces populations qui étaient rejetées, non pour des raisons ethniques, mais pour des raisons professionnelles ou religieuses.

J'ai été intéressé par l'exposé sur Dufourny de Villiers. Jusqu'alors, je ne connaissais que le cahier n° 1. Vous avez fait allusion à d'autres textes dont j'aimerais avoir les références précises. Que sait-on d'autre sur lui? Selon certains échos, c'est un personnage qui reste assez énigmatique pour la partie de sa vie que l'on connaît moins. Je crois qu'un mémoire ou une thèse sur lui serait de première importance.

TON REDEGELD. — *A propos des assemblées générales de Bourgogne, des études ont-elles été faites sur la participation des pauvres? Sait-on ce qu'ils disaient, et s'il y avait des gens pour les aider à mieux comprendre?*

CLAUDE COURVOISIER. — *En ce qui concerne le passage de la pauvreté à l'exclusion, j'ai fait, à une autre occasion, une étude sur les minorités que je n'ai pas reprise ici. Quant aux populations dont vous parlez, je ne les ai pas rencontrées.*

Quand on parle du quart état, par analogie avec le Quart Monde, on peut parler aussi des noirs pour ne pas se contenter de notre hexagone. J'avais envisagé aussi les minorités à la recherche d'une identité culturelle ; mais je crois qu'elles se situent hors de la problématique de la pauvreté du Quart Monde.

Je voudrais faire une remarque d'ordre général : ces minorités — hormis les minorités juives, et encore pas toutes — ont en commun avec la plus grande pauvreté le fait de ne pas parler elles-mêmes. Les noirs, par exemple, ne parlent pas eux-mêmes ; et pourtant, il existe une Société des Amis des Noirs. Les exclus « enfermés », par définition, ne parlent pas non plus. Exclusion et minorité posent des problèmes connexes à la grande pauvreté, mais il est difficile de les associer totalement au plus grand dénuement.

HENRI BOSSAN. — *Il me semble que les mots « état » et « ordre » ne sont pas vraiment équivalents. Les premier, deuxième et troisième ordres correspondent aux états ecclésiastique, noble et du tiers. Le Tiers Etat comprend tous ceux qui n'appartiennent pas à un des deux ordres privilégiés — donc* a priori *y sont inclus les indigents, les infortunés, les sans feu ni lieu, les gens sans aveu...*

Pour ma part, je n'ai pas encore trouvé l'expression quart état dans les textes publiés en France en 1788-1789. En revanche, il y est question de « triste état », de « gens sans état », du « malheureux état », etc., qui est peut-être au quatrième ordre ce que le Tiers Etat est au troisième ordre. Mais pouvait-on parler de quart état pour une population qui était de fait exclue de tout état, « sans état » du fait de sa condition de misère ? Dufourny de Villiers, lui, revendique son droit à la représentation politique dans un ordre supplémentaire, le quatrième ordre, sans attendre pour ce faire que cesse sa condition de misère et qu'il accède à une reconnaissance au sein d'autres ensembles.

« Etat » ne relèverait-il pas de l'économique, du métier, de la fonction, et « ordre », du politique, de la représentation ? L'expression quart état ne me semble avoir un sens que si elle est utilisée par dérision, ou bien si on lui attribue une dimension politique — alors équivalente à quatrième ordre. Dans les écrits de Dufourny de Villiers, on ne trouve jamais « quart état ».

A ma connaissance, l'expression quart état apparaît en Allemagne, *au XIXe siècle : c'est le* Vierte Stande *des années 1830-1840, cité notamment par Rudolph Meyer. Une très belle iconographie allemande de cette époque montre les gens de la misère écrasés par la superposition des* Dritter Stand, Zweiter Stand *et* Erster Stand. *Le graveur indique sous les pauvres submergés l'expression* Standeslose.

Et je voudrais aussi relever qu'à la fin du XIXe siècle, Clemenceau, en prenant la défense des mineurs de Carmaux, s'écriera de la tribune de la Chambre des députés : « Il faut avoir le courage de le dire : c'est le Quatrième Etat qui se lève ! » (8 mai 1891.)

Au XXe siècle, bien des historiens étudient la condition du « quart état », et sa situation politique, et du « quatrième ordre », revendiqué provisoirement par Dufourny de Villiers. C'est ainsi qu'Albert Soboul intitule un chapitre de l'un de ses ouvrages : « Quart Etat », et parle de la représentation d'un quatrième ordre voulue par Dufourny de Villiers.

C'est à partir de ce quatrième ordre, de ce quart état, que le Père Joseph Wresinski a créé l'expression Quart Monde — après une l'expression tiers monde fut créée au début des années 1950. « Quart Monde » est une expression pour désigner le peuple de la misère qui se met en marche pour le respect de tous les droits de l'homme indivisibles, y compris la représentation, et la représentation jusqu'aux plus pauvres.

Jean-Pierre Pinet. — *Si le terme quart état reste flou, cela ne peut-il s'expliquer par le fait que le quart état est un groupe en voie de constitution, et qui n'a pas encore de représentants (cf. Dufourny) ? C'est un peu la même chose aujourd'hui lorsque le terme Quart Monde est utilisé à toutes les sauces — si vous me permettez cette expression. C'est ainsi que l'on peut entendre dire, de manière fortement péjorative : « Ce sont des gens du Quart Monde », en prenant ce terme pour synonyme de « mauvais pauvre ». C'est évidemment tout autre chose d'affirmer : « Le Quart Monde, ce sont des gens qui se battent pour que les droits de l'homme soient pour tous. » Et je me demande si nous ne sommes pas là témoins d'une représentation en train de se bâtir.*

Alan Forrest. — *Si l'on pense que les « états » sont professionnels, et que « sans état » signifie « sans profession », je ne suis pas vraiment d'accord. Car cela impliquerait que les divisions sociales du XIXe siècle soient déjà des divisions de fonctions. Il me semble que c'est une vision trop moderne ; les véritables divisions sont encore à naître.*

Henri Bossan. — *Je n'ai pas fait de biographie de Dufourny de Villiers dans mon intervention, mais qu'il suffise de dire, pour répondre brièvement à J.-R. Rabier, qu'il avait 50 ans au moment de la Révolution, et qu'il habitait Paris, dans la rue des Mathurins (la rue Saint-Jacques d'aujourd'hui). Il est mort à Paris, en 1795 — sans qu'on en sache davantage sur la date précise, non plus d'ailleurs que sur la date et le lieu de sa naissance.*

En 1793, il a succédé à Lavoisier à la direction des poudres et salpêtres, à l'Arsenal, à Paris. Lavoisier, jeune académicien, avait fait à l'Académie des sciences (une dizaine d'années avant la Révolution) une communication sur « les lampes de Dufourny »... Est-ce le même Dufourny que celui qui nous intéresse ? Ce qui est sûr, c'est qu'il semble avoir été un homme passionné de sciences : il publie des textes sur la récolte et la purification du salpêtre, sur la fusion des métaux. Il était aussi architecte de la ville de Paris et ingénieur. Il a notamment travaillé à des plans de canaux.

En 1791-1792, il prend la défense des Avignonnais, nous dirions aujourd'hui : pour que soit respecté leur droit à l'autodétermination. Un certain nombre de faits de cette sorte nous le montrent sous l'aspect d'un homme animé d'un esprit de défense des droits des plus petits.

Jacques-René Rabier. — *Sa personnalité est quand même étrange... Etait-il pris au sérieux, ou au contraire contesté ?*

Henri Bossan. — *Il faudrait mieux le connaître. Dans* Le Moniteur, *on trouve des centaines de pages d'interventions de Dufourny au Club des jacobins.*

Il est mis à la prison des Carmes par Robespierre, et en sort quelques semaines après, à la chute de Robespierre, échappant ainsi de justesse à la guillotine.

On peut se demander, à propos du Dufourny des années 1791-1795, s'il garde en lui cette dimension du respect des plus pauvres — en y intégrant une composante politique — que l'on constate chez le Dufourny des années 1788-1791 — ce Dufourny du quatrième ordre, ce Dufourny qui écrit Le Gâteau des Rois, *fête depuis l'origine liée aux plus pauvres pour leur donner la chance d'être au moins rois une fois dans l'année, et en tout cas d'y être présents, « car, dit-il, il n'est pas de fête sans que les infortunés soient de la fête ».*

Ce que l'on peut dire, par exemple, c'est qu'à l'occasion de procès, en 1793-1794, où il est cité comme témoin, il pose la question : « Qu'est-ce que vous avez fait dans votre fonction pour les pau-

vres ? » Et puis, je peux rappeler que, le lendemain même de la prise de la Bastille, il y est envoyé en mission par La Salle, en sa qualité d'architecte et, ajoute Le Moniteur, « *à cause de son humanité bien connue* ».

On devine, chez Dufourny, une grande sensibilité et un grand respect des pauvres, et cela jusqu'aux « mauvais » pauvres. Les familles rassemblées dans le Mouvement ATD Quart Monde qui ont étudié les Cahiers du Quatrième Ordre de Dufourny de Villiers sont touchées par la manière dont il s'exprime en termes de respect, de dignité, de droits pour tous sans exclusive, de justice. Quand, par exemple, dans un autre texte, Dufourny écrit à propos des gens mis en prison : « *Les lois sont sévères contre eux, c'est la misère qui les a menés là, ils ne sont pas seuls responsables* », je me pose la question : d'où lui vient ce regard ? D'où lui vient cette attitude d'esprit qui le fait écrire à L. de Villedeuil lors du terrible hiver de 1788, dont je parlais tout à l'heure ? Où a-t-il appris cela, auprès de quels pauvres ? Depuis son enfance, ou plus tard ? Et à partir de quels événements ? Qu'est-ce qui le pousse, je le soulignais aussi dans mon intervention, à demander aux assemblées de district d'accueillir les très pauvres afin de faire de ces assemblées des lieux de partage du savoir, en vous demandant pardon d'être si anachronique ?

Sur toutes les composantes de la personnalité de Dufourny, il y a sûrement beaucoup encore à découvrir.

JEAN BART. — *Je voudrais revenir sur la question relative aux assemblées de l'Ancien Régime.*

Les archives permettent, mais dans une certaine mesure seulement, de saisir un peu de la vie des assemblées générales : un procès-verbal est en effet toujours dressé par le scribe ; c'est un acte notarial. On trouve donc ces procès-verbaux dans les archives notariales. Il est évident que ce ne sont pas les plus pauvres qui s'expriment, ni les plus riches d'ailleurs. Quoique indirecte, c'est une description fidèle. On voit les conflits qui se développent au sein de la communauté. Sachant qui était présent, on peut retrouver leurs statuts socio-économiques grâce aux archives fiscales, au rôle de la taille. On a donc une certaine connaissance de ceux qui participent à l'assemblée. On sait ce qui a été dit, et on connaît les points conflictuels entre le groupe des dominants et le groupe des dominés. Mais parmi ces derniers, il n'y a pas que des pauvres. Tout le problème est de parvenir à définir qui est pauvre.

A partir du moment où cette assemblée est générale, le fait de ne pas y participer peut avoir une signification. Ainsi, le boycottage (pour employer un terme très anachronique) est-il une arme, un instrument de contestation. Il est dit dans les procès-verbaux, par exemple, que l'assemblée n'a pu se tenir parce qu'il n'y avait pas suffisamment de villageois, que seuls étaient venus ceux qui avaient un intérêt primordial et les dominants. Ailleurs, il y avait eu une abstention volontaire si massive que l'agent seigneurial fut obligé d'intervenir pour convoquer et obliger les gens à se rendre à l'assemblée. Là aussi, on peut saisir un silence, mais un silence qui est éloquent.

A partir du moment où le conflit se prolonge en dehors de l'assemblée générale entre les différents groupes de la communauté, il y a souvent intervention judiciaire. Les archives judiciaires nous permettent de saisir davantage et mieux les enjeux du conflit. Quand il y a des injures, par exemple, ou des voies de fait : on possède des documents qui permettent de savoir ce qui s'est passé.

A partir de la Révolution, que trouve-t-on comme documents ? Les archives judiciaires ; et, pour la vie villageoise, les procès-verbaux d'élections et les délibérations du conseil général de la commune. C'est tout. Mais ceux qui ne votent pas, les citoyens passifs, et même les actifs qui ne veulent pas voter, on n'a pas trace de leurs interventions.

Au moment où les assemblées générales seront abandonnées au profit d'un système de représentation, une espèce de silence s'imposera. Il n'est bien sûr pas question de parler d'une quelconque démocratie rurale pour l'Ancien Régime, mais il y avait des moyens d'expression qu'il n'y aura plus par la suite.

EUGEN BRAND. — *Henri Bossan a fait exister devant nous cette femme du Quart Monde, avec ses livres d'histoire. Cette femme lui a montré combien elle souhaitait que ses enfants connaissent l'histoire. Les plus pauvres, comme cette femme, ont envie d'être partie prenante de cette histoire.*

En écoutant les interventions, j'ai pensé que ce n'était pas une utopie, que c'était possible. J'ai été frappé par la façon dont l'un ou l'autre intervenant a tenté de faire apparaître les pauvres ou les très pauvres. Le colloque devrait vraiment proclamer une alliance indispensable entre les historiens, et de manière plus globale l'Université, et les très pauvres, telle que le Père Joseph l'a innovée.

D'autre part, quand vous avez parlé des actifs et des passifs, j'ai pensé à mon pays, la Suisse, où des familles sont aujourd'hui, à cause de leur pauvreté, mises sous tutelle. Ces gens sont donc considérés comme des citoyens de seconde zone et ne peuvent pas être actifs politiquement. J'ai entendu ces familles réagir à cette situation. Je crois qu'elles auraient des questions très précises à poser à l'historien au sujet de la citoyenneté, des actifs et des passifs.

Vous avez parlé de coupure de dons. Je pense à des familles qui nous disent aujourd'hui ce que cela signifie pour toute la famille qui tombe alors dans un désastre total.

Vous avez parlé de la guerre d'une manière très prenante. Et je pensais à des jeunes très pauvres qui disent : « Quand on est comme nous, quand on ne sait ni lire ni écrire, alors il n'est même pas question qu'on rentre à l'armée ! »

En devenant partenaires des historiens, les plus pauvres nous aideraient tous à affiner notre manière de voir les choses, à être sûrs qu'on les regarde sous tous leurs aspects, et à nous poser la question : « Qu'est-ce que les gens ont pensé ? Que sont-ils devenus ? » Vous nous avez déjà amenés au bord de cette réflexion.

Les plus pauvres nous rappellent le vide terrible laissé par l'histoire à leur sujet. En disant très clairement ce vide, en disant combien ce que les gens ont vécu est dramatique et en cherchant à dire ce qu'ils ont pensé, on peut être alliés de ceux qui vivent aujourd'hui dans la misère. Cela nous permet de dire quels moyens nous prenons, quelles garanties nous nous donnons pour qu'aujourd'hui nous puissions faire véritablement l'histoire de tous les membres de la cité, de tous les membres de la communauté nationale et internationale, sans aucune exclusive.

Cette alliance me paraît maintenant nécessaire.

CLAUDE COURVOISIER. — *Ma question est au sujet de Dufourny de Villiers, que je connais mal. J'ai lu les extraits de son cahier publié par la revue* Quart Monde. *Je comprends bien son point de vue, d'une sensibilité extrêmement attachante et intéressante, et sa position tranchée. Ma question est la suivante : s'interroge-t-il sur le pourquoi ? Dans les cahiers de doléances du « commun », ici ou là dans les cahiers de paroisse, on a parfois des réponses claires. Des gens, des humbles, expliquent : « J'ai faim, parce qu'il y a des accapareurs et des grands commerçants qui concentrent les récoltes pour les vendre à meilleur prix plus tard. » C'est un exemple de réponse parmi tant d'autres.*

HENRI BOSSAN. — *Pour connaître les causes, Dufourny invite les gens qui ont une proximité avec les pauvres à se mettre en correspondance avec lui. Je cite : « Pour remplir une mission aussi supérieure à mes lumières qu'à mes talents, je prie tous les gens de bien dans toute l'étendue du Royaume, et particulièrement messieurs les Curés, les Sociétés philanthropiques, les Administrateurs des hôpitaux, ces précieux citoyens dont la bienfaisance est éclairée par l'observation assidue des maux et des remèdes, de m'adresser des Mémoires : 1. sur les causes de la misère de leur district (...). »*

Le plus intéressant, c'est le fait qu'il demande à des gens d'aller à la rencontre des pauvres pour connaître les causes, et qu'il se place sur le plan politique, une des causes de la misère étant que les pauvres sont exclus de la parole, de la participation. Il a compris d'une certaine manière que la fin de la pauvreté n'est pas de l'ordre du secours, mais bien de l'ordre du savoir.

Un exemple d'aujourd'hui peut nous le faire comprendre. Il y a trois semaines, j'ai rencontré un couple de jeunes qui allait à la décharge publique chercher des livres, au lieu de les prendre à la bibliothèque municipale comme tout le monde. Le savoir, la culture dans une décharge ! Quelle coupure du monde de la culture ! Et en même temps quelle aspiration au savoir qui cherche à se réaliser ! Quel signe sera pour la lutte contre la misère la recherche de ces deux jeunes ?

Le Comité de mendicité dit que le droit à la subsistance devrait être inscrit comme un Droit de l'Homme, mais le Comité n'a pas d'ambition politique pour les très pauvres. Les plus pauvres, eux, aspirent à autre chose : être entendus en ce qu'ils ont à dire, vivre dans la dignité, être utiles et travailler. Il faut avoir cette compréhension.

CLAUDE COURVOISIER. — *Cela correspond à une alternative bien classique dans l'histoire des idées : le problème politique d'un côté et le problème des conditions sociales de l'autre. L'histoire des idées se partage souvent entre ces deux options. C'est cette manière de poser le problème comme politique qui est intéressante. Mais est-ce qu'on ne rencontre pas une contradiction, puisque c'est le dénuement qui entraîne la non-participation des pauvres à la vie politique ?*

JEAN IMBERT. — *Je voudrais poser une question à l'intervenant suisse : vous avez encore, dans la Confédération Helvétique, des assemblées générales, du moins dans un canton et demi. Ma question est simple : est-ce que les pauvres y participent ?*

EUGEN BRAND. — *Justement non. Et là on est obligé d'aller plus loin qu'une analyse extérieure. En vous répondant, je répondrai aussi en partie à la question de Claude Courvoisier sur l'aspect central de la* représentation des pauvres. On peut se demander pourquoi le Père Joseph a réussi. Je crois que c'est parce qu'il a situé la question au niveau des gens eux-mêmes. Il a pensé que le seul chemin possible pour détruire la pauvreté était que nous nous tournions vers les plus pauvres eux-mêmes en considérant qu'ils avaient une pensée propre. C'est ce qui a donné de la force à sa démarche et qui explique que les pauvres se soient ralliés à lui et au Mouvement.

Eugène Notermans. — *Il y a la morale prêchée, et il y a la morale vécue. Dans les documents de l'époque, on parle beaucoup des idées de tel ou tel, mais cela ne signifie pas que ces idées aient été mises en œuvre. Lorsque des gens parlent de leurs projets, il n'est pas toujours sûr qu'ils soient devenus réalité. Est-ce que le monde scientifique ira jusqu'au bout de la recherche sur cette morale vécue à partir de témoignages ou d'autres documents ?*

Alan Forrest. — *On ne peut pas tout savoir, mais il y a des documents dans les archives qui pourraient sûrement nous donner des indications sur la morale vécue à laquelle vous faites allusion. Je pense à ce que l'on peut trouver quand des pauvres parlent devant le juge de paix. C'est un des rares moments où leur parole peut être captée — de manière plus ou moins exacte.*

Et aussi lorsque le soldat, pauvre et illettré, loin de chez lui, aura envie d'écrire aux siens. Il trouvera dans son régiment un écrivain public. Nous pouvons peut-être retrouver ce courrier.

Il existe des moyens d'entrer dans l'esprit de la personne pauvre, mais très difficilement d'une manière sûre et précise, plutôt d'une manière impressionniste.

CHAPITRE 4

*Pratiques sociales
et œuvres sociales
au XIXᵉ siècle.
Formes d'exclusion*

Le fil du temps.
Au pays de Liège
à l'époque des révolutions

MARCEL DEPREZ

L'histoire a ses miroirs. La Révolution française a ses lectures diverses, voire opposées. Mais le mouvement ne sera jamais achevé. Il y manquera un regard sur le réel qui est pourtant bien visible. L'histoire est toujours un drame humain.

Tout naît en 1789 ! Voire. Pas de génération spontanée, en tout cas, comme un coup de tonnerre dans un ciel d'été.

La prospérité relative des provinces belges à la fin du XVIIIe siècle et la prospérité réelle de la bourgeoisie industrielle du pays de Liège n'a guère modifié la condition humaine de la région. Cela atténue bien peu la misère d'une population dont le quart des habitants relevait de la charité publique, malgré le grand développement usinier. La mécanisation allait certes dans le sens du progrès, mais n'y allait vraiment que lorsque les travailleurs, dépassant les regrets de leur passé médiéval, cessaient de brûler les fabriques mécanisées ou les marchandises venues d'ailleurs, et réclamaient plutôt des compensations salariales. A Verviers, en 1759, une grève des drapiers a duré 28 jours, contre le paiement en nature, l'embauche de travailleurs étrangers, pour l'amélioration des salaires et la création d'un fonds d'assistance aux chômeurs, ainsi que pour la limitation des heures de travail. La solidarité jouait déjà entre ouvriers de Verviers et de Limbourg qui cotisaient pour leur entraide, et ce fut encore le cas lors des grèves de 1762 et 1784. Le patronat répliquait déjà par le lock-out, considérant « qu'une caisse d'assistance serait une arme entre les mains des furieux[1] ».

Aussi ne sommes-nous pas surpris de constater qu'à ce stade du développement de la nouvelle société libérale, la « question ouvrière » ne se présentait pas de la même façon que de nos jours. Certes, l'industrie capitaliste naissante a déjà créé une multitude de prolétaires qui dépendent, pour survivre, des salaires qu'ils reçoivent. Sur le plan social et économique, ces ouvriers se distinguent déjà nettement des autres groupements, du menu peuple. Ils savaient entre autres choses, comment lutter contre le patronat pour améliorer leurs conditions de travail. Mais il ne faudrait pas faire, de cette forme purement occasionnelle de la lutte ouvrière, l'expression du conflit ouvrier-patronat d'alors. L'agitation ouvrière s'exprime encore presque exclusivement en une lutte pour le pain et les produits de première nécessité.

L'action non organique est encore la caractéristique essentielle de ces manifestations revendicatives et, dans les émeutes de la faim qui sont fréquentes et le resteront encore pendant le premier quart du XIXe siècle, c'est l'instinct de conservation du pauvre, de tous les pauvres, qui s'exprime, bien plus que l'action de classe consciente de la masse ouvrière. Les griefs représentent les doléances de toute la masse du petit peuple rural autant qu'urbain, plutôt que les vœux nettement ouvriers. Car la situation du petit exploitant agricole qui est, comme l'ouvrier, consommateur avant tout, est aussi très critique. La courte durée du bail ne lui laisse guère de chance de se refaire après une mauvaise récolte, le petit exploitant agricole comme l'ouvrier travaillant en général seulement pour le pain.

La paupérisation par bonds de la population laborieuse rapproche encore davantage le petit peuple tout entier de la conception de l'action revendicative menée en fonction de la préoccupation essentielle, le pain, et l'écarte de l'idée vivifiante de l'action ouvrière de classe.

Si nous abandonnons ce point de vue de l'action ouvrière pour en revenir à l'examen de la condition ouvrière, nous allons rencontrer des raisons supplémentaires de la limitation des revendications des travailleurs à des doléances alimentaires.

L'étude statistique du mouvement des salaires nous montre, en effet, qu'en période de hausse cyclique des prix, le salaire nominal monte moins rapidement que les prix des subsistances de première nécessité. Par contre, en période de baisse cyclique des prix, la diminution souvent simultanée de l'activité économique provoque le chômage structurel qui vient s'ajouter au chômage saisonnier et réduit les ressources populaires dans une proportion bien plus élevée que la réduction des prix des biens de consommation. Cela explique l'attitude étriquée de la population ouvrière en matière de revendications et également l'importance constante et même l'augmentation du paupérisme dans notre pays. Les documents statistiques généraux sont précieux à ce sujet. Alors que la population, en Belgique, a augmenté de l'ordre de 20 % entre 1795 et 1815, la croissance du paupérisme exprimée par le nombre de pauvres secourus à domicile est, elle, passée à 22,5 % pendant la même période.

Pourquoi, cela étant, le pays de Liège était-il prêt davantage à recevoir le ferment révolutionnaire ? Et pourquoi, dans ce pays de Liège, le petit terroir du marquisat de Franchimont était-il, plus qu'aucun autre, disposé à aller le plus loin ? Pour le signaler à tous ceux qui l'ignorent, relevons seulement qu'il promulgua, lui aussi, le 16 septembre 1789, sa Déclaration des Droits de l'Homme et du Citoyen. Il le fit en référence à la Déclaration française, mais en s'en dégageant à trois reprises :

D'abord, dans l'article III, où il dit : « Toute souveraineté réside essentiellement dans le Peuple », et non pas dans la Nation.

Ensuite, dans l'article X : « Nul ne doit être inquiété pour ses opinions ».

Enfin et surtout, dans l'article XVII qui fonde l'inviolabilité du droit de propriété, qui est simplement supprimé dans la déclaration votée en sa cinquième séance pour la « Libre assemblée nationale franchimontoise » connue dans l'histoire liégeoise sous le nom de « Congrès de Polleur » et qui se réunira 25 fois entre le 26 août 1789 et le 13 janvier 1791 [2].

Si l'histoire de la Révolution liégeoise abandonne le point de vue uniquement politique, pour s'inquiéter des causes profondes de ses caractères économiques et de sa valeur en tant que mouvement de masse, l'apport des Franchimontois est capital. C'est lui qui prononce le plus totalement les revendications sociales concrètes, la justice fiscale, la solidarité sociale, la fixation des prix, la gratuité scolaire, mais aussi la réforme hardie et démocratique de l'Etat, celle qui réclame que « tous soient citoyens et représentés ». A Franchimont, quand 1789 éclate, la révolution est faite depuis longtemps dans les esprits.

C'est très intentionnellement que je veux souligner les différences dans la Déclaration des Droits. Il ne m'apparaît pas évident qu'il faille réduire la Révolution, les révolutions, de 89, au fait politique d'une Déclaration. Pourquoi oublierions-nous, ainsi qu'on nous y invite parfois, le fait que la Révolution, les révolutions, sont aussi le produit d'un long parcours social ? Avec des paysans las de ce qu'ils avaient à donner de leur travail, de leur sueur quotidienne, à l'Eglise, à la noblesse, à l'Etat. Avec des bourgeois de plus en plus aisés, mais aussi entravés dans leur expansion par des règlements de métiers et des contrôles d'un autre temps et qui aspirent à l'égalité politique, une égalité qui les concerne seuls, mais qu'ils proclament générale. Avec des nobles de plus en plus obstinés à légitimer des privilèges anachroniques. Avec une Eglise toujours moins disposée à partager ses revenus avec ceux pour qui elle prétend agir. Et avec un Etat de plus en plus taxeur, mais tout aussi incapable de maîtriser le vertige de finances en délire.

C'est bien ainsi que cela se passe en France, mais aussi à Liège qui nous intéresse ici, et Franchimont en est le fer de lance. Ecoutons ce qu'en dit Merlin, président de la Convention nationale qui recevait les pétitionnaires de Franchimont, Stavelot et Logne : « Ce que la France a été pour l'Europe, le Pays de Liège l'a été pour la Belgique et le pays de Franchimont et de Stavelot pour celui de Liège. »

Mais quel est donc ce pays où l'héritage social est aussi essentiel ? Une mosaïque de terres enchevêtrées qui constituent ce qui sera la Belgique 40 ans plus tard. Trois parties principales :

Les Pays-Bas autrichiens, divisés en principautés (Brabant, Flandre, Hainaut, Namur, Limbourg, Luxembourg, etc.) soumises de plus en plus mal à l'autorité de l'empereur réformateur, le « despote éclairé » Joseph II.

La principauté épiscopale de Liège, où un prince-évêque en place gouverne avec les 60 chanoines du chapitre de Saint-Lambert, avec les 15 familles nobles et, en otages, les députés du Tiers Etat, à savoir les représentants de 23 « bonnes villes » ; les aspirations des ouvriers et des campagnes en sont absentes, totalement.

De toutes petites principautés, dont l'abbatiale de Stavelot-Malmédy et le duché de Bouillon, qui a reçu le plus grand nombre de proscrits français.

Dans ce puzzle de géographie politique, administrative et ecclésiastique, la principauté épiscopale de Liège n'est pas toute la démocratie, n'est pas toute l'amitié pour les principes de 89, n'est pas tout le changement, tout le progrès politique — mais elle en est. C'est ce que je veux m'efforcer de résumer en trois tableaux significatifs. Il s'agit bien de rechercher le sens de la représentation et de l'illustrer comme notion susceptible d'organiser les nouvelles structures d'un nouveau monde qui se fonde sur l'égalité de tous les citoyens. Il s'agit de vérifier les efforts réalisés pour en faire prendre conscience. Il y a, à Verviers, la figure de Grégoire-Joseph Chapuis, exécuté le 2 janvier 1794 lors de la seconde restauration du pouvoir épiscopal ; il deviendra un « saint laïque et un héroïque citoyen ».

Il y a, dans une minuscule communauté rurale, la production

collective d'un texte de doléances en 1789 intitulé : « Mémoire et représentation très humble des habitants de Baronville en Famenne à Nos Seigneurs des trois Etats du Pays de Liège et Comté de Looz. »

Il y a, pour synthétiser le tout, le mouvement révolutionnaire radical tel qu'il est exprimé au pays de Franchimont, qui se mobilisera autour du Congrès de Polleur.

A. « Verviers est tout à Chapuis »

C'est ce que l'on peut lire dans un journal de 1880. « Le beau jour viendra enfin où le peuple rendra un éclatant hommage à la mémoire du grand citoyen, mort pour le droit, pour la liberté, pour la démocratie[3]. »

Né dans une famille de médecins-chirurgiens, lui-même chirurgien ayant travaillé comme médecin militaire pendant trois ans, il observe les conditions dans lesquelles le vieux monde s'effrite. Dans le pays de Franchimont où il vivait, le mal était moindre qu'en France et ne remontait pas aussi loin dans le passé. Les instincts et les habitudes du gouvernement démocratique couvaient déjà sous la cendre. Comme médecin, il voyait dans l'exercice de son art un gagne-pain, sans doute, mais surtout le moyen d'aider ses semblables, de les conscientiser, de les amener à diminuer leurs maux. « Si je suis appelé chez le pauvre et chez le riche, j'irai d'abord près du premier, par la raison que celui-ci n'étant pas entouré de soins comme le riche, demande à être secouru plus promptement », écrivait-il.

Mais il est surtout choqué par l'état d'ignorance dans lequel se trouvaient plongés la plupart de ses malades. Il fait sienne la thèse de Dufourny de Villiers, qu'il ne connaît pas, mais avec qui il pourrait être identifié : « Il est un objet bien important pour la félicité du peuple en particulier qui est l'éducation. L'éducation du peuple qui rend un homme conscient qu'il est aussi un citoyen. » C'est, presque mot pour mot, une déclaration identique. Cela devient un apostolat à exercer. Pour s'en rendre capable, Chapuis forme, avec trois amis, une Société d'enseignement mutuel où, de semaine en semaine, chaque membre développe oralement un sujet à thème scientifique ou philosophique. Préoccupé, d'ailleurs, du désir le plus utile à ses concitoyens, il disait : « L'art de la parole ajouterait une force réelle à mes capacités comme médecin. » C'était en 1784.

En 1789, rebuté par le magistrat, il décide de suppléer par l'initiative privée au mauvais vouloir du pouvoir.

Il s'adresse à 11 de ses amis et constitue avec eux une association qu'ils appelèrent la Chambre des zélés et dont l'objet était double : « Aider, secourir et conscientiser les pauvres ; propager l'instruction. » Les 12 amis étaient loin d'être riches, ils composèrent le mobilier du local où ils se rassemblaient des chaises et des tables dont ils pouvaient se passer chez eux.

La Chambre des zélés a fonctionné peu de temps, parallèlement au mouvement politique enclenché dans le pays de Franchimont. Son premier objectif avoué était le secours aux familles pauvres, dans un esprit tendant à les rendre responsables face aux problèmes et difficultés qu'elles vivaient. Le deuxième objectif, réalisé dans ce but, a été la création d'une école du soir, organisée dans l'esprit d'une aide aux concitoyens pour leur faire vivre une citoyenneté responsable.

Rien n'est plus touchant, dit un participant, « que d'entendre cet homme de bien parler des qualités qui font le bon citoyen ». Presque partout, écrira Chapuis, « le peuple a été pressuré, battu, écrasé, livré sans défense aux caprices des forts, bâillonné, sans droit, traité comme la boue des rues. Mais voici que cette boue s'anime ; cela devient des hommes, des citoyens ; cela devient le peuple souverain ». C'est ainsi qu'il est amené à vouloir instruire tout le monde à cet égard, à parler au peuple « chez qui la notion de ses droits a pu être faussée par des siècles d'oppression et de privilèges ».

Quand, sans raison valable, le magistrat de Verviers voudra se saisir du patrimoine de la Chambre des zélés pour en faire son bien et non le bien public, les amis associés dissoudront leur entreprise et abandonneront les locaux qui étaient mis à leur disposition.

Ils ne renonceront pas pour autant à la poursuite de leur second objectif. Dès 1790, ils organiseront des réunions en plein air au lieu-dit les Gris Chévris pour expliquer aux gens « les Droits de l'Homme et les Devoirs des Citoyens ». L'initiative poursuivie reste très inspirée et très imprégnée d'esprit chrétien : « Aimez-vous les uns les autres » reste le mot clé de l'action comme de la compréhension.

Le 2 janvier 1794, c'est sur ordre d'un prince-évêque que Grégoire-Joseph Chapuis sera décapité en place publique à Verviers ; calme et conscient, il écrira une dernière fois : « Je souhaite à tous les hommes qu'aux derniers moments de la vie ils soient, sans me prévaloir, tout aussi résignés à la volonté suprême que je le suis de cœur et d'esprit. »

B. Cahiers de doléances : la « mode » gagne Liège

Au début de l'année 1789, la centaine d'habitants de la localité de Baronville, en la personne de leur bourgmestre et de leurs quatre échevins, ont dépêché un texte intitulé : « Mémoire et représentation très humble des habitants de Baronville en Famenne à Nos Seigneurs des trois Etats du Pays de Liège et comté de Looz. » Le texte est significatif de deux tendances que partagent les paysans pauvres : le souci de vivre mieux et la volonté d'être reconnus, donc représentés. Il est bien significatif, à la lecture du texte, qu'en cette communauté, les plus pauvres sont aussi soucieux de leur mieux-être social et de leur capacité civique. On peut lire, entre autres :

« (...) Jusqu'ici, les impositions portant uniquement sur les consommations foulent également le malheureux cultivateur et le riche qui vit à loisir du fruit de ses peines, mais avec une disproportion étonnante : un pauvre particulier chargé d'une nombreuse famille consomme souvent plus d'objets sujets aux impôts qu'un riche capitaliste qui, joignant à un revenu considérable les fruits d'une économie souvent sordide, ajoute chaque jour à sa fortune, sans augmenter sa part des contributions que tout bon citoyen doit fournir à l'Etat, en raison de ses moyens.

(...) Un autre objet, Messeigneurs, doit attirer les regards de tout homme qui connaît les droits de l'humanité et qui reconnaît tous ses concitoyens pour ses frères. Dans un Etat où la liberté est le fondement de la Constitution, où la Nation est souveraine et où ses représentants sont, en son nom, les législateurs, n'avons-nous pas un droit authentique de nous plaindre, nous, pauvres cultivateurs de la terre, nous, nourriciers des cités, nous la classe la plus nombreuse des citoyens, de n'avoir aucun représentant à l'assemblée auguste de la Nation ? (...) où sont donc les représentants du peuple des campagnes, si nombreux en comparaison de la totalité du Pays ?

(...) De riches bénéficiaires, des abbayes, des seigneurs très opulents possèdent presque toutes les dîmes de ce pays et le peuple est obligé de fournir une seconde fois à tous les objets pour lesquels il les paye (...). Qui donc nous impose deux dîmes quand Dieu n'en ordonna qu'une ? Nous recourons à vous, chefs du peuple, représentants de la Nation ; nous vous exposons nos besoins, nous vous montrons les abus, faites-les cesser en ordonnant entre autres :

— (...) Qu'il soit nommé dans chaque décanat des députés des ecclésiastiques des campagnes qui aient voix à l'Etat ecclésiastique ;

que les seigneurs des terres soient convoqués à l'Etat noble selon l'ancien usage, surtout ceux qui y habitent et que les communautés réunies par district soient autorisées à nommer toutes ensemble des députés à l'Etat-tiers dans une assemblée du dit district composée de députés de chacune.

— (...) Que, dans les endroits où les dîmes sont plus que suffisantes, et où il n'y a pas de tables de pauvres, les décimateurs soient obligés à soulager les pauvres de l'endroit ; que cet article, ainsi que l'administration des biens des dits pauvres actuellement existants, soient surveillés et les comptes rendus publiquement tous les ans, en présence de tous ceux qui voudront s'y trouver, pour obvier aux abus innombrables qui s'y commettent. »

Peu de cahiers de doléances ont autant établi la capacité des plus pauvres à se situer par rapport aux autres couches sociales et à exiger la reconnaissance d'un statut et d'une représentation. Ceci est le fruit d'une maturation lente de l'esprit de citoyenneté responsable. C'est aussi la revendication essentielle exposée au Congrès de Polleur.

C. *Un mouvement révolutionnaire radical*

C'est celui qui prend en compte la totalité des revendications et en poursuit la satisfaction sans jamais se laisser détourner.

La représentation de ce mouvement révolutionnaire radical affecte un territoire réduit, mais porteur d'une histoire riche et variée.

Le territoire est réduit : « 7 à 8 lieues de large, 15 à 16 de long, 70 000 âmes », c'est ainsi qu'il est décrit dans la pétition présentée en mai 1793 à la Convention nationale. Le commerce y est développé, l'industrie connaît des dispositions variées : le textile en pleine expansion, la sidérurgie en déclin, le cuir stationnaire et l'usage des sources d'eau minérale prospère. Verviers en est le centre urbain important.

Elle est élevée depuis 50 ans au rang de « bonne ville », c'est-à-dire représentée par ses bourgmestres à l'Etat-tiers de la principauté de Liège.

Spa bénéficie, depuis le début du XVIIIe siècle, d'un rayonnement exceptionnel ; les « eaux minérales » sont fréquentées par les grands du monde ; Joseph II la déclare « le café de l'Europe ».

Les autres communes sont entraînées dans le mouvement de l'expansion industrielle : filature, tissage, clouterie, tôlerie, cuir, par le développement des pratiques du travail à domicile et à façon. Le pays est au rendez-vous des philosophes et l'information y est traitée prioritairement ; on y lit régulièrement le *Journal encyclopédique* et le *Journal général de l'Europe*, qui sont publiés dans le pays de Liège. En 1789, apparaît un nouveau titre : *L'Avant-Coureur ;* sa vie sera courte mais décisive pour confirmer l'adage qui se trouve au fronton de l'hôtel de ville de Verviers : « La publicité sauvegarde du peuple. » La règle qui prévaut dans le pays et le fera à travers toute la période révolutionnaire est que « toute décision doit être rendue publique par sa proclamation solennelle et sa publication en tous lieux ». L'objectif de l'action politique est bien de rendre au peuple les droits usurpés par le Prince et, dès le début de 1789, cet objectif est devenu celui du Club des bons patriotes. Theux-Franchimont sera la première commune à se doter d'un magistrat démocratiquement élu. Dès que l'on y sait la nouvelle de la nuit du 4 août, la cocarde verte et blanche fait son apparition partout et provoque le ralliement de toutes les couches de la population au travail : les ouvriers, les paysans, les intellectuels, les magistrats.

Ne séparons pas les transformations économiques des acteurs sociaux qui les mettent en œuvre ou qui s'y opposent. Dans le capitalisme naissant, nous avons bien des forces productives, des capitalistes et des prolétaires qui surgissent à côté des nobles et du clergé et aux côtés des paysans. Et ce ne sont pas des abstractions, mais des hommes et des femmes qui ont des noms, des maisons, qui connaissent une évolution des modèles de consommation et « qui gèrent une évolution des arts tant mécaniques que nobles ». Leur histoire est toujours un drame humain. Ce qui a changé et est appelé révolution, ce sont les classes au pouvoir et les couches sociales qui les soutiennent et c'est aussi le régime de propriété et les rapports de production. Mais pour obtenir le premier, il fallait l'appui des gros bras, le proto-prolétariat, qui formera l'essentiel de la force de soutien et qui sauvegardera l'intégrité du territoire de la principauté et assurera aux révoltés bourgeois la sauvegarde du peuple.

C'est dans le pays de Franchimont que la revendication touchant la justice sociale et la représentation s'exprime le plus vivement. « Des multitudes ouvrières peuplent le pays de Verviers et Franchimont, les localités où s'observe la fermentation la plus vive annonciatrice de la prochaine révolution. » L'avocat Laurent-François Dethier, bourgmestre de Theux, propose de réunir un congrès de la « nation franchimontoise » et travaille à la rédaction d'une Déclaration des Droits de l'Homme et du Citoyen.

Ce qui est en cause, c'est, bien sûr, l'archaïsme du gouvernement principautaire. Mais c'est aussi son évolution économique. Celle qui profite aux marchands qui s'enrichissent, mais appauvrit les paysans, les artisans, autant que les maîtres de fabriques. Le nombre de pauvres augmente sans cesse. Un tiers de la population des villes survit grâce à la charité. La situation des campagnes varie en fonction de la nature des sols, les meilleures terres sont partout propriété des abbayes. L'écrasante majorité des paysans possède moins de la moitié des terres et ce sont les plus médiocres. Des hivers aussi rigoureux que ceux de 1787-1788 et 1788-1789 suffisent pour que le prix du pain augmente aussi vite que la colère du peuple. L'esprit révolutionnaire a pu se développer ainsi, sur un terreau particulièrement favorable. Ce que je décris ici est bien l'état de fait des mentalités et des implications au début de 1789, chez tous les habitants du pays de Franchimont.

Puisque nous avons abandonné le point de vue uniquement politique pour chercher les causes profondes de ses caractéristiques économiques et de sa signification en tant que mouvement de masse, l'apport des Franchimontois devient essentiel. Ce que l'on attend, c'est la réforme hardie et démocratique de l'Etat pour assurer l'égalité dans la représentation du peuple. C'est traduit dans la réalité par la volonté de désigner des députés ouvriers et paysans. Ce que l'on réclame, c'est la reconnaissance des droits et l'affirmation de la légitimité des droits des plus pauvres et de la justice égale pour tous. C'est traduit dans la réalité par des cahiers de doléances et des adresses d'avis et de réclamations aux Etats. Dans le pays de Franchimont, la parole est passée aux citoyens travailleurs et au Club des bons patriotes dont nous avons dit la constitution « pour rendre au peuple ses droits usurpés par le Prince ».

Soyons attentifs à ce que l'histoire est toujours un drame humain.

Quand, après les rigueurs répétées de l'hiver 1788-1789, le rationnement, la disette, la famine, seront le commun dénominateur, la misère du peuple sera le détonateur. Les paysans, les métallurgistes, les tisserands, les sans-travail et sans-toit, rejoignant les avocats, les juges, les médecins rassemblés dans la prairie de Polleur, siégeront pendant 17 mois et imposeront la réforme des fondements constitutionnels ; ils voteront, ainsi que nous l'avons déjà dit, une Déclaration des Droits de l'Homme et du Citoyen, plus exigeante que la Déclaration française qui l'a inspirée. On peut, sans être taxé d'excès, parler de l'insurrection démocratique d'août 1789.

Tous les présents à la séance inaugurale, le 26 août 1789, se constituèrent en « libre Assemblée nationale franchimontoise ». Elle proclamera d'abord « qu'aucune loi votée ailleurs n'aura ici autorité, les impôts perçus seront retenus et répartis ». Elle déclare ensuite chacun de ses membres « sacré et inviolable, sous sa sauvegarde et protection immédiate et de tout le marquisat ; qu'ils ne sont ni recherchables, ni sujets à molestations quelconques pour toutes motions, pétitions, propositions et gestions faites ou à faire en cette assemblée ».

J'ai ailleurs présenté l'histoire de ce mouvement insurrectionnel et j'en ai analysé le déroulement en trois périodes successives[4]. Je puis rappeler ici qu'à Franchimont la déclaration reste constamment un sujet d'étude et un objet d'action.

L'assemblée franchimontoise a voulu assurer la publication et surtout la diffusion de la déclaration partout dans le marquisat, mais aussi dans tout le pays de Liège et le comté de Looz d'où ils étaient partis, ainsi que chez leurs voisins immédiats de la principauté abbatiale de Stavelot-Malmédy et du comté de Logne.

Que penser de ceci ?

A l'époque, les aristocrates qualifiaient les Franchimontois de « singes des Français » ; ce devait être un honneur d'être ainsi traités.

Les acteurs du Congrès de Polleur n'étaient sans doute pas seulement l'assemblée des métallurgistes et des paysans pauvres que l'on a parfois célébrée. Certes, ils étaient là ; mais il y avait aussi les bourgeois progressistes qui s'en voulaient les représentants. Ensemble, ils ont puisé leur force dans leur action.

L'esprit qui les animait signifiait leur volonté de rester « Franchimontois » et, comme tels, de proclamer l'universalité de l'esprit révolutionnaire. Selon leurs dirigeants, ils voulaient « vivre dangereusement pour la révolution ». Ce faisant, ils ont progressé dans le temps et ils ont rayonné dans l'espace.

Ils ont rayonné : « d'Etats généraux revendicatoires, ils se firent Constituante pour devenir Législative ». C'est un exemple rare de citoyenneté responsable.

La liberté, ils la voulaient jusqu'à s'organiser pour l'arracher ; l'égalité, ils l'exigeaient devant la loi, l'imposition, le suffrage, le service militaire ; quant à la fraternité, ils l'ont manifestée avec la cité de Liège, avec leurs voisins de Stavelot-Malmédy et surtout avec le peuple pauvre des campagnes et des villes, ce qui est exceptionnel à l'époque.

Pour s'affirmer, ils ont créé une organisation politique complète, fondée sur la séparation des pouvoirs et la reconnaissance de tous les citoyens, exprimée dans un véritable esprit démocratique.

1. G. Herne, *Les Révolutions de 1789 en Belgique*, Bruxelles, Contradictions, 1989.
2. *Code du Droit public du pays réuni du Franchimont, Stavelo et Logne*, 2 volumes, Verviers, chez Oger-Leroux, imprimeur à l'Administration de Spa, en Craporue n° 815, an IV.
3. *Le Perron liégeois*, 30 septembre 1880.
4. M. Deprez, « Le Fil du temps. Le Congrès de Polleur », *Actes des Etats généraux de la laïcité*, Libramont, mars 1989.

Lutte contre la pauvreté avant l'industrialisation : tradition et innovation en Wallonie

NICOLE HAESENNE

La pauvreté n'est pas seulement la somme des infortunes individuelles, c'est un phénomène de masse qui atteint au XVIIIe et au XIXe siècle des catégories entières de la population. Les pauvres pullulent au bas de l'échelle sociale, mais tous n'ont pas le même statut. Il y a d'abord les pauvres honteux, bourgeois déçus, protégés et assistés en priorité par les curés. Ensuite, on découvre les pauvres honnêtes, c'est-à-dire les travailleurs dont les revenus sont insuffisants, ainsi que les vieillards, les malades et les infirmes incapables de travailler. Plus bas, se situent les mendiants et les vagabonds réprouvés, mais craints en tant que perturbateurs en puissance de l'ordre social. C'est à la fin du Moyen Age que se situe ce que Geremek a appelé la « montée dynamique du paupérisme[1] ». Cette situation oblige les autorités et la population à réviser leur attitude en face des pauvres. La législation contre les vagabonds fait son apparition dans toute l'Europe à cette époque. Elle exprime une prise de conscience devant le danger que constitue une masse de misérables que les historiens évaluent à près de 20 % de la population. Les pauvres ont perdu l'auréole mystique qui entourait leur condition. Ils sont devenus un objet de crainte et de répulsion. Ce sont des émeutiers, des voleurs, des meurtriers en puissance ; aussi faut-il prendre, contre les mendiants et les vagabonds qui sont la forme la plus visible de la misère, des mesures coercitives. On leur reproche leurs dérèglements, leur libertinage. Les vagabonds étrangers sont impitoyablement poursuivis. Ils ne peuvent séjourner plus de 24 heures dans une ville ou dans un village et, pour se déplacer, ils doivent être porteurs d'un passeport délivré par une cour de justice et ratifié par le curé du lieu dont ils sont originaires. Les sanctions prises à leur encontre sont le pilori, le fouet, la marque d'infamie et, en cas de récidive, c'est la potence qui les attend. Les édits et ordonnances se succèdent à une cadence qui s'accélère de plus en plus au fur et à mesure que l'on avance dans le XVIIIe siècle, mais leur efficacité est douteuse. L'effet de dissuasion escompté est de courte durée. Pour quelques mendiants arrêtés et condamnés, des centaines continuent à peupler ruelles et places publiques. Quant aux mendiants autochtones, force est de les tolérer. On leur remet un insigne distinctif leur reconnaissant le droit de mendier. Il leur est interdit de céder cet insigne sous peine de perdre à jamais leur droit [2].

Pour secourir les pauvres honnêtes et les pauvres honteux, les autorités disposent, jusqu'à la fin de l'Ancien Régime, d'organismes de secours hérités du Moyen Age : les menses des pauvres ou Tables du Saint-Esprit et les hospices.

Les revenus des menses se sont formés au cours des années, grâce à une série de legs et de donations. Leurs ressources sont inégales et souvent insuffisantes. Elles sont obérées en tout ou en partie par des charges et des hypothèques. Que les secours soient aux mains du clergé, comme dans la principauté de Liège, ou qu'ils dépendent du pouvoir communal, comme aux Pays-Bas, ils sont peu variés dans les villages. Il s'agit le plus souvent de pain distribué lors des fêtes religieuses. D'autres fois, les distributions sont mensuelles ou encore se font « selon les exigences de la nécessité ». En règle générale, le montant distribué excède rarement 10 sous par mois. De nombreux abus sont dénoncés. Des gestionnaires de menses distribuent à qui bon leur semble, détournent à leur profit une partie des sommes dues aux pauvres. Il arrive encore que les biens des pauvres soient utilisés au profit de l'église ou de la paroisse tout entière. Ces abus proviennent de la conception largement répandue alors selon laquelle « les rentes et revenus d'une mense des pauvres appartiennent plutôt à la commune entière qu'aux pauvres en particulier, car tel habitant n'est pas pauvre aujourd'hui qui peut le devenir demain et tel autre l'est aujourd'hui qui peut cesser de l'être [3] ».

Dans les villes, les distributions sont plus fréquentes, plus diversifiées aussi (pain, argent, médicaments, honoraires du médecin, vêtements). Les sommes allouées varient selon le degré de misère, la saison et le revenu de la mense paroissiale. Partout, une partie des ressources est réservée aux pauvres honteux. Cette somme peut parfois atteindre la moitié du patrimoine destiné au soulagement des pauvres. Des distributions se font parfois lors de la confession. Pour participer aux distributions publiques, il faut non seulement être inscrit sur les listes des pauvres, mais, le plus souvent, fréquenter de façon assidue les offices. Sont assistés de préférence les infirmes et les malades, les chefs de famille chargés d'une nombreuse progéniture, les chômeurs. Les bénéficiaires doivent être nés dans la paroisse et justifier d'une bonne conduite. Sont éloignés des distributions, les pauvres dont la conduite est jugée scandaleuse par le curé, de même ceux dont l'habillement dénote une certaine aisance. Le pouvoir discrétionnaire des curés n'est guère apprécié des pauvres qui s'en prennent parfois à eux violemment. S'il fallait dresser un bilan des secours à domicile à la fin de l'Ancien Régime, on pourrait parler de besoins immenses et de ressources limitées. Les secours peuvent apporter un soulagement immédiat, mais ils sont une goutte d'eau dans l'océan de la misère. La charité privée doit, le plus souvent, suppléer aux carences des secours officialisés [4].

Les hôpitaux fondés au Moyen Age sont de petits hospices dont la taille n'excède guère celle des maisons particulières. Ce sont pour la plupart des lazarets destinés aux pestiférés, des léproseries ou des lieux d'accueil pour les pèlerins et les voyageurs pauvres. A la Contre-Réforme, apparaissent des hôpitaux spécialisés qui vont répondre à des besoins différents. Ils sont destinés à venir en aide aux malades, aux vieillards et aux orphelins. Alors que les fondations médiévales sont réservées aux étrangers et aux exclus, les nouveaux hôpitaux n'accueillent que les bourgeois. Ils sont tous l'émanation de la charité privée. Ils sont nés des besoins qui se faisaient sentir alors au sein de la population urbaine.

Au bénéfice des pauvres des campagnes, il n'existe rien. L'admission est refusée à certaines catégories de patients, notamment aux femmes enceintes, aux syphilitiques, aux contagieux, aux accidentés, aux incurables. D'autres sont exclus pour raison de religion ou de moralité. Les places sont le plus souvent accordées par faveur ou recommandation ; parfois, on accueille de préférence des hôtes payants ou on exige, dès l'entrée, une caution qui en exclut les plus misérables.

Les places disponibles dans les hôpitaux, hospices et orphelinats ne peuvent répondre aux besoins d'une population qui s'accroît, mais dont les ressources diminuent. D'autant qu'en période de crise, lorsque le besoin s'en fait sentir, le nombre des places est réduit pour maintenir tant bien que mal l'équilibre du budget [5].

La grande nouveauté de l'époque moderne, c'est le renfermement. Il constitue l'une des réponses données à une crise économique qui affecte le monde occidental dans son ensemble. Née en Italie, dès la fin du XIVe siècle, cette pratique gagne toute l'Europe à l'aube du XVIIe siècle. La pauvreté, au lieu d'être traitée comme un problème économique, est stigmatisée comme une flétrissure morale. C'est le péché et le vice qui sont responsables de la pauvreté. Seule, une réforme morale imposée par la contrainte peut résoudre le problème, et le pauvre acquerra sa rédemption par le travail forcé dans les hôpitaux généraux[6].

Aux Pays-Bas, toutes les tentatives échouent à plus ou moins court terme, sauf à Ruremonde[7]. Dans la principauté de Liège, il y eut cinq tentatives en un siècle. Trois d'entre elles voient le jour après une crise de subsistances plus ou moins grave, les deux autres suivent des périodes de troubles plus ou moins importants. Il s'agit donc d'une réaction qui se manifeste lorsque le nombre des pauvres augmente et présente un danger. Les pauvres pouvaient être enfermés sans formalité de loi ou de statut et toutes les mesures de contrainte pouvaient être exercées à l'égard des enfermés « sans que les correcteurs puissent être reprochables ou enquêtables par aucun juge et officier de justice ou de police ».

On imagine avec effroi les abus qu'un tel arbitraire peut entraîner. D'autant que les administrateurs, nommés à vie, ne peuvent être révoqués. Très vite, chaque tentative pour créer un hôpital général aboutit à Liège à la formation d'une maison de correction où, bientôt, les caractériels et les fous se substituent aux mendiants. L'objet de ces maisons était, déclarent les responsables, d'extirper les vices et prévenir les crimes, mais, en fait, elles ont moins pour but d'aider les malheureux que de débarrasser les riches et gens aisés de l'importunité de ces misérables. Un tenant de l'hôpital général le déclare encore sans ambages, en 1773 : « Les gueux sont un danger pour la société parce qu'ils importunent sans cesse la population et finissent par former des bandes armées qui exigent par la force ce qu'elles ne peuvent obtenir par la pitié. » L'organisation des hôpitaux généraux marque « l'apogée de l'assistance répressive ». Ils sont accueillis favorablement par les milieux aisés qui avancent les fonds sans trop se faire prier ; par contre, le peuple est hostile à ces prisons et tente de libérer les mendiants qu'on veut y enfermer. A la Révolution, il s'empressa d'aller ouvrir les portes de ces maisons de force[8].

Les détracteurs du renfermement des pauvres ne se recrutent pas seulement dans les milieux populaires. On les trouve également parmi les philosophes des Lumières. Dans la seconde moitié du XVIIIe siècle, commence à s'affirmer le droit du pauvre à l'assistance, au travail, à un minimum nécessaire à l'existence. Dans cette optique, les esprits éclairés accordent la préférence aux secours à domicile sur les secours hospitaliers. Les détracteurs de l'institution des hôpitaux généraux ne manquent pas d'arguments. Tout d'abord, ces maisons privent arbitrairement une catégorie de la population d'une liberté individuelle qui lui est chère puisque les pauvres préfèrent « souffrir les injures de l'air, la nudité et la faim plutôt que de manger leur pain à couvert aux dépens de leur liberté ». Ensuite, elles mélangent dans une promiscuité dangereuse pour la santé et la moralité toutes les catégories de pauvres. Par ailleurs, elles sont incapables de résorber l'indigence.

Loin de mettre les internés à même de suffire à leurs besoins en leur apprenant un métier rentable, elles forment des manufacturiers dont le pays n'a que faire puisqu'il y en a déjà pléthore. De plus, les manufactures établies dans les hôpitaux font de la concurrence déloyale aux manufactures locales et leur portent préjudice. Enfin, l'argent dépensé en construction de bâtiments coûteux serait mieux employé au soulagement de la misère [9].

Dès leur installation, les Français laïcisent la bienfaisance et centralisent les moyens locaux destinés à l'assistance des pauvres. Le système mis sur pied alors allait rester en vigueur en Belgique jusqu'en 1925. La distribution des secours à domicile est confiée, dans chaque commune, à un bureau de bienfaisance, tandis que les biens des hospices sont rassemblés et gérés par une commission des hospices installée dans chaque ville [10].

La préférence des autorités françaises va aux secours à domicile qu'elles trouvent moins onéreux et plus efficaces. Le mode de distribution et la nature des secours à domicile n'ont guère varié depuis l'Ancien Régime. Les conditions d'obtention n'ont pas changé, si ce n'est peut-être que la moralité est exigée avec moins d'insistance. Les distributions sont réservées, en priorité, aux chômeurs involontaires, aux nécessiteux, aux familles nombreuses, aux malades et aux infirmes. Elles sont incapables d'assurer en permanence la subsistance aux indigents. Elles se bornent le plus souvent à leur apporter un soulagement partiel et temporaire aux moments les plus pénibles de l'année. Elles répondent ainsi au souci des autorités pour qui l'aide accordée doit être précaire. L'insécurité doit jouer un rôle de stimulant et contraindre l'indigent au travail. Si les autorités accordent une préférence aux aides en nature, dans la pratique, les bureaux locaux allouent plutôt une aide en argent. On s'était en effet aperçu que, pour se procurer ce dont ils avaient besoin, les indigents avaient pris l'habitude de revendre à perte les denrées qui leur étaient distribuées. Il semble qu'il y ait un décalage constant entre les véritables besoins des indigents et l'image que s'en faisaient les autorités.

Priver de secours tous ceux qui en feraient mauvais usage est le premier des remèdes imaginés pour réprimer les abus possibles. Il est cependant malaisé de vérifier l'usage fait de l'argent distribué, à moins d'enquêter sur la conduite des assistés, par exemple en entreprenant des visites domiciliaires ou encore en s'informant auprès de commerçants de la manière dont les indigents dépensent leur argent. Pour vérifier le soin qu'apportent les secourus aux vêtements qui leur sont donnés et éviter qu'ils ne les échangent contre d'autres objets ou de l'argent, certains bureaux les obligent à présenter l'année suivante les vêtements reçus. D'autres proposent de remplacer l'argent et les biens en nature par des bons dont l'indigent pourrait, au fur et à mesure de ses besoins, toucher le montant.

Quoi qu'il en soit, les moyens des bureaux de bienfaisance sont aussi réduits que ceux des menses et les secours sont, le plus souvent, inopérants [11].

La gestion des hospices est rationalisée. Les dépenses sont adaptées aux recettes et le nombre des pensionnaires fluctue selon les moyens financiers du moment. Les conditions d'admission sont strictes. Il faut être né dans la ville, ou tout au moins y résider depuis plusieurs années. On ne déroge à cette règle que pour les malades atteints d'une maladie rare susceptible d'intéresser médecins et internes. Pour accoucher en maternité, les indigentes doivent être porteuses d'un certificat de bonne conduite délivré par le commissaire de police. A cet effet, la commission des hospices de Liège propose aux commissaires de police un moyen pour distinguer des autres les filles dont la moralité serait suspecte : « Pour leur cacher le refus qu'ils feront de leur accorder un témoignage de bonne conduite, ils omettront de dater leur certificat, ce qui sera le signe qu'elles ne mériteront pas d'être admises, comme la date du billet sera celui qu'elles auront les titres pour être reçues. » Les orphelinats préparent mal les enfants à s'insérer dans la société : éducation souvent insuffisante, métier mal adapté à la conjoncture économique. Une fois sortis des hospices, les orphelins retombent à charge de la société par le biais des secours à domicile. L'assistance aux enfants trouvés et abandonnés est une des priorités du régime français. Sous l'Ancien Régime, le sort de ces enfants variait très fort selon les localités. Leur entretien incombait, soit aux menses des pauvres, soit aux communautés, soit à l'Etat.

Quelques villes possédaient un établissement propre à les accueillir, mais la plupart étaient placés en pension chez des particuliers, à moins qu'ils ne soient acheminés vers des hospices étrangers avec un taux de mortalité effrayant. La législation française s'efforce d'uniformiser les différentes procédures. Un des vices du système est cependant de confier les enfants à des familles trop pauvres qui spéculent sur ce genre de commerce. Il laisse ainsi la porte ouverte à tous les abus. Quel que soit le groupe humain secouru, le grand principe qui guide le législateur est que chaque communauté doit prendre en charge ses propres pauvres. Ce qui n'incite guère ceux qui, sans travail sur place, souhaiteraient aller dans un autre lieu pour chercher du travail. Cette mesure est également discriminatoire à l'égard des domestiques et des servantes vis-à-vis de qui la méfiance est grande [12].

Sous le régime français, le principe des hôpitaux généraux réapparaît sous la forme plus libérale d'ateliers de charité. Il ne s'agit plus de maisons de force, mais de maisons de travail. Les pauvres ne sont plus enfermés, mais accueillis durant la journée. La répression se mue en assistance. Ces établissements ont été une mode sous le régime français. On y a vu la panacée capable de faire disparaître le fléau endémique de la mendicité. Leur but, à court terme, était d'aider au maintien de l'ordre en faisant disparaître des rues les éléments perturbateurs. Leur rôle s'est transformé sous la pression de la situation économique. Donner du travail aux chômeurs de l'industrie privée devient l'objectif premier. Le gouvernement intervient ici pour contrôler les carences du secteur privé. Ainsi, c'est par le biais d'une plaie sociale que s'acclimate, bien avant la formulation des doctrines libérales classiques, l'idée d'une intervention des pouvoirs publics locaux en tant que chefs d'entreprise. Ces établissements n'ont pas répondu aux espoirs mis en eux. Dès leur mise en régie, ils cessent de remplir leur rôle, l'intérêt philanthropique fait place à l'intérêt financier. La politique des bas salaires pratiquée dans ces ateliers en éloigne rapidement les éléments économiquement rentables et voue l'institution au déficit. L'indigent n'est pas lié vis-à-vis de l'atelier comme il le serait vis-à-vis d'un employeur privé. L'irrégularité de la fréquentation journalière en témoigne. Pour les transformer en entreprises rentables, il faut diminuer le nombre des pensionnaires et ils perdent alors leur finalité [13]. Le gouvernement hollandais les abandonne au profit d'une solution toute différente : le retour à la terre par la colonisation et la mise en valeur des terres incultes. La rédemption par le travail, telle pourrait être la devise de la société de bienfaisance qui s'efforce de mettre sur pied des colonies de peuplement dans les bruyères incultes de Campine. Aux yeux des promoteurs, il s'agit de permettre aux indigents d'échapper à la misère et de recouvrer leur dignité. On exhorte les gens aisés à souscrire à cette entreprise. On leur démontre qu'il s'agit là d'un devoir civique, mais également qu'ils en retireront l'avantage d'être délivrés des « importunités des pauvres valides ». Ainsi, comme aux XVIIe et XVIIIe siècles, on veut se débarrasser des gêneurs et, pour se donner bonne conscience, on justifie son geste par l'utilité publique. Les indigents peuvent se porter volontaires. En principe, ils sont recrutés parmi les pauvres valides à qui on donne le choix entre la condamnation pour mendicité et l'envoi dans les colonies agricoles. Ils reçoivent un lopin de terre, une maison. La société leur avance les vêtements, les ustensiles aratoires, le mobilier, leur fournit des vivres et leur paie un salaire jusqu'à ce que le champ suffise à leurs besoins, à charge pour eux de rembourser au fur et à mesure de leurs possibilités.

Les colons, pour la plupart d'origine urbaine, s'acclimatent difficilement à cette nouvelle vie. Les colonies sont un échec. Les colons sont incapables de vivre du seul produit de leur travail. Les autorités belges mettent un terme à cette expérience en 1832[14].

La plupart des initiatives prises au début du XIXe siècle pour soulager l'indigence sont le fait des autorités publiques qui souvent, faute d'un diagnostic correct des causes profondes de la misère, se sont arrêtées aux manifestations extérieures : délinquance, ivrognerie, prodigalité. Elles ont confondu causes et effets. Dans les années 1820, certains philanthropes pensent qu'il faut franchir un pas supplémentaire et intéresser la classe ouvrière aux efforts entrepris pour améliorer sa position et accroître son bien-être. Pour atteindre ce but, deux moyens essentiels sont l'instruction et l'éducation des masses. Ils proposent de créer des institutions susceptibles d'encourager chez elles des habitudes d'ordre, d'économie et de prévoyance, c'est-à-dire des caisses d'épargne, des sociétés de secours mutuel et des écoles.

La Convention avait proclamé les principes de gratuité et d'obligation scolaires, mais il y a loin des déclarations d'intention aux faits. Le minerval à payer est trop élevé pour un budget ouvrier et éloigne des écoles les plus démunis. A l'époque hollandaise, des écoles gratuites pour les pauvres sont créées dans le royaume et un certain nombre d'écoles primaires accueillent gratuitement des enfants indigents. Cet effort de scolarisation est dicté par des raisons humanitaires mais surtout économiques. Le rôle de l'école devient civique[15]. Des caisses de prévoyance sont créées à la fin des années 1820. Dans un premier temps, elles ne peuvent aider l'indigent bien incapable de mettre quelques sous de côté pour les jours difficiles. Elles sont réservées à une portion plus favorisée de la population qui voit disparaître le spectre de la misère et de la déchéance lorsqu'un accident passager la prive de ses revenus. Elles ont cependant le mérite d'exister. Elles représentent le but à atteindre et encouragent la prévoyance. Des sociétés de secours mutuel voient le jour. Elles ont pour objet de garantir leurs membres contre les revers de l'existence et de réduire ainsi l'insécurité[16].

Ces associations qui en sont encore à leurs débuts dans les premières années du XIXe siècle sont appelées à se développer, pour aboutir au XXe siècle à un système d'obligations et de droits connu sous le nom de Sécurité sociale et qui constitue un rempart important contre la misère.

---

1. B. Geremek, « Renfermement des pauvres en Italie (XIVe-XVIIe siècle). Remarques préliminaires », *Mélanges en l'honneur de Fernand Braudel*, t. I, Toulouse, Privat, 1973, pp. 205-217.

2. P. Hankart, « Mendiants et vagabonds dans la principauté de Liège », *Bulletin de la Société royale le Vieux-Liège*, 1955, pp. 500-510 ; N. Haesenne-Peremans, « Mendicité et répression dans la principauté de Liège », *Bulletin de la Société royale le Vieux-Liège*, 1980, pp. 493-501 ; A. Deroisy, *La Répression du vagabondage, de la mendicité et de la prostitution dans les Pays-Bas autrichiens durant la 2e moitié du XVIIIe siècle*, thèse de doctorat, U.L.B., 1963-1964 ; P. Bonenfant, *Le Problème du paupérisme en Belgique à la fin de l'Ancien Régime*, Bruxelles, 1934.

3. N. Haesenne-Peremans, « L'Assistance dans la principauté de Liège au XVIIIe siècle », *Leodium*, 62 (1977), p. 9.

4. *Ibid.* P. Bonenfant, *op. cit.*; M. J. Tits-Dievaide, « Les Tables des pauvres dans les anciennes principautés belges au Moyen Age », *Tijdschrift voor Geschiedenis*, 88(1975), pp. 562-583 ; N. Peremans, « Une enquête sociale à Liège en 1776 », *Leodium*, 59(1972), pp. 5-16 ; P. Demaret, *La bienfaisance publique à Verviers aux XVIe, XVIIe et VIIIe siècles*, Liège, thèse, 1931, pp. 16-54 ; N. Haesenne-Peremans, « L'Assistance publique d'Ancien Régime dans la partie méridionale du pays », *L'Initiative publique des communes en Belgique. Fondements historiques (Ancien Régime)*, 1984, pp. 541-556.

5. N. Haesenne-Peremans, *La Pauvreté dans la région liégeoise à l'aube de la révolution industrielle. Un siècle de tension sociale (1730-1830)* (publ. de la Fac. de phil. et lettres de l'Université de Liège), Paris, Les Belles lettres, 1981, pp. 411-420 ; E. Helin, « L'Equipement hospitalier sous l'Ancien Régime. Le cas de Liège », *Annales de la Société belge d'Histoire des hôpitaux*, 2(1964), pp. 25-45 ; M. Dewe, « Les Orphelins de Liège (1620-1801). Accueil, éducation et formation professionnelle des enfants », *ibid.*, 13 (1975), pp. 29-128 ; P. Bonenfant, *op. cit.*

6. J.-P. Gutton, « A l'aube du XVIIe siècle : idées nouvelles sur les pauvres », *Cahiers d'Histoire*, 20(1965), pp. 87-97 ; M. Foucault, *Folie et déraison. Histoire de la folie à l'âge classique*, Paris, éd. Plon, 1961 ; J.-P. Gutton, *La Société et les pauvres en Europe (XVIe-XVIIe siècle)*, Paris, PUF, 1974, pp. 122-136.

7. P. Bonenfant, *op. cit.*

8. N. Haesenne-Peremans, *Les Pauvres et le pouvoir. Assistance et répression au pays de Liège (1685-1830)*, Kortrijk, 1983, pp. 17-45.

9. *Ibid.*, pp. 45-65.

10. *L'Héritage de la Révolution française, 1794-1814*, Catalogue de l'exposition tenue, du 17 mars au 11 juin 1989, à la Galerie CGER (Bruxelles), Bruxelles, 1989, pp. 141-153.

11. N. Haesenne-Peremans, « Comment organiser la misère ? L'organisation des secours à domicile dans les communes de la province de Liège avant 1830 », *Bulletin trimestriel du Crédit communal de Belgique*, 128 (1979), pp. 91-118.

12. N. Haesenne-Peremans, « L'Equipement hospitalier de la province de Liège au début du XIXe siècle », *Annales de la Société belge d'Histoire des hôpitaux*, 14(1976), pp. 67-105 ; « Les Asiles pour malades, vieillards et orphelins à Liège au début du XIXe siècle », *Bulletin de l'Institut archéologique liégeois*, 16(1979), pp. 85-157 ; « Les Hôpitaux et orphelinats verviétois au début du XIXe siècle », *Annales de la Société belge d'Histoire des hôpitaux*, 16(1978), pp. 35-56 ; « Hospices, orphelinats et atelier public à Huy au début du XIXe siècle », *Annales du Cercle hutois des Sciences et des Beaux-Arts*, 33(1979), pp. 177-204.

13. N. Haesenne-Peremans, *Les Pauvres et le pouvoir, op. cit.*, pp. 109-128.

14. *Ibid.*, pp. 156-169.

15. N. Haesenne-Peremans, « Déshérités et instruction dans la province de Liège au début du siècle dernier », *Revue belge d'Histoire contemporaine*, 9(1978), pp. 383-417 ; M. Fournaux, « L'Analphabétisme à Liège au XIXe siècle », *Annuaire d'histoire liégeoise*, 16(1975), n° 40, pp. 151-216.

16. N. Haesenne-Peremans, *Les Pauvres et le pouvoir, op. cit.*, pp. 171-185 ; E. Ducpetiaux, *Des caisses d'épargnes et de leurs influences sur la condition des classes laborieuses*, Bruxelles, 1831 ; J. Mourad, *De l'insécurité à la sécurité. Essai sociologique sur les risques sociaux dans la civilisation occidentale*, Lille, 1953 ; H. Hatzfeld, *Du paupérisme à la Sécurité sociale : 1850-1940*, Paris, 1971 (réed., Presses universitaires de Nancy, 1989).

Histoire des hôpitaux au XXe siècle et leur refus des plus défavorisés

HENRI PÉQUIGNOT

On m'a demandé de parler de l'histoire des hôpitaux au XXe siècle et, plus précisément, après la Seconde Guerre mondiale : « Comment s'est faite, et en vue de quel objectif, l'évolution de l'accueil hospitalier des personnes les plus pauvres ? Les hôpitaux ont souvent été fondés pour recevoir les pauvres, qu'en est-il aujourd'hui et pourquoi y a-t-il évolution ? »

Si j'ai accepté de répondre à cette question, je serai contraint de remonter plus haut dans l'histoire, jusqu'au XVIIIe siècle où s'élabore le monde d'aujourd'hui. Le phénomène qui apparaît avec évidence après la Seconde Guerre mondiale s'élabore au cours de toute cette époque. Certes, l'hôpital a été au départ fondé pour les pauvres, disons même les plus pauvres, sans logis, pèlerins ou se faisant passer pour tels, marginaux déjà, mais aussi réfugiés, isolés, vieux. Sa fonction était définie par son doublet linguistique : elle était hôtelière. Très vite au cours de l'histoire, des soins s'y installent, mais c'est un peu comme le bon Samaritain qui, secourant la victime des brigands, se trouve amené à jouer un rôle médical ou au moins infirmier. Ces établissements sont en effet de recueil. Ils pourront devenir d'enfermement (Michel Foucault a tellement mis l'accent sur cet aspect qu'on a peine à comprendre pourquoi, dans l'histoire, il a fallu plus souvent en chasser les gens ou les refuser que les contraindre à y rester). Disons même qu'à certaines époques, parmi ces établissements, on appelait volontiers hôtels-Dieu ceux dont la fonction était la plus médicalisée et hôpitaux les pures structures d'hébergement. Dans son fameux chapitre 29 du livre XXIII de *De l'esprit des lois,* Montesquieu[1] (que nous ne citons que comme témoin) ne fait aucune allusion à un rôle médical de l'hôpital. Il n'est que pour porter secours (autant que possible temporairement) à la misère considérée comme un accident momentané, dû à une « crise » et uniquement là où les soins à domicile ne sont pas raisonnablement possibles comme dans les grandes villes trop étendues, où il est plus commode de rassembler ceux qui nécessitent des secours que de promener dans toute la ville ceux qui leur en portent.

Au XIXe siècle encore, en 1838, les psychiatres refusent pour leurs établissements le nom d'hôpital et lui préfèrent celui d'asile, considéré comme plus accueillant (les futures écoles maternelles prennent à la même époque le nom d'asile de l'enfance). Cela montre bien que le mot hôpital n'est pas encore considéré comme désignant une structure de soins. Sans doute le règlement de 1840 s'efforce-t-il de distinguer l'hospice pour l'hébergement des vieillards et infirmes, de l'hôpital comme maison de soins. Toutefois, cette distinction juridique est peu visible, car les structures les plus banales seront les hôpitaux-hospices.

La médicalisation des hôpitaux, la présence de soignants, monastiques ou bénévoles, la visite d'un chirurgien ou d'un médecin, si elles sont attestées très tôt, témoignent simplement du fait que cette clientèle d'assistés est apparue très vite comme nécessitant des soins sans que l'on se demande, semble-t-il, si leurs « maladies » étaient secondaires à leurs misères ou leurs misères à la maladie qui les empêchait de trouver un emploi. La femme en couches, l'enfant abandonné, le blessé ou le malade militaire, le voyageur, pèlerin ou marchand, victime de brigands ou de maladies, sont alors les hôtels types. De toute façon, le médecin n'est qu'un visiteur de passage qui vient dans ce qui est le logement actuel, temporaire et sommaire du malade. Il y travaille comme au domicile de ses autres malades. Rappelons en passant que, jusqu'au XVIIIe siècle inclus, l'enseignement médical est purement théorique. Le seul enseignement clinique, alors débutant, se fait pour les apprentis en suivant leurs maîtres, médecins ou chirurgiens, à domicile.

Pourtant, à la fin de ce siècle, à la veille de la Révolution française, c'est à un médecin, Tenon (1785), que l'on réclame un rapport sur les hôpitaux, ce qui montre que la fonction médicale de l'hôpital commence à être prise en compte.

Mais rappelons par contre qu'en 1935 encore, un député pouvait déposer à la Chambre un projet de loi pour interdire l'accès des hôpitaux aux sujets non indigents, accusés de voler ainsi l'Assistance publique. Sans doute, ce texte ne fut pas pris en considération, mais il ne scandalisa pas[2].

Si l'on veut donner une date au tournant de cette histoire, je pense volontiers que la date politico-administrative est française : c'est la réforme des études médicales ébauchée le 14 frimaire an III (4 décembre 1794) qui se fixera dans le texte du 19 ventôse an XI (10 mars 1803), fixant pour un siècle et demi la doctrine de l'enseignement médical[3] (dont d'ailleurs l'application fut loin de respecter l'esprit). Cette doctrine conçoit l'établissement spécifique d'enseignement médical comme un hôpital dans lequel l'apprentissage de la médecine se fait pour les étudiants sous la forme d'une fonction au lit du malade, fonction encadrée par des professeurs. De ce fait, est affirmé pour la première fois officiellement que l'hôpital (ou au moins certains hôpitaux) doit être un outil médical. Au cours du XIXe siècle, ce projet se retrouve dans la direction médicale des asiles d'aliénés prévue par la loi de 1838 et la libération du service de santé militaire du joug de l'intendance. Toutefois, cette médicalisation proclamée dans les exposés des motifs n'est réalisée au départ que dans quelques lieux (l'hôpital des cliniques de Paris), elle reste verbale et n'aura pas de conséquences administratives vraies.

En dehors de l'armée, les hôpitaux mal distingués des hospices continuent à être gérés par des fonctionnaires de l'assistance chargés des « secours publics ». Les médecins n'y ont que des fonctions techniques limitées. Ils sont fournisseurs à temps partiel de soins aux hospitalisés, et d'ailleurs ils n'y trouvent ni installations techniques spécifiques ni locaux particulièrement adaptés. Leur activité y est identique à celle pratiquée au domicile du malade. Des tentatives, faites beaucoup plus tard — sanatoriums, centres anticancéreux —, pour réaliser le programme révolutionnaire ne déboucheront pas : les sanas disparaissent. La direction médicale des établissements psychiatriques disparaît après la Seconde Guerre mondiale. Seule l'armée sauvegarde son principe.

En fait, si l'on exclut la clientèle de ville des médecins libéraux, c'est la même administration chargée des « secours publics » qui va gérer l'énorme clientèle des établissements d'hébergement et de soins. Les services d'assistance, en principe communaux, sont, dans les deux siècles qui suivent, de plus en plus étayés par le département et l'Etat (maintenant la région). Les institutions, devenues d'aide sociale, puis celles de Sécurité sociale, qui les complètent d'abord et finissent par faire l'essentiel du financement, représentent en volume une fonction primordiale des collectivités. En fait, la seule coordination suprême et politiquement essentielle est financière. Elle ne peut se faire qu'au niveau national et les niveaux périphériques ne sont plus guère considérés que comme des niveaux de distribution et de contrôle.

Toutefois, ce développement fait perdre de vue que la finalité des établissements a changé totalement, même si le pilote (l'Etat financeur) et le nom (hôpital) n'ont pas changé. L'évolution continue et le maintien du même mot ont empêché de prendre conscience d'une mutation et ont évité de poser le vrai problème. On peut dire simplement que la surprise des responsables et des théoriciens sociaux a été inversée entre le Moyen Age et aujourd'hui.

Jusqu'au XVIIIe siècle, la surprise était d'avoir créé les institutions pour secourir les pauvres et d'être forcé d'y appeler des médecins parce que ces pauvres étaient malades. De plus, certains ne venaient que parce qu'ils étaient malades et uniquement pour le temps de leur maladie. Leur besoin d'être accueillis et secourus ne venait que de la maladie.

A la fin du XXe siècle, la surprise des administrateurs et des médecins est d'y trouver tant de « marginaux », vieillards, immigrés, clochards, confus, etc., sans doute porteurs d'affections qui justifient des soins, mais des soins qu'on pourrait donner à domicile si... ils avaient un domicile, une présence permanente à ce domicile, le niveau mental et intellectuel de suivre le traitement prescrit, les ressources nécessaires, l'insertion sociale capable de bénéficier de la législation presque parfaite qui les couvre et qu'ils ne peuvent pas utiliser. Toute une partie de la population, la plus malade, la moins avertie, la moins capable de faire face à un « guichet », se trouve ainsi exclue d'institutions créées pour elle.

Ayant comparé autrefois la clientèle d'une clinique médicale de la Faculté de Paris en 1836 (Bouillaud-La Charité) et en 1954 (Hôtel-Dieu-H. Bénard)[4], j'avais noté, alors que tout avait changé (pathologie, science médicale, origine géographique des malades, efficacité des traitements), que deux pourcentages n'avaient pas changé : la mortalité, 11 % et 12 %, et le pourcentage d'étrangers, 6 % et 7,5 %. Ce qui prouvait qu'au cours de plus d'un siècle, le seuil d'isolement et le seuil de gravité qui déclenchaient la demande d'hospitalisation étaient restés les mêmes. Mais le progrès technique n'a pu qu'aggraver et continuera d'aggraver cette évolution totalement incomprise et qui, de ce fait, devient de plus en plus incompréhensible.

L'établissement hospitalier sur le plan médical n'est devenu acceptable et bénéfique qu'à partir de l'asepsie chirurgicale et de la stérilisation. Jusque-là, il valait mieux travailler à domicile. On ne peut plus le faire à partir d'une certaine sophistication de l'anesthésie-réanimation, des techniques physico-chimiques de diagnostic, des techniques thérapeutiques modernes. Ces progrès aboutissent à la fois à accepter à l'hôpital des cas très graves autrefois abandonnés et à y attirer, pour des raisons de meilleure sécurité, des actes, par exemple l'accouchement et certains actes chirurgicaux, longtemps faits à domicile. Le dernier roi d'Angleterre fut opéré d'un cancer bronchique dans son palais, le général de Gaulle alla à l'hôpital Cochin pour une intervention prostatique banale. L'hôpital se juge maintenant sur le bref séjour ne dépassant pas la durée, calculée au plus juste, du risque. L'administrateur et le médecin sont culpabilisés, on leur rappelle leurs devoirs économiques vis-à-vis de la nation : toute minute supplémentaire passée à l'hôpital est un crime économique, il faut donc écarter celui qui n'est gardé que parce que chez lui il ne peut plus s'assumer. On le centrifuge ailleurs, dans des structures d'hébergement lointaines (en ville, le terrain coûte cher), désocialisantes, où il perd souvent le bénéfice médical et humain de ce qu'a fait le centre bien équipé. En fait, les médecins ont depuis longtemps cessé de travailler à l'hôpital comme ils travailleraient à domicile, chez eux ou chez le malade.

Et nous voici au rouet. Plus l'indésirable est centrifugé, plus l'hôpital à moitié vide, mais surchargé de malades très onéreux, coûte cher et plus il faut faire vite sans que même le médecin puisse garder un contrôle sur le rendement médical de son action (il perd ses malades de vue), tandis qu'on s'étonne de voir s'augmenter les frais de transport (ambulances et même hélicoptères) dont on ne voit pas les raisons profondes.

Personne n'étant plus responsable de rien dans ce tourbillon, ce devrait être une occasion de se rapprocher des faits, de distinguer par exemple dépenses des organismes et coût de chaque malade : peser le rendement de circuits kafkaïens dont les justifications économiques sont surtout des constructions comptables, retrouver avec bon sens la valeur d'idées simples comme la continuité des soins. Revenons un instant sur le passé. Lorsque l'on construisit le premier édifice de la psychiatrie moderne, le débat le plus dur fut celui de Parchappe (1800-1866), en 1853, contre son maître Esquirol[5]. Il fit à court terme triompher la bonne cause, refusa de séparer aigus et chroniques, garantit la même qualité et la même fidélité aux uns et aux autres. En fait, sa doctrine ne fut pas réellement appliquée jusqu'au bout.

La structure actuelle de notre population, sa morbidité présente, la nature des problèmes médicaux qu'elle pose, rendent plus que jamais nécessaire une révolution de la doctrine. Les médecins, piégés, culpabilisés par les calculs des gestionnaires, n'ont pas le courage de défendre leurs malades et continuent à s'étonner de voir si mal utilisés les progrès de leurs techniques et de la science, et si mal reçus ceux qui ont les plus gros besoins.

1. H. Péquignot, *Encyclopédie de la Pléiade. Médecine*, t. II, Paris, Gallimard, 1951, pp. 712-713.
2. Christian Maillard, *Histoire de l'hôpital de 1940 à nos jours*, Paris, Dunod, 1980, pp. 21-22.
3. H. Péquignot et J.-P. Etienne, *Eléments de politique et d'administration sanitaires*, Paris, L'Expansion scientifique française, 1954, pp. 229-230.
4. H. Péquignot, M. Magdelaine et Yves Grange, dans *Revue d'hygiène et de médecine sociale*, 13(1965), n° 7, pp. 549-578.
5. Nous renvoyons à H. Péquignot et Marie Gatard, *Hôpital et humanisation*, Paris, Editions Sociales Françaises, 1976, notamment p. 47 où nous avons exposé le problème.

« L'intelligence des pauvres »

ALAIN FAURE

> « Heureux celui qui tourne
> son intelligence vers le pauvre
> Dans les heures sombres,
> il trouvera le soutien de Dieu. »
>
> Psaumes, 41 (40), v. 2.

L'assistance privée — c'est-à-dire les œuvres, cette forme sociétaire, réfléchie et prétendue supérieure de l'aumône — jouait dans l'existence du peuple au XIXe siècle un rôle bien plus important qu'on ne le croit : si elle pouvait être menée à bien, une statistique des secours distribués et des services assurés par l'ensemble des œuvres surprendrait à coup sûr... Mais l'univers de la charité privée et organisée — monde composite, fluctuant, sans cesse renouvelé et à l'évidence traversé de crises — nous est encore très mal connu et la réponse aux questions que pose à l'historien des classes populaires cette prolifération charitable n'est jamais évidente. En effet, chez les hommes — et les femmes — d'œuvres, quelle représentation se faisait-on du « public » même des œuvres, des assistés ? Quelle était donc la figure du pauvre ? Et ces activistes du bien ne se donnaient-ils pas aussi pour tâche de connaître et de comprendre la vraie vie, les comportements, les valeurs de ce pauvre, soit pour mieux le modifier et l'encadrer, soit pour adapter l'action charitable à ses réactions et mieux se faire entendre de lui ? Mais quelle valeur accorder à cette connaissance ? Fausse science ou intelligence ?

Le propos sera ici limité à deux œuvres parisiennes que les méandres d'une recherche au long cours sur le logement populaire nous ont amené récemment à étudier de près. Le risque est grand de ne livrer ainsi qu'une image déformée ou singulière de l'assistance, mais, en l'état actuel de nos connaissances, quelle autre voie suivre ? Ces œuvres ne sont d'ailleurs pas des moindres et occupent chacune une place de choix dans l'histoire de l'assistance. Il s'agit, pour l'une, de la Société de Saint-Vincent-de-Paul (SV de P), œuvre confessionnelle fondée par des laïcs en 1833, sous l'impulsion de Frédéric Ozanam, et, pour l'autre, de l'Amélioration du Logement Ouvrier (ALO), société non confessionnelle fondée par l'abbé Jean Viollet en 1902, et première venue du célèbre faisceau d'œuvres dites du Moulin-Vert[1]. Visant à donner « aux familles pauvres un logement sain, agréable et stable et à les habituer à être les artisans de leur propre relèvement », l'ALO était en 1913 une œuvre en pleine expansion : dans l'ensemble de ses 13 sections, 1 500 familles au moins étaient suivies par ses 121 visiteurs et visiteuses. Quant à la SV de P, forte dans la capitale de ses 318 conférences — groupes charitables « de base » répandus dans les paroisses et dans les patronages — et de ses 5 584 membres — les confrères, visitant quelque 8 000 familles —, elle était à cette même date une des sociétés charitables les plus anciennes et les mieux assises de Paris[2].

Les pauvres et « nous »

N'est-il pas vrai que « ces gens-là ne sentent pas comme nous » ? s'interrogeait le *Manuel du visiteur des pauvres*, publié par la SV de P en 1890. Et l'auteur de conclure que, même si certains étaient capables de « sentiments délicats », les pauvres « en général sentent beaucoup moins ». Le visiteur devait aussi savoir que le pauvre est par nature un faible et qu'il ne sait pas résister à la tentation qui s'offre : « Le pauvre est un enfant mineur pendant toute sa vie[3]. » Cette vision d'un être fruste et tout en instincts était aussi celle d'un Maurice Beaufreton, directeur de *L'Assistance éducative*, l'organe de l'ALO : le pauvre, ce « retardataire de la civilisation », est « dépourvu de la partie la plus délicate de ces sentiments que nous désignons dans leur ensemble sous le nom de *sens moral* ». Surtout, recommandait-il *in fine*, « n'oublions jamais, quand nous nous adressons aux pauvres, qu'ils sont autres que nous[4] ». L'abbé Viollet lui-même reconnaissait que l'indispensable « sympathie » qui doit accompagner toute démarche vers les pauvres n'allait point du tout de soi, car ces gens « sont souvent des déclassés, des faibles, des êtres misérables qui n'ont pas trouvé en eux l'énergie nécessaire pour vaincre les obstacles et se créer une place au soleil. L'intelligence ou la santé leur ont manqué, à moins que quelque vice ne les ait peu à peu corrompus[5] ».

L'idée d'avoir affaire à un peuple « sauvage », laissé à l'écart des bienfaits et des valeurs de la société organisée, à des « barbares », fut maintes fois exprimée chez les confrères fondateurs des premières conférences installées dans les quartiers périphériques de la capitale, ces lieux du rejet et de l'entassement des plus pauvres. Voilà « un nouveau Paris à connaître et à visiter », déclare en 1863 le président d'une toute jeune conférence œuvrant dans le XIIIe arrondissement[6]. Là en effet, au dire d'un autre confrère, vivent « des groupes d'habitants, on pourrait presque dire des races », qui forment désormais autour de la ville, une « ville de huttes à l'esprit sauvage » et, chez ces pauvres qui « ne sont plus des pauvres ordinaires », poursuit le missionnaire, « tout ce qu'il est possible d'imaginer de dépravation et d'abaissement » est étalé sans honte[7]. D'autres parlent aussi « de sordides huttes en planches ou en terre, véritables antres de bêtes fauves[8] ». On le voit bien, c'est le village en planches et carreaux de plâtre, la cité de cabanes qui, parmi toutes les formes d'habitat populaire, attirèrent d'abord le regard et la sollicitude des confrères de la société, comme si, plus peut-être que la misère elle-même, le prétendu dénuement moral et spirituel de leurs habitants avait dicté ses priorités à l'action charitable.

Cette image du « barbare » — qui en réalité traversa le siècle et toucha tout le monde bourgeois — emprunta longtemps, dans les milieux charitables, les traits du chiffonnier, sorte de pauvre « fondamental », abandonné de tous, à l'écart des lois humaines et divines... Beaucoup d'œuvres religieuses s'implantèrent à Paris *d'abord* chez les biffins et dans les cités précaires à population pauvre ou très pauvre. Elles eurent rapidement d'autres ambitions, mais le fait originel demeure, cette rencontre singulière et mystérieuse entre l'homme d'œuvres et le marginal : habile manœuvre d' « entrisme » dans les milieux populaires, la charité trouvant là une sorte de pâte humaine brute, facile à travailler, ou bien séduction réciproque ?

Les hommes d'œuvres, s'ils partageaient bien des préventions et des préjugés en usage dans leur monde, n'en étaient pas moins en même temps des *défenseurs* des pauvres devant l'opinion bourgeoise. Un membre important de la SV de P, Legentil, s'indignait de certains « pitoyables sophismes » produits par « l'orgueil et l'égoïsme » : les pauvres ne sont pas si nombreux qu'on veut bien le dire, la charité multiplie la misère plus qu'elle ne la soulage, etc[9]. Le *Manuel du visiteur* mettait aussi en garde contre le sottisier ayant cours dans la bonne société : les pauvres seraient forcément menteurs, vicieux, ingrats..., et prônait la nécessaire « compréhension » de leurs défauts, une sorte d'indulgence supérieure : le pauvre est sale ? Mais « quel prodige d'ordre ne faudrait-il pas à celui qui n'a qu'un haillon pour chemise » ? Le pauvre est imprévoyant ? Mais « il est bien difficile de se priver des plaisirs matériels quand on n'en connaît point d'autres »[10]... Bien plus strict en tous ces domaines, l'abbé Viollet estimait malgré tout que la recherche des « responsabilités individuelles » dans l'état de pauvreté était bien délicate, et qu'il convenait d'éviter les « jugements sévères » qui, sans examen, « nous porteraient à abandonner celui en qui nous voyons des défauts et des vices[11] ».

Dès lors, comment atteindre à cette « intelligence des pauvres », cette vertu essentielle recommandée à tous les confrères de la société, ou comment, ainsi que l'exigeait Viollet, « entrer dans les points de vue du pauvre, s'imprégner de sa manière de voir, d'envisager les problèmes de la vie » ? Et pour quoi faire ?

Connaître le pauvre : de la visite à l'enquête

La SV de P et l'ALO étaient l'une et l'autre sociétés de visiteurs. La visite du pauvre chez lui, à son domicile, représentait au XIXᵉ siècle une pratique fondamentale de la charité privée et nombreuses furent toujours les œuvres qui s'y consacraient. La visite faite au nom d'une œuvre se distinguait de la simple visite charitable, effectuée à titre privé par un homme ou une femme de bien, par ce fait essentiel que, dans la première, tout ce qui était distribué par le visiteur l'était au nom de l'œuvre : les pauvres qu'il visitait n'étaient pas « ses » pauvres et il devait s'abstenir de tout don en nature, ne point chercher à doubler son « influence morale » par celle de l'argent[12]. Les avantages d'une « mise en commun toute fraternelle »[13] des ressources procurées par les cotisations ou bien, selon les cas, par les quêtes, étaient évidentes. Si tous les visiteurs n'étaient pas également riches, tous étaient mortels : comment une famille, voyant ses secours diminuer avec un changement de visiteur, aurait-elle réagi ? Pour l'abbé Viollet, le visiteur n'avait de chance d'être écouté que s'il existait un « Comité dont le pauvre ignore les moyens d'action aussi bien que la composition, de sorte qu'il ne manque guère de rejeter sur ce Comité anonyme ses mécontentements et ses réclamations[14] ».

La visite était un levier virtuellement très puissant. La personnalisation de l'acte charitable, la régularité et le sérieux du contact, la permanence du lien également — le visiteur voyait toujours les mêmes familles, au moins une fois par semaine à la SV de P, et pour des visites dites « assises » : les « visites de corridor » étaient sévèrement blâmées chez les confrères — transformaient l'assistance en une sorte de tutelle, bien au-delà de l'aumône. Mais le contenu même et l'usage fait du pouvoir d'influence que représentait la visite, variaient naturellement d'une œuvre à l'autre, et, entre les deux sociétés qui nous occupent, d'importantes et significatives nuances se font jour...

Le pauvre, humilité du riche

A la SV de P, les intentions normatives de l'action charitable ont toujours été clairement affirmées et n'ont à vrai dire jamais varié. Il s'agissait d'abord de corriger des habitudes jugées vicieuses, comme par exemple en encourageant la bonne tenue du logis. Une des premières initiatives de la conférence, qui vers 1862 prit en charge une des plus misérables cités de Paris, la Fosse-aux-Lions dans le quartier de la Santé, fut d'y instituer un « concours de propreté »... Les familles « les mieux notées obtenaient des prix et des accessits consistant en livrets de Caisse d'épargne, objets de ménage ou d'habillement[15] ». L'idée de cette émulation ménagère fut reprise par de nombreuses conférences et, vers 1910, le conseil central de Paris — l'instance dirigeante de la Société dans la capitale — recommanda la généralisation de ces concours, par souci de « la propreté matérielle » certes, mais surtout avec au cœur « le désir ardent de voir ces pauvres gens réunis dans leur intérieur devenu plus agréable, plus riant, plus attrayant, ne vivant pas seulement " juxtaposés " aux heures de repas et de sommeil[16] ». Autre préoccupation constante des confrères : la rigoureuse séparation des sexes dans le couchage des enfants. Le visiteur incite la famille à mieux se répartir pour la nuit et certaines conférences donnent des lits aux ménages chargés d'enfants : « Le don d'un lit n'est pas seulement une œuvre de charité, c'est une mesure nécessaire contre les dangers auxquels l'innocence se trouve ainsi exposée, en même temps qu'une œuvre de haute morale[17]. » Au total, une panoplie somme toute assez classique et attendue de mesures correctives et d'incitations au bon ordre domestique.

D'autres initiatives charitables s'appliquaient à porter directement remède aux détresses populaires. Ainsi, les « caisses de loyers », sortes de tirelires gérées par les conférences et dans lesquelles les familles visitées versaient régulièrement, par petites sommes, le montant de leur loyer : l'argent était remboursé au moment du terme, augmenté d'une prime donnée par la conférence. L'intention était évidemment d'apprendre l'épargne — ainsi que le bon usage de l'épargne — à qui ne pratiquait guère cette vertu, et cela dans un esprit supérieur d'assistance puisque la prime n'était pas la manifestation d'un secours mais la récompense d'un effort : « Charité intelligente autant que généreuse qui réveille, chez les pauvres, l'énergie propre, le sentiment de l'ordre et, par un enchaînement nécessaire, les penchants honnêtes, l'amour de tous les devoirs [18]. » La lourdeur du terme — une somme importante à remettre sans délai quatre fois dans l'année — était bel et bien dans le peuple une des plus graves difficultés de la vie, à l'origine de nombreux impayés, causes eux-mêmes de drames et d'une instabilité chronique du foyer. Ces caisses, quoique peu nombreuses et peu fréquentées, constituaient en effet une des moins mauvaises solutions à de telles difficultés... à partir du moment où, bien sûr, étaient considérées comme allant de soi la résignation à « ce que l'on ne peut empêcher, le haut prix des loyers », et la soumission aux propriétaires.

Que la résignation à l'ordre de ce monde fût sans cesse rappelée aux pauvres par les « bons messieurs » de la SV de P est une évidence, de nombreux textes pourraient être cités. Mais l'essentiel pour notre propos est ailleurs : l'acte de charité que représentait la visite fut toujours présenté par les confrères comme l'instant et le lieu d'un échange entre le visiteur et le visité, entre le riche et le pauvre : le premier apporte « du pain, des conseils et des consolations », mais reçoit à son tour de « son frère déshérité » des « exemples d'endurance, de résignation, de reconnaissance qui lui inspirent l'admiration [19] ». Cette extrême attention aux pauvres, dictée à ces hommes par leur culture évangélique et par leur foi, leur permettait effectivement d'admirer, c'est-à-dire d'abord de voir certaines qualités et certains comportements populaires qui échappaient à la plupart des autres regards. Par exemple, la bonté du peuple. L'adoption spontanée d'enfants soudain seuls au monde, la prise en charge collective des vieillards de l'immeuble, et toutes les manifestations en général de solidarité et d'entraide dont les confrères pouvaient être les témoins, étaient scrupuleusement notées et rapportées par eux, sous le nom de « traits édifiants ». Les pauvres « pratiquent eux-mêmes la charité et viennent en aide à de plus malheureux qu'eux[20] » ; le « barbare » de nos cités était pour eux un être naturellement bon. Cette générosité native du peuple était bien un de ces « exemples » que le visité renvoyait à son visiteur : « Auprès de ces actes de charité, que tout ce que nous faisons est peu de chose[21] ! » Gageons qu'une telle humilité devant le pauvre n'était pas toujours feinte.

Cette humilité, ainsi que l'indulgence supérieure notée plus haut, sont à la source d'une autre tradition de la SV de P : la légèreté du contrôle exercé sur les familles assistées. La vérification systématique des assertions du visité ou l'établissement très précis des ressources et des besoins de la famille n'ont point été, semble-t-il, régulièrement et en tout cas jamais uniformément pratiqués par les conférences. Dans certaines d'entre elles, les visiteurs tenaient à jour sur chaque famille un dossier ou un livret préimprimé, mais ce soin semble rare, et d'ailleurs les instances supérieures de la Société n'ont jamais rien imposé dans ce domaine. Certes, recommandait le règlement, chaque conférence se doit de tenir avec ordre ses écritures, mais « rien ne serait plus contraire aux usages d'une Société toute spontanée comme la nôtre que des habitudes minutieuses imitant les allures d'une administration[22] ». Tout visiteur savait bien que la dissimulation, le mensonge, le détournement ou le trafic de bons étaient choses fréquentes ; aussi le *Manuel* conseillait-il d'entretenir des « relations bienveillantes » avec les voisins des familles visitées, de façon à toujours garder un œil sur elles[23]... Jamais cependant la police de l'œuvre ne fut bien efficace. « Les enquêtes sont illusoires dans ce quartier, reconnaissait en 1903 une des Conférences du XIIIe arrondissement, et ce n'est qu'à la longue qu'on peut être fixé sur l'état moral des familles, et encore[24] ! »

Un tel laisser-faire ne peut se comprendre si l'on oublie le caractère confessionnel de la SV de P : le contrôle qu'elle se reconnaissait d'abord, et qu'elle pratiquait, était le contrôle religieux. Le visiteur ne devait pas seulement s'asurer que, passé une certaine heure, les lits étaient faits et l'homme bien rentré à la maison, il était là d'abord pour suivre les progrès de la foi chez ces créatures de Dieu. La visite était peut-être un moment d'échange, mais l'échange restait d'ordre mystique. Le visiteur était un directeur spirituel à domicile et restait un riche en visite. Le pauvre, à défaut d'être mis sous surveillance, était pris par la main et placé sous haute protection. On était tout prêt à rendre hommage à ses qualités, mais il restait fondamentalement un inférieur et un faible. A Saint-Charles-de-Monceau, la remise des prix de propreté était l'occasion d'une fête réunissant l'ensemble des familles visitées : « Le visiteur peut voir toute la famille réunie : un mot de sympathie au père, ou un encouragement au grand fils, un reproche amical à l'enfant[25]... »

Triomphe ici l'idéologie du *patronage*, illustrée par Le Play, et bien d'autres penseurs ou nouvellistes du XIXe siècle, cette idée, qui parcourt l'époque, d'une société à la fois hiérarchisée et solidaire, où les classes pauvres vivraient en harmonie sous la houlette des classes supérieures. A la SV de P, par exemple, comme il était très fréquent dans les milieux bourgeois, on déplora toujours la séparation des classes dans l'habitat. Le logement social est une idée vicieuse, ce qui convient au pauvre est de venir habiter dans les étages supérieurs et les greniers des « maisons honnêtes » :

« La propreté de l'entrée et de l'escalier, la présence d'un portier lui donneront l'idée d'entrer et de sortir avec plus de retenue ; ses heures intempestives choqueront, contrarieront (...). Ses blasphèmes, ses obscénités causeront un grand scandale ; il faudra qu'il modifie un peu son langage, qu'il baisse la voix de peur d'être renvoyé[26]. »

La charité ainsi conçue relevait d'un protectorat. Et qu'importaient les normes, pourvu que le pauvre restât à sa place.

Une charité bien ordonnée

L'amélioration du logement ouvrier appartient à un nouvel âge de l'assistance. Certes, le recrutement social de ses membres actifs, les visiteurs et visiteuses — pour l'essentiel d'ailleurs des visiteuses : la SV de P, quant à elle, était une société exclusivement masculine — semble la même que celui des conférences et, surtout, on retrouve chez elle la plupart des intentions éducatives et correctrices qui depuis longtemps inspiraient l'action des conférences. C'était sur le plan des moyens et de la stratégie que les deux œuvres différaient profondément. Tout d'abord, la question du drapeau. Jean Viollet, jeune vicaire frais émoulu des Œuvres ouvrières de Plaisance, une de ces nombreuses fondations paroissiales d'inspiration sociale qui après *Rerum Novarum* tentaient de prendre racine dans le Paris populaire, voulut fonder dans le même arrondissement une association d'aide aux familles pauvres qui, sur le plan religieux, restât *neutre* :

« En faire une société dépendant de la paroisse, écrit-il dans ses *Souvenirs d'apostolat*[27], c'était, d'une part, en faire une œuvre de rayonnement restreint, lors même que, théoriquement, elle aurait été ouverte à toutes les familles, même à celles qui ne partageaient pas nos croyances. Mais comment espérer que les habitants du quartier, plus ou moins indifférents quand ils n'étaient pas expressément anticléricaux, accepteraient de se faire inscrire dans une œuvre de caractère confessionnel et pratiquement dirigée par le clergé ? Il suffisait de ne pas s'illusionner sur la mentalité de la classe populaire pour être certain à l'avance qu'une œuvre paroissiale ne parviendrait jamais à grouper d'autres membres que les chrétiens fidèles (...). Il ne fallait pas non plus perdre de vue que l'ouvrier est convaincu que, si les catholiques fondent des œuvres sociales, ce n'est pas dans un but désintéressé mais pour servir d'appât en vue d'attirer les masses à la pratique religieuse. »

Et ainsi fut fait : l'œuvre s'afficha officiellement « neutre », tout prosélytisme religieux fut interdit à ses membres, et l'abbé Viollet lui-même n'occupait qu'une modeste place dans le conseil d'administration. Bien entendu, neutralité ne signifiait pas indifférence. La position de l'abbé Viollet était purement tactique et dictée par le réalisme : l'ouvrier des faubourgs parisiens n'aime ni Dieu ni ses prêtres ; pour toucher la masse, il faut donc éviter toute équivoque et ne pas avoir l'air de venir troquer un secours contre un baptême... Sans doute, la réalité ne fut pas toujours aussi nette, puisque le visiteur se voyait malgré tout autorisé à défendre sa foi : « Voilà la formule que je donne à cet égard à nos visiteurs. Je leur dis : " Lorsqu'un pauvre s'est senti assez libre vis-à-vis de vous pour vous dire : 'Moi, votre bon Dieu, je n'y crois pas', vous pouvez lui expliquer : 'Moi, mon bon Dieu, j'y crois[28].' " » Mettre ainsi le bon Dieu en réserve était bien périlleux pour la neutralité, mais rien ne dit non plus qu'elle n'ait été instituée que pour la galerie. D'autres prêtres que Viollet avaient d'ailleurs fait le même choix et il eut lui-même à affronter les mêmes remontrances de la part de la hiérarchie catholique[29]. Cette façon de plier l'action charitable à une intelligence réaliste des pauvres heurtait évidemment les principes d'apostolat les mieux établis.

Plus caractéristique encore de l'ALO et de son fondateur fut la volonté de connaissance, et de la connaissance la plus complète possible, du milieu familial et social des assistés. L'objectif premier du visiteur confronté à une famille en détresse doit être de reconnaître « les origines profondes du mal » et, « avec lenteur et sang-froid », en s'efforçant de toujours fuir comme la peste la « sensibilité » qui empêche « de découvrir et de comprendre la vraie souffrance », il se livrera à une « étude descriptive » de la famille, consignant précisément dans un dossier les gains de chacun de ses membres, ses charges, la façon dont le logement est tenu, l'histoire de cette famille et de ses « antécédents » en matière de demande de secours[30]. La visite était donc une enquête — *dans le langage de l'association, les deux termes sont constamment employés l'un pour l'autre* —, et l'assistance se voulait donc exactement dosée, proportionnée aux besoins et aux charges reconnus à la famille. Ainsi la prime donnée aux familles ayant épargné le montant de leur loyer par versement auprès de l'association — l'ALO étant en effet avant tout une caisse de loyer — n'était pas fixe comme à la SV de P (10 ou 15 % selon les conférences), mais variait en fonction du nombre de bouches à nourrir et de la somme restant disponible par jour et par personne, une fois le loyer déduit. Avec l'œuvre de l'abbé Viollet, l'assistance tendait déjà à rentrer dans l'âge des questionnaires et des barèmes. On est loin de l' « à-peu-près » admis par la SV de P ; de même, dans les objectifs de l'œuvre, était-on passé du salut au *relèvement* et, dans ses méthodes, de l'intelligence à la *science* des pauvres.

Mais, pour Viollet, il ne suffisait pas de questionner, il fallait aussi et surtout *contrôler* les réponses. Si l'on ne s'assure pas que les secours que l'on donne le sont toujours à bon escient et auront toujours l'usage qui leur est destiné, on risque d'être constamment trompé et grugé. Vigilance et méfiance figuraient parmi les qualités essentielles du visiteur. Et ce qu'il était invité à débusquer, ce n'était pas tant la « mendicité professionnelle » — « les faux pauvres », variété fin de siècle du sottisier bourgeois traditionnel en matière d'assistance[31] — que les mensonges, les exagérations, les dissimulations, voire les mises en scène dont les assistés pouvaient se rendre coupables. *L'Assistance éducative* est pleine de récits exemplaires où tel visiteur avait su (ou n'avait pas su) distinguer le vrai du faux : la femme prétendument abandonnée qui a un amant qui l'aide, le chômeur qui en réalité travaille à mi-temps, ou encore cette famille où les secours de loyer servaient à payer un mobilier acquis par abonnement[32], et surtout les cas si fréquents de cumul des secours, cette plaie. Viollet, avec d'autres, se fit le champion des « unions d'œuvres », c'est-à-dire la création d' « offices de renseignements » regroupant les œuvres agissant sur le même territoire et ayant pour objectif la constitution d'un fichier commun des assistés[33]. Le visiteur, îlotier de l'assistance.

Pauvres mensonges, d'ailleurs, que ces mensonges de pauvres, montés le plus souvent par les femmes, quand le ménage commençait à manquer de tout et qu'il fallait faire flèche de tout bois, ou quand on voulait s'offrir quelque bien-être interdit avec les ressources ordinaires !

Ce refus de composer avec le pauvre était en accord avec une conception exclusivement rétributive de l'assistance. Tout secours devait s'accompagner d'un effort de la part du secouru, à l'exemple de la prime de loyer réservée au locataire méritant. « Jamais une famille n'est aidée qu'elle ne se soit aidée elle-même (...). La charité ne consiste pas à distribuer des secours, mais à provoquer des efforts, et à stimuler la bonne volonté[34]. » Une responsable de l'ALO, discutant la possibilité « d'équipes d'hommes et de femmes » qui, comme le faisait l'Armée du Salut à Londres, viendraient balayer et nettoyer les « taudis », estimait que c'était « faire œuvre de dupe » : la visiteuse « doit être avant tout excitatrice d'énergie, *éducatrice*, mais elle ne doit pas se substituer à l'assisté sous peine d'encourager non seulement la paresse, mais le désir de cette même paresse dans le voisinage[35]. » Aide-toi, et l'aide ménagère t'aidera...

En effet, le but officiel de cette éducation et de toute l'œuvre de relèvement des familles pauvres était non pas leur perpétuelle tutelle, le protectorat définitif des frères inférieurs, mais bien une autonomie retrouvée. « Les amis du pauvre, écrivait Viollet, n'ont le droit de le protéger que dans la mesure exacte où ils ont la volonté de diriger ses aptitudes et ses efforts vers une indépendance légitime et de s'effacer eux-mêmes, le jour où il aura repris sa place dans la société[36]. » Et ce relèvement des individus et des familles, comment l'assurer sinon par l'acquisition des normes de comportement et l'imposition des disciplines de vie jugées nécessaires par le visiteur ? Une sorte d'arrangement, un « programme »[37] », était négocié avec la famille, au terme duquel, par exemple, tel enfant laissé par trop libre était mis au travail, l'éducation ménagère des filles entreprise si la mère n'avait pas le souci de son intérieur[38], l'emploi des ressources du ménage revu et corrigé de façon à dégager des excédents pour solder les dettes ou payer régulièrement le loyer. Pour ce ménage d'allure suspecte, « les conditions furent nettement posées, versement à la caisse des loyers, travail régulier, ou : pas d'aide[39] ». On aidera la famille P. à se loger plus au large de façon à ce que le fils aîné « ne couche plus avec sa sœur », et à la condition qu'une belle-sœur recueillie avec sa gamine de dix ans aille vivre « dans une chambre séparée (...)[40] ». S'ils pouvaient être retrouvés, les dossiers tenus par ces assistantes sociales avant la lettre pourraient nous dire, dans tous ces arrangements conclus, quelles étaient les parts respectives de l'autorité, du compromis et du respect des individus et des familles, car il serait faux de penser que, dans ce dialogue avec les assistés, tout était affaire de chantage et que l'amour était forcément absent.

Au total, au moins jusqu'en 1914, le bilan reste modeste : sur 40 familles particulièrement aidées par l'ALO entre les années 1906 et 1909, la trace de 15 d'entre elles était complètement perdue à la fin 1911, et, sur les 25 restantes, le relèvement était « un fait accompli » dans seulement 6 cas[41]... Dans ses différentes espèces — protectorat intéressé des classes supérieures ou despotisme éclairé visant à l'intégration par la normalité —, l'assistance reste encore au XIXe siècle une plante bien chétive. Car les pauvres ont aussi une intelligence et ont toujours su, face aux œuvres, sauvegarder leur liberté et recevoir sans donner leur âme.

Mais ceci est une tout autre histoire. A suivre donc.

1. L'œuvre s'appela d'abord Société du logement ouvrier ; nous avons unifié la titulature pour plus de clarté. Sur le Moulin-Vert en général, voir l'étude d'Henri Deroy, *Les œuvres du Moulin-Vert. De l'assistance éducative à l'organisation familiale*, Paris, Jouve et Cie, 1927, et les ouvrages d'Henri Rollet, notamment *L'Action sociale des catholiques en France (1871-1914)*, t. 2, Paris, Desclée de Brouwer, 1958.

2. Sur la Société de Saint-Vincent-de-Paul (nous citerons : SV de P), voir l'étude « maison » d'Albert Foucault, *La Société de Saint-Vincent-de-Paul. Histoire de cent ans*, Paris, Spes, 1933 ; et naturellement, l'ouvrage de J.-B. Duroselle, *Les Débuts du catholicisme social en France (1822-1870)*, Paris, PUF, 1951, pp. 154 sq. Nous avons principalement utilisé pour cet article les archives de la Société de Saint-Vincent-de-Paul (Conseil de Paris) et les papiers personnels de l'abbé Viollet, conservés au secrétariat national de pastorale familiale (4, cité du Sacré-Cœur, à Paris). Les archives de l'ALO semblent avoir disparu.

3. *Manuel du visiteur du pauvre*, Paris, A. Bray, 1890, p. 22.

4. Maurice Beaufreton, « La Déchéance des pauvres », *L'Assistance éducative*, décembre 1907, p. 277.

5. Jean Viollet, « De la dignité du pauvre et du respect qui lui est dû », Paris, *L'Assistance éducative*, (1910), pp. 3-4.

6. Archives de la SV de P, conférence Saint-Marcel de la Maison-Blanche, assemblée générale du 1er juin 1863.

7. Belot, « Un des nouveaux quartiers de Paris », *Choix de bonnes lectures*, 1861, n° 64, col. 353.

8. Archives SV de P, Conférence Saint-Marcel, et la brochure : Conférence Notre-Dame-des-Ecoles, *Rapport lu à l'assemblée générale du 26 février 1889...*, Paris, J. Mersch, 1889, p. 5.

9. A.F. Legentil, *Méditations à l'usage des membres des Conférences de Saint-Vincent-de-Paul*, 1903, p. 19.

10. *Manuel du visiteur...*, op. cit., pp. 13-27.

11. J. Viollet, *De la dignité...*, op. cit., p. 5.

12. *L'Assistance éducative*, octobre 1909.

13. SV de P, *Les Conférences et autres œuvres dans le diocèse de Paris en 1903*, p. 8.

14. *L'Assistance éducative*, novembre 1906 (art. de J. Viollet).

15. Conférence Notre-Dame-des-Ecoles, *Rapport...*, op. cit., pp. 5-6.

16. SV de P, conseil central de Paris, *Logements ouvriers. Prix d'hygiène et de bonne tenue*, s.l.n.d., p. 3.

17. SV. de P, *Les Conférences du diocèse de Paris en 1887*, p. 13.
18. SV de P, *Caisse d'économie pour les foyers des familles ouvrières ou indigentes. Notice explicative*, s.l.n.d., 1874, p. 5.
19. SV de P, *Les Conférence du diocèse de Paris en 1896*, pp. 18-19.
20. SV de P, *Les Conférences du diocèse de Paris en 1891*, p. 14.
21. A.F. Legentil, *Méditations...*, *op. cit.*, p. 87.
22. *Manuel de la Société de Saint-Vincent-de-Paul*, éd. 1903, p. 61.
23. *Manuel du visiteur...*, *op. cit*, p. 33.
24. Archives de la SV de P, conférence Notre-Dame-de-la-Gare, Tableau statistique de 1903.
25. Archives de la SV de P, conférence Saint-Charles-de-Monceau, tableau statistique de 1913.
26. *Manuel du visiteur...*, *op. cit.*, p. 122.
27. Papiers Jean Viollet : « Souvenirs et impressions d'apostolat (1901-1945) ».
28. *L'Assistance éducative*, septembre 1911.
29. L'abbé Viollet fut notamment prié de quitter le clergé de Plaisance. Voir dans ses *Papiers*, les « Souvenirs... » et les « Documents pour l'histoire ».
30. Société du logement ouvrier, *Manuel du visiteur*, 1909, pp. 3, 12-13, 17-22 ; *L'Assistance éducative*, juillet 1908, « Nos nouveaux dossiers ».
31. Le chef-d'œuvre de cette littérature « anti-faux-pauvres » est l'ouvrage de Louis Paulian, *Paris qui mendie*, Paris, Ollendorf, 1893.
32. Cas de la famille T., dans *L'Assistance éducative*, avril 1913.
33. Nombreux articles sur ce point dans *L'Assistance éducative*, très longuement traité par Viollet dans ses *Souvenirs*. L'ALO, chargée de distribuer 50 000 F aux victimes des inondations de 1910, créa « un fichier central » pour cette occasion avec une demi-douzaine d'œuvres, où figuraient tous les secours versés par ces organisations.
34. *L'Assistance éducative*, octobre 1909.
35. « A propos de " balais " », *L'Assistance éducative*, mars 1913.
36. J. Viollet, *De la dignité...*, *op. cit.*, pp. 5-6.
37. On peut lire par exemple : « D'accord avec la femme S..., la visiteuse organise un programme », *L'Assistance éducative*, juin 1912.
38. Les visiteurs plaçaient beaucoup d'espoir dans cette éduction : « Notre visiteuse appuie son action sur la fillette de dix ans » (mars 1909) ; « Le relèvement du foyer se fera par la fillette » (juillet 1909).
39. *L'Assistance éducative*, mars 1912.
40. *Ibid.*, mars 1909.
41. *Ibid.*, octobre 1911.

Caractères spécifiques de la pauvreté féminine aux XIXᵉ et XXᵉ siècles

YVONNE KNIBIEHLER

Aux yeux de bien des gens, séparer les femmes, les mettre à part, c'est une démarche surprenante, voire suspecte. Il est vrai que jusqu'ici les sciences humaines n'ont jamais abordé franchement le phénomène, pourtant incontournable, de la différence des sexes. Mais, quand des historiens se placent dans le sillage de la Déclaration des Droits de l'Homme, quand ils étudient la naissance et le progrès de la démocratie, alors ils ne peuvent plus ignorer que les premiers « exclus » de la démocratie ont été les femmes. Pendant un siècle et demi, les femmes ont été tenues en marge des affaires publiques et des décisions collectives. On peut montrer sans peine que cette éviction a contribué à la dégradation de leur condition sociale et économique, aggravé les formes spécifiques de leur pauvreté. Elle a déterminé des conduites originales de résistance, d'adaptation, mais aussi de dissimulation, de détournement, de délinquance. Elle a laissé des traces dans nos esprits. Il est nécessaire de la regarder en face, attentivement. Réfléchir sur l'exclusion des femmes, sur ses causes et sur ses conséquences, c'est réfléchir sur toutes les formes d'exclusion.

D'un autre côté, parler seulement des *familles* pauvres, des *familles* exclues, c'est oublier que tous les individus ne sont pas englobés dans des familles. C'est oublier aussi que la famille n'est pas un corps simple et homogène : elle est composée d'individus différents, dont chacun, en tant que tel, est — doit être — citoyen à part entière, puisque la citoyenneté est attribuée à l'individu. Observer la pauvreté féminine depuis la Révolution, ce n'est pas faire preuve d'un féminisme sectaire, c'est changer de regard, c'est essayer de mieux comprendre la variété et la complexité des facteurs qui engendrent la pauvreté et qui la renouvellent, qui perpétuent l'exclusion.

Trois flashes éclairent trois représentations successives de la femme, avec les conséquences qu'elles impliquent (le mot représentation est employé dans le sens de : image, définition).

I. AU TEMPS DE LA RÉVOLUTION [1], LA REPRÉSENTATION EST CELLE D'UNE « CITOYENNE »

Définition nouvelle qui suppose une réelle mutation, tant dans l'esprit des responsables politiques masculins que dans l'esprit des femmes elles-mêmes.

Les responsables politiques, apôtres de la liberté et de l'égalité, traitent d'abord avec égards toutes les « citoyennes », quelle que soit leur condition. Ils honorent les « mères des générations futures » et insistent sur l'importance de leur rôle civique. Ils essaient de mieux accueillir les parturientes pauvres en ouvrant des « maternités » (par exemple, celle de Port-Royal). La Convention promulgue des lois protectrices concernant surtout les mères (« filles-mères », mères qui allaitent, mères veuves) ; mais faute de temps et d'argent, ces lois ne peuvent être appliquées.

Les femmes elles-mêmes se disent, se pensent « citoyennes ». Elles fondent des clubs et des sociétés patriotiques, à l'intérieur desquels s'exprime une véritable solidarité. Certaines ouvrent des écoles pour assurer l'éducation patriotique des futurs citoyens. Elles réclament des armes, et s'insurgent à l'occasion des crises de subsistances ; mais elles donnent toujours un contenu politique à leurs revendications : « du pain et la liberté » ; « du pain et la Constitution de 93 ».

Le décret du 30 octobre 1793 les exclut de toutes les assemblées politiques ; et bientôt les clubs de femmes sont interdits. Après le 9 thermidor, elles subissent une répression impitoyable. Elles resteront écartées de la citoyenneté pendant 150 ans, en vertu d'une répartition des rôles et des espaces selon le sexe, énoncée de façon dogmatique · à l'homme, la vie publique ; à la femme, la vie privée.

II. AU XIXᵉ SIÈCLE, LA REPRÉSENTATION OFFICIELLE DE LA FEMME EST CELLE D'UNE MÈRE AU FOYER, MÉNAGÈRE DÉVOUÉE, FÉE DU LOGIS

L'intégration n'est pas directe, elle se fait par l'intermédiaire de l'homme, de la famille. En principe, « l'homme doit nourrir la femme » (Michelet) : on voudrait protéger la génitrice, être fragile, contre la dureté du travail hors du foyer. « Ouvrière, mot impie, sordide » (Michelet).

La réalité dément cette représentation. Parmi les femmes de 21 ans et plus, 49 % (presque la moitié !) sont dépourvues de tout soutien masculin. Outre les célibataires et les veuves, il y a celles dont le mari est à l'hôpital, au chômage, en prison, disparu dans la nature ou alcoolique invétéré buvant toute la paie... Ces femmes « seules » ont souvent des enfants à leur charge. D'ailleurs, le nombre des « filles-mères » augmente, parce que le Code Napoléon ne sanctionne pas efficacement la séduction, ni le viol. Or, ces femmes sans homme ne peuvent pas gagner leur vie : le travail à domicile, qui leur permettrait de rester chez elles pour soigner leurs enfants, est si mal rémunéré qu'il condamne celle qui s'y risque à l'épuisement et à la misère. Même hors du foyer, les salaires féminins, considérés comme des salaires d'appoint, sont infimes (la moitié du salaire masculin pour le même travail). La conséquence, c'est que, tout au long du siècle, les femmes constituent en moyenne 60 % de la population indigente (assistée, secourue, dans les bureaux de bienfaisance par exemple)[2]. Curieusement, cette proportion diminue pendant les crises économiques parce qu'à ces moments là le nombre des hommes miséreux augmente.

Il y a là un phénomène qui semble relever bien plus des structures socio-culturelles que de la conjoncture économique. D'ailleurs les enquêteurs sociaux du XIXᵉ siècle le savent et le disent, à leur manière : Villermé, Buret et surtout Julie Daubié[3].

Les réactions des femmes réduites à la misère sont variées. Il y a des protestations directes : les premières grèves de travailleuses éclatent à la fin du Second Empire. Les femmes d'ouvriers poussent souvent leurs maris à l'insurrection ; elles sont les « tisons des faubourgs », selon certains observateurs.

Mais on observe aussi de multiples protestations indirectes, peut-être plus spécifiques. Passons rapidement sur la maladie (l'hystérie frappe surtout les femmes pauvres : expression « psychosomatique » dirions-nous, de la misère morale autant que matérielle), et sur la criminalité (l'infanticide, de plus en plus souvent imputable aux « filles-mères », la prostitution). Examinons plutôt les rapports ambivalents que les femmes pauvres entretiennent avec les institutions qui s'occupent d'elles. Le « tour » des hospices permet l'abandon anonyme des nouveau-nés. Déjà utilisé à la fin du XVIIIe siècle, fermé pendant la Révolution, il est rétabli en 1811, dans le but de réduire l'infanticide. En principe, il doit permettre aux « filles-mères » de dissimuler leur faute et de se réinsérer dans la société. En réalité, bien des femmes mariées usent de cette possibilité ; ensuite elles vont à l'hospice se proposer comme nourrices à gages, et, grâce à certaines complicités, reçoivent comme nourrisson leur propre enfant ; elles ont inventé le salaire maternel. L'administration des hospices n'est pas toujours dupe et ferme les yeux. Mais le tour revient trop cher aux municipalités : entre 1850 et 1860, les tours sont fermés, remplacés par des bureaux où toute femme peut abandonner son enfant, sans pouvoir garder l'anonymat (une nouvelle loi permettant l'accouchement et l'abandon anonymes sera promulguée en 1904). Les municipalités proposent un secours aux femmes sans ressources, aux filles-mères notamment, qui préfèrent ne pas abandonner leur enfant. Certains dossiers de l'Assistance publique contiennent les lettres de celles qui sollicitent le secours. On peut y lire l'explication de leur détresse, l'expression de leurs besoins et de leurs désirs (ces documents ont été encore peu exploités). Mais ce secours, si modeste soit-il, aménage la situation de fille-mère au point de la rendre enviable : il arrive alors que certaines filles-mères dissimulent une liaison, ou retardent leur mariage pour bénéficier du secours. Les municipalités organisent des contrôles sévères.

Il arrive aussi que les secours proposés par des œuvres privées (une société de charité maternelle, par exemple) soient refusés parce que leur attribution est soumise à des conditions : la mère doit être mariée, allaiter l'enfant, le faire vacciner, baptiser ; ces contraintes déplaisent à certaines femmes.

Il arrive aussi qu'une fille-mère accouchée à l'hôpital y soit recrutée comme nourrice. Mais alors on lui retire sont propre petit, qu'elle serait tentée de favoriser, et on lui impose deux, parfois trois autres nourrissons. L'un d'eux peut être syphilitique et contaminer la nourrice qui, à son tour, infectera les autres. Peu de femmes acceptent ce risque.

Cependant, l'industrie nourricière connaît toujours une grande prospérité. Mais elle se transforme. La nourrice mercenaire, qui est le plus souvent une paysanne mariée, va maintenant « sur lieu » : c'est-à-dire qu'elle va s'établir chez les parents du nourrisson, délaissant son propre petit. Certaines ont spéculé sur cette possibilité : elles enfantent sans désir de maternité, dans le seul but de se louer comme nourrices. Car le salaire est élevé, les conditions de vie excellentes, le nourrissage et le maternage sont des tâches relativement légères. Sous la IIIe République on assimile de plus en plus les nourrices aux prostituées. (A présent, certains assimilent les mères porteuses, qui louent leur ventre, aux anciennes nourrices qui louaient leurs seins). La révolution pasteurienne, grâce à la stérilisation, réhabilite biberons et tétines, et permet la disparition de ce commerce qui durait depuis des millénaires. Celle qui élève un enfant étranger loue désormais son travail, non plus son corps, et ne sacrifie pas son petit.

Ces divers comportements soulignent une évidence : c'est surtout l'enfantement qui place les femmes dans des conditions spécifiques de pauvreté, et qui détermine leurs réactions les plus originales, et les plus affligeantes.

En même temps, un « féminisme » des femmes pauvres s'exprime dès les années 1830. L'ouvrière Suzanne Voilquin et ses amies réussissent à fonder et à faire vivre durant 2 ans un petit périodique, *La Tribune des femmes*, qui réclame, à nouveau, des gagne-pain honorables, l'instruction des filles, la réduction de la puissance maritale et paternelle. Les mêmes revendications ressuscitent en 1848. Durant la IIe République, d'importantes formes de solidarité se développent parmi les femmes les plus pauvres (à Paris surtout). A partir des années 1880, des femmes des classes moyennes et supérieures prennent le relais du féminisme : certaines ont le souci d'aider les plus humbles à s'organiser pour obtenir de meilleures conditions de vie.

III. AU XXe SIÈCLE, LA REPRÉSENTATION DE LA FEMME SUBIT UNE NOUVELLE TRANSFORMATION

C'est désormais une reproductrice qu'il faut soigner pour qu'elle mette au monde et allaite de beaux enfants au service de la patrie. En effet, trois facteurs nouveaux interviennent :

La dénatalité et la mortalité infantile préoccupent les pouvoirs publics dès avant la Première Guerre mondiale, mais plus encore après. La dimension biologique de la maternité prime tout. Il s'ensuit un grand effort de médicalisation : « l'hygiène sociale » se développe ; la lutte contre la tuberculose, contre la syphilis, contre les maladies infantiles, entraîne la création d'une foule d'institutions nouvelles : « maternités » entièrement médicalisées, infirmières visiteuses (qui vont visiter les familles à domicile). Il s'agit de placer sous surveillance les femmes du peuple, jugées ignorantes et irresponsables, de leur enseigner à nourrir et soigner leurs enfants. Il est arrivé que la sollicitude médicale se fasse autoritaire ou condescendante. Mais en général les femmes concernées ont été dociles, trop heureuses qu'on leur donne quelques moyens d'assurer la survie et la bonne croissance de leur progéniture. Certains médecins s'efforçaient aussi d'obtenir que les filles-mères commencent à allaiter ; ils espéraient provoquer ainsi un attachement qui empêcherait l'abandon.

La Sécurité sociale, depuis les années 1950, a généralisé la distribution d'allocations de toutes sortes, versées aux mères désormais. Celles-ci peuvent donc faire face aux plus urgentes nécessités. Mais voilà que certains travailleurs sociaux observent des « effets pervers ». Par exemple, l'allocation de parent isolé, versée aux mères célibataires pendant trois ans après la naissance de leur enfant, ne ferait que retarder l'abandon de l'enfant ; elle détournerait en outre la mère de chercher un emploi. D'un autre côté, l'assistance est supposée aggraver la passivité de certaines mères démunies (surtout des mères célibataires, immigrées pour la plupart) ; quelques-unes semblent incapables de la moindre autonomie.

Des techniques sûres permettent désormais d'éviter la conception. Les femmes seules et/ou sans ressources devraient donc pouvoir écarter les charges de la maternité. Mais les femmes les plus pauvres ne sont pas celles qui réduisent le plus les naissances. Par défaut d'information ? d'instruction ? de conscience ? ou parce que l'enfant, les enfants, constituent la seule richesse accessible, la richesse affective ? Elles semblent affirmer que toute femme, même très pauvre, même dépourvue de soutien masculin stable, a le droit d'être mère. Les formes de solidarité les plus efficaces se développent d'ailleurs parmi les femmes les plus pauvres, migrantes maghrébines notamment. C'est l'héritage d'un monde où les rôles masculin et féminin étaient fortement distincts, et où le petit enfant relevait des femmes. Ces mères déracinées affirment ainsi que, pour elles, la maternité reste le véritable fondement de l'identité féminine.

CONCLUSION. PERSPECTIVES DE DÉBAT POUR LE FORUM

Depuis le début des années 1980, à l'occasion de la nouvelle crise économique, un vaste débat s'est ouvert à propos de la pauvreté féminine. La bibliographie anglo-saxonne sur ce sujet est abondante[4]. En outre, un important colloque sur *Femmes et pauvreté*, organisé par la Coordination européenne des femmes, a eu lieu à Bruxelles, en novembre 1988[5]. Les principaux thèmes du débat sont les suivants :

On a beaucoup parlé d'une « féminisation » de la pauvreté. Mais comment l'entend-on ? A toutes les époques, plus encore peut-être au XIXe siècle, les femmes ont eu des revenus inférieurs à ceux des hommes, parce qu'elles ont toujours fait (et font encore aujourd'hui) l'objet d'une discrimination en matière de formation professionnelle et dans la rétribution de leur travail. Il n'y a donc pas, semble-t-il, accroissement global de la part des femmes dans la pauvreté.

Cependant, les recherches faites en France et en Belgique tendent à présenter la pauvreté actuelle des femmes comme corrélative au statut des femmes chefs de « famille monoparentale », principalement dans le cas des séparées et divorcées. Il est sans doute vrai que les groupes atteints par la pauvreté ne sont plus les mêmes qu'autrefois : il y aurait aujourd'hui plus de pauvreté chez les femmes jeunes ; il y aurait déplacement de la pauvreté vers les jeunes femmes.

Cette constatation renvoie à l'idée que le mariage protège les femmes de la pauvreté : le risque de pauvreté des jeunes femmes serait lié au divorce ou à la séparation. Accepter cette interprétation, c'est oublier que la grande majorité des femmes pauvres sont sans profession : la véritable cause de leur pauvreté, c'est l'absence de revenu personnel. Le divorce ou la séparation ne font que révéler cette réalité. Il n'y a aucune symétrie entre la perte d'un revenu professionnel et la rupture du couple. Le mariage n'est pas pour la femme une source de revenu, même si elle y trouve provisoirement sa subsistance. Certaines chercheuses soutiennent même, au contraire, que le mariage appauvrit souvent la femme. Chacun des conjoints entre dans le mariage muni d'un certain « capital » (économique, social, culturel). Au cours du mariage, celui de la femme tendrait presque toujours à diminuer, du fait surtout de la charge des enfants, alors que celui de l'homme s'améliorerait. Cette analyse n'a pas pour but de détourner les femmes du mariage, mais de les amener à une conscience plus lucide des réalités. Y a-t-il féminisation de la pauvreté par l'effet du divorce ou par l'effet du mariage ?

Enfin, certaines chercheuses anglaises et américaines, notamment Hilda Scott, sont d'avis que le système économique actuel engendre, à des rythmes différents, une paupérisation continue de l'ensemble des femmes, tant dans les pays développés que dans les pays en développement. La répartition entre le travail rémunéré et le travail non rémunéré, la redistribution du travail par l'effet du progrès technique, le transfert progressif, vers les femmes, de la charge des enfants, conduiraient à une pauvreté spécifique des femmes, feraient basculer l'ensemble des femmes vers une condition inférieure à celle de leur classe, race ou nation respectives.

Ainsi, l'enjeu du débat sur la féminisation de la pauvreté se déplace. Il s'agit moins de savoir s'il y a — ou non — féminisation de la pauvreté, que de découvrir les racines spécifiques de la pauvreté des femmes, et surtout les remèdes spécifiques (politiques, sociaux, économiques, culturels) que l'on pourrait apporter à cette pauvreté[6].

---

1. Voir notamment Dominique Godineau, *Citoyennes tricoteuses : les Femmes du peuple à Paris pendant la Révolution française*, Paris, Alinéa, 1988 ; et *Les Femmes et la Révolution française*, Actes du Colloque de Toulouse, avril 1989, 3 volumes à paraître.

2. Cf. Stéphane Muckensturm, « L'Indigence bas-rhinoise au XIXe siècle (1790-1870) », *Bulletin de la Société d'Histoire moderne*, supplément à la *Revue d'Histoire moderne et contemporaine*, n° 4(1988).

3. Docteur Villermé, *Tableau de l'état physique et moral des ouvriers employés dans les manufactures de coton, de laine et de soie*, Paris, J. Renouard, 1840 ; Eugène Buret, *De la misère des classes laborieuses en Angleterre et en France...*, Paris, Paulin, 1840 ; Julie Daubié, *La Femme pauvre au XIXe siècle*, Guillaumin et Cie, 1866.

4. *Women and poverty in Britain*, sous la direction de Caroline Glendinning et Jane Miller, Wheatsheaf Book, Brighton, 1987.
Stanislaus Kennedy, *But Where can I Go ? Homeless Women in Dublin*, éd. Arlen House, Dublin, 1985.
Women and Poverty, sous la direction de Barbara C. Gelpi *et alii*, The University of Chicago Press.
Deborah A. Abowitz, « Data Indicate the Feminization of Poverty in Canada too », *Sociology and Social Research*, 70, 3(1986), pp. 209-213. Hilda Scott, *Working your Way to the Bottom. The Feminization of Poverty*, Pandora Press, Londres-Boston, 1984. Contance F. Parvey, MS., « Liberté à la dérive. Les femmes sans logis aux Etats-Unis », trad. A. Divault, *Concilium*, 214(1987), n° intitulé *Les femmes. Le travail et la pauvreté*. Hannelore Schroder, « L'appauvrissement économique des mères est l'enrichissement des pères », *Concilium*, pp. 27-37

5. Les Actes de ce Colloque vont paraître prochainement. Renseignements : Coordination européenne des femmes, Liliane Versluys, Vismarkt, 83 000 Leuven, Belgique.

6. Cf. Hedwige Peemans-Poullet, « Un faux débat : la féminisation de la pauvreté », *Chronique féministe*, 28(juillet-août 1988), Bruxelles, Université des Femmes, 10, place Quetelet, 1030 Bruxelles.

« Présentation de soi » et présentation politique : l'exemple des réfugiés en France

GÉRARD NOIRIEL

Cette communication s'appuie sur une recherche en cours consacrée à l'histoire sociale du droit d'asile et des réfugiés en France depuis la Révolution française. Je souhaiterais attirer l'attention sur un aspect qui est souvent oublié dans les études relatives à la pauvreté et que je poserai sous la forme d'une question : en quoi le statut d' « étranger » peut-il être un facteur d'aggravation de la misère ?

L'un des arguments les plus fréquemment invoqués par les défenseurs du droit social est que les mesures juridiques ont permis de mettre fin à l'arbitraire qui régnait à l'époque des philanthropes qui concevaient l'aide sociale comme un « bienfait » qu'il fallait « mériter ». Avec le vote des lois sociales, des critères objectifs définissent désormais la pauvreté et assurent à ceux qui sont reconnus comme « ayants droit » une aide qu'il n'est plus besoin de quémander au prix d'une démarche humiliante.

Si cette argumentation est conforme à la réalité historique dans ses grandes lignes, l'étude du droit d'asile et de ses effets sociaux illustre les contradictions que présentent les formes modernes, « administrées » (pour reprendre un terme cher à l'Ecole de Francfort), de l'aide sociale. En partant de la situation actuelle du droit d'asile, j'évoquerai rapidement les conditions historiques qui permettent d'en rendre compte avant de poser quelques jalons concernant les problèmes plus spécifiques de représentation politique qui sont au centre de ce colloque.

1. *La situation actuelle du droit d'asile*

Il n'est guère besoin d'insister longuement sur le fait qu'aujourd'hui les réfugiés constituent le groupe des pauvres parmi les pauvres. Tout le monde a en mémoire le drame des boat-people, des Kurdes fuyant l'Irak et regroupés dans les camps du Massif central... L'aggravation de la misère du tiers monde, la multiplication des oppressions politiques accroissent continuellement le nombre de ceux qui demandent le statut de réfugiés au gouvernement français. De 19 863 demandes en 1981, nous sommes arrivés à 34 352 demandes en 1988. En revanche, le nombre des certificats accordés a régressé de 14 586 en 1981 à 8 794 en 1988. En cette année du Bicentenaire et de la célébration des Droits de l'Homme, la France n'a jamais refusé autant de candidats au droit d'asile et les perspectives des années à venir sont encore plus inquiétantes, du fait notamment des risques que présente l'adoption d'une réglementation européenne en recul sur la législation française en ce domaine.

Le plus important, pour le sujet qui nous occupe ici, tient à la question des critères qui sont avancés pour motiver les acceptations ou les refus du statut de « réfugié ». En la matière, c'est la Convention de Genève du 28 juillet 1951 qui fait autorité. Elle définit le réfugié comme une personne « craignant avec raison d'être persécutée du fait de sa race, de sa religion, de sa nationalité, de son appartenance à un certain groupe social ». En période de restriction du droit d'asile, cette définition est interprétée dans un sens étroit. Elle valorise le critère politique, mais écarte tout critère de type économique. Deux cas récents examinés par l'OFPRA illustrent cette situation : un Chinois, se présentant au lendemain des événements de Pékin du printemps dernier, est immédiatement accepté comme réfugié, alors même qu'aucune preuve n'a pu être apportée que sa fuite résultait de la répression politique. A l'inverse, la candidature d'un Africain demandant l'asile parce qu'il se dit victime de la « sécheresse » est écartée comme non conforme à la Convention de Genève.

Le rôle du chercheur n'est pas de prononcer des jugements de valeur sur ces décisions politiques, mais d'analyser les mécanismes de fonctionnement propres à nos sociétés démocratiques. Le problème fondamental est ici celui des *catégorisations*, des définitions appliquées aux individus, et des enjeux sous-jacents. Avec la fermeture des frontières à l'immigration au milieu des années 1970, il est certain que de nombreux pauvres du tiers monde, n'ont eu d'autres ressources que de tenter de se « faire passer pour réfugiés », comme le soulignent avec inquiétude les pouvoirs publics, en essayant, soit de se présenter eux-mêmes comme des victimes de la répression politique dans leur pays, soit en mettant en valeur d'autres critères justifiant leur décision de s'exiler (misère économique le plus souvent).

   Ces tentatives, faites par des gens qui vivent dans une situation désespérée, de contournement des règles établies contraignent l'administration à des vérifications de plus en plus rigoureuses des déclarations individuelles. A partir du moment où un « statut » est accordé en fonction de critères apparemment objectifs, il devient absolument indispensable pour le groupe qui a imposé la définition des critères légitimes, de vérifier la justesse des affirmations des postulants au statut. En ce qui concerne la question des réfugiés, le problème est d'autant plus difficile à résoudre que les preuves font le plus souvent défaut (le réfugié est en général contraint de partir dans la précipitation, sans le moindre papier d'identité ; son Etat d'origine refuse, en général, de collaborer avec le pays qui l'accueille ; sauf dans les cas où la torture est manifeste, il est très difficile pour un individu d'établir les preuves d'une « répression » politique...). C'est pourquoi, dès les années 1950, les pouvoirs publics français ont dû mettre en place un organisme spécialement consacré au problème des réfugiés : l'Office Français de Protection des Réfugiés et Apatrides (OFPRA). Créé en 1953, essentiellement pour gérer les dossiers des réfugiés produits par les deux guerres mondiales : Arméniens, Espagnols, Russes, juifs allemands, il compte aujourd'hui plus de 200 salariés et traite 3 600 dossiers par an ; la plupart en provenance du tiers monde (et l'on parle de doubler ses moyens pour faire face à l'explosion de la demande).

   L'afflux des candidatures au statut de « réfugié » s'explique aussi par les contradictions internes au monde bureaucratique[1]. En effet, le personnel de l'OFPRA était jusqu'ici en nombre insuffisant pour traiter en temps voulu tous les dossiers. D'où des délais qui peuvent atteindre trois années entre le moment où le postulant dépose sa demande et le moment où elle est examinée par les instances compétentes. Pour éviter que l'étranger sans carte de séjour, en attendant que l'on examine son cas, n'en soit réduit à la clandestinité, les pouvoirs publics ont été contraints d'inventer de nouvelles catégories intermédiaires et ambiguës. Le candidat au statut de réfugié reçoit, au moment où il dépose son dossier, un « bon de dépôt » qui atteste sa requête ; ce qui lui donne droit à la Sécurité sociale et à l'allocation-chômage (1 350 F par mois), mais pas à l'allocation-logement ni aux allocations familiales, réservées aux « titulaires » de la carte. Mais au bout d'un an, même si aucune décision n'a été prise, on lui retire sa couverture sociale. L'individu en est réduit à la charité publique, dispensée notamment par le Comité Médical d'Aide aux Expulsés. On mesure l'ampleur de la faillite du système. Celui qui est « réellement » persécuté vit pendant plusieurs années pratiquement comme un mendiant jusqu'à ce qu'on ait reconnu son bon droit. Celui qui ne correspond pas aux critères en vigueur est brutalement expulsé hors du pays, après plusieurs années en France, alors même que souvent un ou plusieurs enfants y sont nés.

2. *Un héritage de la Révolution française*

Les réformes en cours visent à mettre fin à une situation peu conforme à l'image qu'on se fait du « pays des Droits de l'Homme ». Je voudrais maintenant montrer que les problèmes actuels ne s'expliquent pas simplement par la conjoncture plus difficile ou par les blocages de l'administration, mais par les contradictions qui, dès le départ, ont miné le droit d'asile. Comme l'avait bien vu Albert Mathiez[2], le droit d'asile est proclamé en 1793 au moment même où la République accomplit un virage nationaliste qui désigne comme « ennemis » la plupart des étrangers établis sur le sol de France. La contradiction entre l'homme et le citoyen, c'est-à-dire entre l'universel et le particulier, que Rousseau avait parfaitement analysée, presque 50 ans avant la Révolution, éclate alors au grand jour. Elle restera jusqu'aujourd'hui au centre des problèmes de l'immigration. En ce qui concerne les réfugiés, on constate que, dès la monarchie de Juillet, est posé le problème de la définition du réfugié. La loi de 1832 permet d'accueillir environ 8 000 exilés fuyant la répression qui suit les soulèvements révolutionnaires en Pologne, Italie, Espagne... A cette époque, la codification nationale des professions et du droit social n'existe pas encore. Il n'est pas nécessaire d'être français pour bénéficier de l'aide des bureaux de bienfaisance, pour trouver un emploi d'instituteur ou de médecin. Les dossiers individuels, conservés par milliers aux archives nationales et départementales, mais jusqu'ici délaissés par les historiens, montrent que beaucoup de ces réfugiés s'intègrent progressivement à la société locale. Néanmoins, dès cette époque, ils sont sous la coupe de l'administration. Pour empêcher la formation de groupements politiques, on les répartit sur l'ensemble du territoire français, mais en échange on leur accorde des subsides (ce qui est aussi un moyen de contrôler leurs allées et venues). La fin du XIXe siècle marque le début d'une deuxième étape dans l'histoire de l'assujettissement des réfugiés politiques. C'est au cours de cette période que se constitue véritablement un espace national au sein de la société française. La « fonction publique » est élargie à l'enseignement, aux « services » (voir l'exemple des transports ferroviaires où même les cheminots doivent être de nationalité française). De même, la plupart des lois sociales contiennent une clause de nationalité. Leur bénéfice est réservé aux Français, sauf en cas d'accord de réciprocité avec les pays d'origine[3]. Grâce à toutes ces « conquêtes sociales », l'individu de nationalité française possède désormais des avantages indéniables par rapport aux étrangers. Ces derniers, tout au moins en ce qui concerne les réfugiés, sont de plus en plus pauvres. En effet, la répression politique ne touche plus comme dans les décennies précédentes surtout l'élite qui participait au combat politique pour la démocratie, mais la masse des persécutés pour des causes ethniques ou religieuses. Dès la fin du siècle, affluent en France les réfugiés juifs de Russie victimes des pogromes et les Arméniens massacrés par les Turcs. Pour que le droit d'asile conserve un sens, il devient nécessaire de créer entre la catégorie des Français et celle des étrangers (ou immigrés), un troisième groupe, intermédiaire, qui, sans avoir les mêmes droits que les Français, ne partage pas le sort des simples immigrants « économiques ».

Ce n'est qu'à partir de la Première Guerre mondiale que le problème va trouver un début de réponse au niveau international, dans le cadre de la SDN d'abord puis de l'ONU. La mondialisation de la question des réfugiés nécessite l'adoption de solutions internationales, que ce soit pour les problèmes de papiers d'identité (cf. le passeport Nansen), les problèmes d'accueil, d'aide matérielle, d'intégration... Désormais, cette catégorie d'individus est nettement distinguée de celle des « immigrés », elle bénéficie d'avantages réels, mais elle est assujettie à des normes internationales qui dépendent des représentations diplomatiques et des stratégies de grandes puissances.

3. Les différents échelons de la représentation politique

L'exemple des réfugiés est une bonne illustration de la capacité des sociétés modernes démocratiques à « fabriquer » de nouveaux groupes sociaux qui ne sont pas fondés sur un substrat socio-économique. En effet, il existe toute une série d'éléments objectifs qui permettent d'identifier le groupe des réfugiés : chassés de leur pays d'origine, ils sont à la fois étrangers dans le pays d'accueil et réduits à la misère du fait même qu'ils ont tout perdu dans leur exil. Cependant, le fait même que le système politique des pays démocratiques soit fondé sur la citoyenneté nationale interdit à ce groupe toute possibilité de représentation politique individuelle ou collective. A quelque échelon que ce soit, il n'existe aucun représentant qui soit issu de leurs rangs. Leurs difficultés ne sont évoquées sur la scène parlementaire que de façon indirecte, par l'intermédiaire des porte-parole des groupes nationaux. Dans les diverses commissions où leurs problèmes sont abordés, ils ne sont jamais directement représentés. L'aspect éphémère de leur statut est une cause importante expliquant l'absence de représentation collective qui caractérise ce groupe.

A la différence des classes sociales ou des « minorités » ethniques ou religieuses, il n'est pas possible d'être « réfugié » de père en fils ; beaucoup de ceux qui ont obtenu ce statut le perdent même par la suite (par naturalisation, par changement de régime politique dans le pays d'origine...). Bien que tous les réfugiés aient des problèmes spécifiques, les facteurs mentionnés ci-dessus convergent tous pour cantonner leurs revendications à des demandes individuelles, atomisées, isolées les unes par rapport aux autres. Les milliers de lettres écrites depuis 150 ans à l'administration par des réfugiés prouvent l'ampleur et la constance de leurs problèmes. Sans pouvoir insister longuement sur cette question, je ne ferai que mentionner quelques éléments de revendications qui affleurent dans ces lettres. Au XIXe siècle, les suppliques les plus nombreuses des réfugiés (adressées en général directement au ministre de l'Intérieur ou au préfet) sont celles qui demandent à l'administration de faciliter le rapprochement des membres d'une même famille ou d'une même région, de prolonger le versement de subsides sans lesquels l'individu concerné sera réduit à la mendicité. Au XXe siècle, les demandes s'inscrivent dans un cadre beaucoup plus bureaucratisé. Elles s'adressent aux services spécialisés dans la gestion du « problème des réfugiés » (OFPRA, commission des recours) et toutes sont centrées sur la tentative d'obtention du statut qui règle désormais leur condition. Au-delà des différences entre les deux époques, il faut souligner un point commun. Dans les rapports qu'entretiennent avec les pouvoirs publics des individus qui n'ont que le secours de leur plume pour faire admettre la justesse de leurs revendications, on observe la constance du souci qu'ils manifestent dans la « présentation de soi »

Les marques du discours (humilité, formules de respect accentuées...), l'argumentation employée (apitoyer le fonctionnaire de service à l'aide d'éléments jugés aptes à convaincre un citoyen français)[4] traduisent sans doute la permanence d'une position sociale particulièrement dominée dans un monde où le fait même de ne pas être citoyen est inconcevable.

---

1. J'emploie ce terme au sens que lui a donné Max Weber, donc sans connotations péjoratives.
2. A. Mathiez, *La Révolution et les étrangers. Cosmopolitisme et défense nationale*, La Renaissance du Livre, 1918.
3. Pour plus de précisions sur cette question, cf. G. Noiriel, *Le Creuset français*, Paris, Le Seuil, 1988.
4. Les lettres du XIXe siècle invoquent fréquemment la « maladie » ou « l'esprit de famille » pour faire céder le ministre ou le préfet. Les lettres du XXe siècle mettent l'accent sur des données plus politiques : exaltation du « pays des Droits de l'Homme », dénonciation du « fascisme » ou du « communisme ».

Rapport de synthèse

MARC-HENRI SOULET

Représentation de la pauvreté ou représentation de la pauvreté ? L'atelier dont j'ai charge de rapporter les travaux n'a pas véritablement réussi à trancher cette question. Mais au fait, où se situait cette question ? Au cœur du colloque qui la porte depuis ses premières réflexions et la portera, probablement, jusqu'à ses débats ultimes. Et ce, faute d'avoir su se situer devant une ambiguïté sémantique, ou devant l'impossibilité de le faire.

Car représentation est un terme pour le moins plurivoque. Prenons par exemple le Lalande. Que trouvons-nous ? D'un côté, « une image qui rend présente une chose ». De l'autre, « le fait de tenir la place d'une ou plusieurs personnes, de leur être substitué dans l'exercice de leurs droits ou pour défendre leurs intérêts ». La première définition, je l'appellerais la *représentation sociale*, c'est-à-dire toutes les façons socialement produites et déterminées par lesquelles des éléments de réalité deviennent présents à la conscience sociale. La seconde caractérise la *représentation politique*, c'est-à-dire toutes les façons d'être présent en lieu et place de quelqu'un, mais pour lui, en vertu d'un mandat explicite, que ce soit par élection ou délégation.

Là où les choses se compliquent, c'est que ces variations sémantiques interfèrent socialement. D'une part, il n'y a de représentation que sur la base d'une représentation. Traduisez : il n'y a de représentation politique que sur la base d'une représentation sociale. Il faut qu'il y ait des groupes sociaux constitués et visibles pour qu'il y ait des acteurs qui en soient ou s'en disent les mandataires. D'autre part, il n'y a pas d'identité collective sans représentation sociale, sans mise en image de particularités communes.

Les communications qui ont servi de support aux discussions

n'ont pas échappé à cette double nature imbriquée de la représentation. Ce qui est fort logique d'ailleurs, puisqu'elles se concentraient essentiellement sur les œuvres sociales dont la caractéristique commune est, pourrait-on dire, d'intervenir auprès d'une population sur la base d'une image de celle-ci tout en se voulant le porte-parole de ses intérêts. Certains des auteurs ont plus axé leur texte sur l'action des œuvres, d'autres se sont davantage penchés sur les populations-cibles destinataires, d'autres enfin ont souligné l'étroite imbrication des deux en posant la nécessaire prédélimitation des bénéficiaires comme fondement de l'intervention.

Avant de dégager ce qui nous paraît former les interrogations transversales de ces contributions, tentons d'en résumer les apports principaux. Deux communications, celle de Henri Péquignot sur l'histoire récente des rapports entre hôpitaux et pauvreté, et celle de Nicole Haesenne-Peremans sur la lutte contre la pauvreté en Wallonie, de la fin du XVIIIe siècle au début du XIXe siècle, nous ont conviés à saisir une évolution : celle des relations entre une intervention sociale institutionnalisée et ses destinataires. Elles ont pointé du doigt le jeu interactif de l'image et de l'action. A chaque définition ou délimitation sociale du pauvre font pendant une ou des formes instituées de secours. A chaque transformation administrative ou technique d'une institution correspond un type de bénéficiaires légitimes (et par contrecoup des types de populations illégitimes). La médicalisation des hôpitaux, c'est-à-dire le passage du pauvre au malade et, simultanément, la sédentarisation du médecin au sein de ceux-ci, marque bien ce double jeu. De même, le changement de tutorat en Wallonie, passant, avec la Révolution française, d'autrichien à français, s'accompagne d'une profonde modification dans la représentation des pauvres, modification qui trouve sa concrétisation dans la priorité accordée aux secours à domicile sur les secours hospitaliers. Et, pour ces derniers, sur la transformation profonde de leur nature, passant de maisons de force à maisons de travail. Les deux exposés ont d'ailleurs conclu sur une tonalité analogue : l'inefficacité relative des actions développées trouve son origine dans un décalage entre d'un côté l'image que se font des pauvres les promoteurs de l'action et de l'autre, les besoins réels des pauvres, ce qui nous conduit, dans un cas, à justifier l'interrogation actuelle sur le rôle social de l'hôpital face à son développement technologique et, dans l'autre, à expliquer l'apparition de formes alternatives d'action, notamment le mouvement mutualiste.

Une autre contribution a également analysé les rapports entre représentation sociale et action sociale, celle d'Alain Faure. En étudiant deux œuvres privées à Paris de la seconde moitié du XIXe et du début du XXe siècle, la Société de Saint-Vincent-de-Paul et l'Amélioration du Logement Ouvrier, l'auteur nous a proposé une analyse fine et détaillée des représentations sociales croisées des visiteurs et des visités. Mais surtout, il a souligné combien représentation politique et représentation sociale étaient imbriquées. La donne première de l'existence de toute œuvre sociale, c'est en effet qu'elle possède une vertu essentielle, celle d'atteindre « l'intelligence des pauvres », c'est-à-dire que, par intropathie, elle partage leurs souffrances, elle entre « dans les points de vue du pauvre, s'imprègne de sa manière de voir et d'envisager les problèmes de la vie ». Cette science du pauvre repose sur une « extrême attention » et, par la sympathie des visiteurs, elle permet de percevoir certaines qualités chez les pauvres, qualités qui échappent aux regards ordinaires.

Ces compétences, sympathie et extrême attention, expliquent que les représentations de classe habituelles soient transcendées et — un peu à la manière de l'intellectuel de Karl Mannheim parvenant à s'arracher de sa position originelle de classe par le biais de la formation rationnelle qu'il a connue — expliquent que les visiteurs, et plus largement les œuvres sociales, soient situationnellement non conditionnés et donc sans attaches. On comprend mieux ainsi comment ces dernières peuvent devenir les représentants et les défenseurs des pauvres et prôner une indulgence supérieure.

Trois autres communications, enfin, ont abordé plus directement la question de la représentation politique.

Celle de Marcel Deprez nous a décrit, en prenant l'exemple liégeois en 1789, trois formes de représentation politique des pauvres. D'abord, l'action personnelle d'un homme charitable se dévouant jusqu'à la mort pour les pauvres en tentant de développer pour eux et chez eux une citoyenneté responsable par le biais d'une instruction générale et civique ; ensuite, l'action collective d'une communauté qui témoigne de sa situation de pauvreté et de victime de l'inégalité — empruntant les voies de la publicité de la position sociale des pauvres par rapport à l'ensemble de la société, ces cahiers de doléances inaugurent en ce sens la médiatisation comme forme de représentation sociale et politique ; enfin, l'action politique d'un mouvement révolutionnaire localisé qui s'institue, par le biais d'un congrès, dans l'espace politique comme Assemblée constituante et législative jusqu'à rédiger une Déclaration des Droits de l'Homme et du Citoyen reposant sur l'égalité de la représentation.

Les contributions d'Yvonne Knibiehler et de Gérard Noiriel nous ont conviés, dans des registres différents, aux confins de la réflexion sur la représentation. Comment représenter ce qui n'a pas d'existence ? Gérard Noiriel, en étudiant le cas des réfugiés politiques dont la caractéristique majeure est l'absence d'accès au droit, nous a directement invités à réfléchir à cette interrogation. Comment ceux qui sont exclus des modalités minimales de représentation politique et de la possibilité formelle de se constituer en groupe socio-spatial (par la dissémination territoriale notamment), peuvent-ils faire valoir leurs intérêts ? Et l'exemple qu'a pris cet auteur, l'étude des lettres écrites à l'administration par ces réfugiés sur une période de 150 ans, est fort éclairant : la présentation de soi, la publicisation de son existence, la médiatisation de sa situation ne sont-elles pas des voies, secondes et obviées certes, de représentation politique, des moyens de peser sur l'opinion publique pour que des droits soient reconnus et des intérêts défendus ? Ce que, semble-t-il, nombre d'organisations caritatives et d'institutions sociales ont compris.

Yvonne Knibiehler, elle, nous a invités à examiner les oubliés des oubliés, les sous-privilégiés des sous-privilégiés dont parlait Alfred Grosser. Les pauvres sont une construction sociale, une représentation nécessaire pour qu'une interrogation soit possible. Mais, comme toute construction objectivante, elle repose sur un arbitraire sélectif, sur une mise dans l'ombre de toute une partie de la réalité. Les pauvres sont d'abord de pauvres femmes. Au XIXe siècle, nous disait-elle, 60 % de la population indigente étaient des femmes. Parler de familles pauvres, dès lors, c'est commettre un double oubli. D'une part, ces familles sont bien souvent des femmes seules avec enfant(s) dépourvues de tout soutien masculin durable. D'autre part, la famille n'est pas un corps homogène, un atome ; elle est composée d'individus dotés d'une capacité et d'une légitimité inégales à être citoyen. Comment représenter ce à quoi on dénie doublement existence ? D'où l'importance, nous exposait Yvonne Knibiehler, de reprendre l'analyse de la pauvreté féminine et de ses racines spécifiques, entre autres pour éviter les représentations sociales actuelles de la paupérisation croissante des femmes enfermées dans la matrimonialité, que ce soit en la liant au mariage ou, au contraire, au divorce.

Au terme de ces idées-forces contenues dans les différentes communications, osons une mise en perspective transversale des interrogations, déjà grandement esquissée lors du débat au sein de l'atelier. Je n'ai donc pu échapper, tant la tentation était grande, à abandonner mon rôle de rapporteur. Toutefois, j'espère, même si je suis un peu sorti du contenu des communications, être resté fidèle à leur esprit.

En fait, il me semble possible de réduire les enjeux des communications et des débats à trois questions : la possibilité, la légitimité et la finalité de la représentation.

La possibilité de la représentation

La représentation est à la base de la démocratie et, plus précisément, elle repose sur la souveraineté politique des mandants qui, à leur tour, vont la déléguer. Des mandants, c'est-à-dire ceux qui, à un moment donné, se sont constitués comme groupe, classe ou corps, *a minima* comme ensemble social mû par la défense d'intérêts particuliers et de droits ou porteur d'un projet de transformation des rapports sociaux. Pour reprendre une distinction classique, il faut non seulement être un ensemble objectif en soi pour être représentable, mais aussi constituer un mouvement pour soi, autrement dit être moteur d'une action collective sur sa propre situation de groupe. Consacrer un colloque à la représentation politique, c'est à tout le moins constater que la possibilité d'une représentation des pauvres ne va pas de soi ; Yvonne Knibiehler, dans sa communication sur la pauvreté féminine, et Gérard Noiriel, dans celle sur les réfugiés politiques, l'ont bien souligné. Pourquoi ? Parce que, sans nul doute, l'objet à représenter n'existe socialement pas, n'a pas d'unité, n'a pas de cohérence. Non qu'il ne soit qu'une idée. Mais parce que le statut social de ce qu'on entend représenter est justement de n'être rien. Ni classe, ni corps, ni groupe, ni mouvement social, ni peuple. Rien socialement, ce qui, somme toute, serait la définition socio-politique de la pauvreté. Comment en effet, représenter ce qui n'a pas d'intérêts à promouvoir, ni de droits à défendre, ou tout au moins qui ne les totalise pas ? Comment représenter ce qui se définit par le fait d'être exclu ? Que veut dire être le porte-parole d'individus sans parole, en quelque sorte ?

Bien sûr, l'on peut toujours considérer que les pauvres, parce qu'ils n'ont pas d'identité en soi, pas de projet pour soi, sont le révélateur de la société. Mais pharmakos, bouc-émissaire ou miroir, quel que soit le nom dont on les affuble alors, les pauvres ne peuvent pas être représentés. N'ayant pas d'existence propre, mais simplement une existence en référence à autrui (ici la société), ils n'ont pas d'intérêts. Peut-on représenter un miroir ?

La légitimité de la représentation

Pourtant les pauvres, des représentants, ils en ont eu et ils en ont (fort heureusement d'ailleurs). Mais justement qui sont ces représentants ? Des exogènes, toujours. Pour paraphraser Antonio Gramsci, les pauvres n'ont jamais pu générer leurs intellectuels organiques qui, à leur tour, auraient produit une œuvre d'homogénéisation et de généralisation des intérêts des pauvres. Fort logiquement d'ailleurs, puisque les pauvres n'ont jamais formé un groupe essentiel dans une quelconque formation sociale donnée. On comprend dès lors pourquoi la question de la représentation des pauvres est si lancinante. Puisque extérieure, produite et portée par des transfuges (c'est-à-dire des agents situationnellement non conditionnés et donc sans attaches), éclairée par leur « extrême attention » et leur intropathie, la représentation est toujours peu ou prou plaquée. Elle est constamment soumise à l'obligation de faire les preuves de sa légitimité et de son efficacité.

Cette représentation exogène est toujours placée sous une épée de Damoclès : celle d'une disjonction entre le mot et la chose [1] — que la pauvreté soit ailleurs que ce qui est représenté ou que les pauvres ne suivent pas leurs représentants. La menace, c'est en fait de s'apercevoir que, croyant parler au nom de tous, le représentant parle pour une toute petite partie de la collectivité ou, pis, pour lui seul.

Et les œuvres charitables que nous ont montrées les textes ne semblent pas échapper à cette interrogation sur leur légitimité. L'œuvre sociale, comme forme d'intervention et de représentation, ne doit-elle pas aussi pour exister être productrice de connaissance sur les pauvres en même temps que productrice de sa légitimité ? Ne doit-elle pas accéder et montrer qu'elle accède à « l'intelligence des pauvres », pour reprendre l'intitulé de la communication d'Alain Faure ?

La finalité de la représentation

Représenter certes, se faire porte-parole certes. Mais pourquoi ? Pour lutter contre l'absence de droits, bien sûr. Mais de quels droits s'agit-il ? Des Droits de l'Homme ou des droits positifs ? L'exercice des droits fondamentaux qui caractérisent le fait d'être homme ou l'accès à des droits sociaux, à des droits de créances que l'Etat a envers les citoyens, l'obligeant à opérer des prestations de services minimales, mais garanties ?

En un élan unanime, les œuvres sociales ont répondu et répondent : pour restaurer la dignité de l'homme, pour sauvegarder l'intégrité de la personne humaine, pour redonner la capacité d'être citoyen dans un espace démocratique reconnaissant à tout homme des droits inaliénables — en évitant bien sûr de tomber dans l'impérialisme de la subjectivité que pointait Alfred Grosser. Ce faisant, elles s'opposent tout aussi unanimement à l'action du droit social comme forme d'éradication des problèmes sociaux par la mise sur pied d'un arsenal législatif de mesures et de formes de traitement.

Hélas, et les communications l'ont fort bien souligné, les œuvres sociales se trouvent devant un paradoxe politique. Pour atteindre cet objectif ultime de restauration de la dignité humaine, ne sont-elles pas en effet contraintes de se transformer en groupes de pression, c'est-à-dire en forces politiques à légitimité faible en raison de la particularité des intérêts défendus ? Groupes de pression qui ont pour objectif d'obtenir la reconnaissance des droits sociaux progressivement cumulés et sanctionnant à terme une appartenance minimale et une intégration relative à la société. Mais, dès lors, les œuvres quittent leur parure d'universalité (n'oublions pas que les Droits de l'Homme sont une idée historiquement située) et s'affublent des atours du relativisme culturel et social.

Gérard Noiriel l'a fort bien montré pour les réfugiés, ces personnes apatrides sans garantie constitutionnelle d'être hommes, et pour lesquels l'accès à des droits nationaux, et donc non universels, est la première marche vers la possibilité d'exercer leur droit à être hommes. Ou, si vous voulez, et ce sera mon interrogation conclusive, reprenant une formulation polémique de Marcel Gauchet : « Les Droits de l'Homme peuvent-ils être considérés comme une politique s'ils ne nous donnent pas prise sur l'ensemble de la société où ils s'insèrent[2] », c'est-à-dire s'ils ne règlent en rien le statut des individus dans une société donnée ?

1. A la manière des intellectuels dans la théorie de Lénine pour lequel l'émancipation des travailleurs ne peut être leur œuvre puisque la conscience de leur mission historique leur vient de l'extérieur, c'est-à-dire de la partie de la bourgeoisie qui s'est hissée à l'intelligence théorique du mouvement général de l'histoire.

2. Marcel Gauchet, « Les Droits de l'Homme ne sont pas une politique », *Le Débat*, juillet-août 1980.

Débat

Sous la présidence d'ANDRÉ GUESLIN

Après la communication de Marcel Deprez.

ANDRÉ GUESLIN. — *Merci de nous exposer la traduction locale de mouvements généraux que l'on voit en France au moment de la Convention. On perçoit effectivement des convergences, avec la Déclaration des Droits de 1793, par exemple. Je voulais vous poser la question suivante : les « ils » dont vous parlez, qui sont-ils, en dehors de ce Chapuis ?*

MARCEL DEPREZ. — *Chapuis lui-même n'a pas participé au Congrès de Polleur ; les autres sont des représentants de toute la population. Il ne s'agissait pas, contrairement à ce que l'on dit habituellement, d'une assemblée regroupant seulement des paysans et des sidérurgistes. Ils étaient présents, mais il y avait aussi des médecins, des avocats, des bourgeois progressistes. Tous se retrouvaient, mais pour assurer le succès de la révolution bourgeoise — promue en fait essentiellement par le Congrès de Polleur —, il fallait aussi la participation des « gros bras » (pour reprendre l'expression de D. Guérin). Les « gros bras » ont effectivement assuré le succès de l'opération. Chaque fois que le pays a été menacé, sur une petite population de plus ou moins 50 000 habitants, 1 800 à 2 000 hommes se levaient aussitôt et prenaient les armes pour défendre le pays : tous étaient des prolétaires.*

Après la communication de Nicole Haesenne et d'Henri Péquignot.

ANDRÉ GUESLIN. — *Merci à Nicole Haessenne de nous confirmer, à partir du laboratoire wallon, l'échec des procédures d'enfermement* que l'on connaissait déjà pour la France au moment de la Convention. Quant à dire que les sociétés de secours mutuel sont un palliatif à cet échec, cela reste à démontrer.

Yvonne Knibiehler. — *Quand vous dites que les femmes enceintes ne sont pas admises dans les hôpitaux, où vont accoucher les femmes pauvres ? A la rue ?*

Nicole Haesenne. — Tout à fait.

Yvonne Knibiehler. — *Je voulais que ce soit dit.*

André Gueslin. — *Vous parlez des nouveaux hôpitaux et vous dites qu'ils n'accueillent que des bourgeois.*

Nicole Haesenne. — *Ils accueillent les habitants du bourg, de la ville. Mais ils n'accueillent pas les forains.*

André Gueslin. — *Au XIXe siècle, la médicalisation de la société française ne s'est-elle pas plutôt faite par les dispensaires ou par le médecin à domicile, étant donné l'état de la technique médicale à l'hôpital ?*

Henri Péquignot. — *L'hôpital était totalement inopérant. Cependant, pour des personnes vivant dans les pires conditions de logement, il pouvait être une nécessité. Comment accoucher dans une maison sans eau, sans éclairage ? A cette époque, la fièvre puerpérale se transmettait par contagion inter-humaine et le risque était grand. Il valait mieux ne pas se faire hospitaliser, mais il y avait des situations suffisamment graves pour exiger que l'hôpital prenne ces femmes.*

J'ai comparé les statistiques hospitalières sur un intervalle de cent ans. Deux faits m'ont frappé : le pourcentage de mortalité était le même (en raison de maladies différentes bien sûr) : en 1838, on mourait de paludisme, typhoïde, tuberculose ; en 1955, de cancer, de cirrhose du foie, d'hypertension artérielle et d'accidents vasculaires cérébraux. Le pourcentage d'immigrés n'ayant pas la nationalité française était le même (8 %), Italiens, Polonais, Savoyards, Belges, d'abord, Algériens, Marocains, Tunisiens, Noirs d'Afrique, réfugiés, etc., ensuite. Le seuil d'entrée à l'hôpital, pour cause de gravité médicale et d'isolement social, était le même. Cette constatation me paraît apporter quelque chose à l'histoire hospitalière.

Alain Leménorel. — *J'ai beaucoup apprécié votre démonstration du passage du social au médical, le second évacuant le premier.*

Pourtant, l'hôpital n'est-il pas toujours dans l'obligation légale d'accueillir ? D'autre part, on peut se poser la question suivante : Où les pauvres sont-ils passés maintenant ?

HENRI PÉQUIGNOT. — *L'hôpital a, en effet, l'obligation d'accueillir tout individu ayant des besoins médicaux. Mais si l'on considère que tel individu n'a pas de besoins médicaux, il n'y a aucune obligation. Il existe des structures, peu luxueuses certes, pour recevoir ceux qui n'ont pas de besoins médicaux : l'Armée du Salut, Nanterre... Les admettre à l'hôpital serait une faute professionnelle...*

C'est ainsi que le chef de service que j'étais devait passer son temps à craindre les écarts de zèle de gestionnaires qui écoutaient de trop près le chant des sirènes financières. C'est vrai qu'actuellement les abus de refus sont plus nombreux que les abus d'entrées. Quand j'étais externe de garde en chirurgie, à l'hôpital périphérique, j'ai reçu, en urgence et au milieu de la nuit, un clochard. Après avoir fait le nécessaire (pansements, sérum antitétanique...) je lui ai dit : « Vous pouvez rentrer chez vous. — Chez moi ? Où ça ? Sous les ponts ? » Je l'ai gardé pour la nuit, mais la surveillante m'a trouvé laxiste ; et j'ai moi-même expliqué au clochard qu'il me rendrait service en partant le lendemain matin avant la visite de l'interne. Mais j'étais déjà culpabilisé par mes responsabilités budgétaires... Comme il y a prescription, je vous l'avoue...

FRANÇOIS-PAUL DEBIONNE. — *Nous avons participé, Henri Péquignot et moi-même, à un séminaire sur le corps et la santé en milieu sous-prolétaire et nous avons entendu des femmes du Quart Monde s'exprimer sur l'hôpital. L'une d'entre elles disait : « L'hôpital, ne m'en parlez pas ! C'est comme si on allait mourir ! » Interne hospitalier, je fus pris à rebrousse-poil par cette interpellation. La question des gens à propos de l'hôpital, c'est aussi : « Au lieu de se faire soigner à l'hôpital, est-ce qu'on ne pourrait pas être soigné à domicile, avoir accès aux soins, à la Sécurité sociale ? » Cette réflexion, comme l'ensemble des paroles des gens du Quart Monde, nous a provoqués et amenés à bâtir toute une histoire sur le terrain pour appréhender la santé.*

Après la communication d'Alain Faure.
ANDRÉ GUESLIN. — *Merci de nous avoir alléchés sur toute cette question de l'écart entre la promotion de normes et la réception de ce discours par les catégories les plus modestes. Je crois que c'est un aspect capital de ce colloque. A mon avis, les historiens ont sur cette question*

des réponses assez précises à apporter, comme celle qu'a ébauchée Alain Faure, alors que la réponse à d'autres questions est plus difficile.

LAURE DE LARTURIÈRE. — *Quelles traces avez-vous de la manière dont les pauvres reçoivent l'assistance ? Est-ce marqué dans le bulletin ?*

ALAIN FAURE. — *C'est marqué, mais en négatif. Tout dépend de la source. Les conférences Saint-Vincent-de-Paul font une sorte de rapport d'activités annuel, comportant même des tableaux statistiques. Ces documents expriment combien il est difficile d'entrer chez telle ou telle famille. De leur côté, les Manuels du visiteur expliquent, par exemple, la façon dont le visiteur doit se présenter, les astuces qu'il doit déployer. Ces éléments sont très révélateurs : les œuvres ayant très vite compris que le peuple adorait les enfants, on indique aux visiteurs la manière de conquérir les parents en s'attachant les enfants. Il est recommandé de glisser la pièce pour proposer une aide en nature ou le patronage, etc.*

On peut trouver beaucoup d'autres éléments : des textes d'ouvriers parlent par exemple de l'assistance. Je suis moi-même passé par la filière classique des clubs du troisième âge pour interviewer des personnes âgées dans le XIIIe arrondissement de Paris. Ayant participé elles-mêmes aux patronages, elles ont donné beaucoup de renseignements sur les activités des œuvres au début du siècle ou dans l'entre-deux-guerres.

La littérature sociale évoque souvent les œuvres, en ce qui concerne l'assistance privée, en tout cas.

FRANÇOISE LAMOTTE. — *En ce qui concerne les deux premières normes que vous indiquez, la séparation des sexes et la propreté du logis : ce sont des recommandations que l'on trouve déjà dans les premiers statuts synodaux en 1601, en Normandie. Les curés sont priés de veiller à cette moralisation des mœurs. Au début du XVIIIe siècle, on revient très lourdement là-dessus ; on le trouve dans tous les textes.*

ALAIN FAURE. — *Le XVIIIe siècle n'a en effet rien inventé ; il a seulement sécularisé cette normalisation.*

BERTRAND BOUREAU. — *S'il y a persistance des comportements face à l'assistance, il y a aussi persistance des réalités vécues par les gens. On a vu qu'à cent ans d'intervalle, un tiers des enfants étaient placés. Aujourd'hui, dans la cité où je suis, on retrouve ce même* chiffre : il y a continuité. Mais aussi des changements parfois, qu'il serait sans doute intéressant pour les historiens d'évaluer.

Je voulais poser aussi une question. Qui fait œuvre d'histoire ? A deux siècles de distance, il est difficile d'apprécier les objectifs, ou plus simplement les intentions et les attitudes des gens engagés à un moment donné avec des familles très pauvres. Est-ce qu'on ne pourrait pas chercher au-delà, ou en deçà, de ce que l'histoire a retenu ? A l'époque, n'a-t-on pas voulu développer une véritable connaissance des plus pauvres ?

ANDRÉ GUESLIN. — *Tout à fait. Un mot encore : Alain Faure est beaucoup plus dur que je ne le serais par rapport aux conférences Saint-Vincent-de-Paul. Au départ (je ne parle pas de la vision qu'on en a aujourd'hui), ces conférences ont été, à mon sens, extraordinairement modernes. Ces libéraux (ils n'étaient pas tous légitimistes) vont voir les pauvres et écrivent. Gérando a écrit un traité sur les visiteurs des pauvres ; certains faisaient des comptes rendus. J'ai retrouvé des carnets qui décrivent l'action sociale ; eh bien, on y lutte contre l'aumône et on y affirme qu'il vaut mieux connaître le pauvre : si vous continuez à donner l'aumône, vous ne les connaîtrez pas ! Même si le rapport de dominant à dominé, d'élite à plus pauvre, existe réellement, tout cela montre cependant une réelle volonté de connaître les plus défavorisés, et cela en réaction contre le fait de se contenter de donner l'aumône.*

Enfin, je serai un peu provocateur : dans les associations d'aujourd'hui, est-on vraiment libéré de ces comportements ?

ALAIN FAURE. — *Si j'ai considéré les conférences Saint-Vincent-de-Paul comme un peu vieillottes, c'était pour faire comprendre l'opposition capitale avec l'œuvre de l'abbé Viollet, beaucoup plus moderniste et qui est un peu à l'origine de notre assistance sociale.*

Mais il est vrai que la « visite » représente à cette époque quelque chose de très moderne. D'après Catherine Duprat, qui termine une thèse sur la philanthropie et les milieux philanthropes depuis les Lumières jusqu'en 1840, les œuvres sociales de la Restauration ne faisaient pas de visites.

Après la communication d'Yvonne Knibiehler.

HENRI PÉQUIGNOT. — *Je voulais rassurer Yvonne Knibiehler sur l'hystérie de la femme pauvre. L'hystérie n'a aucune signification précise à l'époque. Au XIXe siècle, on peut dire en gros qu'il y avait une personnalité hystérique et des manifestations hystériques. La* *personnalité hystérique existe dans toutes les classes sociales, si tant est qu'elle existe. En revanche, les manifestations hystériques sont des manifestations de contagion et ne pouvaient donc se trouver que dans les milieux hospitaliers, là où il n'y avait que des femmes pauvres. L'hystérie de Charcot vient de la décision administrative du directeur de la Salpêtrière de mettre dans la même salle tous les gens qui faisaient des crises. Alors, pour la première fois, les épileptiques se sont trouvés à côté des hystériques qui se sont mis à les imiter. C'est une pure question de contagion ; c'est un détail pittoresque et peu connu. Les femmes pauvres ne sont pas plus hystériques que les autres !*

Après la communication de Gérard Noiriel.

François-Paul Debionne. — *Des études ont-elles été faites sur les courriers adressés au président de la République qui sont transmis ensuite aux différentes DDASS ?*

Gérard Noiriel. — *Vous soulignez là un problème qui montre un peu la censure qui touche la recherche en histoire contemporaine. Le XIXe siècle ne présente pas de problème, parce que les lettres sont enregistrées. Mais j'ai voulu avoir des autorisations pour les lettres envoyées au Conseil d'Etat. Par les associations, c'est extrêmement difficile : l'OFPRA, par exemple, a dans ses statuts l'interdiction d'ouvrir ses archives. Ils ont un million de dossiers et on peut comprendre leur déontologie à cause des renseignements individuels qui y figurent.*

François-Paul Debionne. — *Vous avez dit que les plus pauvres étaient en définitive moins pauvres que les réfugiés. Je voudrais faire remarquer que celui qui habite une caravane ou est en voie d'expulsion, même s'il a une carte d'identité, a aussi peu de droits (Sécurité sociale, etc.) qu'un non-Français. Il est aussi peu citoyen qu'un immigré.*

Jean Tonglet. — *Si certains réfugiés arrivent chez nous, d'autres restent dans des camps dans certains pays du tiers monde. Je crois que l'extrême misère se trouve parmi ceux-ci. Ceux qui arrivent chez nous sont évidemment démunis, mais ils font figure de privilégiés, d'une certaine manière : ils ont pu décider de partir et faire le voyage, fût-ce dans des conditions difficiles (les boat-people, par exemple).*

J'ai vu dans mon pays, en Belgique, la campagne d'une importante organisation pour offrir des chambres à des réfugiés politiques jusqu'alors installés dans une ancienne caserne de Bruxelles par le secrétariat d'Etat à l'Emancipation sociale. En huit jours, Le Soir, le grand journal de Bruxelles, publiait plus de mille offres de chambres. Peut-on imaginer la même campagne pour les gens qui sont dans la rue!

Je crois qu'on est là devant un phénomène d'identification sur lequel jouent certaines organisations; ce qui arrive à des réfugiés peut aussi nous arriver. « Si demain les colonels prennent le pouvoir en Belgique, que feriez-vous? Vous seriez bien content d'avoir quelqu'un qui vous accueille. » Cette publicité a été un moyen de sensibiliser les Belges.

Je voudrais faire une deuxième remarque. Dans un certain nombre de pays européens, les législations telles que le RMI en France, le minimex en Belgique, le Bigstand aux Pays-Bas, garantissent un minimum de ressources aux plus démunis. On sait que ces législations prévoient des clauses extrêmement restrictives: un an de résidence en France, dix ans au Luxembourg, pour bénéficier des allocations. Et en même temps, on parle beaucoup de l'abolition des frontières pour 1992. Très concrètement, en Belgique, trois circulaires sur le droit de séjour sont actuellement sur la table de la Commission européenne, au Parlement. On donnera le droit de séjour aux étudiants qui sont futurs travailleurs et qui ont donc le droit de circuler en Europe, aux pensionnés parce que ce sont d'anciens travailleurs qui ont cotisé toute leur vie. Pour les autres, il faudra présenter la preuve que l'on a des ressources suffisantes et une assurance maladie. Les plus démunis seront donc assignés à résidence dans leurs quartiers de misère, dans leurs pays respectifs.

Débat sur l'ensemble des communications.

ANDRÉ GUESLIN. — *En définitive, on se rend bien compte que toute société diffuse des normes et que le pauvre, s'il veut s'intégrer, doit suivre ces normes. Or, on a tendance, notamment les historiens et les sociologues, à réfléchir en termes de stratégie, comme si les plus pauvres menaient des stratégies par rapport à ces normes, soit pour les contourner, soit pour ne pas leur obéir. Ceux qui restent dans le Quart Monde sont ceux qui sont dans l'incapacité de suivre ces normes. Par conséquent, la problématique de la résistance aux normes, si elle a ses lettres de noblesse parce qu'elle fait penser à la résistance du milieu ouvrier et donc à la constitution d'un mouvement organisé, n'est-elle pas une réinterprétation* a posteriori?

YVONNE KNIBIEHLER. — *A la place du mot « stratégie », peut-être trop ambitieux, ne pourrait-on parler d'essai d'adaptation?*

ALAIN FAURE. — *Le mot norme fait partie du vocabulaire des « riches ». En fait, dans les milieux parisiens de la deuxième moitié du XIXᵉ siècle, ce que les œuvres appellent « normes » est souvent à peu près respecté. Par exemple, beaucoup de familles pratiquaient la séparation des sexes et la propreté du logis quand elles le pouvaient, sans que les œuvres aient eu à le leur imposer. Il y a un décalage entre un certain discours des œuvres qui fait la critique des « barbares », et les descriptions qu'elles font qui manifestent que le peuple n'est pas si barbare. Certains membres des œuvres s'en rendaient d'ailleurs compte, mais ne pouvaient le reconnaître au risque de nier leur rôle qui était de dire : « Respectez les normes, et vous sortirez de la misère ! »*

GÉRARD NOIRIEL. — *Vous diriez donc, comme Alfred Grosser : « La culture du pauvre me pose des questions. » Pour ma part, je pense qu'il y a des comportements spécifiques. Le débat de fond est ancien. Il oppose ceux qui considèrent qu'il n'y a pas de normes produites par les classes populaires, pas de normes autonomes, et ceux qui ont essayé de mettre en valeur cette logique propre.*

HENRI PÉQUIGNOT. — *Le discours de ces visiteurs sur la propreté, c'est aussi le discours des assistantes sociales du début de ce siècle auprès des familles de tuberculeux. On avait établi un lien entre la non-propreté du logis et la tuberculose. Or il se trouve qu'elle ne jouait aucun rôle. On cherchait toujours une explication dans le comportement d'autrui, et on croyait la trouver dans une différence entre ces familles et le reste de la société. Mais il est des illusions qui cèdent pour celui qui est en contact. La visiteuse le savait, mais osait-elle le dire aux cadres dirigeants de la conférence ?*

ALAIN FAURE. — *Les visiteurs, et ensuite les assistantes sociales, sont confrontés à des phénomènes d'incompréhension culturelle. Par exemple, ils soulèvent le problème posé par la non-aération des logements. Tous les textes soulignent l'habitude qu'a le pauvre de fermer les fenêtres. Les manuels du visiteur disent : « A la fin de votre visite, suggérez au pauvre d'ouvrir les fenêtres, mais ne le faites pas plus tôt : il risquerait de se vexer et de penser que ça sent mauvais chez lui. » Je me suis posé la question : pourquoi donc n'ouvrait-on pas les fenêtres ? Par d'autres sources, il est possible de le comprendre : l'hiver, on se calfeutre pour faire des économies de chaleur, compte tenu de la mauvaise qualité des constructions, et également pour se protéger des nuisances de la pollution de cette époque-là dans les* quartiers populaires industriels. On pourrait multiplier les raisons : par exemple, la femme travaille souvent, à domicile, des matières très précieuses, et il faut éviter les courants d'air qui font sécher la colle et perdre une heure de travail...

GÉRARD NOIRIEL. — *A Lille, l'humidité des caves était nécessaire aux fileurs, et les visiteurs ne le comprenaient pas. Ainsi, le rôle de l'historien est redéfini : il consiste à essayer de reconstituer une certaine cohérence dans des pratiques révélées par les archives dont il dispose.*

ANDRÉ GUESLIN. — *Qu'on leur donne une cohérence, c'est un fait. Mais ces pratiques ont aussi leur spécificité. Par exemple, les solidarités ouvrières sont une forme d'épargne différente de l'épargne individuelle.*

ALAIN FAURE. — *Le pauvre sait épargner pour ce qui l'intérese : faire une petite fête ou aider son voisin en organisant une collecte, etc. L'homme d'œuvre, lui, y verra une forme de dissipation...*

JEAN TONGLET. — *A cet égard, je voudrais simplement évoquer un exemple tout récent qui confirme exactement ce que vous dites. Aux Pays-Bas, dans le cadre d'une enquête sur l'utilisation de la garantie de ressources, une partie des familles pauvres souhaitait utiliser une part de cet argent pour payer une assurance afin d'être enterré dignement. Ce souhait a été contesté par le service social qui paie la prestation. Etre enterré dignement est une constante de l'histoire des pauvres, et cela leur a été contesté.*

BERTRAND BOUREAU. — *Je voudrais prendre l'exemple d'une famille qui a vécu dans un bidonville de la région parisienne, installée maintenant dans une HLM. Le père se révolte : « Maintenant que je suis là, on croit que je vais être capable d'élever mes enfants (c'est le propos que quelqu'un lui avait tenu), alors que ce que je suis d'abord, c'est d'avoir essayé de vivre dignement dans des conditions complètement inhumaines, dans la boue, sans eau, dans une baraque et sous une tente. »*
A ce niveau, les familles très pauvres nous indiquent les chemins de la représentation ; elles désignent l'écart entre l'image qui est portée sur elles et ce qu'elles mettent en avant de l'identité qu'elles portent en elles. Elles ont une certaine idée de l'être humain, elles savent le courage qu'elles ont dû développer à travers des générations pour pouvoir vivre. On n'est pas là au niveau des normes, mais de ce que

les familles savent qu'elles doivent avoir pour élever leurs enfants : un logement décent, un travail.

Toutes les familles très pauvres veulent pouvoir affirmer leur dignité humaine. Les normes et leur application ne viennent qu'après.

Françoise Leboucher. — *Au XIXe siècle, comme aujourd'hui, il y a toute cette densité humaine qui se retrouve autant chez les pauvres que chez ceux qui aident ou chez les travailleurs sociaux. Et cela appelle à la même vigilance.*

André Gueslin. — *On a tendance à voir le XIXe siècle comme un milieu figé et à le juger négativement. En fait, certaines expériences sont proprement révolutionnaires : elles ont apporté un changement profond, même si celui-ci ne nous satisfait plus maintenant.*

CHAPITRE 5

Religion, pauvreté, laïcisation du social

L'Église et les pauvres à l'automne du Moyen Âge : mission ou démission ?

JEAN-LOUIS GOGLIN

L'homme a souffert, il souffre et il souffrira. La pauvreté matérielle et la détresse morale, la détresse matérielle et la pauvreté morale sont ses compagnes. Le Moyen Age n'a pas échappé à la règle.

Nous nous appuierons sur la définition du pauvre donnée par Michel Mollat, valable pour toute époque, toute région, tout milieu : « Le pauvre est celui qui, de façon permanente ou temporaire, se trouve dans une situation de faiblesse, de dépendance, d'humiliation, caractérisée par la privation des moyens, variables selon les époques et les sociétés, de puissance et de considération sociale : argent, relations, influence, pouvoir, science, qualification technique, honorabilité de la naissance, vigueur physique, capacité intellectuelle, liberté et dignité personnelle. Vivant au jour le jour, il n'a aucune chance de se relever sans l'aide d'autrui [1]. »

En cette période de commémoration du Bicentenaire de la Révolution où « Liberté, Egalité, Fraternité » furent, d'une certaine façon, un enjeu pour la période, il n'est donc pas inutile de mettre au jour le monde de la détresse et de voir les racines de ce problème, ne serait-ce que pour « redonner l'histoire aux pauvres, mais aussi l'histoire des plus pauvres à la société, afin que la société en tienne compte pour les années et même les siècles à venir, afin qu'elle ne recommence pas les erreurs qu'elle a commises [2] ». Le rôle de l'historien n'est pas, évidemment, de tirer des conclusions pour le futur, mais d'aider à la compréhension des problèmes.

Il peut paraître paradoxal que le problème de la pauvreté se soit posé de façon plus insistante à la fin du Moyen Age, que les XIVe et XVe siècles voient l'aggravation de la misère. Ces siècles charnières expliquent l'attitude que prendra la société envers les pauvres à l'aube de l'époque contemporaine.

Nous essaierons, dans ce rapide exposé, de voir, en cette fin du Moyen Age, l'attitude de l'Eglise envers le problème des pauvres ; quelle conscience en a-t-elle eue, à quelle fin s'en est-elle servie, lui fut-il possible de favoriser, même à terme, un partenariat des pauvres avec la société ? En d'autres termes, l'Eglise a-t-elle rempli sa mission de charité et d'amour du prochain ?

Trois idées peuvent nous guider :

La légitimité éternelle de la mission de l'Eglise...

dont elle a conscience...

face à la réalité.

En somme une lumière en action dans une réalité assez éprouvante.

I. UNE LUMIÈRE ÉTERNELLE

« Enracinée dans une bonne nouvelle annoncée aux pauvres, dans un Evangile où l'amour du prochain rejoint l'amour de Dieu, l'Eglise, depuis ses origines, porte en elle-même les pauvres et la pauvreté comme des questions permanentes qui l'interpellent sans cesse[3] », puisque le Christ a dit lui-même : « Des pauvres, vous en aurez toujours avec vous » (*Matthieu* 26, 11).

Il n'est pas question ici de faire une étude exhaustive de la pauvreté dans l'Evangile, mais de tirer quelques pistes de réflexion qui ont guidé l'Eglise tout au long de son histoire et telles que les perçoivent les chrétiens des XIVe et XVe siècles.

Toute la pensée chrétienne s'enracine dans l'Ancien et surtout le Nouveau Testament. Le Christ n'a donné aucune directive précise, « sociale » dirions-nous ; il s'agit plus de lignes directrices, d'impulsions fondamentales que chaque époque doit méditer et adapter à ses problèmes. C'est par une méditation sur des exemples porteurs de signe, des textes majeurs[4], que le christianisme va brosser, au fil des siècles, un certain nombre d'idées de base.

1. Le partage fraternel : « Il n'y aura pas de pauvre chez toi » (*Deutéronome* 15, 4). L'exemple de vie de la communauté de la primitive Eglise reste comme un idéal dans les esprits : le fort prend soin du pauvre et le riche offre ses biens aux pauvres ; l'hospitalité est de règle envers tous les chrétiens.

Un esprit nouveau de charité anime les possédants, non par amour du dépouillement, mais par refus de la pauvreté de l'autre. Le riche est invité par le Christ à renoncer à sa fortune et la toute-puissance de Dieu est indispensable pour se sauver[5]. Il s'agit de se soustraire non à la possession des biens, mais au pouvoir qu'ils donnent. Etre riche n'est pas un péché et Jésus n'exige pas de tous l'abandon des richesses et la pauvreté matérielle, mais il y a des bons et des mauvais riches. Tout homme sera jugé sur ses bonnes œuvres (aumônes, hospitalité, bon emploi des richesses). Etre disciple du Christ, c'est porter un autre regard sur ses richesses, vaines ici-bas, pour les échanger contre des trésors spirituels au ciel.

Le chrétien, intendant des richesses divines, à lui confiées par Dieu, a le devoir de partager avec les pauvres ; il sera heureux s'il le fait (*Luc* 12, 42), mais si le Christ ne précise pas la façon de partager ni de distribuer, il place au cœur de son enseignement une notion dynamique d'esprit fraternel. Le souci des plus pauvres est de la responsabilité même des ministres des communautés chrétiennes, comme de leurs fidèles.

Cet élan du Christ vers les pauvres les rend plus attachants ; les vrais pauvres se réjouiront, car leur misère disparaîtra quand Dieu renouvellera le monde. L'apôtre Jacques est partisan des pauvres, détenteurs de la vraie richesse, et conspue les riches qui thésaurisent et accomplissent des méfaits.

2. L'Evangile ne magnifie pas la pauvreté en soi, car elle est condition malheureuse, c'est un mal qui doit disparaître à l'avènement du Royaume. Le Christ ne vient pas bouleverser l'ordre social, il ne le prétend pas, il invite ses auditeurs de quelque condition qu'ils soient, à retrouver une âme de pauvre. Jésus ne donne-t-il pas l'exemple, lui qui s'est abaissé de la condition divine à celle d'homme, pauvre, voué à la mort ?

Le pauvre et l'Evangile :

a. Le mot « pauvre » peut avoir un sens « économique » : il fait partie de la situation ordinaire du monde. Le pauvre doit être secouru :

« Va, vends ce que tu possèdes, donne-le aux pauvres et tu auras un trésor dans le ciel » (*Matthieu* 19, 21).

« Si quelqu'un possède les biens de ce monde et voit ses frères dans le besoin et qu'il se ferme à toute compassion, comment l'amour de Dieu demeurerait-il en lui ? » (*Jean* 3, 17.)

« Quiconque donnera à boire, ne serait-ce qu'un verre d'eau fraîche à l'un de ces petits, en sa qualité de disciple, en vérité, je vous le dis, il ne perdra pas sa récompense » (*Matthieu* 10, 42).

« Vous, vous avez privé le pauvre de sa dignité » (*Jacques* 2, 6).

b. Le mot « pauvre peut avoir un sens « religieux » : être ouvert particulièrement à la présence de Dieu et ainsi être de plain-pied avec le Royaume de Dieu :

« Heureux vous les pauvres, le Royaume de Dieu est à vous » (*Luc* 6, 20).

« L'Esprit du Seigneur est sur moi parce qu'il m'a conféré l'onction pour annoncer la bonne nouvelle aux pauvres » (*Luc* 4, 18).

La réflexion de l'Eglise sur la condition humaine fit admettre que les richesses venues du Créateur sont bonnes, qu'elles soient acquises par l'héritage ou par le travail, et que leur possession n'est pas, en soi, un empêchement au salut, le tout étant de savoir quelle utilisation en serait faite ; la propriété n'est pas destinée uniquement à celui qui la tient en gérance de Dieu, et le riche qui a un bien, une habileté, un savoir, doit les faire fructifier dans l'intérêt de tous. Les Pères de l'Eglise avancèrent même l'idée de l'égalité primitive des hommes ayant les biens de la terre en commun. Le partage est la conséquence de la faute originelle. User de ses biens est légitime, en abuser est une faute, car les pauvres doivent y avoir accès. Saint Jean Chrysostome condamne une richesse reposant sur le vol : « Ce n'est pas de ton bien que tu distribues au pauvre, c'est seulement sur le sien que tu lui rends. » La terre appartient à tous et non aux riches.

L'enseignement de l'Eglise prend ainsi tournure : le devoir envers les pauvres est de partager, c'est justice, le négliger est criminel.

Le thème de la pauvreté volontaire n'est pas de notre propos direct, cependant il est intéressant de noter que la pauvreté devient une voie d'accès à la perfection ; les richesses, pour Césaire d'Arles, sont un embarras et les riches doivent se faire pardonner ce qu'ils gardent pour eux : les pauvres deviennent ainsi nécessaires au salut des riches. L'inégalité sociale ne devient plus un scandale, la division riches-pauvres est acceptée par Dieu puisque les riches ne peuvent avoir l'accès au salut que par l'aumône.

Ainsi, au fil des premiers siècles, s'est instituée dans l'Eglise une théologie, ou tout au moins une réflexion sur la place de la pauvreté et de la richesse. A l'aube des XIVe et XVe siècles, que fait l'Eglise pour les « pauvres du Christ » ?

II. LA CONSCIENCE DE L'ÉGLISE
ET SON ACTION AUX XIVᵉ ET XVᵉ SIÈCLES

La mission de l'Eglise est donc de servir les pauvres[6]. Les dons offerts à l'Eglise sont les « biens de Dieu », les biens des pauvres. Un quart des revenus est réservé aux pauvres, mais pour les aider efficacement une gestion rigoureuse est indispensable, ce qui ne sera pas toujours le cas. De plus, le nombre des pauvres à aider augmente et l'Eglise, pour y remédier, doit augmenter ses biens. Ce problème sera aigu. Cependant, l'hospitalité des monastères, l'accueil des hôpitaux sont des facteurs importants de soulagement de la misère humaine[7]. Le pauvre représente le Christ et l'on doit avoir des égards pour celui qui vient demander secours. Une sorte de règle de la perfection à l'usage des chrétiens, clergé et laïcs, est ainsi mise en place. L'aide aux pauvres, les œuvres de miséricorde sont liées à l'amour du Christ qui se cache dans la pauvreté, dans la perspective du salut et du Jugement dernier.

Cependant, il n'est pas douteux que le pauvre n'a pas encore une valeur pour lui-même mais par rapport au Créateur dont il est l'image. L'aspect négatif du pauvre se précise lorsque la richesse est entrevue comme une voie d'accès à la sainteté, la pauvreté pouvant devenir un signe de châtiment (idée déjà conçue dans l'Ancien Testament). La richesse permet des donations, les fondations d'établissements plaident auprès de Dieu. La pauvreté devient honteuse, le « bon pauvre » est inoffensif, mais il existe le pauvre « vindicatif et faux ».

Les œuvres de miséricorde répondent plus ou moins bien en quantité aux besoins, mais les monastères souvent ruraux ne sont plus à même de soutenir les pauvres qui deviennent de plus en plus nombreux avec le phénomène urbain. Clercs et laïcs multiplient alors les maisons hospitalières fondées pour les pauvres, les pèlerins, les malades. L'hôpital fonctionne avec un hospice pour les pauvres. Beaucoup de laïcs participent à la gestion et font des dons et legs.

Jusqu'aux XIIᵉ et XIIIᵉ siècles, le pauvre est plutôt considéré en fonction de son utilité pour le riche comme source de salut. Un courant théologique se dessine alors pour envisager le pauvre en soi et comment remédier à ses besoins. Les canonistes et les théologiens s'appuient sur Basile de Césarée, Léon le Grand, Grégoire le Grand, et mettent en valeur dans leur enseignement tout ce qui touche la gérance des biens et leur inévitable partage. Huguccio de Pise (mort en 1210) conclut que l'affamé a le droit de prendre ce qui lui est indispensable si le riche manque à ses obligations. Guillaume d'Auxerre dit que l'affamé a droit à l'aumône, qu'il peut prendre le pain et les vêtements indispensables à sa survie, parce que, de droit naturel, tout doit être mis en commun lorsque la nécessité oblige. Ce droit de l'affamé, contraint de voler, fait de lui un innocent, enseigneront les facultés de décret, de loi et de théologie au XIVe siècle. Thomas d'Aquin prescrit qu'un débiteur insolvable est innocent et d'autres théologiens avancent que l'autorité légale peut obliger les riches à secourir les indigents.

L'on voit aussi que la pensée de l'Eglise médiévale a fait avancer le problème du droit des pauvres. Si l'on ajoute le prestige des deux grandes figures de saint Dominique et de saint François qui posent un nouveau regard sur les pauvres, la pauvreté prend un autre aspect par la réhabilitation même de la dignité du pauvre. Dominique partage les souffrances et les espoirs des pauvres, François devient lui-même un pauvre. A la nouvelle société urbaine répond un nouvel apostolat, pour un monde annoncé par Jésus-Christ et son économie fraternelle.

Et pourtant, la réalité du XIVe et du XVe siècle va être tout autre...

III. FACE À LA RÉALITÉ...

Les initiatives les plus diverses pour lutter contre la pauvreté sont nombreuses, qu'elles soient d'Eglise [8] ou laïques (encore que les laïcs soient le peuple de Dieu !).

Les dons sont recueillis dans les paroisses (pour « la commune aumône », la « table des pauvres », la « bourse des pauvres », etc.) ; beaucoup de prêtres, réduits à la portion congrue, ne peuvent plus assister les nécessiteux.

Les marchands apportent beaucoup d'aumônes et cherchent, par leurs dons dans leurs testaments, « un passeport pour le ciel » (J. Le Goff). Les confréries de métiers s'organisent aussi en associations de secours mutuel.

Malgré cette mobilisation des forces, le flot de la pauvreté ne cesse de monter. La conjoncture économique rythme les émergences de la sous-pauvreté. « Le XIVe siècle est fait d'une succession de crises qui donne aux pauvres des conditions de vie chaotiques, d'où l'expansion numérique de la pauvreté et la prolifération des milieux marginaux[9]. » Tout se conjugue pour avoir une période de crise économique : hausse des aliments, des loyers, alourdissement des exigences fiscales ; doit-on ajouter la Peste de 1348, la guerre de Cent Ans, les famines, pour comprendre la difficulté des temps ? Les salaires ne suivent pas et même les travailleurs aux maigres salaires tombent dans la misère.

La pauvreté en tant que vertu est contestée, la pauvreté mendiante n'est plus considérée comme un apostolat, les franciscains sont divisés, on discute même sur la nature de la pauvreté du Christ : si elle est totale, que deviennent les Etats de l'Eglise (en ce cas, elle ne pourrait en posséder !) ? Qui peut prétendre être sauvé puisque la pauvreté serait une vertu plus grande que l'amour de Dieu et de son prochain ?

Les pauvres deviennent suspects : n'ont-ils pas été mêlés à des mouvements hérétiques, ne se révoltent-ils pas[10] ? Ne sont-ils pas trop nombreux ? Le pauvre est en colère, il se marginalise, il devient gueux : la société hésite entre la « potence ou la pitié[11] ».

Des gens de bonne volonté, disposés envers les pauvres, comme Thomas Brinton, évêque de Rochester au temps des Travailleurs (1373-1389), sont troublés et se taisent après les événements. La charité est en question. « Comment retrouver le visage du Christ dans la figure hideuse ou haineuse du truand ou du bandit ? » « Comment admettre la révolte et les violences contre l'ordre établi et la volonté de Dieu ? Comment légitimer la mendicité de l'homme valide, contraire à la loi naturelle du travail ? Comment tolérer le trouble apporté par le vagabondage à la stabilité traditionnelle ? Comment, enfin, entretenir, par des aumônes inconsidérées, l'avilissement de l'indigent offensant la dignité humaine[12] ? » De la méfiance on passe à la peur, du soupçon à l'accusation. Le pauvre connu est toléré, le vagabond inconnu « sans feu ni lieu, et sans aveu » est détesté. La pauvreté devient de plus en plus une condition infamante, le Moyen Age finissant imagine les éléments de la future police des pauvres : discerner le « bon » du mauvais pauvre, soumettre les mendiants et les vagabonds à des règlements, astreindre les oisifs au travail en obligeant les sans-logis à vivre dans des asiles. Le grand renfermement des pauvres se trame.

A quoi ont servi tant d'œuvres de miséricorde si la condition des pauvres a empiré et leur nombre augmenté ? Où est le regard de saint François ? Homme au visage du Christ, chargé de changer la face du monde, il est aussi un être dégradant. Frère ou ennemi, le pauvre a deux visages dont on essuie la face (charité) ou craint le faciès (répression). L'Eglise a-t-elle manqué à sa mission ? Le bilan apparaît assez négatif, mais dans une période où l'état social est figé, les pauvres ont formé comme une sorte de véritable « état », exclu de l'harmonie sociale. Peut-on demander à une époque de sortir de ses structures mentales ?

Cependant, l'Eglise qui n'a pas eu les moyens matériels de faire face aux problèmes économiques qui la dépassaient a su à plusieurs reprises retourner à l'Evangile et réhabiliter le pauvre, image du Christ souffrant. La Miséricorde, sans laquelle nulle œuvre n'est durable, est le visage moderne de la charité, la plus grande des trois vertus théologales, qui consiste dans l'amour de Dieu et du prochain en vue de Dieu.

1. Michel Mollat, *Les Pauvres au Moyen Age*, Paris, Hachette, 1978, p. 14.
2. Père Joseph Wresinski, préface à *Dossiers et documents de la revue Quart Monde*, n° 1, intitulée : *Le Quart Monde, partenaire de l'histoire*, 1988, p. 3.
3. Paul Christophe, *Les Pauvres et la pauvreté*, 1re partie : *Des origines au XVe siècle*, Paris, Desclée, 1985, p. 6.
4. *Actes* 2, 44 ; 4, 32-37.
5. *Marc* 10, 17-22 ; *Luc* 18, 18-23 ; *Matthieu* 19, 16-22.
6. M. Mollat, *Les Pauvres au Moyen Age*, op. cit.
7. *Les Hôpitaux en droit canonique*, Paris, 1957.
8. Exemple de la Pignotte, sous les papes d'Avignon ; sous Clément VI, elle distribue 32 000 pains par jour.
9. M. Mollat, « L'Empreinte de la pauvreté médiévale dans les représentations collectives actuelles », in *Dossiers et documents de la revue Quart Monde*, n° 1, op. cit., p. 52.
10. J.-L. Goglin, *Les Misérables dans l'Occident médiéval*, Paris, Le Seuil, 1976.
11. B. Geremek, *La Potence ou la pitié : l'Europe et les pauvres du Moyen Age à nos jours*, Paris, Gallimard, 1987.
12. M. Mollat, *Les pauvres au Moyen Age*, op. cit., p. 303.

Ambiguïté des attitudes ecclésiastiques à l'égard de la pauvreté aux XVIIe et XVIIIe siècles

MARCEL BERNOS

> « Celui-là (est véritablement intelligent sur le pauvre), qui considère les pauvres comme les premiers enfants de l'Eglise ; qui, honorant cette qualité, se croit obligé de les servir ; qui n'espère de participer aux bénédictions de l'Evangile que par le moyen de la charité et de la communication fraternelle. »
>
> Bossuet,
> *Sermon sur l'éminente dignité des pauvres* (1659).

S'il n'est pas rare, au XVIIe siècle, que les prédicateurs prêchent sur la pauvreté, il s'agit plutôt de la « pauvreté en esprit », de la « pauvreté volontaire et religieuse », comme le rappelle le Père Vincent Houdry, au tome 7 de sa *Bibliothèque des prédicateurs* (1716). La pauvreté telle que nous l'entendons ici, c'est-à-dire une situation « contrainte » de manque du plus vital et banal nécessaire, serait plutôt traitée indirectement dans des sermons sur la richesse et ses abus ou sur l'aumône.

Le discours des gens d'Eglise sur la pauvreté, aux XVIIe et XVIIIe siècles, n'est pas exempt d'ambiguïté[1]. D'une part, il insiste sur l' « éminente dignité des pauvres », leur intimité avec Jésus-Christ ; d'autre part, certains arguments avancés en faveur des pauvres se révèlent à double tranchant, soit qu'ils subliment tellement la pauvreté — condition de la perfection chrétienne — que ce sont les riches qui paraissent paradoxalement à plaindre, soit qu'ils invitent instamment les pauvres à la patience et à la soumission, sans jamais contester le caractère « naturel », voire « providentiel » de leur état.

Et pourtant, on le sait, le XVIIe siècle a été, en pratique, tout particulièrement le siècle de la charité. On y a dépassé la traditionnelle aumône, généreuse mais individuelle, pour fonder des institutions destinées à aider non seulement les pauvres et, mieux, les « plus pauvres » : mendiants, invalides, vieillards, prostituées..., mais aussi ceux que, trop souvent, on abandonnait, comme les « enfants trouvés ». Il faut être conscient de la révolution mentale que cela a représenté. A propos des « bâtards », par exemple, saint Vincent de Paul eut bien des difficultés à faire admettre aux Dames de la Charité la légitimité de secourir ceux qu'elles considéraient, à travers les préjugés de leur temps et de chrétiennes vertueuses, comme le « fruit du péché ». On assiste même, quoique exceptionnellement, à un début de prise de conscience des causes politiques ou sociales de la pauvreté.

UN DISCOURS SPIRITUEL SUR LES PAUVRES...

Que la théologie et la morale catholiques aient parlé en l'honneur de la pauvreté et en faveur des pauvres, il n'y a là rien que de conforme à leurs principes originels. L'Ancien Testament, avec la place prophétique des « pauvres de Yahvé[2] », en témoigne déjà, comme tout le Nouveau Testament, à commencer par les Evangiles manifestant la prédilection de Jésus pour les pauvres. Après s'être fait l'un d'eux, c'est à eux qu'il est venu « annoncer la Bonne Nouvelle » (*Matthieu* 11, 5 ; *Luc* 7, 22). L'Eglise primitive, dès les *Actes des Apôtres*, a d'abord touché les plus pauvres, travailleurs, esclaves, étrangers. La pauvreté y était tellement tenue pour une vertu majeure (« Heureux les pauvres... », *Matthieu* 5, 3 ; *Luc* 6, 20) qu'en entrant dans l'Eglise ou en y cherchant la perfection, beaucoup abandonnaient leurs biens et se faisaient pauvres pour le Royaume.

« L'éminente dignité des pauvres », c'est le thème d'un sermon de Bossuet, pour le dimanche de la Septuagésime (février 1659), aux Filles de la Providence, récente institution d'éducation créée en faveur de jeunes filles pauvres et abandonnées[3]. L'orateur parle devant saint Vincent de Paul, principal artisan de l'invention et du développement des œuvres charitables, et les puissantes et opulentes fondatrices (la princesse de Condé, les duchesses d'Orléans, d'Aiguillon, de Vendôme, etc.) ; il s'agit moins de louer ce qu'elles ont fait que de stimuler leur générosité afin qu'elles y persévèrent, sans condescendance ni orgueil.

« Mesdames,(...) dans les soins que vous prenez de cette maison, regardez avec respect les pauvres qui la composent. Méditez sérieusement en la charité de Notre-Seigneur que, si les honneurs du siècle vous mettent au-dessus d'eux, le caractère de Jésus-Christ qu'ils ont l'honneur de porter les élève au-dessus de vous ; honorez, en les servant, la mystérieuse conduite de la Providence divine qui leur donne les premiers rangs dans l'Eglise avec une telle prérogative que les riches n'y sont reçus que pour les servir. »

Dire quelques vérités évangéliques à de grandes dames, dans le cadre du genre littéraire typé que constitue un sermon destiné à émouvoir ses auditeurs et à les intéresser au financement d'une œuvre, requiert du talent, mais pas un très grand courage politique. Prêcher sur le « mauvais riche », pour le jeudi de la deuxième semaine de Carême 1662, au Louvre, devant le roi et la cour, en demande davantage. La conjoncture économique est désastreuse depuis l'année précédente : intempéries, mauvaises récoltes, mortalité par maladies et malnutrition, se sont unies pour accabler ceux qu'accablait déjà la misère. Bossuet, trop souvent présenté, en raison de sa conception absolutiste de la monarchie, comme un courtisan, n'hésite pas devant ce même roi, dont il fait l'image de Dieu dans sa *Politique tirée des propres paroles de l'Ecriture sainte*, à dénoncer le drame réel qui se vit cette année-là :

« (...) Dans les provinces éloignées et même dans cette ville (c'est-à-dire Paris), au milieu de tant de plaisirs et de tant d'excès, une infinité de familles meurent de faim et de désespoir : vérité constante, publique, assurée (...). Faut-il que nous voyions de si grands malheurs, et ne nous semble-t-il pas qu'à chaque moment tant de cruelles extrémités que nous savons, que nous entendons de toutes parts, nous reprochent devant Dieu et devant les hommes ce que nous donnons à nos sens, à notre curiosité, à notre luxe ? Qu'on ne demande plus maintenant jusqu'où va l'obligation d'assister les pauvres : la faim a tranché le doute, le désespoir a terminé la question ; et nous sommes réduits à ces cas extrêmes où tous les Pères et tous les théologiens nous enseignent d'un commun accord que si l'on n'aide pas le prochain selon son pouvoir, on est coupable de sa mort ; on rendra compte à Dieu de son sang, de son âme, de tous les excès où la fureur de la faim et du désespoir le précipite (...). Sire, c'est aux rois à agir ; eux-mêmes ne peuvent pas tout ce qu'ils veulent, mais ils rendront compte à Dieu de ce qu'ils peuvent[4]. »

La question de la pauvreté est donc bien posée, à l'occasion, par les clercs. Ces interventions peuvent même avoir une efficacité concrète, puisque dans le cas précis de ce Carême 1662, le roi aurait, d'après Lachat, négocié des achats de grains à l'étranger pour pallier la disette, et que les grands de la cour auraient puisé dans leurs trésors pour subvenir aux besoins les plus urgents. D'autres textes, diffusés anonymement, sont encore plus vigoureux que le sermon de Bossuet. Une génération plus tard, Fénelon écrit à Louis XIV une lettre terriblement sévère quand on pense à l'ambiance de flagornerie qui entoure le roi. Il s'appuie non seulement sur une analyse politique de la situation : la longue et épuisante guerre de la Ligue d'Augsbourg, provoquée en 1688 par l'expansionnisme de Louis XIV, de mauvaises récoltes dues à des conditions météorologiques catastrophiques et l'organisation fiscale si injuste de la France d'Ancien Régime, mais surtout sur les devoirs religieux d'un roi, qui a reçu l'onction du sacre, vis-à-vis de son peuple [5] :

« Vos peuples, que vous devriez aimer comme vos enfants (...) meurent de faim (...). Au lieu de tirer de l'argent de ce pauvre peuple, il faudrait lui faire l'aumône et le nourrir. La France entière n'est plus qu'un vaste hôpital désolé et sans provision (...).

Les émotions populaires (...) deviennent fréquentes (...). Vous êtes réduit à la honteuse et déplorable extrémité, ou de laisser la sédition impunie et de l'accroître par cette impunité, ou de faire massacrer avec inhumanité des peuples que vous mettez au désespoir en leur arrachant, par vos impôts pour cette guerre, le pain qu'ils tâchent de gagner à la sueur de leurs visages. »

On pourrait craindre que Fénelon parle en idéologue, comme le théoricien de cette monarchie tempérée par un appui aristocratique qu'il dessine dans les *Tables de Chaulnes*, en 1711. Mais, lorsqu'il agit en tant que précepteur du duc de Bourgogne, il essaie aussi bien de former la conscience de son royal élève, susceptible de régner un jour, avec des principes relevant autant et plus de la morale chrétienne que des sciences politiques. Ainsi, il pose, dans son *Examen de conscience sur les devoirs de la royauté* [6], des questions qui n'ont pu être interprétées comme des critiques contre Louis XIV que parce que le « Grand » roi s'inspirait en vérité fort peu d'une politique authentiquement « chrétienne » :

« Avez-vous cherché les moyens de soulager les peuples, et de ne prendre sur eux que ce que les vrais besoins de l'Etat vous ont contraint de prendre, pour leur propre avantage ? (...) Vous devez étudier à retrancher, dans les temps de pauvreté publique, toutes les charges qui ne sont pas d'une absolue nécessité (...). N'avez-vous point mis sur les peuples de nouvelles charges pour soutenir vos dépenses superflues ? »

En outre, Fénelon s'est toujours montré, quand il fut archevêque de Cambrai, très préoccupé du sort temporel et du bien spirituel de ses « peuples[7] ». On peut donc équitablement penser que ses interventions en faveur des misérables sont bien celles d'un pasteur angoissé, non d'un courtisan rebelle.

... NON DÉNUÉ D'AMBIGUÏTÉ...

Pour ne pas interpréter de façon erronée la signification du discours ecclésiastique sur la pauvreté, il faut ne pas en oublier les perspectives avant tout morales et pastorales. Le clerc n'a, en principe, pas à intervenir dans le domaine strictement temporel. D'où l'aspect souvent très conformiste aussi bien de sa défense des « bons pauvres » (car il en est de « mauvais » : ceux qui sciemment ne veulent pas travailler) que de ses condamnations contre les « mauvais riches » (car il en est de « bons », en particulier ceux qui sont « aumôniers »).

Lorsqu'ils tentent des comparaisons avec le monde profane, ces clercs, en l'absence d'une analyse proprement socio-économique, font preuve d'une naïveté un peu désarmante. Pour souligner l' « éminente dignité des pauvres », Bossuet imagine, après saint Jean Chrysostome, deux villes dont l'une ne serait composée que de riches, et l'autre que de pauvres[8]. La plus heureuse, la seule viable serait bien sûr la ville des pauvres, car :

« Cette ville de riches aurait beaucoup d'éclat et de pompe, mais elle serait sans force et sans fondement assuré. L'abondance ennemie du travail, incapable de se contraindre et par conséquent toujours emportée dans la recherche des voluptés, corromprait tous les esprits et amollirait tous les courages par le luxe, par l'orgueil, par l'oisiveté (...). Au contraire, dans l'autre ville où il n'y aurait que des pauvres, la nécessité industrieuse, féconde en inventions et mère des arts profitables, appliquerait les esprits par le besoin, les aiguiserait par l'étude, leur inspirerait une vigueur mâle par l'exercice de la patience. »

Ce point de vue sur l'effet moralement salutaire du travail, rendu lui-même indispensable par la pauvreté, semble partagé par bon nombre de prédicateurs. Yves-Michel Marchais, modeste curé de campagne qui vit et enseigne ses ouailles vendéennes un siècle après le « grand » Bossuet, reprend l'argument et le pousse plus loin [9]. Après avoir vilipendé les vices auxquels les riches sont habituellement exposés, il s'écrie :

« Il n'en est pas ainsi des pauvres (...). Comme chacun s'occupe sérieusement à travailler pour gagner sa vie, on y trouve rarement de ces occasions de dissipation et de crimes. Les amis qu'on s'y fait ne sont communément que des compagnons de fatigues avec lesquels on ne sait que partager ses peines ; et au lieu de passer les jours en partie de plaisir et de jeux, on ne pense qu'à se consoler mutuellement et à prendre tous les moyens possibles pour ne pas tomber dans une plus grande indigence.

Un ouvrage fini, il faut en commencer un autre (...). Le temps se passe dans un emploi légitime. Et si quelquefois il faut prendre du repos et du délassement, la modestie et la sobriété sont des règles parce que, quand il n'y aurait pas d'ailleurs des motifs de religion et d'amour de Dieu, on n'a pas le moyen ni de faire de grandes dépenses, ni de se reposer et de se réjouir longtemps. »

Ainsi l'austérité de vie provoquée par la pauvreté se trouve exaltée « comme la voie droite du salut ». Mais la suite du texte illustre encore mieux l'ambiguïté signalée en introduction. En effet, le curé Marchais ajoute, à propos des pauvres :

« A l'abri des écueils attachés aux richesses, ils n'ont qu'à supporter avec courage les fatigues de leur condition, les peines qui les accompagnent, l'ennui qui les suit, et offrir à Dieu tout ce que peut avoir de dur le fardeau de la pauvreté (...). Qu'ils renoncent à ces plaintes aussi inutiles que multipliées et à cette lâche jalousie contre leurs supérieurs ou des égaux qu'ils croient plus heureux qu'eux. »

Bien sûr, la sincérité du pasteur discernant dans la pauvreté un « puissant motif de sanctification » pour les humbles ne fait aucun doute. On voit bien, cependant, combien une telle attitude tend à conserver la société en l'état, et par là risque de justifier aussi ses plus grandes injustices ; alors même que le bas clergé, surtout rural, était souvent le défenseur naturel, et le seul, du petit peuple.

C'est que les pensées de ces pasteurs ne sont pas (et n'ont pas à être) celles de militants politiques ou sociaux. Leur discours, tout autant moral que « religieux », s'adresse d'ailleurs en priorité « aux riches qui ne sont jamais contents », comme le rappelle la dédicace de *La Pauvreté contente*, ouvrage très significatif pour notre propos [10].

C'est un livre de direction spirituelle qui veut empêcher les nantis de se laisser enliser dans les produits pervers de leurs richesses : excessif bien-être, esprit de jouissance, recherche du gain à tout prix, absence de scrupules, dureté à l'égard des nécessiteux...

« Ce qui rend un homme content, ce n'est pas d'avoir beaucoup, mais de n'avoir besoin de rien ; et comme le plus riche peut être pauvre, s'il désire beaucoup de choses, aussi le plus pauvre peut être riche, s'il n'en désire aucune (...). Persuadez-vous que tant que vous n'aurez rien, rien ne vous manquera. »

Ce truisme ascétique — car l'auteur parle, au fond, de pauvres volontaires, qui, en situation de privation réelle, l'assument totalement au nom d'un idéal plus élevé que la survie quotidienne — permet simultanément de rappeler aux riches l'inutilité de l'accumulation de biens pour l'autre monde :

« Pourquoi attendre à donner votre bien aux pauvres, lorsqu'il vous faudra sortir de ce monde et aller en un lieu où personne n'en voudra ? Ferez-vous l'aumône aux bienheureux, qui, ayant en Dieu toutes choses, n'ont besoin de rien ? »

Compte tenu de l'état d'indigence sous-humaine frappant une partie notable de la population, les raisonnements de l'auteur frisent parfois d'odieux sophismes. Ainsi, le chapitre IV (pp. 44-76) ose prétendre : « Les pauvres contents sont exempts de la peine d'amasser, du soin de conserver et de la douleur de perdre » ! Les paragraphes[11] qui évoquent la « table du pauvre » ne manquent pas également d'un certain humour noir : « La faim assaisonne (*sic*) le repas des pauvres contents (...). On n'y engraisse pas, il est vrai, mais sommes-nous de ces animaux, dont le plus gras est le meilleur ? (...) (Elle) n'incommode ni la bourse, ni la santé. Qui mange pour vivre ne meurt pas des excès qu'il fait. »

Dans la vie concrète, le clergé est souvent tiraillé entre des exigences contradictoires. Durant le XVIIe siècle, les écoles « paroissiales » se multiplient sous l'impulsion de l'Eglise, à la fois désireuse d'encadrer des catholiques mieux catéchisés, et consciente des chances de promotion que représente pour les enfants le fait d'être alphabétisés et de savoir compter[12]. On y reçoit gratuitement les petits indigents, à côté des enfants de la bourgeoisie dont les parents paient l'instruction. Un problème surgit parfois : les maîtres sont sollicités de séparer ces différents élèves, « les personnes de condition n'étant pas bien aises que l'on mette leurs enfants (...) avec les pauvres, qui sont ordinairement pleins de vermine et de saleté en leurs habits aussi bien que dans leurs paroles[13] ». Or, l'éducation reste dans l'Eglise une œuvre de « charité », c'est-à-dire d'amour... Aussi des évêques, tel Mgr Grimaldi à Aix, dans son ordonnance synodale de 1672, rappellent aux maîtres : « (Ils) auront un même soin de l'instruction des pauvres que des riches ; les recevront dans leurs écoles avec même estime et affection. » Il n'empêche que plus d'un directeur a dû tolérer une ségrégation, sans laquelle les élèves payants, c'est-à-dire permettant à l'école de vivre, seraient partis vers des pensions plus chics.

Finalement, si la pauvreté est une voie assurée de salut pour ceux qui s'en « contentent », elle est, indirectement, encore plus utile et « salutaire » pour les riches sachant faire un bon usage de leurs richesses, en soutenant les œuvres caritatives. Pauvres et riches seraient, pour beaucoup de clercs, des états complémentaires dans une sorte d'harmonie sociale préétablie, trop vite brisée par l'avarice des « mauvais riches » et la paresse des « mauvais pauvres ».

... MAIS QUI INAUGURE PEUT-ÊTRE UNE RÉVOLUTION MENTALE

On pourrait faire encore d'autres réserves sur ce qu'a pu dire d'ambigu une partie du clergé à propos de la pauvreté. Gardons la prudence de ne pas en attribuer à l'Eglise la pleine responsabilité, car ceux qui parlaient en son nom ne pouvaient prétendre exprimer définitivement sa pensée (laquelle aurait nécessité une étude plus longue). Nous n'avons pas, non plus, abordé les problèmes posés par la propre richesse de l'Eglise en tant que corps, ni les iniquités du système bénéficial dénoncées par des théologiens moralistes depuis longtemps... Il reste que l'Eglise est, dans la pratique, à peu près la seule institution d'Ancien Régime qui se soit portée effectivement et efficacement au secours des déshérités ; et ait fait de ce service plus qu'un geste de simple « humanité », comme dit Yves de Paris (de « bienfaisance » dira le XVIIIe siècle), un acte authentiquement religieux, au nom d'un Dieu d'amour.

Même s'il ne résume pas toute l'invention caritative du XVIIe siècle, qu'illustreraient aussi saint Jean Eudes et d'autres[14], saint Vincent de Paul, initiateur, parmi beaucoup d'œuvres, des missionnaires des campagnes et des Filles de la Charité, symbolise bien ce courant de fond du siècle classique, et sa pensée a inspiré plus d'un fondateur.

Dans un de ces « entretiens » qu'il donnait à ses missionnaires[15], il résume l'esprit qui l'anime :

« Allons donc, mes frères, et employons-nous avec un nouvel amour à servir les pauvres et même cherchons les plus pauvres et les plus abandonnés, reconnaissons devant Dieu que ce sont nos seigneurs et nos maîtres, et que nous sommes indignes de leur rendre nos petits services (...). Que nous ne trouvions plus jamais un pauvre sans le consoler si nous le pouvons, ni un homme ignorant sans lui apprendre en peu de mots les choses qu'il faut qu'il croie et qu'il fasse pour son salut. »

Comme saint Vincent de Paul reste un esprit pratique et concret, il recommande, à l'occasion[16], de « catéchiser les pauvres dans les rencontres, soit les bonnes gens en marchant dans la campagne, soit les pauvres à la porte, les domestiques, etc. »

Une délicatesse du cœur le porte à trouver des solutions qui nous apparaîtraient banales mais étaient novatrices, comme de recueillir ensemble deux vieux époux indigents afin qu'ils finissent leurs jours ensemble, au lieu de procéder à la séparation des sexes habituelle dans les hospices. Il serait intéressant, dans cet ordre d'idées, de résoudre l'énigme des relations entre saint Vincent de Paul et l'hôpital général de Paris, fondé en 1656. Membre du Conseil de conscience jusqu'en 1653, il n'a pu tout ignorer de la préparation du projet ; il rêvait, en outre, d'offrir gîte et couvert aux misérables dénués de toit. Le Code de l'hôpital général[17] fait d'ailleurs expressément allusion à la remise prochaine de l'aumônerie aux lazaristes. Or, saint Vincent de Paul la refuse sous prétexte qu'il manque de collaborateurs. N'est-ce pas plutôt l'aspect carcéral pris par l'hôpital une fois réalisé, qui le rebute ? Et il n'est pas le seul à réagir de la sorte. Le capucin Yves de Paris s'exclame dans *Les Œuvres de miséricorde*, en 1661 : « Quoi ! les riches auront réduit les pauvres à l'extrémité par leur avarice, et puis ils en feront des captifs pour n'en être point incommodés et pour ne point voir ces lamentables objets qui semblent troubler les délices de leur vie par les airs importuns des disgrâces où elle est tombée[18]. »

En plein XVIIe siècle, malgré la montée sensible de l'esprit « capitaliste » qui rejette moralement et physiquement les « oisifs », beaucoup de simples chrétiens gardent encore, devant les mendiants, la vision du pauvre comme « image du Christ », et la législation doit rappeler qu'il est interdit à la population de donner l'aumône « manuelle » et surtout de frapper les archers qui tentent d'arrêter les vagabonds pour les interner à l'hôpital[19]. La politique royale d'enfermement est toutefois soutenue par une partie du clergé, qui se sent responsable de l'ordre, tel le jésuite Guevarre prêchant et quêtant de ville en ville pour persuader les bourgeois que la fin de la mendicité passe par l' « hospitalisation » des mendiants [20]. En dépit de cela, la tradition de l'aumône personnelle se maintient et continue à passer pour méritoire. Louise du Tronchay, dite Louise du Néant (1639-1693), née dans une famille de bonne noblesse angevine, est une mystique au destin étrange : suspectée de folie, elle fut enfermée avec les pauvres et, une fois guérie, demeura avec eux pour aider à les soigner. Son biographe [21] rappelle les racines de son amour et de son respect des pauvres :

« Ayant ouï dire que les pauvres sont membres de Jésus-Christ, elle commença à les aimer tendrement (...) et à être sensible à leur misère. L'exemple de son père et de sa mère la confirma dans ses sentiments, que leurs paroles lui avaient inspirés ; ils logeaient tous les mendiants qui passaient par Le Tronchay, et ils leur fournissaient de quoi se soulager dans leurs besoins. »

Une lettre du contrôleur général des finances Terray à l'intendant de Dijon, du 23 juin 1773 [22], nous révèle des noyaux d'opposition plus durs à la politique royale ; elle se plaint des religieuses et de l'économe de l'hôpital de Saint-Reyne qui « s'opposent avec violence, injures et menaces aux visites que la maréchaussée veut faire dans les cours de cet hôpital et qu'ils font évader les vagabonds et les mendiants qui sont dans l'usage de s'y rendre à certains jours ».

Enfin, outre ces résistances actives, individuelles ou non, on constate que, bien avant les philosophes, un certain nombre d'ecclésiastiques critiquent, presque malgré eux mais au nom de leur foi, un système qui réduit une partie de la population à la misère. *La Pauvreté contente* (1655), dont nous avons pourtant souligné le conformisme, dénonce, dans sa dédicace, le fait que les riches considèrent comme insupportable la présence des pauvres : « Parce qu'en les voyant, vous ne voulez point entendre la voix de la nature qui vous parle dans leurs personnes, et qui, ayant fait le monde égal pour tous, vous accuse de l'avoir partagé entre vous seuls ; car il n'est pas juste que vous possédiez **tout** et que les autres n'aient rien. »

Rousseau, Marat, Babeuf peut-être, n'auraient pas dit mieux que ce jésuite. Dès le XVIIe siècle, quelques clercs, que nous ne découvrons qu'au hasard du témoignage indirect des procédures judiciaires, dépassent les leçons de morale sociale pour une critique politique d'un régime incapable sinon d'abolir du moins d'atténuer la pauvreté. Fléchier, futur évêque de Nîmes, racontant les Grands Jours d'Auvergne, évoque le cas d'un « bon curé de village [23] » :

« Par un zèle extraordinaire (il) s'était emporté dans ses prônes contre le roi et ses ministres. Il avait dit fort sérieusement à ses paroissiens que la France était mal gouvernée (...), que le peuple n'avait jamais été plus tourmenté, et plusieurs autres choses de fort grande édification (...). Ce petit peuple trouva le prône fort bien raisonné ce jour-là, et que c'était une grande vérité que la pensée de vivre sans payer la taille. »

Ce prêtre, dénoncé par un paroissien trop scrupuleux, fut arrêté et condamné à un an de bannissement. Combien d'autres ont pu tenir un langage aussi vigoureux sur la pauvreté, qu'ils connaissaient personnellement quand ils étaient à la portion congrue ? Combien, à cause de ce hiatus entre l'espérance qu'ils étaient chargés d'annoncer et la dure réalité d'une société fort peu évangélique, ont accueilli les débuts de la Révolution comme la promesse d'une plus grande justice ? La plupart restaient pourtant « idéologiquement » et parfois socialement liés à l' « Ancien Régime » : l'ambiguïté continuait.

---

1. Sur toute cette question, voir le n° spécial de la revue *XVIIe siècle*, 90-91(1971) : *Les Œuvres de charité en France au XVIIe siècle* ; en particulier, pour les aspects théoriques, Julien-Eymard d'Angers : « Richesse et pauvreté dans l'œuvre d'Yves de Paris », pp. 17-46.
2. Cf. A. Gélin, *Les Pauvres de Yahvé*, Paris, Cerf, 1953.
3. Bossuet, *Œuvres complètes*, Paris, L. Vivès, éd. par F. Lachat, t. VIII, 1862, p. 439.
4. *Ibid.*, t. IX, sermon dit aussi « de l'impénitence finale », p. 197.
5. Fénelon, *Lettre à Louis XIV*, éd. par H. Guillemin, Neuchâtel (« Ides et calendes »), 1961, pp. 66-67. La lettre serait à dater entre juillet 1691 et août 1695 ; peut-être des émeutes de 1694.
6. Fénelon, *op. cit.*, pp. 94-95.
7. Plus nuancé que la tradition (cf. E. Carcassonne, *Fénelon. L'homme et l'œuvre*, Paris, Boivin, 1946, pp. 139 sq.), J.-L. Gore, « Fénelon ou du pur amour à la politique de la charité », *XVIIe siècle, op. cit.*, pp. 57-73.
8. Bossuet, *op. cit.*, t. VIII, p. 427.
9. F. Lebrun, *Parole de Dieu et Révolution. Les sermons d'un curé angevin avant et pendant la guerre de Vendée*, Toulouse, Privat, 1979, p. 62.
10. *La Pauvreté contente* (traduit de l'italien par Daniel Bartoli, sj.), Paris, E. Couterot, 1689, pp. 335-340 (1re éd. française : Pont-à-Mousson, 1655).
11. *Ibid.*, pp. 246-249.
12. R. Chartier, M. M. Compère, D. Julia, *L'éducation en France du XVIe au XVIIIe siècle*, Paris, SEDES, 1976, pp. 38-41.
13. *Ibid.*, p. 119.
14. P. Milcent, « Spiritualité de la charité selon saint Jean Eudes », *XVIIe siècle, op. cit.*, pp. 47-56.
15. *Les Orateurs sacrés*, éd. Migne, Montrouge, t. 88, 1866, col. 403-404 ; daté par Abelly de 1651, par P. Coste de 1657.
16. Saint Vincent de Paul, *Correspondance, entretiens, documents*, éd. par P. Coste, Paris, Lecoffre-Gabalda, 1924, t. XII, p. 472, conférence donnée à Saint-Lazare le 17 novembre 1656.

17. *Code de l'Hôpital général de Paris...*, Paris, Vve Thiboust, 1786. Cf. l'édit d'avril 1656, art. XXIII-XXVI, p. 266.
18. Cité par Julien-Eymard d'Angers, *art. cit.*, p. 42.
19. *Code de l'Hôpital général, op. cit.*, édit d'avril 1656, art. XVII, XVIII et XX, p. 265, confirmés par l'arrêt du Parlement du 18 avril 1657 : art. V, p. 281 ; art. XIII et XIV, p. 282.
20. Cf. par exemple : *La Mendicité abolie dans la ville d'Aix par l'hôpital général ou maison de la charité*, vers 1641.
21. J. Maillard, *Louise du Néant, le triomphe de la pauvreté et des humiliations* (Paris, 1732), éd. J. Millon, 1987, p. 32.
22. AD Côte-d'Or, C. 255, cité dans F. Billacois *et alii*, *Documents d'histoire moderne*, Paris, Colin, 1970, t. 1, pp. 175-176.
23. E. Fléchier, *Mémoires sur les Grands Jours d'Auvergne en 1665*, Paris, H. Jonquières, 1930, p. 191.

L'Eglise et les très pauvres dans la première moitié du XIXe siècle. Quelques observations issues de recherches régionales

YVES-MARIE HILAIRE

De nombreuses recherches ont porté sur le paupérisme urbain au XIXe siècle. On a moins étudié le paupérisme rural dont l'ampleur et la gravité restent mal connues. Or, comme j'ai tenté de le montrer dans ma thèse sur *La Vie religieuse des populations du diocèse d'Arras de 1840 à 1914*, il existe une documentation notable sur ce sujet en provenance des administrateurs, des magistrats, des notables et des ecclésiastiques[1]. Pendant le second quart du XIXe siècle, les départements septentrionaux de la France et les provinces flamandes de la Belgique possèdent les plus forts pourcentages d'indigents par rapport à la population. Selon B. Verhaegen, 27 % des habitants de la Flandre orientale sont assistés en 1846[2]; dans le Pas-de-Calais, pour Alban de Villeneuve-Bargemont, un habitant sur huit relève des secours de la charité[3], et d'après Abel Hugo, il y aurait 12,9 % d'indigents, soit plus du double d'une moyenne nationale de 5,92 %[4]. Le Pas-de-Calais se classerait au deuxième rang des départements pour le paupérisme, le Nord occupant le premier.

A cette époque, Eugène Buret définit le vocabulaire[5]. La notion de pauvreté qui implique une « insuffisance des moyens de satisfaire aux besoins réels et présents » semble trop relative et englobe trop de monde. En revanche, la notion de misère paraît plus satisfaisante, car elle suppose un « dénuement tel qu'il réclame les secours de la charité publique ou privée, les indigents étant les sujets de la misère ». Le dénuement oblige les autorités à recenser ou au moins à évaluer le nombre des indigents. Or, les statistiques du paupérisme sont plus faciles à établir dans les villes que dans les campagnes; en effet, comme le souligne Pierre Lévêque, il n'y a pas de bureau de bienfaisance dans la plupart des campagnes, ce qui entraîne une sous-estimation de l'indigence.

Les documents que nous avons utilisés montrent qu'il y a une accumulation de pauvres dans certaines régions du Pas-de-Calais. Si l'affirmation de l'avocat Billet : « Le Pas-de-Calais fertile regorge de mendiants » est intéressante mais trop générale, on constate que les pauvres sont particulièrement nombreux dans les zones déshéritées : marais, forêts, côtes peu hospitalières. Dans les marais du Calaisis, sous la monarchie de Juillet, les pauvres viennent construire une chaumière et cultiver un champ ; mais les partages successoraux et l'afflux de nouveaux pauvres les font bientôt tomber dans la misère. Ainsi à Marck, il y a un tiers de pauvres et un neuvième de mendiants sur les sables improductifs ; à Fréthun, localité où l'on construit aujourd'hui l'Eurotunnel, le marais est alors « rempli de chaumières habitées par les indigents ». Dans les forêts, autour de chaque massif boisé, « un grand nombre de malheureux trouve un peu de nourriture et de bois ». Ceux-ci se livrent au bûcheronnage, à la cueillette des produits de la forêt, et au braconnage. Des centaines de délits forestiers sont commis chaque année dans les trois arrondissements occidentaux du Pas-de-Calais. En 1833, un conseiller municipal philanthrope empêche la vente aux enchères de la forêt de Guînes qui fait subsister depuis des siècles six ou sept « populations »[6]. Sur les côtes, les habitants se livrent à de multiples cueillettes ou pêches littorales et profitent du pillage d'épaves.

Dans certaines régions, la désindustrialisation aggrave la pauvreté. C'est le cas sous la monarchie de Juillet, du Haut Artois et du Haut Boulonnais, contrées où Bernanos observera ses curés de campagne au début du XXe siècle. Sous le Second Empire, les ecclésiastiques de cette région rappellent qu'elle possède beaucoup de pauvres. « Le plus grand abus est occasionné par un état voisin de la misère », note le curé de Seninghem. Celui de Herimetz observe que « les pauvres y viennent sans semer ». Celui de Rimboval déclare que 25 à 30 familles sont obligées de recourir à la mendicité pour pourvoir à leurs besoins. Georges Bernanos se souviendra plus tard d'avoir vu venir les gens à l'aumône chaque lundi à Fressin dans son enfance, c'est-à-dire au cours des années 1890.

Les causes conjoncturelles de l'aggravation de ce paupérisme ont été observées avec finesse par le plus célèbre érudit de la région, Daniel Haigneré : la disparition des pâtures communales enlève des ressources aux plus pauvres ; la hausse des baux ruraux entraîne l'éviction des vieilles familles patriarcales de fermiers, protectrices traditionnelles des pauvres : « A mesure que les vieux fermiers, ceux dont les familles cultivaient de père en fils les mêmes terres, colons inféodés à la métairie, disparaissent du sol, ruinés par les exigences des propriétaires et victimes du renchérissement parfois excessif des loyers, la condition des pauvres de la campagne se modifie et les ressources qui les faisaient vivre leur deviennent inaccessibles. » Enfin, l'émigration vers les villes aggrave la situation de beaucoup de migrants, parce que, comme le note Haigneré, à la campagne il y avait « une infinité de choses sans maître : plante parasite, herbe inculte, épi qui se perd, éteule, broussailles qui permettaient au pauvre de subsister ».

Lors des crises du milieu du XIXe siècle, la paupérisation et la prolétarisation s'accentuent. Aux 8 000 mendiants permanents que compte le Pas-de-Calais, s'ajoutent « des bandes d'affamés au visage noirci qui vont heurter à la porte des fermes sur l'heure de minuit pour demander impérieusement du pain ». Ainsi en 1839, près de Desvres, dix voleurs attaquent une ferme la nuit. On signale des vols collectifs de pommes de terre en 1840 dans le Calaisis et en 1847 dans la région d'Hénin-Liétard. Avec la grande crise de 1846-1848, l'agitation des mendiants se généralise. En juin 1847, « les mendiants pullulent » dans le centre du département. En 1848, dans le canton de Croisilles, 300 à 400 pauvres se présentent en une seule journée aux portes des fermes ou des maisons. Lors de la nouvelle crise alimentaire qui sévit en 1854-1855, « la ville d'Arras et la campagne environnante fourmillent d'indigents qu'il faut secourir ». En 1854, à Hesdin où la badestamerie et la bonneterie sont ruinées, sur 3 600 habitants, 1 500 se trouvent inscrits sur la liste des pauvres secourus par le bureau de bienfaisance.

Quelle est la réponse des catholiques à cette situation ? Ils demandent au prêtre d'être généreux, secourable, compatissant. Ils s'efforcent de susciter des associations qui organisent l'assistance. Ils placent sur les autels un mendiant, Benoît Labre.

Le « bon prêtre » représente l'image idéale du curé de campagne des Lumières au romantisme. Lorsqu'il décède, il est magnifié dans la presse, y compris dans certains journaux anticléricaux. Le bon prêtre est « l'homme de tous », hospitalier, sa maison est toujours ouverte, « sa maison, c'est-à-dire sa famille, ce sont les enfants, les vieillards, les pauvres, les déshérités de ce monde ». « Les privilégiés de sa sollicitude sacerdotale, ce sont les petits enfants, les ignorants, les pauvres et parmi ces derniers particulièrement les plus malades. » « Comme Notre Seigneur Jésus-Christ, le bon prêtre aime ses paroissiens dans la personne du pauvre, dans l'enfance, dans l'artisan comme dans le riche. » Il se dévoue lors des épidémies. Certes, cet idéal est loin d'être atteint par tous les ecclésiastiques, mais il existe et beaucoup s'efforcent d'orienter leur conduite vers sa réalisation. Lors de l'érection d'une nouvelle succursale, la question du supplément de traitement du desservant et celle de la présence des pauvres sont souvent posées, car « pour prêcher l'aumône, il faut pouvoir la faire ». Le nombre des pauvres dans une localité est pris en considération pour solliciter un supplément de traitement et dans l'étude de certaines nominations urbaines. Les transformations économiques du Second Empire, qui introduisent à la campagne de nouveaux modes de vie, une soif du gain et un certain mépris des pauvres, choquent souvent ces « bons prêtres ». Pour répondre aux défis lancés par l'évolution sociale, le bon prêtre se transforme progressivement en curé animateur d'œuvres.

En effet, de nombreuses associations et œuvres tentent de faire face aux problèmes posés par la pauvreté et l'indigence. La principale est la conférence de Saint-Vincent-de-Paul qui joue le rôle d'organisation-souche en suscitant de nombreuses œuvres. Elle est fondée sous la monarchie de Juillet par de jeunes hommes qui accueillent à Paris et en province la prédication d'un Lacordaire et qui acquièrent une sérieuse expérience des problèmes posés par la pauvreté. L'un d'eux, Armand de Melun, propose inlassablement des lois sociales sous l'Assemblée législative (1849-1851), et plus tard, Napoléon III écoute pendant un temps ses conseils. Parmi les sociétés locales, celle d'Arras constitue un bon exemple de créativité dans le domaine social : elle fonde un patronage d'apprentis qui recrute pour les deux tiers dans le milieu indigent ; elle est à l'origine d'un orphelinat pour enfants abandonnés. En effet, lors de la grande crise de 1846-1848, l'abbé Hallin ne peut supporter la misère des enfants abandonnés et les recueille chez lui. Petit à petit, avec l'aide de la société de Saint-Vincent-de-Paul, il organise et fait construire un orphelinat qui recueille, en 1868, 400 enfants dont 150 apprentis et jeunes ouvriers. Les plus jeunes vivent en internat ; les apprentis sont des externes qui travaillent chez les artisans d'Arras : ainsi, ils ne font pas concurrence à l'industrie locale et se trouvent en contact avec le milieu ouvrier réel. Très populaire dans le petit peuple arrageois, Henri Halluin participe aux Cercles catholiques d'ouvriers et se rallie à la République bien avant que Léon XIII ne sollicite les catholiques français sur ce sujet. Son œuvre est plus novatrice que celle des orphelins apprentis d'Auteuil de l'Abbé Roussel.

Les événements de 1848-1851 sont l'occasion d'un débat sur l'organisation de la charité. Les catholiques, partisans le plus souvent de la liberté de la charité, adoptent généralement une position qui marque un recul sur leurs initiatives antérieures, comme l'a bien montré la thèse de J.-B. Duroselle sur le catholicisme social. Si les parts respectives de la charité privée et de la charité publique restent mal connues, cette dernière semble fort considérable en période de crise, dans le cadre municipal notamment.

Néanmoins, l'Eglise fait scandale en béatifiant (1860) et en canonisant (1881) un mendiant, Benoît-Joseph Labre (1748-1783). Les critiques ne manquent pas. Ainsi celle du procureur général de Douai, Camescasse : « Dans un pays de travail, d'ordre et de propreté, un saint très récent qui parcourait sans cesse les campagnes, toujours très sordide, à peine vêtu et vivant d'aumônes, ne pouvait susciter un vif enthousiasme, surtout quand sa mort est très récente et ses miracles accomplis à Rome. On assure que les représentations de personnes pieuses n'ont pas manqué à l'évêque, mais son siège était fait. » L'empereur Napoléon III s'interroge : « Pourquoi tant d'honneurs rendus à un maniaque ? » Les journalistes se gaussent : « Benoît Labre, mort en état de crasse. » Le sénateur Corbon, en 1881, oppose la « paresse et la résignation de Benoît Labre, qui cherche à gagner le ciel, à l'activité du travailleur, qui transforme le monde dans lequel il vit et qui le fait progresser dans la société ».

Le défi lancé aux valeurs bourgeoises est très fortement ressenti : Rome place sur les autels un oisif dans le siècle où l'on a le plus travaillé, un errant à l'époque où l'attachement à la petite propriété se généralise, un marginal qui refuse les institutions établies au moment où la société nouvelle suspecte ce genre d'hommes, un pouilleux à l'ère où l'hygiène et la propreté commencent enfin à atteindre les masses. Tandis que les sociétés modernes croient avoir trouvé le secret de l'enrichissement accéléré en incitant les hommes à gagner plus et à consommer plus, l'Eglise glorifie un pauvre homme qui a renoncé à tout. Cependant, ce contre-culte attire les foules qui accourent dans les rues d'Arras pour les fêtes de la béatification en 1860, puis à Amettes, village natal du saint, qui devient un centre de pèlerinage très populaire et toujours fréquenté. Les syndicalistes chrétiens y ont trouvé un ressourcement spirituel, et les membres de l'association Saint-Benoît-Labre ont constitué le noyau formateur de la Confédération française des Travailleurs chrétiens fondée en 1919.

1. Yves-Marie Hilaire, *La Vie religieuse des populations du diocèse d'Arras de 1840 à 1914*, PUL, Lille, 1977.
2. B. Verhaegen, *Contribution à l'histoire économique des Flandres*, Louvain, éd. Nauwelaerts, 1961.
3. A. de Villeneuve-Bargemont, *Traité d'économie politique chrétienne, ou recherche sur la nature et les causes du paupérisme en France et en Europe, et sur les moyens de le soulager et de le prévenir*, Paris, Paulin, 1834.
4. Abel Hugo, *France pittoresque*, Paris, Delloye, 1838.
5. Eugène Buret, *De la misère des classes laborieuses en Angleterre et en France. De la nature, de la misère, de son existence, de ses effets, de ses causes et de l'insuffisance des remèdes qu'on lui a opposés jusqu'ici avec l'indication des moyens propres à en affranchir les sociétés*, Paris, Paulin, 1840.
6. C'est-à-dire les habitants de six ou sept communes.

La réponse des institutions charitables de Nîmes face à l'enfance abandonnée et marginale, du début du XIXe siècle à nos jours. Vers un partenariat ou un enfermement

DANIEL MURAT

Actuellement, notre approche de l'enfance marginale, pour une large part, est fort incomplète. Nous ne percevons ce monde d'où sont issus les enfants orphelins, les enfants abandonnés, les enfants « délinquants » qu'à travers le regard de ceux qui se sont donné pour mission de les extraire de leur milieu pour les réintroduire dans le monde « des honnêtes travailleurs[1] ».

Cet autre monde qui fournit la quasi-totalité des enfants abandonnés et des « enfants vicieux[2] » ne laisse en apparence aucune trace. Les divers registres dépouillés, comme les écrits des responsables des institutions, ne leur donnent jamais directement la parole. On parle toujours pour eux, on explique pour eux leurs actes. La prise en charge a pour premier effet de les dépouiller de la parole. Les institutions du XIXe siècle ont conservé dans leurs archives peu de traces de leur passage. Par contre, pour le XXe siècle, il n'est pas rare de trouver des cahiers d'écoliers, des lettres ainsi que de nombreuses photos les immobilisant dans les divers actes de leur quotidienneté. Une étude de ces documents nous permettra d'appréhender leur adhésion ou le rejet du type de société qu'on leur impose[3].

Ce silence des plus démunis n'est en fait que partiel. L'étude actuelle des dossiers individuels des enfants de l'assistance pour toute la seconde moitié du XIXe siècle révèle une richesse insoupçonnée. (Nous y trouvons des lettres des parents, des nourrices, des pupilles, sans compter les nombreux rapports en tout genre...)

I. LA MISE EN PLACE DES INSTITUTIONS CHARITABLES
ET LEUR ENRACINEMENT

1. Les institutions protestantes

La première institution créée au XIXe siècle fut protestante. En 1818, le comité des écoles donnait naissance simultanément à trois œuvres concernant l'enfance :

L'œuvre des écoles.
L'asile maternel.
L'œuvre du patronage des jeunes filles.

Ces trois œuvres se complétaient parfaitement. Leur but était de recueillir, élever et instruire les jeunes filles protestantes, orphelines ou abandonnées par leur famille, ou celles que les familles ne pouvaient entretenir. Toute l'éducation devait permettre à ces filles de gagner leur vie sans difficulté.

Les enfants étaient reçus à l'asile dès l'âge de 6 ans et jusqu'à 18 ans. La pension était fixée à 100 F au maximum et elle était souvent prise en charge par un « parrain » de l'enfant. Lors de l'apprentissage, les jeunes filles touchaient jusqu'à 7 F par mois, à condition d'avoir une bonne conduite et de faire preuve d'assiduité au travail[4].

En 1822, dans la maison du pasteur Paul Rabaut, fut installé un orphelinat pour les jeunes filles protestantes du Gard. Les orphelins étaient reçus de l'âge de 6 ans à 12 ans et jusqu'à 18 ans. Si les parents ne désiraient pas se séparer de leur enfant, chaque année, une somme de 1 000 F était consacrée au patronage de 10 jeunes filles habitant Nîmes. Chaque mois, une bourse de 8 F était versée jusqu'à l'âge de 14 ans, ensuite la jeune fille était prise en charge par la société de patronage[5].

En 1857, trois nouvelles institutions virent le jour. Ces « asiles » comprenaient trois établissements complémentaires :

Un refuge où étaient accueillies des filles « tentées » ou « vicieuses » quel que soit leur âge.

Un « secours » destiné à des jeunes indisciplinées.

Une « famille » où étaient reçues des jeunes filles de 7 ans et au-dessus, orphelines ou moralement abandonnées.

Les admissions étaient faites sans distinction de culte. Toutes les admissions des mineures ne pouvaient avoir lieu que si les parents ou les tuteurs motivaient clairement leur demande et s'engageaient à laisser dans l'institution les enfants jusqu'à leur majorité. Les personnes majeures qui faisaient leur demande pour être admises au « refuge » devaient s'engager à y séjourner au minimum deux ans.

Dans ces trois institutions, les filles reçoivent une instruction primaire de base. Celles qui avaient de réelles possibilités étaient conduites jusqu'au certificat et même au brevet élémentaire[6].

En 1870, le premier établissement pouvant accueillir des garçons fut ouvert par le consistoire de Nîmes. L'orphelinat Coste accueillait gratuitement les garçons orphelins, alors que, pour les demi-orphelins, les parents ou les tuteurs devaient payer une pension de 10 F. Les orphelins retournaient dans la famille au moment de l'apprentissage. Pour qu'un enfant puisse être admis, il fallait impérativement que les parents ou les tuteurs l'accompagnent. L'établissement versait une subvention de 10 F par mois aux mères veuves qui ne voulaient pas se séparer de leurs enfants[7].

Tous les enfants, lors de leur apprentissage, étaient pris en charge par la société de patronage fondée par le consistoire de l'Eglise réformée de Nîmes. L'action de cette œuvre comportait trois volets :

Une aide aux parents dans le choix de la profession et de l'atelier.

Une participation du comité aux dépenses entraînées par l'apprentissage.

Une constante surveillance du comité sur les pupilles.

Pour qu'un candidat fût admis, il devait posséder le certificat d'études ou tout au moins une très bonne instruction[8].

En août 1850, à cet ensemble d'institutions protestantes, s'ajouta un nouveau « refuge » créé par l'Armée du Salut. Cette institution était destinée « aux jeunes filles tombées et résolues à entrer dans la voix du bien[9] ». Elles n'étaient admises dans l'institution que de leur propre volonté. Les buts de cette institution étaient ainsi définis : « Gagner leur confiance, leur inculquer l'amour de la propreté, inspirer la haine du mal et les amener à se donner à Dieu, voilà le but des directeurs[10]. » En théorie, une petite pension était demandée pour chaque fille. Dans la pratique, cette pension ne fut jamais perçue car, très vite, la majorité des filles furent conduites de force par la police dans l'institution ; la pension était alors remplacée par une subvention du département.

Après cette date, plus aucun établissement protestant ne fut fondé à Nîmes.

Toutes ces institutions protestantes présentent un caractère commun, du moins lors de leur création. Un rapport étroit semblait exister entre les familles et les œuvres. En aucun moment, l'enfant n'était enlevé de la famille de façon arbitraire. Dans la démarche, du moins, la famille était partie prenante de l'éducation de son enfant. En fait, toutes ces familles indigentes étaient enserrées dans un réseau complexe d'œuvres d'assistance. Cette prise en charge constante de l'individu par le groupe avait pour effet, dans une certaine mesure, de limiter les tensions conflictuelles entre les différentes classes sociales et de préserver par là même l'homogénéité du groupe protestant. Ceci imposait aussi à l' « assisté » d'accepter les critères sociaux du groupe : « travail, propreté, économie, moralité, piété [11] ». Toutes ces institutions poursuivaient un même but : permettre aux familles secourues de se passer des secours et par là même de recouvrer leur entière indépendance.

Dans toutes ces institutions, nous trouvons le même objectif : en tout premier lieu, l'instruction, le certificat d'études étant considéré comme un minimum. Ce choix de l'instruction avait pour corollaire une déculpabilisation des familles lors des placements. Le paradoxe fut que l' « orphelinat » servit à la promotion sociale de certains enfants. Ainsi, des filles venant de la « maison des orphelines protestantes du Gard » trouvèrent une place comme institutrices dans les villages environnants [12]. Certes, ce nombre représentait une infime minorité. La possibilité de promotion sociale offerte à des filles grâce à l'instruction est très révélatrice de la vision de la société par les responsables de ces institutions. Pour eux, l'homme ne pouvait trouver son indépendance que par l'instruction et la maîtrise d'un métier. Toute l'action d' « éducation » reposait au départ sur un contrat librement accepté : entre la famille et l'institution, entre les filles « marginales » et les responsables des « refuges ». Cette notion de contrat, à la fin du XIXe siècle, disparaîtra au moins pour les filles placées dans les « refuges », puisque leur placement sera consécutif à un acte administratif. Elles devront alors accepter l'internement.

2. *Les institutions catholiques*

La mise en place des institutions catholiques fut un peu plus tardive que celle des protestantes. Jamais les catholiques ne réussirent à mettre en place à Nîmes un réseau aussi cohérent d'œuvres d'assistance.

En 1830, le Père d'Alzon se dit atterré par la décadence persistante de la vie chrétienne dans le diocèse de Nîmes, mais aussi par la misère générale honteusement exploitée[13]. Sa première action fut donc de créer un « refuge ». En 1837, il fit appel à une congrégation de Lyon les sœurs de Marie-Thérèse, Servante de Jésus-Christ[14].

Cette création fut accueillie par les protestations de la communauté catholique de Nîmes. Le chanoine Condamin, dans son livre dédié à la fondatrice de l'œuvre, écrit : « (...) Les uns se tinrent sur la défiance et restèrent cois, tandis que les autres déclaraient net qu'ils ne donneraient pas leur aumône en faveur de personnes qui ne viendraient au Refuge que pour se reposer momentanément de leur mauvaise vie, afin de pouvoir la reprendre ensuite plus furieuse qu'avant[15]. » Malgré cette opposition, le Père d'Alzon soutint l'institution et, en 1844, il l'installa dans l'ancien couvent des bénédictins en plein cœur de la zone protestante. Comme pour les « refuges protestants », les filles devaient demander leur admission. Une fois admises, elles devenaient des « pénitentes » et changeaient de nom. Au « refuge », leur temps était partagé entre la prière et le travail à l'ouvroir, et elles y restaient jusqu'à l'âge de 21 ans. En aucun moment, elles ne pouvaient décider d'interrompre leur placement, cette décision appartenant à la mère supérieure du couvent. Une lettre de la supérieure en 1850 est très explicite sur les conditions de vie de ces filles :

« Imposer un nom nouveau aux pénitentes ;

les porter peu à peu à l'humanité, les inciter à la contrition de leurs fautes ;

exercer envers elles la plus constante patience et ne rien négliger pour les conserver au bercail ;

leur donner l'exemple de l'union entre les maîtresses et celui de l'obéissance envers les supérieurs ;

les pénitentes qui sortiront, recevront à leur départ les choses qui leur seront nécessaires ;

à leur sortie, tâcher de bien les placer et conserver sur elles toute la surveillance possible[16]. »

En 1850, à côté du « refuge », les mêmes religieuses ouvrirent une « providence ». Mais jamais les filles de la « providence » et du « refuge » ne purent entrer en contact.

En 1840, sous l'impulsion du Père d'Alzon, trois nouvelles institutions verront le jour :

« Une miséricorde » et un « orphelinat de garçons » sont ouverts par les Filles de la Charité de Saint-Vincent-de-Paul.

« Une Providence », confiée à la congrégation de Saint-Thomas-de-Villeneuve.

Pour le Père d'Alzon, l'ensemble de ces œuvres suffirait pour répondre aux besoins. Pour lui, il fallait avant tout agir sur les causes génératrices de cette pauvreté. Le premier responsable de cet état de fait était l'industrialisation, il rejoignait ainsi dans son analyse Villeneuve-Bargemont[17].

Cette approche du problème explique aussi, dans une certaine mesure, qu'il ait préféré faire appel à diverses congrégations « spécialisées » dans la prise en charge de ces enfants, plutôt que de créer sa propre congrégation. L'appel à de nouvelles congrégations présentait aussi un autre intérêt : marquer une présence active sur le terrain pour la reconquête du catholicisme.

Les autres institutions furent l'œuvre de démarches individuelles :

En 1841, les conférences de Saint-Vincent-de-Paul ouvrirent un orphelinat pour garçons à Courbessac et confièrent l'établissement aux sœurs de Saint-Joseph-de-Vesseaux.

En 1846, deux « dames pieuses » de la paroisse Saint-Bauzile créèrent un autre orphelinat pour garçons et le laissèrent aux religieuses de la congrégation de Saint-Joseph-des-Vans.

En 1854, l'abbé Barnouin fonda un orphelinat qui devait accueillir avant tout des filles protestantes et, en 1857, il fit appel aux sœurs de la Charité de Besançon pour la conduite de cet établissement.

Après cette date, aucun autre établissement ne fut créé par l'Eglise catholique.

Contrairement aux protestants, il ne semble pas que ces institutions entretenaient un contact direct avec les familles déshéritées. Auprès de chaque congrégation, se trouvait un comité de dames patronnesses qui s'occupaient des placements, sans aucun lien avec la famille. Le seul lien avec les familles était souvent le prêtre détaché auprès de la congrégation par l'évêché. Cet isolement volontaire des religieuses ne fut nullement nuisible puisque, au moins au XIXe siècle et jusque vers 1920, aucun établissement ne connut une baisse sensible de sa population.

Le discours de ces institutions concernant la pauvreté était très classique et n'apportait rien de nouveau dans leur approche de l'éducation des filles et des garçons. Mais la pratique éducative met en évidence une rupture entre le discours officiel et les actes éducatifs[18]. C'est ce que manifeste clairement l'étude de l'institution Marie-Thérèse.

II. L'ÉVOLUTION DE L'INSTITUTION MARIE-THÉRÈSE (XIXe-XXe SIÈCLE)

1. Evolution des pratiques éducatives

Pendant plus de 140 ans, les religieuses ont assuré l'éducation et la formation des filles « marginales ». Elles surent, sans grandes difficultés, s'adapter à toutes les évolutions qui touchèrent l'enfance inadaptée. Ces adaptations, dans une certaine mesure, traduisent bien les diverses visions qu'on a eues, tout au long du XIXe et du XXe siècle, de l'enfance abandonnée, ou du moins de la jeune fille.

Jusqu'à la fin du XIXe siècle, l'évolution des pratiques éducatives fut quasiment nulle. Les filles qui étaient accueillies au « refuge » devaient, avant toute chose, faire pénitence. Que ce soit de jeunes prostituées ou, après 1870, des filles délinquantes ou vagabondes, ce qui comptait avant tout c'était la pénitence. Elles vivaient le même genre de vie que les religieuses cloîtrées et le travail de l'ouvroir avait autant une fonction économique qu'éducative.

Théoriquement, ces « pénitentes » ne devaient jamais retourner dans le monde. Il leur était proposé au bout d'un certain temps de rejoindre un tiers ordre : les Madeleines. Elles prenaient alors symboliquement l'habit religieux et surtout elles servaient de vivant exemple aux autres filles[19]. Cette proposition ne rencontra jamais l'adhésion des filles. Lors de la création du tiers ordre, en 1885, elles étaient une vingtaine ; et, en 1900, il n'en restera qu'une, à moitié folle[20].

Du jour de leur entrée jusqu'au jour de leur sortie, les filles du « refuge » n'avaient aucun contact avec le monde extérieur, comme les religieuses qui vivaient avec elles. Tout était fait pour que la rupture fût complète, jusqu'au changement de leur nom. Durant leur séjour, elles devaient tout oublier, jusqu'à leur famille. C'était en quelque sorte une deuxième naissance qu'on leur proposait, avec comme référent l'image de la femme véhiculée par la religion.

A leur sortie, elles étaient placées comme bonnes, le plus souvent dans une famille choisie par les quelques dames patronnesses qui formaient le conseil de tutelle. Toutes les filles trouvaient sans difficulté à se placer. La réputation de l'institution était telle que les demandes étaient toujours supérieures à l'offre[21].

Durant leur séjour, à aucun moment il n'était porté atteinte à leur intégrité. Tous les châtiments corporels étaient fermement proscrits, ainsi que toutes formes d'isolement. On ne leur demandait rien d'autre que ce qui était demandé à une religieuse de la congrégation[22].

Durant la même période, l'éducation des filles de la providence était bien moins contraignante. Lors de leur arrivée, on ne changeait pas leur nom, et leur retrait du monde n'était que partiel. Elles allaient à l'école à l'extérieur de l'institution et, le dimanche, elles pouvaient sortir en promenade. Mais les relations avec leur famille étaient rompues. Les premières directives concernant leur éducation sont très précises : « Garder l'enfant jusqu'à vingt ans ; lors de leur sortie, leur donner un petit trousseau et leur procurer le moyen de gagner honnêtement leur vie si elles se trouvent sans parents ou sans protecteur. Si elles sortent avant 20 ans et sans le consentement de la supérieure, ne rien leur donner. Durant leur séjour, les exercer au travail et à l'obéissance, les former surtout à l'esprit de prière, leur enseigner la lecture, l'écriture, l'orthographe et le calcul. Combattre avec force les mauvais penchants[23]. »

Au cours du XXe siècle, ces cadres allaient progressivement craquer. Si l'ouverture réelle sur le monde extérieur n'apparut que dans les années 50, plusieurs changements marquants modifièrent, à l'intérieur de l'institution, l'existence des filles.

Dès 1930, l'option de la formation professionnelle prévalut dans l'institution. Les travaux proposés aux filles avaient pour objectif premier d'offrir une réelle formation. Certes, les métiers proposés (cuisinière, lingère, puis, dans les années 50, secrétaire et agent de collectivité) n'étaient guère originaux. Mais le pas était franchi vers une autre fonction de l'institution. Il n'était plus alors question de n'être qu'un lieu de protection, mais bien un lieu d'éducation et de formation. Toutes les actions allaient tendre vers cet objectif majeur : donner une réelle formation aux filles. L'institution se chargeait de l'instruction primaire et de la formation professionnelle, et les filles qui en avaient les capacités pouvaient poursuivre leurs études dans une institution catholique et, dans les années 60, dans un lycée public.

Cette ouverture sur l'extérieur par l'intermédiaire de la scolarité allait avoir une répercussion et progressivement demander des changements dans la vie de l'institution. La première forme de remise en cause de l'institution concerna l'habillement[24]. Dès 1948, l'uniforme de l'établissement fut délaissé, chaque fille put composer librement sa garde-robe. Mais l'éclatement réel des structures fut bien plus tardif. En 1977, les filles purent inviter librement des garçons dans l'institution et, l'année suivante, elles sortirent librement en ville.

Cette ouverture ne s'est pas faite au même rythme pour les filles de la « providence » et du « refuge ». L'option de la formation professionnelle fut appliquée en même temps, mais dans deux lieux distincts ; et surtout les filles du « refuge » n'avaient pas le droit de sortir. La distinction entre deux catégories de filles ne fut abolie qu'en 1954. A compter de cette date, il n'y en eut plus qu'une seule, et les modifications s'y accélérèrent.

2. *Facteurs qui favorisèrent ces mutations*

Il est certain que toutes ces transformations furent en quelque sorte imposées aux filles. Du moins, elles ne résultèrent ni de leurs revendications ni de celles de leurs familles.

Le premier élément qui a joué un grand rôle dans les nouveaux choix fut d'ordre financier. La majorité des placements eurent pour corollaires la perception de subventions, puis des prix de journée. Dans le même temps, une série de lois contribuèrent à modifier aussi les comportements face à ces enfants[25] :

La loi de 1889 permit aux juges d'assimiler de nombreux enfants comparaissant devant eux à des enfants moralement abandonnés.

La loi du 24 mars 1921 assimila la prostitution des mineurs au délit de vagabondage, d'où la possibilité pour les juges de placer les mineurs dans un internat spécialisé.

La loi du 14 janvier 1933 instaura la surveillance de tous les établissements de bienfaisance.

Toutes ces lois eurent pour aboutissement d'appréhender le problème de l'enfance sous un aspect éducatif et non répressif. L'ensemble des textes de 1945 et 1958 eurent pour effet de mettre en place les moyens concrets de contrôle sur les familles, mais aussi une psychiatrisation des mineurs délinquants[26]. Si les institutions voulaient pouvoir accueillir les mineurs placés par l'Etat, elles devaient s'adapter. Ceci, l'institution Marie-Thérèse a su le faire parfaitement.

Deuxième élément : dès le début du XXᵉ siècle, les sœurs converses furent plus nombreuses que les sœurs de chœur et elles prirent en charge seules les filles de la « providence », alors que les sœurs de chœur s'occupèrent du « refuge ». Or, les religieuses converses étaient toutes issues d'un milieu modeste et pour la plupart du milieu paysan. Pour elles, ce statut de religieuse fut en quelque sorte une promotion et elles apportèrent un autre regard sur la pauvreté et sur la femme. Il est certain que leur action fut prépondérante dans l'ouverture de l'institution sur l'extérieur.

Le troisième facteur fut le choix par la supérieure de rejoindre, dès 1943, l'Union régionale des Œuvres sociales de Sauvegarde de l'Enfance et de l'Adolescence[27]. Un tel choix eut des conséquences importantes sur l'évolution interne de l'institution :

Les religieuses décidèrent de suivre une formation d'éducatrices.

Introduction dans l'institution d'une assistante sociale, d'un psychologue.

Apparition dans l'institution des institutrices laïques et, en 1951, la première éducatrice civile fut recrutée.

Ces options de l'éducatif médicalisé allaient avoir aussi pour corollaire une embauche d'un personnel éducatif laïc de plus en plus nombreux. Lorsque le rapport de forces fut en faveur des laïcs, les choix éducatifs se modifièrent aussi (respect de l'autonomie des filles, ouverture absolue sur le monde extérieur). Tous les textes des éducateurs depuis 1962 sont très explicites sur les options éducatives : « Permettre aux filles de pouvoir s'intégrer dans la société afin d'y jouer un rôle actif[28]. »

Cette ouverture allait avoir aussi, pour première conséquence, une prise de parole active de la part des filles. Elles revendiquaient alors clairement des droits :

la possibilité de fumer ;

le droit de visite de leurs « petits amis »[29].

3. *Brève analyse*

L'évolution de cette institution laisse clairement apparaître que jusqu'en 1960, les filles ne jouèrent aucun rôle dans les choix éducatifs. Seule la supérieure de la congrégation était responsable des choix pédagogiques. Il est certain qu'à l'origine de bien des décisions se trouve une cause financière. La mise en place des prix de journée, en premier lieu pour les filles placées sur décisions judiciaires, puis pour tous les enfants, fut d'une importance capitale dans les premiers changements.

A mesure que les rapports de forces se modifièrent au sein de l'institution, de nouvelles pratiques éducatives apparurent. Mais ces modifications furent très lentes, car le personnel des religieuses se renouvelait peu et il fallait compter sur les pesanteurs causées par les vieilles religieuses. Néanmoins, le comportement des filles dut jouer aussi un rôle dans certaines modifications internes, quoique ce rôle soit actuellement difficile à cerner. Le refus des filles au XIXe siècle de prendre l'habit des madeleines était sur ce point très explicite : c'était bien un refus, de la part des pensionnaires, du monde qu'on leur imposait.

La véritable cassure apparaît avec les choix d'opter pour une rééducation médicalisée (1945). Cette option impliquait l'entrée dans l'institution d'un personnel laïc. Cette professionnalisation eut pour effets de favoriser l'expression des filles et de leur permettre d'agir finalement comme actrices de leur propre vie. L'ouverture avait pour conséquence une non-rupture des relations des filles avec leur famille et le monde extérieur.

III. CONCLUSION

Si nous prenons comme référence le nombre d'institutions qui existent actuellement à Nîmes, nous constatons qu'il reste trois institutions catholiques : l'institution Marie-Thérèse, la Providence et l'orphelinat de Courdessac, et chez les protestants : la Famille, l'orphelinat Coste, l'orphelinat Rabaut-Saint-Etienne, l'institution gérée par l'Armée du Salut.

Toutes les institutions qui refusèrent de se spécialiser dans un type d'inadaptation et de s'ouvrir sur le monde virent rapidement leur nombre de pensionnaires tarir et durent fermer.

Jamais les pensionnaires et les parents ne furent associés aux divers choix éducatifs et, pour qu'il y ait un réel échange entre les trois partenaires — institution, pensionnaire, famille — nous devons attendre l'arrivée massive de personnels diplômés et une déféminisation de la profession[30]. Ce n'est réellement qu'à partir des années 1970 que ces changements s'amorcèrent dans toutes les institutions et que les « mineurs » purent clairement exprimer leurs propres souhaits pour leur avenir. Tous les actes éducatifs vont alors tendre à permettre à chaque enfant de trouver son propre équilibre. Ce qui va impliquer une liberté de choix de la part de l'assisté. Liberté qui n'était pas reconnue antérieurement.

1. Nous retrouvons souvent ce terme dans les écrits des divers philanthropes du XIXe siècle. Ce terme est aussi souvent employé dans les rapports, lors d'une demande de secours par exemple : « C'est une honnête fille et travailleuse... », série 6 x 125, AD du Gard.
2. Nous reprenons ici la terminologie utilisée au XIXe siècle et une partie du XXe siècle.
3. Les photos en notre possession couvrent tout le XXe siècle, mais essentiellement pour l'institution Marie-Thérèse. Les autres institutions possèdent aussi ce type de documents, mais leur étude reste à faire.
4. *Les Œuvres nîmoises de l'Eglise chrétienne réformée de Nîmes*, Nîmes, Imp. Chastanier, 1911, p. 25.
5. *Ibid.*, p. 23.
6. *Ibid.*, pp. 44-45.
7. *Ibid.*, pp. 39-41.
8. *Ibid.*, p. 78.
9. *Ibid.*, p. 85.
10. *Ibid.*, p. 65, Société des amis des pauvres...
11. *Spicilège* (ouvrage sans auteur, recueil d'articles de tout type, pas de date de publication), Archives de l'évêché du Gard.
12. *Ibid.*
13. F. Picard, *Notes et documents pour servir à l'histoire du T.R.P. d'Alzon et ses œuvres*, t. II, Paris, Maison de la Bonne Presse.
14. Chanoine Condamin, *Vie de la bonne Mère Marie de Jésus*, Lyon, 1915.
15. F. Picard, *op. cit.*
16. D. Murat, *Du Refuge au centre éducatif, 1836-1980. (Permanence et mutation dans la formation des jeunes filles dans l'institution Marie-Thérèse)*, mémoire de maîtrise dactylo., Université d'Aix-en-Provence, 1982.
17. Pour Villeneuve-Bargemont, le paupérisme n'est pas un accident ; c'est une conséquence directe du libéralisme économique et matérialiste : cf. G. Cholvy, *Histoire religieuse de la France contemporaine*, Toulouse, Privat, 1965, p. 67.
18. D. Murat, *op. cit.*
19. *Ibid.*
20. *Ibid.*
21. *Ibid.*
22. Henri Gaillac décrit la même pratique dans les « Bon Pasteur » : *Les Maisons de correction de 1830 à 1945*, éd. Cujas.
23. D. Murat, *op. cit.*
24. *Ibid.*
25. H. Gaillac, *op. cit.*
26. Ph. Meyer, *L'Enfant et la raison d'Etat*, Paris, Le Seuil, coll. « Points-Politique », 1977.
27. M. Chauvière, *L'Enfance inadaptée. L'héritage de Vichy*, Editions Sociales, 1980.
28. D. Murat, *op. cit.*
29. *Ibid.*
30. M. Chauvière, *op. cit.*

Bibliographie

G. Cholvy et Y.-M. Hilaire, *Histoire religieuse de la France contemporaine. 1800-1880*, Toulouse, Privat, 1985.
G. Durand, *L'Assistance aux filles-mères et aux enfants illégitimes*, Montpellier, thèse, 1909.
Docteur L. Faivre, *Les Jeunes Vagabondes prostituées en prison*, Paris, Le François, 1931.
R. Huard, « Les Protestants du Gard, pensée et action dans les débuts de la IIIe République » (extraits des Actes du Colloque : *Les Protestants dans la IIIe République, 1871-1885*).
R. Huard, « Nîmes au XIXe siècle. 1815-1919 », *Histoire de Nîmes*, Aix-en-Provence, Edisud, 1982.
Meynet, *Assistance publique*, Paris, 1880.
F. Puaux, *Les Œuvres du protestantisme français au XIXe siècle*, Paris, Fischbacher, 1893.

Un non-lépreux porte-parole des lépreux, un Français porte-parole du tiers monde, un sexagénaire porte-parole des adolescents : Raoul Follereau

ETIENNE THÉVENIN

Européens et Africains voient en Raoul Follereau le porte-parole des lépreux du XXe siècle. Partout en Afrique les lépreux l'acclament et l'appellent « papa Raoul ». En 1961, des lépreux grecs lui écrivent : « Raoul notre frère, merci te disent nos cœurs. » Papa ou frère. Il ne s'agit pas seulement de reconnaissance et d'admiration. Ces mots traduisent une relation affective très forte. Ils signalent une conscience de groupe, celle des lépreux. Et surtout, pour les lépreux, Raoul Follereau fait partie de la famille.

Pourtant Raoul Follereau n'est pas lépreux et aucune maladie ne le retranche de la communauté des bien-portants. Il ne vit pas avec les lépreux comme le fit le Père Damien au XIXe siècle et les membres de 180 communautés religieuses catholiques (sans compter les protestants) au XXe siècle. Quand il visite une léproserie, Raoul Follereau n'y reste pas plus de quelques heures. Il ne soigne pas les lépreux, il n'a aucun mandat, aucun pouvoir de décision politique. Il ne représente que lui-même et les organisations qu'il a créées. Il ne consacre pas toute sa vie à la lèpre : homme de lettres, il rencontre à 32 ans, de façon fortuite, des lépreux en Afrique et à 39 ans seulement, il entame sa « bataille » en faveur des lépreux. La lèpre tient désormais une place essentielle dans sa vie mais cette place n'est jamais exclusive car il crée aussi des œuvres caritatives de toutes sortes, dénonce le scandale de la faim, lance des campagnes en faveur du désarmement, rédige des messages destinés aux jeunes du monde entier.

Et cependant, parmi les milliers de personnes qui, au cours du XXe siècle ont consacré leur vie au service des lépreux, Raoul Follereau suscite, aujourd'hui encore, le plus d'enthousiasme chez les lépreux du monde entier. Pourquoi ? Comment ?

De 1952 à 1972, Raoul Follereau rencontre un nombre impressionnant de lépreux dans le monde entier. Il parcourt plus d'un million de kilomètres, se rend dans plus d'une centaine de pays. Les progrès de l'aviation civile rendent possibles des déplacements aussi importants. Dans les capitales, Raoul Follereau rencontre les responsables politiques du pays et les chefs des services de santé, il s'exprime à la radio, il répond aux questions de la presse, il prononce des conférences. Mais il a surtout un programme très précis de visites d'hôpitaux, de missions, de dispensaires et de léproseries dans tout le pays. Il veut se rendre lui-même dans les endroits les plus inaccessibles et les plus reculés de la brousse et de la forêt pour rencontrer les lépreux. Il emprunte les moyens de transport les plus divers : train, jeep, pirogue, chameau... Il veut rassembler une documentation de première main et éviter les généralisations abusives. Il revient souvent plusieurs fois au même endroit, en particulier dans les secteurs francophones, et il peut mesurer les évolutions. Il ne se contente pas de regarder. Accompagné de son épouse, il rencontre les lépreux. Il s'approche des malades, les aborde, leur parle, leur tend la main, les embrasse. Il leur délivre un message d'espoir car il entreprend ses voyages quand il sait que, grâce à de nouveaux médicaments, les sulfones, la lèpre est devenue facilement guérissable. Raoul Follereau annonce aux lépreux une guérison proche s'ils acceptent de se soigner.

Ensuite, Raoul Follereau a mieux que tout autre perçu, analysé et compris tous les aspects du problème de la lèpre.

Raoul Follereau entre dans la « bataille » de la lèpre en 1942 pour aider les sœurs de Notre-Dame-des-Apôtres à construire un village pour les lépreux en Côte-d'Ivoire à Adzopé, à 130 km d'Abidjan. En effet, en 1939, la supérieure générale a visité la lagune d'Abidjan, l'île Désirée où les lépreux de Côte-d'Ivoire sont parqués sans soin jusqu'à leur mort. La lèpre effraie les populations. La médecine n'a pas trouvé de remède efficace. La lèpre est aussi considérée comme une punition divine. La supérieure veut bâtir un village où les lépreux seront traités comme des hommes et pourront mener une vie de famille, cultiver une terre, apprendre un métier. A Adzopé, les lépreux peuvent donc vivre comme les autres mais à distance des autres. De 1942 à 1952 Raoul Follereau prononce 1 200 conférences afin de rassembler l'argent nécessaire au succès du projet.

Il s'agit alors de faire face aux conséquences sociales de la lèpre, d'adoucir les conditions de l'exclusion qui frappe le lépreux, de dépasser la peur, de ne pas réduire un homme à sa maladie. Cette action est menée au nom d'une certaine idée de la personne et de l'être humain. Une nouvelle fois, prête à assurer une simple présence sans espoir de guérison, l'Eglise intervient dans un drame oublié par la société civile et les autorités. Cette démarche s'inscrit aussi dans une longue tradition chrétienne d'assistance aux lépreux.

A partir de 1950, Raoul Follereau décide d'aller plus loin encore. Un peu partout dans le monde, des missionnaires lui demandent de l'aide. « Il n'y a pas qu'Adzopé », lui écrivent-ils. Raoul Follereau rencontre alors des médecins de l'Institut Pasteur comme le docteur Floch en Guyane et surtout le docteur Montestruc à la Martinique. Leurs travaux montrent que la lèpre est très peu contagieuse et que des antibiotiques dérivés des sulfones permettent, assez rapidement et à des prix très modiques, de guérir les lépreux. Aucun argument scientifique ne peut justifier la mise à l'écart des lépreux, l'isolement confortable n'est donc plus souhaitable. De nouvelles perspectives s'ouvrent. Raoul Follereau décide alors de s'engager totalement dans la bataille contre la lèpre.

Mais connaît-on seulement le nombre des malades ? Raoul Follereau entend circuler les rumeurs les plus contradictoires. Il décide alors de se rendre sur place. En 1952, il entame son premier « tour du monde chez les lépreux ». En trois ans, il visite 35 pays et parcourt 200 000 km. Il se rend d'abord dans les pays nouvellement indépendants du subcontinent indien et en Océanie. Et là, c'est le choc. Il voit « des lépreux chez les fous, dans le désert, en prison, enfermés au cimetière, laissés sans soin derrière les barbelés avec des gardiens armés de mitraillettes ».

Ce comportement le révolte car il est inhumain et repose sur une erreur médicale. Raoul Follereau crie son indignation mais il analyse lucidement la situation. La découverte d'un « médicament miracle », les sulfones, ne suffit pas. Il faut que ce remède soit administré. Et surtout, Raoul Follereau comprend que le malade souffre de deux maladies : « Il a la lèpre et il est lépreux. » Il faut guérir les bienportants de la peur millénaire panique et absurde qu'ils ont de cette maladie sous toutes les latitudes. Pesanteurs sociologiques et résistances culturelles s'opposent à la mise en place d'une politique de santé publique cohérente. Raoul Follereau s'inscrit dans la tradition des grands hygiénistes français du XIXe siècle.

Raoul Follereau apporte désormais une contribution essentielle aux débats sur la lèpre, il enrichit la réflexion des médecins. En 1958, à Tokyo, lors d'un congrès médical international, Raoul Follereau prend la parole devant 500 léprologues de 50 pays. Son intervention est acclamée. « Vous venez d'ajouter un nouveau chapitre à la léprologie, lui dit le docteur Montestruc. La sociologie prend dorénavant sa place à côté des autres chapitres que sont l'immunologie, la bactériologie, l'épidémiologie, la thérapeutique de la lèpre. Les léprologues ont compris qu'ils avaient en vous l'élément décisif pour remporter la bataille de la lèpre. » Aucun lépreux ne participe à ce congrès (à la différence du congrès de 1989 à Montréal sur le sida où des malades sont présents) et Raoul Follereau est un peu considéré comme le porte-parole des malades.

Raoul Follereau dénonce enfin les causes profondes de la maladie. Il constate que la carte de la lèpre et la carte de la faim coïncident. La lèpre est une maladie de la pauvreté, cette pauvreté traduit les inégalités entre les groupes sociaux, les peuples et constitue une injustice dont Raoul Follereau veut démasquer les origines économiques, sociales et surtout politiques. Il dénonce le coût du surarmement nucléaire et conventionnel des grandes puissances qui freine la recherche de solutions rapides. La lèpre devient un problème géopolitique. Son ami le docteur Aujoulat, médecin missionnaire laïc au Cameroun de 1936 à 1945 puis ministre sous la IVe République, partage ses préoccupations et réfléchit aux rapports entre santé et développement, rédigeant des articles et des livres pionniers. Très écouté à l'OMS et au Vatican, il permet à Raoul Follereau d'appuyer ses réflexions sur de solides bases théoriques et sur une information de tout premier ordre.

Raoul Follereau est donc capable de comprendre et de clarifier un problème extraordinairement complexe. Doué d'une exceptionnelle puissance de travail, il aborde le problème à toutes les échelles : famille, pays, grands ensembles géopolitiques. Il dépasse l'approche technique des médecins, l'action ponctuelle et locale des missionnaires, l'attitude juridique des pouvoirs publics mais il utilise toutes ces approches et ne cesse d'actualiser son information. Raoul Follereau devient porte-parole des lépreux car il comprend mieux que tout autre le problème des lépreux et il apporte une méthode de travail pour le comprendre. Raoul Follereau n'est donc pas seulement l'homme du baiser au lépreux. Ses interventions font appel au sentiment mais aussi à la raison, à l'intelligence et à la science. La démarche de Raoul Follereau indique aussi une conception de la santé imprégnée de la vision chrétienne de l'homme, une vision que l'on retrouve dans le regard porté par l'Eglise sur toutes les formes de handicap. La santé n'est pas seulement une absence de maladie physiologique. Oublier sa dimension psychologique, sociale, culturelle, spirituelle reviendrait à mutiler l'homme.

Raoul Follereau ne se contente pas d'écouter puis de parler. Soucieux des questions pratiques, il apporte une aide concrète et rapide aux missionnaires et aux médecins qu'il rencontre et qui, sur le terrain, luttent contre la lèpre. Il ne cherche pas à les remplacer ou à leur donner des leçons et c'est pourquoi il gagne leur sympathie. Comme il n'a pas de fortune personnelle, il lance des appels aux lecteurs de sa revue et au public de ses conférences. Les réponses sont à la hauteur de l'attente et plusieurs milliards de centimes passent entre ses mains. Il peut donc envoyer des médicaments, de l'argent, des appareils médicaux, du matériel de construction pour les bâtiments, et surtout des véhicules pour les équipes sanitaires mobiles qui se déplacent de village en village. Raoul Follereau veut aussi amener les acteurs de la lutte contre la lèpre à se rencontrer, à ne pas rester isolés, à prendre l'habitude d'agir ensemble pour gagner en efficacité et en crédibilité. Du 16 au 18 avril 1956, il organise à Rome, avec l'Ordre de Malte, un congrès pour la défense et la réhabilitation sociale des lépreux. 250 délégués de 51 pays y participent et demandent que toutes les législations et les règlements d'exception concernant les lépreux soient abolis.

Enfin Raoul Follereau est à l'origine d'associations de grande envergure. Au début, les moyens sont très modestes et Raoul Follereau passe le dimanche après-midi à coller des timbres avec ses amis et ses voisins pour expédier ses bulletins dans toute la France. Au cours des années 60, de puissantes associations sont créées en Europe par des hommes que le message de Raoul Follereau a touchés : Marcel Farine en Suisse, des Pères Comboniens et un groupe de laïcs en Italie, d'autres groupes en Belgique... En France, Raoul Follereau choisit avec une grande intelligence ceux qui vont structurer l'association nationale avec une rigueur de professionnels. Son ami le docteur Aujoulat met en place une commission médicale composée d'universitaires et de médecins qui ont une longue expérience de l'Afrique. En 1968, Raoul Follereau qui n'a pas d'enfant fait d'André Récipon son fils spirituel et son successeur à la tête des fondations Follereau. Banquier, celui-ci est un organisateur-né. Il apporte à l'action humanitaire les méthodes du monde de l'entreprise. Le marketing, l'ordinateur, la publicité sont mis au service de la collecte de fonds pour la lutte contre la lèpre. Raoul

Follereau mort, son œuvre demeure et son nom reste synonyme d'ami des lépreux.

Raoul Follereau use de toute son influence pour mettre en place une coordination internationale de la lutte contre la lèpre. Avec d'autres (notamment le Belge Pierre Van den Wijngaert, l'Allemand Hermann Kober, le Suisse Marcel Farine), il met en place l'ELEP en 1966 : cette fédération européenne des organisations de lutte contre la lèpre rassemble les associations nationales mais il ne s'agit pas d'une fusion. Raoul Follereau en est le président d'honneur. L'ELEP permet des rencontres, un échange d'informations permanent, une répartition rationnelle du travail (par zones géographiques notamment). En 1975, l'ELEP s'ouvre à des organisations américaines et japonaises et devient ILEP (fédération internationale). Caritas mise à part, c'est un cas unique de coopération internationale permanente entre organisations humanitaires privées de pays différents intervenant dans le tiers monde. Cet exemple fera-t-il école ? Une fois encore Raoul Follereau et ses amis font figure de précurseurs.

Menant à bien des réalisations concrètes et durables qui lui ont survécu, faisant plus que tenir ses promesses, Raoul Follereau gagne la confiance des malades et de ceux qui les soignent, ce qui lui donne le « droit de parler », le droit de parler en leur nom à tous.

Enfin, Raoul Follereau mobilise l'opinion. Il considère que la lèpre ne peut rester l'affaire des spécialistes, des gens de terrain, des malades. Il croit que chacun peut, où qu'il soit, intervenir dans cette lutte. Il est convaincu que l'opinion sera l'acteur déterminant. Il utilise donc avec un talent exceptionnel les médias de son temps.

Lors de ses visites aux lépreux, Raoul Follereau travaille en journaliste d'investigation à la manière d'Albert Londres. Il écrit dans le bulletin de son association, il publie sous forme de livres ses récits de voyages. Il se présente comme un témoin plus que comme un porte-parole : « Je dis ce que j'ai vu. Comme je l'ai vu. Sans précautions comme sans fard. »

Le public assiste en masse aux conférences. Raoul Follereau en prononce des milliers. La télévision ne règne pas encore dans les foyers. Raoul Follereau intervient avec une grande économie de moyens. Seul sur l'estrade, il parle. Le public est vite bouleversé par cet orateur de génie qui sait choisir les anecdotes significatives. Il présente la lutte contre la lèpre comme une action d'urgence. Extériorisant ses sentiments, il veut créer l'émotion et n'hésite pas à culpabiliser l'auditoire : « J'ai honte ! Honte de manger de bon appétit, honte de dormir sans cauchemar alors que des milliers d'êtres agonisent dans la plus immonde des misères, dans la plus atroce des solitudes. » Il se fait apocalyptique quand, s'appuyant sur des statistiques, il prévoit l'évolution possible du monde « si rien ne change ». Raoul Follereau joue des contrastes et des dualismes, simplifie, à des fins pédagogiques, certains problèmes dont il n'ignore pas la complexité. Il s'adresse aussi à la raison et se montre un remarquable vulgarisateur des découvertes médicales les plus récentes.

Mais il n'en reste pas là. Jamais il ne laisse l'auditeur sur un sentiment d'impuissance ou de fatalité. Il propose toujours une action précise qui peut immédiatement être mise en œuvre et pour laquelle l'engagement de l'auditeur est indispensable : don en argent, en temps ou autre... Raoul Follereau veut créer en effet un puissant courant d'opinion qui agisse comme un groupe de pression auprès des pouvoirs publics (il ne s'agit pas de créer un parti politique). Il veut aussi donner à ceux qui l'écoutent l'occasion de vivre une aventure et une démarche à la fois profondes et exaltantes. Il est en effet convaincu qu'en tout homme sommeillent des trésors de générosité et d'altruisme. Pour Raoul Follereau, l'homme se construit par ses relations avec les autres et avec Dieu. Seuls le combat pour la dignité humaine et la charité vraie peuvent le conduire de manière réelle et durable à la joie, au bonheur. Raoul Follereau se réjouit autant des générosités suscitées par cette « bataille de la lèpre » que des guérisons de malades obtenues. Soucieux d'atteindre le plus grand nombre de personnes possible, il veille à ne pas fonder d'associations confessionnelles. Convaincu que les valeurs du christianisme sont universelles, il pense que les non-chrétiens pourront vivre ainsi les valeurs du christianisme. Il reçoit le soutien des papes dans son action.

Raoul Follereau utilise davantage encore les médias quand il crée en 1954 la Journée mondiale des lépreux. Elle a lieu tous les ans, le troisième dimanche après l'Epiphanie. Raoul Follereau suggère à ceux qui le peuvent une visite d'amitié à une léproserie ou à des lépreux isolés ou une journée de prière ou d'information, « éventuellement des quêtes destinées de préférence à un missionnaire, enfant de la région », et surtout « une pensée qui ira jusqu'à l'angoisse devant cette misère douloureuse et injuste entre toutes les misères du monde ». « Chacun fera selon son cœur, pas d'organisation hiérarchisée, pas de mot d'ordre unique. Un simple, un irrésistible élan d'amour. » C'est une civilisation de l'amour que Raoul Follereau veut aider à construire.

Chaque année Raoul Follereau rédige un message enregistré sur disque. Avec l'aide des ambassades de France, le disque et le texte imprimé sont envoyés aux organes de presse et aux radios de la francophonie et même du monde entier. 116 pays célèbrent la Journée mondiale des lépreux en 1961. Celle-ci est un jour de grande fête dans de nombreux pays du tiers monde. Une campagne d'éducation populaire sur la lèpre est menée : la lèpre est guérissable, les malades sont très peu contagieux. C'est une journée de spectacles en tous genres, de cadeaux, de rencontres. Il ne s'agit plus d'aller dans une léproserie pour se sacrifier avec un dévouement héroïque mais pour passer un bon moment avec des amis et se divertir avec eux. Il s'agit de dédramatiser la maladie, d'effacer toute l'imagerie tragique qui l'accompagne. La compassion, pour Raoul Follereau, doit mener non pas à la tristesse mais à la joie et à la fête.

Raoul Follereau tient à associer les autorités officielles à ces manifestations. En proie à des tensions internes, les gouvernements des jeunes Etats du tiers monde acceptent avec joie cette initiative et la soutiennent. Ils voient dans cette fête unanimiste le moyen de construire une unité nationale, de renforcer leur légitimité. Pragmatique et soucieux d'efficacité, Raoul Follereau veille, quand il rencontre les chefs de gouvernement, à ne pas évoquer les « sujets délicats » de politique intérieure. Il limite donc volontairement le champ de ses interventions.

Mais il ne néglige pas les aspects géopolitiques du développement. Il ébranle en effet l'opinion quand en 1954 puis en 1955 et en 1959 il s'adresse aux chefs d'Etat américain et soviétique pour leur demander de renoncer simultanément à un bombardier. « J'ai calculé qu'avec le prix de ces 2 avions de mort, on peut soigner tous les lépreux du monde. Un avion de moins dans chaque camp, cela ne modifie pas le rapport de vos forces. » Raoul Follereau fait connaître son message par des journaux à grand tirage. Il simplifie à l'extrême le problème de la lèpre et des lépreux, le réduisant à une équation mathématique. La proposition se veut rationnelle et porte dans sa concision une forte charge émotionnelle. Les sulfones semblent alors offrir la solution définitive au problème de la lèpre (on prendra conscience plus tard du phénomène de résistance à ces antibiotiques).

Le moment est bien choisi. Staline est mort en 1953, ce qui laisse présager une certaine détente dans les relations internationales. En 1953 également, les deux grandes puissances sont pratiquement à égalité pour l'armement, on commence à parler d' « équilibre de la terreur ». Raoul Follereau veut donner au tiers monde une image renouvelée de la France et de ses valeurs. Son ami Maurice Schumann soutient le projet, assure un relais auprès des milieux politiques français et internationaux et veille à ce que le message soit effectivement transmis aux deux chefs d'Etat, puis soigneusement étudié. Raoul Follereau crée un événement dont s'emparent les médias, en France notamment. Une performance pour un homme seul ! La démarche est celle d'un prophète. Raoul Follereau n'agit pas en tant que représentant d'un Etat mais comme porte-parole des lépreux. Une initiative privée à vocation universelle a-t-elle sa place dans la politique des Etats ?

Finalement, la proposition n'est pas acceptée. Les Etats-Unis mettent en avant des raisons d'ordre technique. Par ailleurs, ils soutiennent d'autres programmes humanitaires. L'URSS ne répond pas. C'est une opposition de principe. La guerre froide n'est pas encore terminée et une initiative conjointe des deux grands pour des motifs humanitaires aurait marqué un renversement de tendance spectaculaire. Par ailleurs, Raoul Follereau écrit à des hommes, les chefs d'Etat. « Les grands, ces géants qui ont cessé d'être des hommes », soupire-t-il. Il rêve d'un chef charismatique et prophétique. Mais la marge de manœuvre des hommes est-elle aussi forte que la médiatisation du pouvoir le laisse supposer ? Raoul Follereau se heurte en fait à des bureaucraties ternes et froides, celles des lourds « Etats modernes » et à des structures d'ordre politique, militaire et idéologique qui évoluent très lentement.

Les gouvernements du tiers monde ont suivi avec attention cette affaire (beaucoup de chefs d'Etat le connaissent personnellement, même en Asie). On peut remarquer que la conférence de Bandoeng se réunit en 1955, un an après le premier appel de Raoul Follereau. A cette conférence, les Etats du tiers monde renvoient dos à dos Etats-Unis et URSS et affirment leur volonté de non-alignement. Enfin Raoul Follereau indique une voie nouvelle à la diplomatie française : la France peut jouer un rôle d'avocat ou de porte-parole du tiers monde auprès des grandes puissances, ce qui lui redonne une audience mondiale et réconcilie l'Etat avec l'opinion et avec les valeurs sur lesquelles la nation s'est constituée. Une fois encore l'initiative privée préfigure certaines initiatives gouvernementales en matière de relations internationales. Les voyages du général de Gaulle et les récentes interventions de la France à propos de la dette du tiers monde s'inscrivent un peu dans cette logique. En tout cas, dans l'immédiat, les bombardiers ont sensibilisé l'opinion au problème de la lèpre. Les Etats ne voulant pas répondre, tout repose désormais sur les donateurs privés, ce qui renforce leur ardeur. « Ce fut finalement un coup de publicité extraordinaire », confient certains amis de Raoul Follereau.

Ce n'est donc pas un hasard si Raoul Follereau est proposé par 22 gouvernements (dont 20 d'Afrique et d'Asie) pour le prix Nobel de la paix en 1959 et en 1960. Il est considéré comme l'avocat des lépreux et aussi comme le porte-parole des jeunes Etats du tiers monde qui refusent la bipolarisation. La notoriété de Raoul Follereau est immense dans le monde noir francophone (Afrique et Océanie). Quand il se déplace dans ces pays, Raoul Follereau est reçu officiellement, comme un chef d'Etat. Les lépreux en sont très fiers car ils considèrent qu'à travers Raoul Follereau, c'est le peuple des lépreux qui est honoré.

S'appuyant sur l'incontestable succès de la lutte contre la lèpre et sur la notoriété qu'elle lui vaut, Raoul Follereau élargit son message. Il dénonce « toutes les lèpres » qui défigurent l'humanité : pauvretés, injustices, solitudes... En 1964, il adresse une demande à l'ONU : « Que toutes les nations présentes à l'ONU décident que chaque année (...) elles prélèveront sur leurs budgets respectifs ce que leur coûte un jour d'armement et le mettront en commun pour lutter contre les famines, les taudis et les grandes endémies qui déciment l'humanité. » Il invite les adolescents et les jeunes à rejoindre son combat en signant l'appel suivant : « Nous, jeunes de 14 à 20 ans, faisons nôtre l'appel *Un jour de guerre pour la paix* adressé par Raoul Follereau à l'Organisation des Nations Unies. » De 1964 à 1969, 3 millions de jeunes de 125 pays signent cet appel. Raoul Follereau a senti que les jeunes de la fin des années 60 veulent intervenir dans le débat public bien qu'ils ne disposent pas du bulletin de vote... Le 5 décembre 1969, l'ONU adopte un texte où elle invite les Etats à « examiner la possibilité d'utiliser » les ressources qu'ils pourraient tirer de leur propre désarmement pour mener des actions humanitaires. On est loin du projet initial mais cette démarche a permis à une foule de jeunes de s'exprimer.

De nombreux mouvements d'inspiration chrétienne invitent Raoul Follereau à leurs rassemblements. Parlant dans des places ou dans des stades, il est l'un de ces « héros chrétiens vivants » qui, sans remplacer les saints, tiennent une place de plus en plus grande dans l'esprit des catholiques de la seconde moitié du xxe siècle, en particulier chez les jeunes : Jean-Paul II, Walesa, Jean Vanier, l'abbé Pierre, Sœur Teresa, Sœur Emmanuelle, don Helder Camara, Guy Gilbert... Ils tirent leur légitimité et le « droit de parler » de leurs actes. Ils sont écoutés parce qu'ils ont d'abord su créer l'espérance dans une situation désespérée... Les auditeurs les considèrent comme des guides mais aussi comme les porte-parole de leurs aspirations les plus profondes dans un monde où le gigantisme et la fatalité semblent l'emporter.

Raoul Follereau meurt en décembre 1977 et les réactions à cette mort révèlent l'audience de Raoul Follereau. En France, les quotidiens, la télévision et les radios mentionnent à peine sa disparition dans la rubrique des faits divers. Par contre l'émotion est très vive dans le tiers monde et dans certains pays de l'Europe méditerranéenne (en particulier en Grèce et en Italie). Des témoins rapportent que dans les léproseries, les malades sont effondrés à l'annonce de cette nouvelle. Les journaux publiés dans le tiers monde consacrent souvent plusieurs pages au récit de la vie de Raoul Follereau. Les ambassadeurs et la plupart des ministres de la Santé des pays d'Afrique noire francophone assistent aux obsèques célébrées à Paris, obsèques où le gouvernement français est officiellement représenté par un conseiller du ministre de la Coopération... Raoul Follereau est reconnu avant tout par ceux dont il s'est fait le porte-parole.

Porte-parole des lépreux, du tiers monde et des adolescents, Raoul Follereau n'appartient pourtant à aucun de ces groupes. Il n'a jamais cherché à en être ou à vivre comme eux ou avec eux. Il n'essaie pas de cacher sa différence et n'en est pas gêné. Il se déplace toujours avec sa lavallière, son chapeau de style Montparnasse 1925, sa canne à tête d'ours. Mais il met au service de ceux qui lui sont chers tout ce qui fait sa différence et c'est en cela qu'il les enrichit. Il met à leur service ses talents personnels et les moyens offerts par son milieu, sa culture et la civilisation de son époque : cadre conceptuel, méthode de travail, science, médias, moyens de communication modernes. A chaque fois, Raoul Follereau établit un pont entre des mondes différents qu'il ne veut pas opposer mais réunir. Pour que les lépreux soient « des hommes comme les autres » et pour que « les autres » découvrent, par le sens de la dignité humaine, qu'ils sont avant tout des êtres de relation appelés au bonheur d'aimer.

Sources et bibliographie

Témoignage oral des amis et collaborateurs de Raoul Follereau.
Bulletins des associations présidées par Raoul Follereau.
Les textes les plus importants sont réunis dans Raoul Follereau, *La seule vérité c'est de s'aimer*, 3 tomes, Paris, Flammarion, 1966.
　Deux livres racontent la vie de Raoul Follereau :
Françoise Brunnschweiler, *Raoul Follereau, messager d'espoir et de vie*, Association suisse Raoul-Follereau, 1978.
Jean Toulat, *Raoul Follereau ou le baiser au lépreux*, Paris, Flammarion-Salvator, 1978.
　Pour compléter la réflexion :
Les personnes handicapées dans l'enseignement des papes, éd. Abbaye de Solesmes, 1987, 256 p.

Rapport de synthèse

ÉTIENNE FOUILLOUX

Ces cinq communications ne sauraient bien sûr couvrir l'ensemble du champ ainsi défini : une première série de remarques soulignera donc leurs limites. Mais leur apport, particulier ou général, sur ce même champ, n'est nullement négligeable : une seconde série de remarques tentera de mettre en valeur cet apport.

Les limites ? Elles ne sont pas considérables du point de vue de la chronologie, car le hasard, ou l'habileté des organisateurs, font que les communications se répartissent harmonieusement de la fin de l'époque médiévale au passé proche, comme autant d'éclairages sur des moments clés pour les rapports religion-pauvreté. Jean-Louis Goglin traite des XIVe et XVe siècles ; Marcel Bernos des XVIIe et XVIIIe siècles ; Yves-Marie Hilaire et Daniel Murat, pour l'essentiel, du XIXe siècle ; Etienne Thévenin enfin, du second XXe siècle. On ne peut relever, dans un tel parcours, que deux absences fâcheuses : celle de la période révolutionnaire d'une part ; celle du premier XXe siècle surtout, qui voit commencer la laïcisation du social.

Les lacunes géographiques sont plus importantes : le champ s'est en fait rétréci à la France, ou aux initiatives d'origine française, dans le cas de Raoul Follereau. Des comparaisons auraient pourtant été utiles avec certains pays voisins, l'Angleterre au premier chef, pour les XVIIIe et XXe siècles à tout le moins.

Ces limites géographiques se doublent de limites confessionnelles. Religion, dans l'atelier, a le plus souvent été synonyme de catholicisme romain. C'est assez regrettable, car l'incursion de Daniel Murat au sein du protestantisme nîmois suggère, pour le XIXe siècle, de sensibles différences d'approche du problème de la grande pauvreté. Bien que la mouvance protestante tende à se substituer au milieu d'origine, pour le cas des enfants de l'abandon, leur coupure avec celui-ci est moins forte et moins délibérée que dans les institutions catholiques ; la volonté de réinsertion sociale plus nette. L'exemple du méthodisme britannique, né précisément, au XVIIIe siècle, d'une divergence de vues entre anglicans sur la question de la pauvreté, aurait sans doute été bien intéressant à étudier...

Une dernière batterie de limites concerne l'extension même du thème abordé. Si la plupart des communicants s'interrogent sur les rapports entre Ecriture sainte, Eglise catholique et pauvreté, seul Daniel Murat évoque la laïcisation du social : son étude de l'institution catholique Marie-Thérèse, à Nîmes, confirme les travaux antérieurs d'historiens comme Yvonne Knibiehler, ou de sociologues comme Michel Chauvière. La médicalisation croissante des problèmes de marginalité sociale implique une spécialisation qui sonne le glas des fonctions de suppléance longtemps assumées, sur le tas, par les Eglises. La prise en main progressive des œuvres par l'Etat s'accompagne, de façon logique en France, d'une laïcisation. Pour Marie-Thérèse comme pour d'autres institutions, la Seconde Guerre mondiale marque, à cet égard, une étape décisive.

Sans prétendre condenser toute la richesse des communications et des débats, il convient de privilégier quatre apports principaux de ceux-ci, selon un choix forcément subjectif.

Dans le domaine qui nous retient et sur une aussi longue plage chronologique, la terminologie revêt une importance toute particulière. A la suite de Marcel Bernos, on peut esquisser la typologie « religieuse » suivante. Est pauvre, jusqu'à l'aube du XXe siècle, celui qui dépend de son seul travail manuel. Ses conditions d'existence posent ce que l'Eglise catholique du XIXe siècle a appelé la « question sociale ». Celle-ci ne semble pas au cœur des interrogations du colloque. Est en dessous du seuil de pauvreté celui qui n'a plus les ressources du travail de ses mains, accidentellement ou structurellement. Pour l'Ancien Régime, on évoquera le cycle fatidique insécurité, instabilité, marginalité. Le XIXe siècle retient plutôt un vocabulaire à base de misère, indigence, assistance. Ce sont bien ces pauvres parmi les pauvres qui sont au cœur du colloque. Ce sont eux aussi, desquels personne ne se soucie, qui font l'objet de la sollicitude, inégale mais constante, des milieux confessionnels.

Plusieurs intervenants ont souligné l'ambiguïté de cette sollicitude. Elle découle tout naturellement de la prédilection spirituelle et morale des Evangiles pour les (très) pauvres. Mais le temps du christianisme naissant et pourchassé est révolu. Les Eglises sont désormais parties prenantes d'un ordre social qui se défie des « classes dangereuses », les exclut et les enferme. Ce dilemme transcende les conjonctures particulières. Mais son issue diffère d'une période à l'autre. Jean-Louis Goglin décrit ainsi, sans complaisance, l'échec de la suppléance chrétienne face à la montée de la sous-pauvreté, consécutive aux terribles crises des XIVe et XVe siècles. Marcel Bernos est plus dubitatif : il décèle des traces de résistance au conformisme social, voire de sévères critiques contre celui-ci, parmi le clergé d'Ancien Régime. Ce sursaut touche aussi bien des curés à portion congrue que des phares spirituels comme Fénelon, et bien sûr Vincent de Paul. Yves-Marie Hilaire trouve un écho de leur réaction chez les « bons prêtres » du XIXe siècle.

Les travaux exposés conduisent en outre vers l'esquisse d'une grille d'évolution chronologique de l'attitude des milieux chrétiens face à la très grande pauvreté. L'aumône individuelle médiévale cède progressivement du terrain devant l'institutionnalisation moderne et tous azimuts de la charité. Celle-ci s'efface ensuite, au XIXe siècle, derrière le patronage et une assistance de plus en plus spécialisée. Il s'agit là d'une périodisation grossière, qu'il conviendrait bien sûr d'affiner par de multiples études de cas. Aux trois étapes, survit en se modifiant le rapport inégal entre le très pauvre et ceux qui le secourent, le prennent en charge ou l'assistent. Les documents ecclésiastiques ne le mettent d'ailleurs en scène qu'indirectement, par l'intermédiaire du discours des clercs. Le cantique de Grignion de Montfort qui lui donne la parole fait figure d'exception, ainsi que le note Marc Vénard son introducteur. Au mieux, on lui suggère de s'identifier à une figure de sainteté, celle de Benoît Labre notamment (Yves-Marie Hilaire). A ces exceptions près, les seules interventions directes des très pauvres sont de l'ordre de la révolte, que tout le monde redoute, clercs comme laïcs.

Mais Daniel Murat signale la grande nouveauté du XXe siècle à cet égard, en utilisant des documents produits par les jeunes marginaux eux-mêmes. L'historien des christianismes contemporains ne peut pas ne pas suggérer une quatrième étape, qui compléterait la grille. Le second XXe siècle n'est pas uniquement celui de la laïcisation du social par passage du relais des institutions privées de suppléance aux pouvoirs publics. Etienne Thévenin éclaire, avec le cas de Raoul Follereau, une mutation récente de la suppléance d'inspiration religieuse dont l'importance n'a pas encore été assez remarquée. Certes, Follereau a aidé les lépreux par tous les moyens modernes à sa disposition — médicaux ou médiatiques. Mais il s'est efforcé de supprimer le lien de dépendance entre eux et leurs soutiens ; il les a également incités à se prendre en charge eux-mêmes, afin d'éviter cette dépendance. Là réside la modernité de son apport : non pas créer une œuvre supplémentaire, mais pousser à une solidarité sans frontière. Une démonstration semblable pourrait être faite pour les vieillards isolés, avec Armand Marquiset, pour les chiffonniers, avec l'Abbé Pierre, ou pour les familles du Quart Monde, avec le Père Joseph Wresinski. Cette nouvelle attitude face à la très grande pauvreté possède sa cohérence. Elle mérite de susciter la curiosité des historiens, indépendamment de toute préoccupation polémique ou hagiographique.

Débat

sous la présidence de MARCEL DAVID

Le cri des pauvres

*Riches, réveillez-vous
A nos cris pitoyables ;
Hélas secourez-nous,
Nous sommes misérables.
Nous sommes tous chrétiens,
Nous sommes tous vos frères,
Aidez-nous de vos biens,
Exaucez nos prières.*

*Dieu ne vous a faits grands
que pour être nos pères,
Dieu vous a faits puissants
Pour aider nos misères.
Vous vous divertissez
Toujours dans l'abondance,
Et vous nous délaissez
Toujours dans l'indigence.*

*Vous êtes bien vêtus,
Vous couchez sur la plume,
Nous sommes presque nus
Et la faim nous consume.
Et chacun vous bénit,
Vous honore et vous prise ;
Et chacun nous maudit,
Nous maltraite et méprise.*

*On ne nous donne rien
Ou bien on nous rebute,*

> On croit faire un grand bien
> Quand on nous persécute,
> On nous chasse, on nous prend,
> On nous met à la chaîne,
> Et même on nous défend
> De marquer notre peine.
>
> L'homme riche nous dit :
> Je n'ai double ni maille,
> Et le grand nous maudit,
> Nous traitant de canaille.
> « Ah ! les francs fainéants !
> Ah ! la mauvaise race ! »
> Nous disent bien des gens
> Avec la populace.
>
> Grignion de Montfort

Marc Vénard. — *Grignion de Montfort, prêtre de la fin du XVIIe siècle et du début du XVIIIe siècle (1673-1716), a exercé un apostolat de mission entre Nantes et La Rochelle. Le cantique est un moyen qu'il emploie dans ses missions. On en a recueilli un grand nombre, dont le contenu porte généralement sur le ciel qu'il faut gagner, l'enfer qu'il faut éviter et sur les devoirs du chrétien. Nous n'avons pas la date de ce cantique particulier* Le cri des pauvres. *Il est d'un ton tout à fait étrange. En effet, on dit habituellement qu'au Moyen Age et à l'époque moderne les pauvres n'ont pas la parole, que l'on parle pour eux. Grignion de Montfort, lui, leur donne la parole. Il s'agit ici d'une invective contre les riches mise dans la bouche des pauvres. Ce cantique a été conçu pour secouer les riches, et non pas pour faire chanter les pauvres et les marginaux qui, vraisemblablement, n'étaient pas plus dans l'auditoire de Grignion de Montfort que dans quelque auditoire que ce soit. Les pauvres ici, ce sont des gens nus, quand les riches couchent sur la plume, des gens qu'on maudit, qu'on maltraite et méprise tandis que les riches se font bénir : le propos est extrêmement hardi.*

Grignion de Montfort, jeune prêtre, est qualifié par ses supérieurs et ses confrères de singulier. Il ne fait pas les choses comme tout le monde, notamment vis-à-vis de la bienséance sacerdotale, telle qu'elle lui a été enseignée dans le séminaire de Saint-Sulpice, grande réalisation cléricale de la deuxième moitié du XVIIe siècle. Peu avant 1700, il est chargé de l'aumônerie de l'hôpital général de Poitiers. A l'époque, être aumônier d'un hôpital général c'était faire partie du monde des administrateurs de cet hôpital. L'aumônier devait en plus célébrer la messe chaque matin, à laquelle tous les pauvres, « les enfermés », devaient assister. Il fait partie des notables et vit hors de l'hôpital.

Ce n'est pas ainsi que Grignion de Montfort a conçu son rôle à Poitiers. Il se met à vivre comme les pauvres, s'enfermant lui-même en quelque sorte dans l'hôpital général où il a une chambre ; même s'il ne dort pas dans le dortoir, il vit dans des conditions matérielles peu différentes de celles des pauvres. Il sort de son rôle d'aumônier pour se solidariser avec le monde des pauvres. Le fait que la société du XVIIe siècle ne supporte pas ce comportement indique bien les limites qu'elle met dans les rapports entre les bienfaiteurs et les manants.

Eugène Notermans. — J'aimerais savoir si Grignion de Montfort a eu des « maîtres à penser », et comment ses idées sont nées, se sont formées ? En se voulant proche des pauvres, s'est-il par exemple référé à une tradition de « représentation » des pauvres, et y en avait-il une ?

Marc Vénard. — Grignion de Montfort est breton d'origine. Il a dû être sensibilisé dans sa paroisse par les réactions de ses voisins, de ses parents surtout, à l'égard des pauvres, sous la forme de l'aumône. Formé au séminaire de Saint-Sulpice, fondé en 1641 par M. Olier, sans doute a-t-il médité essentiellement le mystère de l'incarnation du Christ. Je ne pense pas que l'école française ait pu lui dicter des idées « sociales ». Ses cantiques expriment des idées proches de celles dont nous parlait Marcel Bernos à propos de Bossuet.

Marcel David. — 1. Sensibilisé par mon travail à l'histoire de la fraternité et de la solidarité, j'aimerais connaître la différence, à l'origine, entre charité et fraternité ? Il me semble que, dans les premiers siècles, on parlait de « fraternité dans le Seigneur » : on reportait la fraternité dans l'au-delà, sans exiger une quelconque application « sociale ». Il y aurait sûrement intérêt à essayer de connaître l'interaction entre pauvreté, fraternité et charité.

Du Moyen Age au XVIIe siècle, quelle est la place des pauvres dans les confréries ? En tant qu'associations, elles posent un problème de représentation au sens où nous l'avons entendu ce matin.

Pour les temps modernes, je pense à Bossuet et m'interroge sur le lien entre ses sermons sur la pauvreté et ses discours sur la fraternité. A ma connaissance, il est un de ceux qui, au XVIIe siècle, ont réagi contre le côté un peu rabougri au fil des siècles de la notion de fraternité. N'a-t-il pas rappelé que tous les hommes étaient frères et qu'il fallait en tirer les conséquences ?

Je pense aussi à Vincent de Paul. Quelle est cette charité qu'il met en avant pour aller vers les pauvres ? Une charité individuelle ? sociale ? Serait-ce une conception de la charité intermédiaire entre celle du Moyen Age et la laïcisation ?

2. Si nous ramenons le débat au problème de la représentation qui est à l'origine du schéma trifonctionnel « *voulu par Dieu* » : oratores, bellatores, laboratores, *on peut se poser la question* : Quelle place tenaient les pauvres dans le premier âge féodal, c'est-à-dire jusqu'au XIIe siècle, lorsque la société était encore largement rurale ? Quelle place tenaient-ils parmi les laboratores *qui représentaient en quelque sorte un « troisième ordre » un peu fourre-tout ? Quel lien y avait-il entre servage et pauvreté ? Qu'est devenu ce schéma structurel de société à partir du moment où la bourgeoisie est apparue et a perturbé ce schéma ? Et encore, quelle place tenaient les pauvres autour du* XIVe-XVe *siècle dans l'apparition de la notion de « demeurant du peuple » ou de « commun peuple », que j'ai trouvée dans certaines ordonnances royales ? Serait-ce dans ces expressions qu'on pourrait placer non pas les pauvres, mais les plus pauvres ?*

3. *Comment expliquer le recul de l'Eglise par rapport à sa mission, au* XIVe-XVe *siècle ? N'est-il pas dû à l'irruption de l'argent dans la vie économique ? L'Eglise a dû, par exemple, mettre quelque peu la sourdine à son hostilité à l'usure, en raison des développements de l'économie du temps. N'y aurait-il pas un lien entre le rôle croissant de l'argent et le sort des pauvres ?*

EUGÈNE NOTERMANS. — *Un discours sur les pauvres, c'est tout autre chose que de faire parler les pauvres eux-mêmes, et d'essayer de savoir ce que vivaient vraiment les plus pauvres d'entre eux. Avant même de parler de représentation, j'aimerais poser la question aux historiens : aux époques qu'ils ont étudiées, a-t-on jamais tenté de répertorier la pensée des pauvres eux-mêmes ?*

ÉTIENNE FOUILLOUX. — *J'aimerais poser une question de définition, déjà posée ce matin. Marcel Bernos disait : « Le pauvre travaille pour gagner sa vie. » Peut-on établir une sorte de typologie entre pauvreté et ce que Jean-Louis Goglin appelait « sous-pauvreté » — typologie dont le discriminant serait le travail ?*

FRANÇOISE FERRAND. — *Je souhaiterais qu'on puisse être plus précis : dans ce que j'entends, on parle de pauvreté en général. Mais il* y a l'extrême pauvreté et les misérables. Ce sont deux discours qu'on ne peut pas réduire à un seul. Ce dont j'aimerais entendre parler, c'est de ce qui concerne les « misérables » aux époques que vous avez étudiées. Vous y faites allusion, mais on revient très vite aux « pauvres », aux « bons pauvres ».

Jean-Louis Goglin. — *Si on prend comme référence la définition de la pauvreté que propose Michel Mollat, et qu'il estime à peu près universelle — définition que j'ai citée dans mon intervention —, la pauvreté serait une situation d'infériorité et de dépendance. Et s'il en était ainsi, infériorité par rapport à quelqu'un, dépendance de quelqu'un. On perçoit donc des seuils jusqu'à l'extrême seuil de l'extrême pauvreté, et même jusqu'à l'*in articulo mortis, *à l'article de la mort.*

Les travaux de M. Mollat montrent qu'on ne peut quantifier le seuil de pauvreté. C'est quelque chose de subjectif, selon les époques, les moyens, les besoins, les idéaux. Je dirais : le pauvre, c'est quelqu'un qui se sent inférieur et dépendant.

Marcel David. — *Je ne conteste pas la définition de M. Mollat, mais en vous écoutant je me pose la question : qui, de nos jours, est dans une situation inférieure et dépendante ? Je pense à la condition du salarié, dont on dit, en droit, qu'il est à la fois subordonné et dépendant. Or, les salariés ne sont pas de soi parmi les pauvres. Alors, dans quelle mesure cette définition du pauvre est-elle spécifique par rapport à la condition du salarié d'aujourd'hui ?*

Jean-Louis Goglin. — *Du XIVe au XVe siècle, on parle du « pauvre travailleur ». L'expression existe. Et à l'intérieur du monde des pauvres, il est des catégories de pauvres : par exemple, le roi d'Angleterre, tout d'un coup, se plaint de n'avoir pas d'argent et de ne pouvoir faire ce qu'il veut. C'est une définition assez large, par rapport au* nihil habens... *Il y a tous les stades.*

Marcel David. — *Le fait d'être en dehors d'une situation contractuelle ne serait-il pas un élément de la définition de la plus grande pauvreté ? Le salarié est subordonné et dépendant, mais à l'intérieur d'un contrat, qui manifeste quand même l'organisation d'une échelle, même s'il est en bas de l'échelle. Au Moyen Age, le manque de dignité n'est-il pas dû au fait que le pauvre n'a pas de relation contractuelle avec le supérieur ? Mais peut-être en avait-il ? Je pose la question.*

Marc Vénard. — *A la fin du Moyen Age comme aux temps modernes, avoir une propriété permettait de vivre, d'une certaine façon, de ses réserves, et surtout d'avoir la sécurité qu'assure un patrimoine foncier. C'est du moins l'idée ancrée dans les esprits. Pour cette raison, les textes présentent comme pauvres tous ceux qui ne vivent que de leur travail. Dans le même ordre d'idée, j'ai lu : « Le pauvre, c'est celui qui achète son pain au jour le jour » ; or, cela paraît anachronique pour parler des pauvres d'aujourd'hui. Dans une société où tout le monde veut, après la récolte, pouvoir remplir ses greniers de sacs de blé, la première définition de la pauvreté c'est l'insécurité du lendemain, qui concerne d'ailleurs une très grande fraction de la population urbaine à cette époque.*

A nous en tenir à cette définition, nous sommes très loin du Quart Monde d'aujourd'hui. Je pense que ce qui correspond à notre notion actuelle de Quart Monde, ce sont les étrangers pauvres, les vagabonds, les marginaux, ceux qui n'appartiennent pas à une communauté stable. Le salarié de cette époque, lui, a sa rue, sa maison, sa corporation de métier, etc., et s'il tombe dans la pauvreté par suite d'une mauvaise conjoncture, du chômage par exemple, il ne sera pas abandonné — la plupart des villes en effet, en tout cas au XVIe siècle, organisent de façon beaucoup plus méthodique qu'au Moyen Age des secours pour ces gens-là.

A l'inverse, si ceux qu'on n'atteint jamais parce qu'on ne veut pas les connaître viennent aux portes de la ville, des « chasse-coquins » les empêchent d'entrer : on ne donne pas les secours réservés aux citoyens de la ville à des étrangers, à des vagabonds, à des marginaux.

Ce qui, aux temps modernes et déjà à la fin du Moyen Age, caractérise une pauvreté qui correspondrait à ce qu'on appelle Quart Monde aujourd'hui, je crois que c'est le fait d'être en marge de toute communauté stable ; non pas ne pas avoir de capital, ce qui est le sort de beaucoup, mais être « sans feu ni lieu », selon l'expression encore employée de nos jours.

Marcel David. — *Si le pauvre est celui qui ne fait pas partie d'une communauté, cela revient à dire que c'est aussi celui qui ne peut pas être représenté. Il ne peut l'être en effet qu'à travers une communauté.*

Marc Vénard. — *Certaines villes, comme Avignon au XVIe siècle, ont une charge : « l'avocat des pauvres ». C'est celui qui demande des secours au tribun du peuple.*

Yves-Marie Hilaire. — *En 1840, Eugène Buret, dans* De la misère des classes laborieuses, en France et en Angleterre, *distingue pauvreté et misère. Il les définit en ces termes :* « La pauvreté est l'insuffisance de satisfaire aux besoins réels et présents, la misère est un état de dénuement tel qu'il réclame les secours de la charité publique ou privée, les indigents étant les sujets de la misère. »

Marcel Bernos. — *Pour la question des pauvres et des plus pauvres, je m'inscris tout à fait en accord avec ce qu'a dit Marc Vénard. J'ajouterai que pauvreté et extrême pauvreté ne sont pas séparées par une frontière absolue. Il peut se faire, par exemple, qu'un homme stable, appartenant à une communauté, etc., ait un arriéré d'impôts tel qu'il ait intérêt à* « déguerpir », *terme technique pour dire* « aller ailleurs pour ne plus être poursuivi ». *Il devient alors un* « errant ». *Il suffit parfois d'appartement pas grand-chose : un petit exploitant agricole, parce qu'il a une hernie, ne peut plus travailler et va sombrer du jour au lendemain dans l'extrême pauvreté.*

Pour répondre à la question, posée tout à l'heure, sur l'existence éventuelle de tentatives visant à répertorier la pensée des pauvres eux-mêmes, je crois que ce doit être rarissime, pour la raison que le plus souvent les pauvres sont analphabètes. Ils n'ont donc rien écrit. Pour les XVIIe et XVIIIe siècles, je pense à une demi-douzaine de textes émanant de gens de milieux très populaires et originellement pauvres, mais qui pour la plupart s'en sont sortis. Je pense à un berger devenu le bibliothécaire de l'empereur d'Autriche. Il était analphabète. Parti de chez lui à 13 ans, il va de patron en patron. Pauvre, il meurt de faim sur les routes. Il aboutit un jour dans un couvent, où il va garder les moutons ; et les moines s'aperçoivent que ce garçon est intelligent : ils lui apprennent à lire et à écrire. Ce sera le commencement d'une carrière complètement différente. Il a raconté son enfance dans un livre que l'on possède. Mais dans quelle mesure n'est-ce pas le texte, déjà un peu élaboré, de quelqu'un qui est devenu un intellectuel ?

Eugène Notermans. — *Ma question n'était pas tant de savoir si les pauvres ont écrit sur leur vie, mais bien plutôt si des non-pauvres ont écrit des témoignages sur les pauvres, ou mieux s'ils ont retranscrit ce qu'ils ont entendu et compris de la pensée des pauvres ?*

Marcel Bernos. — *Ceux qui ont écrit, ce sont les flics, les juges, ceux qui ont été amenés à réprimer les pauvres.*

MARCEL DAVID. — *Il me semble que l'on trouverait des textes dans les livres de Bronislaw Geremek, pas seulement pour la France, mais aussi pour l'Europe.*

MARC VÉNARD. — *Je vous recommande le* Livre des Proverbes, *de Jacques Lagnet, graveur du milieu du XVIIe siècle (1660 environ), dont certaines gravures représentent les pauvres d'une façon criante de vérité, et aussi de revendication. Il se trouve à la Bibliothèque nationale, du côté des estampes, mais beaucoup de gravures ont été reproduites ici ou là dans des manuels. J'en ai utilisé une qui représente l'enfermement, avec cette légende :* « Les enfants, c'est la richesse des pauvres. »

JEAN-LOUIS GOGLIN. — *En ce qui concerne le lien entre la pauvreté et la fraternité, il est évident que la primitive Eglise est formée de gens de toute condition. La fraternité, c'est alors* « la fraternité dans le Christ ». *On ne demande pas aux gens d'être pauvres : au frère d'un apôtre, par exemple, qui veut vendre ses biens, on dit que ce n'est pas la peine. Mais on essaie, en revanche, de subvenir aux besoins des pauvres.*

MARCEL DAVID. — *Etes-vous d'accord avec l'idée que la fraternité, au cours du Moyen Age, et jusqu'au XVIIe siècle, était une peau de chagrin ? On se traitait de frères à l'intérieur de l'Eglise, dans des corps constitués, dans les monastères, entre les clercs, mais le mot* « frère » *avait cessé d'être universel. C'est Bossuet qui finalement a repris cette tradition.*

JEAN-LOUIS GOGLIN. — *Je crois qu'au Moyen Age, la fraternité a été souvent remise en cause, si je puis dire. La hiérarchie passait en premier.*

MARCEL BERNOS. — *Je voudrais ajouter un dernier point sur l'ambiguïté des notions à cette époque-là. Dans l'atelier qui traite de l'* « enfance », *un exposé s'intitule :* « Des exclus absolus, les enfants abandonnés. » *Or, il est devenu presque banal, pour l'époque, de dire que les enfants abandonnés ont relativement eu de la chance. Plutôt moins mal nourris que les enfants pauvres des catégories correspondantes, parfois alphabétisés — ce qui est rarement le cas des enfants de leur classe sociale — et enfin, pour un certain nombre d'hôpitaux d'enfants abandonnés, des contrats sont passés entre les recteurs et un certain nombre d'artisans de la ville pour assurer à ces enfants une formation, un apprentissage — que les enfants de pauvres, là encore, n'ont pas. Vous voyez à quel point cela peut être ambigu. C'est vrai* qu'on a le cœur qui saigne quand on lit un récit sur un hôpital d'enfants abandonnés à l'époque. En réalité, ils sont peut-être moins malheureux que les enfants pauvres qui ne sont pas enfermés.

MARCEL DAVID. — *Au point où nous en sommes, on pourrait peut-être lancer une piste de recherche pour les historiens. On dit beaucoup qu'au moment de l'essor des villes au Moyen Age, y sont venus des déracinés, des gens qui avaient « déguerpi » et que l'air de la ville rendait libres. Toute une série de gens, probablement très pauvres, ont cessé ainsi, chemin faisant, d'être pauvres. En faisant des recherches appropriées, on pourrait peut-être reconstituer leurs biographies et leurs origines. Nous connaissons bien ce phénomène parmi nos contemporains : des gens d'origine modeste accédant à des hauts postes dans la société. Ils ont probablement quelque chose à nous dire.*

ÉTIENNE FOUILLOUX. — *Yves-Marie Hilaire a souligné, dans sa communication, l'aspect très fort de la peur qu'engendrent ces populations défavorisées ou ces indigents. Cette peur est due à une certaine vision de l'autre. Que peut-on en dire ?*

YVES-MARIE HILAIRE. — *La peur est liée aux crises : à ces moments-là, apparaissent des bandes de mendiants qui attaquent les fermes et, la nuit, volent. C'est un aspect de l'insécurité. On peut dire brièvement que l'insécurité semble avoir été résorbée en deux temps :*

Sous le Second Empire, pour deux raisons : l'encadrement plus important de la gendarmerie (multiplication des brigades) ; l'industrialisation qui se développe beaucoup et emploie une bonne partie de cette population, ce qui réduit quand même le paupérisme rural.

Au début du XXe siècle : après la séparation de l'Eglise et de l'Etat, curieusement, les communes enrichies voient les biens d'Eglise distribués aux pauvres. Je crois avoir moi-même vu les derniers mendiants ruraux, dans mon enfance. Nous pouvons mettre la question de la disparition de ce monde-là au débat.

ÉTIENNE FOUILLOUX. — *Même si les très pauvres ne laissent pas de documents, ils interviennent dans l'histoire de manière récurrente jusqu'au milieu du XIXe siècle : on les connaît par leurs révoltes, les « émotions populaires ».*

YVES-MARIE HILAIRE. — *En période de crise, c'est très net. Toutes les autorités sont alertées. Cela revient constamment.*

Françoise Ferrand. — *Sait-on qui sont ces très pauvres, ces mendiants ? Sait-on d'où ils viennent ? A-t-on conservé des traces de leur histoire ?*

Yves-Marie Hilaire. — *Il y a des faits précis : on sait que des bandes qui pillent telle ville viennent de telle autre ville. On arrive à connaître certains mouvements de population. Dans les périodes de crise, les populations instables sont encore plus prolétarisées. Les campagnes sont pillées ; et les villes sont assiégées, parce que la distribution des aumônes, la prise en charge, y sont plus organisées.*

Françoise Ferrand. — *De quelles familles ces gens sont-ils originaires ? Sont-ils privés tout d'un coup de leurs terres ?*

Yves-Marie Hilaire. — *On note en particulier que dans les marais, aux abords des forêts, la prolifération de ces pauvres provient en partie de leur dénuement : des familles nombreuses se sont multipliées sur des terres déjà très pauvres, et en période de crise elles n'ont plus rien. On se dispute le peu de nourriture qui reste, ou on en cherche ailleurs.*

Un état d'esprit malthusien règne alors chez les notables : la surpopulation est pour eux une des explications de la pauvreté. Par exemple, sous la monarchie de Juillet, les arrondissements de Boulogne et de Saint-Omer, en leurs zones rurales, ont des taux de natalité encore très élevés, dépassant les 30 ‰. L'histoire de l'assistance au XIXe siècle ne pourra être faite correctement qu'avec une meilleure connaissance de la démographie.

Étienne Fouilloux. — *On connaît des communautés de forestiers, les « sauvages de l'Argonne ». Paul Bois décrit aussi, dans sa thèse sur les paysans de l'Ouest, une communauté dans une forêt de la Sarthe. Gérard Cholvy, lui, a étudié les gens des cabanes en bordure de Méditerranée ; un prêtre s'occupe de ces gens, en quelque sorte « hors-lieu ».*

Yves-Marie Hilaire. — *Le Haut Artois d'abord, puis tout le département, sont très touchés par une crise structurelle qui commence à la fin de la Restauration. Elle va s'aggraver et se généraliser, à la fin de la monarchie de Juillet, dans les fabriques de bas à domicile ou dans les tissages de lin, avant le développement de l'industrie textile mécanisée. C'est un autre phénomène très important.*

Jean-Pierre Ducastelle. — *Nous connaissons en Belgique, dans le Nord-Hainaut, région très proche de celle dont vous parlez, la* même crise en 1846-1848 et 1854-1855. Face à cette crise, l'Eglise, proche du parti conservateur catholique dont les prêtres sont les porte-parole, se prononce pour une charité distante à l'égard des pauvres et non organisée de façon systématique. L'Eglise est muette : pas d'intervention de la part du clergé ; pas de « bon prêtre ». Les libéraux radicaux par contre prennent des mesures communales. On voit des curés, comme le doyen d'Ath, refuser, pour des raisons politiques, d'agir de concert avec l'autorité municipale pour faire face à la crise. C'est assez paradoxal.

Yves-Marie Hilaire. — *Chez nous, la réaction conservatrice est postérieure à la crise ; elle est très nette chez les évêques, les principaux notables et une partie du clergé. Mais une fraction du clergé reste en contact avec les problèmes, les observe et dit des choses très intéressantes.*

Jean-Pierre Ducastelle. — *Par contre, après les émeutes de 1886 où le peuple s'est exprimé et a manifesté son mécontentement, l'Eglise essaie de faire face de façon différente — c'est le début de la démocratie chrétienne —, tout en conservant une attitude corporatiste, paternaliste. Il faudra attendre le début du XXe siècle pour que l'Eglise, en Belgique, adopte une attitude sociale.*

Étienne Fouilloux. — *J'ai été intéressé par l'introduction des protestants dans la communication de Daniel Murat, car il est fréquent d'assimiler religion et catholicisme. J'ai eu l'impression en vous écoutant que ceux-ci adoptaient des attitudes un peu différentes. Si les institutions protestantes procuraient certes un milieu de substitution aux gens qu'elles accueillaient, les liens gardés avec les familles étaient toutefois plus importants que dans les institutions catholiques où le changement de nom par exemple est quelque chose de très fort, et où la coupure est plus nette.*

Daniel Murat. — *Effectivement, pour les protestants, il ne faut jamais couper l'enfant de sa famille. Dans les années 1940-1959, ils sont à l'origine d'une nouvelle vision de l'« enfance adoptée » : la famille peut entrer dans l'institution et conserve toujours un contact avec l'enfant.*
Ils ont pris globalement en charge leur communauté, de l'enfance à la vieillesse : la fille-mère a sa maison de couches, le vieillard sa maison de retraite. Très tôt, au XIXe siècle, ils considèrent que l'éducation ne peut se faire sans la famille. Dans un texte que j'ai cité, il est même affirmé que l'enfant doit retourner dans sa famille. Cette

différence tient sans doute au fait que, chez les protestants, ce sont des laïcs qui s'occupent des enfants, tandis que chez les catholiques ce sont des religieuses cloîtrées. Il y a là certainement deux visions de la société.

MARCEL DAVID. — *Est-ce qu'on trouve une description de la condition des pauvres dans une série d'enquêtes de l'époque, comme celle de Gérando dans son livre* De la bienfaisance publique, *ou dans* Le Livre du peuple *de Lamennais, ou dans les* Sermons *de Lacordaire ?*

A cette époque, on discute beaucoup sur l'attitude à adopter à l'égard des pauvres, la bienfaisance, la charité légale. Est-ce pour cette raison que la Société Saint-Vincent-de-Paul a de grandes difficultés ?

YVES-MARIE HILAIRE. — *Je n'ai pas l'impression que Lacordaire soit tellement sensibilisé à ce problème de la pauvreté.*

Quant à l'histoire de la Société Saint-Vincent-de-Paul, je ne connais pas son histoire nationale, mais je pense que ce débat-là se développe surtout sous le Second Empire. Le développement de la Société est lié aux événements : l'apparition du choléra l'amène à entrer en contact avec les gens qui en sont atteints.

MARCEL DAVID. — *Un des sermons de Lacordaire s'appelle curieusement « De la charité de fraternité dans la doctrine catholique », mais il n'y décrit pas la pauvreté, sinon de façon surprenante par une allusion à Spartacus, ce qui a dû faire trembler les paroissiens qui l'écoutaient. Il est en effet évoqué comme le révolté des esclaves, et la révolte est présentée comme une réalité très valable et sublimée à partir de l'apparition du christianisme. Cette évocation-là touche, à mon avis, au monde des pauvres.*

MARCEL BERNOS. — *A propos de la communication d'Etienne Thévenin, je me souviens avoir été frappé, enfant, par la déclaration de Raoul Follereau, lorsqu'en 1948 il faisait son tour de France au nom de la France, beaucoup plus qu'au nom du christianisme ou d'autre chose — et même avec une certaine connotation colonisatrice. Passer de cet état d'esprit à une vision universaliste, telle que vous la décrivez très bien pour les années 1960-1970, est une évolution intéressante.*

ÉTIENNE THÉVENIN. — *Cela nous amène à nous interroger sur la conception du nationalisme de Follereau : il s'agit d'une conception plus thématique que géographique. Pour lui, la France n'est pas un* territoire limité par des frontières naturelles, c'est un ensemble de valeurs, c'est la France des saints, la France de Pasteur, la France qui a apporté quelque chose au monde ; et c'est par ce biais, je pense, qu'il arrive à une conception universaliste. Très nationaliste dans les années 30, il avait rejeté non seulement les idées marxistes, mais également le libéralisme américain et l'individualisme en général. Cette attitude est celle d'une partie de sa génération qui associe Dieu et la France, dans la mouvance de l'Action française. Raoul Follereau s'inscrit résolument dans ce courant avant la guerre. Après la guerre, il travaille sans arrière-pensée avec des représentants de la démocratie chrétienne.

UN PARTICIPANT. — *Quelles sont les origines de Raoul Follereau ?*

ÉTIENNE THÉVENIN. — *Fils d'un petit entrepreneur de province, il va faire ses études de droit et de philosophie à Paris, et dès l'âge de 25 ans devient homme de lettres. Il cherchait à devenir un homme d'influence, quelqu'un qui, par l'écrit, la poésie ou le théâtre, mènerait les Français à construire une France chrétienne. Marqué par Edmond Rostand dans son adolescence, puis par D'Annunzio, il entretient des relations avec des écrivains reconnus par l'Académie française.*

On retrouve cette démarche chez bon nombre de personnes qui ont eu des actions assez comparables par la suite : Armand Marquiset avec la musique, l'Abbé Pierre, Karol Wojtyla, le Père Kolbe, Dom Helder Camara, par leurs écrits. Ils ont élaboré une réflexion que l'on a ensuite qualifiée d'universaliste ou de sociale.

Follereau est proche d'eux dans les années 30. Il circule aussi beaucoup à ce même moment en Amérique latine, s'intéresse aux milieux littéraires sud-américains et essaie de sensibiliser l'opinion française à ces nouvelles littératures. Il sent qu'il y a là des choses importantes. C'est son originalité.

MARCEL DAVID. — *Raoul Follereau s'est-il voulu le seul porte-parole des lépreux ? Ayant réussi à faciliter leur guérison, a-t-il favorisé l'expression de leurs problèmes par les lépreux eux-mêmes ? A-t-il, par exemple, suscité une association de lépreux pour qu'ils prennent eux-mêmes leur sort en main ?*

ÉTIENNE THÉVENIN. — *Il voulait que les lépreux soient des hommes comme les autres et il pensait que la création d'une association de lépreux les marginaliserait. Cette question a fait l'objet de débats dans les organisations : fallait-il, par exemple, dans le cadre* de la réhabilitation des lépreux par le travail, ouvrir les ateliers de lépreux à des non-lépreux ? La plupart des organisations ont pensé que réserver des ateliers aux seuls lépreux maintenait de façon détournée leur exclusion.

Françoise Ferrand. — *Avez-vous rencontré, aux époques et dans les pays que vous avez étudiés, des gens qui auraient représenté les plus pauvres, sans être « lettrés » ? C'est une question importante pour la représentation actuelle des plus pauvres.*

Étienne Thévenin. — *Je peux vous citer des missionnaires, par exemple, qui ont recueilli récemment des prières composées par les lépreux, sans rien changer aux textes prononcés. Il s'agissait de personnes analphabètes.*

Thomas Riis. — *La question que vous soulevez est fondamentale. Très souvent, à lire les textes sur les révoltes européennes des temps modernes, on a l'impression que les pauvres eux-mêmes prennent leur sort en main. Or c'est très rare. A la vérité, ce sont des foules de gens menées par d'autres dont le niveau est un peu plus élevé. Quand un parti veut accéder au pouvoir, il se sert des pauvres pour ses propres fins.*

La révolte de Naples, en 1647, est une exception : c'est une révolte plus spontanée, et Masagnello, le pêcheur qui se trouve porté par la foule à sa tête, appartient lui-même au monde des pauvres.

Marcel David. — *A l'origine du syndicalisme chrétien, par l'intermédiaire de la JOC, une génération d'ouvriers s'est peu à peu formée, devenant le porte-parole du monde ouvrier, sans se couper de celui-ci et en gardant son patrimoine culturel ouvrier. Ce n'était sans doute pas les plus pauvres — encore faudrait-il vérifier ce qu'il en était au moment de la création.*

Jean-Pierre Ducastelle. — *On constate généralement que les militants ouvriers, catholiques ou socialistes, qui acquièrent une instruction telle qu'elle leur permet d'accéder à des responsabilités et de devenir les porte-parole de leur milieu vivent une rupture avec ce milieu, qu'ils le veuillent ou non, et même s'ils conservent quelques liens.*

Yves-Marie Hilaire. — *Je pense à Georges Dumoulin, dirigeant de la CGT entre les deux guerres, qui a laissé des souvenirs très intéressants sur son enfance pauvre.*

Étienne Thévenin. — *Je pense à un des responsables des associations Follereau, que j'ai rencontré en Suisse, Marcel Farine, issu d'une famille qui a connu la très grande pauvreté. Quand il se rend dans un pays du tiers monde, il cherche à vivre comme les lépreux, allant vivre dans les léproseries. Sa femme et lui ont voulu vivre, avec leurs 8 enfants, comme des pauvres, en ne disposant que des ressources minimum reconnues par les services municipaux. Tout en gardant son activité professionnelle, il a contribué comme bénévole à la coordination internationale des organisations Follereau et aussi à la formation d'Emmaüs International. Un peu considéré comme un sage, il a toujours voulu rester très discret, son nom n'apparaissant que rarement sur les bulletins de l'association. C'est un cas assez unique dans les mouvements humanitaires : quelqu'un né dans un milieu très pauvre et continuant à vivre de façon très pauvre tout en étant amené à aller d'un continent à l'autre dans le cadre, par exemple, de missions auprès des Nations Unies.*

Françoise Ferrand. — *C'est intéressant que vous fassiez référence à Marcel Farine. On a besoin des historiens pour comprendre ce type de représentation qui, pour nous, est né avec le Père Joseph, du fait qu'il était lui-même issu du monde de la misère. La nature de cette représentation est nécessairement différente de celle qui serait faite par un « diplômé ». Il y a là quelque chose qui appartient à l'essence même de la représentation, et c'est important pour nous de le comprendre, de même que pour les historiens et la société.*

Étienne Thévenin. — *Le Père Joseph et Raoul Follereau diffèrent par leur origine sociale ; et aussi par le fait que Raoul Follereau n'a pas donné de dimension communautaire à ce qu'il avait mis en place. Quant à Marcel Farine, il n'a jamais voulu passer au premier plan.*

Marcel David. — *Je voudrais simplement rappeler une formule souvent utilisée par ceux qui, issus d'origines modestes, entendent rester fidèles au monde auquel ils appartiennent pour le représenter. Cette formule me paraît assez belle et beaucoup la prennent comme modèle de vie : le refus de « parvenir ». Albert Thierry, instituteur pendant la guerre de 1914, mort à la guerre, employait cette expression que j'ai moi-même très souvent entendu utiliser. De ceux qui, parmi les travailleurs, prennent des responsabilités dans l'ordre de la représentation, par exemple, on dit souvent qu'ils perdent pied avec leurs origines, et qu'ils deviennent des notables. Je pense qu'on le dit un peu vite et que cette préoccupation du « refus de parvenir » existe toujours, surtout dans les milieux de syndicalistes chrétiens. Ils ont continué à être considérés comme des « travailleurs » ; et à la retraite, d'ailleurs, ils reviennent dans leur milieu. Je pourrais moi-même en donner bien des exemples. Mais, comme tous les exemples que nous donnons les uns et les autres, il ne s'agit pas, c'est vrai, des plus pauvres parmi les travailleurs.*

CHAPITRE 6

*Enfance pauvre
et éducation*

Les enfants en difficulté.
De la discipline à la compréhension
(1889-1989)

PIERRE GUILLAUME

L'œuvre du Refuge de l'Enfance Abandonnée de la Gironde est née en 1889. Un siècle plus tard, l'OREAG, devenue en 1963 Orientation et Rééducation des Enfants et Adolescents de la Gironde, gère 9 établissements et emploie près de 300 salariés. La sauvegarde du sigle suggère la continuité d'une histoire qui a, certes, une réalité institutionnelle, mais qui recouvre des mutations d'une telle importance que l'on peut évoquer une véritable solution de continuité au lendemain de la Deuxième Guerre mondiale. L'œuvre survit très péniblement pendant une dizaine d'années et, lorsqu'elle renaît au milieu des années 50, c'est son sigle qui constitue l'essentiel de l'héritage. Cette rupture s'explique par la faillite d'une conception de l'éducation héritée du XIXe siècle, qui perdure jusqu'à la Deuxième Guerre mondiale et dont l'inadéquation aux besoins des adolescents se traduit, à l'heure de la Libération, par un refus qui est évasion collective. On peut schématiser sans déformer en disant que, jusqu'en 1945, l'OREAG n'a connu que des surveillants, alors qu'elle renaît 10 ans plus tard avec des éducateurs.

En 1889, l'OREAG est l'une de ces institutions qui entendent répondre à la demande créée par la loi Roussel du 24 juillet et qui permettent aux magistrats de prononcer la déchéance de parents jugés indignes et de leur enlever leurs enfants. Pour bien saisir l'audace du texte, il faut avoir en mémoire ce que représente l'autorité paternelle dans la tradition issue du droit romain, confortée par les enseignements de l'Eglise et qui s'était concrétisée dans les dispositions du Code civil sur la famille.

Ce texte va dans le sens de la protection de l'enfance, tout comme celui auquel le docteur Roussel avait attaché son nom une quinzaine d'années auparavant et qui, par le contrôle médical des mises en nourrice, avait réduit, sinon fait disparaître, un véritable massacre d'innocents. Les intentions philanthropiques du législateur ne font aucun doute et elles vont évidemment dans le sens d'un respect accru de l'enfant en tant que personne.

Lorsqu'elle se traduit dans les faits, cette volonté de sauvegarde de l'enfance abandonnée ne va pas sans ambiguïté. Lorsque le fondateur de l'OREAG, le juge Fernand Marin, lance son premier appel aux bonnes volontés bordelaises, il ne met nullement en avant les menaces qui pèsent sur les enfants, mais bien plutôt celles qu'eux-mêmes représentent pour la société. Il déclare :

« Ces enfants, si on ne les retire pas de ce milieu vicieux, sont la pépinière des prisons, des maisons centrales et des bagnes. Livrés à eux-mêmes, ils vagabondent, n'allant pas à l'école, fréquentant de mauvais sujets, couchant l'été à la belle étoile, l'hiver dans des tuyaux ou dans des granges. Beaucoup, entraînés par l'exemple, poussés parfois par leurs parents, mendient, volent et sont arrêtés. »

Pour convaincre les donateurs potentiels du bien-fondé de leur geste, Fernand Marin leur fait valoir qu'il vaut mieux financer une œuvre de prévention que d'entretenir des prisons, après avoir subi les méfaits de leurs hôtes.

Que se propose-t-on donc comme but :

« De faire de ces malheureux, qui sont la pépinière des bagnes et des maisons centrales, d'honnêtes cultivateurs, des soldats disciplinés, des ouvriers laborieux. »

De ces finalités, découlent les méthodes pédagogiques qui sont suivies dans les deux établissements gérés par l'œuvre. Si la Colonie enfantine Lecocq apparaît comme un internat rigoureux, mais dans lequel sont respectées les règles de la scolarité obligatoire, la Colonie agricole Saint-Louis, dans laquelle les enfants sont mis à 12 ans, est le moule d'où doivent sortir des éléments utiles à la société. Les règles générales de vie sont sans originalité :

« La discipline de la colonie est celle observée dans les régiments, en tant que cette dernière peut s'appliquer à des enfants. »

Cette réserve n'est pas simple clause de style. Elle est à plusieurs reprises rappelée aux directeurs successifs de la colonie agricole, tous anciens officiers ou sous-officiers, parfois prisonniers de leurs comportements anciens.

Plus significative encore est la défiance systématique devant toute velléité d'autonomie de l'enfant. Tout est fait pour la rendre impossible, puisque :

« L'enfant occupé pendant toutes les heures du jour, soit au travail, soit au jeu, ne pense pas à faire le mal ou, dans tous les cas, y pensant, n'en trouve pas facilement l'occasion. »

La part du « jeu » est d'ailleurs plus que réduite. Elle est d'une heure en été pour des journées qui s'ouvrent à 5 h 30 et se terminent à 21 h. Elle peut atteindre 2 heures en hiver. Ces récréations sont synonymes de loisirs très organisés ; on peut lire :

« Nous tenons essentiellement à ce que les enfants jouent pendant les récréations, et ne restent pas inoccupés. C'est durant les heures de loisir que se fomentent les révoltes et que se combinent les évasions. »

Le « jeu » le plus prisé par les responsables est la participation à la fanfare qui a pour autre mérite de faire connaître l'œuvre à l'extérieur.

Le but proclamé de l'œuvre est donc de redresser des esprits déformés par l'influence du milieu. Il en résulte une volonté de coupure la plus rigoureuse possible avec la famille. Le père de famille, ou le tuteur, doit faire, lorsque l'enfant est confié à l'œuvre, soit sur sa propre initiative, soit sur injonction du tribunal, un abandon de sa puissance paternelle, qui implique que l'intéressé reste sous la seule autorité de l'OREAG jusqu'à 16 ans au moins et souvent 18 ans, âge où il est possible de s'engager dans l'armée. Les visites des parents sont systématiquement découragées et, jusqu'à la Première Guerre mondiale, les enfants n'ont jamais la possibilité de revenir dans leur famille. Lorsque l'inévitable se produit, à la suite d'évasions notamment, on souligne combien la reprise en main est difficile, combien cette rechute dans le milieu familial est pernicieuse.

Gérant une colonie agricole, l'œuvre se donne pour mission essentielle de fournir à la collectivité nationale des travailleurs de la terre, avec comme alternative de faire des soldats. Les conceptions sont si étroites que les activités artisanales annexes du travail du sol, des métiers comme ceux de tonneliers ou de charron, bien que tolérés et appris dans les ateliers nécessaires à l'exploitation de la colonie agricole, sont suspectés. On n'y admet que quelques individus par an. Ce « retour à la terre » devient même, aux lendemains de la Première Guerre mondiale, le programme partout proclamé de l'œuvre, y compris sur son papier à lettres officiel. Ce choix découle, dans une certaine mesure, des besoins d'une région dans laquelle les propriétaires déplorent, dès le second Empire, une raréfaction de la main-d'œuvre. Mais il est surtout l'expression d'une conviction profonde des responsables de l'œuvre voulant que seule la campagne rédemptrice soit capable d'effacer les traces des vices urbains.

Avec de telles finalités, la formation intellectuelle des adolescents ne peut être que réduite. Après 12 ans, une ou deux heures de classe occupent les heures les plus chaudes de la journée pendant lesquelles il est impossible d'aller dans les champs. On peut évidemment douter des effets de l'instruction donnée dans ces conditions par un malheureux instituteur venu de l'extérieur. Or, dans la Colonie enfantine Lecocq, on se flatte de préparer avec succès au certificat d'études. Celui-ci est considéré comme un achèvement, nullement comme une ouverture ; et personne n'envisage que l'œuvre puisse offrir à des enfants d'humble origine la moindre chance de promotion sociale.

Le produit type du système, tel qu'il fonctionne jusqu'en 1913, est donc l'adolescent qui, à 16 ans, est placé à la campagne, qui, ensuite, s'affirme excellent soldat et qui, enfin, revient comme travailleur agricole dans le village où le sort l'a envoyé à sa sortie de l'institution. C'est si vrai que quelques tentatives de placement en usine sont doublement dénoncées comme ayant abouti, d'une part à l'exploitation, d'autre part à la perversion des intéressés. En 1913, le pupille parfait est donc celui qui a été sauvé des perversions urbaines et familiales.

L'histoire de l'entre-deux-guerres est celle d'un immobilisme éducatif total et d'un déphasage sans cesse plus évident entre l'OREAG et la société globale. Aucun des principes posés auparavant n'est remis en cause. La seule innovation est l'importance désormais donnée à la religion catholique. Alors que rien ne le spécifiait avant la guerre, il est maintenant précisé que les pupilles doivent être de religion catholique et qu'ils doivent suivre un enseignement religieux consacré par une première communion qui est la cérémonie la plus importante de l'année. Plus que jamais, la vocation exclusivement agricole de l'œuvre est affirmée à la fin des années 20 et la crise n'incite pas à la remettre en question. Avec la cléricalisation de l'institution, une voie très étroite est ouverte aux ambitions de quelques pupilles et c'est celle du séminaire. Il y a une première ordination d'un ancien pupille en 1942.

A cette exception près, l'OREAG prétend toujours fournir la région en jeunes travailleurs agricoles, mais de multiples indices montrent que c'est désormais une tâche impossible. Sur 72 sorties au cours des dernières années de l'entre-deux-guerres, il n'y a finalement que 3 placements dans l'agriculture. Alors même que le règlement des punitions qui figure dans les dossiers individuels témoigne de l'extrême sévérité théorique, le personnel d'encadrement apparaît comme étant de plus en plus désemparé. Les années 20 sont marquées par une valse des directeurs et l'on essaie même un instituteur en retraite avant d'en revenir à d'anciens officiers. Quant aux surveillants, ils se renouvellent constamment et ceux qui restent sont les plus médiocres, accusés en 1945 d'incapacité, voire même de perversité notoire. Le modèle militaire dégénère au point que le conseil d'administration doit interdire au personnel d'utiliser des pupilles comme ordonnances. En 1945, on accusera les responsables de Saint-Louis de n'avoir vu dans les pupilles qu'une main-d'œuvre facile à exploiter pour la mise en culture du domaine.

Face à cette dégénérescence de l'institution, les réactions sont vives. Ce sont d'abord celles des familles qui, dès la fin des années 20, se refusent à des abandons définitifs de puissance paternelle et qui, à l'occasion, récupèrent leurs enfants. Or, les tribunaux vont leur donner raison tandis qu'ils hésitent de plus en plus, au début des années 30, à confier les enfants abandonnés à l'œuvre. Ils en viennent ensuite à lui envoyer de jeunes délinquants, ce qui ne fait qu'accroître les tensions intérieures. Ainsi y a-t-il, en 1935, une évasion collective de 16 pupilles. Les responsables de l'œuvre doivent, par ailleurs, consentir à donner aux enfants le droit d'aller en permission dans leurs familles deux ou trois fois par an en moyenne. La guerre et l'occupation permettent une reprise en main tandis que certains adoucissements sont apportés à la condition des adolescents. En 1944, ils ne sont plus astreints à avoir le crâne rasé. Le cinéma fait son apparition à Saint-Louis ainsi que le sport, avec des rencontres avec des équipes d'autres établissements. Néanmoins, à la Libération, les trois quarts des 84 pensionnaires de Saint-Louis s'enfuient, et sont recueillis par des groupes FFI. En février 1945, le Comité départemental de Libération est saisi du problème après une violente campagne de presse qui définit Saint-Louis comme une colonie de redressement d'où les pupilles sortent plus aigris qu'ils n'y sont entrés, après avoir subi de graves privations, un système disciplinaire très dur et des travaux agricoles très lourds. Le conseil d'administration de l'OREAG se dessaisit alors en catastrophe de sa colonie agricole pour ne garder que sa Colonie enfantine Lecocq qui a eu la chance d'avoir, depuis le début du siècle, le même directeur, un instituteur, semble-t-il fort humain.

C'est le Prado de Lyon qui reprend la colonie Saint-Louis et qui, d'emblée, met en place 4 « éducateurs » ayant fait leurs preuves dans des mouvements de jeunesse ou l'enseignement libre. L'OREAG sort de sa torpeur lorsque le Ministère de la Justice demande à la vieille institution d'ouvrir à Bouliac un centre d'observation et d'orientation pour mineurs délinquants ou moralement abandonnés. L'institution mise en place par l'abbé de Traversay, second fondateur de l'OREAG, est, par la définition de ses objectifs comme par ses méthodes éducatives, aux antipodes de l'œuvre de 1889. Le but espéré est « la réinsertion sociale de l'adolescent ». La méthode n'est plus de le passer au moule, mais de le considérer comme un individu appelant un diagnostic particulier et une pédagogie personnalisée. La problématique est la suivante : chercher « quel cadre éducatif et professionnel permettra un épanouissement psychologique, un transfert tel que cet adolescent pourra se réadapter ? Quel métier conviendra le mieux à ses possibilités manuelles et intellectuelles ? Quel climat de vie (famille, groupement de jeunes, foyer de semi-liberté, centre de rééducation) lui ouvrira les horizons d'une vie affective plus saine et plus équilibrée ? ».

Tout est dit dans ce texte de 1955. Tout d'abord, la nécessité première de cerner la personnalité du jeune en difficulté — ce qui va être la tâche, à Bouliac, d'éducateurs et de psychiatres et psychologues dont on note ici l'entrée en jeu. Ensuite, la volonté d'offrir l'éventail de possibilités le plus large qui soit, allant du retour dans les familles, désormais étroitement associées au travail des éducateurs, à l'incarcération pure et simple des irréductibles, remis à la justice. Les formules intermédiaires sont celles d'une liberté plus ou moins surveillée allant du foyer de semi-liberté au logement collectif visité par un éducateur.

La prévention change également totalement de sens. En 1889, il s'agissait de prévenir, par l'enfermement, les méfaits dont pouvaient se rendre coupables les enfants abandonnés, aux dépens de la société. Après la deuxième guerre mondiale, il s'agit de prévenir les effets néfastes que peut avoir l'environnement social sur des adolescents fragilisés par des handicaps socioculturels ou mentaux. Ainsi, de la protection de la société, est-on passé à celle de l'individu.

Quant à l'action éducative, elle n'a évidemment plus pour but de permettre une utilisation sociale d'individus récupérés. Elle se donne pour fin de donner aux plus défavorisés des chances d'épanouissement personnel. Cette action n'est rendue possible que par une diversification sans cesse renouvelée des structures mêmes de l'œuvre qui vont d'un service d'orientation et d'action éducative dont le rôle se situe en amont de toute prise en charge du jeune en difficulté à un service d'insertion des jeunes qui facilite le passage des institutions d'éducation surveillée à la vie active.

Ce qui caractérise la seconde OREAG par rapport à la première, c'est qu'elle est un milieu d'interrogations permanentes qui est aux antipodes de ce monde de certitudes de la vieille œuvre. Ainsi fait-on l'essai de diverses formules. Dans les années 70, l'internat passait pour une formule condamnée et l'action éducative ne se concevait qu'en milieu ouvert. Les années 80 marquent un recul, le milieu ouvert pouvant être traumatisant pour le jeune trop fragile. Le foyer de semi-liberté, défini comme un havre d'accueil pour des jeunes mis en apprentissage, est devenu un lieu de délinquance. Il a été fermé et ses occupants ont été dispersés dans de petites unités d'habitat.

Ainsi, l'éducation surveillée est-elle désormais à l'écoute des individus et attentive à toutes les répercussions de leur mode de réintégration sociale. Elle ne remet pas un produit fini sur un marché du travail étroitement défini, elle recherche les solutions pouvant convenir à des individus en difficulté, ce qui signifie, en clair, qu'ils sont difficiles et reconnus comme tels.

Toute appréciation de cette évolution, dont nous venons de retracer les grandes lignes, resterait très abstraite si elle ne tenait pas compte de celle des coûts. Ses objectifs étaient certes dictés à l'OREAG par les conceptions sociales et éducatives dominantes. Elle était, incontestablement, une œuvre de protection sociale d'une bonne société menacée par les rejetons de la populace. Mais l'OREAG de 1889 était aussi une œuvre dont le financement incombait à un exercice traditionnel de la charité qui, pour large qu'il soit à Bordeaux, n'en avait pas moins des limites étroites. Le prix de journée d'un enfant de Lecocq est de l'ordre de 1 F en 1913. Il est de 561 F en 1982, et cette différence d'échelle est sans commune mesure avec la dévaluation corrélative du franc. Le salaire journalier étant, en valeur nominale, de quelque 40 fois plus élevé en 1982 qu'en 1913, le coût de la journée de Lecocq serait, en francs constants, plus de 10 fois plus élevé en 1982 qu'en 1913. En 1982, ce sont les pouvoirs publics qui couvrent des coûts correspondant à une action éducative infiniment plus onéreuse que ne l'était l'enfermement que proposait le XIXe siècle et il est évidemment bien difficile, dans ce domaine, de raisonner en termes de rentabilité des investissements.

Entre le rapt et l'exclusion : la salle d'asile face à l'enfant très pauvre au XIXᵉ siècle

JEAN-NOËL LUC

A partir des années 1830, des salles d'asile sont ouvertes, en France, pour accueillir et former les enfants de 3 à 7 ans. Même s'ils envisagent de recevoir des enfants riches, dont ils jugent l'éducation domestique imparfaite, les promoteurs de ces établissements songent d'abord à la progéniture de « l'ouvrier laborieux » et du « père de famille indigent »[1].

Emile Depasse, le maire de Lannion, voudrait même les réserver aux plus nécessiteux. Qui sont-ils, dans une ville bretonne de 5 000 habitants, dépourvue de manufactures ? Les artisans et leurs compagnons ? Les pêcheurs ? Non, assure le magistrat, car « l'ouvrier qui a une profession régulière est rarement indigne du nom d'époux et de père » ; mais, au-dessous, « il est une classe nombreuse qui semble frappée de réprobation » : celle des « prolétaires ». Qui sont ces malheureux ? Essentiellement les portefaix du port, au travail incertain et mal rémunéré : « Un instinct grossier excité par l'orgie (...) rapproche ces êtres dégradés par la misère ; et, trop souvent, leur progéniture porte en naissant la peine de leurs vices. C'est surtout pour ces malheureuses victimes de la fatalité que l'asile a été fondé[2]. »

Méfions-nous, cependant, des distinctions trop tranchées : entre les ouvriers et les indigents, la limite est floue et la frontière perméable. Les aléas de la conjoncture, la maladie ont vite fait de plonger les familles ouvrières dans la gêne ou la misère. L'asile s'adresse donc à des publics tout à la fois différents et communiquant l'un avec l'autre : aux familles d'ouvriers vivant, pas toujours bien, de leur travail, et à la fraction de citadins entretenue, en marge des circuits économiques, par la bienfaisance publique et privée.

Les promoteurs de la salle d'asile en attendent trop pour ne pas vouloir atteindre toutes les catégories des classes populaires, y compris les plus démunies d'entre elles. Mais, dans la pratique, l'accueil des enfants très misérables ne risque-t-il pas de se heurter à plusieurs obstacles ?

Une entreprise ambitieuse

Dès l'origine, la salle d'asile est présentée comme l'une des pièces maîtresses de la nouvelle politique d'assistance qui prétend supprimer le paupérisme par la mise au travail et l'éducation [3].

Hostiles à la distribution régulière de secours sans la contrepartie d'un travail, les philanthropes sont décidés à tarir l'indigence à sa source en réintégrant les pauvres valides dans les circuits de la production. En libérant les femmes du souci de leurs enfants trop grands pour rester chez une nourrice et trop petits pour fréquenter l'école, l'asile veut donner aux familles populaires le moyen de gagner plus facilement un revenu supplémentaire : « Les mères, libres des soins qu'exigeaient d'elles leurs jeunes enfants, peuvent se livrer sans inquiétude au travail et tirer un salaire de leurs journées », assure le Ministère de l'Instruction publique en 1833 [4].

Mais les premiers promoteurs de l'asile obéissent aussi à des préoccupations pédagogiques. Après avoir offert un gîte au rejeton de l'ouvrier ou de l'indigent, ils espèrent contribuer à la défense de l'ordre social en lui faisant donner une éducation précoce. On comprendrait mal ce projet sans le rapporter à l'angoisse qui s'empare des classes dirigeantes, surtout après les Trois Glorieuses, devant les émeutes républicaines, les paniques consécutives au choléra et les vagues de grèves successives.

La misère ouvrière cesse d'être considérée comme un fait marginal, inoffensif, apparenté à la mendicité traditionnelle admise par la société chrétienne. Aussitôt identifiées, les classes laborieuses urbaines font peur en raison de leur nombre, de leurs récriminations et de leur mode de vie, en marge des règles dominantes. « Les barbares qui menacent la société (...) sont dans les faubourgs de nos villes manufacturières », s'exclame le *Journal des débats* lorsque le drapeau noir flotte sur Lyon, la deuxième ville du royaume, pendant la révolte des canuts en 1831. « L'extrême misère est une rechute en sauvagerie », affirme Eugène Buret, dans un ouvrage couronné en 1840 par l'Académie des Sciences morales ; au sein de ces populations « dégradées et corrompues » risquent d'éclater un jour de « formidables périls⁵ ».

Pour conjurer ce danger, les milieux dirigeants sentent la nécessité d'une action immédiate et de mesures à long terme. Le dressage physique et moral précoce de la progéniture populaire est l'un des gages pris sur l'avenir. Tout, dans l'asile, est conçu pour déraciner les mauvais penchants prêtés aux classes inférieures. L'école des tout-petits n'enseigne pas, elle rééduque : « L'enfant pauvre s'y trouvera transporté comme dans un monde nouveau (...) ; il aura reçu le bienfait d'une seconde création, plus heureuse que la première », explique le maire du XIIe arrondissement, Denys Cochin, l'un des pionniers de ces établissements[6]. Grâce à l'action amorcée par l'asile, assure en 1840 une dame patronnesse, « le bas peuple perdra insensiblement sa hideuse empreinte d'abjection (...) ; ceux-là mêmes qui composent ces fractions redoutables, ces êtres indomptables qui ne connaissent ni Dieu, ni lois, ni famille, ni patrie, se transformeront en travailleurs paisibles et religieux[7] ».

On mesure toute l'ampleur de la mission confiée à la petite école : commencer à préparer la relève de l'actuelle population ouvrière par des « générations plus morales, plus disciplinées, plus instruites, mieux préparées à la rude condition qui les attend[8] ». Les parents eux-mêmes profiteront de cette œuvre civilisatrice lorsque, le soir, les petits missionnaires distilleront dans leurs foyers les principes de religion, d'honnêteté et de propreté qui leur auront été enseignés. En amont de l'école primaire, l'institution des jeunes enfants commence la régénération, immédiate et future, des familles populaires.

Ambitieux projet, qui prend parfois l'allure d'une véritable offensive contre les parents de classes inférieures ! En 1832, un patron tisserand de Rouen réclame, ni plus ni moins, le ramassage quotidien de tous les enfants pauvres, conduits « en troupe et en ordre » à la salle d'asile[9]. Quelques années plus tard, le maire de Lannion menace les familles réticentes de les priver des secours du bureau de bienfaisance[10] !

Aux yeux des philanthropes, l'intérêt de la société et celui des enfants justifient cette atteinte aux prérogatives des parents. Tout semble permis, si l'on en croit Emile Depasse, pour attirer dans l'asile la marmaille pauvre « afin d'améliorer sa constitution, la délivrer de ses infirmités héréditaires » et lui répéter « sans cesse que pour anoblir la pénible carrière qu'elle est destinée à parcourir, elle doit s'armer de résignation, de courage et de patience[11] ». Dans l'entreprise de dépossession de la famille populaire, perçue comme le lieu d'émergence du vice et de la misère, la petite école assume une véritable fonction stratégique.

Cette nouvelle politique d'assistance par le travail et l'éducation ne peut se fonder sur un principe d'exclusion. Pour assumer au mieux son importante mission, la salle d'asile doit accueillir le plus grand nombre d'enfants possible, y compris ceux des familles situées au plus bas de l'échelle sociale.

L'accueil des enfants très pauvres

Plusieurs dispositifs favorisent l'admission de ces enfants : la dispense de la rétribution, le prêt — parfois même le don — de vêtements et la distribution de nourriture.

Dès 1836, le Ministère de l'Instruction publique proclame le principe de la gratuité de l'asile, tout en reconnaissant aux municipalités le droit de réclamer une rétribution dont seraient exemptés les parents « dans l'impossibilité absolue de payer ».

Dans les faits, tout dépend des règlements locaux qui adoptent — parfois pour le même établissement — le système de la gratuité ou celui de la rétribution, éventuellement fixée en fonction des ressources familiales. A Lille, par exemple, les salles d'asile municipales sont toutes gratuites, car elles n'accueillent que des enfants porteurs d'un certificat d'indigence ; mais dans le même département, l'asile congréganiste public de Bailleul reçoit, en 1863, 110 élèves payants et 140 enfants pauvres, dispensés de la rétribution et installés — au grand mécontentement de l'inspecteur — dans « une salle séparée où ils manquent de tout [12] ».

Dans l'ensemble du pays, si l'on en croit les statistiques officielles disponibles depuis 1837, l'admission gratuite est la plus répandue : les trois quarts des inscrits — et, dans les années 1870, plus de 80 % — fréquentent les salles d'asile, payantes ou gratuites, sans verser de rétribution. Les établissements privés, à l'origine moins « généreux » — un enfant gratuit sur quatre en 1843 contre plus de huit sur dix dans les salles subventionnées —, imitent progressivement le secteur public à partir du milieu du siècle lorsque les institutions congréganistes remplacent les salles laïques libres, aux ressources plus précaires [13].

L'obstacle de la rétribution une fois levé, d'autres difficultés attendent l'enfant très pauvre à la porte de l'asile. Et d'abord, sa tenue, peu conforme aux consignes officielles qui exigent, dès les années 1830, des vêtements « ni décousus, ni troués, ni déchirés [14] ». La guenille n'est pas acceptée ! Faute de vêtements satisfaisants, beaucoup d'enfants ne peuvent être admis dans les asiles, regrette, en 1854, le comité de bienfaisance de Lille.

Dans beaucoup d'endroits, les protecteurs des petites écoles essaient pourtant de résoudre ce problème. A Lille, grâce aux revenus des quêtes, d'une loterie et d'un bal, les dames patronnesses distribuent tous les ans plusieurs milliers de sabots, de chaussettes et de pantalons. A Saint-Jean-de-Luz, tous les matins, les sœurs de Saint-Vincent-de-Paul habillent les enfants avec des vêtements propres qu'elles reprennent, le soir, pour éviter que les parents ne les vendent [15] ! A Lannion, les pauvres reçoivent chaque semaine un bonnet, une chemise et un sarrau de toile, véritable « couvre-misère », selon l'expression du maire, puisqu'il garantit « une tenue bienséante et uniforme » tout en protégeant des intempéries. Le lundi matin, la mère doit accompagner son enfant à l'asile pour l'habiller avec une tenue propre et rendre à la directrice les anciens vêtements, sales mais en bon état [16].

Vêtu correctement, au moins pour quelques heures, le marmot doit encore amener avec lui sa nourriture de la journée. La plupart des règlements locaux prescrivent aux maîtresses de veiller à la quantité et à la qualité de ces aliments ; dans un souci d'hygiène, l'instruction officielle de 1855 impose même aux parents de fournir « un petit panier pour les provisions de bouche, une éponge et un gobelet [17] ».

Comment des familles très démunies pourraient-elles satisfaire à toutes ces exigences ? Leurs enfants arrivent fréquemment à l'asile, un morceau de pain dans la poche ou à la main ! Ils y sont généralement admis, malgré tout, mais doivent le plus souvent se contenter de cette maigre ration. Dans l'asile public d'Arles, en 1847, les enfants très pauvres grignotent leur pain sec et quelques mauvais fruits, tandis que d'autres — dont les parents peuvent payer 5 centimes par jour — avalent « une bonne et copieuse soupe ». Dans un pauvre village de l'île de Ré, en 1881, l'inspectrice découvre des enfants « trop égayés » à l'issue de leur repas composé de pain arrosé d'une forte piquette [18] !

Une fois encore, des initiatives charitables tentent de remédier à cette situation. Sous la monarchie de Juillet, Mme Mallet — la secrétaire du comité des dames parisiennes — recommande de distribuer de la soupe — et des vêtements — sans faire payer les plus misérables [19]. Le règlement de 1855 invite les dames patronnesses à procurer aux familles nécessiteuses le panier, l'éponge et le gobelet personnels des enfants. Mais du contenu, il n'est pas fait mention !

Dans les faits, tout dépend des ressources des établissements, du zèle des inspectrices et de l'esprit d'initiative du personnel. Ici, des religieuses distribuent gratuitement de la soupe et de la viande ; là, une maîtresse laïque s'arrange pour nourrir tous ses marmots — y compris les plus démunis — avec l'argent de quelques-uns. A Lannion, l'asile propose deux soupes quotidiennes, gratuites pour les rejetons de la « classe indigente » et payantes — 1,50 à 2 F mensuels incluant aussi le prêt des vêtements — pour ceux de la « classe ouvrière ». 150 enfants pauvres sont ainsi accueillis, nourris, habillés et blanchis gratuitement [20].

Encouragé par ce succès, Emile Depasse propose en 1846 au ministre d'étendre ce dispositif à l'ensemble du pays en créant des « bourses royales et départementales pour les indigents dans les asiles ». 150 000 enfants « de la classe la plus infime de la société, de cette classe qui naît dans la fange, grandit dans l'oisiveté, finit dans la détresse, le plus souvent dans l'infamie », seraient ainsi reçus dans des asiles nationaux qui prépareraient de nouvelles générations « saines de corps et d'esprit, actives pour le travail, fortes et disciplinées pour la guerre ». Tout en félicitant le maire de Lannion, la commission supérieure des salles d'asile juge son projet irréalisable — faute de crédits — et suggère simplement d'inviter les préfets à encourager la distribution de vêtements et d'aliments aux indigents [21]. En 1868, d'après une enquête ministérielle, 8 % seulement des salles d'asile proposent une nourriture chaude aux enfants. Après avoir rappelé la grande indigence et l'alimentation insuffisante de la plupart des usagers, Victor Duruy demande aux préfets d'intervenir auprès des municipalités pour développer cette pratique [22].

Toutes ces dispositions ont-elles permis l'accueil d'enfants très pauvres ?

Cela ne fait pas de doute si l'on songe aux règlements — par exemple celui de Lille — qui réservent l'asile aux détenteurs d'un certificat d'indigence. Mais on aimerait disposer d'autres indices à ce sujet. Lorsqu'ils mentionnent simplement la profession des pères, les rares registres d'inscription retrouvés dans les archives ne nous sont pas d'un grand secours. Seul le registre de l'asile congréganiste public d'Aniche (une ville minière de l'arrondissement de Douai) atteste la présence d'enfants plus démunis que d'autres en distinguant, parmi les 195 entrées de l'année 1871, 50 « pauvres », 40 « enfants de mineurs admis gratuitement » — en raison d'un accord avec la compagnie des mines — et 105 « payants », dont une soixantaine d'abonnés[23].

Les très nombreux rapports d'inspection disponibles constituent finalement notre meilleure source d'information. Plusieurs mentionnent la présence — parfois exclusive — d'enfants pauvres et même très pauvres. L'asile de Lannion rend seulement service à la « classe mendiante », constate non sans regret l'inspecteur des Côtes-du-Nord en 1845 ; la « classe laborieuse » n'en profite pas, car les « artisans » et même les « ouvriers » ne veulent pas utiliser un établissement trop marqué par ses préoccupations charitables. Cette situation se retrouve à Saint-Brieuc, où la clientèle habituelle de l'asile des sœurs de la Charité écarte les « ouvriers » d'une institution qu'ils considèrent comme un « dépôt de mendicité ». Même réflexe, encore, dans les Deux-Sèvres, où les « familles d'ouvriers ayant une certaine aisance » préfèrent les petites écoles privées et payantes aux salles d'asile, surtout fréquentées par des indigents. Certains établissements accueillent même les enfants de catégories particulièrement marginalisées : à Saint-Jean-de-Luz, en 1873, les sœurs de Saint-Vincent-de-Paul reçoivent, habillent et nourrissent, principalement, la progéniture des « cascarotes, espèces de bohémiens voleurs et mendiants[24] ».

Inutile de multiplier ces exemples. Que des enfants très démunis aient fréquenté la salle d'asile est incontestable. Mais est-ce bien là toute la réalité ? D'autres témoignages, extraits des mêmes sources, prouvent que les très pauvres peuvent être exclus de cette institution ou s'en exclure eux-mêmes.

Des pratiques discriminatoires ?

Plusieurs obstacles écartent les plus pauvres des salles d'asile ou, du moins, de certaines d'entre elles : leur indigence, leur méfiance et les réticences des autres usagers.

La grande pauvreté et son corollaire, la marginalisation, représentent le premier handicap. Certains établissements ne refusent-ils pas, purement et simplement, les enfants des mendiants, considérés comme des paresseux[25] ? Des filles-mères désemparées, des familles très démunies et au domicile instable ne possèdent pas toujours le certificat de vaccination antivariolique et l'acte de naissance réclamés par les salles publiques ; elles ne parviennent pas davantage à respecter les conditions d'assiduité et de ponctualité imposées par le règlement, sous peine de renvoi de l'enfant.

Lorsqu'elle existe, la rétribution possède parfois un effet dissuasif : quand l'argent se fait rare, le sort des marmots n'est pas une priorité. A Digne, remarque l'inspecteur des Basses-Alpes en 1846, la rétribution écartait beaucoup d'enfants, car l'effectif de l'asile a triplé après l'institution de la gratuité[26].

Autres entraves : les exigences relatives à la tenue et à la propreté. En 1845, des membres de la commission supérieure s'émeuvent du rejet des enfants des « plus pauvres ouvriers » généralement mal habillés. Les distributions de vêtements ne résolvent pas toujours ce problème, car certains parents vendent les effets « pour leurs besoins les plus urgents ou pour la satisfaction de leurs passions », et leur progéniture arrive le lendemain à la salle d'asile « dans le même état de dénuement »[27] !

La saleté de certains gamins empêche elle aussi leur admission. Dès les années 1830, les premières instructions officielles prescrivent aux parents de peigner leurs enfants tous les jours et de leur laver soigneusement le visage et les mains. Certaines directrices se montrent intransigeantes : après avoir réprimandé les parents négligents, elles refusent, purement et simplement, les petits souillons. A Tarbes, les enfants « les plus pauvres » ne sont pas admis à l'asile congréganiste privé, note l'inspecteur en 1849, car ils sont jugés trop sales. A Limoges, la même année, l'asile laïc public reçoit peu d'élèves, car ses usagers potentiels « ne se soumettent pas volontiers à amener leurs enfants propres, et la directrice se montre sévère de ce côté[28] ». Il est vraisemblable que ces maîtresses désirent maintenir un minimum d'hygiène dans des classes réunissant, souvent, plus de 200 enfants. Mais sans doute préfèrent-elles aussi la clientèle des familles mieux pourvues, plus soignées et donc soucieuses de ne pas mélanger leur progéniture avec des gamins encrassés.

Ce réflexe, on pouvait l'entrevoir derrière le refus de certains parents d'utiliser des établissements fréquentés par de nombreux indigents. A l'égard des populations très misérables, des ouvriers bien intégrés dans la vie économique de la cité adoptent l'attitude de rejet que les familles de la petite bourgeoisie manifestent, le plus souvent, à leur endroit. Plusieurs inspecteurs signalent ainsi la préférence des artisans et des commerçants relativement aisés pour des établissements quelquefois privés et payants mais surtout distincts des salles fréquentées par la masse des familles laborieuses.

Situés au bas de l'échelle sociale, les plus pauvres sont les principales victimes de cette ségrégation. Pour leur interdire l'accès de certains établissements ou les en refouler, il suffit d'un accord tacite entre les directrices et les autres usagers potentiels, ceux que les inspecteurs désignent par l'expression de « familles aisées » (des petits-bourgeois et ouvriers mieux rémunérés). La « classe aisée » d'Haguenau apprécie fort la salle d'asile, note un inspecteur en 1849, « elle y trouve l'éducation meilleure et s'est emparée, peu à peu, des places vacantes ; il est difficile aujourd'hui d'y admettre tous les pauvres ». Même situation à Belfort, en 1857, où les enfants « pauvres » sont rares à l'asile communal qui « admet de préférence les enfants aisés ». En 1879, encore, à l'occasion d'une tournée dans l'Académie de Toulouse, Pauline Kergomard dénonce cette sélection qui réserve les salles d'asile aux « enfants bien » et entasse la marmaille pauvre au fond des écoles [29].

A ce phénomène de rejet, aux formes multiples, s'ajoutent des processus d'auto-exclusion. Ici, l'indigent n'est plus arrêté à la porte de l'asile, il s'en écarte de lui-même, parfois après une expérience malheureuse. A Mende, en 1847, « la classe pauvre, qui est très pauvre et très peu éclairée », boude l'établissement où se retrouve surtout la progéniture de « familles considérées ». A Schelestadt, le maire de la ville, fondateur de l'asile, se heurte au départ à la réserve de ses concitoyens et, surtout, à celle des pauvres [30].

Qu'est-ce qui détermine des familles indigentes et marginales — mais aussi de « bonnes » familles ouvrières — à refuser l'institution destinée à leurs jeunes enfants ? Plusieurs motivations, parfois simultanées : la défiance à l'égard des autorités (ici la municipalité à laquelle il faut demander un billet d'admission), la prévention à l'encontre d'une entreprise confusément perçue comme une tentative de mise en tutelle, l'irritation ou la gêne devant les réprimandes des directrices et l'attitude méprisante des autres usagers.

Dans les années 1840, alors que le patronage philanthropique commence à rencontrer des résistances, le journal buchézien *L'Atelier* critique les divers dispositifs de contrôle des familles ouvrières : l'hospice, l'ouvroir et l'asile « où tout est disciplinairement prévu [31] ». Des indigents, des marginaux visés par le projet pédagogique de l'asile, peuvent ressentir cette institution comme une menace pour leur liberté et leur identité. « Eh bien, nous verrons ça, si y sont maîtres de nous », rétorque, en 1880, une mère d'un pauvre quartier de Châteauroux à la directrice qui veut la contraindre à envoyer quotidiennement son enfant [32].

La présence des garderies favorise ces réticences, car leurs tenancières se montrent plus accommodantes que les maîtresses de l'asile. Appartenant au milieu social et géographique de leurs clientes, elles connaissent leurs besoins et reçoivent les enfants (dans l'état où ils sont !) pendant toute la journée de travail des parents. Au grand désespoir des dames patronnesses, des mères, indigentes mais capables de payer une somme modique, préfèrent s'adresser à ces femmes auxquelles elles peuvent parler sur un pied d'égalité.

La salle d'asile entretient avec les enfants les plus défavorisés des rapports ambigus que résume la déléguée générale Henriette Doubet pendant sa tournée d'inspection à Perpignan en 1850 : « Bien que les deux établissements reçoivent un grand nombre d'enfants véritablement pauvres, en examinant les choses de près, on voit avec peine, qu'ici comme dans toutes les villes considérables, la classe la plus démunie moralement et physiquement échappe encore en grande partie à l'action bienfaisante des salles d'asile. Quels seraient les moyens d'atteindre cette profonde misère qui n'a même plus le sentiment du besoin ? Comment amener à l'asile ces enfants dont le contact serait redouté ? Le sou mendié ou volé est l'unique but de chacune des journées de ces pauvres êtres[33]. »

Chargée d'accueillir et de rééduquer la progéniture populaire (et particulièrement celle des familles les plus nécessiteuses), la salle d'asile recrute plus facilement sa clientèle parmi les catégories les moins défavorisées, capables de respecter ses consignes de tenue, d'hygiène et de ponctualité. Des familles trop marginalisées par leur grande misère ou leur vie errante passent à travers les mailles du filet. Conscients de ces problèmes, et refusant « d'admettre en principe que les salles d'asile ne sont ouvertes qu'aux enfants des ouvriers dans l'aisance », des membres de la commission supérieure proposent, dès les années 1840, l'ouverture, à côté de ces établissements « de refuges pour ceux des enfants que les règlements (en) excluent[34] ».

Cette exclusion, cependant, n'est pas systématique : ici, des congréganistes refusent de recevoir tout gamin déguenillé ; ailleurs, des religieuses accueillent, habillent et nourrissent gratuitement les rejetons de familles vivant misérablement en marge de la société. Mais ces enfants très démunis sont généralement un objet de répulsion, surtout dans les villes importantes où la clientèle de l'asile est forcément diversifiée. Des maîtresses rechignent devant le surcroît de surveillance et de soins qu'ils imposent ; des parents moins indigents n'en veulent pas pour compagnons de jeux de leur progéniture !

Repoussés des établissements fréquentés par les familles plus favorisées, ces marmots misérables se retrouvent souvent, entre eux, dans des salles dont s'écartent ou se retirent les autres usagers. La séparation envisagée par la commission supérieure est ainsi spontanément organisée. A l'encontre du projet universel de la salle d'asile, les enfants des familles très démunies font, dès leur entrée dans la vie sociale, l'expérience de la ségrégation.

1. Circulaire du 9 avril 1836, *La Petite Enfance à l'école aux XIXe-XXe siècles. Textes officiels présentés et annotés* par Jean-Noël Luc, Paris, Economica-INRP, 1982, pp. 58-82.
2. E. Depasse, *Considérations sur les salles d'asile...*, Paris, Joubert, 1846, p. 9.
3. Sur les finalités des salles d'asile, voir J.-N. Luc « La scolarisation du jeune enfant depuis le début du XIXe siècle : action sociale et projet pédagogique », en introduction au recueil de textes déjà cité.
4. Circulaire du 4 juillet 1833, dans J.-N. Luc, *op. cit.*, p. 58.
5. Sur toutes ces questions, voir Louis Chevalier, *Classes laborieuses, classes dangereuses*, Paris, 1e éd., Plon, 1958, Hachette, coll. « Pluriel », 1978, pp. 246-259 et 593-613.
6. J. D. M. Cochin, *Manuel des salles d'asile*, Paris, Hachette, 1833, 3e éd. 1845, p. 27.
7. « Réflexions d'une dame inspectrice », *L'Ami de l'enfance*, 1840, p. 326.
8. Circulaire du 11 septembre 1846 dans J.-N. Luc, *op. cit.*, p. 89.
9. *L'Ami de l'enfance*, 1837.
10. E. Depasse, *op. cit.*, p. 58.
11. *Ibid.*, pp. 10 et 59.
12. Pierre Pierrard, *La Vie ouvrière à Lille sous le Second Empire*, Paris, Monfort, 1965, p. 333 et « Etat de situation de l'arrondissement d'Hazebrouck », 1863, AD Nord, 1 T, 80-59.
13. Voir les références de ces statistiques dans J.-N. Luc, *La Statistique de l'enseignement primaire, XIXe-XXe siècle*, Paris, Economica-INRP, 1985, pp. 230-234.
14. Règlement du 24 avril 1838, dans J.-N. Luc, *op. cit.*, p. 76.
15. P. Pierrard, *op cit.*, p. 333 ; et « Rapport d'inspection de 1873 », AN, F^{17} 10870.
16. E. Depasse, *op. cit.*, pp. 25 et 87.
17. « Règlement du 22 mars 1855 », dans J.-N. Luc, *op. cit.*, p. 114.
18. Rapports d'inspection sur la ville d'Arles en 1847 et sur l'île de Ré en 1881, AN, F^{17} 10666 et 10864.
19. Appendice de Mme Mallet à la 3e éd. du *Manuel* de J.D.M. Cochin, *op. cit.*, pp. 256-258.
20. E. Depasse, *op. cit.*, pp. 24 et 85.
21. E. Depasse, « Rapport au ministre », *L'Ami de l'enfance*, 1846, pp. 36-40 et 67-78.
22. Circulaire du 14 juin 1869, dans J.-N. Luc, *op. cit.*, p. 140.
23. Registre d'inscription de l'asile congréganiste d'Aniche en 1871, AD, Nord, 1 T, 116-13.
24. Rapports de 1844-45, AD, Côtes-du-Nord, 1 T 207, et de 1868, AD Deux-Sèvres, 4 T, 158 ; « Rapport de 1873 sur la ville de Saint-Jean-de-Luz », déjà cité.
25. Edmond Texier, *Tableau de Paris*, t. II, Paris, Paulin, 1852-1853, p. 121.
26. « Rapport sur les Basses-Alpes en 1846-1847 », AN, F^{17} 9350.
27. Séance du 10 mars 1845, procès-verbaux de la commission, AN, F^{17} 10876.
28. Rapports de 1849 sur Tarbes et Limoges, AN, F^{17} 10866.
29. Rapports de 1849 sur Haguenau, AN, F^{17} 10866, et de 1857 sur Belfort, AD, Haut-Rhin 1 T 772 ; P. Kergomard, *Rapport sur les salles d'asile des académies de Toulouse et Grenoble en 1879-1880*, Paris, Imprimerie nationale, 1881, p. 10.

30. Rapports sur la Lozère en 1846-1847, AN, F^{17} 9350, et sur le Bas-Rhin en 1849, AN, F^{17} 10866.
31. Cité par J. Joseph et Ph. Fritsch, Disciplines à domicile, Recherches, novembre 1977, p. 182.
32. « Rapport sur la Haute-Vienne en 1880 », AN, F^{17} 10864.
33. « Rapport de 1850 sur Perpignan », AN, F^{17} 10866.
34. Procès-verbal de la séance du 10 mars 1845, déjà cité.

L'aide apportée en France au XIXᵉ siècle aux enfants des familles défavorisées

JACQUELINE ROUBERT

« Faire valoir les Droits de l'Homme pauvre sur la société... voilà le grand devoir qu'il appartient à la Constitution française de remplir », proclamait, le 15 juillet 1790, le duc de la Rochefoucault-Liancourt devant l'Assemblée constituante. Trois ans après, la Convention déclarait : « La société doit la subsistance aux citoyens malheureux. » Mais dès 1795, l'idée révolutionnaire d'une assistance par la nation était abandonnée pour longtemps.

Le droit aux secours pour les parents n'ayant pour toutes ressources que le produit d'un travail insuffisant pour subvenir aux besoins de leur famille, prévu par le décret du 18 juin 1793, ne fut jamais appliqué. Cette aide de l'Etat aux familles nombreuses dans le besoin fut réclamée à plusieurs reprises par les philanthropes ou les parlementaires au cours du XIXᵉ siècle. En 1898 encore, Henri Monod, directeur de l'Assistance publique, insistait, demandait qu'on étende aux mères de famille chargées d'enfants et seules pour les élever le bénéfice de la loi de 1869 qui accordait des secours aux filles-mères : « J'en ai connu qui sont mortes à la peine, ayant lutté jusqu'au bout pour épargner à leurs enfants l'inscription au nombre des enfants assistés, et qui sont mortes dans le désespoir de penser que ce qu'elles considéraient comme le pire malheur ne pouvait être évité. Ce n'est pas une aumône qu'il faut à de telles mères, mais une organisation. » En vain, la première loi en faveur des familles nombreuses ne devait être votée que le 14 juillet 1913.

Des enfants vivant dans des conditions inhumaines

Avec l'avènement de l'ère industrielle, la population française était partagée entre ceux qui avaient un avenir, et ceux qui n'en avaient aucun. Les enfants ne furent pas épargnés par une misère monstrueuse et l'esclavage d'un travail inhumain.

L'âge d'admission dans les fabriques était généralement de 6 ans, mais à 4 ans ils pouvaient être utilisés dans l'industrie textile. La petite taille, la souplesse et l'agilité de cette main-d'œuvre la désignaient pour certaines tâches, comme rattacher les fils cassés dans les métiers ou tirer les bennes de charbon dans les galeries de mines étroites. Leurs journées étaient aussi longues que celles des adultes, car leurs occupations étaient souvent complémentaires : au minimum de 10 à 14 heures, de 14 à 17 heures chez les tisserands et ceux travaillant en famille. Pour les enfants aussi, le travail de nuit et du dimanche n'étaient pas exceptionnels. Aussi, les accidents n'étaient pas rares lorsque, harassés de fatigue, ils s'endormaient à la tâche. Bien entendu, ces conditions de vie se répercutaient sur leur santé et leur développement, certaines attitudes entraînant même des déformations corporelles.

Si les premières lois sur le travail des enfants apparurent dès 1802 en Angleterre bientôt suivie par les Etats allemands, en France, le monde politique et celui des affaires encouragés par la monarchie de Juillet, restèrent indifférents, voire même hostiles, à la réduction des horaires. Les économistes invoquaient diverses raisons : le travail de l'ouvrier interrompu par le départ de l'enfant qui l'aide, la perte de salaire pour tous deux, les prix non compétitifs par rapport aux autres pays et finalement le chômage pour tous.

Des lois qu'on tourne

La loi du 22 mars 1841 essaya de réglementer le travail des enfants mais, ne s'appliquant qu'aux établissements de plus de 20 personnes ou à feu continu, et n'étant assortie d'aucun système d'inspection, elle resta inefficace. Un nouveau projet avorta en 1846. La loi du 22 février 1851 qui fixait, entre autres dispositions, l'âge minimum d'embauche à 12 ans, fut mise en échec au nom du libéralisme économique. Celle du 2 novembre 1892 (travail des enfants et des femmes dans l'industrie) et la circulaire du 25 août 1894 (emploi des enfants dans les théâtres et les cafés-concerts) vinrent compléter cette réglementation. Mais dans la pratique, il ne semble pas que l'âge d'entrée dans la vie du travail ni les horaires aient été souvent respectés, au moins jusqu'en 1914.

Les autorités officielles se refusant à remédier à la misère des défavorisés, des initiatives privées s'ingénièrent à pallier cette carence scandaleuse. Les œuvres, les associations qui furent créées alors, firent preuve d'un génie inventif, soucieuses de venir en aide aux besoins les plus criants et aux misères avouées ou non. Nous n'évoquons ici que celles destinées plus spécialement aux enfants.

I. DES MAISONS POUR LES ENFANTS SANS FAMILLE

L'Etat, par la loi de 1811, avait mis les enfants assistés, pourtant proclamés « enfants de la patrie » par la Révolution, entièrement à la charge des hôpitaux (jusqu'à la loi de 1869 qui en transféra la charge financière au département). On ne reçut plus parmi eux, comme autrefois, les enfants orphelins de père ou de mère. En 1898 encore, le docteur Drouineau, inspecteur de l'Assistance publique, rappelait, en le déplorant, que c'était à l'assistance locale de s'en occuper.

Très vite, l'initiative privée intervint donc, créant sous des formes et des appellations variées (le terme d'orphelinat étant inconnu au début du siècle) des associations, des sociétés de sauvetage, etc. Ainsi à Lyon, de 1804 à 1845, se créèrent 16 « providences » où les enfants pauvres ou orphelins travaillaient généralement au dévidage ou au tissage pour subvenir à leurs besoins. Partout en France, des orphelinats s'ouvrirent : en 1893 Lyon en comptait 22, Paris 119 (dont 77 de filles). Certains enseignaient un métier aux enfants, leur remettaient un pécule à leur sortie, d'autres pas. Dans beaucoup de petits établissements, les enfants devaient assurer la vie de l'institution par leur travail, consistant souvent pour les filles en travaux de broderies ou de couture que des particuliers ou des grands magasins leur payaient à des prix dérisoires. Forcément des abus se glissaient. Dans certains, à la fin du XIXe siècle, l'enseignement primaire existait peu ou pas, l'enseignement professionnel était souvent une forme d'exploitation, les conditions d'hygiène étaient relatives et la nourriture insuffisante. Aussi, les membres du conseil supérieur de l'Assistance publique convinrent-ils de la nécessité de surveiller les établissements privés. Mais ces œuvres, dont certaines ont connu un très grand développement et existent toujours, comme celle des orphelins-apprentis d'Auteuil fondée en 1871, ou la providence du Prado à Lyon, ont joué un rôle important, et ont constitué un havre pour bien des enfants.

Les enfants en dépôt

Les enfants dont les familles étaient momentanément désorganisées par la maladie d'un des parents pouvaient être reçus « en dépôt » dans les hôpitaux des grandes villes. A Lyon, les hôpitaux considéraient cette prise en charge et la dépense qu'elle impliquait comme « le complément nécessaire de leur œuvre charitable à l'égard des parents malades ».

II. LA PROTECTION DE LA PETITE ENFANCE

Aide maternelle à la naissance

La mortalité infantile durant les deux premières années était très grande, à plus forte raison dans les familles défavorisées. Pour la combattre, il fallait que les mères puissent garder les enfants avec elles et les allaiter. La Société de charité maternelle, fondée en 1784 pour aider les mères de famille au moment de leurs couches, existait déjà à Rouen et Lyon avant 1789. Cent ans après, on la trouvait dans 49 départements. Mais l'aide n'était accordée qu'à partir du quatrième enfant. En 1836, l'Association des mères de familles fut créée pour les familles moins nombreuses. D'autres œuvres, poursuivant les mêmes buts, se multiplièrent : sociétés de berceaux ou de crèches à domicile, œuvres de layettes et surtout sociétés protectrices de l'enfance créées à la suite de celle de Paris (1865).

Arrêt après la naissance

Encore fallait-il que la mère, travaillant au-dehors, puisse s'arrêter un certain temps après la naissance. En 1890, dans la maternité du professeur Pinard, 10 % des mères étaient sorties trop tôt de l'hôpital afin de ne pas perdre leur travail. La même année, à la demande de Jules Simon, le congrès international d'hygiène sociale émettait le vœu que la femme ne reprenne son travail que 4 semaines après l'accouchement.

En mai 1891, F. Poussineau fondait à Paris la Mutualité maternelle sur le modèle de l'Association des mères de Jean Dollfus à Mulhouse : association mutuelle des mères, pauvres et riches, elle voulait donner aux sociétaires au moment de leurs couches une indemnité suffisante pour qu'elles puissent s'abstenir de travailler. Des sociétés analogues se créèrent très vite à Lille, Vienne (1893), Dammarie-les-Lys, etc.

L'aide médicale à la mère au moment de l'accouchement

Si les hôpitaux avaient presque tous des maternités pour les femmes indigentes, le nombre des lits en était restreint, parfois même théorique. D'ailleurs, les mères de familles préféraient accoucher à domicile pour pouvoir s'occuper de leur maison. Or, elles ne bénéficiaient d'aucune aide médicale, même après la loi de juillet 1893 sur l'assistance médicale gratuite qui, pourtant, leur était applicable. En 1898, le docteur Pecker fonda à Maule (Seine-et-Oise) l'Association des dames mauloises pour venir en aide à domicile à la femme enceinte indigente. Des notions élémentaires d'hygiène et de puériculture lui étaient données par les « gardes », femmes de médecins, de pharmaciens, aussi bien que d'agriculteurs. Au moment de la naissance, une garde venait s'installer avec un matériel obstétrical. Elle veillait sur la mère et l'enfant, tandis qu'une autre, rétribuée, tenait le ménage. En 1899, le docteur Bernardbeig créa la Société maternelle du Havre sur le même modèle. Ces sociétés se développèrent surtout au début du XXe siècle.

Le repos avant l'accouchement

La protection de l'enfant avant sa naissance par l'arrêt de travail de la mère fut inexistante jusqu'à la fin du XIXe siècle. Pourtant « c'est la misère de la mère qu'il faut secourir si l'on veut secourir l'enfant, surtout dans les derniers temps de la grossesse ». Des refuges-ouvroirs furent bien ouverts, mais surtout pour les filles-mères. L'asile de la Société philanthropique recevait 6 semaines avant leurs couches les femmes mariées ou non. Mais les mères chargées de familles ne pouvaient laisser si longtemps maison et emploi. Il fallut attendre les lois Engerand (1909) et Strauss (1913) pour reconnaître à la mère le droit de s'arrêter avant et après l'accouchement, avec une allocation journalière trop faible cependant pour compenser l'absence d'un salaire.

Les crèches

Que pouvaient faire les mères travaillant hors de chez elles, si elles ne voulaient pas se séparer de leurs nourrissons ? Afin de ne pas les laisser seuls à la maison, les crèches les recevaient jusqu'à 2 ans ; les mères les déposaient le matin et les reprenaient le soir, venant éventuellement les allaiter dans la journée. Les sœurs Saint-Charles en tenaient déjà une à Lyon dès 1775, Paris en avait une en 1830 ; la Société des crèches, fondée en novembre 1844 par Firmin Marbeau, leur donna leur essor.

A plusieurs reprises, des circulaires ministérielles engagèrent les préfets et les communes à en créer, non seulement à la ville, mais aussi à la campagne, en faisant appel, bien entendu, à la charité privée. En 1862, elles furent placées sous la protection de l'impératrice et réglementées. D'après le rapport du docteur Napias, inspecteur général de l'Assistance et de l'Hygiène publique, 141 communes en possédaient en 1891 (90 à Paris et dans sa banlieue). En 1889, le congrès international d'Assistance publique et privée demandait que le personnel des crèches ait un minimum d'hygiène. Lorsque le lait stérilisé fut mis au point, on exigea qu'il soit seul utilisé pour nourrir les enfants.

Les enfants en nourrice

Cependant, souvent encore, la mère était contrainte de mettre son enfant en nourrice. Or, les abus étaient courants, les nourrices les moins chères étant souvent les moins scrupuleuses. La mortalité infantile était considérable et dépassait, en 1869, 90 % dans certaines régions. Les initiatives privées ne pouvaient intervenir directement, mais des commissions et des médecins s'en inquiétèrent. Le médecin et parlementaire Théophile Roussel en fit son affaire. La loi Roussel du 23 décembre 1874 plaça sous la surveillance de l'autorité publique tous les enfants de 0 à 18 mois en dehors du domicile de leurs parents. Cependant, elle comportait bien des lacunes et à la fin du XIXe siècle, certains départements se refusaient encore à l'exécuter à cause des dépenses qu'elle entraînait.

La mortalité infantile resta longtemps très grande chez les enfants « placés » : en 1899, de 35 à 40 % dans les départements favorisés ; de 50 à 70 % dans le Nord, le Pas-de-Calais ou la Normandie, la cause principale en étant la mauvaise hygiène. L'insuffisance de la loi Roussel poussa le docteur Budin et Paul Strauss à créer la Ligue contre la mortalité infantile.

III. L'AIDE AUX ENFANTS PLUS GRANDS

Salles d'asile et écoles maternelles

Les salles d'asile furent créées, pour continuer l'œuvre des crèches, auprès des enfants de 2 à 6 ans dont les parents travaillaient. Ils y passaient la journée, apportant leur nourriture, et recevaient les premières notions de lecture, d'écriture, de calcul, de chant et de couture. C'est le pasteur alsacien F. Oberlin qui établit à la fin du XVIIIe siècle la première salle d'asile au Ban-de-la-Roche, dans les Vosges. Son exemple fut imité autour de lui, puis en Angleterre. Le maire de Paris, Denys Cochin, après avoir étudié l'organisation des *infant's schools* anglaises, fonda en 1828 un asile modèle. Ces institutions se multiplièrent sous la monarchie de Juillet, recevant un statut officiel par une ordonnance de 1837. Le nom d'école maternelle leur fut donné en 1848, mais celui de salle d'asile fut encore employé très longtemps après. On chercha à les intégrer dans le système scolaire, mais Pauline Kergomard (1838-1925), inspectrice générale des écoles maternelles à partir de 1879, réagit contre cette tendance : « L'enfant ne vient pas à l'école maternelle pour apprendre, mais pour y suivre son développement naturel (...). Le jeu est le véritable travail des enfants. » En 1897, il en existait près de 365 dans le département de la Seine, dont 210 à Paris ; à Lyon 88. Dans le département du Nord 449 (59 à Lille, 34 à Roubaix, 22 à Tourcoing, etc.).

IV. LES ŒUVRES PARASCOLAIRES

Fourniture de vêtements et cantine

L'enseignement primaire organisé par la loi Guizot du 28 juin 1833 fut rendu obligatoire en 1882 pour les enfants de 6 à 13 ans par la loi Jules Ferry. Mais l'absentéisme fut longtemps très grand. L'une des causes principales en était la misère : la famille avait souvent besoin du salaire de l'enfant, et le manque de vêtements décents l'empêchait de se présenter à l'école. Là aussi, des œuvres privées intervinrent d'abord pour fournir vêtements et fournitures scolaires. En exécution de la loi du 10 avril 1867, des caisses des écoles furent créées par des municipalités surtout après 1882. Paris en comptait une par arrondissement, tout comme les écoles des sœurs de Saint-Vincent-de-Paul. A côté des sous (ou deniers) des écoles laïques, on trouvait souvent aussi des caisses identiques des écoles libres.

Une œuvre originale fut fondée en 1892 à Paris par Mlle Bonnefois, fille de forains, infirmière pendant la guerre de 1870, et ayant dû reprendre après son ancien métier : l'école foraine, école ambulante qui suivait les enfants dans leurs déplacements. Très vite, il fallut dédoubler la classe et y annexer une école maternelle.

Les « patronages » d'apprentis

A l'initiative des conférences de la Société de Saint-Vincent-de-Paul, des sociétés de patronage (c'est-à-dire de parrainage) d'apprentis se développèrent à partir de 1843, et s'étendirent en province en même temps que les conférences. En 1848, il en existait en France une soixantaine, mais avec une organisation assez floue. En 1893, la Société de Saint-Vincent-de-Paul en avait 5 à Paris, celle dirigée par les frères des Ecoles chrétiennes 47. Il en existait aussi pour les filles. Dans la capitale, l'œuvre de patronage des apprenties et des jeunes ouvrières fondée en 1851 et dirigée par les sœurs de Saint-Vincent-de-Paul comportait en 1893, à elle seule, 94 patronages à Paris et 36 en banlieue.

Les patronages du jeudi et du dimanche

Fondés sur un programme commun (créer des liens de camaraderie entre les jeunes sortant de l'école, les soustraire aux dangers de la rue en les distrayant, les aider à trouver du travail), les patronages remontent à la fin du XIXe siècle et dérivaient certainement des précédents. Patronages paroissiaux ou laïques, ils offraient jeux et distractions les jeudis et dimanches. La gymnastique surtout y était reine. Lyon comptait, en 1900, 21 patronages paroissiaux (le plus ancien, Notre-Dame-de-La-Guillotière, remontant à 1875) et sans doute autant de laïques. A Paris en 1893, on recensait pour les garçons 19 patronages laïcs et 31 paroissiaux, pour les filles, 3 laïcs et 28 paroissiaux.

Les colonies de vacances

Les colonies de vacances furent l'un des moyens de lutte contre la tuberculose. L'idée fondamentale était de faire respirer de l'air pur pendant quelques semaines de l'année aux enfants des villes enfermés habituellement dans des logements malsains. Ce fut le pasteur Bion de Zurich qui, le premier en Europe, eut l'idée d'emmener à la montagne en 1876 quelques enfants pauvres des écoles de la ville, anémiés et débilités par l'air confiné et par la misère. Son exemple fut bientôt suivi et ne tarda pas à se répandre en même temps dans toute la Suisse et dans plusieurs pays d'Europe. La France entra en ligne avec à Paris l'œuvre des Trois Semaines du pasteur Lorriaux (1881), l'œuvre des Colonies de vacances de la Chaussée du Maine (1882), suivies peu à peu par les caisses des écoles des vingt arrondissements et par une dizaine d'œuvres privées de la capitale (1883-1890). En province, la première colonie fut fondée à Bayonne (1887) par le docteur Devaille, la seconde à Bordeaux (1888) par la Société de patronage des écoles communales. Le pasteur Louis Comte créa en 1893 à Saint-Etienne l'œuvre des Enfants à la montagne. Lyon ne suivit qu'en 1895.

V. LES ENFANTS MALTRAITÉS OU EN DANGER MORAL

Les horaires inhumains imposés aux ouvriers, maris et femmes, horaires souvent prolongés de fait par le système des relais, désorganisaient la famille et mettaient l'enfant à la rue. Dès 1811, année de crise, mais aussi à la suite des lois du 20 décembre 1874 (sur la mendicité des enfants de concert avec leurs parents) et du 24 juillet 1889 sur la protection des enfants maltraités ou moralement abandonnés (« ces enfants orphelins qui ont des parents » selon le mot de Jules Simon), un vaste élan avait créé des maisons et des sociétés de sauvegarde et de préservation. D'une très grande diversité, elles avaient toutes pour but de protéger les enfants contre l'abandon moral, les mauvais traitements, mais aussi contre le vagabondage et les dangers de la rue, et d'aider ainsi les parents à les élever. A Lyon, deux sociétés de patronage furent fondées en 1830 et 1840 essentiellement pour préserver du vagabondage les enfants de la ville et des faubourgs ; la société pour le sauvetage de l'enfance fut créée pour permettre l'application de la loi de 1889. Paris, évidemment, en comptait de plus nombreuses encore, comme la Société générale de protection de l'enfance abandonnée et coupable (1880), le Patronage de l'enfance et de l'adolescence (1890), l'Union française pour le sauvetage de l'enfance (fondée en 1888, dont l'une des instigatrices était Pauline Kergomard) pour les enfants maltraités et en danger moral. D'autres œuvres étaient dirigées plus particulièrement contre la mendicité, comme celle des Petites ex-mendiantes du département de la Seine (1877) ou la Société contre la mendicité des enfants (1894).

VI. LES ENFANTS MALADES

Dispensaires pour enfants

Pendant longtemps, les hôpitaux n'hospitalisèrent pas les jeunes enfants malades. Les parents trop pauvres pour s'adresser à un médecin devaient souvent les voir mourir sans soins. Lorsque des dispensaires furent créés (toujours dans des quartiers populaires), les enfants firent partie de leur clientèle. Le premier dispensaire gratuit pour enfants fut ouvert en 1875 au Havre par le docteur Gilbert. D'autres furent fondés à Tours (1881), à Rouen. A Paris, le premier fut créé en 1882 par la Société philanthropique, suivi deux ans après par celui de Mme Furtado-Heine, puis d'autres, dont deux pour les enfants tuberculeux. La Goutte de lait de Belleville, installée en 1892 par le docteur Variot, l'un des maîtres de la puériculture, dans l'un des arrondissements les plus peuplés et les plus pauvres de Paris, pouvait aussi hospitaliser temporairement les petits malades.

Le but de ces dispensaires était de venir gratuitement en aide aux enfants malades non alités, quels que soient leur âge, leurs maladies, leur domicile, leur nationalité, par des consultations, des soins et des appareillages ainsi que par des médicaments et des aliments administrés sur place, leur assurant ainsi un traitement régulier et efficace tout en les conservant dans leur famille. Soutenus par des municipalités, des associations ou des particuliers, situés au centre des quartiers populeux, les dispensaires remplaçaient le médecin de famille, pratiquant aussi la médecine préventive en diffusant des notions d'hygiène. Malgré la grande inégalité de leurs ressources, ils produisirent d'excellents résultats, assurant dans les meilleures conditions le traitement d'un grand nombre d'enfants qui n'auraient pas été soignés du tout, ou d'une manière défectueuse. Des affections qui auraient pu dégénérer en infirmités incurables purent ainsi être traitées et guéries.

Le ministère de l'Intérieur, dans des circulaires de janvier 1881 et septembre 1887, engageait les préfets à favoriser voire susciter ce nouveau mode d'assistance : « Créer des dispensaires, c'est donc faire bénéficier des milliers de pauvres d'une médication préventive prompte et rationnelle. C'est faire l'économie de beaucoup de journées d'hospitalisation et de beaucoup de maladies. »

Les hôpitaux pour enfants

Dans son rapport de 1788, Tenon préconisait la réforme des hospices d'enfants. A Paris, l'orphelinat de la Maison de l'Enfant-Jésus fut transformé en 1802 en hôpital des enfants auquel on adjoignit en 1853 l'hôpital Sainte-Eugénie devenu en 1880 hôpital Trousseau. En province, à part quelques exceptions (Saint-Etienne 1872, Saint-Chamond 1873), il n'y eut pas d'hôpital spécialisé, mais plutôt des services ouverts à diverses époques. A Lyon, le premier service fut créé en 1836 à l'hôpital de la Charité. Au début, les lits en étaient payants, mais les administrateurs durent s'incliner devant les protestations des médecins. Les petits de moins d'un an furent longtemps hospitalisés avec les nouveau-nés abandonnés, les contaminant inévitablement. Cependant, un service original fut créé en 1853, où les mères des nourrissons malades furent reçues avec eux pour pouvoir les allaiter. La sœur-cheftaine y jouait assez souvent le rôle d'assistante sociale. A partir de 1888, on créa des salles d'isolement pour les maladies contagieuses, mais la contagion interne y sévissait. Les maladies infantiles n'étaient pas les seules causes de mortalité. Les enfants étaient au départ rachitiques, scrofuleux, tuberculeux, beaucoup étaient amenés agonisants à l'hôpital. Les médecins dénonçaient « l'abandon et la misère croissante des enfants... », accusant les conditions d'existence, le travail trop long et trop pénible, la mauvaise nourriture d'être responsables de la tuberculose pulmonaire dont beaucoup étaient atteints.

Des hôpitaux de convalescence furent parfois créés pour tirer des salles d'hospitalisation les enfants en voie de guérison avant qu'ils ne contractent une nouvelle maladie et n'en meurent. Paris en comptait 4 en 1859. Lyon n'en eut qu'en 1895.

Des hôpitaux maritimes

A la suite des résultats du traitement d'enfants scrofuleux de la Seine à Berck-sur-Mer, l'Assistance publique de Paris y créa un hôpital en 1861. Plusieurs autres hôpitaux publics ou privés suivirent : à Pen-Bron, à Banyuls, au Croisic. Les hospices civils de Lyon ouvrirent le leur à Giens (Var) en 1892, entièrement financé par les libéralités, car les administrateurs craignaient qu'un tel établissement ne fût considéré comme un luxe inutile ! De nombreux départements eurent par la suite des hôpitaux « marins » où envoyer les enfants victimes des maladies de la misère.

Conclusion

En quelques pages nous ne pouvions qu'esquisser un tableau très général des formes d'aides surtout privées créées au XIXe siècle pour répondre à la misère physique et morale des enfants de familles défavorisées. Certaines sont devenues des institutions officielles, d'autres ont abouti à une législation. Si beaucoup ont disparu, comme les orphelinats, d'autres existent encore de nos jours après avoir évolué.

Ceux qui furent à l'origine de ces associations ou de ces maisons appartenaient à des milieux très divers, prêtres, pasteurs, philanthropes, médecins, parlementaires, etc., mais c'étaient surtout des hommes et des femmes qui avaient été confrontés, parfois brutalement, à la détresse physique ou morale des enfants.

A notre époque, alors que se fondent à nouveau des associations comparables à celles du XIXe siècle, que s'ouvrent des dispensaires ambulants, nous pourrions tirer profit de ce qui se fit au siècle précédent. D'autre part, des études approfondies de ces œuvres et de leur « clientèle » pour chaque région, chaque ville, apporteraient certainement des renseignements très importants sur l'histoire non seulement des enfants mais aussi des familles défavorisés[1].

---

1. Nous avons, plus particulièrement, utilisé comme sources les publications (de 1893 à 1897) de l'Office Central des Œuvres de bienfaisance, les comptes rendus des Congrès nationaux et internationaux d'Assistance Publique et bienfaisance privée, et les procès-verbaux du Conseil supérieur de l'Assistance Publique.

Des exclus absolus, les enfants abandonnés

PHILIPPE-JEAN HESSE

Se penchant sur les problèmes du Quart Monde, dans une optique historique, Michelle Perrot soulignait, il y a peu, l'intérêt des études sur les femmes seules ou sur les enfants abandonnés, afin de rechercher la « dynamique de la pauvreté ».

Les enfants abandonnés — si l'on prend l'expression au sens large du terme, c'est-à-dire tous ceux qui se trouvent brutalement dépourvus de soutien familial — ont presque toujours constitué une catégorie importante de la population en situation d'extrême précarité, mais qui semble avoir varié en nombre et dans sa composition.

Dans la mesure où une partie non négligeable des enfants abandonnés correspond à des enfants non voulus pour des raisons morales — enfants naturels, adultérins ou incestueux — ou économiques — enfants en surnombre par rapport aux possibilités financières —, il est évident que la solution la plus simple consiste dans leur non-venue au monde par l'avortement ou dans l'interruption immédiate de leur vie par l'infanticide.

Malgré les affirmations de certains auteurs du XIXe siècle, la plupart des civilisations antiques ont accepté l'élimination directe des jeunes vies, ne poursuivant pas les personnes pratiquant passivement ou activement l'interruption volontaire de grossesse et même accordant au chef de famille un droit de vie et de mort sur tous les enfants, une tradition encore présente récemment au sein de populations aussi diverses par ailleurs que les Touareg ou les Lapons et qui permet de se défaire des handicapés, mais aussi des bouches à nourrir qui risqueraient de mettre en danger l'équilibre alimentaire et donc la survie du groupe.

C'est le catholicisme qui va réellement faire du respect de la vie dès la conception un dogme fondamental de la vie morale et sociale et, par conséquent, juridique. Encore faudra-t-il plusieurs siècles pour en tirer les effets positifs par l'aide aux familles et la mise en place d'institutions capables de prendre en charge les enfants abandonnés, comme les conséquences négatives par le renforcement des mesures répressives contre l'avortement et l'infanticide, renforcement très sensible du XVIe au XVIIIe siècle.

Peut-être faut-il y voir une des raisons de l'impression que le problème des enfants abandonnés était en perpétuelle croissance dans l'Europe des temps modernes et que l'on était en présence d'une véritable marée d'expositions, corollaire d'un relâchement des mœurs et d'une aggravation de la situation économique générale. Même si l'on doit nuancer ces affirmations, il est vrai malgré tout que la période 1750-1850 connaît une augmentation du nombre des enfants que la société doit prendre en charge et que l'on peut estimer pour notre seul pays à plus de 10 millions au cours des deux derniers siècles. Dans ces arrivages réguliers d'abandonnés, les exposés dans la rue, aux porches des églises, aux marches des presbytères, aux perrons des hôtels particuliers ont formé, pendant longtemps, la majorité, alors que le reste du contingent est composé des orphelins que les familles ne veulent ou ne peuvent accepter et des quelques marmots déposés à la suite de l'incarcération de leurs parents ou parfois de la maladie de ceux-ci.

La IIIe République, en même temps qu'elle tentait d'appliquer les lois de protection de l'enfance contre les mises au travail précoces, n'hésita pas à confier à l'administration des pouvoirs croissants pour protéger ces mêmes enfants contre les dangers physiques ou moraux que pouvaient faire courir des parents non conformes à l'image sociale dominante. Peu à peu, l'abandon reculait au profit d'un interventionnisme des services sociaux pouvant aller jusqu'au retrait (temporaire le plus souvent ou parfois définitif) de l'enfant.

Ainsi apparaît dans l'histoire — et encore plus nettement dans le monde contemporain — un problème permanent de ces enfants isolés que la société va difficilement admettre en son sein parce qu'ils sont pour de multiples raisons des exclus, rejetés par les adultes et pour cela poussés vers le Quart Monde, si même il n'est pas possible d'introduire ici la notion d'un Quint Monde.

I. LA TRIPLE EXCLUSION DES ENFANTS ABANDONNÉS

Les abandonnés souffrent de trois tares qui en font des laissés-pour-compte de la société des XVIIIᵉ et XIXᵉ siècles, et qui continuent plus ou moins à peser sur eux : ce sont des enfants, ce sont des hors-cadres, ils sont soupçonnés d'infamie.

1. La tare de minorité

Même si le droit canonique, partiellement relayé par l'opinion populaire, fixe à 7 ans l'âge de raison, l'enfant reste juridiquement un mineur privé par l'ancien droit de tout droit politique et civil jusqu'à un âge variable selon les cas, selon les régions, selon les sexes aussi, mais toujours assez élevé. La Révolution et les divers régimes qui se succèdent n'ont apporté que des aménagements à cette situation d'infériorité : tendance à harmoniser l'âge de majorité en adoptant le chiffre de 18, législation protectrice de l'enfance sur le plan du travail à partir de 1841, sur le plan familial ensuite, volonté jurisprudentielle de prendre en compte l'intérêt de l'enfant ; mais dans la quasi-totalité des cas, jusqu'à une époque récente et encore largement aujourd'hui, il s'agit moins de reconnaître les droits directs et personnels de l'enfant que de modifier la politique à son égard et de répartir différemment les rôles de tutelle entre la famille, l'administration et la justice.

2. La tare d'isolement

Quoique les formes de la famille se soient peu à peu transformées, partant du lignage pour aboutir à la famille monoparentale, l'individu continue à être pris dans tout un réseau relationnel constitué antérieurement à sa naissance : parent(s), oncles et tantes, mais aussi réseau amical ou de voisinage. Il appartient ainsi à un ensemble de groupes. L'enfant abandonné, et celui plus spécialement qui a été trouvé, ne bénéficie pas de ces systèmes relationnels. Il est, pour reprendre une expression médiévale, « une épave » :
« Puisque les Seigneurs Hauts Justiciers prennent les biens vacants

qui se trouvent dans leurs justices, et les biens délaissez et abandonnez par les possesseurs et les trésors en partie, ils doivent nourrir les enfans exposez dans l'étendue de leur justice, dont on ignore les père et mère », ainsi que l'expliquait, en 1760, Etienne Montgolfier à M. Gage pour définir la situation des enfants trouvés dans le Canada français de l'époque.

Cette assimilation à une chose n'est pas sans rappeler la situation des esclaves ; comme les esclaves également, les enfants récupérés au fil des rues reçoivent un nom de « pure invention ». Malgré les recommandations de l'administration qui enjoignaient aux officiers de l'état civil d' « éviter toute dénomination indécente, ridicule ou propre à rappeler en toute occasion que celui à qui on le donne est un enfant trouvé », des excès ou des maladresses furent souvent constatés pendant tout le XIXe siècle, obligeant les tribunaux à intervenir pour autoriser le malheureux gamin à porter un nom moins difficile à arborer que Ducdelespace ou Delabicyclette. De plus en plus d'ailleurs, la coutume fut adoptée de donner à l'enfant un prénom comme nom patronymique, en attendant du moins pour les plus chanceux que ne soit reconnue par le système de pleine adoption la possibilité de prendre le nom d'une famille d'accueil. Il fallut attendre les lendemains de la Première Guerre mondiale, et en particulier la loi du 19 juin 1923, pour que l'adoption prévue au Code civil soit étendue aux mineurs, et la Seconde Guerre mondiale, pour que l'enfant adopté soit pratiquement assimilé à l'enfant légitime.

Si l'on peut, à juste raison, insister sur la dépersonnalisation comme élément de définition du Quart Monde, sur cette espèce de qualité de « mort-vivant », les enfants abandonnés, marginalisés par rapport à toute famille, mais aussi aux liens relationnels les plus courants, apparaissent ainsi pleinement comme des composantes du Quart Monde.

3. *L'ombre de l'infamie*

Ainsi que nous l'avons noté, à côté des orphelins pauvres dont l'origine était connue ou des enfants officiellement abandonnés par leurs parents ou par l'un d'eux, les enfants exposés ou — dans la période où ceux-ci furent admis — déposés dans les tours forment la majeure partie des enfants du roi ou enfants de police, puis des enfants de la patrie et enfin de l'Assistance publique.

Or, l'idée la plus répandue est que l'enfant exposé est un enfant illégitime ; le terme « bâtard » est d'ailleurs presque toujours utilisé par les cahiers de doléances pour parler des enfants trouvés. Certes, il est difficile de savoir quelle était la réalité. Si Lallemand a pourfendu les contemporains qui affirmaient que la majorité des enfants abandonnés étaient, à la fin de l'Ancien Régime, des enfants légitimes, sa démonstration n'est pas pleinement convaincante : à partir des registres de 1760, il conclut que, sur 5 032 admissions, il y a eu seulement 735 enfants légitimes, soit à peine un septième du total. En fait, il confond simplement enfants de parents non connus par les autorités administratives et enfants naturels ; or, il est évident que beaucoup de pauvres contraints d'abandonner leur progéniture le font de manière discrète et sans signaler leur identité : les 735 noms correspondent donc soit à des orphelins, soit plus rarement à des abandonnés dont les parents espèrent pouvoir ultérieurement reprendre la charge, une fois passé une période difficile liée au chômage, à la maladie, au veuvage... A l'inverse, les 4 297 autres mentions au registre rassemblent des enfants déclarés comme illégitimes par leur mère, avec éventuelle mention du père naturel, et tous ceux dont on ne sait rien et qui constituent la grande majorité. Cette illégitimité — réelle ou supposée —, dans une époque de très fort moralisme, ne peut que rejaillir sur l'image générale du groupe des enfants abandonnés, ces malheureux « fruits du crime » selon l'expression des habitants de Noyal-sur-Bruz.

Déjà quasi congénitalement marqués par le vice, ces enfants risquent de se retrouver tout naturellement du mauvais côté de la barrière sociale. Dans leurs cahiers de doléances, les paysans d'Issé, dans le Comté nantais, démontent le phénomène :

« Enfin lesdits habitants observent que la principale cause de la mendicité dans les campagnes est l'abandon des bâtards et orphelins légitimes à qui leurs parents ne laissent aucune ressource. Tous ces enfants, dont presque personne ne prend un soin particulier, forcés de mendier dès l'âge le plus tendre, s'habituent à l'oisiveté et à l'indépendance qui sont les appâts de la mendicité. Devenus grands, ils ne veulent ni travailler, ni dépendre de personne, ainsi ils vieillissent et meurent dans un infâme métier qui produit tant de voleurs. »

C'est aussi l'opinion d'Etienne Montgolfier pour qui les enfants abandonnés « sans religion, sans éducation et sans ressources » deviennent de « mauvais sujets dans l'Etat ». Certes, on trouve ici un mécanisme de détérioration extrinsèque auquel on peut éventuellement échapper, mais de même que « bon sang ne saurait mentir », beaucoup pensent que le mauvais sang reparaît toujours et finalement se demandent si l'on n'est pas là en présence d'un des principaux gisements de ces criminels-nés que les pénalistes italiens de la fin du XIXe siècle, dans une atmosphère de darwinisme social, vont commencer à traquer.

Ainsi donc, le jeune enfant abandonné accumule sur lui toute une série de défauts, de causes d'exclusion : sa jeunesse, son absence d'amarres sociales et une suspicion originelle d'incapacité à rejoindre les normes dominantes. Il n'est donc pas étonnant que la politique de la société à son égard demeure, au XVIIIe et au XIXe siècle et, encore trop souvent au XXe siècle, ouvertement ou plus fréquemment de façon masquée, très défavorable.

II. LES AMBIGUÏTÉS DU TRAITEMENT SOCIAL

Rappelons d'abord que certaines époques ont plus ou moins ignoré la question politique de la prise en charge organisée de l'enfance abandonnée et que, même lorsqu'un schéma général est élaboré, il fonctionne pratiquement assez peu dans certaines zones rurales. C'est bien pourquoi, à un moment où le roi apporte son soutien financier aux enfants abandonnés, où la tutelle est assurée officiellement par l'intendant et où des maisons spécialisées ou des hôtels-Dieu en assurent la gestion quotidienne, les pauvres habitants du royaume peuvent affirmer que les orphelins pauvres et les bâtards forment un groupe important dont « presque personne ne prend un soin particulier ».

Mais, plus grave encore que ces trous de la protection semble être la philosophie générale qui sous-tend alors les réactions de la société, ou du moins d'une forte partie de celle-ci, et qui oscille entre une volonté plus ou moins avouée d'élimination et une utilisation féroce des rares survivants ; malgré les beaux discours et quelques efforts épars, les progrès ne seront que tardifs et limités.

1. *L'élimination*

« Si quelqu'un souhaitait limiter le chiffre de la population et n'était pas trop regardant sur les moyens utilisés, il ne pourrait proposer une mesure plus efficace que l'établissement d'une quantité suffisante d'hôpitaux des enfants trouvés, capables d'accueillir des enfants sans restriction de nombre », a pu écrire Malthus, dans ses *Principes de population* et, comme dans un lointain écho, Michelle Perrot note : « L'histoire de la liquidation presque physique de la pauvreté est quelque chose d'intéressant dans l'histoire de la pauvreté et mérite réflexion. »

Que les institutions soient destinées consciemment ou non à détruire les enfants abandonnés est une idée que l'on rencontre surtout chez les historiens canadiens. Partant de l'exemple de l'hôpital tenu à Montréal par les sœurs Grises et qui fonctionna de 1754 à 1888, Peter Gossage conclut que deux interprétations du rôle de l'institution sont possibles ; la première insiste sur la volonté officiellement affichée d'aide philanthropique et tend à prouver que les sœurs ont fait ce qu'elles pouvaient, mais ont échoué à sauver les enfants abandonnés comme elles le souhaitaient ; la seconde, à orientation critique et à laquelle se rallie l'auteur, met en avant le rôle joué par les sœurs dans le processus d'élimination des enfants illégitimes, qui n'avaient pas leur place dans la société.

Il est évident que la surmortalité constatée dans la population des enfants abandonnés ne peut que frapper l'historien, comme elle a frappé les contemporains, même si les chiffres paraissent parfois un peu contradictoires, ce qui s'explique par des variations locales, des évolutions — qui ne sont pas forcément des progrès — dans le temps, mais aussi des critères de calcul éminemment variables, certains auteurs calculant les chiffres de la mortalité infantile, c'est-à-dire avant l'âge d'un an, d'autres fournissant des données pour les enfants qui survivent à 5 ans, voire à 12 ans, qui est, dans beaucoup de cas, l'âge de mise au travail.

De façon un peu synthétique, mais comme telle simplificatrice, on peut estimer qu'au XVIIIe siècle et au début du XIXe siècle :

La mortalité dans la première année, provoquée souvent par le transport du lieu de naissance à l'institution d'accueil, puis du lieu d'accueil au domicile de la nourrice, oscille entre 50 et 80 %.

Une seconde hécatombe se produit après un an, ramenant généralement le nombre de survivants en dessous de 10 % au moment de l'adolescence et de la mise en apprentissage.

Malgré les opinions de la plupart des auteurs de l'ère des Lumières comme des philanthropes postérieurs, l'envoi à la campagne chez des nourrices n'est pas une solution très profitable et, par suite des dangers du trajet souvent confié à des meneurs sans scrupules, des risques de l'allaitement artificiel, de l'absence de conscience professionnelle des nourrices (aggravée par la modicité des salaires attribués et les retards dans leur versement), le taux de mortalité infantile y est tout aussi important que pour les enfants élevés à l'hospice.

Dans tous les cas, cette forte mortalité représente trois à quatre fois celle constatée au même moment pour la population « normale » de même âge.

L'ensemble de ces caractéristiques restent vraies encore au tournant des XIXe et XXe siècles, même si l'on constate un certain tassement de la mortalité infantile, en France du moins. Ainsi, dans les Bouches-du-Rhône, alors que la mortalité infantile moyenne est de 16,8 %, elle oscille pour les enfants assistés de Marseille entre 41,8 et 54,2 % selon les années, ce qui donne presque toujours la disparition de la moitié des enfants dans la première année et un taux trois fois supérieur au taux normal ; mais ce qui est signalé alors comme un résultat particulièrement mauvais aurait constitué un siècle plus tôt un titre de fierté.

A considérer de telles pertes, on se demande si, en effet, on ne se trouve pas en présence d'une véritable extermination douce et si le XIXe siècle a vraiment cherché à répondre à la première partie de la question mise au concours par la Société des sciences et des arts de Metz en 1787 : « Quels seraient les moyens compatibles avec les bonnes mœurs d'assurer la conservation des bâtards ? », en même temps qu'au deuxième élément d'interrogation : « et d'en tirer la plus grande utilité pour l'Etat ? », qui fut l'objet de multiples réflexions durant plus d'un siècle.

2. *L'exploitation des enfants abandonnés*

Alors que l'Antiquité a utilisé les enfants abandonnés, en particulier ceux qui ne pouvaient prouver une naissance légitime, comme aliment du marché des esclaves, l'Europe moderne a rejeté ce système contraire à la doctrine chrétienne qui ne transigea qu'avec l'asservissement des populations en provenance des autres continents. Les hommes des XVIIe et XVIIIe siècles ont plutôt songé à former les enfants abandonnés rescapés en leur apprenant un métier de l'artisanat, surtout en ce qui concerne les garçons ; et, afin de renforcer les possibilités d'éducation, ils ont même prévu que les compagnons qui se consacreraient un certain temps à cet enseignement au sein des hôpitaux généraux pourraient accéder à la maîtrise sans être obligés de passer les examens et d'accomplir le chef-d'œuvre normalement réclamé par les corporations.

Si les intentions sont donc charitables, les résultats ne sont pas très bons, et rares sont les survivants qui ont, au moment où ils retrouvent leur pleine autonomie, un métier entre les mains ; à Paris, entre 1772 et 1787, pour 105 500 recueillis, on ne compte que 14 430 survivants et à peine 500 à 600 adolescents réellement formés. Les cahiers de doléances montrent que les populations ont pris conscience de cet échec et c'est peut-être la raison pour laquelle elles commencent à prôner une utilisation plus rentable pour l'Etat : en particulier, on voit apparaître l'idée que la Marine, qui manque toujours de bras, pourrait recruter une partie de ses équipages dans les hôpitaux d'enfants trouvés. Même si parfois l'argument invoqué repose sur le caractère sain de ces occupations de grand air par opposition aux activités textiles, il est probable que la raison essentielle de cette proposition tient à la volonté d'échapper à un système de classes étendu progressivement, au XVIIIe siècle, des zones maritimes aux régions intérieures.

Cette idée progresse lentement et, en 1797, un arrêté directorial envisage la possibilité de placer les jeunes garçons qui le souhaitent sur les navires ; dès le début du XIXe siècle, certains conseils généraux pensent à un enrôlement d'office dans la marine, alors que le gouvernement semble s'orienter plutôt vers une incorporation dans l'armée de terre. Mais ce sera finalement la mer qui l'emportera par le décret du 19 janvier 1811, clé de voûte de toute l'organisation de l'Assistance publique durant le XIXe siècle :

« A six ans, tous les enfants seront, autant que faire se pourra, mis en pension chez des cultivateurs ou des artisans. Le prix de la pension décroîtra chaque année jusqu'à l'âge de douze ans, époque à laquelle les enfants mâles seront mis à la disposition du ministre de la Marine. »

Ainsi, les pouvoirs publics tireront profit des dépenses qui pèsent sur eux, et les rares rescapés masculins iront affronter la mort par maladie, accident ou combat, qui font du métier de marin le plus dangereux de l'histoire contemporaine.

Mais tous, bien évidemment, ne présentent pas les qualités physiques nécessaires et, de plus, une telle orientation ne permet pas de trouver un débouché pour les jeunes filles. De là vient probablement l'idée d'utiliser les enfants abandonnés dans l'œuvre coloniale qui n'attire jamais assez les Français et, encore moins, les Françaises.

Déjà au XVIIIe siècle, certains avaient pensé trouver là une solution au problème du développement de la Louisiane : on ne pouvait se contenter de faire venir des esclaves noirs et il était donc assez logique d'amener de force des adultes ou des enfants métropolitains. Dans la mesure où la population supportait difficilement l'enlèvement d'enfants, comme le montrèrent diverses émeutes parisiennes, tant à l'époque de Law qu'en 1750, on envisagea de puiser les adultes dans le vivier des prisons et les enfants dans les maisons des orphelins. Cette orientation a fait long feu dans la mesure où la politique coloniale de la France a connu une longue éclipse, mais le projet revient au premier plan avec la conquête de l'Algérie.

Dès 1830, E. de Tocqueville publie une brochure titrée *Des enfants trouvés et des orphelins pauvres comme moyen de colonisation de l'Algérie*, et les ministères seront encombrés dans les années 1840 de rapports, brochures, missives, réclamant le transfert de l'autre côté de la Méditerranée des enfants abandonnés, ce qui, aux yeux des partisans du système, n'aurait que des avantages. L'administration de la monarchie de Juillet fait montre d'une grande prudence, peut-être parce que la pacification n'est pas assez avancée, que le nombre des enfants abandonnés connaît un léger recul, ou que le développement économique métropolitain rend nécessaire de disposer d'une importante masse de main-d'œuvre non qualifiée.

En tout cas, les efforts des abbés Brumauld et Landmann, têtes de file du projet, ne débouchent pas rapidement et la création de l'orphelinat de Ben Aknoun par le premier, en 1845, n'a lieu que pour accueillir des orphelins de la colonie. Cependant les « bons pères » réclament toujours l'envoi de métropolitains, et la IIe République, tentée par les utopies plus ou moins communautaires qui servent de toile de fond à certains projets, confrontée aussi à un fort problème de chômage et à une remontée des abandons en fonction de la misère croissante, va accepter de cautionner deux projets, à partir de 1849.

Les expériences alors menées se révélèrent à tout point de vue catastrophiques, mais ce qui nous intéresse ici, par-delà les péripéties, est de constater que l'on opère certaines « déportations » : une trentaine d'enfants furent amenés de la Charente en 1851 et 200 enfants de la Seine sont confiés à l'abbé Brumauld en juin 1852 pour sa « maison d'apprentissage pour les jeunes Français destinés à la colonisation de l'Algérie » à Ben Aknoun ; 10 autres départements se déclarent intéressés par l'expédition d'une partie de leurs effectifs à la suite d'une enquête menée en cette même année ; les années suivantes, la Manche et la Seine-Inférieure continuent à manifester leur volonté de participer au projet.

Devant les difficultés de fonctionnement des divers établissements, les scandales qu'on y dénonce parfois et qui peuvent aller jusqu'à l'assassinat d'enfants, le projet s'écroule, les abbés reviennent en France ou y sont rappelés, les maisons ferment. Il ne restera, à la fin des années 1850, que quelques orphelinats, généralement dirigés par des sœurs et recueillant uniquement les jeunes Européens devenus orphelins ou abandonnés sur place. On ne pensera plus alors aux pensionnaires de l'Assistance publique que pour mettre en valeur des terres métropolitaines en formant « d'honnêtes valets de ferme ».

3. Les essais de prise en compte de l'intérêt et de la volonté de l'enfant

Si l'on peut s'étonner de « la tranquillité avec laquelle chacun se réfère (…) aux droits de l'Etat sur ce lot indifférencié d'êtres humains » ou de ces « relents d'une pensée esclavagiste » que l'on rencontre si souvent dans les écrits du XIXe siècle, il faut cependant reconnaître que certains aspects d'une pensée humaniste affleurent parfois dès la période des Lumières et de la Révolution.

Les hommes de 1789, comme ceux de 1793 ou du Directoire, ont plus ou moins tenté de faire leurs les *Réflexions adressées au Roy sur les hôpitaux dans lesquelles l'auteur analyse l'injustice des préjugés qui couvrent d'ignominie les filles devenues mères et la barbarie qui condamne les enfants trouvés à l'avilissement et à la misère*, anonymement publiées en 1788.

Pour aider à la réinsertion sociale de ces enfants ballottés au sein d'une société en crise, les révolutionnaires ont pensé, suivant en cela La Rochefoucauld-Liancourt, à des procédures d'adoption, non seulement pour les enfants des bons citoyens qui se sont dévoués à la défense de la patrie, mais aussi pour les descendants des Vendéens.

A cet égard, il est intéressant de revenir sur le sort des enfants de la Vendée après la bataille de Savenay fin 1793 : plus de 700 personnes, incarcérées à Nantes, ont été remises entre les mains de citoyens de la ville ou des environs pour les sauver de la mort toujours présente dans les prisons, mais peut-être aussi pour les rééduquer. Les enfants ont pu être pris en charge pour des raisons purement philanthropiques, par idéologie révolutionnaire ou par prudence afin d'être bien vus par les autorités qui poussaient en ce sens, en fonction de l'existence de liens de parenté, pour trouver une main-d'œuvre à faible coût ou par désir d'avoir un enfant que la nature a refusé.

Le fondement essentiel de la politique suivie semble toutefois essentiellement humanitaire, puisque finalement les enfants seront rendus aux parents qui en feront la demande. Dans tout le cours de l'an III, des pères et des mères se présentent à l'administration pour réclamer le retour d'enfants perdus dans la folle équipée vendéenne et 97 filles et garçons — soit environ 1 sur 7 — réintègrent ainsi le milieu familial.

On remarque également que le Directoire fait référence aux goûts des enfants pour le choix de la formation professionnelle et, dans les divers projets élaborés par les Assemblées, on retrouve le même souci de protection déjà présent dans le second rapport de Barère en l'an II qui, sauf nécessité absolue, interdit de transporter les enfants au loin.

Mais, comme dans bien d'autres domaines, le XIXe siècle fit preuve de plus de réalisme terre à terre, ce qui permit des réalisations plus complètes, mais modifia profondément l'idéologie sous-tendant la politique vis-à-vis des enfants abandonnés par le « crime ou le malheur de leurs parents ». Plus question désormais de vraiment aider les enfants, mais seulement de les utiliser au mieux de l'intérêt national dont les adultes, et en particulier l'Etat, sont les meilleurs juges.

Il a fallu attendre la seconde moitié du XXe siècle pour voir reparaître une véritable protection de l'enfant en général et, plus limitativement parfois, des enfants de la DDASS : si, en cas de séparation des parents, l'enfant est entendu et si son avis est de plus en plus pris en compte dans les questions de garde et de droit de visite, est-on aussi ouvert aux désirs du jeune abandonné ou des enfants retirés à leur famille par ordonnance judiciaire, quant à l'organisation de leur prise en charge ? En cas d'adoption ou même simplement de capacité — non suivie d'effet — à être adopté, lui accorde-t-on des droits suffisants pour connaître sa véritable origine ?

Si l'intérêt de l'enfant abandonné est de plus en plus pris en compte, après un siècle et demi d'errements, il est trop souvent envisagé (comme l'intérêt de tout autre enfant) selon l'optique de la famille (gardienne, adoptive, légitime ou naturelle) d'une part, de la collectivité, d'autre part, deux entités qui ne sont pas obligatoirement au-dessus de tout soupçon. Par-dessus la tête du jeune garçon ou de la jeune fille, les arguments s'échangent et les décisions se prennent, sans que la société française ait toujours conscience de la possibilité de tenir compte de l'avis de l'enfant.

Au moment où les médecins et psychologues reconnaissent que « le bébé est une personne », ne serait-il pas temps que le droit s'en convainque plus pleinement, en particulier pour ceux que l'absence ou la disparition de leur famille ont plus précocement mûris ?

Bibliographie

Ce travail repose, outre la consultation des archives, des textes réglementaires successifs et des principaux répertoires de droit et traités concernant les enfants naturels, adultérins ou incestueux et abandonnés, sur quelques ouvrages et articles historiques spécifiques, parmi lesquels on peut citer :

Y. Bouchard, « Les Enfants du roi à Montréal au XVIIIe siècle », Communication à la Société historique du Canada, le 7 juin 1986, dactylo.

R. Bouet, « Les Enfants trouvés en Nontronnais pendant la première moitié du XIXe siècle », *Bulletin de la Société d'Histoire et d'Archéologie du Périgord*, 1978, pp. 291-305.

P. Chuvin, « Antiquité : le scandale des enfants abandonnés », *L'Histoire*, 72(novembre 1984), pp. 30-38.

C. Delasselle, « Abandons d'enfants à Paris au XVIIIe siècle », *Annales E.S.C*, 1(1975), pp. 187-218.

P. Duclos, *Les enfants de l'oubli : du temps des orphelins à celui de la DDASS*, Paris, Seuil, 1989, 315 p.

F. Fortunet, « Sexualité hors mariage à l'époque révolutionnaire : les mères des enfants de la nature », in *Droit, histoire et sexualité*, Lille, 1987, pp. 191 et sq.

P. Gossage, *The Grey Nun's Foundling Hospital (1754-1888). A Montreal institution*, Université du Québec à Montréal, 1986, dactylo.

Y. Jaouen, *Les Enfants de police à Nantes (1776-1786)*, Mémoire de maîtrise d'histoire, Nantes, 121 p. et annexes.

L. Lallemand, *Histoire des enfants abandonnés et délaissés : études sur la protection de l'enfance aux diverses époques de la civilisation*, Paris, A. Picard, 1885.

F. Lebrun, « Les Enfants trouvés en Anjou au XVIIIe siècle », *Annales ESC*, 1972, pp. 1183-1189.

Y. Marec et R. Motoike, « Enfants abandonnés, société et politique sociale à Rouen au XIXe siècle », *Etudes Normandes*, 2(1988), pp. 33-51.

Y. Prévost, « Une source de revenus pour le Vitrezais : les enfants trouvés », *Cahiers du Vitrezais*, août 1976, pp. 27-31.

J. Sandrin, *Enfants trouvés, enfants ouvriers, XVIIe-XIXe siècles*, Paris, Aubier-Montaigne, 1982.

Y. Turin, « Enfants trouvés, colonisation et utopie. Etude d'un comportement social au XIXe siècle », *Revue Historique*, 1970, pp. 329-356.

A. Watteville, *Rapport à M. le Ministre de l'Intérieur sur la situation administrative, morale et financière du service des enfants trouvés et abandonnés en France*, Paris, Imprimerie nationale, Guillaumin, 1849.

Un certain nombre d'idées générales ont été glanées dans :

A. Forrest, *La Révolution et les pauvres*, Paris, Perrin, 1986, 283 p.

D. Gaurier et P.-J. Hesse, « A la recherche d'une définition juridique de l'homme », *Textes et langages*, 7(1982) et 11(1985).

C. Granier, *Essai de bibliographie charitable*, Paris, Guillaumin et Cie, 1891, 450 p.

P.-J. Hesse, « Le Code noir : de l'homme et de l'esclave », *De la traite à l'esclavage*, Colloque Nantes 1985, t. II, pp. 185-191.
S.T. Mac Cloy, *The Humanitarian Movement in Eighteenth Century France*, Kentucky, 1957, 274 p.
C. Nougaret, *Misère et assistance dans le diocèse de Rennes au XVIIIe siècle*, thèse de l'Ecole des Chartes, 963 p.

Ainsi que dans les numéros spéciaux :
« Dossiers et Documents » du journal *Le Monde* sur « Les Droits des enfants », juillet-août 1989.
Dossiers et documents de la revue Quart Monde, n° 1, intitulé *Le Quart Monde, partenaire de l'histoire*, 1988.

Une société éducative et religieuse approche le monde des pauvres (les frères des Écoles chrétiennes 1940-1990)

NICOLAS CAPELLE

Membre d'un institut d'éducateurs religieux non prêtres (les frères des Ecoles chrétiennes), originellement fondé pour l'instruction et l'éducation des « fils des artisans et des pauvres », j'ai été particulièrement attentif à la phrase suivante des organisateurs du colloque : « Comment comprendre l'apport à leur représentation qu'ont éventuellement fourni les fondations de l'Eglise ? »

J'ai donc, dans un premier temps, recherché le service effectif que cet institut a rendu depuis trois siècles à des populations de jeunes démunis, marginaux, pauvres.

Aussi, après un pointage d'œuvres originales, intelligentes, faites pour des groupes de pauvres et de marginalisés, j'ai tenté de comprendre les mécanismes connus ou cachés de l'institution qui crée, et ainsi répond aux pauvres qui manifestent une demande.

Mais cette recherche correspond à la curiosité d'un esprit moderne ; elle est révélatrice des démarches et des préoccupations d'une époque. Il ne m'a pas semblé légitime de l'appliquer telle quelle à l'histoire tricentenaire de l'institut des frères des Ecoles chrétiennes.

Voilà pourquoi j'ai rétréci le champ de l'étude. L'attention a été portée sur les 50 dernières années : 1940-1990 :

Des témoins existent ; ils parlent ; ils analysent.

Des textes ont été rédigés très régulièrement.

Des rencontres nationales ou internationales ont produit des actes.

Des œuvres ont eu le temps de naître, de grandir, de mourir, de se renouveler, d'être fécondes.

Des groupes de frères vont chercher, durant 50 ans, à vivre leur engagement de religieux et d'éducateurs du peuple des petits. Ils ne représentent certes pas la grande masse de l'Institut, mais on les trouve partout, aux avant-postes de la misère, en France, en Belgique, en Espagne, en Afrique, en Asie, au Canada, dans le continent latino-américain, en Haïti..., dans les 80 pays de présence lasallienne.

Etudier leurs démarches est instructif pour notre colloque. En effet, il apparaît clairement que la problématique de « la représentation des plus pauvres » est une problématique liée à celle de l'identité, non pas seulement des pauvres, mais d'abord et en même temps de ceux qui décident de les rejoindre.

Voilà pourquoi je présente ma contribution selon la problématique ci-après ; elle situe la réponse que notre société civile veut donner au défi permanent de la misère.

Rejoindre les pauvres et les marginalisés, vivre avec eux et comme eux, c'est d'abord redécouvrir son identité et l'approfondir ; c'est ensuite exercer une citoyenneté plus essentielle qui touche à l'humanité en soi ; c'est enfin bâtir avec ce peuple — dans un effort solidaire respectueux des différences — des réponses à la « malvie » qui intéresseront toute la société.

Je l'éclairerai ici par trois approches complémentaires :

Les frères, généralement issus de classes modestes, gardent le souci du milieu populaire. S'y enracinant de nouveau, certains y retrouvent une solidarité (sociale, politique, chrétienne) (1940-1990).

Découvrant son fondateur (1651-1719) et son itinéraire spirituel, l'institut élabore une doctrine forte et actuelle pour « que le service des pauvres et la promotion de la justice ne soient plus l'exception, mais la règle » (1960-1986).

De nouveaux modèles éducatifs surgissent qui interpellent les milieux modestes et aisés, et les groupes pauvres ou marginalisés (1960-1990).

I. LE SOUCI DU MILIEU POPULAIRE ET SES CONSÉQUENCES

L'œuvre de Jean-Baptiste de la Salle a commencé en 1680, avec une toute petite équipe de maîtres pauvres et démunis qui se sont réunis là pour faire face, autant aux nécessités de la vie qu'aux groupes d'enfants qu'ils rassemblent et qu'ils décident de mener avec méthode aux savoirs et aux comportements indispensables pour tenir leur place dans la société et dans l'Eglise.

Toute leur histoire se tisse dans des faubourgs, dans des petites villes, dans des bourgs... Ce sont habituellement les besoins des groupes sociaux, leurs réalités de travail, de promotion qui vont inciter les frères à imaginer, à innover.

A. *La fin du XIXe siècle*

Des frères ont toujours eu le souci de ne pas se cloîtrer dans leurs écoles : ils restent attentifs à leurs élèves qui, jeunes adultes, entrent dans la vie professionnelle. Au XIXe siècle, par exemple, l'on constate que des frères vont développer une très forte activité en ce sens :

En 1831, on compte à Paris 791 jeunes ouvriers qui suivent régulièrement les cours du soir des frères. Louis-Philippe dira que la révolution de 1830 a été leur œuvre.

Le 15 février 1844 : l'administration générale du chemin de fer de Paris à Rouen, en considération des services que l'institut rend à la classe ouvrière, accorde le transport gratuit, de Paris à Rouen, des 45 capitulants, « aller et retour » pour un pèlerinage au tombeau du fondateur.

En 1879, le réseau des patronages sur Paris, joints aux écoles des frères, comprend 23 institutions et 3 500 adolescents et jeunes gens.

Ce réseau de patronages va d'ailleurs être à l'origine d'un mouvement plus important et marquant qui aboutira à la CFTC, avant de gonfler le fleuve de la JOC et de l'ACO.

Dès juin 1882, 21 jeunes de plus de 20 ans sont ainsi regroupés dans l'Association Saint-Labre dont la vocation est d'abord centrée sur l'éducation de la foi. En 1888, le nombre d'associés est de 550 ; en 1897, on en recense 900.

Le 13 septembre 1887, se constitue le Syndicat chrétien des employés du commerce et de l'industrie, prolongeant un Comité de placement ouvert depuis 1883 au 14, rue des Petits-Carreaux. Les 18 fondateurs appartiennent tous à la Société de Saint-Labre ; ce sont eux qui vont assurer le développement patient de cette nouvelle institution, jusqu'à l'heure où naîtra la CFTC, en 1919.

Dès lors, on comprend tous les affinités et les liens qui vont se développer entre ces hommes — les frères et leurs anciens — et la race de jeunes vicaires et de chrétiens qui vont, après 1920, « chercher à rechristianiser leurs frères » du milieu ouvrier, allant les rejoindre notamment aux faubourgs de Paris, puis sur les anciennes fortifications, enfin à la périphérie de la capitale. Ce sont eux qui créeront la JOC française avec le Père Guérin.

Ainsi, le souci du milieu populaire ne s'est pas ralenti au siècle passé. Certes, les combats politiques du XIXe siècle, les amitiés légitimistes, les contraintes de l'institution, les nécessités des grosses maisons d'éducation ont pu parfois obscurcir cette réalité. Mais un regard attentif remarque qu'au XIXe siècle, des équipes de frères ont su s'investir auprès de déshérités (prolétaires de la terre, de l'industrialisation, détenus) comme auprès de jeunes leaders qui sauront prendre leur place dans le monde ouvrier.

La fin du XIXe siècle et le début du XXe siècle voient cette préoccupation rejoindre d'autres recherches dans un effort plus collectif et moins centré sur la réalité frères des Ecoles chrétiennes. La série des bouleversements qui commencent en 1940 va inciter davantage une poignée de frères à approfondir la démarche et à s'engager plus avant dans un compagnonnage avec le milieu populaire.

B. *Un groupe solidaire*

Sur fond de bouleversements, un groupe de frères français (dénommés en 1974 FMO : Frères en Monde Ouvrier), à partir de 1945-1946, va se constituer en équipe de travail et de recherche en milieu ouvrier. Il n'est pas sans intérêt pour notre étude de regarder plus en détail l'évolution de ce groupe : elle met bien en évidence la préoccupation du milieu populaire qui reste toujours, malgré tout, une composante de l'identité lasallienne.

Des équipes régulières vont se former à Troyes, Reims, Paray-le-Monial, Annecy, Rive-de-Gier, Dijon, Saint-Denis, et cela dès 1940, à partir des écoles techniques de ces villes. Elles vont savoir structurer leur mouvement et se donner des moyens d'action : bulletins, sessions, congrès, coordinateurs.

Leur démarche est instructive pour notre propos. On en marquera ici les grandes étapes :

1. La démarche est d'abord spirituelle : il s'agit de susciter des ouvriers chrétiens qui soient apôtres de leur milieu. On va les sélectionner, leur forger un tempérament, les aguerrir. Et ce d'abord dans le milieu scolaire.

2. Mais que sait-on de la vie de ces jeunes qui, demain, seront des apprentis et des ouvriers ?

Qui les approche ? La JOC — qui est connue de plusieurs de ces frères qui ont milité dans ses rangs avant de rejoindre l'Institut. Ils se remettent à son école.

3. Dans plusieurs établissements techniques, des éducateurs pratiquent le *voir*, *juger*, *agir* de ce mouvement. A l'intérieur de l'école, la méthode s'emploie : on analyse la vie de l'institution... Il n'est pas facile d'être juge et partie. Trop d'ambiguïtés et de conflits se déclarent. L'apprentissage militant ne peut se faire uniquement ou d'abord par et à l'école.

4. Ces frères vont donc rejoindre peu à peu les organisations ouvrières jeunes et adultes que le mouvement ouvrier s'est données. Ils comprennent que l'éducation du milieu ouvrier doit être donnée dans le milieu même, par les organisations décidées par le milieu. Pour beaucoup, un monde s'écroule : la prétention éducative explose ; une crise d'identité commence.

5. Ce groupe de frères va aller au-devant des mouvements pour faire l'apprentissage du milieu populaire et mieux discerner ce que devrait être aujourd'hui son évangélisation. Ils y découvrent la spécificité des milieux de vie, le monde ouvrier, la réalité de la lutte des classes, l'organisation du monde ouvrier, l'Eglise en classe ouvrière, la vie religieuse en mission ouvrière, le rôle des mouvements, le vécu d'une foi chrétienne incarnée, la montée d'un laïcat chrétien.

6. Dans cet apprentissage, ils touchent du doigt la « malvie » (logement, travail, salaire, nourriture, habillement, loisirs, implantation...). Ils comprennent peu à peu qu'une certaine capillarité est indispensable et préalable à toute action et à tout partage de la solidarité qu'ils découvrent dans le milieu populaire.

7. Beaucoup vont profiter de recyclages longs — proposés par les responsables entre les années 1966 et 1972 et au-delà jusque vers 1982 — pour faire une « mise en situation », c'est-à-dire changer de situation professionnelle, sortir du rôle d'enseignant, sortir de la communauté tutélaire pour vivre une autre réalité d'habitat, de profession précaire ; pour vivre le choc de la difficulté quotidienne qui est le lot commun.

8. Mais ils s'implantent dans le milieu populaire et ne conçoivent plus de vivre isolés dans des communautés fermées. Leur lieu est le quartier populaire (Nîmes, Roubaix, Dijon, Paris...), c'est là qu'ils se reconnaissent, c'est là qu'ils sont connus.

Car tout ce cheminement vécu collectivement et fidèlement — au monde des humbles — leur a fait prendre conscience de leur identité et d'une nouvelle citoyenneté. En effet, ceux qui depuis 10, 20, 40 ans ont franchi les étapes de cet « exode » d'un engagement ancien à un engagement renouvelé affirment qu'ils ont été à la rencontre d'un peuple — le milieu ouvrier — qui leur a d'abord permis de retrouver leurs racines.

Cette découverte leur redonne une identité sociale qui les rend acteurs de leur temps : « J'apprends à regarder, à écouter, je découvre des situations et je les analyse avec un regard que je n'avais pas auparavant. Ma vie religieuse prend une nouvelle dimension. »

Et acteurs avec une identité d'Eglise renouvelée : « La consécration à Dieu, il y a quelques années, c'était surtout " mes vœux ", " ma " vie religieuse... Aujourd'hui, fidélité à Dieu et fidélité à un peuple ne se séparent plus. En me situant dans une réponse de fidélité à l'appel de Dieu dans ma vie de frère, je me situe aussi en fidélité à ce peuple des petits, des humbles, de ceux qu'on opprime ou méprise. Je reçois d'eux la façon dont Dieu aujourd'hui attend que je vive ma consécration. »

Et acteurs dans la cité et dans l'Eglise, mais selon une identité lasallienne refondée — plus que jamais frères de M. de la Salle : « Comme fils de Jean-Baptiste de la Salle et parce que je veux être fidèle à son charisme de fondation, je crois que ma vie religieuse de frère n'a de sens que si je reste attentif à toujours renouveler sa démarche de *Fondation*. »

Ils ont donc, dans leur expérience personnelle, parcouru les étapes des plus pauvres qui accèdent peu à peu à la citoyenneté.

Sortant de leur isolement, allant à la rencontre d'autres partenaires, ils sont reconnus comme membres d'un peuple qui a une histoire, des valeurs communes, des solidarités, des engagements.

Cette reconnaissance suscite une dignité qui leur redonne la voix à côté, en face, avec d'autres collectifs qui, eux aussi, ont leurs légitimités ; qui développe la nécessité de l'action et les autorise à des créations spécifiques dont les autres collectifs ont besoin pour approfondir eux aussi leurs particularités et leurs apports originaux.

C'est ainsi que se tisse peu à peu une citoyenneté solidaire.

Leur rencontre des pauvres a été fondatrice. Elle leur a fait toucher leur humanité et la validité de leur présence chrétienne au monde des pauvres.

L'influence de ce groupe de frères (FMO) n'a pas eu l'impact que l'on pouvait souhaiter sur l'ensemble des frères français. Mais la permanence de cette voix différente et étrange a sans doute permis à d'autres frères de s'engager eux aussi dans un processus de changements qui leur a fait rejoindre, par d'autres voies, la route des plus humbles. Car il faut aussi signaler ici le travail accompli par un groupe de Frères en Milieu Rural (FMR), tout aussi impliqués dans la difficulté paysanne. On notera de même les implantations nouvelles de communautés en quartiers populaires (Beauvais, Garges, Lyon, Roubaix, Toulouse, Reims) qui ont pour but premier de rejoindre la réalité quotidienne de populations démunies et de la partager.

Ces implantations ont permis à des frères d'entrer en contact avec des jeunes et des adultes isolés, désorganisés, oubliés, relégués (gitans, prisonniers, drogués, prostitués, réfugiés ; en bidonvilles, cités de transit...), autant de populations qui n'ont pas toujours trouvé leurs organisations et leurs représentations.

Ainsi donc, depuis 50 ans, des frères français ont vraiment rejoint les pauvres. Ils en ont reçu une nouvelle dignité et ont exercé avec eux une citoyenneté plus essentielle.

Mais en même temps, ils sont restés très entés sur leur institut international qui, à la même période, met clairement en lumière la démarche de radicale pauvreté de leur fondateur (1651-1719) et exprime, dans un corps de doctrines, la nécessité pour l'institut de faire un retour décidé aux pauvres.

C'est en tenant à la fois ces deux réalités (leur propre démarche et l'orientation de leur institut) que ces frères ont reçu leur juste identité.

Voilà pourquoi il nous faut présenter maintenant l'orientation affirmée de cet institut international.

II. « QUE LE SERVICE ÉDUCATIF DES PAUVRES SOIT LA RÈGLE » (1966-1986)

Il n'est pas facile pour une institution tricentenaire de modifier sa course et d'infléchir sa route. Surtout s'il faut constamment choisir le service éducatif des pauvres. Car cela ne laisse aucun répit. Et l'on comprend aisément que certains secteurs de l'institut aient pu se laisser gagner — au cours de l'histoire — par le confort de l'organisation, son succès, son rythme puissant et rassurant..., autant de facteurs qui, progressivement, facilitent la rotation des publics éduqués jusqu'à exclure, de fait et sans arrière-pensée, ceux pour qui l'institution était faite : les plus démunis socialement et culturellement.

Choisir le camp des pauvres, c'est savoir que le combat est incertain et qu'il engendrera fatigue et découragement ; c'est savoir aussi qu'il doit puiser sa force plus loin que dans les raisons de convenance, de choix politiques, militants, même religieux. Il doit rejoindre ce qui est unique en l'autre (individu ou groupe), quel qu'il soit, et affirmer que cette originalité-là est irremplaçable et nécessaire, ici et maintenant, au progrès de tous. Cette affirmation est de l'ordre de la spiritualité, spiritualité résumée dans le texte d'Evangile le plus universel : celui du jugement prononcé en référence au « Fils de l'Homme » (Matthieu, 25).

Les frères qui — en France, au cours des 50 dernières années — ont rejoint la vie des pauvres, ont pu durer et persévérer parce que cette spiritualité-là a été — dans le même temps — au cœur de leur institut international.

A. *Un fondateur*

A partir des années 50, l'institut a décidé de commencer des études scientifiques et exhaustives sur les origines de la fondation, et d'abord de Jean-Baptiste de la Salle.

Cet homme que les frères connaissent peu et qu'ils considéraient comme un homme austère, un peu distant et taciturne, s'est révélé être un homme de décision et d'action.

Les frères les plus engagés dans le monde des pauvres vont se mettre alors à scruter la vie, les événements, les démarches, les écrits de M. de la Salle qui, pendant 40 ans (1679-1719), poursuit une tâche unique : mettre en place une communauté de maîtres et de frères pour le service éducatif des pauvres.

Les frères des années 1960-1980 vont lui appliquer à lui aussi la règle jociste du *voir, juger, agir*. Et que découvrent-ils ? Un itinéraire personnel (celui de Jean-Baptiste de la Salle et ses premiers frères) balisé à la fois par des événements clés qu'il a fallu décrypter « ensemble », et par la Parole de Dieu reçue et méditée par cette société naissante.

En voici succinctement les étapes :

Prêtre aisé de la bonne société de Reims, Jean-Baptiste de la Salle ne se contente pas de la vie facile qui lui est faite. Il regarde autour de lui.

Il accueille M. Nyel Adrien qui veut ouvrir des écoles de charité sur la ville de Reims. Il sert d'intermédiaire.

Il assiste au recrutement des maîtres (et quels maîtres !) : de petites gens à peine instruits qui fuient la misère et cherchent à travailler. Il constate leur impréparation et leur peu de savoir.

Il va alors veiller sur ce petit groupe de maîtres qui vit près de chez lui. Il profite des repas pour les recevoir à sa table, leur donnant ainsi l'occasion de partager un peu leurs difficultés, de se conseiller mutuellement, de vivre un peu en commun.

Mais c'est peine perdue ! Il comprend alors que ce n'est pas eux qui doivent se hisser jusqu'à son monde, mais à lui de les rejoindre et de vivre au milieu d'eux. Il quitte son hôtel particulier et se soumet à leur régime, dont il a un profond dégoût.

Pourtant sa présence parmi eux est un reproche. Ils le lui disent et lui démontrent qu'il est facile de parler de la pauvreté quand on est d'une riche lignée et que l'on gère un patrimoine honorable. Il en est ébranlé et, passant dans leur monde, distribue toute sa fortune à de plus pauvres encore.

Comment ? vous ne vous en servez pas pour notre œuvre ? pour fonder les écoles ? pour asseoir ce qui commence à devenir notre projet commun ? Non ! Jean-Baptiste de la Salle vient de fonder son œuvre sur la pauvreté évangélique. Pas sur la misère, mais sur l'abandon total à Dieu, Père commun — manifestant ainsi que le pauvre n'est plus un oublié de la terre, un méprisé des hommes et de Dieu. Les valeurs sont renversées. Les fatalismes sont abattus. Tout devient possible.

Sa doctrine est claire : les frères sont constitués pour les « jeunes des artisans et des pauvres » ; ils doivent partager leur condition, effectivement.

Tel est donc le « déplacement social et chrétien » de M. de la Salle. Rejoignant les maîtres du milieu populaire, il accepte leurs conditions de vie jusqu'au manque, et ainsi permet un partage réciproque où chacun va accepter la dignité de sa condition reçue ou choisie. Alors, « ensemble et par association », ils se mettent au service d'une population enfantine et adulte qui peut les reconnaître comme siens et recevoir d'eux une instruction et une éducation qui les respectent et les promeuvent.

Découvrant son fondateur, l'institut va porter son regard sur la réalité lasallienne des années 1960-1980 dans les 80 pays où elle travaille. On regarde d'un œil nouveau les œuvres, les choix, les appels, les frères qui proposent. Le gouvernement de l'institut devient plus attentif : il cherche des signes de « refondation » en continuité avec l'itinéraire spirituel de M. de la Salle et des premiers frères.

B. *Une doctrine réactualisée*

Les assemblées statutaires de 1966, 1976, 1986 et les textes y afférents témoignent d'une véritable préoccupation pour les pauvres et réaffirment d'abord la visée originelle de la fondation : « Le service éducatif des pauvres. »

Puis, ils tentent courageusement une définition qui servira de référence à l'action et à la recherche des frères et de leurs collaborateurs. « On peut dire que les pauvres sont les gens ayant une existence marginale, dont la sécurité dépend d'un petit travail et dont le revenu ne suffit pas à bien faire vivre leur famille. Ce sont aussi ceux qui vivent dans des conditions inhumaines de pauvreté : faim, violence, maladies, marginalisation sociale et handicaps divers » (*Circulaire 408*, 1978, p. 37).

Constatant le poids de l'histoire et des législations diverses (statut des écoles, rigidité de certains systèmes scolaires), des habitudes (emplacement des écoles, conséquences du succès, routine des méthodes), des freins (ignorance du monde des pauvres, agacements), les textes engagent à regarder la réalité en face et à passer à l'action : dans les établissements scolaires d'abord, là où se trouvent la majorité des éducateurs lasalliens ; mais aussi hors des établissements lasalliens, en s'ouvrant sur les quartiers, en rejoignant d'autres organismes, en incitant les éducateurs et les jeunes à y collaborer.

Or, pour la première fois, les directions du gouvernement de l'institut se font plus incisives et appellent à une action plus en profondeur : « Il semble que l'on n'aille pas jusqu'à atteindre la racine du mal de la pauvreté, que l'on ne perçoive pas pourquoi les pauvres sont dans cet état, et comment ils y sont arrivés. Car, en fait, ils ont été victimes de la pauvreté et de l'injustice : cela entraîne une action précise pour promouvoir la justice. » Et d'affirmer : « La promotion de la justice est le but que doit adopter tout l'institut pour mieux réaliser le service des pauvres. La promotion de la justice, dans le champ de l'éducation, englobe intégralement le service des pauvres, mais elle va plus loin : elle ne se contente pas de porter secours aux pauvres, elle cherche en plus à lutter contre les causes qui, sans cesse, fabriquent la pauvreté et l'injustice, y compris dans les nations riches. »

Ainsi, l'institut décide de jouer sa partition dans un concert où il n'est évidemment plus le seul instrumentiste et où il doit reconnaître que l'éducatif, si important soit-il, n'est qu'un élément de la réalité du monde des pauvres. Il s'agit essentiellement de souligner que le service des pauvres et la promotion d'un peuple sont des problèmes globaux qui ne peuvent être résolus par le seul service éducatif, si généreux soit-il. Ils incluent le social, l'économique, le politique. Ils impliquent jeunes et adultes. La promotion collective suppose donc des projets communs à ces ensembles, et dont les éducateurs accomplissent la part qui leur revient en lien avec les autres agents de développement ou avec les autres ministres de l'évangélisation, si nous passons dans le domaine de l'Eglise (cf. *Le Ministère du frère*, « Le ministère en Eglise », p. 70).

L'institut s'engage donc dans la promotion collective par fidélité à sa fondation, reconnaissant que le destin actuel des peuples et des groupes — riches ou pauvres — réclame un travail solidaire et structurel. Il rejoint ainsi la pensée de l'Eglise.

Voilà pourquoi il se fait insistant auprès des frères, leur enjoignant de prendre « sans tapage, mais avec efficacité, le parti des pauvres et des opprimés », souhaitant « l'engagement d'une majorité de frères au service des pauvres et un engagement unanime à la promotion de la justice ».

Comme son fondateur, l'institut des frères des Ecoles chrétiennes a fait preuve d'un grand pragmatisme depuis son chapitre général de 1956 :

Il découvre l'itinéraire spirituel de M. de la Salle qui rencontre volontairement la pauvreté et s'y fixe.

Il assimile peu à peu la pensée de l'Eglise nourrie de combats et d'engagements extraordinairement nouveaux aux côtés des oubliés de la terre (notamment en Amérique latine).

Il encourage ceux de ses fils qui — à tâtons, et non sans pertes — vont se risquer aux marges de la grande pauvreté (français, mais aussi belges, espagnols, vietnamiens, canadiens, latinos, ceylanais...).

Ces trois facteurs vont alimenter sa pensée et permettre aux assemblées statutaires d'élaborer, de forger, de rectifier, d'authentifier une doctrine forte — reconnaissant ainsi que cette orientation contemporaine actualise la démarche éducative et spirituelle dont M. de la Salle a été porteur en son temps, et rejoignant l'effort d'autres congrégations qui, elles aussi, engagent leurs religieux à travailler « au développement intégral des peuples ».

III. RECHERCHE DE NOUVEAUX MODÈLES ÉDUCATIFS POUR RÉPONDRE AU SERVICE ÉDUCATIF DES PAUVRES ET À LA PROMOTION DE LA JUSTICE

Une volonté décidée, une doctrine claire : l'institut international des frères des Ecoles chrétiennes n'a plus qu'à marcher. Quels modèles éducatifs nouveaux a-t-il suscités et élaborés pour et/ou avec les plus démunis ?

Dans un tour d'horizon nécessairement rapide, nous insisterons ici sur trois aspects de ces réalisations qui, de façon complémentaire, ont pris au sérieux l'appel entendu.

A. *L'adaptation des institutions existantes*

Une institution éducative bien implantée, chargée d'histoire, au service d'un groupe social bien précis, a des obligations. Bien plus, dans le combat pour la justice, elle a une place à tenir que personne d'autre ne pourra occuper : la solidarité réclame des partenaires différents.

On assiste donc, ces vingt dernières années, à un effort honnête de beaucoup d'établissements qui vont jouer leur partition eux aussi. On en trouve un peu partout : en France, en Espagne, en Belgique, aux Etats-Unis d'Amérique, en Egypte, au Burkina-Faso, au Tchad, à Djibouti, au Brésil, en Colombie, au Chili, au Mexique.

Toutes ces réalisations qui partent des établissements scolaires essaient de faire une démarche de compréhension du monde des plus défavorisés matériellement, culturellement et chrétiennement (cette dernière insistance est très forte en Amérique latine). Cependant, les évaluations critiques qui parviennent de ces établissements mêmes, mettent en évidence la difficulté qu'il y a à éveiller à ce souci et à former en conséquence, à partir d'une réalité extérieure et au sein même d'un établissement scolaire qui a sa propre culture, ses propres réflexes, son mode particulier de concevoir la réalité sociale et le jeu des forces en présence. Aller à la rencontre des pauvres une fois ou deux par semaine, ou deux semaines par an, est utile, non négligeable, mais ne produit pas les changements de mentalité demandés, ni chez les visiteurs, ni chez les visités : le partenariat a du mal à se mettre en place. Aussi, parfois, éducateurs ou grands jeunes réalisent-ils qu'il leur faut faire un déplacement.

B. *Le déplacement de communautés religieuses qui rejoignent des populations en difficulté*

Parallèlement à cet effort des établissements, et incitées par des occasions, des demandes, des analyses, certaines communautés font un déplacement vers les pauvres. Cela produit des réalisations diverses et inégales qui ne manquent pas d'enseignements.
Voici la présentation rapide de quelques-unes :
Réalisations ponctuelles sur des quartiers pour répondre à des besoins précis des jeunes ou des adultes : Suisse, Québec, Lyon, Montréal, Garges, Lorette-ville, Bruxelles, Beauvais, Saint-Etienne, Reims, Madagascar, Rezé-lès-Nantes. Réalisations qui sont ordinairement le fruit d'une triple conjonction : la demande du milieu, l'analyse avec des partenaires sociaux, la présence des frères.
Parfois, telle ou telle réalisation produit un modèle qui peut servir ailleurs et à d'autres. Par exemple, la réalisation scolaire faite pour les Gens du Voyage. Pour rejoindre les enfants analphabètes du Voyage, des frères ont aménagé une camionnette-école d'une capacité de 12 places. Ils se sont présentés sur les terrains. Succès : les enfants viennent, les parents ont confiance. Ainsi, plus de 1 000 enfants sont scolarisés autour de la région parisienne. Des jeunes maîtres sont recrutés, une méthode efficace d'apprentissage (KIKO) est conçue pour eux, en tenant compte des habitudes de cette population. La formule se développe rapidement : actuellement 17 antennes mobiles circulent autour de Paris, Lille, Grenoble, Toulouse, Perpignan. D'autres villes attendent.
Là, les conditions étaient réunies pour qu'un déplacement communautaire produise une création spécifique adaptée. On peut peut-être en noter quelques-unes ici : besoin non couvert, bonne connaissance du milieu, attention aux habitudes du milieu, bon accueil du milieu, création d'une méthode à partir du milieu, souplesse de la réponse conforme aux habitudes du milieu.
On trouve aussi des réalisations qui font une analyse plus globale de la réalité et y répondent en termes plus collectifs. C'est-à-dire que

les communautés de frères se sont associées à d'autres partenaires pour prendre en compte l'ensemble des aspects du besoin, estimant que l'éducatif c'est aussi le social, la santé, la vie associative, l'évangélisation.

Voici quelques réalisations parmi d'autres : en Bolivie, au Paraguay, au Sri Lanka, au Cameroun, dans la Lekié Mbam.

Enfin, pour terminer ce panorama rapide, il est nécessaire de signaler la recherche d' « éducation populaire » qui est celle de l'Amérique latine. Cet effort est plus radical ; il va au-delà du travail en institutions scolaires gratuites même implantées dans des secteurs pauvres. En effet, ce travail ne vise pas assez « une transformation sociale appuyée sur une critique du contexte social et sur les organisations populaires ».

C. *L'éducation populaire*

De quoi s'agit-il ? « Nous pouvons dire que l'éducation populaire est un processus d'action et de réflexion partagées et en évaluation permanente, réalisé au sein de larges secteurs populaires, à partir de leur culture et de leurs intérêts, avec une participation consciente et organisée à la transformation vers une société juste, solidaire et fraternelle. »

Les frères prennent le parti d'être des auxiliaires du développement : ils vont aider la population à préciser ses besoins et à mettre en place des réponses qui soient marquées par ses valeurs et ses formes d'organisation. C'est proprement un rôle de promotion directement liée à l'évangélisation, dans la mesure où celle-ci prétend « atteindre, et comme bouleverser, par la force de l'Evangile, les critères de jugement, les valeurs déterminantes, les points d'intérêt, les lignes de pensée, les sources inspiratrices et les modèles de vie de l'humanité, qui sont en contraste avec la Parole de Dieu et le dessein du salut ».

Ils développent des actions qui vont en ce sens : réalisation de programmes de radio, collaboration à la réhabilitation des jeunes en situation irrégulière, service éducatif chrétien de jeunes paysans, collaboration éducative et évangélisatrice en des centres de communication alternative, collaboration à des programmes d'éducation de l'UNICEF, formation de jeunes et de foyers à la perception critique.

Certains centres sont d'ailleurs conçus et implantés au milieu de populations d'Indiens comme l'institut indien Santiago (Guatemala).

L'ambition de cet institut est de former un nouveau type d'instituteur qui pourra transformer l'école ; car le maître n'est pas seulement instituteur, mais aussi habile en travaux de tous genres, pour qu'il soit aussi un travailleur manuel attaché à la production. C'est la réflexion sur les besoins de la population rurale du pays qui a permis de mettre en évidence trois objectifs pour ce type de centres :

Formation de leaders, de maîtres chrétiens qui soient des agents du changement et du développement intégral.

Formation critique d'évangélisateurs capables de communiquer avec efficacité, d'assumer un rôle actif et décisif dans la société.

Etre un centre de recherches sur la culture indienne, en sauvegardant ses valeurs.

Evidemment, ces objectifs renversent les priorités éducatives habituelles : d'abord, l'éducation et la production, ensuite, l'éducation et l'organisation, enfin, l'éducation et les réalités académiques. Et cela saute aux yeux lorsqu'on réalise que « la majorité des paysans guatémaltèques vit de ce qu'elle produit, non de ce qu'elle étudie ».

L'éducation populaire repose ainsi sur des communautés de frères, mais aussi sur les communautés villageoises qui acceptent de collaborer et de faire un partage respectueux de leurs richesses et de leurs valeurs. Cela est difficile et nécessite d'entrer dans une démarche ordinaire d'évaluation qui permette de garder les yeux fixés sur les critères de l'éducation populaire : partir de la réalité ; revenir à la réalité pour la transformer, tout en se laissant de nouveau interpeller par elle ; favoriser l'organisation des pauvres ; s'articuler sur les organisations populaires ; découvrir les causes des phénomènes ; utiliser le langage et la sagesse populaires ; promouvoir la coresponsabilité ; développer la capacité critique ; défendre les droits des pauvres ; annoncer la dignité de l'homme, fils de Dieu ; avoir une spiritualité fondée sur l'incarnation de la foi dans la vie et sur l'option pour les pauvres.

Toutes ces réalisations démontrent que l'institut, depuis 40 ans, a essayé de rejoindre le monde de la pauvreté, de façon nouvelle. N'oubliant pas qu'il a une histoire et des œuvres auxquelles il est lié, au moins en partie, il a consenti un effort sans précédent pour incarner dans les faits les convictions qui le font vivre et qui sont la condition de sa vitalité et de sa « refondation ».

Bibliographie

Textes d'Eglise :
Populorum progressio.
Octogesima adveniens, 1971.
Evangelii Nuntiandi, 1976.
Synode 1971 sur la Justice dans le monde.

Textes d'Institut :
Circulaire 412 : « Le Service éducatif des pauvres et la promotion de la justice », 1980.
Déclaration : « Le Frère dans le monde d'aujourd'hui », 1967.
Lettre du 15 mai 1978.
Circulaire 408 : « Notre Mission », 1978.

Autres textes :
Lasalliana, 1-15, Comptes rendus d'actions internationales.
Orientations, n° 39, 1971.
Archives des Frères en Monde Ouvrier (1945-1989).
Michel Launay, *CFTC. Origines et développement, 1919-1940*, Paris, Publications de la Sorbonne, 1986.
Robert Frossard, *L'Association Saint-Labre*, Paris, Spes, 1932.

Rapport de synthèse

ROBERT HÉRIN

Ces communications portent sur une période qui va du milieu du XVIIIe siècle jusqu'à la période contemporaine, l'accent étant mis plus fortement sur le XIXe siècle que sur la période actuelle. Il est dommage que la question de l'enfance pauvre et de son éducation dans les années que nous vivons n'ait été qu'effleurée. Des analyses plus développées de la situation actuelle des pauvres face à l'éducation auraient suscité des comparaisons et des remises en question sans doute éclairantes.

Les apports des communications et des débats qu'elles provoquent peuvent s'organiser autour de cinq points :

Aux XVIIIe et XIXe siècles, les enfants pauvres sont nombreux et vivent dans une grande misère.

La représentation que l'on a des enfants pauvres est négative.

Mais les pauvres peuvent être utiles.

Les œuvres qui s'occupent des enfants pauvres sont multiples ; mais leurs missions d'aide et d'éducation sont ambiguës.

Ces ambiguïtés entre la charité chrétienne et l'utilité sociale et économique posent la question de la représentation des pauvres.

La grande misère des enfants pauvres aux XVIIIe et XIXe siècles

A la fin du XVIIIe siècle, 50 à 80 % des enfants pauvres meurent au cours de leur première année d'existence. Leur mortalité est trois à quatre fois supérieure à la mortalité infantile moyenne. Il y a, au seuil de l'adolescence, moins de 10 % de survivants chez les enfants pauvres (on se reportera à la communication de Philippe-Jean Hesse). Bien que décimés dès le bas âge par la surmortalité infantile, les enfants pauvres sont cependant fort nombreux : ils sont plus d'une centaine de milliers à avoir été recueillis en 15 ans à la fin du XVIIIe siècle.

Ces enfants vivent dans la grande misère : la malnutrition, les déformations et infirmités, le travail précoce, dès 6 ans, voire dès 4 ans, dans les ateliers textiles ; la dureté de leur exploitation frappe ainsi des milliers d'enfants, qui restent en dehors de l'éducation et dont l'avenir est irrémédiablement hypothéqué dès les premières années de l'existence.

Des représentations négatives

C'est d'abord le péché des origines. Ce sont souvent des enfants sans famille, coupés de leur famille, isolés, provenant des couches sociales les plus défavorisées, des milieux taxés d'immoralité et aux comportements déviants.

Ces enfants sont issus des classes jugées dangereuses (cela apparaît nettement pour le XIXe siècle), dangereuses sur tous les plans : économique, social, moral. Le danger s'enracine dans les villes, qui par nature sont perverses, et dans les déviances des familles qui vivent en marge des normes sociales générales. Ce sentiment de danger et de menace que suscitent les enfants pauvres trouve ses origines et ses raisons dans les troubles sociaux (qui sont souvent rappelés) du XIXe siècle : ceux des années 1830, de 1848, et de plus tard.

Les enfants des couches sociales les plus pauvres sont souvent considérés comme les asociaux de demain, ceux qui vont reproduire et perpétuer les vices que l'on associe à la pauvreté (et qui n'en sont que la conséquence) : la paresse, le vagabondage, la saleté, les mœurs dépravées, l'alcoolisme ; ceux aussi qui véhiculent et transmettent les épidémies à l'ensemble de la société.

Ces représentations négatives nourrissent des interventions dans le domaine de l'éducation qui s'appuient sur l'idée d'une utilité des pauvres et qu'inspirent des sentiments philanthropiques.

De l'utilité des pauvres

Les pauvres peuvent être utiles (et sont effectivement utiles) comme force de travail. Leur éducation vise alors à former des travailleurs, des agriculteurs, des valets de ferme. C'est ainsi que l'Œuvre du Refuge de l'Enfance Abandonnée de la Gironde, créée en 1889 par un magistrat, se donne pour but principal de fournir à l'agriculture, dans une région où la main-d'œuvre se raréfie, des travailleurs de la terre.

Les populations pauvres, les enfants pauvres sont aussi la main-d'œuvre de l'industrie, activité alors en pleine mutation qui emploie un grand nombre de travailleurs et qui a besoin de façon complémentaire du travail des hommes, du travail des femmes et de celui des enfants. « Que deviendrait notre industrie sur un marché où elle trouverait pour compétiteurs d'autres industries qui auraient constamment travaillé quinze heures par jour, par exemple, employant dans une forte proportion des femmes et des enfants au-dessous de dix ans ; si elle ne pouvait s'en servir que 10 h au lieu de 15 ; si des ouvriers adultes ne devaient travailler que 13 h au lieu de 15... » (d'après Jacqueline Roubert).

Les œuvres d'éducation des enfants pauvres visent à former une main-d'œuvre qui entrera précocement sur le marché du travail, en particulier dans les campagnes.

Utilité également des pauvres pour les grandes entreprises de la colonisation (nous sommes à la fin du XIXe siècle). Les enfants pauvres ont souvent participé, par l'intermédiaire de missions et d'institutions, au peuplement et à la mise en valeur des territoires coloniaux, en Algérie notamment.

La première utilité des enfants pauvres, à la fin du XIXe siècle et jusqu'à la Seconde Guerre mondiale, a donc été de constituer une réserve de main-d'œuvre, pour le présent et pour les années prochaines, une main-d'œuvre préparée à l'exécution soumise des tâches manuelles les plus rudes, celles de l'agriculture plus souvent que celles de l'industrie.

L'autre utilité des enfants pauvres et l'autre finalité utilitaire de leur éducation, c'est l'utilité pour la patrie. Des textes et des mesures indiquent clairement que les institutions qui ont pour mission d'accueillir et d'éduquer les enfants pauvres ont pour objectif de former non seulement des agriculteurs, des ouvriers robustes et obéissants, mais également des militaires pour l'armée de Terre, pour la Marine parfois. « Faire de ces malheureux, qui sont la pépinière des bagnes et des maisons centrales, d'honnêtes cultivateurs, des soldats disciplinés, des ouvriers laborieux », telle est l'ambition à la fin du XIXe siècle de l'Œuvre du Refuge de l'Enfance Abandonnée de la Gironde (d'après Pierre Guillaume).

Voilà quelle pourrait être l'utilité des enfants pauvres pour l'économie et la patrie, une utilité qu'inspirent ou que drapent de bons sentiments la philanthropie et la charité des institutions, souvent privées, qui encadrent et éduquent l'enfance pauvre, de la naissance jusqu'à l'entrée dans le travail.

Des œuvres ambiguës

Les exemples sont nombreux de ces institutions qui interviennent auprès des enfants pauvres : aides aux mères en grossesse, soins au moment des accouchements et dans les semaines qui suivent ; puis les crèches, les nourrices, les salles d'asile, les patronages... Ces institutions, qui se multiplient tout au long du XIXᵉ siècle, assurent, pour les enfants pauvres survivants, le passage de la naissance à l'adolescence, puis à l'armée et au travail, cela pour un grand nombre d'enfants : vers 1880, les salles d'asile accueillaient environ 600 000 enfants.

Les organismes qui interviennent dans la prise en charge matérielle et éducative des enfants sont animés de sentiments et de principes qui ne sont pas sans ambiguïté. Dans un certain nombre de cas ils sont inspirés par des soucis humanitaires, qu'ils affirment avec force. Il faut essayer de faire front à la misère, de sortir les enfants de leur environnement familial jugé pernicieux, voire de les détacher de leur famille et de les amener à une autre forme de vie. C'est ainsi qu'à propos des salles d'asile, on peut lire sous la plume du maire du XIIᵉ arrondissement de Paris que « l'enfant pauvre s'y trouvera transporté comme dans un monde nouveau (...) ; il aura reçu le bienfait d'une seconde création, plus heureuse que la première (...) » (d'après Jean-Noël Luc).

Mais les objectifs sont également d'ordre économique. La salle d'asile doit permettre, en accueillant les enfants des familles pauvres, de libérer les femmes pour qu'elles puissent « se livrer sans inquiétude au travail et tirer constamment un salaire de leurs journées » (d'après Jean-Noël Luc). Ces salaires contribueront à réduire les difficultés financières des ménages.

Il faut aussi par l'éducation (non pas au sens d'instruction et de formation à un travail, mais au sens de « bonne éducation »), par l'apprentissage de l'ordre, de la discipline (comparable à celle de l'armée), de l'application, de l'obéissance, de la propreté, préserver l'ordre moral et la paix sociale. Ainsi « ceux-là mêmes qui composent ces fractions redoutables, ces êtres indomptables qui ne connaissent ni Dieu, ni lois, ni patrie, se transformeront (dans les salles d'asile) en travailleurs paisibles et religieux » (cité par Jean-Noël Luc).

L'objectif est donc triple, pour le moins : réduire la misère par la foi et la charité, préparer ou rendre disponibles des ressources de main-d'œuvre nécessaires au développement de l'économie, remettre dans le droit chemin des populations dégradées et corrompues, en formant « des générations plus morales, plus disciplinées, plus instruites, mieux préparées à la rude condition qui les attend » (cité par Jean-Noël Luc).

L'œuvre philanthropique et la charité chrétienne peuvent ainsi servir de paravent ou de prétexte à la consolidation d'un ordre économique, social et moral confortant les intérêts des couches sociales nanties. Et l'éducation des enfants pauvres est à la fois une entreprise de redressement moral et religieux et de préparation à la pénible carrière de travailleur qui les attend.

La question de la représentation des pauvres

Posons d'abord la question de ce qu'il en était de la représentation des pauvres au XIXe siècle. Le pauvre, l'indigent, secouru, assisté, *a fortiori* l'enfant pauvre, n'avaient pas de droits reconnus, pas de droit d'être représentés. Parlaient pour eux, en leur nom, les médecins, les religieux, les enseignants, les patrons et les notables. Aussi n'existait-il pas d'expression d'une identité propre aux pauvres, encore moins aux très pauvres. Les pauvres s'expriment peu ; ils ne laissent guère de traces, sinon de façon détournée, par des témoignages qui ne viennent pas d'eux ou à travers des mouvements de refus et de résistance... Au total les sources d'analyse de manifestations propres d'une identité spécifique des plus pauvres sont ténues, disparues souvent, ou n'ont jamais existé.

En revanche, s'ils ne sont pas représentés et s'ils n'ont laissé que peu de traces, les pauvres des XVIIIe et XIXe siècles ont suscité, dans les classes dirigeantes mais aussi chez les ouvriers ayant un travail régulier, des représentations négatives entraînant hostilité et regret : des individus mus par « un instinct grossier », des « êtres dégradés par la misère », « la pépinière des prisons... », etc. Les réactions de rejet peuvent venir de familles moins pauvres qui tentent de définir et de préserver leur propre identité en établissant et en maintenant un clivage les distinguant des familles et des enfants les plus pauvres.

La question de la représentation que l'on a des pauvres au

XIXe siècle surgit également lorsque l'on essaie de comprendre les motivations qui ont animé les mouvements philanthropiques et contribué à la création de nombreuses institutions de secours aux pauvres. Nombre de femmes de la grande bourgeoisie y ont participé, mues par la foi chrétienne et inspirées par la charité. Mais peut-être ont-elles été motivées par le désir d'affirmer des identités de femmes dans un domaine où les hommes de leur classe sociale étaient fort peu présents, accaparés qu'ils étaient par les tâches de l'économie et les enjeux de la politique (... et rechignant chaque fois que des textes législatifs et réglementaires limitaient l'exploitation du travail des enfants). Les institutions d'aide aux pauvres, celles œuvrant à l'éducation de leurs enfants pour ce qui nous concerne ici, seraient ainsi pour les femmes de la grande bourgeoisie des lieux et des occasions de représentation, d'affirmation d'un rôle spécifique (et complémentaire de celui de l'homme des classes dominantes).

On peut ainsi s'interroger sur la représentation des pauvres et la recherche d'identité de ceux qui enseignent aux enfants pauvres. Nicolas Capelle, dans son étude sur les frères des Ecoles chrétiennes, développe l'idée que s'établit entre l'éducateur et les pauvres, dans le cadre du rapport éducatif, un dialogue qui a pour résultat, sinon pour fonction, de révéler à l'enseignant sa propre identité. Cela nous renvoie à la question des rapports entre l'identité et la représentation : dans quelle mesure l'éducateur des enfants pauvres en est-il le représentant ? Dans quelle mesure cherche-t-il dans son rapport éducatif aux enfants pauvres la révélation et l'approfondissement de sa propre identité, en même temps que le développement de l'identité des plus pauvres ?

Si maintenant l'on se reporte à la période récente, on constate, en matière d'éducation des enfants pauvres, que l'on est passé d'une éducation dont la fonction essentielle était de préserver l'ordre social et économique par le dressage des enfants pauvres, à une éducation visant à protéger l'individu et à contribuer à son développement et à son épanouissement. Le psychologue et le psychiatre ont pris la succession du sous-officier, et l'éducateur du surveillant. La rude discipline inspirée de celle de l'armée a fait place à la compréhension, ainsi que le relate Pierre Guillaume dans l'analyse qu'il fait de l'Œuvre du Refuge de l'Enfance Abandonnée de la Gironde (1889-1989).

Cela traduirait-il qu'en un siècle la représentation des pauvres, l'idée que l'on en a et la place qu'on leur accorde dans la société ont sensiblement changé ? Pour répondre à cette interrogation, il faudrait analyser ce que sont aujourd'hui les rapports des enfants pauvres à l'éducation et les opinions et idées que l'on développe, dans les milieux dirigeants et parmi les enseignants, concernant l'éducation de ces enfants. Ont-ils cessé d'être des laissés-pour-compte de l'éducation ?

Débat

Sous la présidence d'ARLETTE FARGE

ARLETTE FARGE. — *J'ai été frappée, dans le contenu des communications, par les notions à la fois contradictoires et complémentaires empruntées aux vocabulaires sociologique, religieux ou politique. Elles sont à l'origine des politiques mises en place pour l'enfance pauvre. On pourrait peut-être réfléchir sur ces notions.*

L'enfance pauvre représente un danger. La peur sociale engendre une volonté de systématisation dans le contrôle ou, au contraire, la compassion, avec des glissements d'une notion à l'autre. Quelle tension peuvent susciter ces deux notions si fortes, peur et compassion, discipline et compréhension dans une société telle que celle du XIXe siècle ? N'y a-t-il pas évolution dans le temps ? On passe de la protection de la société à cause de la peur sociale à l'émergence d'un individu qu'il faudrait lui-même protéger. A l'intérieur de ce schéma, deux éléments apparaissent les plus dangereux, les plus pervers : la famille et la ville. Il faut donc arracher l'enfant à sa famille. Quant à la ville, vous l'avez seulement mentionné, elle reste la source de tous les maux.

Par ailleurs, dans le travail sur la salle d'asile, dans la micro-histoire, on passe d'une volonté, assez ouverte au départ, de « rendre service » à une population très démunie en mettant la femme au travail et en prenant en charge son enfant de 3 à 7 ans, à une volonté rétrécie dans la mise en place des dispositifs d'application. Les dispositifs eux-mêmes engendrent l'exclusion — ce qui n'était pas dans l'intention de départ.

A propos du travail de Jacqueline Roubert, on peut se poser la question : qu'est-ce que la philanthropie ? Quel est le fonctionnement social, sans doute très large, à l'origine de toutes ces formes d'initiatives privées ? On peut penser, par exemple, à ces femmes de la *bourgeoisie, au XIXe siècle, qui, en grand nombre, entrent dans les couvents ou deviennent philanthropes, pour des raisons qui mériteraient d'être analysées. Dans une étude récente, il a été montré à quel point comptaient bien sûr leur culpabilité face à la pauvreté et leur sensibilité à la souffrance des pauvres. Mais aussi elles venaient combler le vide laissé à l'égard des pauvres par le XVIIIe siècle et par la Révolution. Jacqueline Roubert donne des pistes de recherche pour répondre à ces questions en faisant l'histoire des fondations et en s'interrogeant sur le passage de la fondation à la législation.*

Il peut être intéressant aussi de nous interroger sur la différence entre le féminin et le masculin dans toutes les politiques d'assistance et dans la façon de concevoir l'éducation. Peut-être, en poussant plus loin, peut-on se demander si la volonté d'éliminer les enfants abandonnés, dont parlait Philippe-Jean Hesse, ne concernait pas davantage les filles que les garçons.

A propos de la communication de Nicolas Capelle : comment analyser la démarche de celui qui va vers les pauvres pour s'immerger et trouver une identité dont il pense qu'elle ne sera complète que lorsqu'elle aura rencontré l'identité du pauvre ? Ce choc entre deux identités mènera à ce que Nicolas Capelle appelle une identité plus essentielle. Il en parle en termes d'expérience spirituelle, mais je crois qu'on peut aussi en parler en termes sociaux, si l'on pense à certains mouvements non religieux en France ou à des expériences faites en Amérique du Sud. Je crois que s'ouvre là un débat qui est presque un continent à explorer.

Pierre Guillaume. — *Une institution dont l'histoire est connue ne s'est consacrée qu'aux garçons ; et la question a été posée : pourquoi pas les filles ? J'y vois trois raisons : 1. Les garçons peuvent accomplir des travaux agricoles ; pour les filles, il faut créer des ateliers, c'est plus compliqué. 2. Des institutions religieuses s'occupent très bien des filles. 3. La criminalité féminine potentielle est infiniment moins redoutable et dangereuse ; au pire, il s'agit de la prostitution, et elle fait moins peur que les bandes de délinquants.*

Jean-Marie Anglade. — *La « représentation », au sens où on demande l'avis des gens pour qu'ils puissent avoir part au débat et ainsi participer d'une manière ou d'une autre aux décisions qui les touchent, apparaît assez peu dans les communications.*

— A partir des salles d'asile et de l'institution l'OREAG, deux exemples ont été donnés où l'avis des parents a pu s'exprimer : quelqu'un a pris le temps un jour de recueillir la parole d'une mère de

famille disant ce qu'elle pensait, ainsi que celle de parents qui avaient décidé de dire aux responsables de l'OREAG qu'ils en avaient assez. D'autre part, l'avis des parents est refusé dans deux exemples : les chatières dans les asiles empêchent les parents d'intervenir; et obligation est faite aux parents, par l'OREAG, d'abandonner leur autorité parentale.

— On nous a parlé aussi de personnes qui se sont ou ont été considérées comme des représentants. Jacqueline Roubert a parlé de Monod, et de certains médecins; Jean-Noël Luc, des inspecteurs d'asile qui transmettent les aspirations des gens. Mais ce sont tout de même des pistes que l'on retrouve peu souvent.

La « représentation », en son sens de transmission de ce que pense une population, en l'occurrence les pauvres, est-ce une réalité dont les historiens retrouvent des traces ?

Jean-Noël Luc. — *Votre question est déterminée par votre pratique d'aujourd'hui.*

Pour les notables et les philanthropes de la première moitié du XIXe siècle, comme le baron de Gérando ou le préfet du Nord, Villeneuve de Bargemont (un des premiers catholiques sociaux, selon J.-B. Duroselle, donc un des premiers catholiques à s'être préoccupé du nouveau problème social lié à l'industrialisation), cette question ne se pose pas. Le pauvre, dans la mesure où il demande une assistance à la collectivité, est considéré comme ne possédant aucun droit, ni celui de citoyen ni celui de père. Puisqu'il n'est capable d'être ni un bon père, ni un bon citoyen, ce sont ceux qui vont l'aider ou le prendre en tutelle — associations charitables ou Etat — qui auront le droit et aussi le devoir de parler en son nom.

Ces philanthropes sont tout de même conscients qu'il n'est pas possible de parler au nom du pauvre en restant dans son salon. Il est nécessaire d'aller sur le terrain, d'accéder à l' « intelligence du pauvre » comme le souligne la communication d'Alain Faure sur la Société Saint-Vincent-de-Paul. L'académie de Lyon, par exemple, pose la question : quel est aujourd'hui le meilleur moyen pour aider les pauvres — meilleur à la fois pour celui qui aide et celui qui est aidé ? Le baron de Gérando répond, dans Le Visiteur du pauvre *(1820), en affirmant : distribuer des secours à domicile, c'est réintégrer les pauvres dans le circuit économique; mais il faut avant tout les connaître et, pour ce faire, d'abord ouvrir ses yeux, et non pas ses mains ni sa bourse. Il faut donc aller dans les familles nécessiteuses, voir comment elles vivent, se rendre compte de leurs besoins réels.*

Mais tout cela certainement avec un souci très différent de celui d'ATD Quart Monde, car en fait il s'agit de déceler le mauvais pauvre, d'être sûr que l'on va gérer l'indigence de manière rationnelle et efficace. La fin du siècle connaît, je pense, une évolution. L'idée retenue pour la première moitié du XIXe siècle, c'est que le problème de la représentation ne se pose pas : par définition, ceux qui vont aider les pauvres sont à la fois leurs tuteurs et leurs porte-parole.

ARLETTE FARGE. — Le terme même de représentation est très difficile. Il comprend beaucoup de sens : représentation de qui, pour qui, comment et pourquoi ? C'est intéressant de chercher à le préciser. Au XVIIIe siècle, la représentation ne peut pas tenir compte de l'avis des pauvres, puisque ceux qui s'en occupent présentent le « peuple » comme « animal » (= instinctif) et « femelle » (= hystérique) ; on peut en lire les descriptions dans les rapports de police. Ce sont d'abord les représentations des classes dominantes qui s'imposent.

PHILIPPE-JEAN HESSE. — On a parlé de la représentation des familles, mais on n'a rien dit de l'enfant. Il me semble que la période révolutionnaire a une certaine vision de ce que pourrait être la participation de l'enfant à la prise de décision, peut-être pas dans la pratique, mais au moins à un niveau conceptuel. Un premier exemple : un arrêté du Directoire, de 1794, dit que les enfants abandonnés seront versés dans la Marine ; et il ajoute : « s'ils le souhaitent ». Peu après, dès le début du XIXe siècle, les conseillers généraux disent que ces enfants seront d'office envoyés dans la Marine. Un autre exemple : dans les écoles centrales mises en place pour le secondaire (ce qui, certes, ne touche pas les plus défavorisés, car ils ne sont pas dans les écoles), les enfants choisissent les cours qu'ils veulent suivre ; ils ont leur mot à dire.

NICOLAS CAPELLE. — En regardant l'histoire des frères des Ecoles chrétiennes sur trois siècles, et particulièrement au XIXe siècle, on constate que les frères sont issus de milieu populaire. Certains savent donc ce qu'il faut mettre en place pour les jeunes en difficulté ; étant donné leur milieu d'origine, ils les connaissent. C'est pourquoi ils n'ont pas besoin de s'intéresser à la représentation.

JEAN LECUIT. — Je voudrais réagir à l'ensemble des communications en partant de celle de Jean-Noël Luc.
En 1830, les asiles ont été voulus par le législateur comme un moyen de lutter contre la grande pauvreté. Dans l'esprit de ceux qui les ont projetés, ils étaient destinés aux milieux les plus pauvres : les enfants

pourraient bénéficier d'une première éducation pendant que leurs mères contribueraient par leur travail à l'amélioration des conditions de vie de la famille.

Cette action s'est révélée être un échec en ce qui concerne les plus pauvres, dans la mesure où ils ont finalement été exclus des salles d'asile. D'autres milieux ont profité de ces salles et, par peur des plus pauvres, se sont organisés pour que les enfants les plus défavorisés ne fréquentent pas les mêmes classes que leurs propres enfants. Les rapports d'inspecteurs, dont a fait état Jean-Noël Luc, nous montrent que cet état de choses a été dénoncé en plusieurs endroits et à des moments différents. Une évaluation correcte de l'action par rapport à ses objectifs n'a donc pas manqué chez certains de ces inspecteurs.

Cet échec n'aurait-il pas comme origine la méconnaissance que l'on avait des milieux les plus pauvres — par exemple le fait que les luttes des parents de ce milieu pour leurs enfants n'étaient pas perçues ?

Le cheminement de la réflexion des frères des Ecoles chrétiennes, tel que nous l'a exposé Nicolas Capelle, montre comment l'évaluation correcte d'un échec amène à mieux connaître les plus pauvres et à les comprendre. L'expérience de l'OREAG, en Gironde, apporte le même enseignement. Une meilleure compréhension de ce que sont les jeunes conduit à une reprise avec eux de leurs projets et à un renouveau éducatif dans d'anciennes structures. Enfin, l'école foraine fondée par une foraine, à laquelle il a été fait allusion, partait de l'intelligence du milieu qu'avait l'initiatrice.

Nicolas Capelle nous a aussi montré que cette connaissance appelle à un engagement avec les plus pauvres, si l'on veut agir de manière efficace. Il nous a rappelé les choix du fondateur des frères des Ecoles chrétiennes, et ceux des frères d'aujourd'hui qui effectuent un retour aux sources en allant vers les jeunes les plus défavorisés. Cet engagement ne procéderait-il pas de la même dynamique que celle qui a poussé les responsables de l'OREAG à tenir compte des projets des jeunes ?

Quant à la représentation — c'est-à-dire parler en son nom propre —, qui est une de nos préoccupations durant ces deux jours, ne peut-on pas en voir une manifestation dans certains faits qui nous ont été rapportés ? Ces faits ne seraient-ils pas d'ailleurs l'expression de la pensée des plus pauvres au XIXe siècle ?

Les plus pauvres s'expriment à travers des pratiques de « résistance » auxquelles on a fait allusion. Des parents menacent : « On verra bien s'ils seront nos maîtres ! » ; des enfants et des jeunes fuient les institutions où ils sont enfermés. Ces pratiques sont révélatrices de ce que pensent les plus pauvres ; car il s'agit bien d'une pensée vécue qu'il reste à élucider.

Ainsi, la connaissance des pratiques des parents et des enfants, par exemple dans les institutions dont nous ont parlé Jacqueline Roubert et Pierre Guillaume, ne pourrait-elle pas nous aider à mieux connaître la pensée de tout ce milieu au XIXe siècle, et à comprendre comment il a essayé de se faire entendre ?

JEAN-NOËL LUC. — J'évoquais tout à l'heure la consigne donnée aux philanthropes d'aller vers les pauvres, de les visiter. Mais, comme l'a rappelé Arlette Farge, l'héritage du XVIIIe siècle est quand même celui d'une perception négative de ce milieu populaire, que l'on juge a priori *corrompu et vicieux*.

L'entreprise de l'éducation populaire au XIXe siècle, que ce soit la salle d'asile ou l'école primaire qui se développe à ce moment-là, est une entreprise de rééducation. Pour les salles d'asile, je précise qu'il s'agit d'une entreprise nationale considérable : 600 000 inscrits en 1880. L'école maternelle n'a pas commencé avec Jules Ferry ! Pour le maire du XIIe arrondissement de Paris, il s'agit de donner à l'enfant le bienfait d'une seconde création plus heureuse que la première. C'est tout dire ! Non seulement aucun effort n'est fait pour comprendre le milieu, mais on considère qu'il faut arracher tout ce qui pourrait attacher l'enfant à son milieu.

En ce qui concerne le souci de l'avenir de ces enfants, il s'agit de préparer, dès le plus jeune âge, dès l'école primaire, des ouvriers résignés et soumis. L'idéologie dominante au XIXe siècle fait de toute entreprise éducative un instrument de reproduction sociale.

En parlant des pratiques de résistance, vous mettez le doigt sur un des problèmes les plus passionnants pour tous ceux qui étudient l'éducation populaire. Mais il est plus difficile à cerner dans la mesure où la parole des résistants nous apparaît toujours découverte à travers le regard forcément critique et dénonciateur des institutions. C'est encore plus difficile si l'on s'attache à retrouver les pratiques des plus pauvres, et non pas seulement des pauvres.

A la demande des organisateurs du colloque, c'est ce que j'ai essayé de faire. Je vous ai transmis le peu que j'ai trouvé au hasard d'un rapport d'inspecteur — par exemple, trois mots, ou une phrase, prononcés par les plus démunis eux-mêmes. Je crois que ces résistances existaient.

Jean Lecuit. — *Cette entreprise d'éducation n'échoue-t-elle pas parce que les plus pauvres ne sont pas vraiment atteints ? On peut se demander si un effort de compréhension, avec un autre regard sur les plus pauvres, ne permettrait pas d'obtenir un autre résultat.*

Arlette Farge. — *Dire que la peur conduit à l'échec est peut-être une interprétation un peu trop psychologisante. Mais vous touchez là un problème important. Les motivations individuelles et psychologiques sont portées par un climat social et politique. Il serait intéressant de faire une étude sur les inspecteurs, leur fonctionnement social et politique dans la vie de la cité. Je crois qu'on aurait là des clés très intéressantes.*

Actuellement, le Mouvement ATD Quart Monde part du postulat que les plus pauvres ont quelque chose à dire et qu'on doit être à leur écoute. Je pense qu'au XIXe siècle, et même au XXe siècle, on n'accordait pas le droit à la parole aux assistés, aux dépendants ; le fait même d'être assisté vous privait du droit à la parole. J'en donnerai deux exemples. Dans les années 1930, des instituteurs tuberculeux demandent à être représentés au conseil d'administration du sanatorium où ils se trouvent. Cela leur est refusé par la mutualité de l'enseignement, parce que « assistés ». Puisqu'ils n'ont rien, on considère qu'ils doivent se contenter de ce qu'on leur donne sans avoir à intervenir dans la décision. Autre exemple : celui des étrangers candidats à la naturalisation, eux aussi dépendants. S'ils ont eu la moindre velléité d'autonomie — comme le fait d'avoir milité dans une organisation syndicale ou politique, de droite ou de gauche — leur dossier est refusé. Ils doivent avoir l'attitude de quelqu'un qui n'a rien à exiger de la société. J'opposerai le schéma du « dépendant », qui ne doit rien demander, à celui du « contribuable », qui est électeur parce que contribuable. Cette logique nous est venue d'Angleterre.

Je crois que les historiens, s'ils le veulent, ont les moyens de retrouver ce dont vous parlez, à travers des sources même biaisées.

Vous avez raison de nous questionner. Il faut « asticoter » les historiens, surtout maintenant où ils sont davantage orientés vers l'histoire des idées que vers l'histoire des acteurs sociaux.

Sabine Lemercier.— *Juste une interrogation à propos de ce non-dit. Est-ce qu'en dehors des supports habituels, que sont la parole et l'écriture, il n'y aurait pas d'autres éléments d'information qui permettraient de rejoindre une histoire ? Par exemple, des images, des dessins, diverses formes d'expression artisanale ou autres, qui seraient images de la vie et des aspirations des pauvres ? Pour les très pauvres en France, n'aurait-on pas gardé quelques « documents » qui seraient des sources, des gribouillages d'enfants dans les asiles par exemple ?*

JEAN-NOËL LUC. — *Pour cette étude précise, on n'a pas de tels documents. On pense parfois que les historiens peuvent tout trouver... En fait, ils doivent aussi faire avec leurs lacunes. De combien de cahiers d'écoliers d'avant 1950 dispose-t-on en France, par exemple ? On a très très peu de documents pour ce qui est de la production des enfants.*

Il reste qu'Arlette Farge a raison. Il faut nous interpeller ! Mais je voudrais d'abord vous faire comprendre l'importance de mes lacunes et mon désarroi. Quand je parle des rapports d'inspection, il faut savoir qu'on en compte des centaines et des centaines. J'ai pris, pour toute la France, 40 départements témoins et 4 périodes témoins au XIXe siècle ; j'ai passé des mois aux Archives nationales. Mais, effectivement, je n'ai pas lu ces rapports en y cherchant la présence des plus pauvres ; et il est évident que j'ai dû laisser passer des indications.

Quand j'ai préparé ma communication, j'ai travaillé sur mes notes et relevé ce qui concernait les plus pauvres. Si j'avais étudié tous les rapports eux-mêmes avec cette idée de la présence ou de la parole des plus pauvres, j'aurais peut-être trouvé davantage, mais tout de même très peu. On est certes prisonnier d'un regard ; mais en même temps on ne peut pas faire dire aux sources plus que ce qu'elles disent.

RÉMI GONTHIER. — *Je voudrais citer un exemple de résistance des plus pauvres : le musée de l'Assistance publique de Paris expose des petits mots épinglés par des mères sur des maillots d'enfants dits « abandonnés ». Ce sont de véritables témoignages d'amour des parents pour leurs enfants.*

On peut se demander s'il ne faut pas aller chercher des traces des expressions de résistance ailleurs que dans les structures éducatives. Par exemple, l'errance des enfants, des jeunes, des parents, de populations, sont des comportements que l'on juge comme de l'errance, sans autre détermination. En fait, cette errance peut être une forme de résistance à la misère : le refus d'un travail forcé, d'une forme de moralisation autour du travail, de l'hygiénisme, etc., ou la recherche d'un travail et d'un avenir meilleurs.

La chanson et le roman populaires témoignent abondamment de cette résistance des très pauvres à telle ou telle forme de travail et aussi de l'aspiration à une vie meilleure.

Philippe-Jean Hesse. — *Au sujet de l'errance, il est difficile de faire la distinction, dans l'ensemble du phénomène migratoire, entre celle qui serait une réponse négative à un modèle de société et celle qui ne serait qu'une recherche de travail. O. Hufton, dans son étude sur les pauvres en France au XVIII*^{e} *siècle, montre combien cette migration, qui se poursuit au XIX*^{e} *siècle, est un expédient. On retrouvera alors des éléments au travers de rapports de gendarmerie, mais de façon négative : l'errant est toujours un « hors-la-loi ». Or, de fait, beaucoup de ceux qui sont arrêtés pour vagabondage ou mendicité sont en réalité en route pour aller chercher un travail dans une autre région, soit selon des circuits « préétablis » qu'on refait d'année en année et de génération en génération, soit vers de nouvelles possibilités, comme l'industrialisation naissante dans telle ou telle région, qui provoquent des sortes de « ruées vers l'or ».*

Au sujet du roman populaire, je suis un peu dubitatif — bien que je ne sois pas du tout spécialiste. Très souvent, il provient de milieux non populaires et reproduit des modèles que l'on veut imposer au monde populaire. De même à travers le journal — je pense à L'Ouvrier *paru au XIX*^{e} *siècle —, on veut transmettre une certaine image. C'est davantage un moyen d'éducation destiné au milieu populaire qu'un moyen de résistance de la part de ce milieu — ne serait-ce que parce que les très pauvres eux-mêmes n'ont pas cette capacité d'expression écrite que l'on retrouve dans le journal ou le roman.*

Il reste la chanson populaire qui vient plus ou moins de milieux pauvres, mais sans doute pas très pauvres. Les recueils de ces chansons révèlent une volonté de copier la bourgeoisie et de s'identifier au modèle culturel dominant. Ce sont les chansons à boire, les fleurettes, les bluettes poétiques, etc. On connaît quelques chansons sociales d'opposition, mais on en fait vite le tour — ce qui ne veut pas dire qu'il n'y en ait pas eu bien d'autres qui auraient disparu. Là encore, l'historien du XVIIIe *ou du XIX*^{e} *siècle est bien obligé de passer par ce qui a été écrit, ce qui donc a déjà fait l'objet d'une sélection. On sait, par exemple, que les mineurs ont fait des poésies et des chansons, mais il en reste très peu. Un ou deux mineurs seulement sont passés à la postérité, grâce sans doute à la conjoncture liée à la Première Guerre mondiale. Je crains que dans une telle recherche, on n'aboutisse qu'à fort peu de résultats.*

En revanche, dans les archives judiciaires au sens large, y compris les enquêtes administratives, Arlette Farge le confirmait, on a tout de même des éléments d'expression et de connaissance des plus pauvres. Je prends un exemple très minime : les demandes d'autorisation pour atteler des chiens en Loire-Atlantique au XIXᵉ siècle, à propos desquelles on conserve toute une série d'enquêtes de gendarmerie. Dans un de ces rapports, un gendarme raconte s'être rendu dans le milieu des petits commerçants de détail très pauvres ; il en décrit les logements et parfois donne des indications sur les modes de vie.

Les Archives départementales se sont largement débarrassées de ce genre de documents, parce qu'il y en avait trop. Pourtant, les rapports de justice et de gendarmerie sont généralement les meilleurs canaux pour connaître la parole des pauvres, au moins de manière indirecte, ne serait-ce que parce qu'on a appris au gendarme à reproduire mot pour mot ce qui lui était dit, alors que d'autres personnes du monde judiciaire ont tendance à biaiser.

Jacques-Guy Petit. — *Entre les volontaires permanents du Mouvement ATD Quart Monde et les historiens, il y a certainement un décalage dans la représentation de la « représentation ». Je comprends mieux maintenant ce que vit et veut dire ATD Quart Monde. Mais quand, pour le colloque, j'ai dû lire les communications d'un autre atelier pour en faire un rapport de synthèse, je concevais le mot « représentation » comme un concept signifiant d'abord ce que les élites et les riches pensaient lorsqu'ils parlaient des pauvres, et cela conformément à ma pratique d'historien du XIXᵉ siècle. Les historiens travaillent beaucoup en ce moment sur l'imaginaire, méthode novatrice qui renouvelle nos méthodes historiques, mais davantage portée sur l'imaginaire des élites. Il est vrai que, comme on l'a déjà dit, dans la première moitié du XIXᵉ siècle, sinon davantage, le riche a souvent souci du pauvre, mais il n'imagine pas que celui-ci puisse avoir quelque chose à lui dire.*

La fin du siècle considère le pauvre comme un barbare, un attardé de la civilisation ou un mineur : on va donc vers lui pour lui apporter quelque chose, à l'exception de quelques expériences très particulières. Dans un autre atelier, la communication d'Alain Faure montre qu'à cette époque, quand on va visiter le pauvre, il est conseillé de chercher à découvrir ses valeurs particulières, par exemple sa solidarité à l'égard de ceux qui sont dans la même situation, ou même au-dessous, son courage, etc. Cette approche est tout à fait nouvelle. Les courants socialistes révolutionnaires de 1848 ne prétendaient-ils pas, non pas dire quelque chose aux pauvres, mais parler en leur nom pour demander une amélioration de la société !

A partir de mes travaux personnels sur la criminalité et la prison, je pense qu'on peut se poser la question : les pauvres, au sens large, ont-

ils eux-mêmes représenté de plus pauvres qu'eux ? Rencontre-t-on des valeurs de solidarité chez les prisonniers, comme Jean-Noël Luc dans les salles d'asile ? Sont-elles plus fortes que les tendances à la ségrégation ?

La question se pose aussi des rapports des ouvriers entre eux, en période de chômage. C'est le problème de la concurrence, déjà abordé par de nombreux historiens depuis quelques années. On constate qu'en période de crise, comme dans les années 1846-1847, la concurrence entre les différents pauvres est telle que ceux qui ont du travail ne parlent pas du tout au nom des plus pauvres, mais au contraire renforcent un certain système d'exclusion.

ROBERT HÉRIN. — *A la lecture des communications de cet atelier, j'ai d'abord été frappé par le caractère très négatif de la représentation des pauvres. Le tableau qui en a été donné ainsi que le vocabulaire (on ne mâche pas ses mots) m'amènent à poser plus généralement la question : dans quelle mesure peut-on se référer à la situation du XVIIIe et du XIXe siècle, et peut-être même à la période qui conduit jusqu'à la Deuxième Guerre mondiale, pour mieux comprendre les situations contemporaines ? Je ne suis pas sûr qu'on se trouve devant des problèmes et des représentations de même nature.*

Une deuxième question est celle de l'utilité des pauvres. Il apparaît, à travers au moins trois des cinq contributions de cet atelier, que les pauvres font peur. Même si on pouvait avoir à leur égard des mouvements de philanthropie, toute une série d'interventions avaient pour objectif la reproduction de la force de travail qu'ils pouvaient représenter, soit en agissant auprès des enfants pour qu'ils deviennent de bons ouvriers, robustes, disciplinés, etc., soit par la libération des mères de familles. Tout cela est à mettre en relation très étroite avec le grand contexte de développement industriel et urbain du milieu du XIXe siècle. Il fallait mobiliser cette force de travail de secours que représentaient les pauvres, et en assurer la pérennité. Certaines communications insistent sur le fait que le pauvre est utilisé comme militaire, objet de guerre ou d'entreprise coloniale (cf. l'Algérie). Tout cela me paraît souligner le rôle des pauvres comme force de travail, force militaire, force de colonisation.

D'autre part, la multiplication des initiatives philanthropiques donne l'impression d'une floraison de tous côtés du souci d'aller vers les pauvres, de les aider, etc. Cela me conduit à la question : quel rapport établissent les historiens entre la philanthropie liée à l'hygiénisme, à la normalité chrétienne, etc., et l'affirmation de l'utilité des pauvres dans le développement économique, que des textes proclament très ouvertement ?

Pierre Guillaume. — *Faire le bien des pauvres, c'est les mettre au travail. Il n'y a aucune incompatibilité au XIXᵉ siècle entre l'utilisation de la force de travail qu'étaient les pauvres et l'exercice de la philanthropie.*

Philippe-Jean Hesse. — *Il y a une parfaite adéquation au XIXᵉ siècle entre la philanthropie et l'image globale de la société : un individu n'a d'intérêt que s'il est utile à la société par son travail (cf.* Le Petit Travailleur infatigable*).*

Je voudrais ajouter qu'au XVIIIᵉ siècle, et parfois au XIXᵉ siècle, beaucoup d'auteurs distinguent les pauvres et les très pauvres. Ceci peut être intéressant par rapport au Quart Monde, et n'a peut-être pas été assez travaillé dans les ateliers du colloque. Je pense au travail Médecine et pharmacie des pauvres, *de 1749, où il est à peu près écrit : « Les pauvres, c'est exactement comme les ombres dans un tableau, cela sert à faire sortir les lumières ; par contre, les très pauvres, cela n'est pas supportable. » Cette image n'est pas seulement la représentation du pauvre par un médecin ; on la retrouve très souvent, en particulier dans les enquêtes paroissiales menées dans les années 1770-1780, dont certaines ont été reprises par O. Hufton, et d'autres publiées ailleurs. Lorsque l'évêque, ou l'intendant, ce qui revient au même, mène une enquête, il distingue bien les pauvres acceptables, ceux qui ne posent pas de véritables problèmes et font partie de la société, des très pauvres, indigents, mendiants, qui, eux, posent quantité de problèmes. Un événement peut faire brusquement passer de la pauvreté à l'extrême pauvreté : ainsi, l'arrivée de nombreux enfants peut amener à l'asphyxie progressive. Avoir plusieurs enfants survivants est le plus sûr chemin pour descendre dans la hiérarchie sociale. De là, d'ailleurs, découlent les infanticides et abandons d'enfants.*

Jean-Noël Luc. — *J'essaie, pour ma part, de résoudre le problème de la contradiction que soulève Robert Hérin, en essayant de comprendre toutes les motivations de ces philanthropes. Je ne prétends pas apporter de réponse, mais j'ai besoin, dans le cadre de mon travail, de les comprendre.*

Je disais à Arlette Farge, en plaisantant, que je n'étais pas néo-foucaldien, parce que je n'arrivais pas à reproduire le sens de l'action de tous ces notables — des hommes, et plus particulièrement des femmes, puisque, comme le disait Arlette Farge, elles ont souvent été pionnières, en occupant un terrain abandonné par la collectivité, les pouvoirs publics et les hommes.

Je disais donc : quelles étaient leurs motivations ? La peur sociale, c'est incontestable. La foi dans une éducation de redressement, autre valeur héritée des Lumières, qui appartient (si on parle très schématiquement) à cette idéologie bourgeoise que dénoncent les néofoucaldiens, c'est également vrai.

Je pense aussi à d'autres motivations que je vous livre très simplement :

La foi personnelle d'abord. Que l'on soit croyant ou non, il me semble qu'on ne peut la négliger. Pour tous ces philanthropes, l'acte charitable est une prière. Plus jeunes sont les enfants à qui ils s'adressent, plus cette prière a des chances d'être entendue. Cette remarque s'appuie sur des textes d'anthologies catholiques ou protestantes.

Un intérêt pour l'enfant, à prendre dans le sens d'une prolongation des découvertes de Philippe Ariès, mais qui n'a rien à voir avec ce qui est mis d'habitude sous l'étiquette « idéologie bourgeoise », surtout pour la tranche d'âge des salles d'asile, les 3-7 ans, à une époque où le corps médical va vraiment découvrir, au sens propre, cet âge, le délimiter et lui donner un nom qu'il garde encore aujourd'hui, la seconde enfance. Je m'appuie là sur un corpus de près de 300 dossiers de médecins, du XVIIIe siècle à la fin du XIXe siècle. Cette période charnière adopte un discours se référant à des préoccupations scientifiques, que je n'hésite pas à considérer comme extra-idéologiques.

La soif de responsabilités féminines est évidente. Pour beaucoup de dames de la bonne société, poussées non seulement par un désir d'expression personnelle, mais aussi par l'enjeu d'un véritable combat, l'action charitable (en particulier à l'égard des enfants) est un domaine, relativement abandonné par les hommes, qu'elles peuvent investir au nom d'une compétence naturelle incontestée. Ces dames patronnesses vont parfois avoir à se battre contre les prétentions des municipalités ou de l'administration, surtout à partir du moment où les ministères de l'Intérieur ou de la Fonction publique vont tenter d'instaurer une certaine forme de tutelle sur ces actions.

Tout en pensant, comme Pierre Guillaume, qu'il n'y a pas de contradiction entre la philanthropie et cette idéologie qui vise à préparer un bon ouvrier, je cherche aussi des motivations parallèles, mais qui peuvent certes être contestées par un autre regard.

Jacques-Guy Petit. — *Vous excuserez la brutalité de ma question : les pauvres ne seraient-ils pas utiles également pour l'identité de celui qui va vers eux ?*

Nicolas Capelle. — *Votre question a quelque chose de juste.*
Je constate, par exemple, que lorsque les frères des Ecoles chrétiennes s'interrogent sur leur identité, ils remontent à leur fondation, et là ils retrouvent les pauvres comme révélateurs : révélateurs de ce que doit être Jean-Baptiste de la Salle ; révélateurs de ce que sont les premiers maîtres ; révélateurs de ce que doivent être ce groupe de maîtres et sa pédagogie.

Je veux insister sur ce qui se passe trois siècles après : le pauvre, j'en ai besoin non pas comme d'un alibi à mon action, mais parce que c'est dans le dialogue avec lui que je vais savoir qui je vais être. Il se peut que le dialogue me pousse à ne plus vivre avec le pauvre. Mais je l'ai touché, il m'a touché et il me renvoie à ce que je décide d'être.

Arlette Farge. — *Sans vouloir conclure, permettez quelques mots. Je crois que nous sommes complètement héritiers du discours sur les pauvres dont nous avons parlé cet après-midi.* On en trouverait des traces multiples, si on y prenait garde. Certes, notre discours est aujourd'hui très policé — personne sans doute n'oserait reprendre les formulations d'autrefois que nous avons entendues — mais l'héritage mental est encore très fort et très lourd. Ce n'est pas à vous, ni aux volontaires d'ATD Quart Monde, que je l'apprendrai.

Je fais un plaidoyer pour l'histoire, mais je crois qu'on ne peut comprendre le présent qu'à travers tout ce système mental qui pèse sur nos épaules.

Séance plénière[1]

Sous la présidence de MADELEINE REBÉRIOUX

Louis Join-Lambert. — *Je trouve que le rapport de synthèse de Marc-Henri Soulet est au cœur de nos questions. Je voudrais le remercier parce qu'il introduit de la clarté, et c'était bien l'objectif de ce colloque.*

Je voudrais essayer de continuer à partir de la réflexion qu'il a menée devant nous et des trois thèmes vers lesquels il nous a entraînés : la possibilité de représenter les pauvres, la légitimité de cette représentation et sa finalité.

Marc-Henri Soulet pose d'abord la question : une représentation est-elle possible, s'il n'y a pas à la fois un ensemble objectif en soi, et un ensemble pour soi ? Je me demande si vous disiez que l'ensemble pour soi doit être préalable à la représentation ?

Avec le Père Joseph, nous avons l'expérience de ce que vous avez appelé un « intellectuel organique ». Il faut être très clair : si nous faisons ce colloque, c'est bien parce que nous avons cela. Si nous n'avions pas eu le sentiment que cet homme nous a entraînés dans une réalité très sensiblement différente de ce que portait chacun d'entre nous, le sentiment aussi que les plus pauvres y adhèrent d'une manière de plus en plus large et qu'ils la reprennent à leur compte, nous ne ferions pas autant référence au Père Joseph. C'est justement parce que le Père Joseph nous apparaît comme quelqu'un qui apporte cela dans notre histoire, que nous vous avons sollicités.

L' « intellectuel organique » — je parle sous votre contrôle —, je comprends que c'est quelqu'un qui a la capacité de dire à un milieu, à un collectif, comment il peut se penser positivement et de manière intelligible pour les autres ensembles de la société ou pour la société dans son ensemble. Je pense ne pas trahir votre pensée ?

Le Père Joseph n'est pas quelqu'un qui vient de l'extérieur. Il a vécu très profondément l'expérience des plus pauvres, expérience d'humiliation, expérience, j'oserais dire, d'inhumanité que vivent les populations les plus exclues. Je crois que c'est tout à fait fondamental. C'est aussi quelqu'un qui a su prendre distance de cette expérience, à travers l'Eglise, à travers le combat ouvrier. Mais, d'une certaine manière, il a eu l'impression que l'Eglise et le combat ouvrier donnaient des réponses insuffisantes. Comme bien des prêtres ouvriers à l'époque, il a choisi de s'enfouir, non pour se taire, mais pour dire et pour aider les gens à dire. Les activités mêmes du Mouvement ATD Quart Monde suivent d'ailleurs encore cette démarche. Notre présence aux plus exclus leur permet de se dire mieux qu'ils ne se disaient préalablement. Et c'est pourquoi je crois que nous sommes dans cette problématique que M.-H. Soulet a appelée celle de l' « intellectuel organique ».

Sur la légitimité de la représentation, je crois que M.-H. Soulet a raison de dire que la représentation des plus pauvres ne va pas de soi, puisqu'il s'agit de représenter ceux dont le statut social est de n'être rien. Il a fallu longtemps pour tirer les conséquences de cet état de fait et se décider à dire publiquement ce qu'ils étaient, à manifester leur identité. Je voudrais quand même interroger les historiens : comment l'identité et la représentation — au sens que nous lui donnons dans ce colloque — d'autres populations ont-elles évolué dans l'histoire ? C'est très important pour nous de le comprendre.

Le Père Joseph a commencé par affirmer, de manière extrêmement radicale : « Ce sont des hommes que, nous, nous ne comprenons pas. » Cette affirmation si radicale venait de sa connaissance de l'expérience de ne pas être considéré par les autres comme un être humain, et d'en venir même parfois à douter de son identité d'être humain. Cette connaissance profondément enracinée lui a permis de se situer dans le camp de Noisy-le-Grand, où il est arrivé en 1956. Il y a habité, et a pu dire : « Ici, nous sommes tous des hommes. » Affirmation qui contredisait ce que la société ne cessait de dire à ces hommes, ces femmes et ces enfants qui étaient là. Puis il leur a dit en substance : « Vous êtes victimes de violations des Droits de l'Homme. Ce n'est pourtant pas au titre de victimes de violations des Droits de l'Homme par la misère qu'il s'agit de se représenter, mais au titre d'êtres qui sont obligés, tous les jours, à cause de leur statut de n'être rien, d'être défenseurs des Droits de l'Homme. »

Les très pauvres « défenseurs des Droits de l'Homme », ce n'est pas une invention, ni même une idée ; ce sont des faits constants, des gestes de tous les jours. Mais ces gestes ne sont pas perçus par notre société, parce qu'elle ne comprend guère ce qui se passe là. Le Père Joseph a compris, à cause de son expérience et aussi parce qu'il est allé ailleurs, que tout cela rejoignait totalement l'aspiration, par exemple, de tous ceux qui militaient dans l'Eglise, dans les organisations ouvrières, dans d'autres lieux aussi.

Dans cette identité, les pauvres se reconnaissaient comme ayant une expérience spécifique : « Vous, vous ne pouvez pas comprendre parce que vous n'avez pas vécu la misère », répètent-ils souvent. Une expérience qui, justement, pouvait finir par être intelligible à beaucoup d'autres personnes, si du moins elle arrivait à se situer comme l'expérience de défenseurs des Droits de l'Homme.

Quant au troisième point, je ne suivrai pas complètement M. H. Soulet. Je crois en effet que vous sous-estimez l'objectivité historique du lien entre Droits de l'Homme et droit positif. Mais là-dessus, il faudrait sûrement travailler et s'expliquer davantage.

CLAUDE MAZAURIC. — *Je ne voudrais pas réduire la question de la représentation à la représentation politique, mais on a abordé dans plusieurs ateliers cette question de la représentation et de la forme qu'elle prenait dans les Etats modernes, tels qu'ils sont issus de la Révolution française, tels que nous les vivons. Le principe fondamental de la représentation dans la démocratie politique, c'est-à-dire dans un régime politique qui n'est pas fondé sur des critères de classes, de corporations ou d'ordres — et on voit bien que c'est aujourd'hui le modèle entraînant dans le monde —, c'est la représentation des citoyens. Les citoyens peuvent bien, s'ils le souhaitent, s'organiser en associations, partis, etc., pour constituer des groupes de pression ou de représentation subjective, mais la représentation, c'est la représentation de la nation à travers ceux qui représentent le peuple, les citoyens. Dans ces conditions, je ne vois pas comment une identité peut se représenter valablement dans un système politique démocratique. Ce qu'on peut par contre représenter, c'est une volonté politique prenant en charge la responsabilité d'un Etat face à un problème quelconque, en l'occurrence le problème que l'on évoque pendant ce colloque. Ce faisant, la question de la « gestion » des pauvres et de l'expression de leur identité se poserait moins, même par des intellectuels organiques. Je rappelle à ce propos qu'en ce qui concerne les « intellectuels organiques », Gramsci ne dit pas seulement qu'ils sont représentatifs ; ils ont aussi vocation à exprimer et à réaliser leur hégémonie, c'est-à-dire à imposer des solutions, ce qui est tout différent : non pas simplement la satisfaction d'être soi-même dans sa dignité, mais la volonté de transformer quelque chose. Le problème n'est donc pas la question de la « gestion » des pauvres, mais celle de l'abolition des procédures qui reproduisent inlassablement de nouvelles couches de pauvres, remplaçant les anciennes, s'ajoutant à elles ou les modifiant. Dans une démocratie politique, c'est une volonté politique qui peut se représenter, et non une identité sociologique. Ou alors, on renonce aux principes sur lesquels sont fondés ces Etats contemporains.*

C'est une question tout à fait essentielle, parce que si la représentation devient celle d'une volonté, le problème qui se pose est antérieur à l'expression de cette volonté : il est de l'action qui s'organise dans la société pour que cette volonté devienne hégémonique, majoritaire, influente ou déterminante, peu importe ici le terme que l'on peut employer. Je crois que dès que l'on renonce à l'idée d'un Etat de classes — et il faut ici renoncer à Babeuf qui le proposait — il faut accepter les règles selon lesquelles la représentation passe par les procédures antérieures que sont celles de l'association, de l'organisation et de la militance. C'est un problème différent. Je crois que Marc-Henri Soulet l'avait d'ailleurs clairement posé.

THOMAS RIIS. — *Je voudrais faire une remarque au sujet des comparaisons avec d'autres pays que souhaitait Etienne Fouilloux. Pour ce qui nous occupe aujourd'hui, il est un pays plus important que l'Angleterre, c'est l'Italie. Tout ce qui a trait à l'idéologie de l'assistance à la pauvreté se passe en Italie un siècle, en tout cas un demi-siècle, avant les autres pays.*

Au sujet de ce que l'on évoquait sur le travail : en Suède, pays où l'on manque de main-d'œuvre, l'obligation au travail est introduite au milieu du XIVe siècle. On possède un texte de 1400 qui exalte le travail et propose aux riches de travailler, même s'ils n'en ont pas besoin, et de donner leurs revenus aux pauvres. Une obligation de travail comme force morale.

YVONNE KNIEBIEHLER. — *C'est encore à propos de l'atelier 2 parce que j'ai beaucoup admiré ce qu'a dit Marc-Henri Soulet, mais ça ne rendait pas compte de ce qui s'est dit dans notre atelier. Il a fait une construction remarquable, très brillante et à laquelle j'adhère, mais nous avons dit tout autre chose et d'aussi intéressant je crois. Pour ma part, j'ai notamment entendu passer les réfugiés de Gérard Noiriel ou mes propres femmes pauvres, et j'ai vu là des gens qui n'attendaient pas que les œuvres sociales les représentent mais qui se représentaient eux-mêmes fort bien et avec beaucoup d'énergie. Alors, il me semble que cette représentation des pauvres par eux-mêmes, le fait qu'ils prennent leur destin en main avec souvent beaucoup d'énergie et d'efficacité, ça devrait être aussi quelque chose qui soit mis en valeur dans ce colloque. Je regretterais que ça ne le soit pas.*

Jean-Maurice Verdier. — *Je ne veux pas anticiper sur le débat du forum de demain, puisque je dois l'introduire, mais je voudrais quand même dire qu'il ne me paraît pas possible de conserver cette idée que dans le cadre de la représentation classique, politique, parlementaire, unique de la nation, il n'y ait pas d'identités autres à représenter. Ce serait une vision trop retardataire au regard de ce qu'est notre démocratie actuelle. Les syndicats maintenant représentent les identités qui sont créatrices de normes, de règles. La protection sociale n'est pas, avant tout, décidée par le Parlement. Et au niveau de l'Europe, ce n'est pas le Parlement européen qui fera les choses. Il faudrait qu'on ait d'abord une charte des droits sociaux au niveau de l'Europe qui renvoie à la négociation des partenaires sociaux la définition des règles les plus fondamentales.*

Je crois que le problème est bien de savoir comment on peut organiser la représentation de certaines identités. L'identité des pauvres est une identité difficile à représenter. Pierre Rosanvallon l'a assez dit, et d'autres aussi. Mais je crois qu'il faut partir avec cette idée que le fait que, politiquement et du point de vue parlementaire, la représentation soit unitaire, unifiée ou unique, comme on voudra, ne doit pas masquer la nécessité de trouver des modes de représentation sociale d'identités autres que l'identité nationale, c'est-à-dire des modes qui ne soient ni sociologiques ni juridiques.

Madeleine Rebérioux. — *Ce que Jean-Maurice Verdier nous propose, c'est la représentation par l'association. C'est-à-dire la capacité des organisations à affirmer, à étoffer, pour une part aussi à faire naître, ce que vous appeliez tout à l'heure la conscience pour soi. Comment se constitue-t-elle ? A travers quoi ? Quel peut être son apport à une reconnaissance de ceux qui sont les plus pauvres dans une société où il y a beaucoup de riches ?*

Jean-Pierre Pinet. — *Cette représentation politique dont nous parlons, peut-elle exister seule et comme un en-soi ? La représentation des pauvres, n'est-ce pas également de pouvoir dire qui l'on est, pouvoir prendre part au débat à tous les niveaux de la société ? Il me semble que cet aspect a été relativement peu abordé, surtout pour ce qui est des moyens à mettre en œuvre. Comment, face aux œuvres, face à l'assistance sociale, pour prendre des situations contemporaines,* *peut-on affirmer non seulement son identité, mais ce que l'on pense, ce que l'on souhaite, vers quoi on voudrait aller, etc. ? Quel pouvoir, et quelle maîtrise, les familles les plus pauvres ont-elles sur les images qui sont données d'elles-mêmes par les autres ? Et serions-nous prêts à leur reconnaître un tel pouvoir ?*

MADELEINE REBÉRIOUX. — *Mais ne pensez-vous pas que ce pouvoir d'être entendu passe par des organisations ? On voit mal comment et pourquoi des individus ou des familles, parce qu'elles sont particulièrement pauvres, pourraient se faire entendre si elles ne s'associent pas, si elles ne s'organisent pas. Je pense que c'était ce que voulait dire Claude Mazauric tout à l'heure, quand, s'agissant du politique, il disait qu'il y a un volontarisme politique, comme celui des partis politiques. Je crois que les politologues montrent bien aujourd'hui que la fonction des partis politiques, c'est de rendre les gens citoyens. Par exemple, la fonction des partis qui se réclamaient du monde ouvrier était de rendre citoyens les ouvriers pauvres, pas les plus pauvres sans doute, mais pauvres tout de même et qui avaient tant de raisons de se sentir tels dans une société où ils ne disposaient d'aucun pouvoir. Socialement parlant, les syndicats peuvent le faire à l'égard des salariés. Mais quand on n'est pas salarié, quand on est dans cet état de détresse qui est décrit comme l'état des plus pauvres, sans travail et vivant de formes d'assistance toujours précaires, je vois mal comment, en dehors de l'association, quoi que ce soit puisse émerger qui leur permette de dire : « Nous serons entendus par monsieur le maire... »*

---

1. Cette séance a eu lieu à la fin de la première journée du colloque. Elle était précédée de la communication des rapports de synthèse que l'on aura déjà lus à la fin de chaque chapitre.

CHAPITRE 7

Confrontation de l'économique et du social

Les mouvements de longue durée : le déclin économique et les causes de la pauvreté

THOMAS RIIS

Traditionnellement, les chercheurs ont regardé la pauvreté comme un phénomène touchant seulement une génération, bien que l'on reconnaisse qu'une enfance pauvre est un mauvais point de départ pour la réussite matérielle dans la vie. On sait que la vie d'une personne peut avoir des périodes marquées par la pauvreté — donc des fluctuations à court terme —, mais on n'a guère étudié les mouvements de longue durée. Se servant de la méthode de l'histoire orale, Anne-Marie Rabier et Guy Piquet[1] ont pu établir des mouvements lents de la condition matérielle d'une famille depuis le XVIIIᵉ siècle. Ainsi, ils ont pu découvrir « un cumul de handicaps qui dure depuis des générations[2] » ou que dans certaines familles l'exclusion existe depuis plus d'un siècle[3], bref, que la pauvreté peut être héréditaire.

Si cette découverte a une validité générale, elle aura des conséquences bouleversantes pour l'assistance aux pauvres : la situation d'un individu peut être le résultat d'un cumul de handicaps qui pourtant chacun séparément ne suffirait pas à destituer la personne. Aussi, si l'on connaît la nature des handicaps, il sera plus facile de découvrir les mécanismes menant à la pauvreté.

Le but de l'intervention que je vous présente est de voir si la découverte de la pauvreté héréditaire est valide en me fondant sur une documentation plus ancienne et non française, celle du Danemark des XVIᵉ et XVIIᵉ siècles. Parlant de Lille, le professeur Codaccioni a montré l'utilité des registres des successions[4], nous nous servirons du même type de sources, mais pour la ville d'Elseneur, au Danemark. Nous étudierons un certain groupe social, à savoir les immigrés d'origine écossaise dont le nombre culminait vers la fin du XVIᵉ siècle[5].

Le choix de cette catégorie d'immigrés nous permet d'éliminer plusieurs causes d'interférence : comme immigrés, du moins pendant la première génération, ils étaient obligés de se débrouiller, et comme Ecossais ils étaient si loin de leur pays natal que la possibilité d'aide était insignifiante.

Il paraîtra étrange que je ne vous parle guère de personnes pauvres. La raison en est qu'il est plus facile de suivre les familles riches pendant plusieurs générations, et que c'est seulement chez les personnes aisées que l'on pourra établir la décadence économique.

Un jeune Ecossais, Alexander Lyall, s'établit à Elseneur en épousant, au plus tard en 1528, la fille du maire de la ville. Ses affaires marchaient bien et, à sa mort en 1560, il était le négociant le plus riche de la ville. Il possédait un manoir et un village ; en outre, il était depuis 1548 le directeur du péage du Sund. Quand il rédigea son testament en 1549, sa fortune était de 10 000 daler (au moins). Probablement envisageait-il que l'un de ses trois fils continuerait le commerce, tandis qu'un autre s'occuperait de l'exploitation agricole et que le troisième trouverait un emploi dans l'Eglise. L'achat par le roi des propriétés rurales de la famille empêcha la réalisation d'une partie du plan[6].

Nous n'avons pas de sources qui nous permettent d'évaluer en chiffres la fortune de Frederik, fils aîné d'Alexander, mais tout nous laisse croire qu'il succéda à la richesse de son père comme il lui succéda en ses qualités de négociant, maire et directeur du péage du Sund[7]. Son frère, David, laissa à sa mort en 1589 une fortune de 2 925 daler, ce qui était une somme considérable, mais probablement bien inférieure à celle de son frère.

Les descendants de Frederik et de David n'eurent pas la même réussite matérielle : le fils de Frederik, Alexander II, laissa au moins 9 820 daler, tandis que le fils de David, David II, n'en laissa que 425[8]. L'autre fils de David Ier, Poul, maire d'Elseneur, était à sa mort fortement endetté, devant 1 465 daler[9].

Si nous calculons l'indice des héritages de la famille en prenant comme base la fortune d'Alexander Ier — vers 10 000 daler — nous arrivons aux chiffres suivants :

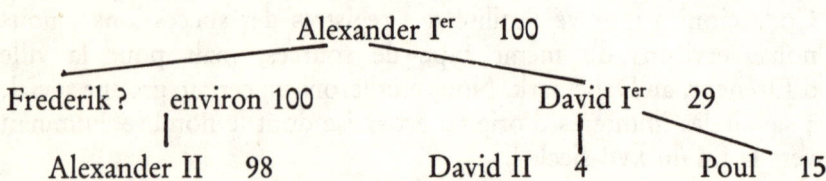

On voit donc que la branche de Frederik maintint son niveau social, tandis que celle de David n'y arriva pas sans s'endetter.

Quelles furent les causes ? Evidemment, on ne peut exclure les facteurs individuels, car tous les fils du négociant n'ont pas l'étoffe d'un grand homme d'affaires. Ainsi, la prospérité d'Alexander II est, du moins en partie, due à l'héritage de son frère Frederik II, mort une année avant Alexander [10]. En dehors de ces causes, nous constatons que la différence entre les deux branches remonte à la génération des enfants d'Alexander. Frederik aida son père dans l'administration du péage du Sund et lui succéda dans cette tâche ainsi que dans le commerce. Hans poursuivit une carrière intellectuelle, tandis que David... Probablement, était-ce lui qui devait s'occuper des propriétés rurales, mais quand le roi les acheta, il fallut trouver autre chose. Bien sûr, il avait sa part de l'héritage, et il faisait du commerce avec son frère, mais il n'avait pas les mêmes possibilités de gain que ce dernier, ce qui allait se manifester à la génération suivante.

Une autre famille de notables était alliée aux Lyall, car le conseiller municipal Hans Davidsen Ier était le beau-frère d'Alexander Lyall Ier. Nous ignorons la fortune exacte de Hans Davidsen, mais tout porte à croire qu'elle n'était pas dédaignable. Son fils David Hansen Ier, négociant, conseiller municipal et douanier-adjoint au péage du Sund, avait en 1589 une fortune de 21 305 daler, ses fils Hans Davidsen V, conseiller municipal, et le maire et douanier-adjoint au péage Christen Davidsen laissèrent respectivement 9 060 daler en 1610 et 3 652 daler en 1659, tandis que la fortune du fils de Hans Davidsen V, Hans Hansen, ne s'élevait qu'à 850 daler[11]. Prenant comme base la fortune de David Hansen Ier, en 1589, nous arrivons à l'indice suivante :

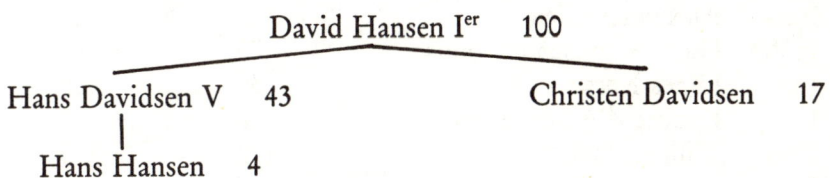

Les chiffres montrent la même tendance que nous avons constatée pour les Lyall, même si Hans Hansen, mort jeune, n'eut pas le temps de se faire une fortune. La situation de Christen Davidsen était peut-être due au fait que ses tâches de maire et de douanier-adjoint lui laissaient peu de temps pour faire du commerce — en même temps que ce travail lui assurait un revenu régulier le protégeant contre l'endettement excessif.

Nous avons pu constater pour deux familles la tendance au déclin économique, qui n'était pas accompagnée d'une perte de considération sociale. La tendance, on peut la retrouver dans des familles nobles dont le fondateur était immigré de l'Ecosse[12]. Certains essayaient de remédier à la perte de la fortune familiale en poussant les enfants vers les emplois sûrs dans l'Eglise, la bureaucratie ou les forces armées, freinant ainsi la mobilité descendante de la famille.

Il semble donc qu'il faille reconnaître le déclin économique d'une famille au cours des générations comme un facteur à long terme causant ou aggravant la pauvreté. Pourquoi il en fut ainsi reste à découvrir. Il est vrai que les fortunes disparaissaient par le fait d'être partagées entre les héritiers, mais d'autre part les immigrés avaient probablement encore moins de ressources quand ils s'établirent au Danemark. Les successions ne sont donc probablement pas la cause de la décadence à long terme.

Celles-ci et les bilans nous permettent parfois de trouver certaines causes à court terme de la pauvreté. Le cas du cabaretier Samuel Gordon, de Copenhague, est révélateur à ce propos. A sa mort en 1699, il laissa un déficit de 53 daler, dont 36 pour les funérailles et 4 pour l'assistance médicale[13]. L'importance des obsèques, on la constate dans les chiffres suivants (daler de 64 skilling)[14] :

		Funérailles	*Surplus/déficit*
1626	David Lyall II	64	− 638
1643	James Greenwood	90	+ 120
1651	Epouse de Hans Jack	28	− 11
1652	Epouse de Hans Hansen	9	− 2
1652	Veuve de James Black	44	− 68
1654	Alexander Glen	22	− 168
1656	Hans Adamsen et épouse	73	− 88
1659	James Kerse	39	− 89
1659	Epouse d'Albert Skraedder	28	+ 4
1663	William Jack	172	− 275

Les chiffres montrent avec beaucoup d'insistance que le cas de Gordon n'était pas unique, bien au contraire, car on voit bien la préoccupation de la famille au sujet de l'enterrement du défunt ou de la défunte pour que tout soit célébré de façon décente. Les voisins et les amis pensaient de la même manière. Cela dit, il ne faut pas oublier un autre motif : la gratitude à l'égard du disparu, combinée avec l'idée qu'il méritait des funérailles « comme il faut ».

On constate de même que les grandes funérailles signifiaient un sacrifice économique qui aggravait une situation précaire ou même causait le déficit. Une maladie prolongée pouvait avoir un effet identique comme nous l'indique le cas du tailleur Hans Sandersen V. A sa mort, il laissa un déficit de 6 daler, mais parmi ses dettes, 39 daler revenaient à l'hôpital où il avait été soigné pendant 39 semaines [15].

Qu'une maladie prolongée puisse causer la pauvreté n'est pas une nouveauté ; par contre, le rôle des funérailles paraît avoir été sous-estimé par les historiens, mais pas par les contemporains. Les statuts des confréries, des guildes ou des corporations contiennent presque toujours des clauses réglant le comportement des membres à propos de la mort d'un confrère.

Cependant, nos études paraissent confirmer l'hypothèse d'A.-M. Rabier et de G. Piquet citée tout à l'heure, ce qui semble ouvrir de nouvelles perspectives et inviter les chercheurs à certains travaux. D'abord, nous avons trop peu d'analyses séparées dans le temps et dans l'espace pour nous permettre de dire avec certitude qu'il existe une tendance au déclin économique d'une génération à l'autre. Aujourd'hui, nous pouvons seulement dire qu'elle est probable.

Dès maintenant — et c'est ce qui peut faire de nos recherches autre chose qu'un passe-temps intellectuel — nous devons chercher les causes profondes du déclin économique. Tout d'abord, il faut voir si l'on a besoin de ressources complémentaires (dot, fortune, deuxième revenu) pour maintenir le niveau social de la famille d'une génération à l'autre.

La vérification de l'hypothèse d'A.-M. Rabier et de G. Piquet ne manquera pas d'avoir des conséquences pour l'assistance sociale actuelle. Très souvent, le but des subventions données est d'aider la famille à survivre ou, mieux encore, à se redresser. Pour ce faire, elles ne suffisent pas, car elles ne font que remplacer le salaire, qui était sans doute déjà modeste. Seule l'augmentation forte de l'assistance permettrait au pauvre de briser le cercle vicieux de la décadence économique.

---

1. A.-M. Rabier et G. Piquet, « Soleil interdit ou deux siècles de l'exclusion d'un peuple », *Igloos*, 96(1977), 136 p.
2. *Ibid.*, p. 90.

3. *Ibid.*, p. 129.

4. Félix-Paul Codaccioni, « Approches de l'histoire du sous-prolétariat lillois à la fin du XIXe et au début du XXe siècle », *Dossiers et documents de la revue Quart Monde*, n° 1, intitulé *Le Quart Monde, partenaire de l'histoire*, 1988, pp. 29-60.

5. Thomas Riis, *Should Auld Acquaintance Be Forgot... Scottish-Danish Relations c. 1450-1707*, I, Odense, 1989, p. 156.

6. *Ibid.*, I, pp. 162-170.

7. *Ibid.*, pp. 170-176 ; II, Odense, 1989, pp. 231-232.

8. *Ibid.*, I, p. 194, table 6.11 ; les 425 daler de David Lyall (II) correspondent à 638 daler de 64 skilling.

9. *Ibid.*, II, pp. 232-233 ; les 1 465 daler de Poul Lyall correspondent à 1 758 daler de 80 skilling.

10. *Ibid.*, II, p. 232.

11. *Ibid.*, I, pp. 192-194, tables 6.10 C et 6.11. Comme la somme relative à Christen Davidsen est donnée en daler de 64 skilling, nous l'avons calculée en rigsdaler de 96 skilling pour permettre les comparaisons.

12. *Ibid.*, I, pp. 111-112 (les Sinclair) et 114-120 (les Macalpine ou Machabaeus).

13. *Ibid.*, I, pp. 235-236.

14. Nous omettons du tableau un cas qui n'est pas exactement comparable : le surplus était de 9 daler, mais un des enfants exigeait 72 daler pour les funérailles, ce qui fut réduit à 55 pour obtenir l'égalité entre avoir et dû (Landsarkivet for Sjaelland m.v. [Archives provinciales de Sjaelland, Copenhague], Helsingør Byfoged, Skifteretsprotokol E 72, fol. 512 r.-513 v. du 6 juillet 1699).

Sources du tableau : *Ibid.*, E 42 fol. 88 r.-94 v. ; E 46 fol. 375 r. ; E 49 fol. 142 r.-143 r., 262 v.-263 r., 265 r.-269 r. ; E 51 fol. 223 r.-226 r. ; E 52 b. fol. 920 v.-922 r. ; E 55 fol. 30 v.-32 r., 257 r.-258 v. ; E 58 fol. 169 (206) r.-175 (214) v.

15. *Ibid.*, E 51 fol. 472 r.-473 v. du 27 février 1655.

Culture de pauvreté
et représentation des pauvres :
une alternative au productivisme ?

JEAN-JACQUES GOUGUET

La pauvreté est fondamentalement un rapport humain : est pauvre celui qui n'est pas reconnu par autrui. Pour abolir la pauvreté, il faudrait garantir à tout homme une légitimité sociale. Celle-ci se définit inévitablement par rapport à des normes dominantes.

Avec la naissance du monde moderne et sa rationalité, une telle reconnaissance sociale se fonde sur le travail productif. L'éthique du rendement permet alors de désigner les pauvres comme des « inutiles au monde [1] » puisqu'ils sont improductifs.

Or, depuis le début de la grande crise actuelle, on commence à prendre conscience que, si le travail reste toujours la seule valeur sociale de référence, il n'y a plus suffisamment d'emplois pour tout le monde. Cela pose le problème de définir de nouveaux espaces de légitimité sociale pour tous les exclus de l'emploi, si l'on ne veut pas voir se mettre en place une économie duale généralisée [2]. C'est dans un tel contexte qu'il faut envisager la représentation des pauvres qui peut être entendue dans un double sens :

Qui représente les pauvres et au nom de quoi ?

Comment les pauvres se représentent-ils notre société ?

L'objet de notre réflexion est de montrer que, jusqu'à présent, dans le cadre de systèmes productivistes, ces deux types de représentation sont incompatibles, car ils obéissent à des logiques contradictoires : l'économique contre le social.

Le monde moderne est dominé par des valeurs économiciennes à visée universaliste : Science, Technique, Progrès. Serge Latouche a bien montré dans de nombreux travaux [3] qu'une telle culture économicienne n'apportait pas de solution au problème de l'existence sociale des perdants (ceux qui ne peuvent obéir à la logique de la performance).

Voilà pourquoi, pour lutter efficacement contre la pauvreté, il est nécessaire de faire appel au concept de culture de pauvreté, c'est-à-dire à l'analyse interne de la pauvreté. Rappelons simplement en effet avec S. Latouche[4] que la culture est une « réponse que les groupes humains apportent au problème de leur existence sociale ».

Nous vérifierons alors à quel point la culture de pauvreté est une culture dominée qui ne peut s'analyser sans référence à la culture économicienne dominante, ce qui permet de comprendre les tentatives permanentes de justification des pauvres par rapport à leur situation. Une telle domination signifie également que les pauvres sont souvent représentés (par des agents sociaux) au nom de valeurs qui leur sont complètement étrangères car appartenant à la culture dominante. La conséquence la plus visible en est l'échec des politiques sociales depuis la naissance de l'Etat Providence.

Pour y remédier, il faut faire reconnaître les valeurs des plus pauvres et les représenter à ce titre. Le Quart Monde constitue un révélateur de notre société, il nous fait redécouvrir des valeurs que le productivisme nous a volées au nom de l'efficacité, de la rentabilité... Un tel système a substitué aux rapports humains des rapports marchands. Il constitue ainsi un antihumanisme.

Le Quart Monde est peut-être détenteur d'une vision du monde qui serait salutaire en tant qu'alternative au productivisme. La culture de pauvreté est certainement beaucoup plus riche que le vide culturel de la société de consommation. N'oublions pas que nous sommes dans une crise profonde de pensée, aucun projet d'alternative sociétale n'émerge encore clairement en cette fin de siècle. Il faut pourtant penser différemment, trouver un nouveau modèle pour remplacer la logique absurde du productivisme. Le Quart Monde avec sa culture peut nous aider dans une telle tâche, ce qui lui ferait retrouver également une nouvelle légitimité sociale.

I. LES SPÉCIFICITÉS DE LA CULTURE DE PAUVRETÉ

A. *Définition de la culture de pauvreté*

1. La pauvreté vue de l'intérieur

Les analyses de la pauvreté sont multiples et très diversifiées[5]. Néanmoins, il est possible de regrouper les approches traditionnelles de ce phénomène en deux grandes catégories : les approches monétaires et les approches non monétaires. Nous avons montré que le raisonnement en termes monétaires était très réducteur. Assimiler pauvreté et montant d'argent revient à se priver de l'explication de l'origine même de ce fléau. Si l'argent est une condition nécessaire, ce n'est pas une condition suffisante pour ne pas être pauvre.

Tout cela signifie, comme l'a bien souligné le *Rapport Wresinski*[6], que les approches quantitatives et statistiques ne suffisent pas pour rendre compte de l'ensemble des situations de pauvreté. Deux critiques essentielles peuvent être émises :

Ces études sont statiques et descriptives.

Ces études débouchent très souvent sur des résultats d'une grande banalité.

Devant de telles insuffisances, le thème de la culture de la pauvreté semble à nouveau depuis quelques années retenir l'attention des chercheurs. Ce concept est peut-être le plus controversé, mais certainement le plus intéressant pour expliquer la persistance de la pauvreté ainsi que certains processus de dégénérescence sociale.

C'est O. Lewis[7] qui a le mieux formulé les caractéristiques de la culture de pauvreté. Pour lui, les individus qui basculent viennent des couches inférieures d'une société en voie d'évolution rapide et constituent ainsi des victimes du progrès. Dans ces conditions, culture de pauvreté signifie non-participation. Le sous-prolétaire ne communique pas avec l'extérieur qui est représenté par les agents du pouvoir (policier, juge, curé, instituteur, médecin, assistante sociale...) qui n'aident pas, mais répriment.

En face de cet extérieur hostile, les marginaux se renferment, d'où des stratégies de ruse, de mensonge, de défense. Leur univers est honteux pour les autres ; ils en ont conscience et cherchent à se cacher. Le pauvre devient alors l'étranger. Aussi, pour être pertinentes, les méthodes d'approche de la culture de pauvreté doivent-elles être capables de révéler correctement les véritables aspirations des plus pauvres. Le Quart Monde restera toujours en marge si on refuse de lui donner la parole.

2. L'enjeu des monographies familiales

L'approche monographique en règle générale a suscité des débats d'experts quant à son degré de scientificité[8]. Et c'est ici qu'on mesure les dégâts causés par le positivisme logique dans son souci de fournir à la recherche des critères de scientificité.

L'objectif de bon nombre de spécialistes, dans cette perspective, était de calquer les sciences humaines sur les sciences exactes, ce qui soulève d'énormes problèmes quant à la légitimité d'une telle transposition.

Tout cela signifie que les sciences sociales ne peuvent pas se construire sans valeurs, sans vision du monde — ce que Kuhn réunissait sous le terme de paradigme [9]. L'utilisation des mathématiques et autres langages formalisés ne doit pas non plus faire illusion. Très souvent, la sophistication des outils sert à masquer la médiocrité des analyses.

Appliqué à la connaissance de la pauvreté, cela implique qu'une approche subjective à base de monographies est peut-être plus performante qu'une analyse objective menée de l'extérieur à partir d'enquêtes par échantillonnages, questionnaires ou de statistiques déjà constituées [10].

Les monographies constituent ainsi un élément de connaissance irremplaçable même s'il existe des difficultés réelles pour les constituer [10]. Mais, au-delà, ces monographies constituent également un levier d'action sociale : comment chercher des solutions pour sortir de la misère des individus que l'on ne connaît même pas. C'est toute une réforme des politiques sociales et du type de représentation des pauvres qu'elles impliquent qui se trouvent remises en question ici.

B. *Représentation des pauvres et politiques sociales*

Quand le monde se transforme, certains individus ne suivent pas et deviennent des inadaptés à la société industrielle productiviste. Leur salut ne peut venir que de deux stratégies opposées :

Ou on les réadapte, ce qui est très difficile. On ne modifie pas aisément des valeurs héritées depuis des générations. C'est pourtant ce que l'on cherche à faire depuis 30 ans en dépit des échecs répétés !

Ou on adapte la société à leur culture en reconnaissant la légitimité de cette dernière. C'est à un véritable dialogue inter-culturel auquel il faudrait ainsi aboutir.

1. La méconnaissance des valeurs des pauvres

Il est intéressant d'analyser historiquement comment la société se représente ses pauvres [11]. Depuis la révolution industrielle, il semblerait que, dans la logique économicienne, deux griefs principaux leur soient adressés : ils ne sont pas rationnels et ils ne veulent pas travailler.

a) Au sujet de l'irrationalité du pauvre, Villermé écrivait déjà en 1830 : « Les salaires, les gains matériels suffiraient, s'ils étaient employés avec réserve et sagacité, pour créer une sorte de bien-être ; mais l'usage en est mal entendu. Les dépenses se font au jour la journée, sans soin, sans prévoyance du lendemain. »[12]

A l'heure actuelle, d'autres auteurs, observant le comportement des pauvres, ont abouti au même type de réflexion. L'horizon économique de ces familles est très limité, la gestion du futur ne les concerne pas. Voilà pourquoi des analyses superficielles parlent de comportements irrationnels des pauvres qui sacrifient immédiatement des ressources qui seraient utiles pour demain à des fins plus morales.

Une telle conception permet bien sûr de justifier la mise sous tutelle d'individus jugés irresponsables. H. Beyeler Von Burg[13] donne des exemples saisissants dans le cas de la Suisse : « Pour l'avenir nous serions reconnaissants au service compétent de bien vouloir faire comprendre à Mme X que, si elle continue de se conduire comme une sauvage, nous refuserons de garantir quoi que ce soit en sa faveur... Ne serait-il pas temps de mettre cette triste créature sous tutelle ! »

On se croirait revenus au XIXe siècle ! Charles Gide n'écrivait-il pas : « Cette faculté de mettre en balance une peine immédiate et une satisfaction lointaine, faculté qui de son vrai nom s'appelle la prévoyance, n'appartient qu'aux races civilisées et, parmi elles, aux classes aisées. Le sauvage et le pauvre sont également imprévoyants » !

Le sauvage, le pauvre seraient des êtres inférieurs puisqu'ils agiraient sans calcul. Le comportement des nantis apparaîtrait au contraire comme une norme, un modèle à suivre, source de progrès et de richesse.

b) Le deuxième grief permanent adressé aux pauvres est leur refus du travail. Depuis le Moyen Age, pauvreté est synonyme de passivité, d'oisiveté, de mauvaise volonté. Nous n'entrerons pas à nouveau dans ce débat[11], mais nous rappellerons seulement que le travail constitue toujours la valeur dominante dans nos sociétés productivistes.

Dans un tel contexte, celui qui n'a pas de travail se fait exclure de la société, même si son chômage est involontaire. On comprend alors que n'importe quelle politique sociale, pour être crédible, doit maintenant dépasser la simple assistance et se tourner vers les possibilités d'emploi. Ce sont bien sûr les revenus du travail qui sont valorisants et qui bénéficient d'une pleine légitimité sociale. Les revenus de transferts au contraire sont dévalorisants, ils ne feraient qu'encourager l'oisiveté et la passivité.

On retrouve ici les analyses de la perversité de l'aide sociale [14]. Celle-ci ne ferait qu'augmenter le mal contre lequel elle prétend lutter : des familles se désunissent pour que la femme puisse toucher l'allocation de mère isolée, des jeunes filles se font faire des enfants pour la même raison... Ces prestations empêchent la recherche sérieuse d'un emploi, perpétuant ainsi une mentalité d'assisté. Voilà pourquoi, pour bon nombre d'auteurs, la priorité essentielle de toute politique sociale devrait être l'insertion des pauvres dans le monde du travail.

La difficulté d'un tel projet dont personne ne conteste la légitimité se situe à un double niveau :

Les pauvres sont-ils capables de s'intégrer sur le marché du travail ?

Le veulent-ils réellement ?

Seule l'analyse des monographies familiales peut permettre de répondre à de telles questions qui, comme dans le cas de la rationalité des pauvres, sont trop souvent présentées de façon caricaturale.

2. La parole des plus pauvres

Nous donnerons ici les principales conclusions d'un travail que nous avons dirigé dans le cadre d'une maîtrise de travail social [15]. Au-delà de la description des stratégies de survie en Quart Monde qui dénotent une grande diversité (allant de la promotion sociale à l'enfermement institutionnel), il s'agit de comprendre au nom de quelles valeurs, de quelles représentations du monde, ces familles ont agi. Deux éléments réapparaissent en permanence : la famille et le travail.

a) Conception de la famille

Les monographies permettent d'appréhender de quelle conception de la famille les individus ont hérité. Et là, un résultat important est apparu : plus la cohésion familiale est affirmée et plus les individus sont aptes à être acteurs sociaux autonomes.

Trois groupes de familles se dégagent :
Groupe à cohésion familiale.

Il est constitué des familles dont les membres ont vécu dans leur jeunesse un modèle familial cohérent, que ce soit directement

(filiation), ou indirectement (famille d'accueil). C'est ce groupe qui a été repéré comme menant une stratégie de promotion sociale.
Groupe à déstabilisation familiale.

On constate ici une très grande fragilité de la famille par absence d'un ou plusieurs membres. De plus, ces familles n'ont pas su transmettre des valeurs garantes de stabilité. Par exemple, tous les enfants sont ou ont été placés. Ils auront donc connu des carences affectives, des éclatements familiaux dès leur plus jeune âge. Qu'auront-ils d'autre à transmettre à leurs propres enfants ?
Groupe à déstructuration familiale.

Nous avons là des cas extrêmes d'héritage totalement négatif relatif à la conception de la famille. Cela se caractérise par une déresponsabilisation des membres les uns envers les autres et se concrétise par un traitement institutionnel de tous les membres (placement des enfants, prison, hôpital psychiatrique...).

En résumé, la cohésion familiale semble constituer un objectif à atteindre afin de soutenir la volonté de promotion sociale des individus. Nos monographies nous ont montré que, lorsque la défense de cette cohésion familiale n'est pas suffisamment étayée par l'héritage de l'attachement à la famille d'un des deux parents, il y aura risque de dispersion des membres et traitement par l'action sociale. On mesure ici tous les risques liés au placement des enfants !

Il n'y a promotion sociale au sein du Quart Monde que lorsque la conception de la famille va dans le sens de sa cohésion. On retrouve ici une des conclusions de R. Hoggart[16] : la famille reste le dernier espace que les personnes marginalisées peuvent encore gérer. Elles n'ont plus la maîtrise de tout le reste (travail, argent, temps...).

b) Conception du travail

A travers nos monographies, trois attitudes ont émergé :
Le travail comme seul mode d'insertion sociale.

En règle générale, c'est une valeur qui est héritée. On peut considérer que ce sont des restes de culture ouvrière ou de culture paysanne. Il est admis que, hors du travail, il n'y a pas de solution : la reconnaissance sociale passe nécessairement par le travail dans ce groupe.

Il faut se demander bien sûr ce qui se passera dans quelques années quand, la référence au travail ayant disparu pour les parents, les enfants ne pourront pas se réclamer d'un tel héritage comme précédemment.
Le travail comme activité sociale parmi d'autres.

Le travail est un moyen comme un autre de survivre, voire moins dangereux socialement (activités illicites par exemple). L'héritage d'une telle valeur est moins prononcé que dans le groupe précédent (cas de mères prostituées par exemple). De toute façon, le travail n'est pas vécu comme un enjeu de promotion sociale, mais comme un simple instrument de survie.

Le refus du travail.

Soit le travail est revendiqué sur des bases socialement surréalistes : durée indéterminée, emploi intéressant, bon patron...

Soit le travail est rejeté.

Dans les deux cas, une telle conception du travail a été héritée.

Ces deux conceptions que nous venons d'analyser de l'intérieur des familles renversent beaucoup de simplismes énoncés à l'encontre du Quart Monde, mais surtout ont des conséquences très importantes sur les politiques sociales si on veut construire ces dernières par rapport aux aspirations des pauvres [17].

3. D'autres bases de représentation

Il faut bien reconnaître que les pauvres ne sont pas présents parmi les instances qui déterminent les objectifs, les modes d'organisation de la lutte contre la pauvreté. Contrairement aux groupes de pression qui arrivent à se faire entendre, les pauvres n'influencent en rien les décisions qui les concernent, même si ces décisions leur sont complètement inadaptées.

Les politiques mises en place (placements, aides financières...) prennent peu en compte la conception de la famille et la représentation du travail telles qu'elles sont ressenties par les familles concernées.

Ces deux dimensions — famille et travail — sont intimement liées. Plus il y a déstructuration familiale et plus il y a démission face au travail. Tout cela signifie que la famille est centrale quant à la reproduction sociale. Cette valeur se transmet de génération en génération et c'est d'elle que dépend grandement l'ensemble des autres conceptions (travail, argent, santé, temps...).

On peut donc affirmer que la spécificité de la culture de pauvreté est son centrage sur la conception de la famille. La cohésion familiale est bien un enjeu vital pour les pauvres. Est-ce à dire qu'il n'y a pas d'issue puisque la conception de la famille est une valeur héritée ?

Rappelons que l'important n'est pas la famille en soi, mais l'exercice de la fonction parentale. Certaines familles sont incapables de remplir cette fonction alors que des éléments extérieurs le peuvent et inversement. C'est donc au niveau des conditions d'exercice d'une telle fonction parentale qu'il faut travailler en termes d'action sociale, d'autant plus que cette dernière privilégie davantage la valeur travail comme facteur d'insertion que la dimension familiale. C'est méconnaître que le travail reste secondaire derrière la famille. Les interviewés passent plus de temps et d'énergie dans leur famille que dans leur travail. C'est le seul espace d'autonomie qui leur reste. Il ne faut pas le supprimer, mais au contraire permettre d'assumer cette fonction.

Au-delà de cette parole redonnée aux plus pauvres, à des fins d'aide sociale, la culture dominante économicienne, si elle voulait bien les écouter, pourrait également en tirer le plus grand profit pour se sortir de la crise de pensée dans laquelle elle se débat depuis la fin des années 60.

II. UNE ALTERNATIVE AU PRODUCTIVISME

Le productivisme se caractérise avant tout par une fuite en avant dans les coûts sociaux[18]. Cela s'explique par l'hégémonie de l'économique sur la vie sociale, c'est-à-dire la domination d'une logique de l'efficacité, du rendement, de la productivité... Les innovations techniques se justifient toutes au nom du Progrès[19] et, quand des coûts sociaux apparaissent, ils sont présentés comme « la rançon du Progrès ».

Cette fuite en avant dans les coûts sociaux était possible tant qu'il subsistait quelques degrés de liberté. L'enjeu de cette fin de siècle est qu'on risque d'atteindre des seuils d'irréversibilité[20]. Il faudra bien alors poser les vraies questions sur les finalités de l'activité économique. On a un besoin urgent, à l'heure actuelle, d'un autre projet de société plus respectueuse de l'homme et de la nature.

Néanmoins, en dépit de l'urgence, un tel projet n'arrive pas à émerger ; et c'est là où le Quart Monde et sa culture pourraient être salutaires. Nous avons en effet besoin de penser différemment. M. Serres l'exprimait de belle manière comme « abandon du contrat exclusivement social et passation d'un contrat naturel de symbiose et de réciprocité où notre rapport aux choses laisserait maîtrise et possession pour le respect, l'écoute, l'admiration et même la contemplation [21] ».

Ecoutons donc les plus pauvres et réfléchissons sur deux dimensions qui caractérisent leur culture : les rapports humains et les finalités de l'activité économique.

A. Rapports humains et organisation des sociétés

Il est frappant de constater combien dans toutes les monographies que nous avons pu rencontrer se dégage un très fort besoin de reconnaissance. L'essentiel des récits de vie se concentre uniquement sur des problèmes de relations humaines et non pas sur des problèmes purement matériels.

Il y a donc une belle leçon d'humanisme que nous avait fait oublier le productivisme économicien. Par rapport au problème de la pauvreté, on comprend alors pourquoi les économistes (mais également bon nombre d'intellectuels) ne disent que des choses réductrices et consternantes de banalité. La pauvreté, nous l'avons vu dans les monographies, ne peut pas être réduite à un phénomène purement économique.

Répétons que la pauvreté est fondamentalement un rapport humain. M. Sahlins l'exprimait ainsi : « La pauvreté ne consiste ni en une faible quantité de biens, ni simplement en un rapport entre des fins et des moyens : elle est avant tout un rapport entre les hommes [22]. »

L'économiste qui évacue en règle générale le problème des rapports humains n'a rien à dire sur le sujet. Il réfléchit plutôt sur le rapport des choses entre elles ou sur le rapport des hommes aux choses, mais très peu sur le rapport des hommes entre eux [23]. C'est la raison pour laquelle le productivisme est un antihumanisme [24].

Pour abolir la pauvreté dans une société donnée, il faut une condition nécessaire : le droit de tout individu à être reconnu par autrui. Si cette condition n'est pas remplie, la pauvreté existera sous une forme ou sous une autre. Le productivisme qui repose sur l'exploitation (des hommes, de la nature) ne peut que générer de la pauvreté. Dans le cadre du productivisme, la pauvreté est irréductible.

Pour en sortir, il faut trouver de nouveaux espaces de légitimité sociale [17] qui échappent à la tyrannie de la rationalité économique.

C'est certainement A. Gorz qui, à l'heure actuelle, a fait les meilleures propositions en la matière [25] : « Le temps disponible peut être rempli par des activités que l'on entreprend sans but économique et qui enrichissent la vie de l'individu et du groupe : tâches culturelles et esthétiques (...), activités d'assistance, de soins (...). L'ensemble de ces activités ne doit pas être compris comme un secteur économique alternatif constitutif d'une économie duale. Ces activités n'ont par essence pas de rationalité économique et se situent au-delà et en dehors de la sphère de l'économie. »

Le problème bien sûr réside dans la faisabilité d'un tel projet. Il semblerait qu'en la matière il faille éviter le piège de la société duale : les productifs d'un côté et les improductifs de l'autre qui vivraient du RMI (salaire de l'exclusion) et de petits boulots.

A. Lipietz a proposé un système alternatif permettant sinon de supprimer, au moins de faire reculer les rapports marchands : la création d'un tiers secteur d'utilité sociale [26].

Au-delà des formes d'organisation d'un tel système, on touche aux finalités mêmes de l'activité économique.

B. D'autres finalités à l'économique

En règle générale, quand on demande aux plus pauvres comment ils aimeraient vivre, ils se réclament d'un mode de vie très simple : une maison, un jardin, une famille unie. Deux éléments d'explication peuvent être avancés :

La culture de pauvreté concerne des individus qui ont encore des restes de culture ouvrière ou de culture paysanne.

La culture de pauvreté est une culture dominée. Les plus pauvres souffrent d'être jugés en permanence par des agents extérieurs. Ce rêve de vie domestique est donc une façon d'échapper à tous ces réseaux de surveillance. Au-delà de ces explications, cette vision de la vie idéale des pauvres ne peut que remettre en cause, à l'inverse, notre propre mode de vie. Dans les sociétés industrielles, la technique multiplie les moyens de produire, mais sans se préoccuper des questions véritables : que produire et pour quoi faire ?

Le fait de poser de tels problèmes remet en cause l'analyse économique de la pauvreté. Les manuels d'économie posent que des besoins existent et qu'il faut les satisfaire le plus rationnellement possible. Mais rien n'est dit sur la légitimité de tels besoins. La pauvreté se définit alors comme la non-satisfaction de ces besoins considérés comme normaux par la société. Mais rien n'est dit sur la façon dont ces besoins ont été sélectionnés.

En considérant la finalité de l'activité productive de nos sociétés industrielles et leur moteur — l'efficacité, le rendement —, on comprend alors qu'une minorité décide pour la majorité des besoins à satisfaire en fonction de la seule logique économique. Le moteur de la société n'est plus le besoin mais le profit, le pouvoir, la puissance...

L'idéal visé par de tels systèmes peut être résumé ainsi : que toute valeur d'usage devienne valeur d'échange et que tout puisse devenir valeur d'échange quelle que soit sa valeur d'usage. Le but de la production n'est pas de satisfaire les besoins, mais de créer des produits dotés d'une valeur d'échange ou, cela revient au même, que tout besoin devienne besoin d'objets marchands. Les questions relatives à l'utilité réelle des produits deviennent secondaires. On en arrive même à introduire des innovations superficielles (gadgets) pour les produits dont la demande ne se renouvelle pas assez rapidement ; ou bien on augmente l'obsolescence.

Il est indispensable de juger une société par rapport à sa capacité de satisfaire les besoins que ses membres éprouvent, et non par rapport à des normes quantitatives trop souvent assimilées au bien-être. On en revient toujours au même problème de finalité : que produire ? Pour satisfaire quels besoins ? Qui décide ?... Et si le Progrès n'existait pas ? L'Occident serait tout nu [27] !

Si, dans les sociétés pré-industrielles, la technique restait un moyen, la modernité a inversé les valeurs : la technique est devenue autonome, la technique produit de la technique et n'est au service de rien si ce n'est d'elle-même. Elle n'est certainement pas au service du bonheur de l'humanité. De plus, J. Ellul a bien montré que la technique pose beaucoup plus de problèmes qu'elle n'en résout [28]. Tout progrès technique se paie. Nous voilà revenus à nos coûts sociaux.

En cette fin de siècle menacée de seuils d'irréversibilité, il faut donc savoir ce qui peut être fait pour maîtriser socialement la technique, à moins qu'il ne soit déjà trop tard. Dans l'idéal, la solution consisterait à remettre la technique à sa juste place : un simple moyen. Mais cela implique des choix éthiques que nos sociétés aveuglées par l'idéologie du Progrès ne sont pas encore capables de faire [29].

Nous souhaiterons donc avec S. Latouche un monde éclaté [30], seule issue à l'occidentalisation du monde. Cela implique un dialogue entre les cultures permettant un enrichissement mutuel : « Avant de songer à une véritable universalité, il convient de s'interroger sur la barbarie de notre civilisation, voire son intolérance aux yeux des autres et avec les yeux des autres. »

C'est ce que nous avons essayé de faire avec la culture du Quart Monde. Il ne s'agit pas de l'intégrer dans la modernité technico-économique, mais de la reconnaître, la respecter et voir ce qu'elle peut nous apporter.

Nous avons montré dans la première partie combien la culture de pauvreté était spécifique dans son rapport au temps, à l'argent, à la famille... Ce sont ces valeurs qui témoignent d'un grand humanisme, que le productivisme nous a fait oublier, qu'il faudrait promouvoir pour penser une alternative.

N'oublions pas, comme l'écrit M. Serres[21], qu'il existe également une pollution culturelle, ce qui devrait conduire d'après lui à une révision déchirante de la culture dominante. Ecoutons alors les cultures de pauvreté pour guider cette révision. Ces hommes ne sont pas pollués par les mirages de la modernité.

Conclusion

Le Quart Monde peut-il être porteur d'alternative ? Pas directement bien sûr. Il ne suffit pas de souffrir d'un ordre social existant pour penser sa réforme. Pis, très souvent le Quart Monde n'est même pas révolté contre une société dont il ne connaît pas la logique profonde.

Néanmoins, le Quart Monde est utile par rapport à la vision du monde qu'il détient et qui rejoint fondamentalement la critique de l'idée de Progrès universel infini, véhiculée par nos sociétés technico-économiques.

Par là même, le Quart Monde retrouve une nouvelle légitimité sociale, lui qui est bafoué par des siècles d'humiliation et d'exclusion. C'est sur ces bases qu'il faut le représenter.

1. B. Geremek, *Inutiles au monde. Truands et misérables dans l'Europe moderne. 1350-1600*, Gallimard, 1980 ; *La Potence ou la pitié. L'Europe et les pauvres du Moyen Age à nos jours*, Gallimard, 1987.
2. J.-J. Gouguet, « Société duale-coûts sociaux. Complexité », *Cahiers du Centre protestant de l'Ouest*, 60-61(décembre 1987-janvier 1988), n° intitulé : *Société duale*.
3. S. Latouche, *L'Occidentalisation du monde*, La Découverte, 1989 ; *Faut-il refuser le développement ?*, PUF, 1986.
4. S. Latouche, *La culture n'est pas une dimension*, EADI, 5ᵉ conférence générale, 1987.
5. J.-J. Gouguet, *Réflexions méthodologiques sur la connaissance de la pauvreté*, Bordeaux, 1978, thèse d'Etat, t. I.

6. J. Wresinski, *Grande Pauvreté et précarité économique et sociale*, Rapport présenté au nom du Conseil économique et social et adopté le 11 février 1987, *Journal officiel. Avis et Rapports du Conseil économique et social*, 6(1987), 28 février 1987.
7. O. Lewis, *La Vida*, Gallimard, 1969.
8. F. Ferrarotti, *Histoire et histoires de vie. La méthode biographique dans les sciences sociales*, Librairie des Méridiens, 1983.
9. T. Kuhn, *La Structure des révolutions scientifiques*, Flammarion, 1960.
10. J.-C. Bouvier, H. P. Brémondy, Ph. Joutard, G. Mathieu, J.-D. Pelent, *Tradition orale et identité culturelle. Problèmes et méthodes*, Ed. du CNRS, Marseille, 1984.
11. J.-J. Gouguet, *Nouveaux Pauvres de toujours*, n° spécial des *Cahiers du Centre protestant de l'Ouest*, 53-54(été 1986), 60 p.
12. Villermé, *Tableau de l'état physique et moral des ouvriers*, UGE, 1971.
13. H. Beyeler Von Burg, *Des Suisses sans nom. Les heimatloses d'aujourd'hui*, Pierrelaye, Ed. Science et Service, 1984.
14. G. Gilder, *Richesse et pauvreté*, Albin Michel, 1981.
15. *Stratégies de survie en Quart Monde et culture de pauvreté*, Université de Limoges, 1987.
16. R. Hoggart, *La Culture du pauvre*, Minuit, 1970.
17. J.-J. Gouguet, « Les Exclus et l'emploi : quelles politiques ? », Week-end national : *Vie Nouvelle*, Poitiers 28-29 mai 1988, repris dans *LIR* (revue de la FNARS), 48-49(1989).
18. J.-J. Gouguet, « Environnement et productivisme : l'impossible alliance », *Reflets et perspectives de la vie économique*, XXIV, 4(1985).
19. S. Latouche, « Le Progrès comme signification imaginaire sociale fondatrice de l'économie », *Revue européenne des Sciences sociales*, XXVI, 82(1982).
20. Rapport Brundtland, *Notre Avenir à tous*, Ed. du Fleuve, Montréal, 1988.
21. M. Serres, « La Philosophie et le climat », Colloque de Lassay, Paris, 4 mars 1989.
22. M. Sahlins, *Age de pierre, âge d'abondance*, Gallimard, 1976.
23. R. Passet, *L'Economique et le vivant*, Payot, 1979.
24. A. Gorz, *Les Chemins du paradis. L'agonie du capital*, Galilée, 1983.
25. A. Gorz, *Métamorphoses du travail. Quête du sens. Critique de la raison économique*, Galilée, 1988.
26. A. Lipietz, *Choisir l'audace. Une alternative pour le XXIe siècle*, La Découverte, 1989.
27. Ph. Zarifian, Ch. Palloix, *La Société post-économique. Esquisse d'une société alternative*, L'Harmattan, 1988.
28. J. Ellul, *Le Bluff technologique*, Hachette, 1988.
29. J. Ellul, *La Société technicienne*, Calmann-Lévy, 1978 (cité in S. Latouche, note 19).
30. S. Latouche, « Faut-il souhaiter un monde éclaté ? », *Raison présente*, 90 (1989).

La pauvreté, paradigme de l'éthique économique

GEORGES ENDERLÉ

Adam Smith, philosophe moraliste et fondateur de l'économie politique libérale, intitulait sa seconde œuvre maîtresse, parue en 1776, *An Inquiry Into the Nature and Causes of the Wealth of Nations*. Presque deux cents ans plus tard, en 1972, Gunnar Myrdal, prix Nobel de sciences économiques, publiait son livre, *Asian Drama*, au sous-titre délibérément choisi en contrepoint : *An Inquiry Into the Poverty of Nations*. Smith concentrait sa réflexion sur la création des richesses, persuadé qu'il était que la croissance économique à long terme, résultant d'une division progressive du travail et du libre jeu des forces de marché, viendrait tout naturellement à bout de la pauvreté. De fait, les rares apparitions du mot-clé « Poverty » dans *Wealth of Nations* corroborent que dans une économie libérale, il n'y a semble-t-il plus de problème de pauvreté nécessitant une analyse approfondie. Prenant le contre-pied de cette conception harmonieuse du monde, Myrdal se livre à l'étude du drame de la pauvreté, convaincu du pouvoir dont dispose l'homme d'empêcher que ce drame ne devienne tragédie. En d'autres termes, *la pauvreté n'est pas un effet secondaire négligeable de la croissance économique, mais bien le critère essentiel, la pierre de touche d'une économie équitable à visage humain* — d'une économie qu'il ne faut pas concevoir comme processus outrancier et incontrôlable d'expansion du capital, mais comme économie d'approvisionnement couvrant les besoins de l'individu, dans laquelle les aspects productifs et distributifs sont étroitement mêlés et où tous ceux qui participent à son processus, loin d'être réduits à l'état de simples objets, sont à même d'œuvrer en acteurs.

Selon cette conception de l'économie que je soutiens et que je viens d'esquisser, il ne s'agit pas avant toute chose d'augmenter la richesse, mais bien de réduire la pauvreté. Ce qu'Alexis de Tocqueville attendait d'une société moderne il y a 150 ans — qu'elle fût au moins affranchie « de la pauvreté et de la tyrannie » — n'est toujours pas réalisé aujourd'hui, le degré de réalisation différant selon les pays. Pour l'éthique économique, cela signifie qu'elle doit être inspirée et guidée par la vision d'un monde où la pauvreté est totalement vaincue aussi bien dans le Nord que dans le Sud, dans les pays en voie de développement que dans les Etats-providence. L'histoire de l'oppression par la misère matérielle y est transformée en une histoire de la vie où tous les êtres humains peuvent vivre libérés de la pauvreté. En ce sens, la pauvreté — de même que la solution qui lui est trouvée — est comprise comme paradigme, comme exemple représentatif, de l'éthique économique.

La conception de l'éthique économique inhérente à tout cela signifie que l'intérêt du chercheur doit être orienté vers des problèmes définis par la pratique et imposés par des expériences « rebelles » et des jugements éthiques controversés. Ce qui implique une pré-conception du problème contenant en substance dans un « rapport phénoménologique » tous les aspects essentiels dont le choix peut être justifié ou tout du moins rendu plausible. De plus, compte tenu de la complexité liée à la notion de pratique, une mise à jour théorique scrupuleuse s'impose, permettant de ne pas harmoniser à la légère la multiplicité, les contradictions et conflits dans le cadre d'une théorie préétablie. Evidemment, le traitement de la dimension éthique du problème fait partie intégrante de cette analyse (l'élucidation éthico-descriptive et la justification éthico-normative), parce que toutes décision et action humaines ne peuvent être interprétées comme simple comportement ou occupation sans importance, mais comme action tenant de la responsabilité éthique. Finalement, cette analyse théorique et interdisciplinaire renvoie de nouveau à la pratique. Et parce que les acteurs de l'économie sont exposés à la pression liée à la nécessité d'agir, l'éthique économique ne doit pas se contenter d'analyser des problèmes ; elle devrait en plus élaborer des orientations d'actions et s'efforcer d'indiquer des solutions. Les intellectuels ne devraient pas se soustraire à leur responsabilité.

Dans le cadre de cette contribution, il n'est pas possible de traiter tous les aspects mentionnés de l'amorce proposée. J'aimerais simplement en souligner quelques-uns dans ce qui va suivre : définition et concept de pauvreté, questions d'explication économique, description éthique, discussion normative et justificative, enfin quelques pistes d'orientation d'actions. (D'autres développements se trouvent dans Enderlé, 1987, 1988, 1989a, 1989b).

Que faut-il entendre par pauvreté ?

De beaucoup de points de vue, la pauvreté est si manifeste que l'on n'a pas besoin de concepts bien pensés ni de théories élaborées pour pouvoir la comprendre et la reconnaître en sa réalité brutale. Pourtant, tout n'est pas si simple à son sujet que l'on puisse renoncer à des réflexions conceptuelles et théoriques. Celles-ci sont inévitables si l'on doit saisir ce qu'est la pauvreté, l'analyser plus précisément pour ensuite la combattre efficacement.

Comme le montre son histoire, la pauvreté était et est encore un problème extraordinairement complexe et multi-dimensionnel, présentant non seulement des aspects économiques, mais aussi des aspects politiques, socioculturels, écologiques et bien d'autres [1].

La pauvreté a toujours été étroitement associée au *travail*, généralement l'unique moyen de ressources de la grande majorité de la population. Celui qui travaillait le faisait, ordinairement, contraint par la nécessité, afin d'assurer l'existence matérielle de sa famille. Cependant, le revenu de son travail ne suffisait pas, bien souvent, à garantir le minimum vital, soit à cause d'une offre individuelle de travail trop restreinte (quand, par exemple, l'ouvrier n'était disponible qu'une partie du temps ou bien diminué dans son rendement), soit à cause de salaires trop bas (payés en espèces ou en nature) ou pour d'autres raisons encore. Depuis toujours dans l'histoire il y a eu le *working poor* et il existe encore aujourd'hui. Bien qu'il soit engagé activement par son travail dans le processus économique, il vivote sous le minimum nécessaire à l'existence, à moins qu'il ne soit aidé par des mesures. Et si même, pour les salariés, le système économique n'a pas pu jusqu'à présent éliminer définitivement la pauvreté, ceci a été et est d'autant moins possible pour tous ceux qui ne peuvent travailler : les enfants orphelins, les personnes âgées, accidentées, malades ou handicapées. A côté de l'aide caritative privée, ont été créées au cours des siècles des institutions publiques de secours aux indigents, des réseaux d'aide sociale, etc., qui avaient pour but sinon l'élimination de la misère et de la pauvreté, tout du moins leur soulagement. D'une manière ou d'une autre, et à des degrés divers, la protection de l'existence était aussi du ressort du système *politique*.

Quant à l'évaluation morale de la pauvreté, elle se faisait et se fait différemment selon les systèmes *socioculturels* : abandonnée à la volonté aveugle de la déesse Tyché, elle fut considérée soit comme fatalité individuelle ou réalité de vie pour des couches entières de la population ; soit comme souffrance et fardeau et en même temps coup du sort où peut se cacher la grâce divine ; soit encore comme salut de l'individu, conséquence du péché ou jugement de Dieu, signe de bénédiction divine refusée, résultat d'une éducation défectueuse et mauvaise, exploitation et effet d'un système économique et social en vigueur susceptible d'être changé ou incitation à la productivité, ou encore moyen de menace et de sanction dans la concurrence et la compétition économiques acharnées, etc. (cf. *Staatslexikon*, 1985).

Rendu manifeste, ne serait-ce que par ces brefs repères historiques, le problème complexe que pose la pauvreté se voit encore accru par le fait que sa compréhension soulève des questions extrêmement délicates en plus de celles qui sont liées au simple état des choses. Si dans son étude de la pauvreté, le chercheur ne veut pas se contenter de quelques indicateurs facilement quantifiables, il se rend rapidement compte des limites de ses possibilités. Car les expériences de ceux qui sont personnellement touchés par la pauvreté et celles de ceux qui vivent et travaillent directement à leur contact ne peuvent être reformulées scientifiquement de façon adéquate. Sans ces expériences pourtant, il n'est pas possible de saisir, d'analyser et de combattre sérieusement la pauvreté. D'un autre côté, cela ne suffit pas non plus pour que les pauvres ou les praticiens (travailleurs sociaux, coopérateurs dans les projets de développement, etc...) déterminent à eux seuls ce qu'est la pauvreté et comment la combattre, parce que de graves méprises, notamment dans un complexe économique et social plus vaste, sont alors tout à fait possibles. C'est pourquoi il faut aborder le problème de la pauvreté essentiellement d'au moins trois perspectives différentes et complémentaires : de celle des pauvres, de celle des praticiens et de celle des scientifiques.

Points de départ : les besoins essentiels, les droits, les capacités

Pour évident que puisse paraître à première vue ce qui est « indispensable » à l'existence de l'Homme, il n'en reste pas moins vrai, à y regarder de plus près, que l'appréhension théorique de la pauvreté s'avère très complexe. Face à la multitude des approches théoriques, j'aimerais choisir une approche particulière des besoins essentiels et l'approfondir à l'aide des travaux de Amartya Sen concernant les droits et les capacités (1981a, 1985, 1987). Il faut entendre « besoins essentiels » au sens de la définition largement répandue du Bureau international du Travail :

« Les besoins essentiels sont définis comme étant le niveau de vie minimum qu'une collectivité devrait fixer pour ses membres les plus pauvres. La satisfaction de ces besoins suppose que soient remplies les conditions minimales de consommation privée pour une famille : alimentation, logement, habillement ; elle implique l'accès à des services essentiels, tels qu'eau potable, assainissement, transports, santé et éducation ; elle demande que toute personne en mesure de travailler et désireuse de le faire ait un emploi convenablement rémunéré. Elle devrait comprendre encore la satisfaction de besoins d'un caractère plus qualitatif : un environnement sain, humain et satisfaisant et la participation de la population à l'élaboration de décisions qui affectent la vie et les moyens d'existence de chacun ainsi que les libertés individuelles » (BIT, 1976, 7).

Selon cette définition, les besoins essentiels ne sont pas seulement de nature matérielle, mais aussi immatérielle et en plus, ils s'influencent mutuellement. Ils représentent, compte tenu de l'analyse critique des besoins qui s'impose aujourd'hui (cf., entre autres, Mittelstrass, 1985), autant de privations que l'on doit estimer empiriquement en partie par rapport à certaines normes sociales, et qui acquièrent de ce fait un label d' « objectivité ». Dans cette perspective, la pauvreté spécifiquement économique (que nous appellerons par la suite tout simplement « pauvreté ») est comprise comme l'absence de satisfaction matérielle des besoins essentiels matériels et immatériels ; par conséquent le minimum vital englobe la satisfaction matérielle de ces besoins.

Si l'on définissait le minimum vital seulement comme un ensemble de biens de consommation ou une somme d'argent, sans tenir compte des besoins essentiels, c'est-à-dire de l'individu, on s'adonnerait selon Sen au « fétichisme des biens ». Car l'accumulation des biens ou la croissance des revenus, prise au sens strict et conformément d'ailleurs à l'idée largement répandue de « standard de vie », ne dit pas qui est habilité à en disposer. C'est pour cette raison que l'approche du droit (« *entitlement* ») développée par Sen est extrêmement importante, précisément pour l'étude de la pauvreté. La « relation de droit » place le rapport de l'homme aux biens au centre de l'analyse. Donc, ce qui est déterminant, c'est de savoir de quel ensemble de biens ou de quel revenu les intéressés peuvent disposer.

Naturellement, cette approche plus nuancée n'est toujours pas suffisante pour déterminer le minimum vital car, tout en évitant le « fétichisme des biens », elle laisse ouverte la question de savoir de quelle manière ce rapport (c'est-à-dire la disposition des biens ou revenus) se répercute sur la personne. La même quantité de produits alimentaires peut avoir des répercutions très variables sur les personnes en fonction de leur âge, de leur taux d'assimilation de la nourriture, etc. Par exemple, pour une même quantité d'aliments un travailleur de force sera moins bien nourri qu'un enfant. De même, un invalide dans son fauteuil roulant ne pourrait pas — sans ascenseur ni aide extérieure — occuper un appartement au dixième étage tout en ayant l'argent nécessaire pour payer le loyer.

Ces exemples montrent clairement l'exigence d'une approche encore plus nuancée pour déterminer le standard de vie en général et le minimum vital en particulier. Il importe non seulement de savoir s'il y a des biens ou revenus, en quelle quantité et dans quelle mesure chacun peut en disposer, mais également d'envisager la manière dont chacun peut transformer les biens, ou revenus disponibles et les utiliser selon son propre mode de « fonctionnement » (ce que Sen appelle « *functionings* »). Les produits alimentaires doivent être transformés par chaque individu selon ses caractéristiques spécifiques (travailleur de force, enfant, etc.), et ont de ce fait un impact différent sur la fonction de nutrition. L'appartement au dixième étage entraîne pour l'invalide une autre manière d'habiter que pour la personne valide, parce que chacun d'eux transforme l'appartement désigné différemment, en fonction d'une constitution physique différente.

Généralement, les modes de fonctionnement effectifs font partie intégrante de la personne et indiquent mieux son niveau de vie que ne le feraient la simple existence de biens et de revenus, ainsi que le droit à en disposer. Toutefois, ces fonctionnements ne devraient pas être mal perçus d'un point de vue subjectiviste, car ils dépendent aussi de différents facteurs en partie extra-subjectifs : vecteur de biens, mutation de ce vecteur en vecteur de caractéristiques de biens, limitation de l'ensemble des biens autorisés, transformation de ces droits en modes de fonctionnement qui peuvent être parfois influencés partiellement par l'individu et parfois ne pas l'être du tout.

Sen pousse son analyse encore plus loin en s'interrogeant sur les conditions nécessaires aux modes de fonctionnement qu'il faut trouver dans l'individu. Ce dernier ne fait pas que « fonctionner », mais a la possibilité de choix entre différents modes de fonctionnement. Car il n'est pas obligé d'adopter un fonctionnement déterminé ; il a la liberté du choix ou la capacité de se décider parmi des ensembles alternatifs de fonctionnement. Plus le nombre des vecteurs alternatifs envisageables sera grand, et plus les capacités de l'individu seront grandes. Donc, le niveau de vie d'une personne se définit, en fin de compte, par ses capacités. L'élévation du niveau de vie, ou le « développement » au sens propre du terme, signifie l'expansion des capacités de cette personne.

La conception différenciée du niveau de vie telle qu'elle a été décrite jusqu'à présent ne contient encore aucune évaluation des divers fonctionnements et capacités. Mais cela devient inévitablement le cas dès l'instant où le minimum vital est conçu comme niveau *minimal* de vie. Cependant, cela n'implique pas qu'il faille établir un classement exhaustif de tous les fonctionnements et capacités ; il suffit bien davantage de procéder à un « *partial ordering* » qui discrimine les capacités et, par là même, les modes de fonctionnement, en deux groupes selon le critère du « fondamental » (*basic*). Les « capacités de base » (*basic capabilities*) signifient qu'une personne est capable d'exercer des activités de base : satisfaire les besoins alimentaires, circuler, disposer des moyens nécessaires pour l'habillement et le logement, être à même de se produire en public sans aucune honte (Adam Smith), participer activement à la vie sociale, etc. Ce qui a été exposé ci-dessus, dans l'approche des besoins essentiels, est interprété maintenant à l'aide de l'approche des capacités de base, mettant ainsi encore mieux en évidence la notion clé de liberté, en son sens matériel et immatériel.

Dans cette perspective, l'élimination de la pauvreté signifie la réalisation des capacités de base de l'homme, se distinguant ainsi fondamentalement des autres approches qui se limitent exclusivement, soit à la dimension des biens (par exemple, les « biens premiers » de John Rawls), soit aux réactions mentales (par exemple, l'utilité dans les théories utilitaristes). Elle crée une base analytique différenciée qui, du point de vue normatif, peut être complétée de façon appropriée par une approche des Droits de l'Homme.

Il faut à cet effet que soit mise en évidence une implication importante de l'approche des capacités de base. Si l'on définit le problème de la pauvreté par les capacités de base propres à l'existence humaine, alors l'opposition pauvre-riche est inexacte, voire trompeuse. On devrait plus exactement parler d'opposition pauvre-non pauvre qui résulte de l'absence de capacités de base.

Aspects de mise en œuvre matérielle et monétaire

Si l'on veut bien comprendre la pauvreté aussi concrètement que possible, on ne peut s'empêcher de poser la question de l'opérationalisation matérielle et monétaire. Car les pauvres sont concernés inévitablement par des contraintes matérielles et monétaires, et la lutte contre la pauvreté n'est pas possible sans opérationaliser la pauvreté d'une manière ou d'une autre. Les aspects d'opérationalisation concernent en particulier le choix des indicateurs de pauvreté (revenu monétaire, fortune, offre de biens librement accessibles, etc.), la détermination des unités d'investigation (individu, famille, ménage, etc.) et de l'horizon temporel (mois, années, étapes de la vie, une ou plusieurs générations). Dans le cadre de cette contribution, j'aimerais n'évoquer que la distinction maintes fois avancée, et selon moi erronée, entre pauvreté « *absolue* » et pauvreté « *relative* ».

Pour bien des raisons, il est problématique de parler de pauvreté « absolue ». Abstraction faite de la représentation communément répandue selon laquelle seule la pauvreté « absolue » serait vraiment terrible tandis que la pauvreté « relative » ne serait « pas si grave », il n'est vraiment pas évident de dégager, pas plus que d'opérationaliser une définition absolue. Car non seulement le panier du minimum vital, doublé du prix des biens et des services correspondants, mais aussi les capacités de base et les taux de transformation individuels sont influencés par le milieu social. Par conséquent, les personnes concernées par la pauvreté sont toujours imbriquées dans le contexte économique et social dont elles ne peuvent jamais se soustraire complètement. C'est pourquoi la pauvreté devrait se définir de façon relative, c'est-à-dire en relation avec le contexte économique et social (ainsi, parmi d'autres, les définitions de l'Unesco et de la Communauté européenne ; cf. Stoleru, 1974, p. 23).

Cette définition encore très générale se voit maintes fois précisée avec le sens que la limite relative de pauvreté est exprimée par le revenu correspondant à l'indice monétaire du niveau de vie social moyen. Ainsi, on utilise à cette fin la moitié du revenu moyen global ou du revenu moyen par habitant. Il convient toutefois de dénoncer comme mesure inadaptée le partage proportionnel des revenus, où se voient qualifiés de « pauvres » les 20 % inférieurs, parce que toute répartition des revenus présente un cinquième inférieur (environ 20 %) et qu'il n'est pas possible de cette manière de déceler une modification des revenus susceptible de favoriser, par exemple, les pauvres.

Approche d'explication économique

Quiconque cherche à expliquer la pauvreté est confronté à une multitude de problèmes. D'une part, l'analyse de cette question revêt sans nul doute une importance fondamentale au moment de comprendre et de combattre plus efficacement la pauvreté. D'autre part, il est particulièrement difficile pour des raisons diverses d'y apporter une réponse. Une vue d'ensemble des approches différentes d'explication et des théories sur la pauvreté permettra de constater assez vite à quel point la plupart des travaux effectués sont peu systématiques, très partiels et souvent opposés. C'est avec désenchantement et peut-être scepticisme qu'on envisagera la possibilité d'établir une théorie globale de la pauvreté traitant toutes ses dimensions essentielles sans se borner à des aspects économiques, politiques, socioculturels ou autres. De même, il faut voir d'un œil critique l'essai de réduire le problème de la pauvreté purement et simplement à une question de système économique ; car il est manifeste que jusqu'au jour d'aujourd'hui, la pauvreté n'a pas été éliminée complètement tant dans les systèmes capitalistes que socialistes.

Toutefois, un besoin pressant d'agir se manifeste quand la pauvreté est ressentie comme une atteinte à la dignité de l'homme. Bien que beaucoup de causes de la pauvreté restent dans l'ombre, il faut agir de manière circonspecte et résolue. Sous cet aspect, l'urgence d'une analyse de la pauvreté est relativisée.

En ce qui concerne les approches d'explication économique de la pauvreté dans les Etats providence (voir Atkinson, 1983 ; Schaüble, 1984), tout ce que Isabel V. Sawhill constate dans son exposé sur la pauvreté aux Etats-Unis a valeur universelle : « Du point de vue scientifique nous comprenons encore assez mal les causes principales de la pauvreté — jusqu'à quel point faut-il la considérer comme héritage génétique et culturel, manque de capital humain, variable de décision par rapport au travail et à la famille, résultat de la défaillance macro-économique ou stratification sociale liée à la race, au sexe et à l'arrière-plan familial » (1988, p. 1113).

Guère plus satisfaite n'est la constatation concernant l'explication de la pauvreté et du sous-développement dans le tiers monde.

Dieter Nohlen et Franz Nuscheler refusent toute explication

monocausale qui nie les facteurs historico-génétiques ou « subjectifs », ceux qui se contentent d'une approche de l'impérialisme, de la « *dependencia* », des cycles infernaux ou du traditionalisme. « Pour comprendre la genèse, l'état, le processus ainsi que l'élimination du sous-développement, on devrait trouver une notion multidimensionnelle et élaborée de façon interdisciplinaire qui puisse combiner les facteurs historiques et économiques, sociaux et politiques, culturels et anthropologiques pour les mettre en relation de causalité réciproque. Mais une telle conception universelle expliquant tout, n'existe pas et ne peut exister. Ce qui est possible, c'est tout au plus la tentative de mettre en rapport de causalité les facteurs essentiels élaborés par les recherches empiriques et théoriques » (Nohlen, Nuscheler, 1982, p. 47).

Avec la même prudence critique, Michael Bohnet évalue les théories économiques du développement : les théories démographico-économiques, les théories du capital, celles des étapes du développement, du dualisme, de la croissance équilibrée et mal équilibrée, les théories socio-économiques et psycho-économiques, les théories du commerce extérieur et de la dépendance. « Toutes ces approches théoriques ont en commun qu'elles sont des approches partielles qui n'analysent qu'un domaine partiel des causes possibles de la pauvreté dans les pays en voie de développement. L'intégration de ces théories partielles à une théorie universelle du développement n'est pas encore réalisée à ce jour » (Bohnet, 1982, p. 292). Ce que Bohnet constatait au début des années 80 est sans doute encore valable à la fin de cette décennie.

La perspective éthico-descriptive : les approches diverses de la tolérance fataliste et de la justification même de la pauvreté

Comme la référence historique l'a montré plus haut, l'évaluation de la pauvreté s'est faite différemment selon les systèmes socioculturels. Pour une compréhension plus profonde de la problématique actuelle, il est indispensable d'ajouter cette dimension des valeurs. Ce faisant, il ne s'agirait plus d'estimation, de justification ou de réfutation, mais de description des valeurs (et non-valeurs) qui déterminent de façon décisive, consciemment ou inconsciemment, explicitement ou implicitement, les attitudes et les comportements face à la pauvreté. En d'autres termes, il s'agit d'une perspective *éthico-descriptive*. Ailleurs, j'ai essayé d'analyser différentes conceptions servant à justifier ou du moins à accepter de façon fataliste la pauvreté : l'approche purement technocratique qui perd de vue les êtres humains affectés par la pauvreté, le darwinisme social pour qui ne compte que la « performance » et qui refuse aux incapables le droit à l'existence, et enfin la théorie de l'intérêt personnel qui rend impossible l'élimination de la pauvreté (cf. Enderlé, 1989b).

La perspective éthico-normative : un droit moral à la sécurité d'existence

Aussi indispensable que soit la description éthique pour l'éthique économique en général et pour la problématique de la pauvreté en particulier, elle ne peut pas être assimilée à la discussion éthico-normative ni la rendre superflue. Précisément, quand les convictions éthiques opposées se confrontent manifestement — l'opposition entre le darwinisme social ou théorie de l'intérêt personnel marqué et l'approche des Droits de l'Homme en fournit l'exemple — la problématique de justification (quelles sont les convictions justifiées et quelles sont celles qui ne le sont pas) se pose inévitablement.

Dans le cadre de cette contribution, je ne peux que résumer quelques réflexions importantes (cf. en particulier Enderlé, 1987). Comme approche éthico-normative, je propose un système moral de buts et de droits (« *goal-right-system* ») où le droit moral à la sécurité de l'existence occupe une position centrale. Cette approche développée par Amartya Sen (1981b, 1982) accorde une grande importance à la question des buts de l'action humaine et du choix rationnel des moyens. D'autre part, elle associe étroitement ces buts au respect d'un certain nombre de droits moraux qui ne sont pas seulement de nature instrumentale (comme par exemple l'utilitarisme le prétend), mais partie intégrante du système des buts, lui imposant certaines contraintes quant à la formulation des objectifs et au choix des moyens. Par conséquent, le respect des droits doit être inclus dans les buts (par exemple, la sécurité d'existence comme but politico-social à caractère de droit moral) ; c'est un critère indispensable d'évaluation des situations (par exemple, l'extension actuelle de la pauvreté) et aussi de choix des actions adéquates compte tenu du contexte téléologique (par exemple, les stratégies de lutte contre la pauvreté). Les systèmes de buts et de droits constituent une grande classe de systèmes moraux et admettent différentes conceptions ; cependant, ils excluent les approches strictement téléologiques et déontologiques.

Le postulat de la sécurité d'existence

Le droit moral à la sécurité d'une existence humaine digne est fondamentalement valable pour tous les hommes et implique que leur existence soit assurée comme il se doit et ne soit pas menacée ou entravée par des événements économiques et sociaux. Ce droit est finalement justifié par la dignité de l'homme. Du fait de l'importance primordiale de ce droit fondamental, condition *sine qua non* de l'exercice de tous les autres droits fondamentaux, la sécurité de l'existence reçoit une priorité sans borne pour ce qui est de l'allocation des ressources. S'il y a conflit avec d'autres tâches sociales, la solution doit donner la préférence à la réalisation de ce droit fondamental, à condition que les ressources disponibles soient suffisantes.

Les lignes d'argumentation

Pour justifier le droit moral à la sauvegarde du minimum existentiel, il faut tout d'abord clarifier quelques concepts centraux. Les droits moraux peuvent être analysés à l'aide d'un schéma en cinq parties. Il se base sur l'énoncé suivant : A a des revendications sur X par rapport à B en raison de Y. Il contient les cinq éléments suivants : le sujet qui a un droit (A), le contenu du droit (X), le partenaire à qui on réclame son droit (B), le degré du caractère obligatoire et la justification du droit (Y). Une argumentation détaillée devrait traiter à fond ces cinq éléments et leurs relations d'interdépendance. Puisque cela n'est pas possible maintenant, je me contenterai d'esquisser quelques réflexions. La justification du droit moral à la protection de l'existence peut trouver son origine dans l'action de l'homme en tant que « variable indépendante de toute moralité » et essayer de démontrer que cela présuppose obligatoirement un minimum de champ d'action comprenant une dimension immatérielle et une dimension matérielle (« liberté » et « bien-être » selon Alan Gewirth). S'il y a et parce qu'il y a action humaine (*sic*, Gewirth), il faut également des droits fondamentaux à la « liberté » et au « bien-être ». Mais comme la réflexion sur l'action humaine ne peut pas se faire en dernière analyse sans tenir compte de l'auteur de cette action, l'éthique nous renvoie inévitablement à l'anthropologie. Ainsi le droit moral à la sécurité d'existence trouve sa base profonde dans la dignité de l'homme — dignité qui est profondément blessée par la pauvreté.

Par la suite, ces réflexions fondamentales devraient être développées davantage pour mieux comprendre et déterminer les sujets, les contenus et les partenaires de ce droit. Tandis que la question de l'universalité des sujets est une problématique spécifiquement philosophique et théologique, la précision du contenu de ce droit ne peut se faire sans expérience de la pauvreté et sans analyse scientifique. Encore plus délicate est la question des partenaires de ce droit parce que les aspects théoriques et empiriques y sont encore plus étroitement mêlés. Néanmoins on peut dégager et justifier un critère important : la détermination du destinataire de ce droit résulte du degré de capacité du sujet à protéger son existence. Par capacité, on entend l'ensemble des caractéristiques dont le pauvre dispose véritablement pour satisfaire personnellement ses besoins essentiels. On ne doit donc exiger de lui ni trop ni pas assez. La capacité réelle réunit la capacité au travail (dans le présent) et l'autoprévoyance (dans le futur), qui sont déterminées par des facteurs individuels et sociaux. Si elle est développée de telle sorte qu'elle contienne toutes les « capacités de base » au sens de Amartya Sen (cf. ci-dessus), alors le sujet du droit à la sécurité d'existence est en même temps son propre partenaire (c'est-à-dire « responsable de soi-même »). En revanche, si sa capacité est moins grande, la prétention au droit s'adresse à d'autres partenaires : parents, conjoint, communauté locale, Etat, communauté internationale, etc., sans perdre de son caractère obligatoire.

Il est évident que selon cette approche des droits fondamentaux, on doit catégoriquement refuser le darwinisme social et la théorie de l'intérêt personnel marqué. En plus, il faut relever une implication importante concernant le rapport entre la sécurité d'existence et le marché du travail. Puisque la *réalisation* du droit à la sécurité d'existence par le sujet même dépend de son degré de capacité et puisque ce droit implique en retour *obligation et responsabilité*, *l'accomplissement de cette obligation* exige nécessairement *la reconnaissance du droit au travail* (que ce soit un travail salarié ou non). Quiconque prône l'obligation de garantir l'existence doit reconnaître au même titre le droit au travail. Il en résulte qu'entre la sécurité d'existence et le marché du travail il n'y a ni identité complète ni séparation totale, mais dissociation sélective.

En guise de conclusion

Comme je l'ai fait remarquer au début, l'éthique économique orientée sur les problèmes définis par la pratique devrait — après l'analyse théorique et empirique — renvoyer de nouveau à la pratique. Cela veut dire pour la problématique de la pauvreté qu'en partant de l'analyse économique et des réflexions éthiques, on élabore des orientations d'actions et que l'on cherche des solutions préventives (surtout dans le monde du travail) aussi bien que curatives (surtout dans le domaine de la politique sociale). Certes, il n'est pas possible ni souhaitable de déduire, au sens strict, des directives concrètes. Pourtant les considérations précédentes veulent contribuer à faire un choix dans l'immensité des mesures proposées pour lutter contre la pauvreté au Sud et au Nord ainsi qu'à délimiter un champ à l'intérieur duquel on puisse tirer des conclusions acceptables d'un point de vue d'éthique économique. Par la suite, je vais me concentrer sur la problématique dans les pays riches, en faisant abstraction de leurs relations avec les pays pauvres (cf. Enderlé, 1989) et des situations internes de ces pays.

La sécurité d'existence pour tous les citoyens et citoyennes des Etats de bien-être

En raison des réflexions éthico-normatives et de la disponibilité suffisante des ressources matérielles, j'aimerais dégager *une ligne directrice de la sécurité d'existence*, composée des cinq éléments suivants :

1. La prétention à la sécurité d'existence a *le caractère obligatoire de droit moral fondamental* ; ce n'est qu'ainsi que les pauvres sont respectés entièrement dans leur dignité. La reconnaissance et la réalisation de ce droit ne devraient pas simplement dépendre de la discrétion des responsables de la politique sociale ni de la bonne conduite des pauvres ni du principe de régularité de l'assistance publique. Au contraire, les partenaires du droit à la sécurité d'existence ont l'obligation de respecter ce droit moral et de se mettre au service des pauvres — et non pas de mettre les pauvres au service des fonctionnaires.

2. Le contenu de ce droit a essentiellement *une qualification matérielle et monétaire*. Malgré l'importance irremplaçable des

aspects immatériels, il serait complètement erroné de relativiser les aspects matériels et monétaires et de ne pas prendre totalement au sérieux la corporalité de l'homme et de sa pauvreté. Dans le domaine du minimum vital, il n'y a pas de « *trade-off* » acceptables entre les facteurs économiques et non économiques. Si le degré de monétarisation de la société est très élevé, le revenu en espèces ne peut que difficilement être remplacé par des revenus en nature.

3. *Le principe de l'universalité* veut dire que tous les citoyens et citoyennes de l'Etat de bien-être sont sujets de ce droit fondamental, sans discrimination selon le sexe, l'âge, la provenance sociale et ethnique. Cette égalité de traitement trouve sa raison d'être dans le fait que tous les habitants d'un Etat de bien-être sont très étroitement liés du point de vue économique, juridique et politique, ces réseaux de rapports ne pouvant diminuer considérablement ou se dissoudre complètement que par l'émigration.

4. *Le principe de convenance du minimum vital* signifie qu'à chacun et chacune soit assuré équitablement cet ensemble des biens, ce revenu monétaire qui permet d'exercer les capacités de base de l'être humain dans l'Etat de bien-être en question (cf. ci-dessus). La définition du « convenable » (ce qui est digne de l'homme) doit se faire en principe par les pauvres eux-mêmes, par ceux qui vivent et travaillent en contact immédiat et permanent avec eux et par des scientifiques des divers disciplines (cf. ci-dessus). Elle ne doit pas dépendre de la capacité de performance des destinataires de ce droit. Si, pour des raisons incontrôlables des hommes, le minimum vital ne peut être garanti, il vaut toujours mieux indiquer clairement l'écart par rapport à la norme « convenable » au lieu de baisser simplement cette norme.

5. *Les responsabilités* se déterminent selon le degré de capacité des sujets à faire valoir leurs droits à la sécurité d'existence. En dernière instance, c'est à l'Etat d'assurer le minimum vital parce qu'il s'agit là non seulement d'un objectif de la politique sociale, mais aussi de la réalisation d'un droit moral fondamental, préalable indispensable à tous les autres droits de l'homme. De ce fait, comme le droit à la liberté, le droit à la sécurité d'existence s'adresse finalement à l'institution du système politique qui est responsable en dernière instance de garantir les droits fondamentaux. Donc pour ne pas surmener le système politique, le système économique doit remplir la tâche préventive extrêmement importante d'assurer l'existence.

En fin de compte, l'urgence du postulat de sécurité d'existence se justifie par une double tendance divergente : d'une part, il faut s'attendre à la persistance ou même à l'aggravation de la pauvreté ; d'autre part, il est manifeste que la politique de sécurité sociale n'est pas menée avec la détermination nécessaire en vue d'éliminer la pauvreté. C'est pour cela d'ailleurs que les experts du rapport du Bureau international du Travail, examinant le développement de la Sécurité sociale du XXIe siècle, plaident pour l'introduction d'un revenu de base pour tous les habitants de l'Etat de bien-être. Selon leur conviction, ce but représente le défi le plus important à la politique sociale qui devrait et pourrait être assurée avant même l'an 2000 (BIT, 1984, p. 29).

---

1. Cf. M. Mollat : « Le pauvre est celui qui, de façon permanente ou temporaire, se trouve dans une situation de faiblesse, de dépendance, d'humiliation, caractérisée par la privation des moyens, variables selon les époques et les sociétés, de puissance et de considération sociale : argent, relations, influence, pouvoir, science, qualification technique, honorabilité de la naissance, vigueur physique, capacité intellectuelle, liberté et dignité personnelles. Vivant au jour le jour, il n'a aucune chance de se relever sans l'aide d'autrui » (*Les pauvres au Moyen Age*, Paris, Hachette, 1978, p. 14).

Bibliographie

Antony B. Atkinson, *The Economics of Inequality*, 2e éd., Oxford, 1983.
Michael Bohnet, « Œkonomische Entwicklungstheorien und Entwicklungspolitik », Nohlen et Nuscheler, 1982, pp. 292-311.
Georges Enderlé, *Sicherung des Existenzminimums im nationalen und internationalen Kontext. Eine wirtschaftsethische Studie*, Berne-Stuttgart, 1987.
Georges Enderlé, *Wirtschaftsethik im Werden. Ansätze und Problembereiche der Wirtschaftsethik*, Stuttgart, 1988.
Georges Enderlé, « Das Armutsproblem als Paradigma der Wirtschaftsethik », P. Eicher éd., *Neue Summe Theologie*, t. II, Fribourg-Bâle-Vienne, 1989a, pp. 340-373.
Georges Enderlé, « Unterschiedliche Haltungen zur Armut in der heutigen Gesellschaft », Machler et autre, *Armut in der reichen Schweiz*, Zurich, 1989b, pp. 147-160.
Bureau international du travail (BIT), *L'Emploi, la croissance et les besoins essentiels. Problème mondial*, Genève, 1976, p. 7.
Jürgen Mittelstrass, « Wirtschaftsethik als wissenschaftliche Disziplin ? », Georges Enderlé éd., *Ethik und Wirtschaftswissenschaft*, Berlin, 1985, pp. 17-32.
Michel Mollat, *Les Pauvres au Moyen Age*, Paris, Hachette, 1978.
Gunnar Myrdal, *Asian Drama. An Inquiry into the Poverty of Nations*, New York, 1972.
Dieter Nohlen, Nuscheler Franz, « Was heisst Unterentwicklung ? », Dies (Hg.) : *Handbuch der Dritten Welt*, t. I, 2e éd., Hambourg, 1982, pp. 25-47.
Isabel V. Sawhill, « Poverty in the US : Why is it so persistent ? », *Journal of Economic Literature*, XXVI(1988), pp. 1073-1119.
Gerhard Schaüble, *Theorien, Definitionen und Beurteilung der Armut*, Berlin, 1984.
Amartya Sen, *Poverty and Famines. An Essay on Entitlement and Deprivation*, Oxford, 1981a.
Amartya Sen, « Rights and Agency », *Philosophy and Public Affairs*, XI(1981b), pp. 3-39.

Amartya Sen, « Evaluator Relativity and Consequential Evaluation », *Ibid.*, XII(1982), pp. 113-132.
Amartya Sen, *Commodities and Capabilities*, Amsterdam-New York-Oxford, 1985.
Amartya Sen, *The Standard of Living*, Cambridge, 1987.
Adam Smith, *An Inquiry Into the Nature and Causes of the Wealth of Nations*, vol. I-II, éd. R. H. Campbell, A. S. Skinner, W. B. Todd, Oxford, 1976.
Staatslexikon : « Recht, Wirtschaft, Gesellschaft », 6d. Von der Görres-Gesellschaft, t. I, Fribourg-Bâle-Vienne, 1985, pp. 342-352.
Lionel Stoleru, *Vaincre la pauvreté dans les pays riches*, Paris, Flammarion, 1974.

Représentations de la pauvreté et modes de (re)présentation des pauvres 1789-1989

CHRISTOPHE GUITTON

Le silence des pauvres, dans notre démocratie représentative, tient à l'ambivalence entretenue au cours des deux siècles de son histoire par la polysémie du terme : la représentation est indissociablement image que l'on donne et parole qui s'exprime. Et il n'est de maîtrise possible de cette image sans capacité, pour le sujet ou pour le groupe, de participer à sa définition, directement ou à travers ses porte-parole, ses représentants[1]. Or ce qui caractérise la pauvreté, à cet égard, c'est que la réflexion sur la représentation n'est pas détachable d'une réflexion sur les formes d'intervention à l'encontre des pauvres. Historiquement, en effet, les représentations sociales dominantes du pauvre — mendiant, vagabond, déclassé, assisté, inadapté — lui sont exogènes en ce qu'elles sont le fait direct d'intervenants institutionnellement ou spontanément engagés sur le front de la pauvreté — justice, police, œuvres privées, travail social — c'est-à-dire extérieurs à elle. En ce sens il s'agit plus d'une problématique de la « présentation », judiciaire, policière, caritative ou sociale de la pauvreté, que de sa représentation au sens où cette notion renvoie, dans notre système juridique, aux deux notions associées de mandat et de représentativité. Les pauvres, sauf exception[2], n'ont pas de porte-parole mais des tenant-lieu[3] dont la propriété particulière est de réunir, ou plus exactement de confondre, les deux qualités de « représentant » et d'intervenant. Dès lors, évoquer le rapport pauvreté-représentation a-t-il un sens ou s'agit-il, littéralement, d'un contresens ? Ce le serait sans doute si l'on abordait la question du seul point de vue de l'histoire du droit du travail, en ce qu'il est, par essence, un droit de la représentation. Car force serait alors de s'en tenir au constat historique de la non prise en compte des groupes les plus pauvres par les institutions de la représentation ouvrière, mutualité et syndicalisme.

La question est en fait plus complexe. D'une part dans la mesure où, si la représentation du travail s'est effectivement constituée hors de la pauvreté, c'est au cours d'une période — la formation du capitalisme industriel au cours du XIXe siècle — caractérisée par une très forte assimilation du travail à la pauvreté (paupérisme). Il semble en fait, loin de toute attitude de méconnaissance ou d'ignorance de sa part, que la différenciation du prolétaire et du pauvre ait constitué pour le monde ouvrier un enjeu central dans l'émergence de formes de représentation qui lui sont propres. Par ailleurs, nous l'avons souligné, les techniques de gestion des pauvres, à travers l'histoire, ont emprunté à des domaines très différents du droit, en particulier pénal et administratif, se développant selon des logiques de présentation, répressive et assistancielle, qui préexistaient à l'avènement du droit du travail et à la logique de représentation qui lui est congruente (I). Or cette longue période de confrontation ne s'est pas traduite par la substitution des mécanismes nouveaux de la représentation ouvrière aux modes antérieurs de présentation de la pauvreté mais par la recomposition de ces derniers au tournant du XIXe siècle (II). Le XXe siècle sera celui de l'euphémisation des représentations sociales de la pauvreté — perçue progressivement comme une forme d'inadaptation sociale — et du renforcement corrélatif de la logique de présentation (III).

I. L'HÉRITAGE RÉVOLUTIONNAIRE (1789-1830)

Dans une société d'Ancien Régime tout entière constituée d'ordres, de corps et d'états, la représentation découle directement de la position dans la hiérarchie sociale. Dans le domaine du travail, la distinction fondamentale oppose les « gens de métier », organisés en corporations, et les « gens de bras », travailleurs non qualifiés, journaliers, hommes de peine et manœuvres dont la caractéristique commune est d'être maintenus en dehors de l'ordre corporatif avec tout ce que celui-ci comporte de « garantie de l'emploi, de solidarité communautaire et de statut juridique et social [4] ». En deçà se trouve le monde des indigents, parfois confondu avec celui du travail non qualifié, tant la précarité de ce dernier le condamne de manière récurrente à la pauvreté, plus généralement assimilé à la lie de la société urbaine que forment les « mendiants, prostituées, criminels et vagabonds [5] ».

A chacun de ces niveaux de l'espace social, l'œuvre de la Révolution sera déterminante. Elle s'avérera pourtant rapidement réversible. De la négation de l'ordre social ancien fondé sur le privilège et de l'affirmation d'un droit au secours fondé sur l'accès au travail aurait pu naître le principe d'une représentation — au double sens du terme — commune aux classes « non privilégiées ». Il n'en a rien été dans la mesure où, malgré des apparences souvent très fortes, les deux premiers tiers du XIXe siècle s'analysent plus, dans les deux domaines de la représentation du travail (1) et du traitement de la pauvreté (2), en termes de continuité que de rupture avec l'Ancien Régime [6].

1. Les corporations, alliances de « hiérarchie, de contrôle, de particularisme et de solidarité », ne sont que l'une des formes que revêt une société d'Ancien Régime dont tous les corps comportent alors les mêmes caractéristiques. C'est à ce titre que l'Assemblée constituante les abolira, comme étape du démantèlement de l'ordre corporatif (loi d'Allarde de mars 1791), la sanction pénale du délit de coalition (loi Le Chapelier de juin 1791) devant constituer la garantie que celui-ci ne puisse se reformer [7].

Dès lors, toute la difficulté pour les corporations ouvrières, au début du XIXe siècle, consistera à imaginer les conditions du maintien de communautés professionnelles solidaires et ordonnées face aux puissantes tendances individualistes issues de la Révolution. Sensiblement différentes, en apparence, des corporations de l'Ancien Régime, les organisations ouvrières prennent alors deux formes, l'une autorisée, l'autre illégale mais tolérée : les sociétés de secours mutuel et le compagnonnage. C'est l'un des intérêts majeurs de l'analyse de William H. Sewell que d'avoir montré comment, à la faveur de l'ambivalence politique des régimes immédiatement post-révolutionnaires (l'ère napoléonienne et la Restauration), ces deux modes d'organisation, mais également de représentation ouvrière furent tolérés et même encouragés tant le fait qu'ils aient survécu à la Révolution semblait à l'ordre politique une garantie contre la « corruption » de la classe ouvrière par les idées révolutionnaires. En pratique, les sociétés de secours mutuel l'emportèrent progressivement sur le compagnonnage dans la mesure où, autorisées et ouvertes aux ouvriers sédentaires, contrairement aux confréries de compagnons, elles permettaient, sous le couvert juridique d'associations de bienfaisance ou de sociétés de prévoyance, non seulement d'instaurer un système d'assistance mutuelle entre leurs membres mais également, et peut-être d'abord, de proroger le mode d'organisation du travail caractéristique des confréries d'Ancien Régime à savoir le contrôle des conditions de travail, la fixation du niveau des salaires, la réglementation des métiers et, le cas échéant, l'appel à la grève. Ainsi, à la veille de la reconnaissance légale des syndicats, qui interviendra sous la IIIe République, en 1884, la représentation du travail est-elle toujours, à l'instar de la période prérévolutionnaire, le monopole des métiers qualifiés, de l'artisanat urbain essentiellement, c'est-à-dire de secteurs professionnels qui seront à la fois les plus tardivement et les moins fortement touchés par la révolution industrielle.

2. Avec l'abolition des privilèges dans l'ordre politique, la question sociale qui occupe dès l'origine la scène révolutionnaire est celle de la mendicité. La Constituante, quant aux principes, la Convention quant à leur application, n'auront de cesse d'avoir identifié et mis en œuvre les conditions de son éradication. Au plan des idées, tout d'abord, l'une des premières manifestations de la nouvelle rationalité révolutionnaire, avant même la mise en place du Comité pour l'extinction de la mendicité, est la proclamation du devoir d'assistance de la société à l'égard des pauvres. Devoir qu'impose la reconnaissance du droit de tout homme à la subsistance et à une subsistance qui ne prenne pas, comme c'était le principe même de l'ancienne charité privée, la forme d'un aumône. L'accès des indigents au travail pouvant seul constituer le fondement pratique de cette nouvelle conception de l'assistance c'est tout à fait logiquement, presque consubstantiellement, que la définition d'un droit au secours s'accompagne du principe de la distinction entre les pauvres selon le critère du rapport au travail[8] : les véritables pauvres sont ceux qui, sans ressources et sans propriété[9], veulent acquérir leur subsistance par le travail ou encore ceux auxquels l'âge ou l'infirmité ne permettent plus de travailler. A l'opposé, les mauvais pauvres, « connus sous le nom de mendiants de profession et de vagabonds, se refusent à tout travail, troublent l'ordre public, sont un fléau dans la société et appellent sa juste sévérité[10] ».

La mise en œuvre du droit constitutionnel au secours passe dès lors indissociablement par l'organisation de l'assistance et la répression de l'oisiveté. C'est ainsi que le décret de la Convention nationale relatif à l'extinction de la mendicité envisage simultanément le traitement social de la pauvreté par l'instauration de travaux de secours sur tout le territoire et sa sanction pénale : arrestation des mendiants ; détention des récidivistes ; déportation des multirécidivistes [11]. Cependant, le fait majeur de cette période, dont les conséquences quant à la (re)présentation des très pauvres s'étendront sur tout le XIXe siècle, est lié à la faillite du modèle administratif conçu par les révolutionnaires, l'Assistance nationale comme monopole d'Etat géré centralement. En effet, comme l'a souligné H. Hatzfeld [12], le Directoire va, dès 1796, tirer la leçon de cet échec et, sans rendre les hôpitaux et les bureaux de bienfaisance à l'Eglise, en confier la gestion aux municipalités, ouvrant ainsi la porte à « ce qui sera dans le plus grand nombre de villes de France la solution du XIXe siècle : la collaboration des instances municipales et des œuvres privées, le plus souvent catholiques ». Trait dès lors saillant de la structure de l'assistance qui sera renforcé par la floraison d'œuvres charitables, institutions hospitalières ou de patronage, que connaît le catholicisme à cette époque, au point que la bienfaisance publique fait souvent pâle figure à côté de l'initiative privée. L'assistance, étatique dans son principe, relève toujours, en pratique, de la philanthropie, c'est-à-dire d'un mode de gestion privée de la pauvreté, qui constitue lui-même la reformulation par les Lumières de l'ancienne vertu de charité. Le XIXe siècle, en dépit du séisme révolutionnaire, verra s'accentuer la ligne de partage, et ne reviendra pas sur la césure antérieure entre la représentation du travail et la présentation de la pauvreté, entre présentation caritative des pauvres méritants et présentation judiciaire des mauvais pauvres.

II. DE L'ABOLITION DES CORPORATIONS À LA RECONNAISSANCE DES SYNDICATS : LA REPRÉSENTATION DU TRAVAIL SE CONSTITUE HORS DE LA PAUVRETÉ

C'est dans ce contexte fortement clivé qu'apparaît, au tournant des années 1830, la figure du prolétaire, bientôt emblématique de la condition ouvrière. Bien que les historiens soient aujourd'hui plus nuancés [13], soulignant en particulier le caractère à la fois progressif, sur tout le XIXe siècle, et différencié selon les secteurs, géographiques et économiques, de la formation du prolétariat, l'historiographie ouvrière fait généralement coïncider celle-ci avec l'apparition du paupérisme. Ce néologisme, d'origine anglaise, est alors utilisé pour désigner, plus qu'un état, une dynamique, l'extension d'un mal — l'indigence — à des classes entières de la population, en lien avec l'industrialisation progressive du pays. En cela le paupérisme provoque une rupture épistémologique dans les représentations de la pauvreté, désormais identifiée au rapport salarial. L'image traditionnelle du pauvre est transférée sur l'ouvrier et, avec elle, le jugement atavique qui l'accompagne mais dont le centre de gravité tend à se déplacer du rapport au travail — la condamnation de l'oisiveté — vers le rapport à la prévoyance — la stigmatisation de l'imprévoyance. Il est remarquable, à cet égard, d'observer que l'origine de ce déplacement tient en grande partie à la position des premiers observateurs de la condition ouvrière, qu'il s'agisse, pour les plus connus, de Villeneuve-Bargemont, Gérandot, Buret ou Villermé. Philanthropes, administrateurs, médecins ou hygiénistes, c'est à partir d'enquêtes sociales, c'est-à-dire selon une logique de présentation, qu'ils mettent en évidence les traits à leurs yeux caractéristiques du paupérisme, à savoir la misère morale et l'anomie sociale tout autant que l'indigence matérielle. Jugement qui permet de réintroduire, à travers le vice et l'imprévoyance du pauvre laborieux, l'argument moral de la responsabilité personnelle qui présidait jusqu'alors à la sanction de l'oisiveté du pauvre valide.

La problématique des bons et des mauvais pauvres, reportée sur la classe ouvrière naissante, place celle-ci devant une double nécessité : obtenir son émancipation sociale en se différenciant du monde de l'indigence caractéristique de l'Ancien Régime ; mais également acquérir sa légitimité politique vis-à-vis des classes dirigeantes et des pouvoirs publics. Et pour cela — la reconnaissance sociale du travail constituant indissociablement la condition et l'enjeu de sa représentation — lever le discrédit qui pèse sur elle en participant à la « décantation » des mauvais pauvres en son sein. Au cours de cette période fondatrice du « social [14] », ce sont les institutions mêmes de la représentation ouvrière, dans le mouvement de leur affirmation (1) qui, combinés aux effets sélectifs des politiques sociales, publiques (2) ou patronales (3), contribuent au partage entre les pauvres.

1. En réaction à la confusion croissante dans les mentalités entre « classes laborieuses » et « classes dangereuses »[15], la position de la classe ouvrière à l'égard des pauvres sera celle d'une contrainte mais constante démarcation. Le mutuellisme, tout d'abord, ne contient pas en lui-même un principe de sélection, dans la mesure où son objet premier est le secours des malades et des indigents. Solidarité plutôt mais mutualisée c'est-à-dire limitée, selon un principe de réciprocité, aux membres du groupe dont, ce faisant, elle contribue à dessiner les contours. Car non seulement l'accès aux sociétés de secours mutuel présuppose l'appartenance au groupe, à la classe ou au métier, mais les conditions d'attribution des prestations tendent à renforcer ce lien : conditions d'ancienneté tout d'abord, nombre de secours n'étant versés qu'après des durées de cotisation extrêmement importantes ; conditions de moralité également qui excluent en règle générale « les maladies de boisson et de libertinage [16] ». Exigences d'honorabilité ouvrière car les sociétés de secours mutuel, émanation de la tradition corporative, sont redevables de l'image qu'elles en donnent, particulièrement en cette période présyndicale où, sociétés de résistance autant que de secours, elles constituent alors la seule force d'expression reconnue du mouvement ouvrier face aux pouvoirs publics et au patronat.

L'ostracisme du syndicalisme à l'égard du monde des indigents est plus paradoxal dans la mesure où, ancré dans ce que P. Rosanvallon a appelé une « culture de la séparation sociale »[17], il se développe alors lui-même comme une force de réaction contre l'exclusion sociale, matérielle et politique d'une classe marginalisée : le salariat. Des différents éléments d'explication qui peuvent être avancés, le premier a déjà été esquissé : le syndicalisme s'est fondé sur le seul niveau intermédiaire entre l'État et les individus qui n'a pas disparu mais qui s'est recomposé au cours de la période post-révolutionnaire : le métier, c'est-à-dire le travail qualifié. Mais surtout, qu'il soit révolutionnaire ou modéré, le syndicalisme ouvrier porte sur le sous-prolétariat un jugement d'extranéité sans appel. Dans l'évolution de la pensée de Marx et Engels, ce terme désignera successivement les classes dangereuses, c'est-à-dire « la pourriture passive de la vieille société », étrangère à la condition ouvrière, puis la fraction des « déclassés » issus du prolétariat lui-même et tombés dans « l'enfer du paupérisme », les uns et les autres se caractérisant par leur irréductibilité à s'inscrire dans un rapport de classes — ce qui les disqualifie aux yeux des théoriciens du socialisme et plus tard du syndicalisme révolutionnaires.

Quant au syndicalisme modéré, très tôt associé au débat institutionnel qui s'instaure, sous la IIIᵉ République, autour de la question du travail, c'est à propos du secours du chômage[18] que se manifestera le plus nettement son opposition aux indigents qui discréditent la classe ouvrière. Les représentants syndicaux prônent alors l'articulation des secours, en cas de chômage, sur l'assistance par le travail, ce critère devant permettre d'opérer une distinction sûre entre les « véritables ouvriers, atteints par un chômage accidentel », qui acceptent le travail auquel est subordonné l'octroi d'un secours, et la « masse des nécessiteux d'habitude que leur incapacité professionnelle, leurs faiblesses physiques et morales condamnent à la misère périodique ». Si les premiers doivent pouvoir passer, grâce à l'intervention attendue de l'Etat, d'une logique d'assistance à une logique de prévoyance, les seconds sont considérés comme des imposteurs en puissance, des vagabonds rebelles au travail, et justiciables des seuls dépôts de mendicité.

2. La question du chômage, qui ne trouvera de réponse durable que plus tard[19], s'inscrit alors comme l'épicentre d'une préoccupation plus générale de classification des populations pauvres, elle-même caractéristique de la démarche positiviste — mêlant étroitement science et administration — empruntée par les républicains pour résoudre la question sociale. Dicté par l'« impératif de gouvernabilité[20] », le programme républicain comporte deux volets dont la liaison est rarement soulignée. Le premier vise à réintroduire la classe ouvrière dans le jeu de la régulation sociale. C'est l'objectif de la loi de 1884 qui, dans la continuité de la suppression du délit de coalition en 1864, reconnaît la légitimité de l'action syndicale. Le second tend à réformer l'assistance par l'affirmation, dans des termes voisins de ceux de l'Assemblée révolutionnaire en 1791, du principe d'une assistance publique obligatoire pour la collectivité et conçue comme un droit pour les individus sans ressources et dans l'impossibilité de travailler. Mais également par la distinction, pour la première fois explicite, entre les situations de pauvreté selon leur fait générateur — maladie, invalidité ou vieillesse mais également orphelinat ou abandon[21] — posant ainsi les prémisses des futures assurances sociales.

Intégrer pour contrôler ; distinguer pour gérer. Sanctionner aussi mais, plus que des conduites criminelles, la normativité du nouvel édifice solidariste : le prolétaire, reconnu et représenté, ne campe plus aux portes de la nation ; l'indigent, objet de la solidarité nationale, se voit reconnaître un véritable droit subjectif à l'assistance dès lors qu'il n'est pas apte au travail. Reste le transgresseur, le mendiant valide, le vagabond, qui n'a pas place dans le schéma républicain de la solidarité et se trouve relégué, au propre comme au figuré, à sa périphérie : entre la reconnaissance légale des syndicats, en 1884, et l'institution de l'Assistance publique en 1886, la loi Waldeck-Rousseau de 1885 organise la relégation aux colonies des mendiants, petits délinquants et vagabonds multirécidivistes c'est-à-dire des mauvais pauvres.

3. La condamnation de l'oisiveté gouverne toujours le rapport social au non-travail, mais c'est désormais la hantise de l'imprévoyance qui domine les relations nouvelles qui s'instaurent, dans l'industrie, entre le travail et les corps : risques que le travail industriel fait peser sur les ouvriers, risques que la défaillance des corps fait peser sur la continuité du travail industriel. Or, la prévoyance, avant d'être un mécanisme, est une attitude, une posture morale faite d'épargne et d'anticipation qui constitue dans l'ordre individuel la garantie de ce que la « permanence des engagements », invoquée par Frédéric Le Play, tend à obtenir dans l'ordre industriel : la certitude de la durée. C'est pourquoi la prévoyance ouvrière est au cœur des politiques patronales, encouragée ou contrainte selon les cas mais toujours investie d'une double fonction : répondre à la question de la sécurité d'existence des salariés et permettre la mesure de leur engagement [22].

Le discours moral du libéralisme n'est pas instrumentalisé par les seules institutions de prévoyance, caisses de secours et caisses de retraite dont le principe est emprunté aux sociétés de secours mutuels. Il s'appuie également sur l'émergence du travail social comme prolongement de la sphère d'influence patronale sur la classe ouvrière. L'assistance sociale se définit alors à partir d'une critique radicale des deux formes d'assistance existantes : l'ancienne charité chrétienne, accusée de n'avoir fait qu'entretenir la pauvreté et participé à sa reproduction sans avoir pour autant endigué la « lutte des classes » naissante, mais également l'assistance publique qui se développe au même moment et qui est considérée non seulement comme inefficace mais comme nocive parce que fondée sur la reconnaissance et l'affirmation des droits sociaux. Face à ces réponses non adaptées puisque indifférenciées, l'assistance sociale se propose comme solution de réponse individualisée à des difficultés analysées comme individuelles : le vice et l'imprévoyance. Son mode d'intervention se caractérise en cela par une opposition aux formes de représentation collective — syndicalisme et socialisme — et par le choix exclusif de l'action individuelle, entendue comme une assistance éducative.

Conjuguant, depuis sa rencontre avec le courant de l'hygiène sociale, à la fin du XIXe siècle, discours moral et discours médical, le travail social traite désormais de pathologie sociale et de maladie mentale[23]. Cette médicalisation de l'intervention sociale va permettre l'entrée massive des assistantes dans les familles et la classification de ces dernières selon qu'elles sont « relevables » ou « irrelevables », c'est-à-dire selon qu'on peut ou non espérer les réintégrer de manière stable dans le circuit du travail et de la prévoyance. Au moment où se précise la représentation syndicale et politique du groupe ouvrier, le processus de présentation, morale et médicale, mais aussi le cas échéant judiciaire, de ceux qui sont de moins en moins des délinquants et de plus en plus des déviants, n'apparaît déjà plus réversible.

III. DE L'ASSISTANCE PUBLIQUE À L'AIDE SOCIALE : LE TRAITEMENT DE LA PAUVRETÉ S'OPÈRE HORS DE LA REPRÉSENTATION

La période qui s'ouvre au lendemain de la Première Guerre se caractérise pour le groupe ouvrier par la définition des règles du jeu syndical[24] et la mise en place progressive d'un système de protection sociale capable d'assurer la sécurité d'existence des travailleurs en cas de chômage, d'accident, de maladie ou de vieillesse, c'est-à-dire pratiquement par l'extinction du paupérisme[25].

S'agissant de l'assistance sociale, le fait majeur, à la Libération, est la reconnaissance du monopole d'exercice du travail social, situation qui va entraîner rapidement son extension et sa professionnalisation. Le mouvement de « psychologisation » à l'œuvre depuis la rencontre de la médecine sociale, va fournir, relayée par la science psychanalytique, l'essentiel de ses techniques au travail social. Elle permet de réintroduire les jugements moraux et les représentations antérieurs mais « sous un travestissement moderne et scientifique qui leur prête des fondements inattaquables »[26] : les difficultés d'ordre socio-économique sont réduites à des difficultés d'ordre relationnel et affectif, dont l'origine est à rechercher prioritairement dans l'histoire familiale. Cette formalisation, selon une logique médico-psychologique, opère la transformation des déterminants économiques et sociaux en particularismes de comportements. La fonction du travail social n'est plus d'agir sur les premiers mais de traiter les seconds selon une logique d'intériorité : c'est l'ère de la réadaptation des inadaptés sociaux. Le pauvre, comme tel, s'est évanoui.

À partir de l'inadaptation [27], forme désormais dominante du social au même titre que le chômage ou l'inaptitude, sont reconstruites les anciennes catégories de la pauvreté [28] : le vagabondage, l'invalidité et l'indigence sont aujourd'hui appréhendés à partir de la législation sur les sans-domicile fixe (1), le handicap social (2) et l'assistance éducative (3).

1. Le vagabondage constitue toujours, en droit positif, un délit. Mais ce concept pénal est articulé sur une logique d'action sociale : le vagabond est devenu le sans-domicile fixe. L'inflexion est significative, la nécessité de l'assignation spatiale, de la (ré)insertion locale des errants a pris progressivement le pas, au cours du XXe siècle, sur les pratiques antérieures de relégation et de déportation des vagabonds. Elle se traduira, avec la transformation de l'Assistance publique en aide sociale, en 1953, par l'ouverture des centres d'hébergement aux « vagabonds estimés aptes à un reclassement ». La logique d'action sociale est donc aujourd'hui prédominante, à travers l'objectif du reclassement. Objectif qui réintroduit pourtant le critère séculaire du rapport au travail puisque, aux termes des textes d'application de la loi, les travailleurs sociaux sont appelés à distinguer entre les vagabonds « actuellement sans travail » — situation qui vise les hypothèses de précarité rapportées communément sous le terme de « nouvelle pauvreté » — et ceux considérés comme n'exerçant habituellement aucune activité — c'est-à-dire sans profession ni travail reconnus — perpétuant ainsi les contradictions initiales entre l'assistance aux pauvres et la condamnation de l'oisiveté.

2. Un mouvement comparable s'est produit dans le domaine de l'inaptitude au travail, au cours de la période précédant immédiatement la crise. Malgré la généralisation de la Sécurité sociale au cours des années 70, demeure une population dite « interstitielle », marquée par son incapacité, du fait de sa situation au regard de la santé et de l'aptitude professionnelle, à s'inscrire dans les conditions générales d'affiliation et à accéder à l'emploi. La démarche administrative empruntée pour tenter de résorber ce « résidu » fut de permettre aux « inadaptés sociaux » d'accéder au secteur du travail protégé, réservé jusque-là aux handicapés physiques et mentaux. Pour ce faire, à partir de la greffe du concept d'inadaptation, d'origine sociale, sur celui de handicap, d'origine médicale, fut instituée une troisième source de handicap : le handicap social [29]. Cette construction téléologique aboutissant, en fait, à une ségrégation des pauvres d'aujourd'hui, proche de l'enfermement des invalides, infirmes et incurables d'hier dans les hôpitaux et les hospices.

3. La fonction éducative du travail social trouve son point d'aboutissement, au cours de cette même période, dans ce que le droit civil nomme l'assistance éducative. Entendue comme l'expression de la coresponsabilité de l'Etat avec les parents dans le domaine de l'éducation, elle s'ouvre sur la protection sociale et, le cas échéant, judiciaire de l'enfance en danger. En cela, l'assistance éducative constitue un mode original, indirect, de traitement de la pauvreté — la situation matérielle et morale d'une famille n'étant perçue qu'au travers de ses incidences sur l'enfant — qui s'inscrit dans l'histoire du traitement social de l'enfance pauvre. Au cours du XIXe siècle, en effet, la séparation progressive des enfants pauvres-abandonnés ou remis temporairement — des autres catégories de pauvres-mendiants, errants ou indigents — s'est opérée dans la sphère de l'orphelinat, à partir de leur assimilation à des enfants sans parents. Au cours du XXe siècle, le sort des mineurs délinquants se sépare de celui des adultes, avec la création de juridictions spéciales en 1912, la suppression du délit de vagabondage pour les mineurs en 1935 et la création du juge pour enfants en 1945. En passant ainsi du droit pénal au droit civil, la situation des enfants pauvres quitte le domaine de la répression pour celui de la protection. Or, cette logique protectrice va se développer selon un principe de substitution de la société à la famille[30]. Le juge des enfants dispose tout d'abord de la faculté de mettre sous tutelle les prestations sociales reçues par une famille suspectée de les dilapider. Centrée sur l'intérêt de l'enfant, destinataire légal des allocations familiales, l'idée même de tutelle repose sur le postulat de l'incapacité des pauvres à définir par eux-mêmes la hiérarchie de leurs intérêts et de leurs besoins et sur la nécessité qui en découle de protéger les pauvres contre eux-mêmes. Mais aussi, le cas échéant, de protéger les enfants contre leur famille, car le juge dispose en second lieu de la faculté de décider le placement d'un mineur hors de son milieu familial dès lors que celui-ci s'y trouve, à ses yeux, en situation de danger, matériel ou moral.

L'euphémisation de la pauvreté en inadaptation sociale et son traitement à partir d'une logique de présentation, médico-sociale et judiciaire, sont au fondement du rapport inter-individuel et collectif exprimé par ATD Quart Monde, à partir du milieu des années 60, à travers l'idée d'exclusion sociale. Le processus est-il réversible, en particulier par l'instauration récente d'un revenu garanti et la mise en œuvre de politiques d'insertion ? Rien n'est moins sûr tant sont encore prégnantes les représentations antérieures qui conditionnent nos schémas intellectuels de perception de la pauvreté comme la définition des catégories d'action des politiques publiques. Ainsi l'insertion, concept ordinal des politiques sociales des années 80, demeure-t-elle étrangère à toute idée de représentation. Les travailleurs sociaux, experts ès interventions sociales, mandatés par la loi de décembre 1988 instaurant le RMI pour « accompagner » les bénéficiaires dans leur démarche d'insertion, pourront difficilement sortir du rôle de « tenant-lieu » qui leur est imposé depuis près d'un siècle. Plus que jamais se justifient les initiatives privées qui tendent à rompre l'isolement des pauvres, consolidé par des siècles de présentation répressive, assistancielle ou médico-sociale. Car l'un des enjeux centraux de la crise actuelle, qui est avant tout une crise des représentations, institutionnelles et sociales, est la réintégration des pauvres dans la définition de leur image collective. Ils ne pourront y parvenir sans porte-parole.

---

1. Nous n'aborderons pas ici, par incompétence, la question de la représentation politique, nous limitant au seul domaine accessible au juriste du travail, celui de la représentation collective.
2. Historiquement, comme aujourd'hui le Mouvement ATD Quart Monde, nombre d'initiatives privées en faveur des pauvres se sont en effet constituées sur le refus d'être leurs tenant-lieu et la revendication d'en être les porte-parole, à partir d'une problématique de la « médiation » entre la société et les pauvres. C'est alors la question de la nature du « mandat » sur lequel repose cette médiation qui est au centre du débat.
3. La distinction entre « porte-parole » et « tenant-lieu » revient à Antoine Lyon-Caen. Nous la reprenons dans la mesure où elle permet d'illustrer la distinction entre les logiques de représentation et de présentation.
4. William H. Sewell, *Gens de métier et révolutions*, Paris, Aubier, 1983, p. 41.
5. Sur l'univers de la pauvreté sous l'Ancien Régime, voir J.-P. Gutton, *La Société et les pauvres*, Presses universitaires de Lyon, 1974.
6. C'est la thèse centrale de W. H. Sewell en ce qui concerne la survie et l'adaptation de l'ordre corporatif au contexte socio-politique nouveau de la période post-révolutionnaire. Une thèse analogue peut être soutenue à propos du retour extrêmement rapide, dès le Directoire, aux modalités de fonctionnement de l'assistance qui caractérisaient l'Ancien Régime.
7. La rationalité de l'abolition des corporations par la Convention est tout entière illustrée par cet extrait des débats de la loi Le Chapelier : « Il doit sans doute être permis à tous les citoyens de s'assembler. Mais il ne doit pas être permis aux citoyens de certaines professions de s'assembler pour leurs prétendus intérêts communs : il n'y a plus de corporations dans l'Etat ; il n'y a plus que l'intérêt particulier de chaque individu et l'intérêt général. Il n'est permis à personne d'inspirer aux citoyens un intérêt intermédiaire, de les séparer de la chose publique par un esprit de corporation », cité par W. H. Sewell, *op. cit.*, p. 128.
8. Aux termes des débats du Comité, en effet, « le devoir de la société est donc de chercher à prévenir la misère, de la secourir, d'offrir du travail à ceux auxquels il est nécessaire pour vivre, de les forcer, s'ils s'y refusent, enfin d'assister sans travail ceux à qui l'âge ou les infirmités ôtent tout moyen de s'y livrer », cité dans *La Sécurité sociale. Son histoire à travers les textes*, t. 1 :

1780-1870 (Comité d'histoire de la Sécurité sociale), dirigé par Michel Guillaume, Paris, Association pour l'histoire de la Sécurité sociale, 1988, p. 63.

9. A cette époque précapitaliste, la référence polaire de la pauvreté n'est pas encore le travail, mais la propriété. Sur l'évolution historique de ce rapport de polarité, cf. A.-C. Decouflée, *Eléments pour une prospective de l'extrême pauvreté*, Institut de Recherche et de Formation aux Relations humaines, ATD Quart Monde, Pierrelaye, 1982.

10. Comité pour l'extinction de la mendicité, dans *La Sécurité sociale, op. cit.*, p. 64.

11. « Décret de la Convention nationale du 24e jour du 1er mois de l'an second de la République Française, une et indivisible, contenant des mesures pour l'extinction de la mendicité », publié dans *Quart Monde*, 123(printemps 1987), pp. 46-51.

12. H. Hatzfeld, *Du paupérisme à la Sécurité sociale : 1850-1940*, introduction à la 2e éd., Presses universitaires de Nancy, 1989, p. VIII.

13. Cf. en particulier W. H. Sewell, *op. cit.*, et G. Noiriel, *Les Ouvriers dans la société française. XIXe-XXe siècle*, Paris, Seuil, coll. « Points Histoire », 1986.

14. Cf. J. Donzelot, *L'Invention du social. Essai sur le déclin des passions politiques*, Paris, Fayard, 1984.

15. Pour reprendre les expressions de L. Chevallier, *Classes laborieuses et Classes dangereuses à Paris, pendant la première moitié du XIXe siècle*, Paris, Hachette, coll. « Pluriel », 1978 (1re éd. : 1958).

16. Exemple cité par G. Lefranc dans son *Histoire du travail et des travailleurs*, Paris, Flammarion, 1975, p. 281.

17. P. Rosanvallon, *La Question syndicale. Histoire et avenir d'une forme sociale*, Paris, Calmann-Lévy, 1988, p. 154.

18. La question du chômage sera l'une des premières débattues au sein de l'Office du travail, créé en 1896, et dont sont membres certains représentants du mouvement ouvrier, en particulier Auguste Keufer, représentant de la Fédération du livre CGT.

19. Cf. R. Salais, N. Baverez et B. Reynaud, *L'invention du chômage*, Paris, PUF, 1986.

20. *La Question syndicale, op. cit.*, p. 97.

21. Loi du 15 juillet 1893 sur l'assistance médicale gratuite ; loi du 15 juillet 1905 sur l'assistance aux vieillards, infirmes et incurables ; loi du 27 juin 1904 créant le service départemental de l'enfance.

22. L'imprévoyance est en effet, « sous sa simplicité apparente, une notion complexe dont les éléments sont ceux-là mêmes constitutifs du libéralisme : l'imprévoyance est un concept à la frontière du langage économique et du langage moral. Elle permet d'articuler l'un sur l'autre », Jean-Baptiste Martin (prête-nom d'un collectif), *La Fin des mauvais pauvres. De l'assistance à l'assurance*, Seyssel, Champ Vallon, 1983, p. 29.

23. Cf. par exemple l'expression d' « automatisme ambulatoire » employée par le professeur Charcot pour désigner le vagabondage.

24. Cf. P. Rosanvallon, *op. cit.*, et J. Le Goff, *Du silence à la parole. Droit du travail, société, Etat (1830-1989)*, Quimper, Calligrammes, 1989 (1re éd., 1985). La négociation constituant l'instrument central de l'action des syndicats, la question s'est posée rapidement, après la loi de 1884, de leur légitimité à engager les travailleurs. Le débat portera, entre 1919 et 1936, sur le statut de la convention collective et il aboutira à l'adoption du principe de représentativité, fiction sociologique qui permet de penser le syndicat comme « législateur » de son groupe de référence sans recourir à la notion juridique de mandat. Ce choix emporte une double conséquence : d'une part, en faisant du syndicat l' « institué objectif » d'un « instituant », la profession, il contribue à imposer ce niveau comme le seul pertinent dans le dialogue social, verrouillant ainsi l'évolution antérieure qui associait la représentation au métier ; à l'inverse, la technique juridique de la représentativité, reposant sur le présupposé sociologique de la définition du groupe représenté par son inscription dans un rapport collectif et subordonné de production, devient du même coup étrangère à toute idée de représentativité — et donc de représentation — des isolés, *a fortiori* non producteurs : la représentation des pauvres est étrangère au schéma juridique de la représentativité.

25. Cf. H. Hatzfeld, *Du paupérisme à la Sécurité sociale, op. cit.*, et François Ewald, *L'Etat providence*, Paris, Grasset, 1986. Le moment clé de l'évolution est celui du passage de

l'assurance facultative à l'obligation, avec les lois sur les assurances sociales de 1928 et 1930. Dans la mesure d'abord où, de la couverture obligatoire des différents risques, professionnels et sociaux, était attendue, presque mécaniquement, la résolution de la question de la pauvreté. Ensuite parce que, l'instauration des assurances sociales posant le problème de la définition des ayants droit, le critère finalement retenu — la subordination juridique — en limita le bénéfice aux seuls travailleurs salariés. Désormais, et cette logique sera renforcée par le plan français de Sécurité sociale de 1945, c'est à l'intérieur de la condition salariale que sera réfléchie la question de la sécurité d'existence, à partir du triptyque salaire minimum, protection sociale et garantie de l'emploi.

26. Sur ce point, cf. Jeannine Verdès-Leroux, *Le Travail social*, Paris, éd. de Minuit, 1978, p. 214.

27. Le concept d'inadaptation sociale accédera à la formalisation juridique avec la loi de 1974, créant les Centres d'hébergement et de réadaptation sociale. Aux termes de l'exposé des motifs de la loi, en effet, « l'inadaptation sociale est devenue un problème spécifique, largement indépendant des autres inadaptations et vraisemblablement appelée à revêtir une importance croissante. Ce phénomène peut être décrit comme la non-insertion normale de certains individus et de certaines familles dans les structures d'une société déterminée ».

28. Sur le traitement de la pauvreté dans les politiques du droit à l'époque contemporaine, cf. C. Guitton, *Droit et pauvreté : esquisse d'une problématique*, mémoire de DEA, université Paris X, 1986.

29. L'extension du champ d'application de la législation du handicap s'est faite d'une double manière : par l'ouverture, aux bénéficiaires de l'aide sociale admis dans un Centre d'hébergement et de réadaptation sociale, de la possibilité de demander à être admis dans un Centre d'aide par le travail (CAT) en vue d'un réentraînement au travail ; puis par la création, au sein des dispositions du Code du travail consacrées au travail protégé, d'une section intitulée « Handicapés sociaux ».

30. Le degré de substitution est signifié par la gradation des catégories d'enfants pris en charge en fonction du degré d'atteinte à l'autorité parentale (enfants secourus ; enfants surveillés ; recueillis temporaires ; enfants en garde ; pupilles).

Rapport de synthèse

ALAIN LEMÉNOREL

Bien que ce ne soit pas le thème de l'atelier, les communications ont soulevé quelques problèmes de méthodes, passage obligé il est vrai pour l'étude d'une pauvreté aux contours et définitions flous et multiples. Comme l'a fait remarquer Thomas Riis, il est décidément plus aisé d'écrire l'histoire des riches que celle des pauvres.

Thomas Riis, en termes matériels ou monétaires, et Jean-Jacques Gouguet, en termes moraux ou non monétaires, nous ont ramenés à la double et classique définition de la pauvreté. Refusant la quantification à l'excès, parce qu'elle risque d'occulter les processus qui mènent à la pauvreté, Jean-Jacques Gouguet a préféré développer le thème de la « culture de pauvreté », concept pourtant contesté dans la mesure où il induit l'image d'un pauvre enfermé dans l'hérédité des trajectoires et des valeurs.

Les deux auteurs cités ont en réalité proposé deux démarches correspondant à deux stades de l'analyse, à savoir : comment devient-on pauvre ? Et : pourquoi le reste-t-on ? A la première question, Thomas Riis a tenté de répondre par une analyse de la « mobilité descendante de la famille » en termes financiers. Pour la seconde, J.-J. Gouguet a proposé, à partir de monographies familiales, une analyse, certes plus objective, mais qui a l'avantage de redonner « de l'épaisseur au réel ». Les deux études ont montré l'intérêt d'une analyse intergénérationnelle, déjà souligné par les publications du Mouvement ATD Quart Monde, pour comprendre quand et comment on bascule dans la pauvreté. Le long terme est une démarche indispensable du fait du renouvellement des facteurs et des composantes de la grande pauvreté d'une part, de sa permanence historique d'autre part. Les pauvres, chez qui la référence au passé est d'autant plus forte qu'ils ont le sentiment d'une situation héritée et le besoin d'en découvrir les racines, ont droit à la reconstitution de leur histoire.

Ce type d'analyse est en tout cas conforme aux vœux du Père Wresinski, qui réclamait une démarche dynamique et non statique. Si elle ne rend guère possible pour l'instant une prosopographie des pauvres, par manque de sources, elle peut aider à faire la part de l'hérédité et de la conjoncture dans « l'entrée en pauvreté » : culture de pauvreté ou « nouveaux pauvres » ?

L'évaluation à la fois matérielle et morale adoptée par Georges Enderlé souligne la relativité de la pauvreté : l'existence de biens et de droits n'est pas en soi suffisante, encore faut-il que chacun ait la capacité de les mettre en œuvre en fonction de ses besoins. Peut-on y voir une allusion à l'illettrisme par exemple ? La difficulté d'une approche théorique de la pauvreté, puisque son évaluation varie selon les systèmes socio-culturels — la détermination d'un seuil de pauvreté ou d'un minimum vital en est l'illustration — a rendu G. Enderlé sceptique sur la possibilité d'appréhender cette situation dans la globalité de ses facteurs.

D'où l'intérêt d'une analyse des modes de représentation ; de leur juste compréhension dépend la qualité des réponses. C'est ce qu'a souligné Christophe Guitton en montrant combien les modes d'intervention des travailleurs sociaux ont évolué avec leur problématique de la pauvreté : de morale, elle est devenue médicale, puis psychosociale, et ceci en fonction des types de lecture ou, plus largement, des normes sociales ; c'est à partir de ces dernières en effet que se définit l'exclusion ou, plus pudiquement aujourd'hui, « l'inadaptation sociale », concept qui a provoqué une redéfinition des anciennes catégories de pauvres (vagabonds, invalides, mendiants).

La synthèse de l'atelier s'articulera autour des temps forts des relations entre l'économique et le social, à savoir : 1. le temps libéral, où la logique économique s'impose au social ; 2. l'illusion d'une « revanche » du social — illusion puisqu'il y a permanence et même retour en force du discours utilitariste.

Je terminerai par un rappel critique des solutions proposées par les communications.

Le temps libéral

Pour illustrer la logique libérale des représentations, les intervenants ont largement repris l'ancienne dichotomie valides-invalides, sous des angles divers qu'il convient ici de relier et remettre en perspective.

Cette opposition valides-invalides, qui est à la base de celle entre « mauvais » et « bons » pauvres — articulée comme l'a dit C. Guitton autour de la notion de prévoyance — ne fait que reprendre la distinction déjà opérée au Moyen Age, et par référence au travail, entre vagabonds et indigents. Dès 1349-1350, comme l'a récemment rappelé Robert Castel[1], l'on a associé deux prescriptions : l'interdiction du vagabondage et de la mendicité et l'obligation du travail, la logique étant non celle de l'assistance mais de la défense des structures sociales et économiques : le travail était déjà le moyen de « réaffilier » ceux qui, se libérant de ces structures sous l'effet de la conjoncture, risquaient d'échapper à la régulation sociale traditionnelle. Déstabilisateurs, les « hors-statuts » doivent être réintégrés, et fixés de façon à être contrôlés : le travail, dans son ancienne définition, avait cette vertu.

Dans cette perspective, et pour simplifier, l'assistance était réservée aux invalides, le problème des indigents valides — indigents par conjoncture — étant « résolu » par l'obligation du travail, avec en arrière-plan la notion du pauvre responsable de sa détresse : c'est l'indigence coupable évoquée par J.-J. Gouguet et C. Guitton, coupable d'imprévoyance et d'oisiveté ; c'est aussi la justification de la répression (« grand enfermement »...). Du coup, la « question sociale » est formulée, mais aussi occultée, en termes de vagabondage répréhensible.

Malgré l'évolution du processus de pauvreté qui, au XIXe siècle, de marginale ou conjoncturelle devient massive — c'est le passage de l'indigence au paupérisme comme l'a observé C. Guitton — la dichotomie persiste, le sous-prolétaire relayant alors le vagabond dans la réprobation par la culture dominante. S'il y a permanence, c'est parce qu'il y a toujours référence au travail.

C. Guitton décèle alors une rupture épistémologique dans les représentations de la pauvreté, désormais identifiée au salariat, mais peut-être faut-il à la fois nuancer et préciser cette translation du travail obligatoire au salariat. Le salariat, c'est la fin de la vieille relation de travail basée sur la protection-dépendance dans le cadre d'un contrat fixe, personnalisé et localisé par souci de contrôle ; c'est à la fois maintenir l'exigence du travail et assurer la mobilité de la main-d'œuvre, et de ce point de vue C. Guitton a raison de distinguer l'ouvrier du mendiant valide, sur la base d'une opposition entre la mobilité et l'errance. Mais la généralisation de ce salariat n'est que progressive et surtout ne modifie en rien le principe de légitimation sociale par le travail ; C. Guitton a pu d'ailleurs constater une large et persistante assimilation du non-travail au vagabondage.

D'autre part, le système assurantiel mis en place au XXe siècle, même s'il permet de maîtriser la « question sociale », ne supprime pas pour autant l'exclusion par le travail. Pas plus que ne le fera la proclamation du droit au travail. D'où l'ambiguïté de cette représentation ou de ce mode d'identification par le travail : encore aux XVIIIe-XIXe siècles, elle signifiait l'exclusion des « pauvres valides », et aujourd'hui, elle se traduit par l'exclusion des « sans-emploi ».

Comme en témoignent les discussions autour du RMI, qui hésitent toujours entre le travail obligatoire et le droit au travail, cette problématique a la vie dure, bien que l'on puisse mesurer le chemin parcouru si l'on compare la formulation de *L'Atelier* (« celui qui ne travaille pas ne doit pas manger »), et celle d'André Gorz (»qui ne travaille pas, mangera quand même »)[2]. La vie dure parce que cette référence au travail a été défendue pendant longtemps par maintes tendances : par l'Eglise (la rédemption par le travail), par les premiers socialistes qui ont développé, par opposition à la propriété, une véritable mystique du travail ; par les libéraux bien entendu.

A. Smith, D. Ricardo, entre autres, ont théorisé cet ordre par le travail ; le seul étalon de la valeur des « choses » est désormais le travail nécessaire à leur production. S'ancre alors dans la conscience sociale la prééminence de la production des richesses sur leur répartition ; comme l'a rappelé J.-J. Gouguet, la valeur d'échange est substituée à la valeur d'usage. C'est le « fétichisme de la marchandise », dénoncé par Marx. La rationalité économique du productivisme s'est imposée dès lors au détriment de la réflexion sociale : oubliées, la solidarité redistributive et la cohésion des sociétés agricoles. L'obligation de produire a remplacé le « droit de vivre » ; la production précède et l'emporte sur la distribution. Dans la société industrielle, la logique économique fait dépendre le statut social du travail. Bien plus, la logique sociale se heurte désormais à la supériorité de la propriété sur le travail, comme l'a montré Alain Cotta dans son ouvrage sur *L'Homme au travail*, auquel je renvoie volontiers pour écourter mes propos[3].

Mais, dans le même temps, le travail, fondant la valeur des choses, est élevé au rang de valeur morale : le travail est vertu mais aussi pouvoir. Le travail est à la fois un devoir moral et une justification de l'accumulation, ce qui n'est pas sans rapport avec la méritocratie développée autour du travail : « On a ce qu'on mérite » ; l'on retrouve la culpabilité de l'oisif. Le travail participe de la reconnaissance sociale ; or l'objectif ultime de chacun étant d'être reconnu, l'on comprend que les pauvres aient fini par raisonner comme J. Habermas, à savoir que l'identité du moi ne peut être acquise que par le travail.

L'étude du travail met donc en évidence la représentation des pauvres, c'est-à-dire leur place dans l'ordre social : à la fois soumission dans l'ordre socio-économique et valorisation dans l'ordre moral

La « revanche » du social ?

Les communicants ont largement contesté cette supériorité de l'économique sur le social. G. Enderlé a dénoncé le darwinisme social, que pourrait illustrer la parabole des chiens et des chèvres utilisée par Townsend en 1786 pour soutenir que seule la faim peut pousser les pauvres à travailler ; dénoncé également la « main invisible », l'utilitarisme, toutes théories qui tolèrent, par fatalisme, la pauvreté : un fatalisme d'inspiration économique qui viole le droit à l'existence, qui sanctifie l'inégalité.

Leur contestation peut paraître d'autant plus justifiée que le grand rêve libéral d'une éradication de la pauvreté par une accumulation des richesses et une véritable politique de plein emploi a échoué. Au contraire même, la croissance s'est accompagnée d'un renouveau de précarité : il ne s'agit plus seulement d'inégalité mais bien d'exclusion. Il est d'autant plus difficile d'être pauvre dans nos sociétés d'abondance qu'il y a crise des représentations comme des réflexions sociales. La crise des représentations est double, au sens symbolique et au sens des structures.

Comme l'a suggéré J.-J. Gouguet en insistant sur la notion d'hérédité des valeurs, que peut en effet représenter le travail pour ceux qui aujourd'hui en sont privés ? Que signifie-t-il pour des enfants dont les parents n'ont jamais travaillé ? Ce processus d'identification n'est plus possible. Crise de l'emploi et crise de représentation sont liées ; mais dès lors comment être reconnu socialement ? Et la réintégration des pauvres est d'autant plus difficile qu'il y a dans le même temps crise des structures de représentation, en particulier du syndicalisme comme l'a récemment rappelé P. Rosanvallon[4], C. Guitton voyant même en lui un facteur de clivage social ; il en serait de même, nous a-t-il dit, du mutualisme qui, certes basé sur la solidarité, n'en présuppose pas moins l'appartenance à un groupe dont il renforce la spécificité. Cette catégorisation sociale ne peut que défavoriser les populations aux statuts précaires.

Avec les communicants, il faut aussi souligner la permanence de l'utilitarisme et les dangers du corporatisme et de l'individualisme renaissants : c'est l'illusion d'une revanche du social, à laquelle je faisais allusion en introduction. Après une phase où l'on a tenté d'établir une parité entre la logique économique et la logique sociale — en 1945, l'on avait compris, après l'expérience de la guerre, que le social tient l'économique dans la mesure où il n'y a d'effort que consenti et s'il existe un sentiment de justice sociale — l'on assiste à un retour en force de la logique économique et de la conception utilitariste ou de « l'axiomatique de l'intérêt » pour reprendre l'expression d'Alain Caillé, lorsqu'il souligne combien le discours utilitariste a envahi la sociologie comme l'économie politique. Sous prétexte qu'il serait le seul à proposer un paradigme explicatif à valeur universelle, l'économisme néo-classique a investi les champs sociaux et transposé la rationalité de l'économique au social. Il faut insister, comme l'a fait C. Guitton, sur la prégnance des anciennes représentations, car il en résulte aujourd'hui un comportement corporatiste et un jeu social à somme nulle où la défense des acquis a pris le pas sur les stratégies de conquêtes nouvelles pour tous.

La croissance économique des Trente Glorieuses en particulier n'a pas été mise à profit pour développer une nouvelle société : rappelons l'échec des projets du CNR après 1945, l'échec du nouveau contrat social proposé en 1969 par J. Chaban-Delmas pour « s'affranchir de la pauvreté ». Mai 68 avait pourtant souligné le décalage entre l'économique et le social. Il n'est, pour résumer l'histoire récente du social, que d'énumérer des expressions significatives comme « l'invention du social », la « revanche » du social, mais aussi la crise, le déclin du social, le « social en panne » ou la « désocialisation de l'économie »[5].

Réactiver le social

Comment, pour reprendre la formule de Jacques Le Goff, « réactiver le social[6] » ? Comment la société peut-elle prendre et garder l'initiative face à l'économie ? Et surtout, comment faire pour que la parole ne soit plus confisquée aux plus pauvres, car « l'invention du social » n'a jamais été que la parole confiée aux groupes dominants. Les communicants ont posé ces questions à leur manière : quelles nouvelles représentations offrir aux plus pauvres et des plus pauvres ? Comment, nous a dit C. Guitton, réintégrer les pauvres dans une définition de leur image collective, puisqu'à ses yeux l'euphémisation de la pauvreté en inadaptation sociale est un discours insuffisant qui ne fait que prolonger l'exclusion sociale ? Quelles stratégies proposer, autres que l'assistance et l'assurance dont les limites ont paru flagrantes aux intervenants ?

Unanimes, ils ont remis en cause la logique économique et l'ordre social hérités des théories libérales et industrielles : les valeurs dominantes du productivisme ont échoué, ont noté conjointement J.-J. Gouguet et G. Enderlé, qui s'inscrivent en quelque sorte dans le mouvement de critique de l'économisme des sciences sociales qu'a illustré la création, en 1981, du MAUSS (Mouvement Anti-utilitariste dans les Sciences Sociales). S'appuyant sur Tocqueville, mais aussi A. Smith, G. Enderlé a rappelé que le but de l'économie est de libérer de la pauvreté et non de l'accumuler ; il a proposé, devant l'échec tant des capitalistes que des communistes, de dissocier pauvreté et système économique : l'action humaine peut se faire au nom des valeurs et non pas toujours d'intérêts ; l'homme peut avoir une autre dimension que calculatrice et rationnelle. Ces notations renvoient aux culturalistes, fonctionnalistes, positivistes et même aux historiens des *Annales* qui, tous, ont insisté sur les besoins spirituels de l'homme, sa dimension affective. Contrairement à la théorie de l'*homo œconomicus*, l'homme est une créature sociale, animée par des passions et pas seulement des intérêts.

Cette démarche de G. Enderlé l'a fait revenir aux Droits de l'Homme, en particulier à l'affirmation d'un droit moral à la sécurité de l'existence, qui aille bien au-delà du simple minimum vital : ce droit doit être le fondement de l'exercice de tous les autres droits. G. Enderlé a donc rappelé à l'ordre les économistes, en leur proposant une nouvelle éthique inspirée de la justice sociale. Il y a là l'écho de ce que pourrait être la société post-industrielle, avec le retour à l'affectif, la réaffirmation du droit de vivre et pas seulement du droit au travail (voire du devoir de travailler) ; l'écho d'une nouvelle société qui, avec ses références de solidarité et de cohésion, renvoie quelque peu à l'ancienne société agricole, avec le souci du redistributif primant celui du productif. J.-J. Gouguet a fait la même démarche, en affirmant que la pauvreté est d'abord un problème de rapports humains qui ne peuvent être traités dans la seule perspective de la rationalité économique. C'est la revendication du retour à une certaine autonomie du social.

Les observations de J.-J. Gouguet sur les coûts sociaux du progrès et sur le mythe de la technique ne sont pas sans rappeler celles d'un Maxime Leroy ou d'un Albert Thomas — représentants du courant de la « démocratie industrielle » dans les années 20 — sur l'ajustement, dans l'intérêt général, entre la rationalité industrielle et la solidarité sociale, jusqu'à ce que « le social l'emporte sur l'économique ». L'économie n'est qu'un moyen, et le social doit être la finalité du progrès : il faut donc renverser les priorités. Cette observation peut suggérer une question : le solidarisme d'Emile Durkheim ou de Léon Bourgeois, qui a substitué le droit à la protection sociale au devoir moral du secours cher aux libéraux et aux chrétiens, n'a-t-il pas cependant incité à faire l'économie d'une réforme de la société, en contribuant à promouvoir la technique assurantielle aux dépens de l'exigence de justice sociale, justement évoquée par G. Enderlé ? La socialisation des risques n'aurait-elle pas fait oublier que le système, plus assurantiel que redistributif, produisait des exclus ?

De son côté, J.-J. Gouguet a mis l'accent sur l'intérêt qu'il y aurait à s'inspirer des valeurs des pauvres, comme « alternative au productivisme ». Il faut cesser, nous a-t-il dit, de représenter les pauvres sur des bases qui leur sont complètement étrangères. Reconnaître leur « culture de pauvreté », c'est déjà les aider à retrouver une légitimité sociale. C'est aussi en finir avec des politiques inspirées par la culture dominante et vouées par là même à l'échec. Pour échapper à la tyrannie de la rationalité économique, J.-J. Gouguet a relancé l'idée d'A. Lipietz de créer un tiers secteur d'utilité sociale qui, ne faisant plus référence aux rapports marchands, pourrait jouer le rôle d'école d'autogestion et par là même être un puissant facteur d'intégration sociale.

Enfin, s'inspirant de monographies, J.-J. Gouguet considère que, parce qu'elle est le dernier espace que les plus pauvres peuvent encore gérer, la famille est en réalité le vecteur le plus efficace de réaffiliation et la promotion sociales. A l'inverse de la culture dominante, la famille aurait donc priorité sur le travail : elle est la valeur centrale de la « culture de pauvreté ». Mais ne faut-il pas nuancer ? Car si la famille est effectivement un facteur d'identification et de cohérence fondamental, et un préalable à toute autre démarche, les plus pauvres ne peuvent s'abstraire réellement de la représentation toujours ambiguë du travail : même en crise, comme nous l'avons déjà noté, elle est encore très prégnante par sa dimension morale, voire libératrice, mais aussi parce que les revenus de transferts sont beaucoup moins valorisants et légitimants que ceux du travail. La lecture de nombreux mémoires rédigés dans le cadre d'écoles d'assistants sociaux nous en a convaincus : la revendication du travail reste la plus forte, plus forte en particulier que celle de la formation (qui rappelle trop aux pauvres leurs échecs scolaires répétés). L'absence de travail est plus cruellement ressentie que l'illettrisme parce que c'est du travail que, dans notre société, dépendent la reconnaissance sociale et l'accession aux droits. Travailler, c'est ne plus être hors statuts ; l'expression « fin de droits » pour les chômeurs de longue durée est, à cet égard, significative.

Les communicants se sont accordés pour insister sur la nécessité du « regard des autres », en l'occurrence des pauvres, mais — et en cela je relance ce qui fut une de nos préoccupations dans le rapport introductif — faut-il faire de la pauvreté le seul « miroir » et de sa perception le paradigme de tout nouveau projet sociétal ?

Si la prise en compte des valeurs des pauvres est aujourd'hui une évidence admise, parce que chacun est sinon conscient du moins averti des limites de l'Etat providence et des risques à long terme d'une société duale, faut-il penser comme J.-J. Gouguet que les pauvres « sont les mieux placés pour analyser de façon lucide nos sociétés de consommation » ? Si profondes et si vraies soient-elles, les valeurs des pauvres sont-elles les seules acceptables, voire idéales ? Peut-on à l'antihumanisme du productivisme opposer l'humanisme des pauvres ? Faut-il prendre à la lettre les affirmations sur la « défaite de la pensée », le « vide culturel » des classes dominantes ou le « degré zéro de la pensée sociale[7] », pour justifier le rejet de raisonnements ou comportements majoritaires ? Comme je l'ai fait remarquer pendant la discussion d'atelier, l'analyse économique n'est-elle pas capable d'évoluer pour ne plus défendre d'un même élan l'idée d'une mécanique sociale ou d'une seule logique matérialiste ? L'anthropologie économique en particulier ne peut-elle tenter de concilier la démarche normative et l'irrationalité des comportements sociaux ? En réponse, J.-J. Gouguet en a fortement douté, mais les propos de G. Enderlé ont été plus optimistes.

Quant à l'économie de marché, qui s'est déjà teintée de justice sociale, ne peut-elle pas, sans bouleversement théorique fondamental, inventer d'autres stratégies pour maîtriser la pauvreté ?

Au demeurant, il ne s'agit pas simplement de savoir si une minorité incarne la vérité par rapport à une majorité, mais de s'interroger sur la signification de la « culture de pauvreté » ; les valeurs des plus pauvres sont-elles le résultat d'un état social, donc d'une réaction négative face à une société qui les exclut et dont, J.-J. Gouguet en convient, la logique leur échappe — et, dans ce cas, la lucidité qu'il évoquait n'est pas évidente —, ou sont-elles l'essence même de l'homme dont les pauvres seraient le conservatoire ou les dépositaires ?

Cette question en suggère une autre : qui alors est habilité à représenter les pauvres ? La question vaut d'ailleurs pour le Mouvement ATD Quart Monde : sa philosophie est-elle celle de tous les pauvres, dans la mesure où il y a multiplicité des critères et processus d'identification ? Que vaut par exemple la référence à la famille — privilégiée par ATD Quart Monde — pour l'individu isolé ? Favorable au « regard des pauvres », G. Enderlé n'en a pas moins proposé, sur un mode conciliatoire et manifestement plus raisonnable, la confrontation de trois perspectives : celle des pauvres, celle des praticiens (évoquée par C. Guitton), mais aussi celle des scientifiques, car tout imprégnés ou conscients soient-ils des problèmes de la pauvreté, les deux premiers groupes « risquent facilement de se tromper dans l'évaluation du contexte économique et social ». Tout projet de société doit s'inspirer de chacune de ses composantes, minoritaires comme majoritaires.

---

1. Robert Castel, « La question sociale commence en 1349 », *Les Cahiers de la Recherche sur le Travail social*, 16(1989), n° intitulé *Le Social aux prises avec l'histoire*, pp. 9-27.
2. Titre d'un article d'André Gorz dans *Futuribles*, juillet-août 1986, pp. 56-73.
3. Alain Cotta, *L'Homme au travail*, Paris, Fayard, 1987, 344 p.
4. Pierre Rosanvallon, *La Question syndicale. Histoire et avenir d'une forme sociale*, Paris, Calmann-Lévy, 1988, 270 p.
5. Cette dernière expression est utilisée par la CGT-FO dans *Pauvreté et précarité économique et sociale (Rapport Wresinski), Journal officiel. Avis et Rapports du Conseil économique et social*, 6(1987), 28 février 1987, « Déclarations des groupes », p. 11.
6. Jacques Le Goff, *Du silence à la parole. Droit du travail, société, Etat (1830-1989)*, Quimper, Calligrammes, 1989 (3ᵉ éd.), p. 296.
7. Jacques Julliard, *La République du centre. La fin de l'exception française*, Paris, Calmann-Lévy, 1988, p. 100.

Débat

Sous la présidence de PHILIPPE-JEAN HESSE

A partir de la communication de Thomas Riis.
PHILIPPE-JEAN HESSE. — *Thomas Riis nous montre comment un certain modèle social peut parfois favoriser la décadence économique. Des personnes, des familles aisées sont ainsi plongées dans des situations économiques déficitaires et sortent des classes moyennes ou supérieures pour rejoindre les classes inférieures, voire peut-être le Quart Monde. Mais l'expression de « Quart Monde » aurait-elle un sens précis pour les XVIe et XVIIe siècles ? Ce serait l'objet d'une longue discussion.*
Les historiens ont surtout insisté, pendant de nombreuses années, sur les phénomènes d'ascension sociale. Ceux du déclin social seraient importants à développer. Je suis sûr que si nous nous retrouvions dans 10 ans, nous aurions fait des progrès en ce sens.

CLAUDE SALESSE. — *Pouvez-vous estimer le poids des stratégies matrimoniales des familles dont vous suivez la généalogie ? On pourrait imaginer des stratégies visant à compenser ce déclin économique. D'autre part, la situation d'immigration bloque-t-elle, ou non, un certain nombre de stratégies matrimoniales ?*

THOMAS RIIS. — *Je n'ai pas pu aborder ce sujet. Pour ce qui regarde votre première question, vous avez raison : ces deux familles ont une certaine stratégie matrimoniale. Pour la famille Lyall, on constate des mariages avec des familles représentées au Conseil. Pour l'autre famille, c'est plus ou moins la même chose, mais les alliances se font avec des représentants ou représentantes d'autres villes. On place surtout les filles, leur assurant un avenir confortable par la politique matrimoniale.*

Jean-Jacques Gouguet. — *1. Dans votre échantillon, est-ce opportun d'avoir choisi des migrants ? Car on sait que les migrants sont toujours les plus dynamiques — notamment par rapport au test de l'hypothèse de la culture de pauvreté.*

2. Vous parlez de décadence économique, mais vous dites qu'il n'y avait pas de déconsidération sociale. Dans la mesure où la situation des personnes en grande pauvreté peut être caractérisée, entre autres, par la déconsidération sociale, votre étude telle qu'elle est envisagée permet-elle d'éclairer la situation du Quart Monde ? Peut-on transposer ?

3. Au niveau de la méthodologie, vous avez une approche plutôt individualiste. Que faites-vous du contexte social, économique, culturel, et quelle est l'interaction entre ces différents éléments ?

Thomas Riis. — *Vous avez raison, les immigrés sont très souvent plus dynamiques.*

Sur votre deuxième question : si la décadence économique dure, les gens se trouvent dans une « pauvreté honteuse », sans perdre la considération sociale, puis finissent, comme vous le soulignez, par perdre aussi cette considération.

A partir de la communication de Jean-Jacques Gouguet.

Alain Leménorel. — *Je serai un peu provocateur vis-à-vis de Jean-Jacques Gouguet. Votre exposé m'a paru être un peu « carré » et faire une assez large place au scénario catastrophe. Ceci m'amène à vous poser deux questions.*

1. Vous avez dit que les économistes n'avaient rien à dire. Georges Enderlé évoquait aussi, c'est vrai, le darwinisme social, l'utilitarisme, l'individualisme. Je ne suis pas un expert en économie, mais le courant qu'on appelle l'anthropologie économique semble faire une certaine place à la logique sociale à côté de la rationalité économique. Qu'en pensez-vous ?

2. J'ai le sentiment que nous n'avons pas lu les mêmes monographies sur les pauvres. Vous avez fait part des vôtres ; personnellement, en tant que membre d'un jury d'école d'assistantes sociales, j'ai eu l'occasion de lire un certain nombre de monographies. A travers elles, la famille apparaît en effet comme un élément important. Mais n'avez-vous pas tendance à minimiser l'importance du travail ? J'ai l'impression que les pauvres, ou ceux qui sont dans la difficulté, ont une attente de travail plus que de formation. Le manque de travail est plus prégnant pour eux que l'illettrisme, par exemple. Du moins, j'ai pu le constater.

Jean-Jacques Gouguet. — *Quand vous parlez d'anthropologie économique, je suppose que vous faites référence à des gens comme M. Sahlins, considéré comme l'exemple typique de l'anti-économisme. J'adhère totalement aux travaux de M. Sahlins; mais je ne range pas celui-ci dans l'orthodoxie économique. Il est plutôt présenté comme une hérésie économique, comme la contestation de la science économique traditionnelle. La remise en cause actuelle de la science économique ne vient pas tant des économistes eux-mêmes que des anthropologues, des sociologues, des ethnologues qui demandent aux économistes de réfléchir à l'adéquation de leurs outils pour expliquer les grands phénomènes du moment. A considérer les grands problèmes de notre fin de siècle, comme la pauvreté, il faut bien reconnaître que les économistes n'ont pas grand-chose à dire.*

Alain Leménorel. — *Vous pensez donc que l'anthropologie économique est une proposition que les économistes n'ont pas encore intégrée?*

Jean-Jacques Gouguet. — *Pas encore. A l'heure actuelle, les économistes ont deux sortes d'attitudes :*
Le mépris : seule l'économie est une science dure, à l'inverse de l'ethnologie ou de l'anthropologie, considérées comme de la littérature...
L'ignorance : beaucoup d'économistes ne connaissent pas les travaux de M. Sahlins ou d'autres.
Effectivement, nous ne sommes qu'au début de la remise en cause de l'économie traditionnelle. Il y a très peu de débats de l'intérieur, si ce n'est venant du MAUSS, le mouvement anti-utilitariste, que je représente ici.
En ce qui concerne famille et travail, ces deux éléments sont liés. Il ne peut y avoir de capacité de réintégration au monde du travail, s'il n'y a au préalable un héritage de cohésion familiale. Le problème des priorités de la politique sociale se pose donc en ces termes : la réinsertion économique ou le règlement des problèmes internes à la famille. J'insiste, car on se rend compte que la seule maîtrise possible qui est laissée aux pauvres, c'est la famille. Tout le reste leur échappe; ils sont totalement dominés.
Il me semble qu'il faudrait s'orienter vers une double perspective : d'abord reconstituer des cohésions familiales. Quand les parents ont des problèmes d'alcoolisme, par exemple, le réflexe de l'action sociale est le placement des enfants pour le bien des enfants. Il faudrait peut-être essayer de comprendre et envisager un système de tutorat, par

exemple. En ce qui concerne le travail, il est nécessaire de trouver de nouveaux espaces de légitimité sociale qui pourraient servir d'intermédiaires entre le monde du travail (avec ses nouvelles normes de qualification et de compétence que beaucoup de ces familles ne peuvent encore intégrer) et l'exclusion la plus totale — puisque le travail restera, pour des années encore, la seule source de légitimité sociale.

GEORGES ENDERLÉ. — *Je partage, avec des nuances, l'image que Jean-Jacques Gouguet donne de l'ensemble des économistes. Mais parmi ceux-ci, certains, comme Amartya Sen et d'autres, essaient de trouver un autre chemin, à mon sens révolutionnaire. Un changement d'attitude des économistes est nécessaire, mais je pense qu'il est préférable de faire évoluer l'économie politique de l'intérieur — tout en sachant qu'une certaine pression extérieure est aussi nécessaire.*

Dans des groupes de discussion, en Allemagne surtout, j'ai constaté chez les économistes une certaine peur, un sentiment d'insécurité ; mais aussi, peut-être, une ouverture à des questions normatives et éthiques relatives à leur science. C'est ainsi que le Verein für Socialpolitik *a créé une commission permanente où sont discutées les questions des relations entre l'économique et l'éthique.*

CLAUDE SALESSE. — *1. Je suis étonnée, non tant par la position anti-utilitariste de Jean-Jacques Gouguet que par la place qu'il accorde au « scénario catastrophe », pour reprendre cette expression. Cette position me semble plus mystique que scientifique.*

2. Un « ethnocentrisme inversé » est très gênant pour la description des modes de vie de la pauvreté : il est difficile d'essayer de supprimer le fait que les pauvres sont considérés comme modèle du méprisable en faisant un travail historique qui chercherait à les poser comme nouveau modèle de l'admirable — source de valeurs, exemple de vertu ! Ce n'est jamais que de l'ethnocentrisme inversé, fondé sur des aspirations qui me semblent plus messianiques que scientifiques.

Identifier les pauvres comme admirables constitue, de toute façon, une position cynique, en ce qu'elle suppose que l'aliénation, la pauvreté et l'humiliation seraient en soi sources de vertu.

Cet ethnocentrisme inversé ne fait qu'attribuer, comme le mépris social, une identité partielle. Son origine est une idée sans doute plus généreuse que descriptive.

TON REDEGELD. — *Volontaire de l'ATD Quart Monde, juriste de formation et néerlandais, je voudrais témoigner de ce qu'a fait le Père*

Joseph Wresinski dans le domaine qui est au centre de ce colloque : la représentation des familles les plus pauvres.

Pendant 12 ans, je l'ai suivi dans ses démarches auprès des instances internationales, comme le Bureau international du Travail ou la Communauté européenne. Cela m'a permis de m'interroger : sur quelles connaissances le Père Joseph se fondait-il ? Comment arrivait-il à témoigner des plus pauvres et à les représenter ?

Les interventions de ce colloque me font comprendre l'extrême rigueur qu'il mettait dans son action de représentation, et combien il a payé lui-même le prix pour être à la hauteur de cette tâche.

Bien que né dans une famille très pauvre et ayant donc connu la misère de l'intérieur, il n'a cessé de demander l'avis des familles les plus démunies, de chercher à les mieux connaître, à recueillir leurs pensées, leurs aspirations. Il n'a pas cédé à la tentation de dire : « La pauvreté, je connais, parce que je suis passé par là ! » Non ! jusqu'à l'âge de 70 ans, il n'a pas cessé de chercher à vérifier si ce qu'il pensait correspondait effectivement à l'expérience et surtout à l'avis des plus pauvres. Je crois que c'est là un aspect très important de la représentation de cette population.

Un autre point que je voudrais souligner, et non moins important : la représentation est une démarche collective, la démarche d'un peuple, et c'est un fait que le Père Joseph a entraîné d'autres personnes à le suivre. Ainsi, les bases de sa connnaissance ont constamment été élargies, d'abord en France, puis en Europe et enfin dans le monde entier, et donc les bases de sa représentativité. Partout, il a recueilli ce que pensaient les pauvres de leur situation, et aussi de la situation du monde.

Pendant ce colloque, on peut constater combien les historiens ont du mal à connaître ce que pensaient les plus pauvres à travers les siècles passés jusqu'à une période très récente. Hier, par exemple, Jean Bart parlait des assemblées générales au cours des décennies qui ont précédé la Révolution : les plus pauvres pouvaient y participer. Mais nous ne savons pas ce qu'ils ont dit, ou s'ils se sont tus...

Dans cet atelier, Jean-Jacques Gouguet a souligné l'importance des monographies. Et je pense que c'est en effet essentiel. Mais je voudrais ajouter que le Père Joseph, en ce qui touche la monographie, avait une approche très prudente. Il insistait beaucoup pour que l'on situe l'histoire d'une famille, ou l'expression d'une famille, dans un ensemble, dans un contexte, celui d'une personne, d'un milieu, et aussi dans le contexte du chercheur lui-même qui, peut-être, peut mieux comprendre la situation des plus pauvres et leur pensée. En tout cas, la monographie ne pouvait pas être pour lui une approche individuelle d'une situation particulière, mais une véritable analyse à partir de données rassemblées par un groupe de personnes, situées dans un espace et dans un temps déterminés. A son avis, la rédaction d'une monographie exigeait un travail astreignant de « décodage » en même temps qu'une grande rigueur scientifique.

Pour ma part, je souhaiterais que les futurs travaux d'historiens relatifs à la grande pauvreté s'appuient aussi sur ce qu'a fait le Père Joseph quant à la représentation. En tenir compte permettrait sans doute d'éviter d'en rester, au sujet des plus pauvres, à des idées certes bien bâties, mais qui restent à vérifier — et à vivre avec d'autres.

JEAN-JACQUES GOUGUET. — *Je voudrais répondre rapidement aux questions qui m'ont été posées.*

Sur le scénario catastrophe, je vous renvoie à la littérature courante à ce sujet.

Par contre, je suis étonné que vous ayez compris que je faisais de l'ethnocentrisme inversé. Le dialogue des cultures est ce pour quoi je milite personnellement. Il ne s'agit pas de condamner l'ethnocentrisme économicien et de faire de l'ethnocentrisme à l'envers, fût-ce en partant des pauvres.

Dans le tiers monde, par exemple, je dénonce le fait de proposer des modèles qui ont fait leurs preuves dans un autre contexte culturel. Depuis 30 ans, les économistes échouent dans leurs propositions de stratégies de développement pour le tiers monde, que ce soit pour le transfert de technologie, la substitution d'importation ou d'usines clé en main. C'est un problème d'incompréhension mutuelle au niveau culturel.

Un dialogue des cultures est nécessaire. Il faut parvenir à un compromis entre une culture économicienne triomphante, qui à mon avis ne peut produire que des coûts sociaux, et ce que représente la culture de pauvreté. Celle-ci nous enseigne qu'on pourrait concevoir autrement les rapports humains. Encore faut-il écouter les pauvres et les reconnaître. Sinon, on considère qu'ils n'existent pas.

CHAPITRE 8

Représentation et discours sur la pauvreté

Les notables devant les problèmes de la pauvreté et de l'indigence dans une province française (Bourgogne) au milieu du XIXᵉ siècle

PIERRE LÉVÊQUE

La Bourgogne (entendue ici en un sens restreint : les deux départements de la Côte-d'Or et de Saône-et-Loire) peut être considérée comme un bon terrain d'étude de la société française au XIXᵉ siècle. Des phénomènes spectaculaires, comme la misère ouvrière des principales régions textiles, n'y apparaissent guère, mais la grande industrie (minière et métallurgique) y est fortement représentée. Le milieu rural, très prépondérant, est exceptionnellement varié, des pays de hiérarchie avec métayage de l'Autunois et du Charolais aux vignobles et aux plaines de la Saône, de structure foncière complexe, et aux « démocraties rurales » des plateaux calcaires. Les deux tiers environ des notables appartiennent au monde des propriétaires (exerçant ou non une fonction publique ou une profession libérale) ; une minorité non négligeable est formée de négociants, d'industriels, de boutiquiers ou d'artisans enrichis. Si, dans ce milieu, sous la monarchie de Juillet, l'opinion dominante est conservatrice, la droite catholique et légitimiste n'est pas absente et l'opposition de gauche se montre extrêmement dynamique. La diversité des structures sociales s'accompagne ainsi de celle des options idéologiques dans les classes dirigeantes. On peut donc s'attendre d'emblée à des attitudes divergentes sur les problèmes, bien présents comme dans l'ensemble de la France, de la pauvreté et de l'indigence.

Celles-ci constituent en effet, dans la Bourgogne des années 1830-1850, un phénomène très ample, mais mal délimité et incomplètement perçu.

D'après les données fournies par les tables des contrats de mariage de 1830-1834 et 1842-1845 pour un échantillon représentatif de cantons ruraux et de communes urbaines[1], la pauvreté véritable paraît commencer au-dessous de 200 F d'apport matrimonial : celui-ci, s'il n'est pas nul, consiste alors seulement en quelques meubles, quelques vêtements, une somme d'argent minime ou quelques ares de terre. Figurent à ce niveau des « cultivateurs » (6 conjoints sur 10, presque à coup sûr des manouvriers ou des journaliers), des domestiques, de très petits artisans, des compagnons et des ouvriers. Toutes ces catégories représentent 22,7 % des nouveaux mariés, auxquels il faut ajouter ceux qui se marient sans faire appel au notaire, soit 26,2 %. C'est donc près de la moitié des jeunes gens qui entrent dans la vie adulte sans disposer d'économies, d'un logement, de moyens de production ou d'une terre de quelque valeur : tout un petit peuple où les salariés de l'agriculture, majoritaires, et ceux de l'industrie (en fait, essentiellement, de l'artisanat) côtoient les producteurs individuels les moins bien pourvus. Dans les villes (à l'exception des grands centres industriels comme Le Creusot), ce groupe des pauvres est finalement très proche des « sans-culottes parisiens en l'an II » décrits par Albert Soboul.

La pauvreté, même sous ses formes aiguës, n'est pas l'indigence, si l'on définit celle-ci comme l'incapacité de subsister ou de faire vivre sa famille grâce au produit de son travail. Mais elle comporte toujours, à cette époque surtout, de très grands risques d'y tomber. Elle entraîne en effet l'impossibilité d'épargner sur un revenu qui ne dépasse pratiquement pas le minimum vital. Dès lors, toute incapacité temporaire de travailler, qu'elle soit due à un accident, à la maladie, à un chômage imprévu de quelques semaines, peut contraindre, en l'absence d'un système d'assurances sociales, à solliciter des secours privés ou publics. La vieillesse, si elle s'aggrave d'invalidité ou d'impotence, est une catastrophe : en 1848, dans le canton de Mont-Saint-Vincent (Saône-et-Loire), où la petite propriété est très peu répandue, on constate que « presque tous les cultivateurs » sont « dans leur vieillesse à la charge de leurs enfants ou réduits à la mendicité[2] ». Le sort des petits artisans ou des ouvriers âgés n'est pas très différent. Enfin, selon un processus classique, les crises de subsistances périodiques (1828-1832, 1837-1839, 1846-1847) font coïncider la hausse brutale du prix du grain et du pain et l'extension du chômage. Bien des pauvres doivent alors solliciter des secours. D'autres empruntent et, faute d'offrir des garanties suffisantes, sont contraints d'accepter les taux très élevés exigés par les usuriers, seuls dispensateurs de crédit pour les petites gens : beaucoup de ces débiteurs contribuent à grossir durablement l'effectif des indigents, au même titre d'ailleurs que les paysans parcellaires acheteurs de terre, et incapables de faire face aux échéances à la suite de mauvaises récoltes ou d'autres calamités agricoles. Des pauvres qui ont recours à lui, l'usurier peut faire, en quelques années, des misérables.

Faute d'une définition assez précise de l'indigence et de statistiques rigoureuses, il était difficile aux contemporains, et il n'est pas aisé pour l'historien, de cerner le phénomène avec exactitude. Il faut utiliser avec prudence le *Rapport sur la situation du paupérisme* d'Adolphe de Watteville[3] : celui-ci en effet — il s'en explique clairement — n'a « porté dans (son) travail que les individus inscrits officiellement sur les contrôles des Bureaux de bienfaisance ». Or, ces bureaux n'existent que dans les villes et dans une minorité de communes rurales : 149 sur près de 600 en Saône-et-Loire, 121 sur plus de 700 en Côte-d'Or. La misère des campagnes se trouve donc largement sous-évaluée, parce que bien souvent elle n'est pas secourue. Même si l'on admet que les localités dépourvues de bureaux sont les moins peuplées, elles renferment sensiblement plus de la moitié de la population totale. En doublant les chiffres indiqués par Watteville, on dénombrerait ainsi, à la fin de la monarchie de Juillet, quelque 30 000 indigents en Saône-et-Loire et 20 000 en Côte-d'Or, soit en moyenne 5 à 6 % des habitants, davantage dans les villes, un peu moins en milieu rural. La longue crise de sous-emploi correspondant à la IIe République a grossi ces effectifs. En 1849, le conseil général de la Côte-d'Or a opéré un recensement sommaire des « ouvriers nécessiteux » : leur nombre s'élevait à près de 9 500 (un sixième des travailleurs manuels salariés) soit, avec les membres de leur famille, au moins 30 000 indigents[4]. En Saône-et-Loire, où la paysannerie était dans l'ensemble plus pauvre, la misère avait certainement une ampleur au moins comparable. On parvient alors à quelque 75 000 « nécessiteux », soit plus de 8 % de la population, au plus fort des difficultés qui ont marqué le milieu du siècle.

Comme dans le reste de la France, la grande pauvreté engendre des phénomènes de dégradation sociale qui, eux, ne peuvent rester méconnus. La mendicité est partout répandue : plus de 1 000 mendiants en Côte-d'Or, plus de 3 000 en Saône-et-Loire où « il n'est pas rare de voir des artisans peu aisés envoyer mendier leurs enfants qui ne peuvent encore les seconder dans leur profession[5] ». Les abandons d'enfants — un pour 50 naissances environ de 1826 à 1853 — s'élèvent à quelque 500 par an[6]. La prostitution sévit dans les principales villes. Enfin, les vols de bois, le maraudage, le braconnage sont assez courants. Les poussées de mendicité et de vagabondage qui accompagnent les crises de subsistances et la longue dépression de 1848 à 1851 engendrent fréquemment un sentiment d'insécurité, en particulier dans les pays de bocage et d'habitat dispersé.

Ainsi l'indigence ne peut manquer d'attirer l'attention des autorités et des notables par certaines de ses conséquences les plus visibles : c'est la misère quotidienne, habituelle et « discrète », qui bien souvent leur échappe.

Sous la monarchie de Juillet, c'est, à partir de 1831, le parti de la résistance qui domine la vie politique. Son point de vue s'exprime largement dans la presse « officieuse » (*Journal de la Côte-d'Or*, *Journal* et *Courrier de Saône-et-Loire*), mais aussi dans les délibérations des assemblées locales, et dans les réponses aux enquêtes, notamment celle de 1848 sur le travail agricole et industriel[7]. Pour lui, l'ordre social établi est le meilleur possible, et permet à chacun d'occuper la place qui convient à son mérite. L'indigence s'explique donc surtout par des causes morales : pour le conseil général de Saône-et-Loire, la plupart des mendiants sont « des individus à qui manque la volonté de travailler, ou qui ont été conduits à la misère par l'intempérance et la débauche, ou les vices qui ont amené des infirmités anticipées[8] ». L'assistance doit être en conséquence strictement limitée, et contrôlée par les pouvoirs publics. Chaper, préfet de la Côte-d'Or, s'inquiète de la prolifération des œuvres charitables à Dijon, responsables à ses yeux du développement de la mendicité : « La charité a créé des pauvres[9]. »

Minoritaires, mais nombreux dans la noblesse, appuyés par la majorité du clergé, les notables légitimistes et catholiques s'insurgent volontiers contre cette vision typiquement libérale et « malthusienne ». Certes, pour eux aussi, la misère comme l'inégalité des richesses est inévitable. Mais, faisant partie d'un ordre providentiel, elle fonde une réciprocité de devoirs : charité de la part des riches, résignation de la part des pauvres, sous l'inspiration de l'Eglise, médiatrice irremplaçable entre les uns et les autres. Cet ordre a été perturbé par la Révolution, dont les orléanistes sont les héritiers : elle a spolié l'Eglise, dont le patrimoine était « le bien des pauvres », elle a consacré l'individualisme et le « chacun pour soi », élevé entre nantis et déshérités un mur d'indifférence et d'incompréhension, et ouvert ainsi une ère de crise sociale permanente. Incapables d'apporter des secours suffisants, les pouvoirs publics « laïcisés » ne font rien pour encourager, pour soutenir les œuvres de charité créées par les catholiques. Seul, le retour à l'union du Trône et de l'Autel, ou à tout le moins le rétablissement de l'Eglise catholique dans son rôle traditionnel, permettrait de soulager les misères qui peuvent l'être, et, en rendant aux riches et aux pauvres le sens de leurs devoirs, de consolider efficacement un ordre établi reposant sur une nécessaire inégalité des conditions [10].

A la différence des conservateurs et des légitimistes, l'opposition de gauche, puissante en Bourgogne, ne peut être traitée, dans le domaine des idées sociales surtout, comme un ensemble homogène. On trouve à sa tête des notables qui, par leur appartenance sociologique et leurs vues sur la pauvreté et la misère, ne se distinguent pratiquement pas des conservateurs. Mais d'autres sont mus par un idéal humanitaire qui peut apparaître, chez un Lamartine par exemple, comme une synthèse entre l'héritage de la morale chrétienne et celui de la Révolution française. Pour lui, comme pour la plupart des républicains, l'extension de la citoyenneté à l'ensemble des hommes, y compris les plus pauvres, fera de l'Etat le représentant authentique de l'intérêt général, capable de corriger progressivement les imperfections les plus criantes d'un ordre social souvent injuste, notamment par une organisation efficace de l'assistance. Les petits groupes de bourgeois socialistes — phalanstériens pour la plupart — que l'on rencontre par exemple à Dijon, Chalon-sur-Saône ou Cluny, vont évidemment plus loin encore : c'est la société tout entière qu'il faudrait reconstruire sur des bases nouvelles, par la propagande et par la vertu de l'exemple, pour éliminer les maux qu'engendre nécessairement un libéralisme sans frein. Sans reprendre à leur compte leurs perspectives grandioses et parfois confuses, certains « radicaux » adoptent volontiers les idées de Louis Blanc sur le droit au travail et le devoir pour l'Etat de l' « organiser » : l'application de ce principe, combinée avec un système d'assurances et de retraites, devrait permettre d'éliminer le chômage et de venir assez rapidement à bout de l'indigence.

En dépit de ces divergences idéologiques, la plupart des notables s'accordent pour préconiser et, lorsqu'ils le peuvent, appliquer un certain nombre de remèdes à la grande pauvreté.

Remèdes préventifs d'abord. Il faut développer le sens de l'entraide : on vante les confréries vigneronnes de secours mutuels ; on exalte les grands patrons comme Chagot et Schneider et leurs « œuvres » en faveur de leurs ouvriers. On souhaite aussi combattre l'insécurité de la condition populaire en multipliant les caisses d'épargne et de prévoyance et en incitant les « ouvriers » à y placer leurs économies : en 1848, il en existe une dans tous les chefs-lieux d'arrondissement, sauf Louhans. A plus long terme enfin, l'école primaire peut répandre dans les classes pauvres, outre des connaissances élémentaires, une formation morale qui leur fera préférer tout naturellement le travail et l'économie à l'oisiveté et à la dissipation. Malgré des résultats positifs, ces mesures n'ont pu atteindre la masse des indigents. Les sociétés mutualistes n'ont existé que dans une partie du vignoble et n'ont concerné dans les villes que quelques groupes limités de travailleurs ; les « œuvres » créées par le grand patronat ne protégeaient par définition que les salariés de leurs entreprises. Les caisses d'épargne pouvaient intéresser une élite ouvrière capable d'épargner, mais non l'immense majorité des manouvriers et des journaliers. Enfin, les familles les plus pauvres, très fréquemment analphabètes et peu conscientes de l'utilité de l'instruction, se voyaient par ailleurs généralement obligées de mettre leurs enfants au travail dès leur plus jeune âge : même en Côte-d'Or, il subsiste au milieu du siècle une minorité de quelque 10 % de conscrits illettrés, proportion proche de celle des indigents dans l'ensemble de la population.

Les remèdes préventifs ne pouvant être que très progressivement efficaces et ne concernant finalement que la partie la plus évoluée et la moins démunie des classes pauvres, force est bien de recourir dans l'immédiat aux remèdes curatifs. L'administration et les notables ont ainsi cherché (par application du principe de la charité organisée et contrôlée) à multiplier les bureaux de bienfaisance communaux, distribuant des secours temporaires aux malheureux. Ils souhaiteraient aussi supprimer la mendicité en mettant au travail les pauvres valides et en hospitalisant ou en logeant décemment ceux qui sont hors d'état de travailler. En période de crise des subsistances enfin, notamment en 1846-1847, conseils généraux et municipalités urbaines cherchent à limiter les conséquences du chômage en organisant, selon la tradition, des chantiers de travaux publics ; quelques conseils municipaux, mais aussi des grands propriétaires terriens et des industriels, entreprennent de lutter contre la vie chère par des méthodes peu compatibles avec l'orthodoxie libérale, en constituant, avant la période de la soudure et l'élévation maximale des cours, des stocks de grain qu'ils revendent au prix coûtant, voire même à perte.

Là encore, les résultats, sans être négligeables, sont loin de correspondre aux ambitions déclarées et à l'ampleur du problème. En 1847, rappelons-le, les trois quarts des communes rurales en Saône-et-Loire, les cinq sixièmes en Côte-d'Or restent encore dépourvues de bureaux de bienfaisance. A la même date, le dépôt de mendicité ouvert à Mâcon en 1841 ne « renferme » que 100 mendiants, soit 3 % environ de ceux du département. La capacité d'accueil des hôpitaux et des hospices est partout très insuffisante : l'hospice de Dijon (près de 30 000 habitants et 4 000 à 8 000 indigents secourus dans la ville seule) ne compte que 122 lits pour vieillards et incurables et il est extrêmement difficile pour les pauvres de s'y faire admettre[11]. Enfin, il convient de préciser la portée des mesures prises contre le chômage conjoncturel et la vie chère : en 1846-1847 par exemple, les crédits supplémentaires employés en Saône-et-Loire à des travaux d'utilité communale représentaient moins de 213 000 journées de travail, soit 5 par journalier (il en aurait fallu 80 pour compenser l'effet de l'accroissement du coût de la vie pendant un semestre)[12].

Ainsi, en temps normal, et à plus forte raison en période de crise, la charité individuelle et les mesures très variées prises par les autorités ne pouvaient limiter que de façon marginale les conséquences parfois dramatiques de la grande pauvreté.

Il est même un domaine où l'on peut parler sans hésiter d'exclusion : celui de la citoyenneté. Réservée à quelque 2,5 ou 3 % des hommes majeurs, la participation aux élections politiques était refusée, non seulement à tous les pauvres, mais à la grande majorité des classes moyennes. Depuis 1831 cependant, le corps électoral municipal était assez largement ouvert, surtout dans les communes rurales, où il représentait 10 % de la population totale, soit près d'un tiers des hommes adultes en Côte-d'Or et Saône-et-Loire. Mais il s'agissait des plus imposés : là encore, les pauvres n'étaient pas admis.

Au lendemain des journées de Février 1848, le brusque avènement de la République paraît ouvrir la voie à des changements décisifs.

Demeurés quelques mois seulement au pouvoir, localement comme sur le plan national, les républicains modérés, incarnés par le Mâconnais Lamartine, ont pris dès le 2 mars une mesure décisive en instaurant le suffrage universel masculin pour tous les scrutins : ainsi se trouve théoriquement intégrée à la vie politique la masse des pauvres et même des indigents. Dans les deux départements, la proportion des non-inscrits paraît avoir été minime : de l'ordre de 5 %. L'inscription a-t-elle eu pour conséquence la participation effective des plus pauvres aux scrutins ? Question délicate. Il faut distinguer entre les élections locales, où l'abstention, dans l'été 1848, a été très étendue, et les élections à enjeu national, législatives ou présidentielles, où elle a été faible et toujours inférieure à la moyenne nationale :

Participation électorale (%)

	23 avril 1848	10 décembre 1848	13 mai 1849
Côte-d'Or	85,3	81,8	79,7
Saône-et-Loire	85,8	77,7	76,3
France	83,6	75,1	68,1

En ces trois circonstances, il ne fait pas de doute qu'une grande partie des pauvres a voté. Ce qui implique à la fois un certain degré d'intégration dans la communauté locale (le vote était alors un acte collectif), et une prise de conscience, au moins embryonnaire, de l'importance de la consultation. Prise de conscience aisément explicable, car les candidats et leurs agents de propagande (notables ou militants) ont toujours affirmé avec force que la solution des difficultés (économiques en particulier) où se débattaient les classes populaires dépendait de la victoire de leur tendance. Même des pauvres gens sans éducation politique ont été alors en état de percevoir (ou d'imaginer) une liaison directe entre leurs choix électoraux et leurs conditions d'existence.

A cet égard, l'action des républicains modérés, auxquels on avait fait massivement confiance en avril 1848, n'a pu entraîner qu'une immense déception : les impôts ont été accrus ; le chômage s'est développé ; les réformes attendues n'ont pas été réalisées. On conçoit qu'au 10 décembre, les plus pauvres (comme la grande majorité des citoyens) aient reporté leurs espoirs sur Louis Napoléon Bonaparte, héritier d'un mythe incluant l'image d'un César populaire, soucieux du bien-être de tous les Français. Mais, sur ce point encore, la désillusion a été sensible : au cours de l'hiver et du printemps 1849, la crise continue à sévir avec rigueur.

C'est alors qu'en vue des élections législatives de mai 1849, les démocrates-socialistes — il ne s'agit plus cette fois de notables, mais de représentants des classes moyennes — font connaître, notamment par la propagande orale, un programme où l'amélioration du sort des déshérités tient une grande place : les assurances et le crédit seraient pris en main par l'Etat et mis ainsi à la portée des plus modestes ; l'établissement d'un impôt progressif sur le revenu permettrait de dégrever les petits contribuables et de supprimer définitivement les impôts indirects de consommation sur le sel et sur les boissons ; l'organisation d'un réseau de banques cantonales et départementales prêtant à faible intérêt mettrait fin à l'usure. Et plus encore peut-être que le programme lui-même, la manière dont il a été présenté par des orateurs improvisés a pu susciter parmi les plus démunis l'espoir quasi millénariste d'un bouleversement de l'ordre établi. En général, l'efficacité de cette propagande dans les campagnes a été maximale là où les effets de la crise venaient aggraver ceux du surpeuplement rural et d'une dépendance particulièrement lourde à l'égard des propriétaires ou des usuriers : pays du métayage avec fermiers généraux de l'Autunois et du Charolais ; vignoble cultivé à mi-fruits, du Mâconnais à la Côte de Beaune ; plaine de Bresse à la paysannerie pléthorique et gravement endettée. Dans ces régions, les listes démocrates-socialistes ont drainé massivement, à n'en pas douter, les voix des plus pauvres et ont parfois dépassé 70 % des suffrages exprimés lors des élections législatives du 13 mai 1849. Il en est allé de même dans la plupart des villes où la masse des électeurs « rouges » était formée d'artisans en difficulté, de compagnons et de journaliers atteints ou menacés par le chômage. Du succès des démocrates-socialistes, tous attendaient une amélioration décisive de leur condition.

Espoirs une fois de plus déçus puisque les montagnards, vainqueurs en Saône-et-Loire et dans le sud de la Côte-d'Or, mais vaincus dans le reste de la région et sur le plan national, n'ont évidemment pas été en mesure d'appliquer leur programme. Toutefois, là où le parti conservait une organisation et des moyens d'action, la croyance en un changement prochain symbolisé par la date de 1852 a persisté, à la grande inquiétude des conservateurs.

Ceux-ci, on le sait, avaient repris en main le pouvoir central et l'administration dès l'hiver 1849. Les événements de 1848 et la persistance de la dépression économique avaient suscité chez certains d'entre eux une prise de conscience plus aiguë de la « question sociale » sous ses trois aspects essentiels : « paupérisme » rural et urbain, usure, et, localement, problème ouvrier. Inspirés par le catholicisme social, l'esprit philanthropique, la volonté de détourner les pauvres des « mauvais bergers », des notables du parti de l'ordre ont proposé des réformes dont quelques-unes méritent d'être retenues.

Au cours de l'été 1848, un grand mouvement s'est dessiné, parmi les propriétaires fonciers surtout : il s'agissait d'organiser le crédit agricole grâce à la création par l'Etat de bons hypothécaires à faible intérêt, ce qui aurait permis à la fois de lutter contre l'usure et de relancer l'économie par une inflation contrôlée. Projet repoussé à l'automne par l'Assemblée constituante et abandonné ensuite par nombre de ses promoteurs, inquiets de se trouver en mauvaise compagnie en défendant des conceptions qui étaient aussi celles des montagnards. Toutefois, la société d'agriculture d'Autun, sous l'impulsion du comte d'Esterno, grand propriétaire passionné par les questions économiques et sociales, persiste en février 1850 à réclamer des banques agricoles et immobilières prêtant à 4 %, qui permettraient non seulement de sauver la propriété « dévorée par l'usure, ruinée par le bas prix des récoltes », mais d'empêcher « les égarements du désespoir » de « pénétrer plus avant dans les populations souffrantes », c'est-à-dire d'endiguer la poussée du « socialisme »[13]. On observera cependant que ce projet (comme d'ailleurs ceux des montagnards) n'aurait soulagé que les paysans propriétaires, à l'exclusion des métayers et des journaliers dépourvus de tout gage foncier, c'est-à-dire des plus déshérités des ruraux.

Dans un autre domaine, certains notables ont cherché à lutter sur le terrain avec les démocrates-socialistes, en réalisant l'intégration sociale de l'ensemble de la population grâce à des sociétés de secours mutuel fondées et contrôlées par eux, financées par des cotisations proportionnelles à l'impôt direct payé dans la commune, de manière que « les classes moins fortunées trouvent dans le riche, que trop souvent on leur présente comme un ennemi, un frère tout disposé à les secourir »[14]. Mais de telles réalisations paraissent avoir été rares. Le véritable problème était celui du rôle de l'Etat dans la généralisation de l'assistance. Sur ce point, Schneider est parvenu à faire prendre en considération par la Chambre de commerce de Chalon un projet hardi : le gouvernement devrait favoriser systématiquement, par des primes de première mise, la multiplication des sociétés de secours mutuel, et faciliter la création de caisses de retraite en obligeant patrons et ouvriers à cotiser ; une telle organisation serait, selon lui, un puissant facteur de paix sociale[15]. Il s'agissait en somme d'étendre à l'industrie française tout entière les institutions expérimentées au Creusot ou à Blanzy. Là encore cependant, la masse des journaliers des villes et des campagnes, non intégrée dans des entreprises, n'eût pas été atteinte.

De toute manière, ces propositions, comme celles qui concernaient le crédit agricole, n'avaient aucune chance d'entraîner l'adhésion de la grande majorité des notables. Les anciens orléanistes du *Jour-*

nal de la Côte-d'Or et du *Courrier de Saône-et-Loire* s'en tenaient à la plus stricte orthodoxie libérale. Quant aux légitimistes, beaucoup d'entre eux restaient attachés à l'utopie traditionaliste : aucune amélioration décisive n'était possible sans une restauration de l'ancien ordre politique et religieux permettant « l'expansion de la charité chrétienne », et sans le rétablissement d'un système corporatif[16].

En définitive, l'ensemble du parti de l'ordre ne s'est guère trouvé d'accord que sur deux points : renforcer dans l'enseignement primaire l'influence du clergé pour mieux inspirer aux pauvres la résignation et le respect de l'ordre social ; exclure à nouveau de la citoyenneté les plus pauvres, soupçonnés de voter trop volontiers pour les « rouges ».

Effectivement, l'application de la loi du 31 mai 1850, subordonnant le droit de vote à une résidence de trois ans dans le canton, prouvée par l'inscription au rôle de la contribution personnelle, a opéré des coupes sombres dans le corps électoral bourguignon : la Saône-et-Loire, où pauvreté et manque d'intégration sociale étaient plus répandus, s'est trouvée beaucoup plus lourdement frappée que la Côte-d'Or, avec un déficit global de 32 % (contre 15 % environ). L'exclusion a été particulièrement massive dans les villes (— 48 % à Dijon, — 50 % à Chalon, — 47 % à Mâcon, — 53 % au Creusot) et dans les cantons ruraux les plus misérables ou les plus surpeuplés (— 48 % à Toulon-sur-Arroux, — 44 % à Saint-Bonnet-de-Joux, — 54 % à Chauffailles, en Charolais)[17]. L'assimilation sommaire, dans l'esprit d'une partie des milieux dirigeants, entre les classes pauvres et les « classes dangereuses », se laisse percevoir dans la satisfaction éprouvée par le procureur de la République de Dijon à voir les listes « purgées de ce ramassis de gens sans aveu, de vagabonds, de repris de justice qui, sans foyers domestiques, sans attachement au sol, à la famille, se transportaient d'un lieu à l'autre[18] » : il désignait ainsi la moitié de la population de la ville (donc un groupe débordant de loin celui des indigents proprement dits).

Immobilisme et répression : on peut résumer ainsi l'attitude de la majorité conservatrice de 1849-1851 devant les problèmes de la grande pauvreté.

Dans ce domaine, le second Empire allait marquer une étape importante. D'emblée, pour des raisons politiques, Louis-Napoléon a rétabli définitivement le suffrage universel : réintégrés dans le corps électoral, les plus pauvres pourront commencer, sous un régime autoritaire, mais progressivement assoupli après 1860, le long apprentissage de la vie civique. Sur le plan social, le régime impérial n'a guère innové. Mais l'expansion économique dont il a bénéficié et qu'il a su encourager a joué un rôle décisif : la création d'emplois dans l'industrie et sur les grands chantiers des villes et des chemins de fer a favorisé l'exode rural, d'ailleurs brutalement accéléré de 1852 à 1857 par une crise des subsistances. Ainsi, a commencé à se rétracter la plus nombreuse des catégories atteintes par la grande pauvreté : celle des journaliers agricoles et des très petits exploitants. Simultanément, les cultivateurs ont été contraints d'accroître les salaires réels de la main-d'œuvre demeurée sur place : autre facteur de reflux de l'indigence.

Si le problème de la grande pauvreté a ainsi évolué, il n'a, bien sûr, pas disparu pour autant. En voie de régression lente dans les campagnes, elle s'est en partie transférée vers les villes où les nouveaux arrivants, plus nombreux, ont continué d'affronter de redoutables difficultés d'intégration : précarité de l'habitat et insécurité de l'emploi en particulier. On en conclura qu'à partir du milieu du XIXe siècle, en Bourgogne, comme dans beaucoup d'autres régions françaises, l'indigence commence à perdre ses aspects d' « Ancien Régime » pour se rapprocher peu à peu du phénomène du « Quart Monde » tel que nous le connaissons aujourd'hui.

1. Cf. P. Lévêque, *Une société provinciale : la Bourgogne sous la monarchie de Juillet*, Paris, éd. de l'EHESS/Jean Touzot, 1983, pp. 657-658 et 666-669.
2. Enquête sur le travail agricole et industriel, AN, C 964 (Saône-et-Loire).
3. A. de Watterville, *Rapport... sur l'administration des bureaux de bienfaisance et sur la situation du paupérisme en France*, Paris, Imprimerie Nationale, 1854, p. 12.
4. Procès-verbaux imprimés, 1849, pp. 337 sq.
5. *Annuaire de Saône-et-Loire*, 1841, pp. 151-153.
6. A. de Watterville, *Rapport... sur les tours, les abandons, les infanticides et les mort-nés de 1826 à 1854*, Paris, Impr. nat., 1856, tableau 10.
7. AN C 950 (Côte-d'Or) et C 964 (Saône-et-Loire).
8. « Du paupérisme et de la charité », Rapport présenté à la session d'août 1840 du conseil général de Saône-et-Loire, publié dans l'*Annuaire de Saône-et-Loire*, 1841, p. 151.
9. Lettre du 24 mai 1838, AD de la Côte-d'Or, 2 J 5/34.
10. *De l'extinction de la mendicité à Dijon et de quelques autres questions qui s'y rattachent*, Dijon, 1853 (brochure de Pierre Dugied).
11. Sur tous ces points, voir P. Lévêque, *op. cit.*, pp. 353-366.
12. P. Lévêque, *Une société en crise : la Bourgogne au milieu du XIXe siècle (1846-1852)*, éd. de l'EHESS/Jean Touzot, Paris, 1983, p. 35.
13. *Le National de Saône-et-Loire*, 16 février 1850.
14. *L'Ordre*, 16 septembre 1851.
15. « Rapport de la Chambre de commerce de Chalon-sur-Saône au ministre de l'Agricul-

ture et du Commerce », présenté par E. Schneider, 9 juillet 1849, A D Saône-et-Loire, N, conseils d'arrondissement, août 1849.
  16. *La Bourgogne*, 1ᵉʳ février et 14 juin 1850.
  17. P. Lévêque, *op. cit.*, pp. 361-363.
  18. Rapport du 13 janvier 1851, AD Côte-d'Or, U Ba 3.

Les élites françaises face à la pauvreté au XIXᵉ siècle.
Essai d'analyse

ANDRÉ GUESLIN

A la fin des années 1830, l'Académie des Sciences morales et politiques mit au concours la question suivante : « Rechercher, d'après des observations positives, quels sont les éléments dont se compose à Paris, ou dans toute autre grande ville, cette partie de la population qui forme une classe dangereuse par ses vices, son ignorance et sa misère ; indiquer les moyens que l'administration, les hommes riches ou aisés, les ouvriers intelligents et laborieux, pourraient employer pour améliorer cette classe dangereuse et dépravée. » C'est un chef de bureau de la préfecture de la Seine, H.A. Frégier qui remporta le premier prix pour son essai : *Des classes dangereuses de la société dans les grandes villes*[1]. Le libellé même de la question comme la réponse de Frégier posent le problème des attitudes des élites face à la pauvreté.

Jusqu'à la Révolution, le pauvre se distingue assez aisément du monde de l'atelier et de la boutique. Ce sont les débuts de l'industrialisation et l'urbanisation du XIXᵉ siècle qui provoquent une confusion. Le pauvre est devenu autant le « malheureux », incapable personnellement de s'intégrer dans le corps social, que le travailleur sans grande qualification et instable. Dans un mandement de 1854, l'évêque de Clermont, Mgr Féron, révèle bien l'origine de la confusion : « Les classes ouvrières forment la masse de la population chez tous les peuples ; elles ne peuvent manquer de produire un très grand nombre de ces blessés de l'ordre social qu'on appelle les pauvres[2]. »

La proximité sociale et de résidence, la précarité de la condition salariale industrielle fondent une assimilation externe. H.A. Frégier use du terme de « prolétaire » en parlant du chiffonnier et du vagabond, et Louis Chevalier de citer l'édition du Littré de 1869, qui assimile toujours le prolétariat à « la classe la plus indigente³ ». L'accession au suffrage universel, la formation à grande échelle d'une main-d'œuvre usinière, l'éclosion du mouvement ouvrier consacrent, dans la seconde moitié du siècle, le *prolétariat* pour désigner les travailleurs manuels intégrés dans l'économie. Ils peuvent être pauvres, mais ils ne sont plus perçus comme « les nécessiteux » puisqu'ils travaillent. Car à ce stade, ils sont « adaptés ». L'insuffisance de l'indispensable et le non-travail caractérisent le monde de la nécessité ou de la « vraie pauvreté » : vieillards, handicapés de toute sorte, femmes chargées d'enfants, adultes sans travail... A la veille de la Grande Guerre, Anatole Weber, spécialiste reconnu de ces questions en son temps, fait la distinction entre « le pauvre », « l'individu qui, ne possédant rien, vit uniquement, et de façon précaire, de son travail », et « le nécessiteux », « le pauvre, momentanément ou définitivement inapte à se procurer, sans recourir à la charité, tout ou partie du nécessaire⁴ ». En définitive, c'est le rapport au travail qui fonde les réactions des élites face à la pauvreté.

La distance et/ou la crainte, telles sont les attitudes externes majeures qui caractérisent les élites du XIXᵉ siècle face à la pauvreté. Mais la pitié ou « la nécessité de donner aux pauvres » existent traditionnellement. La crainte reste cependant le sentiment dominant. Elle est nourrie par la rumeur, elle est parfois mythique. Au siècle du positivisme, elle incite à catégoriser pour mieux approcher la réalité de la misère : on oppose alors « mauvais » et « bons pauvres ». Ceci explique la nature des palliatifs mis en avant par ces élites.

Distance et compassion

La monarchie de Juillet offre un point de vue précieux dans la mesure où les notables commencent à être confrontés à la montée du paupérisme. Quelques dessins de Grandville illustrent l'absence de communication entre deux mondes. Dans *Richesse et pauvreté* (1832), l'artiste représente deux univers séparés par la simple clôture d'une fenêtre mais tellement isolés l'un de l'autre. D'un côté, la pièce où travaille et vit un ouvrier à domicile, entouré de sa famille ; de l'autre côté, la rue où des bourgeois se promènent. Ici, humilité et souffrances ; là, orgueil et aisance. Les regards se croisent sans pourtant se rencontrer. Dans un autre dessin de la même année, *Ouvrier et couple bourgeois*, Grandville va plus loin encore puisque l'ouvrier de face tourne le dos au couple qui s'éloigne. Ni ignorance, ni oubli pourtant, car le bourgeois est souvent conscient de ses devoirs ; il faut voir là davantage l'influence d'usages soulignant l'appartenance à deux mondes[5].

Cette absence de communication caractérise une grande partie de la société du deuxième tiers du XIXe siècle. Dans *Paris*, écrit en 1897, Emile Zola rend compte de cette contre-société, en traduisant le sentiment à la fois de pitié et d'écœurement, caractéristique d'une grande partie de l'élite :

« Ah ! toute l'affreuse misère qui aboutissait là dans ces dortoirs empestés dont l'odeur de bétail l'avait fait défaillir ! Tout ce qui s'anéantissait là de lassitude et de désespoir, en un sommeil écrasé de bêtes tombées sur le sol pour y cuver l'abomination de vivre... »

Quand l'Empire s'essaya, en 1808, à rétablir les dépôts de mendicité de l'Ancien Régime, le rapporteur Noailles s'en félicitait en ces termes : « Nos pas ne seront plus arrêtés par l'image dégoûtante des infirmités et de la honteuse misère[6]. »

On n'ignore pas la réalité de la misère, on ne l'oublie pas, mais on ne veut plus la voir, probablement pour l'oublier.

L'échec des dépôts de mendicité pour des raisons financières n'empêcha pas une « réclusion » au sein de l'espace urbain. Dans les villes anciennes, le départ des pauvres du centre vers les faubourgs confirme une exclusion sociale. Dans les villes nouvelles nées de l'industrialisation, les populations, qui affluent, sont naturellement reléguées à la périphérie. Un habitat de fortune y surgit parfois et inscrit dans l'espace la pire misère. Ainsi, à Montluçon, le quartier du Petit Tonkin, décrit par Emile Guillaumin, est l'illustration même d'une société de misère qui campe aux marges de la société de richesse[7]. Le faubourg est un « espace de tolérance » où survit un monde non assimilé, « anormal », repoussé aux marges de la civilisation. Quand l'extension urbaine est organisée comme à Nancy, les œuvres de secours suivent la mutation de l'habitat. Ainsi, un dépôt de mendicité s'installe en périphérie à la fin du siècle, là où résident les plus démunis[8].

Une partie de l'élite veut enfin se persuader que le XIXe siècle libéral verra une extinction spontanée du paupérisme. L'influence de Malthus n'est pas étrangère à ce sentiment, mais encore moins les thèses évolutionnistes du sociologue Herbert Spencer. A la fin du XIXe siècle, le comte d'Haussonville se fait l'interprète de ce darwinisme social en vantant cette « loi éclairée et bienfaisante » qui sous « la poussée des forts (...) met de côté les faibles[9] ». On dénonce les « faux-mendiants ». Thiers déjà, dans son fameux rapport de 1850, évoquait « les mendiants expirant sur de petits amas d'or cachés dans leurs haillons [10] ». Louis Paulian, gendre de l'économiste libéral Frédéric Passy, secrétaire-rédacteur à la Chambre, se fit mendiant quelque temps à la fin du siècle pour démontrer la véracité de la rumeur : « Pour le passant, ce mendiant déguenillé qui grelotte de froid et claque des dents ; cette pauvre mère qui, assise sous une porte cochère, donne le sein à son enfant (...), tous ces mendiants, en un mot, qui, d'une voix suppliante, implorent votre charité, sont des malheureux qui méritent pitié et assistance. Eh bien ! détrompez-vous, dix fois sur vingt, ces malheureux sont des industriels qui exercent une profession et souvent une profession lucrative [11]. »

Derrière son souci « d'épargner le pain (...) de ceux qui, après avoir par leur rude labeur contribué à la richesse du pays, n'ont souvent reçu de cette richesse qu'une portion par trop infime », on ne peut pas ne pas voir cette volonté de minimiser l'importance de la grande pauvreté. Anatole Weber, à la fin du XIXe siècle, va jusqu'à présenter « les gueux » comme une... « profession libérale [12] ».

En réaction, le sentiment d'abandon et d'exclusion n'était pas étranger au monde des nécessiteux. Mais il fallait la capacité de l'exprimer. La délinquance peut être une protestation. L'émeute, par définition, exprime un désaccord, mais elle revêt des expressions diverses qui peuvent dépasser le monde des pauvres. Pourtant, les troubles de 1846-1847 résultent fondamentalement de la misère. Même s'ils rassemblent, à côté des plus pauvres, d'authentiques travailleurs, ils traduisent d'abord le malaise de ceux qui manquent de l'indispensable. Quelques billets anonymes, retrouvés à Nancy, rendent compte de la révolte des plus pauvres au moment de la grande crise frumentaire de 1846-1847. Ils traduisent un véritable sentiment d'exploitation qui a accrédité chez les notables la thèse d'une agitation organisée. En fait, leur style permet d'en douter :

« Avis à messieurs les aimables gouverneurs de la ville de Nancy, à qui nous devons le bonheur de manger le pain cher, ainsi monsieur le commissaire central est chargé de veiller à la régularité du poids du pain, cette mesure est très grande de la part de nos gouverneurs, mais ils savent que cela est dans leurs intérêts, vu qu'ils tiennent à avoir leur compte, aussi bien que le pauvre travailleur, qui ne gagne pas son pain (...), ainsi le grand conseil de Nancy s'est réuni pour faire une loi sur les chiens, mais il n'en a pas fait une qui punisse les voleurs de blé, vu que la moitié du conseil sont des accapareurs, voilà l'effet de notre révolution de 1890 (*sic*), mais je pense que la prochaine ne sera pas de même si le feu était au quatre coin des grands moulins, les accapareurs, le saint dic, le grand Euri (propriétaire des Moulins), au milieu du feu, le département de la Meurthe serait bien de liberais (*sic*). Je vous salut nos aimable et bon gouverneur ; le plus malheureux des habitants de Nancy. »

Apparaît aussi, dans ces libelles anonymes, le sentiment du mépris subi et la revendication d'une dignité : « (...) vous êtes flatée d'abatre la crapule, le petit monde ; voilà vos expressions à l'égard de ceux, qui vous font vivre (...). C'est une crapule qui vous salue[13]. »

Le tableau de la misère ne pouvait laisser insensible l'ensemble des classes dominantes d'autant que le socialisme associationniste, puis le mouvement ouvrier, dénonçaient cet état de choses.

Une minorité chrétienne éclairée s'est efforcée dès le début du siècle de sensibiliser ses semblables, de refuser la fatalité de la pauvreté. Apparaît même chez Alban de Villeneuve-Bargemont (1784-1850), dans son *Economie politique chrétienne*, de 1834, la conviction « d'un vice profond survenu dans l'état de la constitution sociale ». Il s'agit pour lui de déterminer les causes de cet excès d'inégalité sociale[14].

Catholicisme et christianisme sociaux, organisations charitables aussi, allaient se mobiliser tout au long du siècle. Mais une partie du camp libéral réagit également. Le baron de Gérando (1772-1842), catholique mais de sensibilité libérale, évoque cette « pauvreté digne à la fois d'une estime profonde et d'un tendre intérêt[15] ». A l'autre bout du siècle, Frédéric Passy, tout en exaltant le dogme libéral, protestait que « cette doctrine n'est point une doctrine d'insensibilité et d'indifférence[16] ».

Pourtant, c'est la crainte qui fait réagir quand la relégation a montré ses limites devant la vague montante du paupérisme. Ainsi, l'urbanisation a provoqué une véritable prise de conscience dans la société des notables du XIXe siècle.

Le danger

La société bourgeoise, telle qu'elle s'épanouit au XIXe siècle, repose sur un ensemble de valeurs qui gravitent autour de l'ordre public et moral, de la propriété notamment. Et son but est de rechercher le plus possible un consensus social autour de celles-ci. Or, les plus démunis ne peuvent se reconnaître en elles parce que tout dans leur existence, dans leur vie quotidienne, les en éloigne. Dans un premier temps, les pauvres sont perçus comme les « barbares », ceux qui n'appartiennent pas à la société dominante, qui ne peuvent même pas communiquer avec elle. Le terme apparaît dans les années 1830 dans le très officiel *Journal des débats* et Emile Buret s'est expliqué sur sa signification : « Isolés de la nation, mis en dehors de la communauté sociale et politique, seuls avec leurs besoins et leurs misères, ils s'agitent pour sortir de cette effroyable solitude, et, comme les barbares auxquels on les a comparés, ils méditent peut-être une invasion [17]. »

Ils sont aussi, comme les Perses à la périphérie des cités grecques, ceux qui ne parlent pas la même langue, au propre comme au figuré. Ce terme de barbare découle donc de la réaction sécuritaire d'une société mal stabilisée. Il va faire florès et, en 1848, Ozanam (1813-1853), l'un des fondateurs des conférences Saint-Vincent-de-Paul, invite les chrétiens à passer aux « barbares » pour s'occuper de la question sociale... La différence du pauvre fonde, d'une certaine façon, sa dangerosité et les notables tentent, par tous les moyens, de l'atténuer. Le don de vêtements dépasse le simple souci de protéger contre les intempéries ; il est aussi le moyen de normaliser l'indigent qui fait peur.

Le désordre

C'est Frégier qui a le mieux exprimé cette crainte :
« Les classes pauvres et vicieuses ont toujours été et seront toujours la pépinière la plus productive de toutes les sortes de malfaiteurs : ce sont elles que nous désignerons plus particulièrement sous le titre de classes dangereuses [18]. »

On comprend qu'au moment de la Révolution la méfiance soit restée grande à l'égard de la mendicité, « la lèpre des monarchies », selon Barère [19]. Ils « menacent et attaquent toutes les propriétés », rapporte le duc de la Rochefoucauld-Liancourt qui préside le Comité *ad hoc* [20]. Par là, il exprime la crainte ancestrale en milieu rural du mendiant qui risque de remettre en cause par ses prélèvements le fragile équilibre alimentaire des populations sédentaires [21]. C'est, d'une façon générale, la vision du mendiant comme agresseur potentiel qui domine chez les membres du comité de mendicité. Cette vision négative perdure au cours du XIXe siècle. « Végétation immonde, dit Frégier des vagabonds [22] ». A la fin du siècle, Anatole

Weber souligne que le mendiant est « presque toujours voleur ou criminel éventuel[23] ». Ce n'est pas l'acte de mendicité en tant que tel que l'on condamne, car le christianisme comme le libéralisme, sous des formes différentes, défendent la relation interpersonnelle qui se noue entre celui qui donne et celui qui reçoit. Ce que l'on craint, c'est « l'être marginal » non intégré, non contrôlé, non « repéré », en dehors des normes sociales, prêt, à tout moment pense-t-on, à les violer. C'est pourquoi à la fin du XIXe siècle encore, les règlements de la plupart des institutions de secours, tel l'hospice de Courtais à Montluçon, portent, comme condition pour recevoir des secours, la présence d'un casier judiciaire vierge[24].

La peur de « l'émotion populaire » est enracinée dans la mémoire collective. Et c'est cet argument majeur que développa, dès 1790, le duc de la Rochefoucauld-Liancourt pour justifier l'assistance publique : « (...) Il est de l'intérêt public de prévenir les désordres et les malheurs où seraient conduits un grand nombre d'hommes sans ressources qui, maudissant les lois dont ils n'auraient jamais senti les bienfaits, pourraient par l'excès de leur misère, être entraînés d'un moment à l'autre à servir les entreprises des ennemis de l'ordre public[25] (...). » En 1831, dans le journal catholique *L'Avenir*, un prêtre agite l'éventualité d'un « soulèvement général des pauvres contre les riches[26] ». C'est cette même peur du désordre et de la violence, qui fait agir les notables nancéiens au moment de la crise frumentaire de 1846-1847. Il s'agit, en mobilisant les secours, d' « éteindre le feu » qui risque d'embraser la ville.

A partir de 1848, la démarche sécuritaire découle de la diffusion du socialisme. On craint qu'il ne trouve une audience dans le monde de la misère. Cette crainte du socialisme est présente à la fois chez les chrétiens et chez les solidaristes de la fin du XIXe siècle. Un prélat comme Mgr Turinaz, très hostile au catholicisme social, dans lequel il voit justement les germes du socialisme, est très sensible à la montée de l'extrémisme de gauche. Il réclame donc la nécessité de « réaliser les transformations légitimes pour opposer une barrière puissante aux révoltes sauvages[27]... ». Quant au solidarisme, l'un de ses buts avoués n'est-il pas d' « élargir les bases de la paix sociale[28] » ? La lutte contre la pauvreté est un moyen pour atténuer les fractures du corps social et lui donner une cohésion républicaine.

Mais la pauvreté peut remettre en cause aussi l'ordre moral. Le thème de la « démoralisation » mobilise les notables. Du côté chrétien, ce sentiment va avec l'inquiétude devant la montée de la déchristianisation en milieu urbain. En fondant, en 1852, la communauté des Oblates du Cœur-de-Jésus, le premier objectif de Louise de Montaignac à Montluçon est de « travailler à la gloire de Dieu [29] ». Mais, toutes tendances confondues, les élites se veulent un rempart contre les atteintes à la famille. Les révolutionnaires de 1789 comme de 1792 sont généralement d'accord sur cet aspect, non seulement par une sorte de réaction puritaine, mais également parce que c'est la garantie de la force militaire de la nation [30]. La famille repose également sur l'autorité, et la dissolution de ce premier pilier fait craindre l'évanescence des principes hiérarchiques de l'organisation sociale [31]. Enfin, la famille est l'une des bases du christianisme. On sait que Le Play, dont l'influence touche les milieux chrétiens au sens large, préconise une société fondée sur « une constitution essentielle » dont l'autorité paternelle est l'un des deux fondements [32].

Concrètement, certains comportements sexuels sont perçus, particulièrement dans les milieux catholiques, comme une atteinte à la morale. A Clermont-Ferrand, en 1859, l'œuvre de Saint-François-Régis vise à faciliter le mariage civil et religieux des indigents « pour éteindre l'odieux fléau du concubinage » et la légitimation des enfants naturels, « fruits malheureux d'un commerce criminel [33] ». H.A. Frégier n'a pas de mots assez durs pour flétrir « cet éréthisme de la sensualité en haillons [34] ». Pourtant, la vision d'une société uniment prude et rigoriste relèverait du simple cliché, d'autant plus que les relations d'interconnaissance contribuent à remettre en cause les condamnations abstraites. Ainsi, à Moulins, on constate que certaines prostituées, aux franges du monde de la pauvreté, sont intégrées dans leur quartier. Quand elles sont menacées, les voisins prennent même leur défense : fatalisme ? bon voisinage [35] ? En fait, ce qui choque la morale, c'est davantage le scandale, l'atteinte à la tranquillité publique que l'existence même de cette prostitution. En définitive, la tolérance au plan de la morale découle d'une volonté de défense de la normativité sociale apparente, garante de l'ordre public.

L'atteinte à la propriété

La Révolution avait consacré le droit de propriété. C'est La Rochefoucauld-Liancourt, en tant que président du Comité de mendicité de la Constituante, qui rappelle que « le devoir sacré des lois est (de) faire religieusement observer le culte (de la propriété) et d'en assurer le maintien [36] ». Politiquement, socialement, économiquement, la propriété fonde la nation telle qu'elle apparaît à la Révolution.

Concrètement, cette défense de la propriété est illustrée par les jugements rendus par les tribunaux. Dans les procès d'assise tenus à Clermont-Ferrand sous le Second Empire, on constate une plus grande sévérité pour les attentats aux biens que pour les attentats contre les personnes. Ainsi, les jurys semblent plus tolérants pour les crimes sexuels que pour les vols. Dans ce dernier cas, l'acquittement est extrêmement rare (moins de 3 % des cas entre 1867 et 1870) et les condamnations aux travaux forcés fréquentes[37]. Mais cette disposition n'est pas propre aux jurys issus, il est vrai, d'un monde majoritairement rural. Elle concerne aussi les magistrats. Le registre des peines correctionnelles sous le Second Empire révèle les mêmes différenciations qu'au niveau des Cours d'assises. En 1851-1852, toujours dans le ressort du tribunal de Clermont-Ferrand, plus de 56 % des prévenus de vol ont été condamnés à des peines supérieures à un mois de prison alors que la proportion tombe à un quart pour les prévenus de coups et blessures ou d'attentats contre les représentants de l'ordre. En 1867-1868, les proportions sont respectivement de 59 %, 38 % et 19 %[38]. L'atteinte à la propriété est bien perçue comme un réel danger. Si on ajoute que les délits de vagabondage et de mendicité sont passibles dans 60 % des cas en moyenne d'une peine de un mois à un an de prison, on peut en déduire que la pauvreté, facteur de délinquance, ne peut laisser insensibles les élites du XIXe siècle.

Collectivement enfin, les pauvres représentent une masse de manœuvre pour ceux qui vilipendent le droit de propriété. Cette crainte peut contribuer sans doute à un intérêt plus grand pour la question sociale à la fin du XIXe siècle.

La contagion

L'épidémie, la maladie contagieuse, longtemps perçues comme des fatalités, sont mieux connues au XIXe siècle. Dès 1829, Parent-Duchatelet, en compagnie notamment d'Esquirol et du docteur Villermé, a fondé les *Annales d'hygiène publique et de médecine légale*. Il s'agit en particulier d'y étudier les mécanismes de diffusion des épidémies. Car la meilleure connaissance de maladies comme la tuberculose ou la typhoïde engendre la crainte de la contagion[39]. Les premières recherches des hygiénistes révèlent vite combien les populations mouvantes et pauvres sont les cibles privilégiées de l'infection.

L'action des bureaux de bienfaisance et des bureaux d'hygiène créés sous le régime de la loi de 1902 s'oriente principalement vers les populations pauvres, porteuses d'un nouveau danger. A Nancy, en 1895, le docteur Prautois présente l'habitat en périphérie, les « baraques », comme « un milieu de culture pour les micro-organismes [40] ». Et l'action des divers bureaux municipaux est d'introduire l'hygiène en milieu pauvre. Dans les quelques logements mis à la disposition des démunis nancéiens, le règlement intérieur stipule qu'afin de combattre la tuberculose il est interdit de cracher par terre [41]. A Montluçon, dès avant la guerre, le bureau d'hygiène s'efforce de diffuser l'hygiène auprès des enfants des écoles [42].

Compassion et surtout prise de conscience des multiples dangers entraînent la mobilisation des élites dans la lutte contre la pauvreté. Pourtant, Adeline Daumard a rappelé avec justesse que l'explication en termes de charité ou même de peur sociale restait certainement un peu courte. Pour bien des notables, l'activité charitable était « un devoir d'état », procédant d'une conception réellement aristocratique de l'équilibre entre droits et devoirs [43]. La meilleure preuve est qu'il n'est pas question de dispenser les secours tous azimuts. Les élites ont le souci de distinguer « mauvais » et « bons pauvres » qui seuls ont droit à leur sollicitude. Il est vrai qu'au siècle du positivisme et de la statistique, compte tenu des limites des disponibilités privées et de l'éclosion discutée de l'Etat providence, d'autres facteurs les poussent à faire cette distinction.

« Bons » et « mauvais » pauvres

A la Révolution déjà, le duc de la Rochefoucauld-Liancourt avait établi une distinction entre « les véritables pauvres » et les « mauvais pauvres » : « Les véritables pauvres, c'est-à-dire ceux qui, sans propriété et sans ressources, veulent acquérir leur subsistance par le travail ; enfin, ceux qui sont condamnés à une inaction durable par la nature de leurs infirmités, ou à une inaction momentanée par des maladies passagères. Les mauvais pauvres, c'est-à-dire ceux qui, connus sous le nom de mendiants de profession et de vagabonds, se refusent à tout travail, troublent l'ordre public, sont un fléau dans la société et appellent sa juste sévérité [44] ».

L'éthique du travail, valeur révolutionnaire essentielle, exaltée par le libéralisme comme par le socialisme associationniste, apparaît comme un critère essentiel tout au long du XIXᵉ siècle. Saint-Simon ira jusqu'à substituer à la partition riches/pauvres, fondée sur le patrimoine, l'opposition actifs/oisifs. Le journal buchézien *L'Atelier*, aux confins du christianisme et du socialisme, a inscrit comme devise le commandement paulinien : « Celui qui ne travaille pas ne doit pas manger. » Ce consensus autour de la valeur du travail, qui fonde les deux principales doctrines économiques et sociales du siècle, qui est exalté depuis toujours par le christianisme, explique que l'alternative travail/non-travail soit au centre de l'analyse discriminante de la pauvreté. Les doctrines solidaristes à la fin du siècle s'enracinent dans la pensée du duc de la Rochefoucauld qui pose bien les termes du « contrat » : « (...) celui qui existe a le droit de dire à la société : faites-moi vivre ; la société a également le droit de lui répondre : donne-moi ton travail[45]. »

En 1892, Eugène Rostand, le dynamique animateur de la Caisse d'épargne de Marseille, l'un des fondateurs du Crédit populaire, n'a pas de mots assez durs pour flétrir « les mendiants acoquinés ou par veulerie qui ne recherchent ou même n'acceptent pas de travail[46] ». Le monde catholique s'est également exprimé en ce sens. Alban de Villeneuve-Bargemont, pourtant très sensible à la question de la misère, invoque ainsi « la grande loi sociale du travail » pour refuser, à ceux qui la violent manifestement, « la protection de la charité[47] ».

En conséquence, les politiques de secours de quelque origine s'inspirent tous d'une normalisation par le travail. Mais la volonté de travailler n'est pas le seul critère discriminant. Se sont greffées directement l'économie et la prévoyance qui supposent, comme condition préalable, une population au travail. « Chacun doit penser et pourvoir à ses vieux jours », dit, à la fin du XIXᵉ siècle, le comte d'Haussonville, faisant de l'imprévoyance « un véritable péril social[48] ». Car le rêve des philanthropes du XIXᵉ siècle est bien d'aider les pauvres à se secourir eux-mêmes. Et on trouve à nouveau un consensus entre chrétiens et non-chrétiens pour exalter la rigueur de mœurs et de vie. Les « bons pauvres » correspondent par exemple à cette famille que présente, en 1895, le philanthrope nancéien L. Chassignet. Le budget est déséquilibré, mais l'homme boit peu et l'épouse va à l'église régulièrement[49]. On ajoutera encore comme critères de « la bonne pauvreté », la non-violence, l'honnêteté et la reconnaissance à l'égard du bienfaiteur. Enfin, le critère d'interconnaissance ou du moins de communauté de résidence fonde la « bonne pauvreté ».

En définitive, seules deux catégories échappent à la vindicte. Ce sont les handicapés de la vie : « le déchet de la société », note Paulian évoquant pêle-mêle les « impotents »,les « éclopés », les « incapables[50] ».

L'autre catégorie est celle des « pauvres honteux », ceux à qui les malheurs de la vie ont fait descendre l'échelle sociale et qui hésitent à faire appel publiquement aux secours.

Naturellement, le Comité de mendicité exclut ces pauvres honteux de son plan de secours d'Etat pour ne pas ajouter à leur malheur en les faisant connaître de l'opinion. Sous la Restauration, diverses œuvres naissent à Paris, comme celle de la Miséricorde ou le Foyer temporaire des pauvres honteux. A Nancy, la ville a même prévu « des secours secrets » pour cette catégorie de démunis. A la différence du « miséreux » qui appartient à un autre monde par ses manières, son éducation, le « pauvre honteux » est issu des classes dominantes. On le connaît, on le reconnaît. Et sa condition illustre parfaitement l'éventualité de la chute du fait de la pure malchance, « des revers non mérités », dit Gérando[51], des hasards de l'existence et sans rapport apparent avec une quelconque tare du système social. Psychologiquement, on peut aller jusqu'à l'identification. L'homogénéité sociale interdit de rechercher, chez le « pauvre honteux », des responsabilités personnelles comme chez les autres pauvres.

En définitive, cette catégorisation procède de la notion de « mérite » que l'on trouve en milieu catholique mais autant au sein des courants libéral que solidariste. Un Henri Monod, dont on sait l'œuvre sociale à la fin du siècle, déclare la guerre « à la misère imméritée[52] ». Mais, comme on peut le remarquer, la définition du mérite, telle que la sous-entendent les élites dans une volonté d'objectivité, est totalement restrictive. Ceci influence naturellement leurs conceptions en matière de lutte contre la pauvreté.

Les conceptions en matière de lutte contre la pauvreté

Pour les multiples raisons présentées, la société bourgeoise du XIXᵉ siècle est favorable dans son immense majorité au principe de l'aide aux pauvres. Ainsi le ministre de l'Intérieur orléaniste Charles de Rémusat, dans une circulaire du 6 août 1840, parle d'« extirper la misère du sol de la civilisation[53] ! ». L'inspiration chrétienne charitable reste présente dans toute une partie de l'élite. Les critiques contre l'aumône de la part des Lumières, des physiocrates aux encyclopédistes en passant par Necker, n'ont pas vraiment remis en cause une attitude culturelle qui touche un large pan de la société française. Les testaments du XIXᵉ siècle disent encore la nécessité d'aider le prochain [54].

Le Victor Hugo des *Feuilles d'automne* chante avec lyrisme cette charité :

> « *Donnez, afin qu'un jour, à votre heure dernière,*
> *Contre tous vos péchés vous ayez la prière*
> *D'un mendiant puissant au ciel.* »

Et les évêques, dans leurs mandements et leurs interventions, ne cessent de rappeler le caractère théologal de la charité : « Le pauvre est nécessaire au riche comme celui-ci l'est au pauvre, déclare en 1879 l'évêque de Clermont. L'un par la charité, l'autre par la résignation, tous les deux alimentés par l'amour du Christ et se le communiquant, gagnent leur salut [55] ».

Ces conceptions expliquent une grande part de l'hostilité des milieux catholiques à ce qu'ils ont appelé très tôt « la charité légale » fondée sur l'intervention directe de l'Etat. Chez Gérando, l'aspect purement spirituel et théologique rejoint des convictions libérales. Dans sa justification de la bienfaisance chrétienne, on découvre toute une conception du monde et de la société fondée à la fois sur la transcendance divine et sur la hiérarchie sociale :

« Semblables aux montagnes qui servent de remparts et de réservoirs aux plaines et aux vallées, les sommités sociales doivent, en tout, être tutélaires, bienfaisantes ; elles doivent se rapprocher du ciel, en recevoir, en verser les émanations ; elles ne remplissent leur destinée qu'autant qu'elles joignent l'élévation morale à l'ascendant de la fortune [56]. »

Gérando trouve enfin dans la charité chrétienne ce rapport d'interconnaissance fondé sur la bienfaisance du notable et sur la reconnaissance du pauvre. Ceci impose, renchérit le ministre Duchatel, que l'assistance ne soit pas une « dette » et donc pas « une obligation » mais un bienfait, au sens premier du terme. Thiers a ainsi voulu s'appuyer sur l'enseignement biblique pour condamner, avec une réelle férocité, le principe de l'obligation :

« Le malheureux que nous rencontrons sur notre chemin, qui touche notre cœur, dont la vue nous arrache un sacrifice, n'a cependant pas le droit de nous forcer à le secourir. Ce malheureux est un objet sacré ; dans les ingénieuses paraboles du christianisme, c'est peut-être un ange qui s'est caché sous la forme d'un malheureux pour mettre nos vertus à l'épreuve ; mais s'il voulait nous contraindre à venir à son secours, nous extorquer ce que nous sommes portés à lui donner, ce ne serait plus un être sacré, ce serait un malfaiteur[57]. »

Naturellement, le camp républicain, dès 1848 puis quand il accède définitivement au pouvoir, est favorable au principe de la distribution de secours aux pauvres, des libéraux aux solidaristes. Mais le débat porte sur la place de l'Etat[58]. On sait que la Révolution avait établi, selon l'expression de François Ewald, un véritable « droit à la vie », « droit à la subsistance[59] », notait La Rochefoucauld dans son plan de 1790. Une partie du camp catholique autour de l'économie charitable, Villeneuve-Bargemont le premier, ne repousse pas totalement le principe d'une intervention de l'Etat[60]. Gérando lui-même, malgré ses convictions libérales, souhaite un Etat placé « au centre des associations charitables » pour les encourager sans pour autant « se charger de ce que les simples particuliers feraient aussi bien que (lui)[61] ». On retrouve là des idées qui seront reprises plus tard dans la doctrine sociale de l'Eglise catholique. Le solidarisme, puissant politiquement à la fin du XIXe siècle, défend une intervention de l'Etat. Pour tenter de s'y opposer, le camp libéral déclenche un contre-feu fondé, non plus sur la seule action personnelle en faveur des pauvres, mais sur une volonté d'organisation institutionnelle globale. Déjà Gérando avait flétri la simple aumône qui ne guérit rien en profondeur. A la fin du siècle, Eugène Rostand imagine un plan de lutte contre la pauvreté marseillaise à l'initiative privée[62]. Anatole Weber vante l'Office central des Œuvres charitables créé à la fin du XIXe siècle par Lefébure[63]. Cela n'empêche pas la mise en œuvre de la politique d'assistance publique de la IIIe République. Mais celle-ci reste embryonnaire du fait de l'ampleur des financements nécessaires et des blocages mentaux. Rappelons que le Comité de mendicité de la Constituante, repris par divers philanthropes du XIXe siècle, notamment Duchatel, insiste bien sur le fait que, si le pauvre doit recevoir des secours, il faut « que le trajet lui soit pénible et que son sort soit moins heureux que s'il n'avait jamais délaissé la prudence et la vertu (...)[64] ». En fait, les élites du XIXe siècle, libérales, chrétiennes, solidaristes, ont des difficultés pour penser la pauvreté en termes de blocages. Au plan social, c'est patent ; au plan individuel, elles ne le conçoivent que pour les cas pathologiques patents. Pratiquement la pauvreté leur apparaît davantage comme un retard que la société a le devoir de combler. Il est tout à fait révélateur qu'un réformateur comme Villeneuve-Bargemont préconise « l'état de minorité pour cause d'indigence[65] ». Gérando est encore plus explicite sur sa vision du pauvre :

« Beaucoup de pauvres ressemblent à des enfants par l'ignorance, l'imprévoyance, la légèreté. Comme les enfants, ils ont besoin quelquefois de sentir la correction et la rémunération, pourvu qu'elles soient appliquées avec une entière justice[66]. »

La mise en tutelle aurait pour but de faire acquérir aux pauvres les normes d'une « société adulte », celles de la société bourgeoise. Ceci explique que les thérapeutiques envisagées soient bien souvent peu adaptées aux populations concernées.

A cet égard, la Révolution est rupture par son exaltation du travail et de la propriété, tous deux rédempteurs, mais elle est également continuité par les moyens de lutte contre la pauvreté. La mystique du travail apparaît dans beaucoup de cahiers de doléances où l'on propose la mise en place d'ateliers comme sous l'Ancien Régime. A plusieurs reprises, au cours du XIXe siècle, des ateliers de charité apparaissent et on sait que le projet d' « ateliers sociaux » de Louis Blanc en est en quelque sorte une dénonciation. Comme on se rend compte que la mise au travail dans les ateliers de charité n'est guère probante financièrement, on revient à des pratiques d'Ancien Régime. La Rochefoucauld propose « la répression la plus prompte[67] » contre celui qui ne veut pas travailler. Les Assemblées constituante puis législative envisagent des « maisons de répression ». Un décret de 1793 prévoit la « transportation » à Madagascar. L'Empire rétablit les dépôts de mendicité pour mettre au travail les pauvres et l'article 274 du Code pénal prévoit des peines d'emprisonnement le cas échéant. On sait l'échec des dépôts de mendicité mais la répression est maintenue. Elle est même complétée par une loi de 1912...

Naturellement, et pour cause, la distribution de secours, confiée à l'Eglise et à des bureaux de charité sous l'Ancien Régime, n'est pas abandonnée. Elle est attribuée à des bureaux de bienfaisance par la loi du 7 frimaire an V. Malgré des initiatives multiples en matière d'hygiène, d'éducation, de logement, ces actions ne sont pas à la mesure des besoins. Et, sauf dans quelques villes, la politique des bureaux manque d'ambition et souvent de cohérence.

En fait, la grande utopie des élites sociales du XIXe siècle fut de tenter, selon l'expression du fondateur des Caisses d'épargne Benjamin Delessert, « de mettre (les pauvres) en état de se passer des secours ». C'était l'idée de l'autre fondateur des Caisses d'épargne, La Rochefoucauld. Il l'avait exposée devant le comité de mendicité en 1790 : « Toutes les fois que la société met un de ses membres en état de se passer de secours, elle s'enrichit, et de ceux qu'elle ne donne pas, et de ceux plus complets qu'elle peut ainsi accorder aux malheureux sans moyens. Elle profite plus encore, elle se fortifie de l'espèce d'énergie que l'homme indépendant porte avec lui [68]... »

L'épargne, « la porte étroite par laquelle les pauvres [69] peuvent accéder à la société civile fondée sur la propriété », résume Henri Hatzfeld, va apparaître comme l'outil essentiel durant toute une partie du siècle. Elle sera relayée ensuite par la mutualité. Le collectif d'auteurs « Jean-Baptiste Martin » fait remarquer qu'il s'agissait de demander aux pauvres de faire le tri eux-mêmes entre « bons » et « mauvais », en choisissant d'entrer ou non dans une Caisse d'épargne [70]. Interprétation intéressante mais qui oublie toutefois que ces institutions restent tout au long du siècle à la discrétion des élites. En revanche, et c'est là que la contradiction apparaît, la misère touche d'abord ceux qui n'ont pas de travail alors que les institutions repérées s'adressent exclusivement aux travailleurs ou à ceux qui ont accumulé par le travail. Dans ces conditions, les limites de telles organisations ne tardèrent pas à apparaître. Dès 1840, Eugène Buret constatait même l'impuissance des Caisses d'épargne à résoudre les difficultés des travailleurs [71].

La vision des élites en matière de pauvreté découle de leurs convictions sociales et politiques générales. Malgré des différences très sensibles, les notables catholiques ou libéraux, durant la première partie du siècle, mettent en avant un modèle social finalement homogène où chaque membre doit trouver sa place. Le travail et la propriété par la médiation de l'épargne doivent permettre cette intégration. Ils n'imaginent guère qu'une pauvreté marginale incapable de se plier à ses normes. C'est l'épanouissement de la société industrielle dans la seconde moitié du XIXe siècle qui révèle une réelle fragmentation sociale en faisant émerger à côté des « classes laborieuses » un monde de la misère. A la fin du siècle, le catholicisme social d'une part, le solidarisme d'autre part, provoquent une prise de conscience dans une partie de l'élite. La thèse de la « responsabilité personnelle » du pauvre, sans être toujours abandonnée, est complétée par une « interprétation sociale » et une volonté de réponse collective. La question de l'Etat, malgré le recours à sa « providence », reste cependant pendante.

Plusieurs de nos étudiants ont accepté de travailler sur cette question de la pauvreté : P. Quincy et F. Valette sur Nancy ; M. Boussac sur Montluçon ; M.I. Imbeau sur Clermont-Ferrand, J. Laval sur Aurillac, F. Ambert sur Le Puy.

1. H.A. Frégier, *Des classes dangereuses de la société dans les grandes villes et des moyens de les rendre meilleures*, 2 tomes, Paris, J.B. Baillière, 1840.
2. J.-B. Duroselle, *Les Débuts du catholicisme social en France jusqu'en 1870*, thèse de lettres, 1949, p. 689 (éd. en 1951, Paris, PUF).
3. H.A. Frégier, *op. cit.*, t. 1, p. 143 ; L. Chevalier, *Classes laborieuses et Classes dangereuses à Paris pendant la première moitié du XIXe siècle*, (1re éd. : 1958), Hachette, Coll. « Pluriel », 1978, p. 600.
4. A. Weber, *Essai sur le problème de la misère. L'aide sociale aux nécessiteux adultes valides*, Paris, 1913, pp. 6 et 7.
5. Voir les réflexions d'A. Daumard dans *Les Bourgeois et la bourgeoisie en France depuis 1815*, Paris, Aubier, 1987, p. 225.
6. Cité par E. Buret, *De la misère des classes laborieuses en Angleterre et en France. De la nature de la misère, de son existence, de ses effets, de ses causes et de l'insuffisance des remèdes qu'on lui a opposés jusqu'ici avec l'indication des moyens propres à en affranchir les sociétés*, Paris, Paulin, 1840, t. 1, p. 230.
7. E. Guillaumin, *Baptiste et sa femme*, Fasquelle, 1911, p. 307.
8. P. Quincy, *De la bienfaisance à l'aide sociale : le bureau de bienfaisance de Nancy (1850-1914)*, mémoire de maîtrise, Nancy-II (A. Gueslin dir.), 1986, p. 15.
9. Comte d'Haussonville, *Assistance publique et Bienfaisance privée*, C.-Lévy, 1901, p. 7 ; *Etudes sociales : Misère et remèdes*, C.-Lévy, 1886, p. 543.
10. A. Thiers, *Rapport général présenté par M. Tiers au nom de la Commission de l'Assistance et de la Prévoyance publiques*, 26 janvier 1850, p. 99.
11. L. Paulian, *Paris qui mendie. Les vrais et les faux pauvres. Mal et remède*, Paris, Ollendorff, 1893, pp. 20 et 21.
12. A. Weber, *op. cit.*, p. 203.
13. AM Nancy, F4, « Marché et subsistances » ; billets anonymes.
14. A. de Villeneuve-Bargemont, *Economie politique chrétienne, ou recherche sur la nature et les causes du paupérisme en France et en Europe, et sur les moyens de le soulager et de le prévenir*, Paris, Paulin, 1834, t. 1, p. 28 et t. 2, p. 83.
15. Baron de Gérando, *De la bienfaisance publique*, Paris, J. Renouard, 1839, t. 1, p. 30.
16. *Quatre Ecoles d'économie sociale*, conférences données à l'aula de l'université de Genève sous les auspices de la Société chrétienne suisse d'Economie sociale, Genève, 1890, p. 165.
17. E. Buret, cité par L. Chevalier, *op.cit.*, p. 595.
18. H.A. Frégier, *op. cit.*, t. 1, p. 7.
19. L. Lallemand, *La Révolution et les pauvres*, Paris, A. Picard, 1898, p. 64.
20. « Plan de travail du Comité pour l'extinction de la mendicité par M. de Liancourt, député de Clermont-en-Beauvaisis (30 avril 1790) », dans C. Bloch et A. Tuetey, *Procès verbaux et rapports du Comité de mendicité de la Constituante, 1790-1791*, Paris, Imprimerie nationale, 1911, p. 321.
21. A. Forrest, *La Révolution française et les pauvres*, Paris, Perrin, 1981, p. 37.
22. H.A. Frégier, *op. cit.*, t. 1, p. 192.
23. A. Weber, *op. cit.*, p. 219.
24. M. Boussac, *La Pauvreté et l'industrialisation à Montluçon de 1850 à la veille de 1914*, mémoire de maîtrise, Clermont II (A. Gueslin dir.), 1988, p. 114.
25. « Quatrième Rapport du Comité de mendicité présenté par La Rochefoucauld-Liancourt », dans C. Bloch, A. Tuetey, *op. cit.*, p. 384.
26. Cité par J.-B. Duroselle, *op. cit.*, p. 45.
27. Mgr Turinaz, cité par le chanoine R. Hogard, *45 ans d'épiscopat, Mgr Turinaz, évêque de Nancy et de Toul (1838-1918)*, Nancy, Vagner, 1938, p. 261.
28. A. Gueslin, *L'Invention de l'économie sociale. Le XIXe siècle français*, Paris, Economica, 1987, p. 161.

29. Cité par M. Boussac, *op. cit.*, p. 79, à partir des archives de la Communauté.
30. A. Forrest, *op. cit.*, p. 167.
31. I. Druhen, *Des causes de l'indigence et des moyens d'y remédier*, Besançon-Turbergue, Paris-Lecoffre, 1850, p. 101.
32. Présentation dans A. Gueslin, *op. cit.*, pp. 76-77.
33. Cité par M.I. Imbeau, mémoire de maîtrise en cours, université Clermont II.
34. H.A. Frégier, *op. cit.*, t. 1, p. 144.
35. J.Y. Jeannerod, *L'Amour vénal en Bourbonnais au XIXe siècle*, mémoire de maîtrise, Clermont II (A. Gueslin dir.), 1988, p. 145.
36. « Quatrième Rapport du Comité de mendicité, présenté par La Rochefoucauld-Liancourt », dans C. Bloch, A. Tuetey, *op. cit.*, p. 384.
37. D. Rozier, *La criminalité dans l'arrondissement de Clermont sous le Second Empire*, mémoire de maîtrise, Clermont-II, (A. Gueslin dir.), 1988, pp. 83-85.
38. *Ibid.*, pp. 88-89.
39. A. Corbin, *Le Miasme et la jonquille : l'odorat et l'imaginaire social, XVIIIe-XIXe*, Paris, Aubier, 1982.
40. Cité par P. Quincy, *op. cit.*, p. 8.
41. Cité *ibid.*,, pp. 103-104.
42. Cité par M. Boussac, *op. cit.*, pp. 53-55.
43. A. Daumard, *op. cit.*, pp. 227-229.
44. « Plan de Travail du Comité pour l'Extinction de la Mendicité par M. de Liancourt, député de Clermont-en-Beauvaisis (30 avril 1790) », dans C. Bloch, A. Tuetey, *op. cit.*, p. 317.
45. « Premier Rapport... », *ibid.*, p. 327.
46. E. Rostand, *L'Action sociale par l'initiative privée*, Paris, Guillaumin et Cie, 1892, t. 1, p. 723.
47. A. de Villeneuve-Bargemont, *op. cit.*, t. 3, p. 207.
48. Comte d'Haussonville, *Assistance publique et Bienfaisance privée*, *op. cit.*, p.59.
49. L. Chassignet, « L'Allumeur de reverbères », dans *Les Ouvriers des Deux Mondes*, 1895, pp. 477-512, cité par P. Quincy, *op. cit.*, p. 1.
50. L. Paulian, *op. cit.*, p. 254.
51. Baron de Gérando, *op. cit.*, p. 30.
52. H. Monod, cité par L. Lallemand, *op. cit.*, p. 388.
53. Citée par L.M. Moreau-Christophe, *Du problème de la misère et de sa solution chez les peuples anciens et modernes*, t. 3 : *Peuples modernes*, Paris, Guillaumin, 1851, p. 520.
54. Sur ce point, voir notamment C. Poulet, « Paternalisme et tradition », *Annales de l'Est*, 1(1988), n° spécial intitulé *Pauvreté et protection sociale en Lorraine. XIXe-XXe siècles*, sous la direction d'H. Hatzfeld et A. Gueslin, p. 44.
55. Mgr Féron, évêque de Clermont, cité par M.I. Imbeau, mémoire de maîtrise en cours, université Clermont II.
56. Baron de Gérando, *op. cit.*, t. 1, p. 78.
57. A. Thiers, *op. cit.*, p. 9 ; voir aussi M.T. Duchatel, *Considérations d'économie politique sur la bienfaisance ou de la charité dans ses rapports avec l'état moral et le bien-être des classes inférieures de la société*, Paris, Guiraudet, 1836, pp. 182-183.
58. H. Hatzfeld, *Du paupérisme à la Sécurité sociale : 1850-1940. Essai sur les origines de la Sécurité sociale en France*, Colin, 1971 (rééd., PUN, 1989) ; F. Ewald, *L'Etat providence*, Paris, Grasset, 1986.
59. F. Ewald, *op. cit.*, pp. 324 sq. ; et « Plan de Travail... », dans C. Bloch, A. Tuetey, *op. cit.*, p. 310.
60. A. de Villeneuve-Bargemont, *op. cit.*, t. 3, pp. 39 sq. Voir aussi pour une synthèse générale, J.-B. Duroselle, *op. cit.*, *passim*, et A. Gueslin, *L'Invention de l'économie sociale. Le XIXe siècle français*, Paris, 1987, pp. 69-91.
61. Baron de Gérando, *Le Visiteur du pauvre*, Paris, J. Renouard, 1826, 3e éd., p. 534.
62. E. Rostand, *op. cit.*, p. 728.
63. A. Weber, *op. cit.*, p. 291.

64. M.T. Duchatel, *op. cit.*, p. 298 ; voir aussi « Premier Rapport... », dans C. Bloch, A. Tuetey, *op. cit.*, p. 330.
65. A. de Villeneuve-Bargemont, *op. cit.*, t. 3, p. 159.
66. Baron de Gérando, *Le Visiteur...*, *op. cit.*, p. 122.
67. « Premier Rapport... », dans C. Bloch, A. Tuetey, *op. cit.*, p. 329.
68. « Quatrième Rapport... », *ibid.*, , p. 454.
69. H. Hatzfeld, *op. cit.*, p. 84.
70. J.B. Martin, *La Fin des mauvais pauvres. De l'assistance à l'assurance*, Seyssel, Ed. Champ Vallon, 1983, pp. 185-186.
71. E. Buret, *op. cit.*, t. 2, pp. 291-295.

Le droit des indigents aux secours.
Naissance de l'assistance publique,
1880-1914.

FRANCIS HORDERN

Sous la IIIe République, entre 1880 et 1914, naît l'assistance publique, droit donné aux Français indigents ou nécessiteux de recevoir certaines formes d'aides, à condition de ne pas pouvoir se procurer des ressources suffisantes par le travail. Les républicains, au pouvoir depuis peu de temps, cherchent ainsi à répondre aux besoins impérieux du moment, mais également à rattacher la classe ouvrière, les pauvres, à la République, et réaliser un droit que la Révolution n'avait pu que proclamer.

Nous allons étudier cette naissance en laissant de côté le problème des enfants qui est traité dans d'autres contributions.

I. LA PAUVRETÉ ET LES REMÈDES PROPOSÉS PAR LES RÉFORMISTES

A la suite de la hausse des salaires réels et du recul du prix des denrées alimentaires et en dépit de la hausse des loyers, la condition ouvrière s'améliore à la fin du XIXe siècle[1]. Les famines ont cessé, l'alimentation et le vêtement sont meilleurs. Mais le nombre de pauvres ne diminue pas, notamment à cause du chômage qui plonge dans la misère les ouvriers concernés.

La pauvreté, incapacité de subvenir aux besoins élémentaires, est évaluée, à la fin du XIXe siècle, entre 2,5 et 5 % de la population.

1 ou 2 millions d'indigents, selon que l'on est en période « normale » ou en crise, sont obligés de faire appel à la charité. En 1896, les bureaux de bienfaisance ont secouru plus de 1 700 000 personnes, les hôpitaux plus de 500 000, les hospices 90 000 environ et il

y avait 108 000 enfants assistés. Cela fait un total de près de 2 400 000 personnes secourues. On est certainement assez loin de la réalité, car les bureaux de bienfaisance comme les hôpitaux n'existent pas partout et ne sont pas tenus d'accorder des secours. Ils le font en fonction de leurs ressources, de critères qui leur sont propres et les indigents n'ont aucun recours contre leur refus[2].

Qu'est-ce qu'un pauvre ?

Au XIXᵉ siècle, les dictionnaires évoluent peu dans leurs définitions de la pauvreté. Pierre Larousse, en 1865, dans son *Grand Dictionnaire universel du XIXᵉ siècle*, définit le pauvre comme « dépourvu ou mal pourvu du nécessaire, qui n'a pas de quoi subsister selon sa condition » et la misère comme « état, condition misérable, digne de pitié », tandis que le paupérisme est « l'état de pauvreté commun à un grand nombre de personnes dans un Etat ». Littré, à la même époque, dans son *Dictionnaire*, écrit que le pauvre « n'a pas le nécessaire, ou ne l'a qu'à peine », tandis que le nécessiteux « manque des choses nécessaires à la vie[3] ». Enfin, la misère est « la privation des ressources, des choses nécessaires ». L'édition de 1919 du *Larousse classique illustré* définit ces termes à peu près de la même manière. Par contre, le langage administratif des bureaux de bienfaisance fait, dès la fin du XIXᵉ siècle, la différence entre le nécessiteux qui n'a besoin que de secours temporaires et l'indigent qui a besoin d'une assistance permanente, en raison soit de son âge, soit d'un état entraînant une incapacité physique permanente de travail[4]. Le mot pauvre prend alors, par le développement de l'assistance publique, un sens vague. Il désigne à la fois, particulièrement en matière de secours à domicile, les individus secourus ou à secourir, de toute catégorie, et les personnes susceptibles de devenir, à un moment donné, des indigents ou des nécessiteux.

Les différentes catégories de pauvres

Les auteurs classiques d'études sur la pauvreté, à la fin du XIXᵉ siècle, distinguent trois catégories de pauvres ou d'indigents[5]. D'abord, ceux qui sont dans l'impossibilité physique de s'aider eux-mêmes et n'ont pas la force de travailler : les malades temporaires ou incurables, les infirmes, les vieillards et les enfants délaissés. C'est pour eux qu'ont surgi la plupart des établissements de charité, hôpitaux, hospices, orphelinats. Ensuite, il y a ceux qui, quoique valides, ne trouvent pas de travail et sont en chômage. Les auteurs classiques passent rapidement sur cette catégorie d'indigents, la notion moderne de chômage n'est alors qu'au début de son élaboration[6]. Enfin, il y a les vagabonds et les mendiants professionnels, les nomades et tous les chômeurs volontaires[7]. Pour tous nos auteurs ils représentent un danger public et on devrait les mettre dans les dépôts de mendicité s'ils remplissaient leur rôle originaire[8].

Les causes de la pauvreté

Pour nos auteurs, l'indigence a des causes sociales et individuelles que l'on peut combattre en partie, mais l'extinction du paupérisme, ou la suppression de la misère par le bouleversement de l'ordre social, est une utopie[9]. L'instauration de nouvelles industries et le régime de liberté qui leur a été accordé entraînent une nouvelle indigence, mais apportent aussi des bienfaits. La misère n'est plus ce qu'elle était aux XVIIe-XVIIIe siècles. Le nombre d'indigents à Paris, à la veille de la Révolution, était de 18 % de la population ; à la fin du XIXe siècle, il n'est plus que de 5 %. Les causes individuelles de l'indigence découlent de la nature de l'homme, de ses faiblesses physiques et de ses défaillances morales. L'instruction publique généralisée devrait en venir à bout.

Bienfaisance privée ou assistance publique ?

La nécessité de venir en aide à ceux qui souffrent est reconnue de manière générale, mais on en reste le plus souvent à la charité enseignée par la doctrine chrétienne. La charité est un devoir, mais il doit s'effectuer sans l'aide de l'Etat. Les républicains sont d'un avis contraire. Pour eux, l'idée d'aumône, jointe au caractère confessionnel de la charité ordinaire, en a discrédité le mot et conduit à une nouvelle appréciation du devoir d'assistance. La solidarité est le terme nouveau qui appelle à une sorte de justice sociale.

A côté de nombreuses œuvres privées qui existent déjà, se développe l'assistance publique, notamment par les hôpitaux, les hospices et les bureaux de bienfaisance des mairies. Mais les œuvres privées, souvent catholiques, craignent de disparaître au profit de l'administration laïque et républicaine. Pourtant, malgré quelques essais, les républicains ne tombent pas dans les « erreurs de la Révolution » et, la misère étant tellement étendue, on va délimiter les sphères respectives d'intervention[10]. A la fin du XIXe siècle, on va arriver à une coexistence, voire à une complémentarité entre la bienfaisance privée et l'assistance publique. Les représentants de ces deux formes d'aide se rencontrent dans les congrès de bienfaisance, dans les sociétés créées spontanément et dans le conseil supérieur de l'assistance publique dont les délibérations vont préparer les réformes législatives et organiser le consensus.

L'Etat doit-il intervenir ?

En venant en aide aux pauvres, la société agit-elle volontairement ou est-elle, au contraire, tenue d'intervenir en leur faveur ? Les indigents peuvent-ils solliciter des secours que l'on peut toujours leur refuser, ou bien peuvent-ils les exiger, c'est-à-dire obliger la société à leur venir en aide ? C'est la question sans cesse posée dans la deuxième moitié du XIXe siècle. En réponse à cette question, on trouve au moins cinq points de vue différents[11].

Certains pensent que l'assistance est un devoir normal, individuel et donc qu'elle ne peut être que facultative. C'est la position de Thiers soutenue dans son rapport à l'Assemblée législative en 1850, souvent cité à la fin du XIXe siècle. D'autres pensent que l'assistance est un devoir social, une dette morale de la collectivité et que l'assistance est obligatoire. Les dépenses nécessaires doivent être inscrites au budget et l'autorité publique est chargée de dispenser les secours suivant ses propres critères. D'autres encore, les solidaristes, pensent que l'assistance est une dette sociale. Le débiteur, c'est-à-dire l'Etat, le département ou la commune, doit être mis en demeure de payer la dette d'assistance. L'assisté dispose d'un droit à l'égard de la société qu'il peut exercer, en cas de refus, par une action en justice. Sans entrer dans cette discussion théorique, certains sont partisans de l'intervention de l'Etat par simple nécessité d'ordre social. La misère est un péril pour la société, l'assistance coûte moins cher que les dépenses de répression contre le danger pour l'ordre public[12]. Enfin, pour d'autres qui ne sont pas socialistes, la pauvreté est due à la mauvaise organisation de la société, aussi l'Etat est responsable et l'assistance est un acte de justice réparatrice[13].

Tous ces points de vue posent la question du rôle de l'Etat. Mais, entre les socialistes qui veulent tout remettre entre les mains de l'Etat et les libéraux qui veulent que l'Etat ait le moins de fonctions possible, les réformistes sociaux vont chercher un juste milieu.

L'assistance publique obligatoire

Après l'arrivée au pouvoir des républicains en 1876, les parlementaires de gauche vont être les initiateurs d'une politique sociale qui va aboutir aux premières lois sociales de la IIIe République. Républicains radicaux, républicains de progrès, radicaux de gauche, mais aussi socialistes indépendants au début du XXe siècle, députés, sénateurs ou hauts fonctionnaires vont être les artisans de cette législation nouvelle. Dans une République fragile, menacée par la droite monarchique, les théories socialistes, les grèves et le mouvement ouvrier, ces réformateurs cherchent à justifier l'intérêt de la République pour les pauvres et trouver une solution satisfaisante à ces problèmes sans tomber dans les extrêmes. Ils vont trouver l'inspiration dans l'œuvre de la Constituante et du Comité de mendicité, ainsi que dans les lois de la Convention, et chercher à réaliser ce que la Révolution n'avait fait que proclamer. Le suffrage universel a fait tous les citoyens égaux en politique, mais l'assujettissement économique d'une grande partie d'entre eux et la misère largement répandue demandent une solution. Les libéraux cherchent à conserver une société inégalitaire et réfutent toute intervention de l'Etat, tandis que, depuis les journées de Juin 1848 et la Commune de 1871, les grèves, la montée des organisations syndicales et socialistes sont un risque de guerre civile et d'effondrement de la République. Il faut la protéger à droite comme à gauche par une action laïque et scolaire et par une action sociale et donner aux travailleurs un certain nombre d'avantages pour qu'ils acceptent de s'intégrer dans l'ordre républicain. Il faut chercher une justification de l'intervention de l'Etat dans la société pour corriger les effets les plus nocifs du libéralisme économique. Il faut rendre la société supportable à tous sans pour autant verser dans la révolution et le bouleversement des structures sociales.

Peu à peu, une majorité se dégage pour accepter l'intervention de l'Etat et voter une législation sur l'assistance publique des pauvres et sur le travail ouvrier.

La solidarité justifie l'intervention de l'Etat

« La solidarité sociale diffère essentiellement de la charité en ce qu'elle reconnaît aux intéressés définis par la loi un droit et qu'elle leur donne un moyen légal de le faire valoir [14] », disent les députés le 5 décembre 1902. Charles Gide écrit en 1913 : « Les lois d'assistance sont les plus remarquables manifestations pratiques du mouvement solidariste en France [15]. » Le solidarisme, tel que Léon Bourgeois l'a exprimé à la fin du XIXe siècle, a servi de doctrine aux républicains face aux socialistes et aux libéraux [16]. D'abord philosophie de professeurs avec Durkheim, Fouillé, Bouglé, Buisson et Gide, elle inspire des juristes comme Duguit et Hauriou. Tous les domaines de la vie sociale sont touchés par le solidarisme, de la santé publique et l'assistance publique au logement bon marché et à la coopération [17]. Enfin, à partir de 1907, le parti radical va faire du solidarisme un des fondements de son programme.

II. LES LOIS INSTAURENT L'ASSISTANCE PUBLIQUE OBLIGATOIRE

A. La loi du 15 juillet 1893 sur l'assistance médicale gratuite

Le problème des soins à donner aux malades indigents se pose pendant tout le XIXe siècle [18]. Si l'on admet depuis la Révolution que les malades sans ressources doivent être traités aux frais de la collectivité, ils n'ont pas d'autre moyen de se soigner que l'admission à l'hôpital. Mais l'hôpital ne s'ouvre qu'aux malades domiciliés dans la commune et, en dehors des villes, il n'y a pas d'hôpital. On tente diverses expériences pour doter les campagnes d'un service plus ou moins régulier de médecine gratuite et, sous le Second Empire, des circulaires invitent les conseils généraux à créer dans leurs départements un service médical gratuit, mais en 1892 il n'y a encore que 24 départements à s'être conformés à ces incitations [19].

Dès le début de la IIIe République, en 1871, apparaissent des projets de loi relatifs à l'assistance publique en général et à l'assistance médicale dans les campagnes, mais aucun n'aboutit.

Préparation de la loi

Pour mettre de l'ordre dans la législation charitable et les établissements de bienfaisance et pour envisager les problèmes dans leur ensemble[20], un décret du 4 novembre 1886 crée une direction de l'assistance publique au ministère de l'Intérieur. Henri Monod en est le premier directeur. Un décret du 14 avril 1888 institue auprès du ministre de l'Intérieur un conseil supérieur de l'assistance publique chargé d'aider le gouvernement à élaborer des lois nouvelles rendues nécessaires par la situation sociale. Il est immédiatement saisi, par le ministre de l'Intérieur, sur rapport d'Henri Monod, de la tâche d'élaborer un projet de loi sur l'assistance médicale aux indigents. Le congrès international d'assistance publique et d'assistance privée, tenu à Paris en juillet 1889, dans sa motion finale, déclare : « L'assistance publique est due à ceux qui se trouvent temporairement ou définitivement dans l'impossibilité physique de subvenir aux nécessités de la vie[21]. »

Si, dès 1886, deux projets de loi sont déposés, le projet définitif date du 5 juin 1890. La commission désignée remet son rapport le 23 juillet 1892 et y déclare : « La France démocratique ne peut laisser plus longtemps à la simple initiative des particuliers, des communes et des départements, trop souvent réduits à l'impuissance faute de ressources, le soin d'assurer des secours aux malades dans le besoin. Il faut que la loi intervienne (...) personne ne contestera l'urgence... Depuis longtemps, l'opinion réclame (...). Il y a un intérêt évident à rétablir le plus rapidement possible les santés atteintes. L'ouvrier est une force, un capital. C'est l'âme de notre puissance agricole et industrielle. Comme toute usine bien organisée, ne devons-nous pas l'entourer de tous les soins nécessaires pour le conserver et le faire durer ? » L'exposé des motifs du gouvernement est tout aussi explicite : « C'est l'atelier de réparation de l'outillage le plus important du travail national, l'outillage humain. »

Les délibérations à la Chambre ont lieu, sans grand débat, les 11 et 12 décembre 1892. Les débats au Sénat, en février et mars 1893, sont plus étoffés. Le projet est enfin adopté en deuxième lecture par la Chambre le 11 juillet 1893. La loi est promulguée le 15 juillet, mais comme il est trop tard pour pouvoir l'appliquer, on attendra le vote des crédits en 1894 pour que son application démarre en 1895.

Contenu de la loi

La loi est faite pour les malades, elle laisse en dehors les vieillards, les infirmes et les incurables. Elle s'adresse uniquement aux Français.

On crée dans chaque commune un bureau d'assistance dont la principale fonction est de dresser la liste des indigents de la commune, dite liste d'assistance. Il s'agit des individus « actuellement privés de ressources » ou qui n'en possèdent pas suffisamment. On y inscrit les indigents du bureau de bienfaisance, mais aussi les chômeurs. Pour être inscrit sur la liste, il faut être domicilié dans la commune depuis au moins un an, c'est le domicile de secours. La liste est formée chaque année et révisée chaque trimestre. Elle est transmise au conseil municipal qui l'adopte. Elle est alors affichée en mairie. Le préfet admet aux secours les indigents qui n'ont pas de domicile de secours communal.

Les personnes inscrites sur la liste d'assistance ont droit à l'assistance médicale. L'affichage de la liste permet à tout habitant ou contribuable de la commune de l'intéressé, sa famille et le préfet de réclamer contre l'admission ou le rejet. Une commission cantonale statue souverainement sur ces réclamations, l'appel n'est pas possible. La décision est exécutée par le maire intéressé sous le contrôle du sous-préfet.

L'assistance médicale consiste en soins médicaux donnés à domicile toutes les fois que la maladie le permet. Si c'est impossible, le malade est hospitalisé sur délivrance d'un certificat d'admission. L'organisation du service comprend la désignation des praticiens : médecins, sages-femmes, pharmaciens, et leur rémunération. On pratique deux systèmes. Le système vosgien où le choix du médecin est laissé au malade ; le système de la circonscription, où le médecin est désigné par le préfet, et obligatoire pour le malade. Le corps médical est unanime pour le système vosgien qui sauvegarde l'indépendance du médecin, alors que dans le système de la circonscription, on l'assimile à un fonctionnaire. Les médecins sont payés à l'abonnement, qui est un forfait, ou à la visite.

Si l'hospitalisation est nécessaire, elle est gratuite pour les malades de la commune. Les malades des autres communes doivent aller à l'hôpital qui a été désigné par le conseil général pour les recevoir. Les frais de traitement sont payés par la commune de leur domicile de secours. C'est le préfet qui décide du prix de journée. L'organisation du service d'assistance est faite dans chaque département par le conseil général, sous l'autorité du préfet. La commune est obligée de payer les frais de traitement à domicile et les journées d'hôpital de ses indigents. Mais, pour tenir compte des différences de ressources et du nombre d'indigents selon les communes, le conseil général établit une péréquation. Les communes reçoivent des subventions, d'autant plus fortes qu'elles sont plus pauvres.

L'application de la loi

La loi est mal reçue par les communes qui se voient imposer des charges supplémentaires et elle sera appliquée lentement. Mais on lui reproche surtout d'être le point de départ d'une législation subversive. On craint qu'elle ne développe le droit à l'assistance, la mendicité et le paupérisme et qu'elle coûte trop cher à la société. Inversement, on lui reproche de ne s'occuper que de la misère engendrée par la maladie et de ne payer que les frais médicaux, sans donner d'indemnités journalières. Elle laisse sans protection les vieillards incapables de travailler, les infirmes, les veuves chargées d'enfants, etc.

En 1885, première année d'application de la loi, l'assistance médicale fonctionne dans 63 départements [22]. On a inscrit 1 297 000 personnes sur les listes ordinaires ou d'urgence, 347 000 ont été soignées à domicile et 13 000 dans les hôpitaux de rattachement. Au total il y a près de 700 000 assistés. Dix ans plus tard, en 1904, 1 996 000 personnes sont inscrites sur les listes ou admises d'urgence, 791 000 personnes ont été soignées à domicile et 111 000 dans les hôpitaux de rattachement.

B. La loi du 14 juillet 1905 sur l'assistance aux vieillards, aux infirmes et aux incurables

Le sort des vieillards et des infirmes n'a pas été amélioré par la loi de 1893 et l'on réclame de plus en plus une loi pour eux. En 1898 à Paris, 35 % des indigents secourus par le bureau de bienfaisance sont des vieillards de plus de 70 ans [23]. Certains attendent des mois ou des années une place en hospice et meurent souvent avant. Le sort des vieux des villes et des campagnes est encore plus mauvais qu'à Paris. L'absence de secours spéciaux pour vieillards et incurables entraîne des solutions de fortune. On encombre les dépôts de mendicité d'hospitalisés volontaires, ce qui n'est pas leur rôle, et on les transforme ainsi en hospices. Des vieillards indigents se font emprisonner pour passer l'hiver sous un toit. On maintient dans les hôpitaux des infirmes qu'on ne peut guérir.

Pourtant, de 1897 à 1902, les secours officiels et la bienfaisance privée font des progrès, mais la répartition des secours est mal faite. On construit des asiles et des hospices grâce aux dons de personnes généreuses et on distribue des secours à domicile. Les estimations de l'époque portent sur environ 35 000 vieillards assistés : 15 à 18 000 par les Petites Sœurs des pauvres, 5 à 6 000 par d'autres œuvres catholiques et 8 000 par les œuvres d'autres confessions et par les œuvres laïques[24].

La préparation de la loi

Dès 1895, le gouvernement cherche à venir en aide aux vieillards par l'inscription des crédits spéciaux, mais les départements ne les utilisent pas. Entre 1895 et 1901, diverses propositions de loi sont déposées à la Chambre, mais elles ne sont pas discutées. Il faut attendre 1903 pour voir démarrer la procédure législative qui va aboutir au vote de la loi de 1905. La Chambre discute entre mai et juin 1903 d'une proposition de loi qui est envoyée au Sénat en novembre. Mais les sénateurs, voulant connaître les conséquences financières de la loi, renvoient le texte en commission. Rapport de commission, note du ministre de l'Intérieur, avis de la Commission des finances se succèdent pendant l'année 1904 avant que le Sénat discute le texte en juin et juillet 1905. Le texte voté revient à la Chambre où il est discuté et voté à l'unanimité et sans modification les 12 et 13 juillet 1905 et devient la loi du 14 juillet 1905.

L'élaboration de la loi a été longue car, s'il y avait accord sur la nécessité du vote d'une loi en faveur des vieillards, des infirmes et des incurables, il n'y avait pas d'accord sur la forme et l'étendue du droit à leur accorder. L'article 1er de la loi votée à la Chambre en première lecture déclare : « Tout Français a droit à l'assistance (...). » Enfin, le terme d' « indigent » est remplacé par celui d' « ayant droit ». Mais le Sénat ne suit pas la théorie de la dette sociale et préfère celle du devoir social. Il vote un article premier modifié ainsi : « Tout Français privé de ressources (...) reçoit l'assistance instituée par la présente loi (...). » Il ne veut voir dans cette nouvelle loi qu'une extension de la loi de 1893 sur l'assistance médicale gratuite.

Le contenu de la loi

Pour bénéficier de la loi, il faut être français, être privé de ressources et, soit être âgé de 70 ans au moins, soit être atteint d'une infirmité ou d'une maladie reconnue incurable qui rendent l'individu incapable de subvenir par son travail aux nécessités de l'existence. Quand ces trois conditions sont réunies, la personne est obligatoirement secourue. La charge du secours incombe, comme dans la loi de 1893, à la collectivité du domicile de secours. Mais ce domicile s'acquiert par 5 ans de résidence dans la commune. C'est la commune qui verse l'assistance, mais avec l'aide de subventions du département ou de l'Etat si c'est nécessaire. L'Etat verse l'assistance à ceux dont le domicile de secours est le département ou la France entière.

Pour obtenir l'assistance, il faut s'adresser par écrit au bureau d'assistance créé par la loi de 1893. La demande est instruite par le bureau qui s'assure par tous les moyens (enquêtes, visites médicales, etc.) de l'authenticité des pièces produites et des faits allégués. Le bureau dresse la liste des individus résidant dans la commune qui remplissent les conditions prescrites et qui ont demandé le bénéfice de la loi. Le conseil municipal statue alors et propose le mode d'assistance qui convient le mieux à chaque assisté. Il fixe la quotité de l'allocation mensuelle. La liste est déposée au secrétariat de la mairie et avis de ce dépôt est donné par affiches. Pendant les 20 jours qui suivent l'affichage, toute personne refusée peut présenter une réclamation à la mairie, ainsi que tout habitant ou contribuable de la commune et le préfet. Le recours est porté devant la commission cantonale instituée par la loi du 15 juillet 1893. Mais elle est composée autrement. Ses décisions sont motivées et portées à la connaissance du préfet et du maire, chargés d'en assurer l'exécution. Un recours est possible devant une commission centrale à Paris, qui statue en dernier ressort.

Trois modes d'assistance sont possibles : tout d'abord l'assistance à domicile, la moins chère et aussi celle qui permet aux liens de famille de subsister, mais elle est difficile pour les infirmes et les incurables. Le second mode est l'hospitalisation dans un hospice. C'est plus cher et surtout cela fait peur à beaucoup qui y voient une déchéance, un déclassement. Enfin, il y a le placement familial déjà pratiqué par l'assistance publique pour les enfants assistés.

On calcule la pension à partir d'un taux théorique qui correspond à ce qui est nécessaire pour assurer l'existence d'une personne dans une commune donnée. Ce taux est arrêté par le conseil municipal et doit se situer entre 5 et 20 F par mois. Le taux individuel est fixé en fonction des ressources propres de l'intéressé pour les infirmes et les incurables.

L'application de la loi

La loi a été accueillie avec réserve, parfois avec crainte, par les communes qui redoutaient, une fois de plus, les charges nouvelles pour leur budget[25]. Au début, dans les campagnes, les gens ignorent la loi et il y a peu de demandes, mais peu à peu les demandes affluent et les estimations du coût de la loi, faites lors des travaux parlementaires, sont très en dessous de la réalité. On estimait les bénéficiaires entre 160 et 350 000 et le coût entre 17 500 000 F et 56 000 000 F. Or, dès 1907, les dépenses totales sont supérieures à 50 000 000 F et, fin 1908, il y a 515 000 bénéficiaires dont 30 000 hospitalisés. Fin 1911, on est à 607 000 bénéficiaires, dont 60 % sont des vieillards et 40 % des infirmes et des incurables. Les taux les plus courants sont 20, 15 et 10 F. Les départements déshérités ne versent que le minimum de 5 F.

La prévention était très difficile, car le nombre des bénéficiaires était conditionné par le taux des allocations et la déduction des ressources personnelles, et les conseils municipaux avaient une grande latitude pour fixer le montant des allocations mensuelles. De plus, les rapporteurs ont baissé les prévisions pour ne pas effrayer les membres du Parlement et l'opinion publique. Cela montre aussi que la misère était plus répandue qu'on ne l'imaginait.

La loi a soulagé un grand nombre de détresses. On chiffre alors le nombre des indigents recevant une aide de l'assistance publique à 1 735 000 personnes, soit 306 000 enfants, 65 000 aliénés dont les familles ne peuvent payer l'entretien, 600 000 vieillards, infirmes ou incurables et 664 000 bénéficiaires des dépôts de mendicité, asiles, crèches ou dispensaires.

Au début de l'application de la loi, il y a eu des abus, des gaspillages et de la fraude, surtout pour les inscriptions, mais, peu à peu, les choses se calment et les abus diminuent par suite du développement des contrôles. Une des grosses difficultés d'application reste la détermination du domicile de secours.

C. Obligation et droit à l'assistance

Dans le système de l'assistance facultative en vigueur jusqu'à la fin du XIXe siècle, l'assistable a une simple aptitude à des secours attribués selon des critères déterminés arbitrairement par l'institution privée ou publique spécialisée. Il n'y a aucun recours et l'institution n'accorde de secours qu'en fonction de ses ressources qui sont toujours insuffisantes pour répondre aux besoins. Dans le système de l'assistance obligatoire mis en place par la IIIe République, l'institution spécialisée doit avoir des ressources suffisantes, garanties par l'Etat, et l'assistable peut recevoir, par une action judiciaire, le secours qui lui est refusé à tort.

Pendant une dizaine d'années, devant les réticences du plus grand nombre et devant les dangers de la reconnaissance explicite d'un droit des pauvres, on n'osera pas parler de droit, mais seulement d'obligation pour l'Etat. Les auteurs de la loi de 1893 se sont défendu de vouloir introduire le droit à l'assistance qui effrayait un peu l'opinion publique, et les travaux préparatoires de la loi sont très prudents à cet égard. La loi votée donne à l'intéressé le moyen légal d'obtenir des secours par réclamation devant une commission, mais certains commentateurs refusent de voir un droit dans l'inscription sur la liste et le Conseil d'Etat soutient, en 1905, que la commission n'est pas une juridiction, mais seulement une autorité administrative.

Les auteurs de la loi de 1905 n'ont pas eu les mêmes scrupules et le droit à l'assistance y est proclamé et le Conseil d'Etat en 1909 reconnaît que la commission centrale est une véritable juridiction.

III. LES CARACTÈRES DE LA LÉGISLATION NOUVELLE

Les difficultés, les oppositions et les retards dans l'élaboration des textes ont amené la création d'institutions successives, sans plan d'ensemble, sans règle générale [26]. Les services sont isolés les uns des autres ou sont rivaux, certains hôpitaux refusent des malades et le préfet doit parfois prononcer d'office l'admission à l'hôpital d'un malade. Les frais de fonctionnement sont élevés, les commissions administratives routinières et rebelles aux améliorations. Il manque un système d'ensemble, une représentation des pauvres, un mandataire officiel des pauvres, mais, malgré divers projets, cette idée n'aboutira pas [27].

Le système mis en place a un certain nombre de caractères. C'est une législation dont l'application est obligatoire pour l'Etat et les collectivités territoriales. Elle crée un véritable droit pour les intéressés qui deviennent des « ayants droit ». Mais ce droit n'existe que pour certaines catégories de la population indigente « trop faibles pour s'aider elles-même, à condition qu'elles soient françaises [28] ». Les indigents valides sont exclus de l'assistance obligatoire et doivent s'adresser aux bureaux de bienfaisance ou aux œuvres. La législation pourvoit seulement à certaines « nécessités de l'existence » et non pas aux besoins. Elle n'aide que pour le strict nécessaire et à défaut d'autre assistance, notamment du devoir de secours des enfants ou des parents. Enfin, la commune est la cellule primaire de l'assistance, car elle est la collectivité la plus rapprochée de l'indigent et la plus apte à discerner le vrai du faux et à appliquer le traitement approprié à chaque catégorie.

Cette législation, mise en place en raison de l'urgence, n'est pour ses auteurs, avec le développement de l'instruction publique, qu'une première étape, la suivante étant la mise en place d'une législation de prévoyance qui permettra de soulager les finances publiques et d'encourager, voire même d'obliger les ouvriers à se prémunir par eux-mêmes contre les aléas de la vie. La Charte de la mutualité, votée en 1898 pour la protection contre la maladie, et la loi de 1910 sur les retraites ouvrières et paysannes, en sont les premières pierres.

Les trois médications qu'appliquent successivement les républicains réformateurs pour guérir, ou tout au moins soigner la société du paupérisme, sont l'instruction, l'assistance et la prévoyance.

---

1. M. Lévy-Leboyer, « La Décélération de l'économie française dans la 2e moitié du XIXe siècle », *Revue d'histoire économique et sociale*, 4(1974) ; J.-C. Asselain, *Histoire économique de la France du XVIIIe siècle à nos jours*, Paris, Seuil, coll. « Points-Histoire », 1986 ; G. Noiriel, *Les Ouvriers dans la société française. XIXe-XXe siècle*, Paris, Seuil, 1986.

2. Sur les bureaux de bienfaisance : L. Salva, *Du régime légal des bureaux de bienfaisance*, thèse de droit, Toulouse, 1888 ; H. Berthelemy, *Traité élémentaire de droit administratif*, Paris, Rousseau et Cie, 8e éd., 1916, pp. 859-865.

Sur les hôpitaux : J. Imbert (sous la direction de), *Histoire des hôpitaux en France*, Toulouse, Privat, 1982.

3. Le dictionnaire *Littré* est rédigé entre 1846 et 1872.

4. H. Deroin, A. Gory, F. Worms, *Traité théorique et pratique d'assistance publique*, Paris, Tenin, 3e éd., 1914, pp. 3 sq. ; P. Strauss, *Assistance sociale. Pauvres et mendiants*, Paris, Alcan, 1901, pp. 140 sq.

5. Notamment H. Berthelemy, préface à la 3e éd. du *Traité théorique et pratique d'assistance publique, op. cit.* ; C. Gide, *Cours d'économie politique*, Paris, Larose et Tenin, 1909, pp. 487-489, et Gide, *Les Institutions du progrès social*, Paris, Tenin, 5e éd., 1920, pp. 469-483 ; P. Strauss, *Assistance sociale, op. cit.*

6. R. Salais, N. Baverez, B. Reynaud, *L'Invention du chômage. Histoire et transformations d'une catégorie en France, des années 1890 aux années 1980*, Paris, PUF, 1986.

7. Voir dans P. Strauss, *Assistance sociale, op. cit.*, pp. 188-189, la description des chômeurs volontaires à Paris.

8. I. Vallée, *Les Dépôts de mendicité, leur utilisation comme moyen d'assistance*, thèse de droit, Paris, 1908.

9. Pour un bon résumé de cette analyse, voir H. Berthelemy, préface à la 1re édition du *Traité d'assistance publique, op. cit.*

10. On trouve les échos de tout cela dans les articles et brochures du comte d'Haussonville et dans les réponses faites par Henri Monod, directeur de l'Assistance publique. Voir la correspondance Monod-d'Haussonville en 1900, et leurs brochures, au Musée social à Paris.

11. A. Canitrot, *Du droit de secours, dans quelle mesure il existe en France ?*, thèse de droit, Paris, 1912 ; J. Baby, *Le statut de l'indigent*, thèse de droit, Toulouse, 1910.

12. C'est le point de vue d'Henri Berthelemy, *Traité élémentaire de droit public, op. cit.*, p. 788, et aussi ses préfaces au *Traité d'assistance publique, op. cit.*

13. Alfred Fouillé, Maurice Hauriou, Charles Gide.

14. Résolution de la Commission d'assurance et de prévoyance sociale, Chambre des députés, 5 décembre 1902.
15. *Histoire des doctrines économiques*, Paris, 2ᵉ éd., 1913, p. 703.
16. Sur le solidarisme, voir notamment : S. Berstein, *Histoire du parti radical*, Paris, Presses de la Fondation nationale des sciences politiques, 1980 ; J. Donzelot, *L'Invention du social. Essai sur le déclin des passions politiques*, Paris, Fayard, 1987 ; A. Gueslin, *L'Invention de l'économie sociale. Le XIXᵉ siècle français*, Paris, Economica, 1987 ; P. Dubois, « Mise au point sur une idée floue : la solidarité », *La Revue de l'économie sociale*, mars 1987 ; H. Hatzfeld, *Du paupérisme à la Sécurité sociale : 1850-1940*, Paris, 1971 (rééd., Presses universitaires de Nancy, 1989) ; J.-T. Nordmann, *Histoire des radicaux, 1820-1973*, Paris, La Table ronde, 1974 ; C. Rumillat, « La Problématique républicaine de la solidarité sociale », *Revue internationale d'action communautaire*, automne 1986.
17. Voir notamment les leçons professées à l'Ecole des Hautes Etudes Sociales, rassemblées et publiées en 1902 dans deux ouvrages collectifs, préfacés par Léon Bourgeois : *Essai d'une philosophie de la solidarité*, et *Les Applications sociales de la solidarité*.
18. O. Faure, « La Médecine gratuite au XIXᵉ siècle : de la charité à l'assistance », *Histoire et société*, 4ᵉ trimestre 1984.
19. O. Faure, « La Médecine gratuite », *art. cit.* ; P. Fournier, *L'Assistance médicale gratuite et la loi du 15 juillet 1893*, thèse de droit, Paris, 1901 ; *La France médicale, médecins et malades au XIXᵉ siècle*, présenté par J. Léonard, Paris, Gallimard-Julliard, coll. « Archives », 1978.
20. D'après l'exposé des motifs.
21. Le congrès se tient du 23 au 31 juillet 1889, année du centenaire de la Révolution. Vingt-cinq nations y sont représentées. Un premier congrès s'est tenu à Milan en 1885, mais ses travaux n'ont pas eu de publicité, contrairement à celui de Paris.
22. P. Levasseur, *Questions ouvrières et industrielles en France sous la troisième République*, Paris, A. Rousseau, 1907, p. 844.
23. P. Strauss, *Assistance sociale*, *op. cit.*, pp. 189-207.
24. D'après les discussions au conseil supérieur de l'Assistance publique et au Sénat entre 1891 et 1903.
25. J. Forest-Defaye, *Les Difficultés d'application de la loi du 14 juillet 1905, sur l'assistance aux vieillards, aux infirmes et aux incurables*, thèse de droit, Poitiers, 1909 ; E. Cheval, *Les Résultats pratiques de la loi sur l'assistance obligatoire aux vieillards, aux infirmes et aux incurables privés de ressources*, thèse de droit, Grenoble, 1911 ; Mireman, rapports au conseil supérieur de l'Assistance publique, séances des 20 juin 1911 et 10 décembre 1912, documents parlementaires.
26. M. Decuty, *De la représentation des pauvres. Etude sur l'organisation générale des services d'assistance en France*, thèse de droit, Paris, 1908.
27. Discuté entre 1895 et 1905. Il s'agissait d'une commission communale chargée de représenter les pauvres et d'administrer toutes les institutions de la commune chargées de secourir les pauvres.
28. C. Gide, *Les Institutions du progrès social*, *op. cit.*, p. 469.

Fraternité et solidarité à l'égard des plus pauvres

MARCEL DAVID

Sur quelles valeurs ou vertus, sur quels principes ou fondements repose le fait de ne pas être indifférent au sort des plus pauvres ? Pour tâcher de répondre à cette question, je choisis de privilégier la fraternité et la solidarité qui coexistent avec la charité, la bienfaisance, la philanthropie, la camaraderie, la justice... Je ne toucherai qu'incidemment aux modalités de prise en charge de la pauvreté : aumône, assistance ou aide, secours publics, prévoyance ou assurance, sécurité sociale.

Fraternité et solidarité s'enracinent dans une tradition qui remonte à l'Antiquité judéo-chrétienne et gréco-romaine. La fraternité n'est pas étrangère à la tradition juive la plus ancienne, mais elle y est subordonnée à la justice. La fraternité évangélique « dans le Seigneur » est le prolongement de l'amour et de la charité. La première signification qui s'attache à la solidarité est juridique. En droit romain, la solidarité active désigne la situation de plusieurs créanciers pouvant chacun réclamer le paiement intégral de son avoir.

De l'Antiquité à la fin de l'Ancien Régime, la fraternité joue les peaux de chagrin, inadaptée qu'elle est à une société structurée en ordres. Elle ne s'incarne vraiment que là où elle est compatible avec une hiérarchie, notamment à l'intérieur de l'Eglise, comme corps constitué, ou mieux encore au sein des monastères. Au niveau populaire, elle est appréhendée moins comme une valeur que comme un mode d'association en vue de subvenir à des besoins d'ordres spirituel et professionnel : telle est la raison d'être des confréries.

Sous l'Ancien Régime, l'usage de l'idée et du mot de solidarité relève, en marge du droit, de la comparaison entre l'organisme vivant et l'organisme social. Elle désigne un état d'interpénétration entre les éléments collectifs de l'ensemble organisé qu'est la société globale.

Ainsi entendue, elle implique complémentarité, respect de la hiérarchie, nécessité conformément au plan de Dieu.

A partir de 1740, cette conception de la solidarité est battue en brèche par l'intervention de la volonté individuelle pour fonder contractuellement le corps social. Quant à la fraternité, ce à quoi elle correspond s'appelle bienfaisance, bienveillance, tolérance, humanité. Rousseau, ayant rompu les amarres avec les institutions d'Eglise sans se couper des aspirations religieuses du peuple, n'est pas le seul à récupérer le mot de fraternité, mais il lui confère une portée qui fera florès en la qualifiant de publique et en la plaçant sous l'égide des « doux liens » unissant les individus.

Et les pauvres dans tout cela ? Paradoxalement, durant l'Antiquité gréco-romaine, ils ne sont pas forcément démunis d'une certaine dignité. Il se peut même qu'ils soient citoyens et qu'ils en tirent les avantages afférents à cette qualité : ainsi en est-il, par exemple, des « prolétaires » de la Rome républicaine. Les pouvoirs, publics ou privés, se reconnaissent une obligation d'assistance à leur égard, mais l'aphorisme *Panem et circenses* en dit long sur le peu d'estime qu'ils nourrissent à leur égard. Une certaine solidarité se fait donc jour, mais guère d'espace pour la fraternité dans une société qui n'imagine pas d'avoir à supprimer l'esclavage.

Avec le christianisme, la fraternité est exaltée en tant que valeur spirituelle. Heureux les pauvres... Aux riches de se montrer charitables à leur égard par l'intermédiaire des institutions d'Eglise. Il est normal qu'il y ait des pauvres, pour la rémission de leurs péchés et pour faciliter le salut des riches. Mais on distingue entre les bons pauvres, « membres appauvris de l'élite sociale » et victimes des guerres, assimilés aux *miserabiles personae*, et les autres, considérés comme une menace pour l'ordre établi. En somme, une « charité de fraternité » bien rodée à l'égard des bons pauvres, et guère plus qu'un rudiment de solidarité à l'égard de ceux des pauvres jugés quasiment irrécupérables.

Du XVIe siècle aux années 1740, la royauté et les municipalités, afin de remédier à la plaie sociale de la mendicité et du vagabondage, prennent la relève de l'Eglise ou plutôt lui font concurrence vis-à-vis des pauvres ; mais à la condition qu'ils cessent de troubler l'ordre public et qu'ils acceptent de jouer le jeu de la réinsertion sociale par le travail et de l'enfermement, celui-ci n'ayant d'ailleurs pas que des inconvénients pour les pauvres.

Arrive la Révolution française. La fraternité quoique « catégorie atone » de la triade républicaine, n'en est pas moins présente. Deux sortes de fraternités s'y succèdent dont on peut se demander si elles recouvrent des notions tout à fait distinctes ou si elles comportent un dénominateur commun. La fraternité libérale tout d'abord, jusqu'en 1792, qui vise au rassemblement de tous les patriotes. Mais elle exclut, aux deux bouts de la chaîne, les citoyens ci-devant nobles qui refusent de se rallier et les citoyens passifs, démunis de toute instruction et de biens matériels, autant dire les pauvres, et *a fortiori* les plus pauvres. A partir d'août-septembre 1792, la fraternité devient une fraternité de combat. A l'instigation des jacobins de la Convention, elle intègre les pauvres grâce au suffrage universel, au principe de suppression des discriminations, à l'amalgame aux armées. On souligne même que les pauvres de toutes sortes prennent part aux journées révolutionnaires, mais c'est pour leur imputer, dans une large mesure, le déchaînement de la violence terroriste. La mauvaise réputation qu'on leur fait provient plus d'un préjugé antipopulaire que de preuves vraiment convaincantes.

Toujours est-il que, pour les sans-culottes et, parmi eux, nombre de pauvres, la fraternité ne se réduit pas à la suppression des discriminations. Elle correspond, dans le quotidien de la vie militante, à une pratique d'entraide : distribution de vivres, collecte au profit des plus pauvres, adoption des orphelins de guerre, instruction mutuelle, création d'ateliers et d'hospices. A quoi s'ajoutent, sur le mode idéologique, le tutoiement, la « fraternité » et tout ce qui relève de l'aspiration à plus de dignité, de respectabilité, individuelle et collective, y compris la participation active aux « sociétés fraternelles ». Globalement, pour les sans-culottes, tous ces secours dont les pouvoirs publics ont la charge sont « les conséquences de la fraternité », alors que les jacobins, en majorité, les font dépendre de l'égalité et point encore de la solidarité.

Passé la Révolution française, la fraternité subit une éclipse relative de l'Empire à la fin de la Restauration. Sans perdre de vue qu'il s'agit ici de situer la fraternité et la solidarité par rapport aux plus pauvres, je procéderai en trois temps. J'examinerai d'abord, de 1830 à 1851, la prédominance de la fraternité sur la solidarité, en tant que principe de non-exclusion des pauvres, à défaut de la prise en considération des plus pauvres. Je me contenterai de références ponctuelles à la période qui couvre le Second Empire, la Commune de Paris et les premières années de la IIIe République. J'analyserai ensuite le processus de substitution de la solidarité à la fraternité dans le contexte de généralisation du paupérisme ouvrier durant le demi-siècle qui s'étend approximativement de 1880 à 1930.

Je m'efforcerai, pour finir, de tirer les conséquences néfastes, me semble-t-il, de l'absence d'osmose, depuis lors, entre la solidarité et la fraternité, tout en évoquant la nécessité d'y remédier, si l'on veut résoudre valablement le problème d'accession des plus pauvres à une pleine dignité individuelle et collective d'homme et de citoyen.

I. Au lendemain des Trois Glorieuses de juillet 1830 et jusqu'à la répression du mouvement populaire en 1834, les ouvriers de l'artisanat, surtout parisiens et lyonnais, militent en faveur de l'association et certains d'entre eux vont même jusqu'à se donner pour objectif « la confraternité des prolétaires ». Les saint-simoniens, ayant érigé la fraternité en « principe constituant », s'assignent pour but « d'améliorer l'existence de la classe la plus nombreuse » et « d'accroître le bonheur social du pauvre ». Quant aux fouriéristes, lorsqu'ils préconisent le libre déploiement des passions, la manière dont ils les répertorient ne relève guère de la distinction des riches et des pauvres. Même Lamartine à ses débuts, qui, en tant qu' « homme social », se veut à l'écoute des masses, n'éprouve pas le besoin de faire un tri en leur sein. Le monde de la pauvreté leur apparaît encore trop peu différencié pour qu'il y ait lieu de distinguer, à l'instar de l'Ancien Régime, les bons pauvres de ceux qui ne le sont pas. Prolétaires et pauvres ne font qu'un sans qu'il y ait à rétablir un clivage entre ceux qui le sont plus ou moins.

A partir du moment où la première révolution industrielle eut commencé pour de bon à faire sentir ses effets, les données du problème de la pauvreté se trouvèrent modifiées. Militants et penseurs furent confrontés à l'émergence de plus en plus préoccupante d'une nouvelle pauvreté, celle du paupérisme industriel. La condition matérielle et morale des ouvriers du nouveau type leur apparut si misérable — les enquêtes du temps en font foi — que ce fut sur elle qu'ils firent porter l'essentiel de leur attention ; ne comportait-elle pas d'ailleurs, en plus des traits spécifiques, certains de ceux qui, traditionnellement, caractérisaient la plus grande pauvreté (délinquance, alcoolisme, prostitution...) ?

Ce n'est pas à dire qu'on ait tout à fait cessé de se préoccuper du sort des plus pauvres, réduits à vivoter en marge du milieu de travail, vagabonds et mendiants notamment. Mais ce fut au prix d'un net clivage entre familles d'esprit : ceux des penseurs restés imprégnés de religiosité évangélique ou humanitaire, mais en rupture avec l'Eglise catholique, se chargèrent d'intégrer les nouveaux prolétaires, ouvriers et pauvres à la fois, dans la cause du peuple dont ils se firent les défenseurs. Parmi les pauvres à prendre en charge ou à libérer, il leur arrive — ce fut le cas notamment de Lamartine, de Ledru-Rollin — d'englober les enfants trouvés, les délinquants et les esclaves aux colonies, autant de catégories continuant à faire nombre parmi les plus pauvres. Mais, de façon générale et surtout comme contrecoup des journées de juin 1848, ceux-ci furent rangés dans la catégorie fourre-tout du « peuple en haillons » — le futur *Lumpenproletariat* de Marx. Comme tels, ils furent considérés avec autant de mépris que de méfiance, soupçonnés de constituer le vivier des séditions politiques et sociales. Essentiellement, ce fut donc en faveur des pauvres en tant que travailleurs exploités que les démocrates, acquis ou non à la République, se prononcèrent. Symptomatique est la recommandation de Ch. Renouvier non seulement de venir en aide aux *miserabiles personae* de toujours — vieillards, infirmes, malades, veuves, orphelins — mais aussi « d'assurer un revenu minimum à tout travailleur de bonne volonté ».

En revanche, ils ne se contentèrent pas de préconiser le recours à la charité privée ou même sociale. Faisant de la fraternité l'équivalent humanisé de la « charité légale », ils entendirent, à l'instar de Lamartine, soumettre l'Etat et la société civile à l'obligation juridique — et non pas seulement au devoir moral — de venir en aide aux travailleurs réduits à la misère. Tout en cantonnant la fraternité sur le terrain du devoir, Ch. Renouvier n'en fait pas moins le support normatif, par le truchement de la justice, d'une série de lois et d'institutions.

Pour trouver trace d'une prise en considération des pauvres, y compris de ceux qui le sont le plus, c'est à certains milieux catholiques qu'il faut se référer. Mais ils y mettent une condition, inverse de celle des précédents et qui consiste à intervenir, comme par le passé, en fonction de la charité conçue comme un devoir moral, non comme une obligation juridique. Violemment opposés à la charité légale et à la fraternité, son double républicanisé, ils confient à des associations de bienfaisance la prise en charge des pauvres, sans faire fi, par principe, d'aucun d'entre eux tant des villes que des campagnes. Les sociétés Saint-François-Xavier et Saint-Vincent-de-Paul comme aussi une multitude d'œuvres, dénommées traditionnellement d'ailleurs fraternités, y pourvoient, non sans efficacité. Sans doute certains, dont Gérando au premier chef, dépassent-ils la charité-devoir, en manifestant leur préférence pour la « bienfaisance publique »; ce qui implique bien la prise en charge collective de la pauvreté par l'Etat ou par la société globale, mais toujours par devoir charitable et non sous le coup d'une obligation juridique.

Il ne manque pourtant pas de catholiques de stricte observance ou en rupture de ban, pour admettre de se fonder sur la fraternité, conçue comme prolongement de la charité. Le Père Lacordaire s'en remet, en effet, à la fraternité qu'il définit comme « le partage réciproque du cœur, du travail et des biens ». Estimant que la doctrine catholique est la seule qui produise une authentique fraternité, il verse à son actif l'abolition de l'esclavage, la transformation du cœur du riche et du pauvre, l'organisation d'un « service volontaire et gratuit » en faveur des divers types de pauvres. Lamennais, lui, convie tous les hommes à vivre dès ici-bas en frères acquis à l'égalité. Il s'insurge contre l'exploitation tant des travailleurs prolétaires que des faibles et des pauvres. Assimilant prolétaires et hommes du peuple, il les incite à se rebeller contre la condition qui leur est faite, celle d' « éternels mineurs ». La vraie société, à l'en croire, repose sur l'égalité qui n'est « que l'organisation de la fraternité ». Dès lors que « l'âme tout entière est embrasée par une foi puissante », devient possible l'avènement d'un monde compatible avec la dignité de tous, y compris des plus faibles et des plus pauvres.

Quant à la solidarité, on sait qu'elle a d'abord été préconisée par les contre-révolutionnaires, hostiles au libéralisme individualiste. Cela ne l'a pas empêchée d'être adoptée par des penseurs, sinon forcément favorables à la Révolution française, du moins tournés résolument vers une transformation de la société assez novatrice pour n'avoir rien à envier à l'Ancien Régime.

Ce fut le cas notamment de P. Leroux. Trouvant la fraternité trop engoncée dans le catholicisme, sans pour autant la répudier en tant que composante de la triade républicaine, il marque une préférence pour la solidarité. Car elle implique l'existence réelle de la société et pas seulement des individus qui la composent. Elle ne comporte pas l'acceptation de « sacrifices indus »; elle a aussi l'avantage de postuler l'association. Leroux en conclut que l'adage : « tous les hommes sont frères » veut dire plutôt qu'ils sont solidaires. Le principe de « l'égalité dans la différence » permet enfin le passage de la sociabilité à la solidarité. Avec l'aiguillon spirituel de la « religion de l'humanité », la solidarité ne saurait éliminer personne. Sa raison d'être fondamentale est d'exercer ses effets bienfaisants sur ceux qui en ont le plus besoin. Et qui sont-ils sinon les pauvres ?

Une constatation analogue, quoique fondée bien différemment, est à faire auprès de penseurs doublés d'hommes politiques comme L. Blanc et Ledru-Rollin. Soucieux, chacun à sa manière, de rendre complémentaires la vie des associations et celle des individus, ils s'ingénient à intégrer les exigences de la fraternité et de la solidarité à leur doctrine d'ensemble tant politique que sociale. L. Blanc, attaché prioritairement à la fraternité pour ce qui est des individus et de la société globale, compte sur la solidarité pour susciter un mode d'association unitaire de tous les ateliers d'une même industrie et de toutes les industries entre elles. A la ruineuse et oppressive concurrence, il oppose la « solidarité des intérêts ». Par là même, il la situe dans l'orbite de l'organisation du travail, sans trop se préoccuper de ceux qui, volontairement ou non, n'y ont pas accès et qui font nombre parmi les plus pauvres. Ledru-Rollin, lui aussi, en s'attachant à la fraternité comme à la « source inépuisable des grandes institutions de crédit, d'association et de solidarité » fait relever celle-ci des réalisations pratiques que peut et doit désormais comporter la vie démocratique. Mais il ne compte guère sur les pauvres, marginalisés par rapport au monde du travail, pour y jouer un rôle utile. Tout en plaçant sa campagne électorale de 1848 sous l'égide de la solidarité du peuple, tant des villes que des campagnes, il ne cherche guère à puiser un surcroît de popularité auprès des « pauvres en haillons ». Sans doute les juge-t-il trop peu conscients de leurs véritables intérêts pour se ranger parmi les défenseurs de la République. De fait, le futur Napoléon III ne parviendra que trop aisément, sinon à se ménager leur appui, du moins à les dissuader de lui mettre des bâtons dans les roues.

II. La substitution de la solidarité à la fraternité peut être datée avec une relative précision : c'est durant les années 1890 que tout un courant doctrinal, où se retrouvent et s'épaulent juristes, philosophes, sociologues, pédagogues, érige la solidarité en pierre d'angle d'une doctrine d'ensemble : le solidarisme. Mais le processus de relève avait commencé plusieurs décennies auparavant. Sans doute Napoléon III, sans perdre tout à fait, à sa manière, l'objectif d' « extinction du paupérisme », se soucie-t-il comme d'une guigne de le faire découler de quelque fraternité ou solidarité que ce soit. Même ceux des opposants à l'Empire qui militent pour la démocratie plaident en faveur de la liberté, nullement pour la fraternité qu'ils relèguent au rang d'un sentiment plus nuisible qu'utile à l'instauration d'un Etat de droit. C'est le mouvement ouvrier, en voie de structuration, qui, à l'instigation de la Première Internationale des travailleurs, reprend le flambeau d'une fraternité de combat, à laquelle il s'emploie à donner un contenu concret. Ce qui l'amène à user à peu près indifféremment des termes de fraternité et de solidarité. Proudhon, auquel Marx n'est point en mesure, jusqu'aux années 80, de disputer le rôle de maître à penser, met l'accent sur l'insolidarité, dont il déplore l'affligeant spectacle. Mais il a beau conférer aux groupes « médiocres » un rôle primordial, il n'imagine guère d'avoir à se préoccuper de solidarité envers les pauvres autrement que dans la mesure où ils participent à la vie de travail. Quant à la fraternité, il la fait relever d'un de « ces aphorismes ontologiques » dont, passé ses premiers ouvrages, il entend se départir. Les Communards, eux, font la démonstration que la solidarité est de nature à la fois à souder le coude à coude des combattants contre l'envahisseur et à fonder une série d'innovations économiques et sociales. Tous ceux qui acceptent de risquer leur peau sur une barricade sont les bienvenus, y compris les pauvres sans emploi.

Avec le solidarisme, les données du problème de la pauvreté se renouvellent. On ne considère plus les individus comme responsables de ce qui, en bien comme en mal, leur arrive. En réalité, ils ne font que subir les conséquences de la situation dans laquelle la société les a mis. C'est au droit objectif, issu de la manière dont la société s'y prend pour sécréter ses valeurs, indépendamment des droits subjectifs d'ordre individuel, qu'il incombe de réparer les injustices. A la société également de susciter le passage de la solidarité-fait à la solidarité-obligation par le truchement de la dette sociale et du quasi-contrat. Dans ces conditions, ne saurait se justifier la moindre exclusion du cercle de la solidarité. Foin donc des préjugés à l'encontre des pauvres, puisque la marginalité par rapport au monde du travail ne leur est pas imputable. L'Etat républicain, mandataire de la société, se doit de faire en sorte que leur soit épargnée la misère et ouverte la voie d'une bénéfique réinsertion. D'où la sollicitude de Ch. Gide, dès 1902, pour « ces Robinsons n'ayant rien des relations sociales, ne connaissant ni la solidarité qui résulte de la division du travail parce qu'ils n'ont pas de métier, ni celle de l'échange parce que n'ayant rien à donner ils n'ont rien à recevoir, plus distants de la foule qui les coudoie que Crusoë dans son île, n'ayant même pas comme lui l'espoir de voir un jour apparaître le vaisseau qui les ramènera dans la société des hommes. L'Eglise avait créé au Moyen Age ce qu'on appelait les excommuniés (...). Ceux-là étaient vraiment désolidarisés, sans feu ni lieu, des excommuniés non plus au sens canonique mais au sens économique ». Au solidarisme de faire en sorte qu'aucun de ces pauvres « désolidarisés » ne puisse estimer, à l'instar de Roméo, le héros de Shakespeare, que « le monde n'est pas fait pour nous ni les lois de ce monde ».

Léon Bourgeois se refuse à admettre « qu'un être humain meure de froid ou de faim dans un Etat qui se dit civilisé. Il y a un minimum d'existence que l'effort de tous doit assurer à tous ». Face aux risques de maladie, de souffrance, de mort qui naissent du fait même de la société, L. Bourgeois s'interroge : « Est-il juste que la société laisse entre eux, sans défense, ceux que leur faiblesse, leur pauvreté y exposent le plus ? » Il ajoute : « C'est auprès des malheureux que la dette sociale doit être acquittée. »

Pourtant, il faut bien constater que le solidarisme n'a pas réussi à prendre en considération effectivement et de façon fondamentalement novatrice le sort des pauvres et ceci pour plusieurs raisons.

1. La première tient à une insuffisance intrinsèque de cette doctrine. Ferdinand Buisson, un des proches de L. Bourgeois, lui a objecté d'emblée que la dette de chacun à l'égard de ses ancêtres n'est pas forcément « une somme de biens ». Beaucoup d'hommes et de femmes — les plus pauvres sont, au premier chef, de ceux-là — n'ont hérité que d'une accumulation de handicaps. « Moi, je ne dois rien à la société », est en droit de déclarer tel ou tel d'entre eux. « Ou plutôt je lui dois une vie qui est une douleur perpétuelle, une souffrance continuelle. Je ne l'ai pas demandée, je la subis et sais ce qu'il m'en coûte. » Quant à Alfred Fouillée, qui n'est pas non plus un adversaire du solidarisme, il ne voit pas comment peut s'opérer le passage de la solidarité-fait à la solidarité-obligation, indépendamment d'une valeur qui, bien qu'immanente à l'homme en tant que tel, ne soit pas simplement le produit de la société. L. Bourgeois, sans renoncer à rendre complémentaires la science et la morale, se montre sensible à ces objections. Il admet que c'est en fonction de la « justice réparative », c'est-à-dire d'une valeur « méta-sociale », que l'on passe, en matière de solidarité, du fait à l'obligation. Mais la justice, en l'occurrence, peut-elle se passer de la fraternité, pour prémunir la solidarité des faux-fuyants et effets pervers ? C'est encore F. Buisson, laïc s'il en est, qui rappelle son ami L. Bourgeois au respect de la troisième composante de la devise républicaine. Il estime, en effet, que le « mot solidarité ne la remplace ni ne l'égale. Il embrouille plutôt une question que la liberté, l'égalité et la fraternité ont éclairée ». Buisson craint « qu'en substituant le mot solidarité au mot fraternité, nous n'allions à l'encontre de notre but ». N'est-ce pas là une réflexion d'une étonnante perspicacité pour l'époque et qui, de surcroît, demeure plus que jamais d'actualité ?

2. La seconde raison relève de l'obstacle que constitua pour le rayonnement du solidarisme la montée en force de la lutte des classes et du travail, comme valeur fondamentale tant économique et sociale que culturelle au sein de la classe ouvrière en expansion. Or, l'une des finalités assignées à leur doctrine par les solidaristes, de sensibilité radicale-socialiste, est d'ôter sa raison d'être à l'antagonisme du capital et du travail sur une base de collaboration de classes. Quant à la voie choisie pour réaliser la série des innovations qu'ils jugent indispensables, c'est bien évidemment au réformisme légaliste qu'ils s'en remettent. Et c'est là que le bât blesse : s'il est vrai qu'en France l'influence de Marx, d'ailleurs relativement tardive, fut battue en brèche par les émules de l'anarcho-syndicalisme et du socialisme réformiste, il n'en reste pas moins que la lutte des classes, assortie ou non de la grève générale, constitua pour longtemps le postulat par excellence auquel les militants ouvriers, pas forcément révolutionnaires, se sentirent tenus d'adhérer. Prétendre, à l'instar du solidarisme, résoudre les problèmes sociaux sans passage obligé par leur rapport à la vie de travail apparut comme du paternalisme désuet. Se dire social, que ce soit dans l'orbite du christianisme ou du radicalisme, fut tenu pour correspondre à la volonté de se démarquer du socialisme. La montée du social, comme instance intermédiaire entre le privé et le public, concurremment au travail dans l'échelle des valeurs, a beau contribuer à l'essor du « droit ouvrier », elle n'en passe pas moins pour gommer l'antagonisme afférent aux rapports de production. L'aide sociale, l'assistance sociale ressemblent trop à la bienfaisance, voire à l'aumône, au sein du système établi pour trouver grâce auprès du mouvement ouvrier. Qu'on ne croie pas que ce débat idéologique soit sans impact sur le sort des pauvres. A admettre de secourir ceux-ci en tant que tels et non comme travailleurs, les solidaristes passent pour les inciter à se désolidariser du mouvement ouvrier. En jouant le jeu du social indépendamment du rapport de classes, les pauvres ne s'exposent-ils pas, de fil en aiguille, à servir de fer de lance à ceux qui entendent museler, par la répression, l'action contestataire de la classe ouvrière ? La notion de *Lumpenproletariat* vient, à point nommé, conceptualiser la dénonciation de ce danger. Et ce sont évidemment les plus pauvres, ceux en

haillons, qui en font les frais, non sans prêter le flanc parfois à pareille accusation.

3. La troisième raison découle des transformations qui atteignent de l'intérieur le monde des pauvres. Il est de fait que la pauvreté ouvrière, dont se préoccupe le syndicalisme ouvrier, tend à occulter celle qui, vécue en marge du travail, passe désormais pour résiduelle. L'essor économique, jumelé au raffermissement du pouvoir républicain, crée des conditions favorables à la raréfaction des catégories de pauvres considérées traditionnellement comme les plus dangereuses, tels les vagabonds et les mendiants. D'où un moindre besoin de solidarité à leur égard. De leur côté, les paysans pauvres, une fois dépassée la phase de désarticulation psychologique et sociale consécutive à leur arrivée dans les villes, subissent assez intensément l'influence de l'idéologie libérale pour s'en remettre plus volontiers à la débrouillardise individuelle qu'à la solidarité du soin d'opérer, de façon point trop aliénante, leur insertion dans la vie d'usine. Et voici qu'intervient, avec la Première Guerre mondiale, un phénomène si perturbateur qu'il inverse le sens de l'évolution : à une tendance à la résorption de la pauvreté succède une phase de vive recrudescence ; la guerre et ses séquelles réduisent à la pauvreté des masses de gens qui, bien qu'apparentés aux *miserabiles personae* de toujours — orphelins, veuves, mutilés et autres victimes —, ont ceci de particulier qu'on leur reconnaît « des droits sur nous ». Du moins le proclame-t-on. Mais les problèmes qui en résultent sont d'une telle ampleur et d'une si grande complexité qu'ils laissent le solidarisme, comme toute autre doctrine, bien en peine de leur apporter des solutions adéquates. La solidarité peut servir à panser des plaies, mais laisse béantes les plus profondes déchirures des êtres dépourvus de tout et qui ont pourtant à redémarrer dans la vie, en tâchant de maîtriser leur douleur et de surmonter leurs handicaps. Une fois de plus, c'est sur le monde des pauvres qu'une telle épreuve fait le plus de dégâts, au grand dam de la solidarité et à défaut de fraternité à leur égard.

4. La dernière raison, à notre connaissance, est dans le prolongement de la précédente. Renonçant à rompre fondamentalement avec le libéralisme individualiste, les solidaristes ne tirent pas de leurs principes la seule conséquence qui eût été logique : à savoir que non seulement l'Etat a une obligation de secours à l'égard des pauvres, mais que ceux-ci, quels qu'ils soient, ont un droit à la solidarité. Le dispositif de prise en charge des « clientèles » de pauvres demeure caractérisé par le rattachement à des risques définis et à des catégories de personnes. L'incapacité ou l'impossibilité d'assurer sa subsistance par le travail n'engendre pas, à elle seule, un droit à prestations. Lors des premiers congrès de l'assistance publique, les gouvernements, imbus ou non de solidarisme, se refusent « à traiter les pauvres de manière globale ». Ils jugent, tout compte fait, préférable de « segmenter cette population et de définir des champs spécifiques d'intervention ». Comme le note encore très judicieusement G. Paugam, à la suite de P. Gumplowicz, « aussi bien l'assistance publique que la bienfaisance privée partagent le même trouble devant ce qui pouvait apparaître comme une validation juridique d'un véritable droit des pauvres ». Plutôt que de déplorer l'infidélité du solidarisme au principe de non-exclusion, pourtant reconnu par ses pères fondateurs, mieux vaut ici se demander pourquoi et comment ils en sont arrivés là. Sans doute était-ce pour éviter de virer au socialisme. J'y vois aussi et surtout la marque de survie, dans une certaine mesure, du préjugé ancestral à l'encontre des pauvres. Tant il est vrai que la solidarité seule, non étayée par une valeur « méta-sociale », qu'elle soit immanente ou transcendante à l'homme, est inapte à admettre que tout pauvre est un frère qui mérite le respect et garde, au tréfonds de lui-même, la possibilité et la volonté de se prendre en main comme homme et citoyen à part entière.

En guise de conclusion

Ayant dépassé largement le nombre de pages qui me sont imparties par cette communication, force m'est de réduire à une simple conclusion ce qui devrait en être la partie actualisée.

Je me contenterai donc d'évoquer, dans sa dimension la plus large, le problème du nécessaire apport de la fraternité à la solidarité pour que celle-ci soit assurée d'une efficacité suffisante. Il y va de la sauvegarde et du renforcement de la démocratie qui ne sont pas, indirectement, sans impact sur le sort des plus pauvres. En vue d'enrayer le processus d'instauration d'une société duale — voire à trois vitesses — et compte tenu des contraintes afférentes aux politiques sociales, on préconise de « construire de nouvelles solidarités ». Si pertinente que soit cette recommandation, je ne crois pas beaucoup à sa réalisation, tant qu'on ne sera pas en mesure ici et là, à temps et à contretemps, de mettre en pratique une conception élargie des Droits de l'Homme, qui implique clarification et normalisation, par rapport à eux, du statut de la fraternité. Plus précisément, il me semble indispensable de s'en remettre à la fraternité, si l'on veut que la solidarité cesse d'être, à bien des égards, une norme en trompe-l'œil et de dégénérer en instrument sclérosant du seul contrôle organisationnel — ne serait-ce qu'en raison de l'impératif démocratique qui consiste à en faire bénéficier les plus pauvres.

De même, en ce qui concerne les conflits sociaux, j'entends bien que leur régulation est partie intégrante de la démocratie. Mais n'est-ce pas prendre le risque d'affaiblir celle-ci que de tenir pour quantité négligeable la visée qui la finalise ? Si consubstantiels et bénéfiques à la démocratie que soient les conflits, demeure « incontournable » la perspective idéale de leur résorption, dans toute la mesure du possible. Or, cet « horizon de sens » requiert d'être sous-tendu par un ensemble de valeurs et principes parmi lesquels une tâche spécifique d'animation revient à la fraternité. Si la démocratie n'était faite que de conflits, je ne donnerais pas cher du « supplément d'âme », donc de fraternité, indispensable à la prise en charge de la dignité des plus pauvres.

Quant au syndicalisme ouvrier, chacun désormais s'accorde pour penser qu'il est en crise. Celle-ci s'explique par bien des raisons, les unes liées à la crise de la société dans son ensemble, les autres qui leur sont spécifiques et particulièrement graves dans le cas de la France. Il me semble que ce qui l'affaiblit le plus n'est pas de tenir sur les deux dimensions de la revendication immédiate et du projet de société. Ce qui menace le plus son rayonnement, c'est la cassure qui s'est instaurée en son sein et qui met en péril la survie d'un dénominateur commun entre les salariés.

D'où le caractère fondamental de l'enjeu qui est pour lui son aptitude ou non à faire coexister le pluralisme institutionnel et idéologique avec cette tonifiante fraternité, assortie d'une effective solidarité, qui le dynamisait du temps où il marchait à son unité. Là réside, de surcroît, la voie la plus sûre pour que le syndicalisme ouvrier cesse de prêter le flanc à l'accusation de se désintéresser du sort des plus pauvres.

Enfin, pour ce qui est des relations internationales, on a fait remarquer que, dans la communauté des peuples, « l'autre n'est pas tout à fait autre, il devient le frère ». Sans doute ces frères se comportent-ils trop souvent en ennemis. Il n'en résulte pas que doive être tenu pour fallacieux l'espoir que la fraternité contribue efficacement à mettre à la portée de chaque homme, y compris du plus pauvre, le respect de ses droits fondamentaux. Sans doute cela requiert-il, à la dimension du monde, que soient rendues complémentaires, grâce à la fraternité, solidarité à l'égard des pays les plus pauvres et considération pour leur effort d'autodéveloppement ; car c'est en leur sein que sévit le plus massivement la plus grande pauvreté. L'évolution récente des rapports entre l'Est et l'Ouest, et même, quoique moins nettement, entre le Nord et le Sud, n'est-elle pas, à cet égard, d'assez bon augure ?

Deux mots encore, qu'il est à peine besoin d'ajouter dans le cadre de ce colloque d'ATD Quart Monde. A considérer la pauvreté en elle-même, Jean Labbens constate, dans la brochure *Le Quart Monde, partenaire de l'histoire*, « qu'elle n'est point seulement, ni même surtout, la privation de certains biens, mais une relation sociale, une interaction des hommes entre eux[1] ». Or, une telle relation pourrait-elle être bénéfique sans faire fond sur l'harmonie et la sympathie que postule la fraternité ? Il est vrai que « pour bâtir une cité humaine il faut partir des hommes vivants », donc non seulement bannir toutes discriminations et exclusions, mais compter sur eux tous pour la rendre aussi démocratique que possible. Quelle meilleure recommandation leur faire que de mettre en pratique l'article I de la Déclaration universelle de 1948, selon lequel « tous les hommes nés libres et égaux en dignité et en droits doivent agir les uns vis-à-vis des autres dans un esprit de fraternité » (« *in a spirit of Brotherhood* ») ? Il est hautement souhaitable que les plus pauvres soient « reconnus non seulement comme victimes de violations des Droits de l'Homme, mais comme défenseurs de ces Droits pour tous les hommes ». Or, cela suppose qu'à l'instar de la liberté et de l'égalité, on « juridise » la fraternité, sans la dénaturer, c'est-à-dire qu'on en assure le respect par les voies appropriées, tout en offrant de la sorte aux Droits de l'Homme de la « troisième génération », relativement disparates, le fondement éthique et normatif qui leur manque.

---

1. Jean Labbens, « Les pauvres, révélateurs de nos sociétés », *Dossiers et documents de la revue Quart Monde*, n° 1, intitulé : *Le Quart Monde, partenaire de l'histoire*, 1988, p. 154.

Rapport de synthèse

JACQUES-GUY PETIT

Les informations très riches apportées par ces communications de même que les questions soulevées peuvent être regroupées en trois thèmes complémentaires :
La prise de conscience du paupérisme chez les élites du XIXe siècle.
Leur interprétation : du mauvais pauvre au mauvais travailleur ou à la mauvaise organisation sociale.
La thérapeutique.

A. *Le paupérisme : réalité et représentation*

Alors que la pauvreté est un phénomène analysé depuis longtemps, le paupérisme, c'est-à-dire l'extension de la pauvreté, de façon durable, dans de larges couches de la population, apparaît comme un phénomène nouveau et inquiétant dans le discours des élites du XIXe siècle, d'autant plus inquiétant que, par son extension, il menace l'ordre social. Ce développement de la crainte de la dangerosité des classes pauvres est lié, comme le rappellent M. David et A. Gueslin, à la poussée urbaine et industrielle des années 1830-1840, corrélation mise en évidence par les travaux de Louis Chevalier sur Paris.

La réalité de l'indigence est étudiée par P. Lévêque pour la Bourgogne du milieu du XIXe siècle. Dans cette région rurale qui ne connaît pas la grande misère prolétarienne des zones de manufactures textiles, les contrats de mariage montrent que 49 % des jeunes mariés sont des pauvres ne disposant ni d'économies, ni de biens immobiliers, ni de moyens de production. Les indigents, ceux qui manquent du nécessaire et qui ne peuvent faire vivre leur famille avec le produit de leur travail, évidemment beaucoup moins nombreux, représentent cependant 5 à 6 % de la population totale des départements de la Côte-d'Or et de la Saône-et-Loire. Ils sont plus nombreux en période de crise : 8 % en 1847-1848, soit environ 75 000 personnes.

A juste titre, les auteurs des communications distinguent l'indigent, celui qui pour survivre a besoin habituellement de l'assistance publique ou privée, du pauvre, celui qui vit difficilement de son travail, manquant de réserves et ne disposant pas de tout ce qui serait nécessaire et qui est menacé, étant donné la précarité de sa situation, de tomber dans l'indigence en cas de crise. Parmi les indicateurs directs ou indirects du paupérisme, nous pouvons retenir les renseignements fournis par les bureaux de bienfaisance et la statistique criminelle.

Les statistiques des bureaux de bienfaisance ont souvent été présentées au XIXe siècle, notamment par Watteville pendant le Second Empire. Elles ne comptabilisent que les inscrits et non les pauvres dits « honteux », et surtout, jusqu'au développement de l'assistance pendant la IIIe République, elles traduisent la réalité urbaine et non celle des campagnes. En 1850, la Côte-d'Or ne compte ainsi que 121 bureaux pour plus de 700 communes. Les bureaux de bienfaisance sont-ils absents des communes rurales parce que s'y maintiennent les solidarités traditionnelles ? Ou bien parce que l'indigent, en dehors du forçat libéré, n'y paraît pas menaçant ? (P. Lévêque)

La statistique de la criminalité et de la délinquance constitue un autre indicateur inauguré par la grande série du ministère de la Justice en 1826-1827, utilisé dans de nombreux travaux récemment, notamment par G. Désert pour le Calvados ou par M. R. Santucci pour l'Hérault. A. Gueslin, pour l'arrondissement de Clermont-Ferrand, insiste sur le fait que les vols sont nombreux pendant le Second Empire et que, toutes proportions gardées, la répression est plus sévère pour les atteintes à la propriété que pour les violences contre les personnes. La société civile du XIXe siècle est d'abord fondée sur la propriété.

Pour la fin du XIXe siècle, reprenant les statistiques des bureaux de bienfaisance qui paraissent alors davantage fiables, Francis Hordern évalue à 5 % le nombre des indigents secourus à Paris, contre 18 % à la veille de la Révolution. O. Hufton pour Bayeux et A. Forrest pour Bordeaux évaluent le nombre des indigents qui doivent recourir à l'assistance à près de 20 %, mais en période de crise de subsistance grave, comme celle que traverse la France en 1788-1789. L'amélioration des conditions de vie des classes populaires, surtout à la campagne, dans la deuxième moitié du XIXe siècle, semble réelle. Elle est liée à la disparition des grandes famines, à une amélioration des moyens de transport, à une rationalisation de la gestion des stocks de grains. Est-elle véritablement importante entre la monarchie de Juillet et la fin du siècle ? Ne paraît-elle pas d'autant plus accentuée que les observateurs sociaux, marqués par les crises de 1828-1832, de 1837-1839, de 1846-1847, de même que par les conditions très difficiles du travail dans les grandes manufactures textiles, nous induiraient à généraliser des situations de crise ? Si, à la fin du siècle, une bonne partie des ouvriers des villes s'intègre peu à peu dans la société, partageant les valeurs de la petite bourgeoisie, qu'en est-il de l'amélioration ou non des conditions de vie des indigents ?

L'indigence assistée, la délinquance poursuivie sont à la fois des réalités et des représentations : à la fois la manifestation du paupérisme et le regard voilé du riche sur le pauvre. La peur l'emporte longtemps sur la fraternité (Marcel David). Comme dans le dessin de Grandville décrit par André Gueslin, riches et pauvres croisent leurs regards sans véritablement se regarder, puis se tournent le dos ou feignent de s'ignorer. Les statistiques du XIXe siècle sur la pauvreté émanent généralement d'observateurs sociaux qui veulent regarder la réalité en face, mais elles doivent être décodées, car elles restent aussi tributaires de cette crainte des élites devant la montée du paupérisme et les risques du désordre.

B. Interprétations : mauvais pauvre ou mauvaise organisation sociale ?

Dans la première moitié du XIXe siècle, les notables et les élites reprennent la distinction traditionnelle entre les bons pauvres (ceux qui méritent d'être aidés car ils ne peuvent travailler pour cause d'infirmité ou de chômage) et les mauvais pauvres (les mendiants et vagabonds qui refusent de travailler, ceux que l'on considère comme le réservoir de l'armée du crime, la grande menace contre l'ordre social). Cependant, il est possible de repérer, schématiquement, des attitudes diverses à l'égard des pauvres, correspondant à des opinions différentes sur l'organisation sociale.

Pour le premier catholicisme social évoqué surtout par P. Lévêque et A. Gueslin, et dont on sait l'ancrage dans le milieu légitimiste, la compassion reste présente, même à l'égard des plus marginaux. Le riche, ici, a un devoir de charité, mais non une obligation juridique ; le pauvre, lui, a un devoir de résignation, car la misère s'inscrit dans l'ordre providentiel d'un monde traversé dès l'origine par le péché et le dérèglement. La pauvreté n'est pas seulement la conséquence des vices individuels, elle découle aussi de l'organisation libérale d'une société qui, héritière de la Révolution, a détruit l'ordre ancien où les biens du clergé et de la noblesse permettaient d'assister les démunis. A. de Villeneuve-Bargemont (*Economie politique chrétienne...*, 1834) illustre cette attitude.

L'opinion dominante est celle de la bourgeoisie libérale, bien représentée par un orléanisme où le parti de l'ordre l'emporte sur celui du mouvement. Dans l'ordre naturel d'une société basée sur la propriété, l'individualisme et la concurrence, on considère ici que « l'inconduite et la paresse engendrent seules la misère ». Pour les plus conservateurs, comme le préfet Chaper, à Dijon, en 1838, la charité crée la pauvreté (cité par P. Lévêque). Cette insensibilité à l'égard des pauvres (que l'on ne trouve pas, au contraire, chez des catholiques libéraux comme de Gérando) conçoit la bienfaisance du riche comme une vertu, à limiter prudemment, non comme une obligation morale ou juridique. L'indigent n'a aucun droit à l'assistance privée ou publique et l'Etat ne doit pas intervenir. H. A. Frégier (*Des classes dangereuses...*, 1840) et A. Thiers (*Rapport général...*, 1850) incarnent ce courant.

Selon les démocrates, républicains ou non (et d'abord chez ceux qui, ainsi que Lamartine, s'efforcent de réaliser la synthèse entre la Révolution et la Révélation), la société présente de nombreuses imperfections que l'Etat doit s'efforcer de corriger, du moins en partie, au profit des infirmes ou des travailleurs les plus pauvres. Ici, l'on considère que la fraternité ou charité légale doit remplacer l'insuffisante charité individuelle et l'hypothétique vertu du riche (M. David). En demandant aux chrétiens, avec fougue, de « passer aux barbares » et de s'occuper activement de la question sociale, Frédéric Ozanam se situe à la croisée des chemins de la démocratie chrétienne et du libéralisme.

Enfin, les socialistes d'inspiration fouriériste, de même que L. Blanc et ses amis, mettant en œuvre une critique radicale du libéralisme et de son régime de concurrence sauvage, veulent que les travailleurs pauvres (ils s'intéressent moins aux marginaux et aux délinquants) puissent retrouver leur véritable dignité par la reconnaissance du droit au travail et par des institutions de solidarité ou d'assistance (coopératives, mutuelles, assurances...) gérées par eux-mêmes, avec un financement mixte (d'Etat et privé).

Cette classification, opératoire jusqu'au milieu du siècle, pourrait ensuite être complétée par le paternalisme bonapartiste. Il faudrait aussi situer l'influence du proudhonisme, longtemps dominante, et l'anarcho-syndicalisme de la fin du siècle. Les années 1880-1890 voient se développer une importante recomposition, particulièrement étudiée par F. Hordern et M. David. Le catholicisme social s'affirme et se renouvelle avec la doctrine sociale de l'Eglise. De nombreux libéraux, comme Leroy-Beaulieu, refusent toujours l'intervention de l'Etat, ne voulant pas reconnaître un droit strict au secours, par crainte de développer la paresse des pauvres. Mais ils prennent les moyens de rendre les œuvres privées plus efficaces en les fédérant. Les nouvelles couches républicaines au pouvoir, cependant, mettent l'accent sur la nécessaire réforme sociale. Le solidarisme, tel que le définissent Léon Bourgeois ou Charles Gide, affirme le droit du pauvre à l'assistance et veut lui en donner le moyen légal. La dette sociale, l'obligation de l'assistance, exige l'intervention de l'Etat. Toutefois, il ne faut pas oublier que pour le réformisme radical, expression politique du solidarisme, ce développement du social veut faire échec au progrès du socialisme, en se conciliant les suffrages ouvriers.

A la fin du XIXe siècle, pour reprendre l'explication d'A. Gueslin, l'accent n'est donc plus mis, comme au début, sur la responsabilité morale du pauvre, mais sur la cause sociale. Cependant, les diverses élites, solidaristes, libérales ou catholiques, voient toujours dans l'indigent un mineur. Si l'assisté commence à devenir officiellement un « ayant droit », il ne dispose, en réalité, que de droits spécifiques et limités.

C. *Thérapeutique : les réalisations*

Au XIXe siècle, les thérapeutiques, les remèdes apportés par les classes dirigeantes à la maladie morale des individus ou à la maladie sociale sont diversifiés et se retrouvent, dans la plupart des villes, promues par les élites philanthropiques d'inspiration religieuse ou laïque. Le nombre et la dispersion de ces œuvres mesurent aussi l'importance de la peur sociale, car elles manifestent à la fois un véritable souci du pauvre et une volonté de contrôle et de moralisation (A. Gueslin). Les institutions curatives sont d'abord financées par les fortunes privées et les collectivités locales : bureaux de bienfaisance, hospices, hôpitaux, dépôts de mendicité, etc. Les institutions préventives se développent aussi : salles d'asile, écoles élémentaires, caisses d'épargne, mutuelles, sans oublier toutes les œuvres financées, mais pour leurs seuls ouvriers et leurs familles, par des industriels comme Dollfus (Mulhouse), Schneider (Le Creusot) ou Chagot (Montceau). Le paternalisme industriel, dont les réalisations restent cependant très limitées géographiquement, voudrait que les pauvres travailleurs s'assistent eux-mêmes par la prévoyance. Les indigents, qui n'ont pas de quoi prévoir le présent, ne peuvent être concernés. Vers le milieu du siècle, de nombreux philanthropes portent ainsi un nouveau regard sur la pauvreté : on oppose moins, comme bon ou mauvais pauvre, le travailleur au vagabond, mais de plus en plus, le travailleur digne de confiance au travailleur insouciant et « vicieux ». Au sein des classes laborieuses, seuls les travailleurs prévoyants et soumis échappent à la réprobation des élites.

Il faut aussi évoquer la question de la représentation politique des pauvres par le suffrage universel, acquis difficilement en 1848 (P. Lévêque). La femme, riche ou pauvre, en est exclue, restant, politiquement, l'indigente de l'homme. L'étude du sexe des mots serait féconde : la fraternité de 1848 inclut-elle la « sororité » ? Quant aux hommes indigents, une bonne partie de ceux de la Bourgogne, pendant la IIe République, manifestèrent une espérance quasi messianique en des promesses qui ne pouvaient être tenues. En 1849, comme après 1870, les républicains et les socialistes représentent plutôt les bons travailleurs que les indigents. Les radicaux, cependant, mettant en œuvre la doctrine du solidarisme, jettent les fondements d'une véritable assistance publique.

Retenons, en suivant l'exposé de F. Hordern, les deux étapes marquantes de l'intervention de l'Etat que constituent, dans le domaine de l'assistance publique pour les indigents, les grandes lois de 1893 et de 1905. C'est en 1889, au moment du premier centenaire de la Révolution (et en faisant référence au Comité de mendicité de la Constituante), que le congrès international d'assistance publique et d'assistance privée, à Paris, prépare l'avancée législative, en affirmant que « l'assistance publique est due à ceux qui se trouvent temporairement ou définitivement dans l'impossibilité physique de subvenir aux nécessités de la vie ». La République radicale fera adopter la loi du 15 juillet 1893 sur l'assistance médicale gratuite pour les malades, les blessés et les femmes en couches, puis celle du 14 juillet 1905 sur l'assistance aux vieillards, aux infirmes et aux incurables. On pourrait y ajouter, mais pour les travailleurs, les autres lois qui jalonnent la naissance de l' « Etat providence » étudiée par F. Ewald : les accidents du travail et la Charte de la mutualité en 1898, les retraites ouvrières et paysannes en 1910 (ne s'agit-il pas, plutôt, de l' « Etat solidaire » ?).

La nouvelle législation de l'assistance publique sera mal perçue par des communes qui en subiront presque intégralement la charge financière. On peut s'interroger sur son efficacité. Elle touche une population encore limitée, autour de 1,8 million de personnes à la veille de la Première Guerre mondiale, les pauvres valides en étant exclus. D'autre part, les taux d'allocation sont faibles (5 à 20 F par mois) et le développement des instances de distribution, de décision et de statistique ne renforce-t-il pas le contrôle des élites et de l'administration sur les classes populaires ?

D. Débat

Le débat qui suivit les communications mit l'accent sur trois points principaux :

Les élites se représentent la pauvreté avec des images, souvent des stéréotypes, qui évoluent. A la distinction traditionnelle entre bons travailleurs et mauvais mendiants, on superpose, pendant la première moitié du siècle, une nouvelle schématisation : les classes laborieuses urbaines sont les classes dangereuses. Mais la ligne de partage entre les bons et les mauvais pauvres va bientôt passer au milieu du groupe des travailleurs : d'un côté, ceux qui ont une vie « ordonnée », un ménage stable et qui épargnent ; de l'autre, les instables, ceux qui ne savent pas s'aider eux-mêmes.

Dans la pratique, quels que soient leurs présupposés idéologiques, catholiques sociaux, philanthropes, solidaristes forment, dans une société répressive ou indifférente, une minorité active qui promeut une image plus positive de la pauvreté. Si le pauvre est encore un mineur, en partie responsable de sa situation, la part de responsabilité de la société est aussi dénoncée. Dans ce contexte, s'opère le passage de la représentation-image à la représentation-mandat. Les sociétés charitables et philanthropiques n'ont-elles pas joué ainsi un rôle important dans l'évolution des mentalités qui a amené, à la fin du siècle, l'affirmation d'une certaine solidarité et les premières « lois sociales » ?

A côté du thème récurrent du travail, on trouve aussi celui des « nouveaux pauvres ». Chaque époque, jusqu'à la nôtre, insiste sur le fait que de nouvelles couches sociales tombent dans la pauvreté. Au siècle précédent, ce sont d'abord les migrants ruraux déracinés à la ville, puis, pendant la République radicale, les accidentés du travail. Mais comment parler de « la » pauvreté, quand cette notion renferme des catégories si nombreuses et si diverses ? L'insistance sur les nouvelles pauvretés n'entraîne-t-elle pas (ou n'exprime-t-elle pas) des procédures d'exclusion à l'égard d'autres couches, notamment la pauvreté répétitive des lignées familiales ? L'amplification du thème des nouveaux pauvres peut conforter une attitude fataliste : la pauvreté serait un phénomène inéluctable, constamment renouvelé. Historiens et membres d'ATD Quart Monde considèrent au contraire, au terme du débat, que l'on peut manifester, très concrètement, de la fraternité et de la solidarité avec les pauvres dans une perspective de dépassement et de refus des déterminismes.

En conclusion, il est utile que les historiens continuent d'approfondir l'étude de la façon dont les pauvres se représentent eux-mêmes leur situation dans la société et comment ils luttent pour remédier à cet état de fait. Si les pauvres n'ont pas tout à dire sur eux-mêmes et l'ensemble du corps social, leur voix est irremplaçable. Parce qu'ils n'ont pas les outils de communication des élites et parce que celles-ci parlent beaucoup à leur place, ils appartiennent apparemment au monde du silence. Au XIXe siècle, cependant, à côté de nombreux actes de refus ou de violence, les archives donnent à entendre de nombreux témoignages, directs ou indirects. Chansons et poésies, cris, graffitis, tatouages, argot, réponses aux interrogatoires policiers ou judiciaires, lettres ou billets de prison, autant de paroles qui expriment, de l'intérieur, la misère des pauvres, leurs propres solidarités, mais aussi leur ironie ou leur révolte devant l'abondance du riche et l'indifférence de la collectivité.

Débat

Sous la présidence de PIERRE GUILLAUME

Pierre Guillaume. — *Il me semble que le travail est le thème récurrent de toutes les interventions. Marcel David disait même s'être interrogé sur la portée à donner au droit du travail comme fondement du droit social. Au XIXe siècle, on distingue ceux qui ont du travail et des mérites, et les autres, avec la tentation de ne voir et de ne s'intéresser qu'à ceux qui travaillent. C'est là une grande interrogation. Le droit au travail et la volonté de travailler sont des critères qui reviennent sans cesse.*

Les exposés ont mis en évidence aussi, et ce n'est pas le moins important, la cohérence des attitudes qui, au XIXe siècle, débouchaient sur un refus de voir la misère, qu'il s'agisse d'un refus inconscient, ou d'un refus volontaire, avec ses techniques spécifiques, comme l'enfermement ou la mise à l'écart. Il est extrêmement important de bien analyser ces stratégies du « non-voir » : elles font encore certainement partie de notre héritage actuel.

Henri Péquignot. — *Le nom de Victor Hugo, prononcé il y a un instant dans une communication, me provoque à intervenir. Je ne l'attendais pas cité à propos de* Feuilles d'automne, *mais plutôt à propos des* Misérables. *C'est sans doute le roman le plus lu en France depuis sa parution. Après tout ce que j'ai entendu ce matin, je suis frappé par la vision moderne de Victor Hugo, comparée à celle de ses contemporains littérateurs. Par exemple, quand bien même le misérable serait criminel, il explique sa criminalité par sa misère. Parmi les écrivains du XIXe siècle, c'est probablement lui qui décrit le mieux la misère.*

En écoutant Marcel David nous exposer ce mélange de la solidarité et de la fraternité, je retrouvais la pensée d'un auteur influent dans toute l'Europe dans les années qui ont suivi 1848 : Schopenhauer. Malheureusement, cet auteur est complètement négligé aujourd'hui. Si je ne me trompe, il me semble que le terme clé dans la pensée de Schopenhauer est bien ce mélange de fraternité et de solidarité, qu'il exprime par le mot Mitleidenschaft, intraduisible en français. Il correspondrait au mot « compassion » — mais qui a fini par prendre un sens très différent dans le français courant. J'ai l'impression que la pensée de Schopenhauer est très proche de la vôtre : c'est une manière d'être, de sentir, de souffrir avec, de se sentir incapable de se différencier d'autrui. Je verse simplement cette réflexion au débat.

MARCEL DAVID. — *En ce qui concerne Victor Hugo, un débat à la Chambre l'a opposé à Montalembert : celui-ci défendait la notion d'aumône, Hugo, lui, a « rué dans les brancards ». Il était contre l'aumône, mais pour l'assistance. Ce serait à préciser...*

ALAIN FAURE. — *Je crois que c'est juste de dire que Hugo a une vision très moderniste des misérables. Toutefois, on peut faire une réserve : il y a un peu de délire littéraire chez lui ; la réalité n'est que lointaine, et le personnage de Thénardier est le type social même du faux pauvre, du solliciteur.*

A propos de la solidarité, ne faut-il pas faire très attention à la qualité de la personne qui emploie le mot au XIXe siècle ? Car il existe aussi une solidarité de droite ou d'extrême droite, à laquelle vous avez fait allusion.

MARCEL DAVID. — *C'en est même l'origine. Bonald et Maistre sont les premiers à employer le mot après Ballenge, en réaction contre le libéralisme individualiste.*

ALAIN FAURE. — *Mais, précisément, cette notion induit pour eux une certaine vision de la société et de l'assistance. N'y a-t-il pas une confusion dans l'usage du mot ? « Solidarité » veut alors dire mission des classes supérieures, protectorat, patronage, pour Le Play et tout un courant de pensée multiforme qui a souvent utilisé ce mot. Cette vision de la société domine encore après Bonald et Maistre dans toutes les œuvres sociales et d'assistance de la fin du siècle.*

MARCEL DAVID. — *La solidarité contre-révolutionnaire apparaît la première, avec l'idée d'une nécessaire complémentarité d'organes dans la société établie.*

ALAIN FAURE. — *A propos de la communication de Pierre Lévêque, de la loi de 1850 et de son mécanisme d'exclusion : que* peut-on dire du fait que la République réactionnaire ait réduit le suffrage universel, non pas en rétablissant le cens, mais par la durée de résidence ?

Pierre Lévêque. — *Pour bénéficier du droit de vote, il fallait 3 ans de résidence dans le canton, et en fournir la preuve par l'inscription au rôle de la contribution personnelle. Les indigents en étaient exemptés. Ne pouvant donc faire la preuve de leur résidence, ils se trouvaient exclus automatiquement. Les gens n'étaient pas tous des vagabonds, mais c'est l'argument qui était donné. Dans certaines villes, on arrive à une proportion considérable d'exclus : deux tiers à Paris, la moitié dans des villes comme Dijon, Châlon, Le Creusot, plus de 40 % dans les cantons ruraux les plus pauvres.*

A cette occasion, les autorités ont tenu des propos qui montrent bien la confusion existant entre classes laborieuses et classes dangereuses. Le procureur de la République de Dijon se félicitait de ce que les listes, je cite, « soient purgées de ce ramassis de gens sans aveu, de vagabonds, de repris de justice qui, sans foyer domestique, sans attachement au sol et à la famille, se transportaient d'un lieu à un autre ». En voulant éliminer les classes dangereuses (vagabonds, errants...), on éliminait en fait une bonne partie des classes laborieuses, non seulement les indigents mais aussi un grand nombre de pauvres.

Alain Faure. — *Sans doute le solidarisme crée-t-il des obligations et le quasi-contrat est justement là pour justifier ces obligations. Quand on compare le catholicisme social et le solidarisme par exemple, on s'aperçoit que les notables y ont un rôle particulier. Les pratiques sont très proches, même si bien sûr Le Play n'est pas L. Bourgeois. Des exemples au XIXe siècle montrent qu'une logique de Dieu et une logique de l'Humanité se retrouvent en définitive sur des valeurs et des pratiques très proches.*

Cette partition entre les Le Playsiens qui seraient voués aux gémonies et les solidaristes qui ouvriraient le ciel n'est pas très juste. Même un Charles Gide développe cette idée de fraternité, mais de facto sa pratique est également celle d'un notable. Il y a toute une mythologie de l'économie sociale par rapport à cela.

Marcel David. — *Cela appellerait des remarques. Mais je voudrais revenir sur Saint-Simon. Dans son Système industriel, il met aussi l'accent sur le travail, mais à l'intérieur d'une valeur jugée par lui plus fondamentale : la fraternité. C'est novateur. Il consacre*

6 pages à la fraternité comme principe constituant. Je trouve qu'on ne met pas assez l'accent là-dessus.

ALAIN FAURE. — *Saint-Simon concrétise cette fraternité par l'association, une vaste nébuleuse qu'il ne définit jamais, mais qui répond effectivement à cette démarche fraternelle. Avec une contradiction cependant : les prolétaires qui veulent devenir saint-simoniens, comme le montre Jacques Rancière, font preuve d'inertie et ne rentrent pas du tout dans cette problématique actifs-oisifs qui est essentielle, mais dans la problématique richesse-pauvreté.*

MARCEL DAVID. — *Je voudrais ajouter un mot à propos de Fourier. Vous avez raison de parler d'une espèce de clôture fouriériste. Mais on peut parler aussi d'une perspective qui n'est pas la fraternité, mais qui lui ressemble un peu : l'harmonie.*

YANNICK MAREC. — *Je voudrais poser une question à Francis Hordern : ne pensez-vous pas que la communalisation de l'action sociale date davantage du Directoire que de la fin du XIXe siècle, avec la communalisation des hôpitaux, la création des bureaux de bienfaisance ? Les structures locales ont toujours de l'importance au XIXe siècle, mais elles s'inscrivent dans un plan d'ensemble, par d'autres biais comme le département, par exemple.*

Le passage de la communalisation de l'action sociale à l'émergence de ce que l'on appelle l'Etat providence ne provient-il pas justement de son échec au moment du Directoire ? Ce passage n'aurait-il pas entraîné une différenciation entre le monde de l'extrême pauvreté et le monde du travail plus organisé, thème développé par Yves Lequin dans certains de ses ouvrages ?

FRANCIS HORDERN. — *La communalisation de la fin du XIXe siècle ne fait que confirmer ce qui existe depuis longtemps, en y ajoutant la notion d'obligation. On va obliger les communes à payer ; et si elles ne le peuvent pas, un système de péréquation départementale ou nationale leur permettra de le faire. On pense que les communes sont les mieux placées pour voir la réalité de la pauvreté, à un moment où l'on craint les faux pauvres, les menteurs, ceux qui dissimulent. La commune pourra faire la différence entre le vrai et le faux pauvre ; on lui en donnera les moyens, et elle aura obligation de voter un budget chaque année, alors que les bureaux de bienfaisance avaient jusque-là très peu de ressources.*

ALAIN FAURE. — *Lors des débats préparatoires à la loi de 1902 au Sénat, l'attitude des sénateurs représentant les communes était celle* du refus. Pour ceux qui se réclamaient du monde rural, il fallait dénoncer cette tentative de l'Etat de se décharger de ses propres responsabilités sur les communes.

Jacques-René Rabier. — *Francis Hordern a fait une allusion rapide à la notion de « nouveaux pauvres ». N'est-ce pas une notion récurrente ? J'ai trouvé récemment, à ce sujet, des textes de 1924. N'est-ce pas le cheval de bataille de ceux qui veulent distinguer, parmi les pauvres, ceux que des situations occasionnelles ont fait tomber dans l'indigence et que l'on espère « récupérer » — ce qui a pour conséquence de se désolidariser de ceux qui vivent cette situation depuis de longues années ?*

A Pierre Lévêque, je demanderai ceci : avez-vous atteint une indigence familiale, je veux dire : une grande pauvreté dont on trouverait des traces de génération en génération ? Les historiens ont-ils pu approfondir ce phénomène de la « transmission » de la misère ?

Pierre Lévêque. — *Dans une province peu industrialisée, la masse des pauvres se trouvait à la campagne ; et je crois qu'effectivement la condition de prolétaire rural se transmettait de père en fils. En effet, avant l'exode rural généralisé, le seul moyen de s'en sortir était l'acquisition de terres. Si même certains parvenaient à en acquérir, il était fréquent de retomber dans une situation de grande précarité : il avait fallu emprunter et, à cause du cycle des bonnes et mauvaises récoltes, il n'était pas possible de rembourser. Ces familles étaient bien connues dans les villages. Ainsi, on savait que tel ou tel faisait partie des bons propriétaires ou des propriétaires moyens, que tels autres n'en étaient pas, et que vraisemblablement ils n'y accéderaient jamais, ni eux, ni même leurs descendants.*

André Gueslin. — *La question sur les « nouveaux pauvres » me paraît fort importante. J'avais proposé initialement, pour ce colloque, d'intervenir justement sur les nouveaux pauvres sur deux siècles. J'avais en effet repéré deux vagues de nouveaux pauvres au XIXe siècle : ceux qui viennent des campagnes à Paris, comme les Auvergnats ou les maçons de la Creuse ; et, à l'autre bout du siècle, dans un domaine très différent, les accidentés du travail. L'idée était de montrer ces vagues de nouveaux pauvres et comment elles entraînaient des procédures d'exclusion par rapport à d'autres couches sociales. Il fallait une longue investigation et j'y ai renoncé faute de temps.*

Pierre Lévêque. — *Il me semble important de noter, à propos des « catégories » de pauvres, qu'au XIXᵉ siècle on ne faisait pas dans la dentelle : les textes montrent qu'on ne se cachait pas derrière les mots. Au XXᵉ siècle, on euphémise.*

Dans les catégories que relevait Francis Hordern, il y a distinction entre celle des chômeurs et celle rassemblant les mendiants, les vagabonds, etc. Or, lesdits vagabonds étaient, pour une large part, des travailleurs journaliers. Un peu partout, on allait observer l'apparition de vagabonds que chacun s'accorderait à considérer comme une classe dangereuse. En conséquence, la notion de « pauvre » rassemblait tellement de catégories différentes qu'elle devenait totalement dénuée de sens. C'est pourquoi, il me semble qu'une généalogie trop hâtive ne nous donnerait pas d'information utile pour aujourd'hui.

Marcel David. — *Il y a toujours eu, à travers les temps, des « nouveaux pauvres ». Ils se renouvellent. Mais les raisons de cette nouvelle pauvreté ne sont pas les mêmes. Ce ne sont pas les mêmes phénomènes.*

Cette notion de « nouvelle pauvreté » n'implique-t-elle pas une espèce de présupposé que, dans toute société, il y aura toujours des pauvres et toujours des nouveaux pauvres ? Or, faut-il vivre ce fait de la pauvreté avec l'idée qu'il est inéluctable ou, en dépit du fait que la pauvreté se renouvelle, ne faut-il pas le vivre avec la perspective qu'on peut malgré tout dépasser cette situation ? N'est-ce pas ainsi que l'on évitera de s'y enfermer ? Cette perspective de dépassement est une dimension à partir de laquelle on peut précisément manifester sa fraternité et sa solidarité. Ce sont des questions que je laisse en suspens, et que je pose à nos amis d'ATD Quart Monde.

Paroles populaires
et pensée sur l'événement.
Paris XVIIIe siècle

ARLETTE FARGE

Ils parlent, pensent, agissent et aiment. Ils n'écrivent pas, ou si peu souvent. Au XVIIIe siècle les pauvres sont nombreux, visibles et occupent largement la pensée des élites, notables ou philosophes. Sur eux se tiennent de larges et longs discours ; à cause d'eux se créent d'infinies mesures, de longues réglementations, diverses politiques d' « assainissement » ou d'assistance. D'eux, il est souvent question, mais ils sont « parlés » par d'autres qu'eux-mêmes, et il est presque impossible de retrouver trace de leur existence individuelle, ou témoignage direct de leurs conditions de vie. C'est aux élites qu'appartient le savoir, ce sont donc eux qui savent laisser des traces en maniant le langage et les mots, en correspondant avec leurs amis, en écrivant leur journal intime ou leur autobiographie. Certains témoignent de leur temps dans des chroniques ou des mémoires, et les pauvres, fugitifs passants de leur écriture, sont alors décrits (voire croqués), furtifs et miséreux, cela pour s'en indigner, s'en choquer ou proposer quelque nouvelle réforme plus saine ou plus juste. Au XVIIIe siècle, le pauvre — les classes populaires — est une véritable préoccupation pour le roi et ses ministres : on entend sa rumeur, on craint ses soulèvements, on se méfie de lui, on l'assiste, on le réprime. Mais l'historien qui veut le capter, le faire surgir du passé pour le restituer à part entière se trouve devant un vaste handicap : jamais il ne le retrouvera parlant ou écrivant à la première personne. Les sources (littéraires, médicales ou juridiques) parlent de lui ; lui-même n'a pu laisser de traces personnelles de son existence ou de son imaginaire (sauf exceptions extrêmement rares).

1. Lieu des paroles captées

Un seul moyen dès lors : travailler sur des archives manuscrites où il lui a été posé des questions, où il est intervenu pour demander quelque chose. Les archives de police parisiennes sont un des moyens, par excellence, de retrouver ces êtres anonymes, ces vies oubliées que l'histoire a foulées sans leur permettre d'affleurer au jour. Pour cela, il faut choisir les innombrables procès-verbaux des commissaires de police (conservés aux Archives Nationales et à la Bibliothèque de l'Arsenal), où sont inscrites jour après jour les menues plaintes de gens de peu, les interrogatoires de petits délinquants pris sur le fait, les témoignages de voisin sur tel ou tel incident de rue (une bagarre dans un marché, un accident du travail, une morsure de chien, des habits déchirés ou souillés, un enfant trouvé, une jeune fille agressée, une dispute de cabaret, de voisinage ou de ménage...). L'important est de choisir le plus infime désordre ayant laissé trace dans les archives judiciaires, car il n'est pas question de travailler sur la délinquance importante (homicides, incendiaires, voleurs de grands chemins, escrocs), ce qui fausserait bien sûr les résultats. Il s'agit seulement, au moyen de minuscules incidents quotidiens et coutumiers, de retrouver (grâce à des témoignages, des plaintes et des interrogatoires) des comportements populaires, des formes de sociabilité, des relations entre le monde masculin et féminin qu'aucune autre sorte de source ne pourrait restituer. Ici voisins, amis, passants, hommes, femmes s'expriment sur l'événement survenu, donnent leur emploi du temps, leurs origines, leur âge, leurs conditions de vie. Ils expriment leurs doléances, accusent ou défendent leurs voisins : à travers ces phrases, ces bribes de mots répondus au commissaire de police se dessinent des formes de vie et des systèmes de pensée qu'aucun écrit littéraire ou philosophique, si convaincu soit-il, si pénétré de justice soit-il, ne pourrait dévoiler. Dans la brièveté d'un incident provoquant du désordre, l'archive judiciaire vient expliquer, commenter, raconter comment « cela » a pu exister, dans la vie de tous les jours, entre voisinage et travail, rue et escaliers. On peut tout de suite rétorquer que les archives de police sont des sources biaisées pour qui veut travailler à partir d'elles : en effet, peu ou prou, elles ne retiennent que ceux qui ont maille à partir avec la justice ; par ailleurs, ceux qui sont là, penauds, peureux ou déconfits ne sont sans doute pas au mieux de leur forme pour s'exprimer, ou pis, mentent résolument pour tenter de se disculper.

L'argument est certes valable et l'historien travaille avec ce handicap ; mais il faut aller plus loin. Tout d'abord, savoir qu'à Paris, 2 Parisiens sur 3 ont affaire avec leur commissaire de police du quartier, homme aux grands pouvoirs, sorte d'arbitre du jeu social, qui tempère, organise, prévient, punit, réconcilie. Aussi ses archives donnent-elles à voir un monde « ordinaire » et démuni qui vient devant lui à la fois pour exposer des récriminations, se plaindre ou dénoncer quelque méfait. Par ailleurs, le fait que ces hommes et ces femmes, captés dans l'archive, soient face à un pouvoir qui les dépasse, n'entache point leur « vérité ». Que les discours tenus ici soient embrouillés, rusés, malhabiles ou mensongers n'empêche point qu'ils disent de la vérité, au sens où l'entendait Michel Foucault, c'est-à-dire dans cette façon unique qu'ils ont de parler de soi, pris entre des rapports de pouvoir et soi-même. Derrière les mots prononcés et recopiés par le greffier, on peut lire la configuration dans laquelle chacun tente de se positionner par rapport à un pouvoir contraignant, dans laquelle chacun articule, avec succès ou non, sa propre vie face à celle du groupe social et face aux autorités. Ces vies se cognent avec le pouvoir, parfois sans l'avoir choisi ; mais cette occurrence est fréquente, et de ce heurt surgissent des paroles et des phrases qui elles-mêmes ouvrent sur un large paysage social où les faits et les représentations des faits sont présents. Etre contraint par le pouvoir à se dire est un des éléments de cette société du XVIIIe siècle, et il faut savoir le prendre en compte.

Ajoutons encore ceci : les témoignages et les plaintes (mettons sans doute à part les interrogatoires de petits délinquants où le vrai et le faux se mêlent en effet de façon complexe) sont riches de renseignements sur la vie de chacun et de tous. Ils disent essentiellement les modes de sociabilité, les formes du travail, les désirs et les manques d'une population aux prises avec ses conditions de vie, voire de survie. Ils disent aussi les formes de sentiments (émotion, amour, colère, peur) à partir de tel ou tel événement et permettent de mieux lire une population qui n'était pas considérée sujette à l'histoire par ceux qui la gouvernaient.

Sans doute l'archive judiciaire est-elle un pis-aller par rapport à des ensembles sériels de correspondances ou de journaux privés, mais, pour qui sait la lire, elle offre à son lecteur non seulement des formes de vie quotidienne, mais encore des mots qui traduisent l'implication de chacun dans le débat social.

En effet, on peut soutenir que les mots dits, les courts récits rapportés par les greffiers et les embryons d'explications balbutiées sont autant de paroles que d'événements. Dans ces discours tronqués, tenus entre peur, honte et mensonge, il y a événement parce que ce langage charrie des essais de cohérence voulus par celle ou celui qui a proféré les réponses, tentatives qui créent l'événement. En elles se repèrent des identités sociales s'exprimant par des formes de représentation de soi, se dessinent des manières de percevoir le familier et l'étrange, le tolérable et l'insupportable, le juste et l'injustice. Car celui qui répond au commissaire s'exprime forcément à travers les images qu'il véhicule de lui, de sa famille et de son voisinage. Chaque parole libère des renseignements ainsi qu'un horizon tout entier qu'il faut aimer capter. Quand on demande par exemple à un colporteur en quelle année il est né et qu'il répond « ne sait pas l'année, mais qu'il aura 17 ans le jour de la Saint-Charles », on se trouve en face de tout un univers mental sur lequel réfléchir. Et l'historien aurait tort de seulement retenir l'âge sur sa fiche ; ce jeune colporteur indique en effet son absence de perception du temps par rapport aux années civiles et son repère le plus intime est celui des journées rythmées par le calendrier des saints. On pourrait à l'envi multiplier les exemples de ce genre. Un second suffira. Un épinglier interrogé sur la date de sa venue à Paris donne en une phrase sa réponse : « A dit qu'il est venu à Paris il y a trois ans croyant qu'il gagnerait mieux sa vie comme beaucoup d'autres et, étant à Paris, il lui est venu une teille sur l'œil qu'il n'a pu soigner, a donc changé de métier. » L'événement n'est pas qu'il soit un migrant, mais réside dans ce qui s'est soustrait à lui pendant ce temps (espoir — santé — métier). Paris ville-mirage s'est transformée en ville-échec ; c'est la fin de son rêve mais aussi, comme il sait bien le dire, la fin d'un rêve collectif (tant de migrants sont venus dans les villes au XVIIIe siècle — deux tiers des couches populaires sont des migrants — et s'y sont abîmés). Les mots exhibent des événements et des formes de réalité que l'historien doit déchiffrer pour en produire le sens.

2. *Hommes et femmes dans leur quartier*

Les paroles « populaires » retrouvées en archives attestent — mais comment ne serait-ce pas l'évidence — de la conscience des rôles tenus par chacun dans la société, et de la volonté d'insertion singulière et collective dans la vie sociale et économique de la cité. Ou plutôt du quartier : en effet, ce qui ressort en premier d'une lecture minutieuse des témoignages, et des interrogatoires, c'est la présence du quartier. Lieu circonscrit où chacun se repère par rapport à son voisin, à celui qui détient tel métier ou qui se poste chaque jour à la même borne pour vivre de la vente de ses colifichets. En même temps qu'un lieu, le quartier est un référent, une sorte d'être vivant : il réagit aux événements, aux heurs et malheurs de chacun. L'information y circule à vive allure, enfle et se désenfle rapidement : les réseaux d'information vont de la blanchisseuse au revendeur, du porteur d'eau à la marchande d'aiguilles.

Etre connu de son quartier est toujours de bon augure, on le voit bien dans les rapports de police ; par contre passer pour un mauvais drôle ne présage rien de bon. Le quartier enserre la vie de chacun, fait et défait les réputations : ici s'effectue un jeu complexe où la vie de chacun n'est jamais à l'abri des regards, où tout se soupèse et se transmet.

Rien de ce qui se passe dans le quartier n'est indifférent, et cela pour ses habitants comme pour la police. La police veille à tout, à la voirie comme à l'approvisionnement, aux voleurs comme aux incendies, « la tranquillité publique » et la paix sociale sont ses obsessions. Sa vigilance est grande, et le quartier se voit truffé d'observateurs de police (les mouches) chargés de traquer jusqu'aux opinions et aux paroles. Cachés dans les lieux publics (tavernes ou promenades), ils notent sur leurs carnets ce qui se dit, se raconte, ce sur quoi le peuple réagit. Ainsi voici le paradoxe le plus étonnant de ce XVIIIe siècle : captée par la police, la parole populaire fait peur. C'est donc qu'elle a de l'importance. Or, simultanément, la police est persuadée de l'impossible pensée des classes populaires toujours décrites comme étant animales, crédules, superstitieuses et sans intelligence. Sur cette parole au sens dénié se fondent pourtant des politiques... étrange XVIIIe siècle.

Dans la mesure où la parole du quartier est traquée par les autorités de police, elle est forcément vécue comme très importante par ceux qui la font circuler. D'ailleurs, dans cette société oralisée, n'est-elle pas l'indispensable instrument d'information et de connaissance ? Dès lors, il se passe un jeu d'interactions et d'amplification incessant entre le public qui parle, la nouvelle transmise et la police inquiète. Rumeurs, ouï-dire, fausses nouvelles et vraies informations sont le produit de ce que les événements, les habitants et la police ont pris l'habitude d'en faire. Produit complexe qui ne vient pas seulement du peuple, comme si lui seul le sécrétait, l'inventait. L'attitude active de la police suscite aussi ses formes de circulation.

Ce va-et-vient de paroles charpente le quartier. Rien de plus puissant que ces mots dits entre voisins, où se racontent les événements, mais aussi où se fabrique et se défait l'honneur, ce précieux capital des gens pauvres. Lorsqu'on est dépourvu de stabilité économique, lorsqu'on a de précaires moyens de vie, il existe un bien plus précieux que tous les autres : l'honneur de soi et des siens. Il est donc dangereux de risquer sa réputation, dangereux de faire risquer celle de son entourage. Dans une société où fusent les injures, où tout le monde vit dehors, sous le regard des autres, maintenir son honneur est fondamental. Bien entendu, c'est celui des femmes qui est le plus fragile et simultanément la cible la plus facile pour ceux qui veulent ruiner un ménage ou une clientèle.

Vie dehors, vie exposée, insécure : la vie du quartier est ponctuée de conflits et de solidarités. Une violence réelle traverse les jours ; cris, gestes, coups sont une forme d'expression, une des composantes essentielles de la vie quotidienne parisienne. Etonnante violence, bien supérieure à celle que nous connaissons à l'heure actuelle, réponse à la violence des conditions de vie. En effet, à Paris au XVIIIe siècle, le peuple résout ses conflits sur-le-champ : les incidents de rue ou d'atelier éclatent facilement, mais la violence obéit à des logiques. Elle a ses règles et ses motifs, et ne surgit qu'aux endroits où se joue un subtil rapport de forces entre les partenaires.

Cette violence étonne nos sensibilités modernes. Les rapports des médecins et des chirurgiens chargés d'examiner les blessures renseignent sur la gravité des coups. Tout est bon pour frapper : ustensiles tranchants, serpettes, poêlons, fourches et rôtissoires. Les outils comme les gestes de la violence sont à l'image des manières de vivre. L'agression, la dispute, est une réponse à la violence des forces.

Les conflits d'ateliers sont eux aussi très nombreux : apprentis et compagnons ne vivent pas, comme on l'a si souvent décrit en rêvant abusivement à un paradis perdu, en harmonie parfaite dans la maison du maître. La vie est âpre, les salaires imparfaits, les tâches souvent mal distribuées et chacun, à l'intérieur de son travail, cherche à tenir sa place et à n'être ni sous-estimé ni humilié.

On n'en finirait pas de décrire le nombre de rixes qui peuvent surgir dans Paris, mais il faut sans doute insister sur cette forme bien particulière de violence qui est celle des « défis à l'ordre » et autres formes d'agression contre soldats du guet et police. Insister sur eux parce que ces conflits ont beaucoup de signification ; ils sont autant de moyens de défense contre une police jugée injuste et trop présente ; de plus, ils demandent des solidarités évidentes à l'intérieur de la population. Solidarités qui sont très présentes et qui marquent aussi les jours : aucune bagarre de rue ou d'immeuble ne se développe sans qu'un jeu complexe de régulation et de contre-régulation vienne à la fois lui donner forme et la moduler.

3. *Foules populaires et événements*

Ils vivent dans la rue, s'assemblent facilement et sont régulièrement sollicités par le pouvoir royal pour contempler sa scène sacrée, religieuse, politique et autoritaire. Le peuple est requis par la monarchie ; toute fête, tout mariage princier ou royal, tout *Te Deum* célébrant des victoires, toute entrée royale est un don offert au peuple en même temps qu'une requête.

La rue vit donc dans un climat particulier où les mises en scène publiques et monarchiques s'ajoutent à celles de la vie quotidienne : la population, disponible parce que présente, fait de chacun de ces événements une histoire spécifique. Sa façon d'y participer, de huer ou d'acclamer, de bouder même, livre des signes que les pouvoirs publics recueillent avec anxiété. Le roi s'inquiète souvent du peu de ferveur de l'assentiment politique, et il arrive que la police truffe les foules d'hommes à gages chargés d'acclamer la cour, le roi. Le peuple a beau être dit « vil et grossier », le roi ne peut se passer de son acclamation, signe de réussite politique.

Foules conviées à la fête, mais conviées aussi au spectacle autoritaire des châtiments publics. C'est la « sombre fête punitive » comme le disait Michel Foucault. Ils sont légion les châtiments, et personne ne peut échapper à leur vision : carcan sur la place, pilori, fouet, fer rouge, porteur d'écriteau, chaîne des galériens, exécution publique. Le spectacle de la peine est quotidien : au carrefour ou sur la place, il fait partie de l'horizon des Parisiens au même titre que le théâtre de rue, l'embauche en place de Grève, les disputes au seuil du cabaret. Il prend place où se loge la vie, et l'on ne doit pas s'étonner qu'il assemble tant de monde. Puisque tout se passe dans la rue, comment imaginer que les foules soient absentes au moment des peines, des condamnations et des exécutions ? Il faudrait une volonté politique assurée, l'expression d'un refus collectivement pensé et accepté pour que ne se fassent point ces rassemblements, somme toute naturels. On peut presque avancer qu'on ne se déplace pas pour une exécution mais qu'on accomplit là un geste existentiel, normal, celui de vivre avec autrui, dehors, les événements donnés sur les lieux mêmes où la réalité sociale se fabrique et se crie. Comment imaginer qu'on déserte les lieux de châtiment, puisque la réalité sociale et quotidienne est en fait tissée par un flux incessant de spectacles appelant, sollicitant les réactions populaires ?

Contrairement à ce qu'on croit, les foules ne sont ni passives ni unanimes ; elles sont complexes, obéissent à des logiques nécessaires à décrypter. Autour du supplice, exclamations, injures, grondements, effrois, poings levés, escaliers sabotés, larmes et sanglots sont un langage qui témoigne des formes multiples et subtiles de consentement, de dégoût et de repos. Ainsi se joue-t-il bien autre chose que de l'indifférence face à la machine punitive. A cet égard le XVIIIe siècle porte en lui de formidables tensions où l'horreur du supplice s'aiguise, tandis que subsiste cette étrange fascination d'assister au grand passage de la vie à la mort.

La foule est inévitable et nécessaire ; disponible, elle peut aussi se soulever par endroits ou tout entier. Les procès-verbaux des commissaires de police retiennent mois après mois toutes ces contestations qui alourdissent le climat : ici une révolte aux barrières, là de graves incidents parmi les ouvriers d'une rue décidés à la grève, ou encore une émotion autour de l'enchérissement des prix et des troubles autour des prisons.

En observant, dans le détail des interrogatoires, toutes ces traces d'insubordination dans les dossiers de police, en constatant les moments où le peuple se rebelle, furtivement ou massivement, on est frappé par le côté finalement ordinaire de telles situations. L'émotion populaire apparaît comme le point de jonction nécessaire entre un ordre qui fait défaut, et un avenir mal assuré. Il y a de l'ordre dans ce désordre, un désir plus grand de justice, et l'attroupement semble la mise en forme gestuelle de ce qui manque et de ce qui se doit conquérir.

Grâce aux archives judiciaires, les événements d'insubordination peuvent se lire au singulier, étudiés de près. Les interrogatoires et les témoignages racontent dans le détail les événements qui sont survenus, les paroles qui ont été prononcées, les trajets suivis par la foule, les coups portés, les formes de participation du public, etc. On peut dès lors retrouver tout un système de logiques ainsi que des formes de pensée qui accompagnent l'événement en apparence désordonné. Ainsi voit-on la foule obéir à un savoir propre sur le réel et à un projet construit : le peuple en colère, en refus ou en émoi, reconstruit ce qu'il croit juste dans la situation politique et les comportements revendicatifs sont tout à la fois raisonnés et démonstratifs même si violence et excès les accompagnent.

Un seul exemple pour illustrer ce point : en 1750, la police, par souci d'assainissement de ses rues, enlève en pleine rue des enfants dits polissons, c'est-à-dire qui traînent et s'égaillent aux carrefours. Devant l'événement, la population riposte avec violence : on n'enlève pas impunément les enfants du peuple, les enfants du quartier. En 1720 déjà de semblables incidents avaient marqué Paris et la mémoire est vive de ces rapts d'enfants. De plus, on sait bien qu'il est question de peupler la Louisiane et d'y mettre des jeunes qu'on marierait d'office. Par ailleurs, rien ne justifie un enlèvement en pleine rue, où les règles traditionnelles de la mise en prison sont bafouées (c'est-à-dire le passage nécessaire devant le commissaire de police et l'écriture du procès-verbal).

Mémoire, savoir, indignation, souci de légitimité composent la colère populaire : les cortèges violents des habitants ameutés vont suivre un itinéraire logique. Après avoir poursuivi et rattrapé dans un immeuble un homme de police enleveur d'enfants, ils le traîneront jusqu'à la maison du commissaire de police. Ce trajet est symbolique : c'est celui que tout suspect doit normalement emprunter avant d'aller en prison ; or les enfants enlevés l'ont été sans légalité. Le passage devant la maison du commissaire montre spectaculairement que la population réclame une justice normale et ne tolère aucun écart par rapport à elle. La violence a un ordre, un trajet, une fonction : elle montre, désigne, signifie, répare.

Par ailleurs, les dépositions des parents d'enfants mis en prison à Bicêtre ou au For l'Evêque témoignent encore d'autre chose : en dehors de l'indignation et du chagrin qui ressortent de ces écrits, on peut y lire une véritable volonté d'action. En effet, pères et mères disent entreprendre des démarches afin que leur enfant soit libéré : ces démarches sont multiples et montrent bien le savoir social de la population. Ainsi verrait-on telle femme ou tel père de famille se poster tard le soir à l'endroit où il sait que passe le carrosse du lieutenant général de police afin de lui demander des comptes et de négocier une libération. Un autre ira directement discuter avec le premier secrétaire du lieutenant général, tandis qu'un voisin cherche dans ses relations tout ce qui peut servir à la libération d'un enfant du quartier.

Il y a volonté de négociation et surtout prise sur l'événement, savoir sur les fonctions, les lieux, les habitudes des autorités de police, et volonté de traiter avec elles. La population n'est point « pâle » ; à chaque défi lancé, elle répond à sa manière et à la mesure de son savoir, de ses possibilités, volonté de savoir, volonté de discuter, de négocier et de l'emporter : les foules sont loin de subir, elles ne sont pas non plus dupes de ce qu'on ne veut point leur dire. Et c'est sans doute ce qu'il y a de plus passionnant à découvrir lorsqu'on lit les archives et les paroles prononcées par ceux qu'on appelle habituellement les gens de peu.

4. *Représentations populaires*

Ils parlent, pensent, agissent, avons-nous dit dès le début de cette réflexion. Mais cela n'est pas en harmonie avec ce que peuvent dire les intellectuels de l'époque. Le peuple est toujours vu, décrit, figuré (ou même soupesé) d'une même façon réductrice. Toujours traduit en termes de sauvagerie et de primitivité, il n'apparaît aucunement comme un groupe dont on aurait particulièrement besoin, si ce n'est pour la main-d'œuvre. Le pauvre, le peuple sont sans aucun doute des catégories sociales à instruire et à ne point laisser mourir de faim, mais ce ne sont point des êtres considérés comme des sujets de l'histoire.

De toute façon, la foule, le pauvre et la misère font peur : sur ce point, tous les chroniqueurs sont d'accord avec la police. Cette façon constante d'être disponible au rassemblement, cette manière particulière de vivre dehors entre rumeurs et nouvelles circulant à la vitesse du vent provoquent de véritables frissons dans les classes dominantes. Et le paradoxe reste présent : s'il n'est aucunement question de s'appuyer pour gouverner sur l'opinion publique de ces masses crédules et désordonnées, dans les faits il reste inimaginable de ne point capter ses humeurs. Capter ses humeurs ? S'inquiéter de l'inadmissible ; savoir sans le dire ni même le penser que cette population a son avis, ses réactions, son pouvoir.

Voici donc l'extraordinaire de ce XVIIIe siècle : le peuple n'est pas nommé ou plutôt innommable hors des catégories de l'animalité, de la féminité (on le dit femelle) ou de la folie (on le dit hystérique), et pourtant non seulement le peuple se dit et se nomme, mais les élites veulent (au moyen des observateurs de police) écouter ce qu'il dit, rechercher son assentiment. En tous les cas existe sans aucun doute une opinion populaire politique. Mais il semble malgré tout étrange que ce ne soit qu'aujourd'hui, au moyen du travail dans les archives, qu'on puisse enfin restituer ces systèmes de pensée qui furent les siens il y a deux cents ans.

Daniel Roche, *Le Peuple de Paris. Essai sur la culture populaire au XVIIIe siècle*, Paris, Aubier-Montaigne, 1981.
Michel Foucault, *Surveiller et punir. Naissance de la prison*, Paris, Gallimard, 1975.
Arlette Farge, *La Vie fragile — Violence, pouvoir et solidarité à Paris au XVIIIe siècle*, Paris, Hachette, 1986.

Les pauvres et leur représentation dans la société athoise des XVIIIᵉ et XIXᵉ siècles

JEAN-PIERRE DUCASTELLE

Ath est une petite ville du Hainaut belge. Siège d'un arrondissement administratif et d'un canton, elle reste au XIXᵉ siècle un centre dont le rayonnement s'étend sur toute la région voisine. Le marché du jeudi est largement fréquenté, de même que les établissements scolaires.

Sous l'Ancien Régime, la ville était le siège d'une châtellenie. Elle a été fortifiée par Vauban en 1668. La vente de la toile constituait une ressource essentielle de la petite cité depuis la fin du Moyen Age. Cette industrie régionale est concurrencée de plus en plus par les productions industrielles anglaises qui éliminent les produits de l'industrie linière régionale au cours de la première moitié du XIXᵉ siècle. En même temps, la révolution industrielle tarde à produire ses effets dans cette vieille ville assoupie à l'intérieur de ses remparts.

L'essor des carrières dans sa proche banlieue reste limité au cours de la première moitié du XIXᵉ siècle. Le développement industriel de la deuxième moitié du siècle repose principalement sur le bois et le textile. La stagnation de la population autour de 8 000 habitants au cours de la première moitié du XIXᵉ siècle est l'indice des difficultés de l'époque. De 1850 à 1914, l'essor démographique accompagne la croissance économique. La population passe de 8 000 à 11 000 habitants [1].

J'étudierai les réactions de la société athoise face au problème de la pauvreté de la fin du XVIIIᵉ siècle, au début du XXᵉ siècle. Ath semble en effet avoir servi d'exemple à l'époque de François-Joseph Taintenier dans l'ensemble des Pays-Bas autrichiens à la fin du XVIIIᵉ siècle. La politique radicale de Jean-Baptiste Delescluse sera combattue victorieusement par les modérés au milieu du XIXᵉ siècle. La politique réformatrice des libéraux et le paternalisme des catholiques n'empêcheront pas la montée du socialisme dans les milieux ouvriers après 1895.

Jusqu'à l'instauration du suffrage universel en 1893, les pauvres sont exclus de la décision politique. Ils n'ont aucun représentant de leur milieu social dans les instances du pouvoir. Après 1893, la démocratisation porte au pouvoir un certain nombre d'ouvriers. Ceux-ci restent minoritaires et les pauvres n'occupent toujours qu'une place secondaire dans le système politique. Au cours du XIXᵉ siècle, le problème de la pauvreté est souvent présent dans la société athoise mais il est le plus souvent traité par des bourgeois.

L'œuvre de Taintenier et la lutte contre la mendicité [2]

La lutte contre la pauvreté a déjà été une préoccupation des dirigeants athois à la fin de l'Ancien Régime. François-Joseph Taintenier (né en 1729) est échevin d'Ath de 1772 à 1775. Il meurt en 1776. Avocat au conseil du Hainaut, il appartenait à une famille de la bourgeoisie locale. Dès 1770, l'administration des Pays-Bas autrichiens envisage de supprimer la mendicité par la création de maisons de force ou d'hôpitaux généraux pour y enfermer les vagabonds. L'enfermement est mis en cause par François-Joseph Taintenier qui propose un système plus humain et plus efficace. Pour l'échevin athois, l'aide aux pauvres doit être confiée à une aumône générale selon le modèle d'Yverdon (Canton de Vaud en Suisse). Les ressources proviendront de contributions volontaires privées et de collectes, sans oublier la réunion des fonds publics consacrés à la lutte contre la pauvreté (tables de charité, fondations caritatives...). L'aumône est dirigée par un bureau avec l'aide des autorités civiles et religieuses. Les pauvres sont aidés au lieu de leur résidence. Chaque membre du bureau est chargé de la surveillance des pauvres dans un district déterminé. L'aumône apportait son aide à ses protégés et tentait de leur procurer du travail. Les enfants devaient fréquenter l'école.

Se basant sur son expérience d'échevin d'Ath, Taintenier rédige le *Traité de la mendicité*, qu'il publie sans nom d'auteur en 1774. Selon lui, la réalisation athoise peut servir de modèle. 734 personnes ont été secourues dans la ville d'Ath et sa banlieue (environ 9 000 habitants) avec une somme modeste (6 602 florins, 15 patars). Beaucoup d'indigents ont été remis au travail. Les enfants ont été orientés vers le réseau scolaire ou l'apprentissage. La moralité y a gagné. La mortalité des pauvres aurait considérablement baissé.

En cas de besoin, Taintenier prévoit de percevoir un impôt pour faire face aux dépenses. Il considère cependant avec un bel optimisme physiocratique que la liberté économique ne peut que favoriser l'intégration des pauvres. Les malades et les invalides doivent pouvoir être accueillis dans des hôpitaux, tandis que la maison de force est réservée aux mendiants irrécupérables et aux criminels.

Le *Traité* de Taintenier, confirmé par un supplément l'année suivante, aura une influence considérable dans les Pays-Bas autrichiens. Il a ruiné presque entièrement le projet de maisons de correction ou d'hôpitaux généraux pour la Flandre présenté par Jean-Jacques-Philippe Vilain XIV, premier échevin de Gand. Ce responsable dynamique abandonnera son projet pour retenir la solution de Taintenier appliquée à Ath puis à Courtrai. Cependant, l'échevin athois n'eut pas l'occasion de connaître tous les effets de son œuvre. Il se rendit à Bruges et à Gand pour y défendre ses idées et cette visite eut sans doute une influence sur leur application dans les deux grandes villes flamandes. Mais le réformateur mourra prématurément quelques mois plus tard. La même année, son collègue, l'échevin Jaubert sera appelé à Tournai lors de la création de l'aumône générale de cette ville et interviendra directement dans la mise en place du projet.

Le mérite de François-Joseph Taintenier est d'avoir élaboré un projet humaniste de lutte contre la pauvreté qui tente de supprimer la mendicité et d'assurer l'intégration des pauvres dans le circuit économique, tout en apportant des secours aux malades ou aux infirmes et en utilisant la force contre les irrécupérables. Son projet a mis en cause la politique d'enfermement entamée par les autorités des Pays-Bas autrichiens. Il marque une transition entre la politique ancienne et les préoccupations nouvelles inspirées par le courant philosophique.

L'échec du radicalisme libéral (1848-1855)[3]

A partir de 1845, une crise économique touche gravement la ville d'Ath et sa région. Elle est due à l'élimination progressive de la toile tissée par les artisans régionaux au profit des produits industriels anglais. La crise sociale qui en découle est encore accentuée par la maladie de la pomme de terre en 1845 et par l'épidémie de choléra en

1849. La ville d'Ath compte environ 4 000 pauvres sur 8 500 habitants en 1847. Le nombre des sans-travail ne cesse d'augmenter. Les autorités communales craignent les émeutes et veulent renforcer les moyens de répression. Ainsi, le 15 mai 1847, le bourgmestre Jean-Baptiste Taintenier (le neveu de l'auteur du *Traité de la mendicité*) propose au conseil communal d'armer et d'habiller la garde civique afin d'être en mesure de réprimer tout désordre.

Un conseiller communal, Jean-Baptiste Delescluse, appartenant lui aussi à une ancienne famille de notables locaux, considère qu'il faut avant tout chercher à prévenir les désordres par des « mesures énergiques ». Il propose d'utiliser la somme de 3 000 F disponible aux dépenses imprévues du budget de 1847 pour « donner du travail aux ouvriers en améliorant la voirie vicinale ». Il propose aussi d'élargir les moyens mis à la disposition du bureau de bienfaisance pour secourir les pauvres[4].

Cet homme politique n'est pas un nouveau venu dans la vie politique. Fils et petit-fils de notables locaux, il a exercé très jeune des responsabilités. Il est échevin en 1831 et bourgmestre en 1833. En 1837, il est remplacé par le modéré Jean-Baptiste Taintenier. Candidat malheureux aux élections législatives en 1839, 1842 et 1847, il sera élu député en 1848. La même année, il redevient bourgmestre et va tenter d'appliquer ses idées réformatrices. Il est secondé par le secrétaire communal Henri Marichal et par quelques amis proches comme le médecin Jean-Baptiste Thémont ou le vétérinaire François Deneubourg.

Jean-Baptiste Delescluse va mener la politique qu'il avait réclamée dès 1847. Il va tenter par tous les moyens de développer les travaux publics pour donner du travail aux indigents : route d'Ath à Frasnes-lez-Buissenal, chemin de fer de Jurbise à Tournai, entretien des chemins vicinaux, démolition des fortifications et des ouvrages militaires. Cette politique n'exclut pas des mesures d'assistance plus traditionnelles comme les distributions de soupes économiques (mises en place dès 1847) ou les collectes en faveur des pauvres.

Delescluse ne se contente pas de mesures ponctuelles destinées à faire face à la situation difficile de la fin des années 1840. Il pense à l'avenir. Sous l'impulsion du secrétaire communal, Henri Marichal, des ateliers de travail ont été créés dans la ville d'Ath de 1846 à 1848. Ils visent à former des ouvriers spécialisés comme les tailleurs de pierre, les menuisiers, les cordonniers, les relieurs et les dentellières. Le succès n'est pas à la mesure des espoirs. En 1851, le rapport communal fait état de « l'apathie et de l'insouciance de plusieurs parents » face à cette formation professionnelle.

Le bourgmestre et son secrétaire communal se soucient aussi du développement de l'instruction primaire et secondaire. Ici leurs propositions ne sont pas suivies par les autorités supérieures. Les gestionnaires communaux veulent aussi mieux intégrer les ouvriers et les pauvres dans la société en leur assurant davantage de sécurité d'existence. Ils veulent répandre le goût de l'ordre et de l'épargne dans les classes pauvres. C'est le but poursuivi en créant une société pour l'achat des provisions d'hiver, le 3 mai 1849. La diffusion de cette pratique restera limitée à une petite part des pauvres puisqu'elle rassemblera au plus 163 membres effectifs. Le 28 mars 1850, le collège échevinal décide d'attribuer chaque année des récompenses aux ouvriers qui se sont distingués par « leur conduite, leur dévouement et la propreté de leurs habitations[5] ».

A côté des mesures sociales, les radicaux athois tentent aussi de favoriser le développement économique et d'attirer des industries nouvelles. Cette politique n'a pas eu le temps d'être suivie d'effets durables. Certes, la pauvreté et la misère ont reculé. Le nombre des secourus est descendu à 2 000 personnes en 1850. Pour une bonne part, ce recul est lié à l'évolution de la conjoncture.

La politique, parfois brutale, de Delescluse divise cependant la petite ville. Les milieux de notables lui reprochent l'attention qu'il consacre aux indigents mais aussi son attitude autoritaire. Ses succès électoraux, au niveau communal, montrent qu'il a largement l'appui des classes moyennes. Son échec aux élections législatives de 1852 est dû aux cantons ruraux. La population d'Ath organise après cet échec une grande manifestation d'hommage au « père des pauvres ». La situation sociale se détériore en 1854 et le chiffre des assistés atteint de nouveau 3 000 personnes. Le 7 septembre 1854, un placard écrit à la main, appelle à la révolte et s'en prend aux marchands de grains :

« En bas cest marchans farteurs
Acapareurs de grains cest buveurs
de sang des ouvriers ici nommés[6]. »

Deux jours plus tard, le 9 septembre vers 8 heures du matin, l'émeute éclate autour des marchands de pommes de terre et des marchands de fromage. Les femmes semblent avoir joué un rôle majeur lors de ces troubles. La foule a été excitée par quelques agitateurs qui ont été arrêtés.

Le lundi 11 septembre, il y eut une nouvelle flambée de violence. Le bourgmestre tente de calmer les esprits. Il fait arrêter deux agitateurs extérieurs à la ville et une femme d'Ath qui a été à la tête de l'émeute le 9 et le 11. Pour le reste, il s'oppose à une répression massive et refuse de collaborer avec le procureur du roi de Tournai. Son attitude conciliatrice lui vaut les critiques des autorités judiciaires.

Sans se décourager, Jean-Baptiste Delescluse poursuit sa politique sociale dans les mois qui suivent. Le scrutin communal du 28 octobre 1854 confirme sa popularité chez les électeurs de sa ville puisqu'il recueille 80 % des voix. Mais il est de plus en plus contesté par les libéraux doctrinaires et les catholiques.

Malgré le résultat des élections, le gouvernement De Decker (unioniste rassemblant les libéraux modérés et les catholiques) nomme le nouveau bourgmestre, le catholique Charles Lor en dehors du conseil communal. Malgré plusieurs tentatives, Jean-Baptiste Delescluse ne retrouvera plus jamais son mandat de bourgmestre, ni son siège de député.

Le radical athois a voulu faire face à la crise du milieu du XIXe siècle. A côté de mesures ponctuelles, il a tenté de réaliser des réformes importantes pour améliorer la condition des pauvres. Sa démarche est encore largement paternaliste (Delescluse est appelé « le père des pauvres »). Jamais les prolétaires ne sont associés aux décisions qui sont prises. Celles-ci correspondent aux vœux d'une bourgeoisie humaniste, désireuse d'empêcher toute commotion sociale et de mieux intégrer les pauvres à la société. Ceux-ci semblent soutenir cette politique vu que le petit peuple d'Ath participe aux manifestations d'hommage au bourgmestre. Toutefois, les mesures (modérées) des radicaux n'empêchent pas les émeutes des 9 et 11 septembre 1854 au cours desquelles le peuple exprime son mécontentement profond.

Faute de faire appel aux pauvres, les radicaux athois ne pourront empêcher les autorités de mettre fin à leur expérience au nom de la concorde et de la pacification des esprits.

Paternalisme catholique, libéralisme réformateur et socialisme (1880-1914)

Vers 1880, la situation économique de la ville a beaucoup changé[7]. Des industries prospères se sont développées et occupent plusieurs centaines d'ouvriers, principalement dans les secteurs du bois (près de 800 ouvriers) et du textile (environ 150 ouvriers). La société athoise comprend de plus en plus d'ouvriers industriels. Le sort de ceux-ci va attirer l'attention des responsables des mouvements politiques, surtout après les émeutes de 1886 qui ont mis à l'ordre du jour la « question sociale ». La pression du Parti Ouvrier Belge (créé en 1885) et des libéraux progressistes a imposé le suffrage universel en 1893. Celui-ci reste tempéré par le vote plural (voix supplémentaires pour certains individus). Cependant, les ouvriers et tous les indigents ont leur mot à dire dans le processus de décision. Les diverses tendances idéologiques vont tenter de faire face à cette situation et vont adapter leur programme et leur action pour répondre aux demandes des nouvelles catégories d'électeurs. Le courant libéral, dominé par les doctrinaires après l'échec de 1855, va évoluer au cours des années 1880. Cette évolution débouche sur la création d'un Cercle progressiste en 1891. Son influence ira grandissant à la fin du XIXe siècle[8]. En 1882, une société royale de secours mutuel est créée. Elle rassemblera 300 membres et sera prise en main par les libéraux. Sous le nom Les Travailleurs athois, elle réunit encore 500 membres à la fin du XIXe siècle. Cette mutualité sera le point de départ de l'action d'un homme politique : Oswald Ouverleaux (1853-1930). Il sera bourgmestre d'Ath (1903-1927) et député (1898-1912). En 1895, il est président de la Ligue démocratique libérale.

L'action des libéraux athois ne se limite pas à la mutualité. En 1895, la Ligue démocratique crée une bourse de travail destinée à assurer une meilleure distribution des emplois disponibles. Cette création ne semble avoir connu qu'une vie éphémère. L'ouverture des libéraux athois au monde ouvrier se manifeste par la création, en 1898, du Parti libéral ouvrier dont Oswald Ouverleaux sera un des dirigeants. Les libéraux se préoccupent aussi du logement des ouvriers. Ils sont à la base, avec certains catholiques, de la mise sur pied en 1892 d'une société anonyme, La Maison ouvrière, destinée à assurer des prêts ou à construire des maisons d'habitation.

Les catholiques, eux aussi, créent des œuvres pour les ouvriers. En 1884, la mutualité La Fraternelle se sépare des Travailleurs athois. Elle est contrôlée par les catholiques. Elle rassemble une centaine de membres à la fin du XIXe siècle.

En 1887, les catholiques créent un Cercle ouvrier qui disparaîtra après 1895. Après 1900, l'industriel Léon Cambier (1842-1910) remet sur pied le Cercle ouvrier et crée une nouvelle mutualité, La Mutuelle athoise. Léon Cambier applique à ses ouvriers de l'industrie du bois une politique paternaliste. Il a organisé en 1892, au sein de son usine, une chorale appelée Les Amis de l'ordre et du travail. Des fêtes sont mises sur pied à l'occasion de la Saint-Nicolas (patron des ébénistes) ou de la Saint-Joseph (patron des menuisiers). Il se fait volontiers le chantre de la collaboration entre patrons et ouvriers. Les journaux catholiques célèbrent cette entente : « C'était bon de voir patrons et ouvriers fraternisant ainsi à la même table, unis par la bonne amitié qui existe entre eux[9]. »

Le discours de l'abbé Gallez lors de la fête de Saint-Joseph en 1900 est nettement d'inspiration conservatrice : « Il montre l'ordre dans la famille, l'ordre dans la subordination de l'ouvrier au patron, d'où découlent les devoirs d'Etat[10]. » Léon Cambier veut aussi favoriser le logement ouvrier. Le 1er juillet 1896, les catholiques tirent au sort deux maisons ouvrières entre les membres de leur Cercle ouvrier (100 personnes). Léon Cambier était déjà coutumier du fait. En 1892, il a également organisé une loterie entre ses anciens ouvriers (à son service depuis 10 ans). Le lot est une maison ouvrière. En 1900, les catholiques dépassent cette action individuelle. Ils créent une société de crédit (Propriétaire qui veut) et une société de construction d'habitations (A chacun son toit).

L'action sociale des catholiques et des libéraux n'est pas dirigée par des ouvriers. Les responsables sont des industriels, des avocats ou des intellectuels. Quelques ouvriers d'élite, des contremaîtres, figurent parmi les membres de ces associations. Quelques-uns se retrouveront aussi sur les listes de candidats aux élections communales. Leur rôle est cependant toujours secondaire.

Le Parti Ouvrier Belge, créé en Belgique en 1885, ne se développe à Ath que très tardivement. Le mouvement s'organise à partir de 1894[11]. Progressivement, il met en place une série de structures : syndicat de l'industrie du bois (1897), coopérative La Persévérance (1901), mutualité (1901), société de libre pensée : Les Disciples de Voltaire (1903), société dramatique : Le Réveil du Peuple et société de gymnastique : La Populaire (1904)...

Les organisations affiliées au courant socialiste rassemblent les ouvriers dans une perspective de solidarité et de lutte contre le patronat. Elles visent à obtenir des réformes économiques et sociales profondes qui assurent davantage de sécurité d'existence aux travailleurs. Le mouvement comprend de très nombreux ouvriers. Il se veut une contre-société qui apporte la solution à tous les problèmes de la pauvreté et de la misère. Il reste cependant limité à une élite ouvrière consciente de la situation et attachée à son idéologie. Il n'est pas exclusivement ouvrier et rassemble de nombreux membres des classes moyennes (employés, fonctionnaires, petits commerçants ou artisans, membres des professions libérales). Les deux premiers élus communaux du POB à Ath en 1907 seront l'ancien ouvrier chaisier Emile Carlier (1879-1934), devenu gérant de coopérative, et le médecin Georges Goffin (1867-1960).

Conclusion

Notre analyse a permis de dégager, dans une petite ville belge, trois moments dans l'évolution de la lutte contre la pauvreté et la misère de la fin du XVIIIe siècle à la Première Guerre mondiale.

A l'époque de François-Joseph Taintenier, la lutte contre la mendicité est la principale préoccupation. Le réformateur athois préconise une assistance à domicile opposée au grand renfermement mis en place par le pouvoir absolutiste. Cette conception s'inscrit dans le contexte des transformations économiques et sociales qui annoncent le société du XIXe siècle.

La politique de Jean-Baptiste Delescluse et des radicaux est destinée à faire face à la misère née de la crise économique du milieu du XIXe siècle. Le « père des pauvres » ne parvient cependant pas à résoudre les problèmes sociaux de sa ville et sa politique généreuse est mise en cause par les modérés. L'industrialisation a mis au premier plan la « question ouvrière ». Les solutions paternalistes comme les tentatives de réforme des courants libéraux et catholiques sont battues en brèche par le mouvement socialiste qui rassemble la plus grande partie des ouvriers.

Les mesures envisagées à la fin du XIXe siècle visent à réduire la misère par l'extension de la protection sociale. Elles ne parviendront pas, cependant, à éliminer la grande pauvreté qui reste un problème de la société du XXe siècle.

---

1. Pour une introduction générale, le lecteur pourra encore se référer à la monographie ancienne de C.-J. Bertrand, *Histoire de la ville d'Ath documentée par ses archives*, Bruxelles, coll. « Culture et civilisation », 1975 (rééd. anastatique de l'éd. de 1905). Une synthèse plus récente tient compte des apports de la recherche : Jean Dugnoille et Jean-Pierre Ducastelle, « La Ville d'Ath. Bref regard sur son passé », *Ath et sa région*, Mons, 1973, pp. 21-53 (avec bibliographie).

2. *Traité sur la mendicité avec les projets de règlements propres à l'empêcher dans les villes et les villages, dédié à Messieurs les Officiers de justice et de police*, par un citoyen, Tournai, 1774, 72 p.

Supplément au Traité sur la mendicité avec les objections qui ont été faites contre les projets de règlements, qui y sont proposés pour l'abolir, et les réponses, Bruxelles, 1775, 56 p. Jules

Dewert, « Un traité anonyme sur la mendicité écrit par un Athois », *La Vie Wallonne*, 8 (1er-15 septembre 1927), pp. 15-24 ; et Jules Dewert, « François-Joseph Taintenier, économiste », *Annales du Cercle archéologique d'Ath et de la région*, XIV(1928), pp. 57-77. Paul Bonenfant, « Le Problème du paupérisme en Belgique à la fin de l'Ancien Régime », Bruxelles, Académie royale de Belgique, classe des Lettres, mémoire in 8°, XXXV (1934), pp. 307-354.

3. J.-P. Delhaye, *Le Libéralisme dans l'arrondissement d'Ath de 1842 à 1899*, Université de Liège, mémoire de licence, 1917-1918, XXXVI et 248 p. J.-P. Delhaye, « Un réformateur social : Henri Marichal », *Bulletin du Cercle royal d'Histoire et d'Archéologie d'Ath et de la région et Musées Athois*, 11 (juillet 1969), pp. 150-159. J.-P. Delhaye, « Un radical, précurseur de socialisme : Jean-Baptiste Delescluse, député-bourgmestre de la ville d'Ath (1803-1821) », *Annales du Cercle royal d'histoire et d'archéologie d'Ath et de la région et Musées Athois*, XLVI(1976-1977), pp. 241-280.

4. Archives de la ville d'Ath, *Délibération du conseil communal*, 15 mai 1847.

5. *Rapport Communal d'Ath*, 1850, pp. 44-48.

6. Archives de la ville d'Ath, *Lettres confidentielles, sécurité publique*, lettre du gouvernement (non datée). Archives générales du royaume, *Parquet général*, 217, *Questions alimentaires ; Troubles à Ath les 9 et 11 septembre 1854* (éd. par J.-P. Delhaye, dans *Le Libéralisme*, op. cit.*, pp. 193-199).

7. Bernard Depryck, *Edilité communale, politique des communications et développement économique dans le Hainaut au XIXe siècle. Le cas d'Ath (1834-1895)*, Liège, 1973-1974, mémoire de licence, pp. 208-216 et 219-226. Jean-Pierre Ducastelle, « Archéologie industrielle », *Le Patrimoine du pays d'Ath. Un premier bilan*, t. II (1981), n° intitulé : *Etudes et documents du Cercle royal d'histoire et d'archéologie d'Ath et de la région*, pp. 243-249 et 249-254.

8. J.-P. Delhaye, *Le Libéralisme dans l'arrondissement d'Ath, op. cit.*, pp. 147-179.

9. *L'Indicateur*, 26 novembre 1896.

10. *Ibid.*, 23 mars 1900.

11. Charles Lefrancq, *Essai sur les origines et le développement du parti socialiste athois* (« Socialisme, histoire et culture en Hainaut occidental », fasc. 1), coll. Tournai, PAC, 1984. J.-P. Delhaye, J.-P. Ducastelle, J.-M. Duvosquel et Marcel Sonneville, *1885-1898. Histoire des fédérations : Hainaut occidental*, Mémoire ouvrière, tome 4, Bruxelles, PAC, 1985, pp. 230-299.

La démocratie au jour le jour :
la représentation politique des pauvres dans la démocratie brésilienne

LEILA WOLF

Je vous parlerai d'un mode de représentation transitoire, de la représentation des pauvres dans un mouvement d'associations de quartier organisé dans la périphérie de Rio de Janeiro, au Brésil. Il s'agit du mouvement des amis du quartier de Nova Iguaçu, appelé le MAB[1].

Nova Iguaçu est la septième municipalité brésilienne en nombre d'habitants (1,1 million selon le recensement de 1980) et elle est immense (764 km^2). Elle se situe dans l'Etat de Rio de Janeiro et fait partie de la région de la Baixada Fluminense.

Nova Iguaçu est un habitat de pauvres, de débrouillards, d'informels, d'alternatifs, de « marginaux » déjà très majoritaires au Brésil pour être appelés ainsi. La plupart d'entre eux (74,62 % de la population économiquement active selon le recensement de 1980) perçoivent au maximum deux fois le salaire minimum mensuel, ce qui au Brésil se traduit par une condition misérable de vie. Ce sont principalement des migrants venus d'autres Etats du pays à partir du début des années 50. Ils se déplacent quotidiennement pour travailler dans le centre de Rio.

La croissance démesurée de la population depuis la fin des années 40 entraîne la parcellisation et la valorisation rapide du sol et rend indispensable une infrastructure de services urbains dont la municipalité n'a jamais été dotée.

Depuis 1945, nous observons des tentatives isolées de la population de Nova Iguaçu pour l'obtention et l'amélioration des services urbains. Les premières associations de quartier juridiquement légalisées datent du début des années 50 et prennent le nom de commissions pour l'amélioration des quartiers. Après le coup d'État de 1964, tous ces organismes subissent une violente répression et disparaissent entièrement. C'est en 1976, avec la formation du MAB, que la lutte des quartiers sera reprise à l'échelle municipale.

Le MAB a ses origines en 1975 dans la création de groupes éducatifs liés à l'Eglise catholique. Ces groupes se sont d'abord préoccupés des conditions sanitaires. Ils proposent des réunions régulières avec l'ensemble des habitants pour débattre de leurs conditions d'existence. Pendant deux ans, les réunions auront rassemblé les associations déjà existantes à Nova Iguaçu et auront encouragé la création de plusieurs autres. Cette phase initiale de mobilisation engendre l'idée d'institutionnaliser le mouvement (1978). Dans une assemblée, en 1979, un organisme représentatif est créé. Dès lors, la complexité de l'organigramme du MAB s'accentue. Une coordination exécutive ainsi qu'un conseil de représentants sont formés (1980). En 1981, finalement, un congrès transforme le MAB en fédération municipale, représentée par un président et une direction de 19 membres.

En un temps très court (1981), le MAB rassemble plus d'une centaine d'associations de quartier dans une même organisation et acquiert un haut niveau de légitimité aux yeux des pouvoirs publics de la municipalité et de l'Etat.

Ce type de mouvement a été l'objet de nombreux travaux de chercheurs brésiliens depuis la fin des années 1970[2]. Beaucoup ont vu ces mouvements comme porteurs d'actions politiques radicales, voire révolutionnaires : un Brésil insurgé dans ces mouvements de base qui réinventeraient la vie politique et sociale. Ces analyses s'inspiraient beaucoup plus des idéologies politiques que des études empiriques.

Au Brésil, le thème de la pauvreté est inexorablement lié à celui de la démocratie. Il prend une importance certaine dans la conjonction de la démocratisation et de la crise économique : comment la démocratie se maintiendra-t-elle dans un contexte d'appauvrissement généralisé d'une grande partie de la population ? Comment la démocratie s'étendra-t-elle jusqu'à permettre aux exclus, aux démunis, à ceux qui souffrent de toutes sortes de privations et de préjugés d'affirmer leur droit à la citoyenneté ?

Les organismes comme le MAB partagent aussi la responsabilité de l'avenir de la démocratie du pays dans la mesure où, en leur sein, des comportements, des valeurs, des pratiques démocratiques sont conçus, gérés et vécus par les participants.

Le monde des pauvres au Brésil est le lieu de la politique[3]. C'est bien des quartiers pauvres et des mouvements de base en grande partie appuyés par l'Eglise catholique que sont sortis une grande partie des nouveaux élus de la gauche aux élections municipales de 1988. Par exemple Luiza Erundina, à Saõ Paulo.

Nous présentons ici une étude de cas qui voudrait contribuer à répondre à une question importante pour ce colloque. Cette question est d'actualité en France, dans cette année du Bicentenaire de la Révolution française et au Brésil, où la démocratie sera finalement couronnée par des élections présidentielles au suffrage universel (après 29 ans d'interruption). Voilà la question : là où des bases populaires semblent trouver un lieu d'expression (dans un mouvement comme le MAB), de quelle façon participent les plus pauvres, les plus démunis ? Est-ce que la fréquentation d'un mouvement qui se veut leur porte-parole développe chez eux l'idée qu'ils peuvent être acteurs d'un changement désiré en exerçant leurs droits de citoyens [4] ?

A l'intérieur du MAB nous avons pu déceler trois groupes différents de participants :

Les leaders du MAB : ceux qui font partie de la direction du mouvement, les plus dynamiques (la plupart sont alphabétisés, il y a même des médecins et des institutrices).

Les intermédiaires locaux des quartiers : ceux qui sont à la tête des associations de leurs quartiers, mais ne font pas partie de la direction du MAB.

Les participants ordinaires : ils participent aux associations de leurs quartiers et ne s'insèrent ni dans leur direction ni dans la direction du MAB. Ces derniers sont généralement les plus démunis, pour la plupart analphabètes, les plus « simples ». Nous nous permettrons de les appeler « les plus pauvres », dans le sens que le colloque donne à cette désignation.

Les pièges du charisme

Dans le quartier de Jardim Guandu, l'association ne connaît qu'un leader depuis sa formation : Ana [5]. Militante dans l'Eglise catholique, Ana a déjà fait partie de plusieurs groupes : évangélisation, Action catholique ouvrière (ACO), pastorale ouvrière.

Lorsqu'elle est venue habiter Nova Iguaçu, Ana travaillait dans le secteur de vente de la société immobilière responsable du lotissement qui a donné naissance au quartier. Par son intermédiaire, cette société a fait don d'un terrain pour la construction d'une église catholique. Voici ce qu'Ana considère comme sa première initiative, pour la mobilisation collective des habitants : « (...) Et il m'a donné le document de la donation du terrain au nom du diocèse (...). La première chose que nous avons faite, c'est une fête. Chaque habitant a apporté un plat de gâteaux et nous avons dansé toute une nuit. Avec l'argent que la fête nous a procuré, nous avons fait une petite cabane sur le terrain de l'église. »

Du fait de son travail dans le secteur de vente des lots, Ana a pu favoriser certains voisins et resserrer son cercle d'amitiés avec ceux qui, et pour cause, lui sont grandement reconnaissants : « Parmi les voisins ici, la seule qui m'a fait un truc vraiment bien, vraiment énorme (...), c'est cette dame-ci (...). Grâce à elle, mon terrain m'a été rendu et j'ai eu le financement accepté par la société immobilière où elle travaillait à l'époque. Mais ce n'est pas parce qu'elle m'a rendu ce service que je suis lié à elle » (Pedro, participant ordinaire).

L'idée de la formation de l'association de quartier a été introduite par Ana elle-même qui arguait auprès de ses voisins de son expérience à la favela de Coroa, où elle habitait auparavant. Ana apparaît aux yeux des participants ordinaires comme la seule personne qui détienne un savoir au sujet des démarches juridiques pour la légalisation de l'association : « Moi, j'ai pris les statuts de l'association de la favela et j'ai montré aux gens comment une association fonctionnait (...). Ils ont fini par être d'accord » (Ana).

Cette légalisation représente pour les participants ordinaires leur reconnaissance comme interlocuteurs valables par les pouvoirs publics ; elle représente, à la limite, l'acquisition du droit de revendiquer. La démarche administrative pour la légalisation de l'association, malgré les inconvénients qu'elle peut engendrer et les critiques qu'elle suscite de la part de certains participants ordinaires, fait partie d'un rite de passage au monde formel pour ceux qui sont constamment relégués au pôle informel, voire à la marginalité. Ces habitants reconnaissent Ana comme porteuse de cette légalisation : « C'est Dona Ana qui a mis tout ça dans la tête du peuple » (Neuza, participante ordinaire).

Ce sera encore Ana qui prendra les devants lors de la lutte pour l'obtention de l'eau dans le quartier. L'obtention d'eau est attribuée, par les plus simples, à la personne même d'Ana — fait qui consolide son influence personnelle, sa notoriété en tant que leader. L'arrivée de l'eau est perçue, d'après le récit de certains habitants, comme une vraie épiphanie au centre de laquelle se trouve Ana, héroïne, libératrice de la souffrance d'autrui :

« Ce n'est pas seulement parce que Dona Ana est ici présente, mais je dis qu'elle est une personne utilisée par Dieu pour qu'aujourd'hui nous ayons ce réseau d'eau (...). Le peuple d'ici est gai et satisfait d'être réuni avec elle parce que, Dieu merci, c'est elle qui a eu la capacité de nous donner de l'eau ici ; parce que nous avons beaucoup souffert auparavant (...). Nous avons passé plusieurs années en portant des tonnes d'eau sur la tête jusqu'à ce que, Dieu merci, cette dame soit apparue » (Luiz).

Dans le quartier, Ana est devenue commerçante : patronne d'une « barraca [6] », ce qui renforce les réseaux de solidarité entre elle et ses voisins, ne serait-ce que par les « ardoises » acceptées...

Leader personnaliste, Ana représente pour certains des participants les plus humbles un intermédiaire entre eux-mêmes, définis en termes non politiques, et le monde lointain du pouvoir constitué : « Personne n'a les connaissances de Dona Ana pour traiter avec les autorités et apporter les services au quartier (...) ; elle est la seule personne ici à aller jusqu'à se présenter devant les autorités » (Pedro, participant ordinaire).

Leader charismatique, elle est identifiée à des valeurs communautaires religieuses non seulement par ceux qui, comme elle, sont catholiques, mais aussi par des membres de sectes protestantes, de plus en plus nombreux à Nova Iguaçu : « Dona Ana a fait ses efforts, son initiation, sa connaissance, avant de se préoccuper de la politique (...). En fait, l'union fait la force. Je vois aussi les choses comme Jésus qui a dit : " Partout où il y aura deux ou trois réunis en mon nom, je serai là. " Quand quelqu'un d'engagé dans un travail social parle de la justice, il est lui-même inspiré par le Saint-Esprit » (un membre d'une secte protestante).

L'autorité d'Ana, qui est illettrée, est consolidée par la fonction de meneur qu'elle incarne et que les habitants légitiment en l'idéalisant. A la question posée par nous : « Est-ce que vous auriez envie d'être le président de l'association de votre quartier ? », plusieurs ont répondu :

« Il y a déjà dans le quartier un bras très, très fort (...). Meilleure qu'Ana il n'y en a pas d'autre. »

La répression qu'Ana subit en 1975 (« On a eu ce problème de répression juste quand nous étions en train de régulariser les papiers pour la légalisation de l'association. C'était en 1975 ») accentue son image héroïque et l'admiration que lui portent quelques habitants.

Pour certains croyants, cette image est associée à celle du martyr.

Considérée par les agents des CEB (communautés ecclésiales de base) comme un « leader catholique », Ana se défendait pourtant, lors de notre enquête de 1982, de convertir sa foi en métier : « On m'a offert à plusieurs reprises des postes rémunérés au diocèse mais je n'en ai jamais accepté aucun (...), je ne veux pas me servir de cela pour me promouvoir financièrement (...). Moi, je peux te tromper, je peux tromper n'importe qui, mais il y a une chose qu'on ne peut pas tromper (...) c'est Dieu, n'est-ce pas ? »

Ayant participé au MAB depuis sa formation, Ana a intégré sa coordination en 1978 et, au congrès de 1981, elle est élue vice-présidente de la fédération.

Ana a été présidente de l'association du quartier Jardim Guandu à plus d'une reprise. Mais les statuts exigeant le changement des dirigeants tous les deux ans, elle se trouvait remplacée par un de ses fils ou par un autre partisan qu'elle désignait elle-même. Cependant, à l'occasion de l'élection d'une nouvelle direction en 1983, un groupe d'habitants a voulu présenter une liste d'opposition. Elle s'est alors servie des statuts pour les contrer, bien que, dans plusieurs circonstances déjà, les statuts n'aient pas été respectés[7] : « Je lui ai dit : " Je suis désolée mais à cause des statuts, je serai obligée de refuser votre liste (...). " Comment des gens qui n'ont même pas la dignité de régler leurs cotisations peuvent-ils être assez responsables pour diriger une association de quartier ? » (Ana)

Au Brésil, la cooptation est une pratique assez répandue dans les hautes sphères de la politique institutionnelle. Et même à ce niveau-ci, nous remarquons qu'un vieux paternalisme, qui dissimule la domination sous le voile des bonnes intentions, n'est pas forcément négligé :

« S'il m'avait dit : " Ecoutez, madame, je voudrais que vous m'aidiez à composer ma liste. Dites-moi de quoi j'aurai besoin... ", je l'aurais aidé » (Ana).

Avec l'avènement du pluripartisme en 1979, Ana s'engage dans le parti des travailleurs (extrême gauche), soutenu par l'Eglise catholique.

Plusieurs habitants ont suivi Ana dans ce choix politique, et elle l'explique :

« — Ici dans le quartier, ici où j'exerce ma domination, tout le monde est du PT.

— A quoi tu attribues cela ?

— Au travail de l'association. Il y a des gens qui viennent me dire :

" Ah ! Dona Ana, où que vous soyez, nous y serons avec vous. " Ce sont des gens qui sont en train de lutter ensemble. »

Nous pouvons dire que le caciquisme, la personnalisation, caractéristiques d'une structure politique arriérée, sont présents dans cette microsphère politique : « Lors de l'organisation d'une grande manifestation, jusqu'à la mairie, le pasteur protestant m'a envoyé 80 personnes » (Ana).

La masse de manœuvre — terme récurrent des critiques de la démocratie formelle — est déjà présente dans cette démocratie de base. Ainsi nous avons observé, parmi les participants ordinaires de Jardim Guandu, que la plupart ne connaissaient même pas le MAB. Pour quelles raisons ? L'un des informateurs exprime ainsi son ressentiment : « Les tracts publiés par la direction du mouvement (dont Ana fait partie) ne sont ni distribués ni discutés à l'intérieur des associations (...). Seuls les leaders, les présidents des associations, y ont accès ; eux seuls ont accès à une pratique politique plus immédiate ; eux seuls parlent et arrivent à des conclusions (...) quand le leader lève la main, les autres l'appuient tout simplement « (Joana, intermédiaire locale dans le quartier Santa Marta).

Nous observons à Jardim Guandu que la mise en jeu des stratégies politiques du leader s'avère possible du fait de la constitution, par les participants ordinaires, d'un foyer d'acceptation de son pouvoir. Il convient de mettre au jour quelques éléments :

1. D'après nos enquêtes, les participants ordinaires pensent que le pouvoir est ouvert à leur participation, mais non au partage : ce partage ne peut inclure que certains « égaux » (certaines élites) au nombre desquels l'habitant ordinaire ne se compte pas. Les mécanismes de sélection des égaux sont toujours évoqués : si ce n'est pas le niveau de scolarité (car, comme Ana, plusieurs de nos interlocuteurs sont illettrés), ce sera : « l'expérience antérieure », « le temps de résidence dans le quartier » — critères qui se réfèrent aux modalités les plus conventionnelles d'exercice du pouvoir.

2. Le sens de la communauté et l'idée d'homogénéité sociale, que les pratiques de débrouillardise renforcent, soutiennent chez le participant ordinaire un refus de la variété des modes de vie, un refus de l'hétérogénéité des comportements, un refus de la différence. L'un des opposants (lors des élections pour la direction de l'association en 1983) n'aurait pas mérité d'intégrer la direction de l'association « pour ne pas avoir voulu faire une tranchée jusque chez lui pendant la lutte pour l'obtention d'eau ».

3. Les signes d'affectivité sont souvent d'importants médiateurs du

rapport entre représentants locaux et représentés : « Si l'on oublie un bonjour, on peut gagner des antipathies (...). Les gens, ce n'est pas qu'ils ne soient pas politisés, mais ils sont trop émotifs (...), pour eux c'est le côté personnel qui compte. Lourdes a une vision complètement différente de la mienne dans l'association. Elle ne voit pas que ce qu'on a de différent est la vision politique. Elle pense que c'est parce que je ne l'aime pas » (Joana, quartier Santa Marta).

Le parti des travailleurs a profondément pénétré dans plusieurs quartiers de Nova Iguaçu, y compris à Jardim Guandu. L'Eglise, à travers la pastorale des partis, les abécédaires politiques (« *cartilhas politicas* »), etc., a favorisé, voire permis cette pénétration. Pour les élections générales de 1982, Ana s'est présentée comme candidate à l'Assemblée de l'Etat de Rio de ce même parti.

Lors du congrès du MAB de novembre 1981 (quand la fédération a été créée), la campagne politique des candidats au parlement était déjà en cours, et le clivage politique était déjà net à l'intérieur de la direction du MAB ; il opposait le parti des travailleurs au parti du mouvement démocratique brésilien (un autre parti de gauche). Ana est alors élue vice-présidente du MAB.

Pourtant nous allons remarquer dans son récit un énorme écart entre la responsabilité politique dont elle est censée être chargée et le registre sur lequel elle-même situe l'événement politique que le congrès a représenté. Le pouvoir social que les agents du PT ont cru voir exprimé dans les résultats du congrès, Ana l'attribue à des forces surnaturelles. Dieu est pour elle la limite du pouvoir politique. Dieu, Sa volonté, Sa justice — et non une raison sociale, une cause politique — semble être à ses yeux le grand vainqueur : « Je suis allée au congrès et la première chose que j'ai faite a été d'invoquer le Saint-Esprit et je lui ai demandé qu'il suggère à tous ces gens qui étaient là ce qu'il jugeait devoir être fait. Moi-même, je ne savais pas ce qui serait le mieux (...). A ce moment-là, le peuple humble était en jeu. Plusieurs ne savaient même pas pourquoi ils étaient là. Ils ne savaient pas qu'il y avait une grande querelle entre nous, les leaders, entre moi, par exemple, et le sommet (...). J'ai tout remis entre les mains de Dieu et les choses ont été faites ainsi » (Ana).

Encore nous faut-il ajouter un facteur qui opère comme agent de transformation des rapports entre les leaders locaux et les participants ordinaires : la pénétration dans les quartiers d'organismes intermédiaires entre les ONG dont le siège est souvent à l'étranger et les quartiers eux-mêmes.

En 1984, Ana recevait de l'un de ces organismes un « salaire » de

100 dollars par mois, afin de rendre possible le contact entre les sociologues et les pédagogues de l'organisme et les habitants. Or cet argent permettait à Ana de survivre, puisqu'elle se trouvait au chômage depuis longtemps.

Cela produit deux effets qui induisent le changement des rapports entre Ana et les participants ordinaires :

Ana commence à se présenter aux habitants comme porte-parole de l'organisme.

Le salaire perçu par Ana représente une distinction aux yeux des autres habitants. Certains, surtout ses opposants, commencent à manifester leur méfiance à son égard. Ils l'accusent de « devenir riche » ; ils disent que « la direction de l'association est une affaire pour certains ».

Regard de l'intérieur du MAB

Le conseil de représentants est une instance intermédiaire entre la direction et la base du MAB. Il se tient une fois par mois. Nous décrivons ici l'expérience de trois de ces réunions qui ont eu lieu pendant l'été 1984.

Nous avons pu déceler un ordre normatif qui régit chacune de ces réunions. La séance est ouverte par la présidente, les délégués se font connaître. La présidente propose une liste de sujets à débattre et un nombre d'inscrits pour la discussion de chaque thème. Sa proposition est toujours acceptée : « Puisque personne ne se manifeste contre, on est tous d'accord là-dessus » (la présidente).

Les inscriptions pour la participation au débat étant ouvertes, nous avons observé que la plupart des inscrits étaient ou bien des membres de la direction ou bien des membres de la coordination et de la direction antérieures. La proportion entre la parole prise par ce type de participants et les participants ordinaires étant, lors de la réunion d'août 1984, de 32 pour 4. La liste des sujets à débattre dans cette même réunion était signalée sur un tableau noir : « Informations de la direction ; finances ; rapport avec les pouvoirs publics ; question nationale ; informations générales. »

Parmi ces cinq thèmes, les quatre premiers vont surtout être discutés par les leaders — membres et ex-membres de la direction — qui se distinguent des participants ordinaires par le maniement d'un jargon marxiste, par l'emploi des « mots d'ordre », par l'intention didactique de leurs discours, par la redondance des images évoquées...

Le thème des « informations générales » — renseignements sur les quartiers où ils vivent, sur les luttes entreprises, sur les problèmes ponctuels qui touchent à la gestion de leur quotidien — semble davantage susciter la parole des participants ordinaires, dont le discours est le plus souvent concis. Or cette réunion a été consacrée essentiellement aux quatre premiers thèmes et, d'abord, à celui de la « question nationale ».

Le temps de chaque exposé, même s'il est fixé en théorie, peut être dilaté selon l'éloquence de chaque orateur. Les trois heures réservées à cette assemblée glissent toujours vers une quatrième heure où se trouve reléguée la discussion sur les « informations générales ». La salle est alors pratiquement vide. Les participants ordinaires habitent souvent loin du centre de Nova Iguaçu, où cette réunion a lieu. Or, c'est l'heure de déjeuner, et c'est leur seule journée de congé...

Le débat autour de la « question nationale » appelle à la tribune l'ensemble des leaders. On y entend exprimées les idées véhiculées par chaque parti, par chaque tendance politique dite de gauche. En 1984 (août, septembre, octobre), la « question nationale » concernait le collège électoral. Les leaders et d'autres porte-parole de différents courants politiques se demandaient si le MAB devait ou non soutenir Tancredo Neves (qui devrait devenir le premier président civil depuis 1964). Les militants du PMDB répondaient affirmativement, tandis que ceux du PT répondaient négativement.

A entendre les participants ordinaires s'exprimer pendant le conseil, nous avons pu déceler deux types de réactions vis-à-vis des discours prononcés : des points de vue critiques et des assentiments au premier degré.

« On arrive ici et c'est toujours la plus grande confusion. On n'y conclut jamais rien, tellement la confusion est grande. » Ainsi s'exprime publiquement, dans le conseil, le premier point critique, la première distanciation par rapport à l'assentiment pur et simple. Or, la bureaucratie voudrait justement préserver la réunion de toute confusion : que les normes y soient respectées, que la parole ne soit donnée qu'aux orateurs inscrits, etc. Au fil de la troisième heure de réunion, quand la débandade commence, le rappel à l'ordre se fait moralisateur : « La table demande du respect au peuple ! », crie l'un des rapporteurs du conseil.

Le sentiment de « confusion » exprime le contenu des débats. Il exprime la présence de conflits entre différents courants politiques et d'enjeux qui échappent à beaucoup de participants ordinaires. Cette « confusion » désigne les mots dont le sens n'est pas cerné par eux. Elle désigne aussi un ton dans les discours qui dépasse leur entendement[8].

D'autres critiques directes ou voilées sont émises par quelques participants ordinaires : l'un est « contre les gens qui ne participent pas aux associations de leurs quartiers et viennent à la réunion du conseil représenter des partis politiques » ; une femme dénonce « une proposition présentée dans une autre réunion du conseil par des habitants, mais qui ne sera votée que maintenant, puisque c'est la présidente qui vient de la présenter ».

Ces critiques énoncées publiquement ne sont pourtant pas prises en considération par ceux qui sont censés y répondre. Quand l'inscrit suivant prend la parole, il prononce son discours, impassible.

Quant aux participants ordinaires qui assimilent au premier degré les discours prononcés, ils se créent l'illusion d'influencer une décision qui pourtant les dépasse, puisqu'elle dépend aussi d'autres aspects de la conjoncture. Une femme révèle ainsi un sentiment dont l'outrance ne diminue pas la sincérité : « Pourquoi ne prenons-nous pas Tancredo Neves comme président de la République, et quelqu'un du quartier comme vice-président ? »

Le sentiment d'être écarté du dit comme du non-dit, la croyance dans un pouvoir extrême sur le cours des choses sont des pôles qui règlent l'appartenance de quelques participants ordinaires à ce mouvement.

En conclusion

Nous pouvons constater qu'au sein d'organismes de représentation populaire en lutte pour la démocratie et pour le progrès social à tous les niveaux, comme c'est le cas du MAB, l'information ne circule pas effectivement parmi ceux qui se placent au plus bas rang de la hiérarchie. Leurs opinions multiples ne trouvent pas non plus de place pour se faire entendre.

Les inégalités sociales sur lesquelles s'appuie le pouvoir des leaders sont constamment visibles. L'asservissement économique et culturel auquel sont rivés la plupart des participants ordinaires fait qu'ils se considèrent comme incapables d'assumer certaines tâches, par exemple la direction des associations de leurs quartiers, par « incapacité », « manque de scolarité », pour « ne pas savoir parler ». Ils ne se voient pas en tant qu'égaux du leader. L'inégalité est acceptée, à la limite, comme une valeur. Elle engendre l'acceptation et le maintien de l'autorité de certains sur d'autres, et elle sert aussi à la contestation de cette même autorité. C'est une valeur à double emploi.

Le charisme, étant un aspect permanent de la vie associative à Jardim Guandu, empêche que la majorité des participants ordinaires développent leur conscience de citoyens.

Manifestement, l'idée d'une interdépendance de la démocratie et de la liberté de parole ne s'accorde pas toujours avec la pratique du MAB. La parole, comme nous l'avons vu, est prise par un nombre limité de personnes et qui sont souvent les mêmes. Parle qui le peut et non qui le veut.

Et le silence des plus humbles, de ceux « qui ne savent pas parler », ne peut pas être interprété comme un signe de consentement, au contraire : « La meilleure façon de savoir si les gens sont ou pas d'accord avec une chose, c'est de voir s'il y a du silence. S'il y a du silence, tu peux être sûre que ta proposition n'a pas été acceptée » (Joana, quartier Santa Marta).

Aussi l'idée de démocratie comme condition égale de participation et de décision ne se réalise pas dans sa plénitude à l'intérieur d'un organisme comme le MAB, puisque les décisions — d'après les nombreux témoignages que nous avons rassemblés — finissent souvent par être annoncées à l'ensemble des participants qui n'ont d'autre possibilité que de sanctionner des choix faits préalablement.

L'inégalité dans les responsabilités, dans la connaissance des faits, qui distingue les représentants des représentés, nous dévoile la constitution d'une élite de leaders qui, en même temps qu'ils appellent à la participation, ne souhaitent pas mettre en danger leur pouvoir et leur quête d'hégémonie (dans le MAB) pour le parti ou pour le courant politique qu'ils soutiennent. Ils attribuent à la participation qu'ils sollicitent des limites expresses.

Un mouvement de démocratisation se traduit le plus souvent par le développement d'institutions représentatives nouvelles, d'associations intermédiaires nouvelles qui toutes se donnent pour tâche la promotion de la démocratie. Mais les élites se multiplient jusqu'à l'intérieur des organismes populaires à fonctionnement démocratique : élites de dirigeants, élites d'assesseurs catholiques qui « forment » des leaders locaux, élites d'intermédiaires entre les ONG et les quartiers. Elles créent de nouveaux foyers d'inégalités à l'intérieur des associations de quartier. Elles renforcent le système de relations personnelles et hiérarchisées qui modèle la société brésilienne, différenciant encore, dans cette microsphère sociale et politique, d'un côté les élites et de l'autre le « peuple ». Elles fixent cette différenciation en permettant à quelques-uns d'y circuler et en laissant pour compte les exclus, les moins dynamiques, les plus pauvres.

Vue du Brésil, on comprend mieux l'inquiétude qui naît dans les vieilles démocraties de voir grandir une population en marge de ces institutions apparemment fonctionnelles et bien rodées que l'on ne sait plus comment rattraper, qui « échappe à la règle », même si cette règle est « bonne ».

1. Ce texte est en partie extrait d'un ouvrage en préparation, *Brésil : la politique des pauvres*.
2. Je pense surtout aux analyses de Weffort, Moises et Singer.
3. Comme le dit Touraine pour l'ensemble de l'Amérique latine, dans *La Parole et le sang*, Paris, Odile Jacob, 1988.
4. Cette recherche a été effectuée dans le cadre d'une thèse de doctorat que j'ai réalisée sous l'amicale direction de Madeleine Rebérioux. La recherche de terrain a été entamée en automne 1982 et en été 1984.
5. Tous les noms sont fictifs.
6. Ce sont des comptoirs de bistrots qui donnent directement sur la rue et où l'on peut acheter des cigarettes, des boissons, quelques conserves.
7. Les statuts ne sont pas respectés quant à la date des élections dans l'association et quant au quorum exigé pour chaque assemblée.
8. Dans le langage populaire le mot « *confusëo* » est très important et d'un usage fréquent pour parler aussi bien de la vie quotidienne que de la politique internationale. C'est un mot surchargé de connotations, dont celle d'assister à un spectacle compliqué dont on ignorerait les règles.

Rapport de synthèse

DOMINIQUE BEYNIER

La diversité des propos, des thèmes et des périodes abordés tant par les communications que par les débats amènent à scinder le rapport en deux parties.

La première présentera une synthèse de ce sur quoi les auteurs des communications ont choisi d'insister lors de la présentation orale de leur texte. Elle se veut plus qu'un simple résumé des communications écrites. Plus précisément, la retranscription de ce qui fut retenu par les intervenants, compte tenu du temps imparti à chacun, comme les passages nécessaires et probants pour faire entendre ce qui, à leurs yeux, exprime le mieux ce qu'étaient les pauvres et leurs représentations dans les systèmes sociaux choisis pour leurs exposés.

La seconde partie prend le parti d'une lecture transversale des textes produits ; elle s'illustre par des situations caractéristiques et se présente plus comme une synthèse sur les formes de représentation des pauvres, et les questions que celles-ci posent.

Les interventions des trois orateurs nous faisant évoluer entre le xxe siècle à Paris, le xixe à Ath, en Belgique, et le xxe à Nova Iguaçu, au Brésil, il est apparu plus simple pour la première partie de reprendre les périodes étudiées dans l'ordre chronologique, même s'il est vain de penser une quelconque continuité historique entre celles-ci, compte tenu de la diversité des aires géographiques sur lesquelles s'inscrivent ces trois études.

Dans son intervention, Arlette Farge nous propose trois niveaux dans l'organisation sociale pour comprendre les modes de représentation des pauvres : l'individu, la famille, les groupes formels ou informels. Quelle que soit la strate envisagée, « ils parlent, ils pensent, ils s'aiment » ; si leur parole n'a pas été retenue ou du moins passe inaperçue de nos jours, c'est qu'ils ont été parlés par d'autres. Les pauvres ne se parlent pas à la première personne. Pour redécouvrir leurs discours enfouis, insérés dans celui des autres, est mise en place une analyse des archives de police qui laisse de côté les parties du corpus qui traitent de la grande délinquance. Le travail fait émerger essentiellement deux choses : la sociabilité, les rapports masculin/féminin. L'expression du lien social et de ce rapport se dit à travers les récriminations, les plaintes, les exposés des faits et méfaits. La représentativité du corpus semble plus que satisfaisante, les deux tiers des Parisiens ont, à l'époque, affaire avec les commissaires de police. A travers des bribes de discours extraites de ces archives, est lue la façon dont le peuple parle de soi et de ses rapports avec le pouvoir. Arlette Farge rappelle ici, comme l'indiquait Michel Foucault, que le pouvoir n'est pas une gêne à l'affirmation d'un groupe, mais l'occasion nécessaire d'une identité sociale. Suit ensuite une analyse du quartier pensé comme un groupe qui serait une personne collective, ou du moins, en tout état de cause, un sujet collectif où chacun est connu de tous les autres, un peu, dirait-on, sur le mode de l'interconnaissance décrite par Mendras pour les sociétés paysannes. A l'échelle de cet espace, tant géographiquement spécifié que socialement structuré, pas d'anomie. A l'échelon de la ville de Paris, voire de la France, Arlette Farge met en évidence un paradoxe qui explique sans doute pourquoi le discours des personnes qui n'appartiennent pas au peuple est si plein de leurs paroles confisquées. Les gens du peuple ne sont pas des sujets de discours, mais leur parole est sans arrêt captée, retranscrite par la police et c'est sur cette parole déniée mais consignée que vont se fonder des politiques. La parole du peuple ne peut être réduite à des mots, pour dire les faits et les choses, elle est aussi discours, ou plus exactement, une pratique discursive qui peut être décryptée par exemple dans la forme et les itinéraires des manifestations qui sont, tout comme l'usage de la langue, une façon de donner une appréciation des événements.

Jean-Pierre Ducastelle annonce, dès l'entrée de son propos, la dimension monographique de son exposé. Il affirme que l'étude précise des archives lui permet de repérer trois périodes dans l'histoire du XIXe de la ville d'Ath, dans le Hainaut belge. Au début du XIXe siècle, il décrit la réaction des dirigeants face à la misère et les mesures prises pour l'endiguer ou du moins la contrôler. Les mesures adoptées apparentent les bourgeois de cette ville au courant des physiocrates. Sous l'impulsion de François-Joseph Taintenier est levée une aumône générale destinée d'une part à aider les pauvres en fonction de leur mérite et d'autre part à leur trouver du travail. Ces mesures sonnent la fin d'une politique d'enfermement et le début d'une politique de contrôle. La deuxième période s'inscrit sur un fond de crise économique qui touche l'ensemble des Flandres. Au milieu du XIXe siècle, la ville d'Ath comporte 50 % d'assistés. Les politiques sociales se radicalisent; elles tentent de réintégrer les pauvres par la mise en place de grands travaux d'utilité publique. De plus, dans le même temps, la bourgeoisie cherche à renforcer l'intégration des pauvres par la création d'ateliers, de caisses d'épargne, de récompenses. La troisième période s'étend de 1880 jusqu'au début du XXe siècle. A cette époque, la ville d'Ath s'est développée et a atteint une certaine prospérité ; elle est devenue plus ouvrière, les indigents et les vagabonds tendent à être de moins en moins nombreux. Les préoccupations changent : les politiques ne cherchent plus à faire disparaître ces populations marginales, mais à mieux intégrer la classe ouvrière. Les mesures prises à cette époque le sont en direction du logement et de la protection sociale par le biais du mutualisme. Cette politique échoue à faire disparaître la très grande pauvreté.

Dans la troisième intervention, Leila Wolf quant à elle organise son propos sur les pauvres de Nova Iguaçu, septième municipalité du Brésil, à la périphérie de Rio de Janeiro, autour de l'histoire de la vie d'Ana, leader du mouvement de quartier sur cette ville. Ana est pour Leila Wolf l'exemple du leader charismatique. Ana a commencé à militer dans l'Eglise catholique où elle fait partie de plusieurs groupes d'évangélisation. Elle est illettrée. Elle a obtenu le terrain pour l'église de Nova Iguaçu quand elle travaillait dans le secteur de la vente immobilière. Après cet épisode, elle devient une personnalité pour son quartier et va mettre toute son énergie à lutter pour la légalisation de l'association de quartier. Pendant cette période, elle obtiendra l'eau courante, ce qui renforcera son charisme au point que l'on parle d'elle comme d'une héroïne. Plus le temps passe, plus Ana tient le rôle de porte-parole, de relais, d'interface entre le quartier et l'Etat. Elle est peu à peu identifiée à l'association par l'ensemble de la population qui habite le quartier. A côté de son engagement associatif, lentement, Ana s'engage politiquement. La nouvelle forme d'engagement change son rapport au groupe dont elle est issue, et il s'accompagne de critiques qui jusqu'alors n'avaient pas cours. On lui reproche de tirer parti de cette situation, de trahir en quelque sorte. Leila Wolf illustre comment l'abandon des modes de fonctionnement internes au groupe des plus pauvres pour l'adhésion au mode de représentation politique de la société libérale s'accompagne d'un rejet par son groupe d'origine.

Après ce rappel des trois interventions orales, la lecture des trois communications permet de faire émerger, dans les travaux de cette sous-commission, la présence de deux acceptions du terme représentation, sans que le glissement de l'un à l'autre soit réellement problématisé. La première de ces deux acceptions inscrit la représentation dans une problématique de l'énonciation. Pour soi et pour les autres, un individu ou un groupe produit un discours avec lequel il ordonne la réalité et qu'il tient pour la vérité sur les rapports sociaux et le monde qui l'entoure. La seconde inscrit la représentation dans le champ de la participation à des structures de délégation issues soit d'un système électif, soit de délégations organisées de manière formelle ou informelle.

Cette deuxième acception nous permet, en incidente, de rappeler que l'ambiguïté du terme *élu* suivant les époques n'est pas sans rapport avec le double sens de *représentation*. Historiquement, au début, quand on parle d'élu, cela renvoie à un choix par une instance extérieure au social. L'élu, que ce soit un groupe ou un individu, a été choisi par le ou les dieux. Les idées de Peuple élu ou tout simplement d'Elu dans la tradition biblique en sont les traces les plus classiques. A partir de la Révolution française, le sens évolue. L'élection, si elle est toujours le résultat d'un choix, situe celui-ci au niveau du social lui-même, de manière interne. La légitimation d'une situation de représentant pour un individu procède ici du choix de tout un chacun. Dans une certaine mesure, c'est par une opération interne que la société civile, sur le mode du consensus ou par le choix du plus grand nombre, confère à un individu ou à un groupe, et pour un temps déterminé, la reconnaissance d'un statut spécifique, temporaire, qui différencie l'élu des personnes qui ont procédé à son élection. Le texte de Leila Wolf, résolument ancré dans le XXe siècle, fait écho à ce propos de manière étrange et dissonante : Ana est choisie par les habitants de Nova Iguaçu mais, en même temps, ses convictions religieuses lui font chercher la force nécessaire à son travail auprès de Dieu. Peu avant la mise en place de ce dispositif d'élection interne au social, on voit dans la philosophie française, avec Jean-Jacques Rousseau et les *Rêveries du promeneur solitaire*, émerger l'idée d'une position possible de subjectivité face au monde qui nous entoure. La montée du sujet et le rabattement de la légitimation du social sur le social lui-même sont les deux pistes qui organisent les communications de cet atelier. Dans ces trois textes, l'analyse de ces deux mouvements tend à montrer que la fonction de la représentation est plus de faire exister les faits que de les représenter.

La communication d'Arlette Farge signale la difficulté qui existe pour l'historien à trouver un texte dont le locuteur soit ce que nous avons coutume d'appeler les pauvres. A l'opposé, elle souligne la prolifération de textes où les pauvres « sont parlés par d'autres qu'eux-mêmes », et nous suggère que cette difficulté à prendre part au discours s'explique tant par leur manque à savoir manier le langage et les mots que par leur absence des lieux de pouvoir. Cette logorrhée qui a les pauvres pour objet traduirait chez les élites, le roi et les ministres, la préoccupation soit de les mieux contrôler par des lois, soit d'apporter des améliorations à leur sort.

Que met en œuvre une telle débauche de mots, d'attentions, de lois, si ce n'est un voile sur la non-participation des pauvres à l'échange généralisé, qu'il soit symbolique ou marchand ! Par cette prolifération d'attentions se trouve ainsi occulté un manque, un trou dans le système de représentation. La profusion des textes donne l'illusion d'une égale participation de tous à l'expression de la vie sociale et renforce la représentation d'un social unifié. Ce discours ne prétend pas remplacer le discours que les pauvres peuvent tenir sur eux-mêmes, mais il occupe l'espace symbolique de la représentation de la pauvreté, il empêche un autre discours de se développer à sa place. De plus, il est porteur d'une hiérarchisation qui participe du système dominant des représentations des élites. Parmi les divers moyens d'exprimer les faits, les élites privilégient l'écrit sur l'oral et l'oral sur le geste ou le faire ; ils classent la théorie avant la pratique. Théorie et écrit étant en prise tout comme pratique et faire.

Si la structuration du symbolique est dans une certaine mesure homothétique à celle du pouvoir, elle n'est pas plus que celle-ci étanche à ce qui perspire des groupes dominés. L'analyse de la mobilité sociale fait la preuve que des personnes qui appartiennent au groupe des dominés peuvent accéder au groupe des dominants. Qui plus est, quand bien même l'ascension sociale ne s'effectuerait pas, une part des signifiants agités par les dominés est reprise par les dominants et s'intègre à leur discours.

Ce sont ces fragments de discours, issus des contacts entre les deux groupes, qui s'infiltrent au sein du discours dominant qu'Arlette

Farge piste dans un corpus particulier, celui des rapports de police de la ville de Paris au XVIIIe siècle. Du recensement de ces éléments et de leur juxtaposition transparaît un nouveau discours sur la pauvreté qui permet de retrouver une sociabilité qui n'est pas celle que nous livrent les élites du XVIIIe siècle. Ce travail met en évidence des systèmes de représentation du temps, de l'espace urbain, de la violence dans les rapports quotidiens, des conflits de la vie familiale, de la place des enfants dans la famille qui modifient notablement la lecture que l'on peut en faire au travers des autres textes de cette époque.

Cette connaissance du Paris du XVIIIe siècle et de ses pauvres nous surprend, nous étonne, nous interpelle par le décalage qui existe entre la vision des élites et celle qui nous est révélée par l'analyse d'Arlette Farge. Mais, paradoxalement, la prise de conscience de cette nouvelle connaissance de la vie quotidienne ne provoque pas un sentiment de nouveauté absolue comme elle le devrait. Tout se passe un peu comme si le fait de faire advenir ces signifiants épars et cachés au statut de discours de la pauvreté sur elle-même ne modifiait pas de fond en comble la représentation que nous nous faisions des pauvres de cette époque. Tout se passe un peu comme si ce que nous apprenons, nous l'avions toujours su. Que personne ne se trompe sur ce qui est en jeu ici. Il ne s'agit pas de la richesse des travaux produits, mais beaucoup plus d'une tentative de notre part pour spécifier le statut de cette absence du discours des pauvres parmi ceux qui décrivent le siècle. La pauvreté a été comme oubliée ; on ne la repère plus que par instants, dans des fragments de discours, quand la parole des pauvres émerge à la surface du discours dominant, un peu comme des lapsus émergent à la conscience par le langage.

D'une autre manière, le travail produit par Leila Wolf illustre la même question, par l'histoire d'Ana. Le trajet de cette militante catholique est plus le récit d'une accession à la représentation que d'une ascension sociale. Comment devient-on le porte-parole d'une parole qui n'existe pas, ou du moins qui n'a pas jusqu'alors réussi à prendre place dans le concert des représentations que l'on entend dans les sphères dirigeantes ? Au-delà de la parole des pauvres que cette communication permet d'entendre, elle nous montre surtout comment le mode d'accès à la représentation pour les habitants des quartiers populaires brésiliens ressemble aux autres entreprises de démocratisation que l'histoire nous fait connaître. Si, au début, le système de représentation est ouvert et égalitaire, il semble assez vite s'organiser autour d'un double mouvement : la montée en puissance de leaders et la délégation du pouvoir qui leur est faite sans contrôle. Une fois ce système instauré, une opposition peut naître et la lutte classique pour la prise de contrôle du lieu de la représentation se déroule sur un mode habituel : les personnes en place utilisent le système créé par la volonté de représentation pour gêner, voire barrer l'accès des opposants au lieu de la représentation

Le paradigme à la base de ces associations de quartier est le même que celui de nos systèmes démocratiques, il génère des stratégies identiques à celles que nous connaissons dans les démocraties pour la conquête du pouvoir. Cette ressemblance permet de penser qu'il existe un paradigme de base identique à ces deux systèmes. Une autre hypothèse est possible, qui n'est bien sûr pas complètement hétérogène à la première assertion : les groupes de pauvres qui habitent ces banlieues de Rio de Janeiro n'ont pas pu, compte tenu de la pression de la société dominante, se constituer un système de représentation des rapports sociaux qui s'intègre pas tant soit peu ce qui se passe dans le système social environnant dont ils sont exclus, mais aussi spectateurs. Par là même, ils récupèrent une partie des signifiants que cette société qui les entoure donne à lire. Il n'existe pas à proprement parler dans ces mouvements une organisation des mécanismes de représentation qui soit radicalement différente de ce qu'elle est dans la société globale. La question que pose Leila Wolf est celle du renforcement de la marginalité des plus pauvres comme si ces nouvelles associations démocratiques qui se développent risquaient de devenir un écran supplémentaire entre les laissés-pour-compte de ce mouvement et le reste de la société. Formulé autrement, cela revient à poser la question suivante : l'émancipation d'une partie des pauvres ne tend-elle pas au renforcement de la mise à l'écart et de l'isolement des plus déshérités d'entre eux ?

La problématique de Jean-Pierre Ducastelle est autre. Il ne prend pas le problème à partir du discours des plus pauvres ; il analyse les effets d'une politique sociale dans la ville d'Ath, au XIXe siècle. Il montre d'une part comment l'idée de démocratie, se concrétisant dans les rapports sociaux par le suffrage universel, est concomitante de l'évolution de l'aide apportée aux pauvres en la déplaçant de la charité vers le paternalisme et, d'autre part, comment ce même surgissement du vote et de la possibilité de représentation n'amène pas les ouvriers à prendre part à la gestion de la vie publique.

Cet échec tient peut-être au double registre du message que perçoivent les pauvres dans le même moment. On leur demande à la fois au nom du paternalisme ambiant de se tenir tranquilles, d'être méritants, respectueux des rapports hiérarchiques existants, et de participer sur un mode égalitaire à la gestion de la société athoise. Double attente de rôle, double statut.

Comment peut-on espérer que, dans cette confusion des messages envoyés par la classe dominante, les plus démunis dans l'accès au symbolique s'y retrouvent ? Comment espérer qu'ils puissent faire fi de la place que les attentes de rôles, le contrôle social leur ont assignée depuis des siècles ?

La disparité des propos articulés autour de cette difficulté qu'ont les pauvres pour accéder à la représentation rend la conclusion malaisée. Mais cette absence des pauvres du politique et plus encore du symbolique ne peut s'expliquer par une manœuvre des classes dominantes. Le système de représentation contient des éléments épars du discours des pauvres, voire des plus pauvres, mais ces signifiants n'arrivent pas à faire sens. Ils ne semblent pas portés par un sujet qui les agiterait. Seule l'émergence d'un sujet pourrait permettre la prise de conscience de cette infiltration du dispositif symbolique par ces bribes hétéroclites d'un discours jusqu'à présent refoulé. Mais l'apparition d'une structure porteuse leur donnant sens peut-elle se faire sans que de nombreux repères s'écroulent, c'est-à-dire sans une révolution complète des représentations ? La réapparition de ces représentations peut-elle se faire sans violence ? L'histoire récente dans les démocraties populaires laisse entrevoir que cela peut advenir sans recours systématique à la violence.

Débat

sous la présidence de JEAN-MAURICE VERDIER

Au sujet de la communication d'Arlette Farge.

OLIVIER GERHARD. — *Votre exposé m'a énormément intéressé. En préparant cet atelier, je repensais à ce que le Père Joseph et le Mouvement ATD Quart Monde ont vécu avec les populations très pauvres. Notre démarche actuelle et votre exposé sur le XVIIIe siècle se recoupent en bien des points.*

Habituellement, on n'accorde pas aux familles très pauvres une pensée autonome. Il m'est arrivé moi-même, par exemple, de me trouver dans des écoles de travailleurs sociaux où je faisais une intervention devant des étudiants de dernière année : aucun d'eux n'avait entendu dire qu'il y avait une logique propre à la vie commune d'une population sous-prolétarienne.

Je suis donc tout à fait émerveillé par la façon dont vous avez décelé cela au XVIIIe siècle.

Le Mouvement et en particulier le Père Joseph nous ont beaucoup appris à travailler sur toutes ces chroniques que nous, volontaires, faisons quotidiennement et dont vous a parlé Claude Ferrand dans son intervention au début du colloque. Nous pouvons déceler et les souffrances et les espoirs des gens.

Nous avons réalisé, et cela rejoint votre démarche je crois, que nous devions être particulièrement attentifs aux souffrances, parce que celles-ci sont souvent niées. On entend dire le plus souvent : « Les pauvres ne souffrent pas », ou bien : « Ils acceptent leur propre souffrance. » Avez-vous pu vous-même avoir ce regard sur la souffrance dans les archives ?

Une autre façon de voir, c'est de reconnaître l'espoir des populations, en particulier dans les actes de résistance à la misère que posent les familles. Ce ne sont pas des actes de grande ampleur. Par exemple, à l'exposition que nous avons vue hier soir à l'hôtel de ville de Caen : Egalité ? Entendre les silencieux de l'histoire, *une série de photos montraient une maman en train de préparer les enfants pour aller à l'école. Souvent, les enfants arrivent à l'école pas très bien habillés, ou cinq minutes en retard, etc. On ne se rend pas toujours compte de ce que cela représente pour une maman d'avoir à préparer 8 enfants pour partir à l'école, et cela sans avoir des vêtements pour tout le monde. Au dernier moment, on cherche une chaussette... Dans une maison organisée, ce n'est déjà pas si facile. Dans une maison désorganisée, c'est presque un exploit. Et ce retard des enfants, par exemple, est facilement constatable, mais pas cette sorte de tour de force qu'est le simple fait d'être arrivés à l'école, ce jour encore.*

C'est par ces actes-là que la famille vit malgré tout et se sent digne.

Votre intervention me permet d'amener cette réflexion et en même temps de vous demander comment, de façon plus générale, les historiens pourraient reprendre cette façon d'étudier les textes, en particulier ceux qui concernent les très pauvres dont on va jusqu'à nier la pensée dans beaucoup de couches de la population.

ARLETTE FARGE. — *Ce qui m'intéresse le plus, c'est de retrouver toutes les formes d'intelligence. Je crois qu'il y en a beaucoup, qu'elles ne sont pas faciles à découvrir et que les archives ne sont jamais claires. Vous parliez* **de souffrance***. Je dirais qu'elle ne s'exprime jamais « comme ça » ;* **on ne trouve pas une souffrance qui s'exprime par un « je »***. Mais si on lit les archives avec précision, du moins en essayant de voir tout ce qui s'échappe d'elles, on peut discerner cette souffrance.*

J'ajouterai que la souffrance n'est pas bien « considérée » dans la discipline historique. S'il fallait en parler, on dirait : « C'est du populisme. » Le seul moyen que nous ayons, nous « historiens professionnels », de restituer ce à quoi vous avez été sensible, c'est-à-dire une pensée autonome, c'est de retrouver des logiques, des fonctions, des intelligences, en leur faisant contenir à la fois la violence et la souffrance. Sans quoi on serait accusés, et je crois peut-être à juste titre, de misérabilisme. Or, il faut être efficace. C'est pourquoi j'essaie de trouver les logiques qui sont derrière ce qui est généralement considéré comme désordonné ou excessif.

MARCEL BERNOS. — *Je voudrais poser une première question à propos des événements de 1750. N'étant pas « dix-huitiémiste », j'en étais toujours resté à l'idée qu'il y avait une part de rumeurs dans* cette affaire-là. A l'inverse, vous semblez prendre la chose au premier degré. Y a-t-il eu vraiment rapt, et rapt massif ?

Ma deuxième question concerne cette logique et cette intelligence des foules. Arrivez-vous parfois à déceler la présence d'un ou de plusieurs leaders, ou serait-ce au contraire de l'ordre d'un « inconscient collectif » (si je puis dire, car je n'aime pas tellement cette expression) ?

Arlette Farge. — *J'ai été frappée, non par la présence constante d'un leader, ce qui amènerait à la théorie du complot : « Ils ont été manipulés par un leader », mais par le fait qu'à chaque séquence de l'émeute de 1750 (très violente et qui a duré trois jours), la population, pour faire une action, s'appuie, momentanément et à l'endroit où elle se trouve, sur quelqu'un qui a en effet une autorité particulière. Par exemple, la foule s'engouffre dans un immeuble pour aller chercher celui qui a enlevé un enfant et s'y est réfugié. Dans cette situation, elle va s'appuyer sur le concierge qui connaît bien l'espace ; elle va s'organiser autour de lui. C'est lui qui va dire : « Il est passé par là », c'est lui qui va avoir les clés, etc. Puis, après avoir trouvé celui qu'elle cherchait, la foule va partir ailleurs, et laisse tomber le concierge. C'est alors une femme qui les entraîne vers la maison du commissaire de police... On voit bien que des gens ont un charisme particulier, mais momentané. Je dirais que la foule se « coagule » autour de certaines autorités, pour un but précis, dans un lieu précis, mais qu'elle n'a pas été menée d'un bout à l'autre. On retrouve cela dans d'autres études sur les foules. Il faut donc mettre une sourdine à la fois à l'idée d'un meneur et à celle d'un « inconscient collectif ».*

Jean-Maurice Verdier. — *J'ai l'impression que la recherche que vous faites et la méthode que vous employez — je parle avec prudence, n'étant pas du tout du terrain — rappellent un peu celles de certains sociologues qui ont étudié les comportements dans des pays en voie de développement où j'ai vécu 10 ans. Je n'ai moi-même pas participé à ces travaux, mais j'avais été frappé par leurs tentatives de retrouver, dans des comportements apparemment désordonnés ou aberrants, une certaine logique de survie ou de résistance.*

Arlette Farge. — *On me le dit souvent, en effet.*

Jean-Maurice Verdier. — *On retrouve cela parfois dans la vie quotidienne. Je connaissais un jardinier, père de huit enfants : jamais un de ses enfants n'a manqué de quoi que ce soit en classe. C'est prodigieux ! Quand on sait avec quoi il vivait, dans quel bidonville il habitait, on ne peut s'empêcher de penser que c'est prodigieux ! Des conversations avec lui me laissaient penser qu'il faisait des choix souvent coûteux et difficiles.*

Sur l'ensemble des communications.
MARC VÉNARD. — *Je suis frappé de constater combien, face à la pauvreté, on réinvente constamment les mêmes choses. Le physiocrate de la fin du XVIIIe siècle, dont nous a parlé Jean-Pierre Ducastelle, ne fait que répéter ce que disaient déjà les humanistes du début du XVIe siècle. Pas loin de Ath, à Ypres, Juan Luis Vivés avait proposé, pour lutter contre la pauvreté, le système de l' « aumône générale », c'est-à-dire une réorganisation, une rationalisation de toutes les formes de secours, afin d'être enfin efficace auprès des vrais pauvres. Juan Luis Vivés, de son temps, a eu un écho. Plusieurs villes allemandes et, en France, Lyon, se sont inspirées de cette « aumône générale », qui représente une solution antérieure à l'enfermement.*

Et voilà qu'à la fin du XVIIIe siècle, le balancier va dans l'autre sens. Aujourd'hui, on peut se demander si notre RMI n'est pas un nouvel avatar des aumônes générales du XVIe siècle.

PHILIPPE HAMEL. — *A propos du prolétariat et du sous-prolétariat dont Jean-Pierre Ducastelle a parlé vers les années 1880 : comment se comportait ce sous-prolétariat par rapport à l'émergence d'un prolétariat un peu organisé ?*

JEAN-PIERRE DUCASTELLE. — *Je suis tout à fait d'accord avec les précisions qu'apporte Marc Vénard, en étendant jusqu'au XVIe siècle ce que je disais.*

A propos du sous-prolétariat : il est plus facilement repérable vers 1850, quand il s'agit de distributions de secours et surtout de prix donnés aux pauvres. On possède des descriptions de la vie des familles pauvres vers 1850, tout à fait caractéristiques de ce que l'on pourrait appeler un sous-prolétariat.

Vers 1880-1890, la frontière entre le prolétariat et le sous-prolétariat est plus difficile à cerner. On a l'impression que, très souvent, des prolétaires peuvent très rapidement — à l'occasion d'une crise économique ou sociale, ou simplement d'une maladie ou d'un événement familial exceptionnel — tomber dans le sous-prolétariat. La ligne de démarcation est difficile à reconnaître.

A cette époque, dans une ville comme Ath, où l'industrie, peu développée, n'occupe qu'entre 200 et 500 ouvriers, les salaires sont des salaires de misère. Aucun ouvrier n'est à l'abri de se retrouver du jour au lendemain sans aucun moyen d'existence. La marge est étroite. Les descriptions, notamment dans les documents du Bureau de bienfaisance, des conditions de vie dans les logements ouvriers, par exemple, montrent bien que ce prolétariat est très souvent à la limite de l'extrême indigence.

Jean-Maurice Verdier. — On retrouve ici un peu la difficulté rencontrée hier dans plusieurs ateliers : comment définir les « plus pauvres », comment discerner le passage du pauvre au plus pauvre — passage qui s'opère d'ailleurs dans les deux sens ?

Marc Vénard. — Une expression n'a pas encore été employée, me semble-t-il, au cours du colloque, qui pourtant tient une place importante dans les représentations anciennes de la pauvreté : le « pauvre honteux. »

Toutes les organisations d'assistance distinguent les pauvres visibles, ceux qui mendient, des « pauvres honteux » : c'est-à-dire de ceux qu'on ne verra jamais tendre la main parce qu'ils viennent de milieux sociaux qui ont leur dignité, quelquefois de l'aristocratie, plus souvent de milieux populaires relativement aisés et qui, par malheur ou accident, tombent dans une déchéance qu'ils essaient de cacher. Jusqu'à quelle époque a-t-on employé cette expression de « pauvres honteux », pour désigner ceux qu'il fallait secourir discrètement, secrètement même, afin de respecter toute leur dignité ? Et dans quelle mesure cette notion de « pauvre honteux » ne pourrait-elle pas servir à décrire un processus que l'histoire sociale étudie généralement très peu ? En effet, autant nous avons des études qui suivent l'ascension sociale des familles (et pour l'Ancien Régime on en connaît assez bien les étapes), autant nous manquons de travaux analysant la « déchéance » sociale. En un premier temps, sans doute, quand la « chute » n'est pas encore trop profonde, on est « pauvre honteux » ; mais si la situation dure, si la famille s'enfonce, la pauvreté devient visible.

Nicole Haesenne. — La notion de « pauvre honteux » disparaît avec la Révolution française ; on ne la trouve plus en Belgique après cette époque. C'est tout à fait une notion d'Ancien Régime.

Vous parlez d'une analyse souhaitable du mouvement de « déchéance » des familles : je crois que ce n'est pas simple de faire ce type de recherches, puisque, par définition, nous n'avons pas trace des « pauvres honteux ». Les secours leur sont donnés de manière tout à fait privée, souvent par le curé — que l'on vienne le trouver chez lui ou qu'il se déplace chez les pauvres. Ces personnes ne se trouvent sur aucune liste. Contrairement à ceux qu'on appelait « les pauvres honnêtes » — et qui se présentaient à certaines distributions publiques, une ou deux fois par an, ou qui parfois étaient secourus à partir de listes mensuelles ou hebdomadaires — on ne possède pas le nom des « pauvres honteux ».

Arlette Farge. — *Le problème que vous posez est réel : les historiens s'occupent beaucoup de l'ascension sociale, mais très peu du fait de descendre l'échelle sociale. Je pense qu'à partir des études qui ont pu être faites sur les phénomènes de migration et de travail saisonnier, on pourrait, si on le voulait, capter ces phénomènes-là.*

Au XVIIIe siècle, quand je travaille sur les familles et sur leurs origines — quand je trouve des renseignements sur leurs origines —, je constate des phénomènes de « déclin », beaucoup plus que d'ascension sociale. Par exemple, ces gens, bien intégrés dans une communauté villageoise, dont les enfants partent à la ville avec ce qu'elle représente de mirage, de flux et de reflux, et avec toutes les conséquences d'appauvrissement que cela entraîne.

Si on voulait travailler sur ce phénomène social, je pense que nous possédons tous les éléments pour le faire. Les archives peuvent répondre à cette question — si du moins on l'a dans la tête.

Jean-Pierre Ducastelle. — *On trouve très souvent la réalité du « pauvre honteux » au XIXe siècle. Je ne sais pas si le mot lui-même est employé, mais dans la société athoise, en tout cas, on trouve toute une série d'exemples. Quand on nous décrit des familles pauvres qui refusent de tendre la main, à qui, parce que très pauvres, on donne une récompense pour les encourager, on se trouve face à des situations de grande pauvreté, de très grande misère, et en même temps face à des familles qui essaient de faire face. Elles refusent la pauvreté et l'indigence ; elles refusent d'être à la charge de la société ; elles se battent pour conserver leur dignité. Les politiques du XIXe siècle, en tout cas à Ath, ont voulu récompenser toute une série de ces familles qui cachaient leur misère.*

Michelle Grenot. — *Arlette Farge pourrait-elle nous dire si elle a pu, dans le peuple de la rue qu'elle a côtoyé à travers les archives, faire la différence entre les gens qui sont dans une misère « structurelle », dans les bas-fonds, et les gens de la rue, le « peuple » ?*

Arlette Farge. — *Bien sûr, on peut tout à fait faire une distinction entre les gens du peuple, les artisans, les gens de la boutique, et le monde de la mendicité. C'est aussi une population qu'on dit « flottante », qui est incertaine et qui peut tomber de la stabilité dans l'instabilité à l'occasion d'un léger mouvement du prix du blé ou des grains. Il faudrait établir des niveaux tout à fait différents, repérables dans les archives. En travaillant sur les documents, on peut même restituer à chacun son mode de pensée.*

Les premières études que j'ai faites étaient sur les révoltes contre la police, lorsque des mendiants étaient arrêtés. J'avais intitulé ce travail : « Le mendiant, un marginal ? ». J'avais été frappée par le nombre de mouvements de rue très violents, lorsque les archers de l'hôpital viennent arrêter un mendiant. Ces faits ne sont pas restés dans l'historiographie, dans notre mémoire des révolutions. On pouvait donc légitimement, à partir des interrogatoires de police, se poser la question d'une certaine solidarité de la population. C'est évidemment très complexe. On ne peut pas dire immédiatement : « Les gens du peuple sont solidaires des mendiants », car ils savent qu'ils peuvent fort bien un jour devenir eux-mêmes mendiants, et être alors eux aussi à la merci des mêmes contrôles.

Mais il reste qu'on peut travailler finement, avec des grilles d'interrogations, sur ce genre d'événements.

Extraits du débat (qui n'a pu être enregistré) succédant à la communication de Leila Wolf.

Arlette Farge. — *On peut souligner que le leader est une femme.*

Leila Wolf. — *La plupart des leaders de ces quartiers sont des femmes. Dans les années 70, pour la première fois, les hommes laissent les femmes sortir : censées aller tricoter ensemble, elles en viennent en fait à parler politique.*

Marcel Bernos. — *Philippe Joutard, à Marseille, dans l'enquête d'histoire orale* Savoir la vie, *souligne la spécificité féminine des leaders du Quart Monde* [1].

Jean Tonglet. — *Souvent, lorsque l'homme est sans travail, il se sent humilié et il s'enferme. C'est alors la femme qui prend les responsabilités.*

1. *Savoir la vie. La grande pauvreté à voix haute*, ouvrage collectif sous la direction de Philippe Joutard, postface de Joseph Wresinski, Paris, éd. Science et Service Quart Monde, 1987.

Séance Plénière[1]

sous la présidence de MICHEL VOVELLE

MICHEL VOVELLE. — *Vos rapports de synthèse nous laissent sur de bien grandes questions, mais ils vont pouvoir nourrir ce que je n'ose pas appeler la discussion qui va suivre, puisque nous n'avons que dix minutes ou un quart d'heure... Je n'ouvre cette séance que par quelques mots : mon intervention doit se conformer au laconisme qui est le propre d'un vrai républicain, comme on disait en l'an II.*

Les trois rapports que nous venons d'entendre s'enchaînent, me semble-t-il, de façon tout à fait harmonieuse, même si vous avez pu avoir le sentiment d'avoir participé à une sorte de flash-back qui partait du temps court pour remonter au XIXe siècle, et même au XVIIIe siècle avec ce qui nous a été apporté par Arlette Farge.

Mais l'ensemble constitue une interrogation globale autour du thème proposé pour l'ensemble du colloque : la représentation. Ne serait-ce qu'à titre de simple provocation, j'ai eu le sentiment que cette représentation était comme dominée par le regard, par l'enchaînement des regards portés par les élites — regards qui ont défini et façonné l'image du pauvre. En contrepoint, lorsque l'on s'interroge sur la réalité du discours du pauvre sur lui-même, sur la façon dont il se représente, on reste sur cette ultime interrogation qui nous est posée à travers une réelle continuité du XVIIIe siècle jusqu'aux favelas du Rio d'aujourd'hui : le pauvre n'est-il pas amené ou contraint à se conformer à l'image que la société globale donne de lui ? C'est sans doute l'une des questions qui nous sont ici formulées. Mais je ne veux pas être plus long.

THOMAS RIIS. — *On a parlé longuement de la culture de la pauvreté et on s'est posé la question de savoir si elle était le résultat d'un état social. Je me permets de rappeler les travaux d'Oscar Lewis et ses recherches sur la pauvreté de New York et de Porto Rico. Il voit* quatre éléments de la culture de la pauvreté. Primo, orientation vers le présent : les pauvres n'ont pas de mémoire du passé ni d'aspiration à un meilleur avenir. Secundo, il constate le manque de solidarité. Tertio, le rôle de la mère considéré comme prépondérant dans la famille. Et enfin, la spontanéité des sentiments. Ces quatre éléments ont été constatés aussi dans l'analyse d'une société pauvre d'une ville suédoise entre les deux guerres mondiales.

Yves-Marie Hilaire. — *Simplement, une ou deux remarques ponctuelles à propos de questions qui ont été posées. D'abord au sujet de la diffusion des influences allemandes en France, à l'époque la plus difficile, entre 1871 et 1914. Je signale à ce propos le rôle de certains professeurs de droit de Paris, notamment Raoul Gey, qui, vers 1900, faisait étudier à ses élèves la législation allemande, ses particularités et son intérêt pour la France. C'est quelque chose qui, à mon avis, n'a pas été étudié.*

Parmi les auteurs qui ont écrit à ce moment-là, il y a Gaston de Saint-Aubert, qui est un dirigeant de l'Association catholique de la jeunesse française, et Paul Boyaval, un sioniste. Ils vont diffuser, dans les milieux catholiques sociaux, les avantages de la civilisation allemande.

Une deuxième remarque : je signale l'intérêt des recherches que sont en train de faire actuellement Evelyne Diebolt et Sylvie Fayet-Scribe sur le problème des œuvres. Ce sont des laboratoires extrêmement intéressants en matière d'observations sociales et d'expériences pratiques.

Jean-Marie Anglade. — *On a parlé des vertus des pauvres, des valeurs des pauvres... On a posé la question de savoir s'il ne fallait pas laisser tomber les autres valeurs pour se centrer sur les valeurs des pauvre. Il ne me semble pas que les familles du Quart Monde se retrouvent d'une quelconque manière dans ce type de problématique. Ce qu'elles demandent en revanche, c'est d'être écoutées, au même titre que les autres, pour contribuer à l'organisation de la cité.*

Les pratiques, les lois, la connaissance historique sont autant de réalités qui influent sur le monde et qui se bâtissent en dehors et sans l'expérience des citoyens les plus pauvres. Cet état de fait est profondément injuste, parce que c'est ainsi que sont analysés et jugés des comportements, mises en œuvre des politiques ou des réglementations, à partir de points de vue qui sont le plus souvent extérieurs aux très pauvres. Ce père de famille, dont on affirme qu'il ne veut pas travailler et que l'on menace du placement de ses enfants..., il cherche du travail à sa manière et il aurait tant de choses à en dire. Cette mère dont on dit qu'elle n'accepte pas de collaborer..., elle aurait toute une expérience de la famille à transmettre. Les familles du Quart Monde n'ont pas tout à dire, mais elles ont des choses à dire, comme les autres citoyens. Ma question est la suivante : quels moyens prend-on, hommes politiques, chercheurs, universitaires ou simples citoyens, pour entendre ce qu'ont à dire ces familles comme on cherche à entendre les autres citoyens ?

MICHEL VOVELLE. — *Je vous remercie beaucoup de cette intervention parce qu'elle nous interroge très directement. Elle vient aussi en écho, en reflet puissant d'une question inscrite dans l'histoire : comment faire parler ces mondes du silence, en évitant à la fois toute procédure d'idéalisation qui ferait du pauvre le détenteur d'une vérité cachée ou d'un discours absolu, et plus encore toute pratique ou discours qui l'enfonceraient dans son silence et lui refuseraient la parole. Il y a un étroit chemin à parcourir, et il est important que vous l'ayez rappelé.*

PIERRE-YVES VERKINDT. — J'ai beaucoup de scrupules à intervenir après Jean-Marie Anglade, dans la mesure où je pense que ce genre de question doit revenir sans arrêt : que disent vraiment les gens, et que vivent-ils vraiment ? J'avais levé le doigt, donc j'assume.

Je voulais revenir sur le rapport d'Alain Leménorel. Je suis toujours un peu inquiet d'un discours qui laisserait entendre que le syndicalisme, au XIXᵉ siècle notamment, pourrait être un facteur de clivage social — vous avez employé l'expression « catégorisation sociale ». En fait, je pense que ce discours est un peu trop dépendant d'une certaine vision marxiste. Je crois qu'il doit être particulièrement nuancé.

D'abord, quand on dit le syndicalisme, il faut prendre garde qu'il n'y avait pas moins de plusieurs milliers de syndicats en France après la loi de 1884. Il y a des syndicalismes, des tendances syndicales, des pratiques syndicales extrêmement différents.

Ensuite, il ne faudrait pas oublier qu'il peut y avoir décalage entre le discours syndical et la pratique syndicale. Vous avez évoqué tout à l'heure le journal L'Atelier. Le discours et les écrits syndicaux sont des discours et des écrits de combat. Pour cette raison, ils devaient être extrêmement radicalisés, parce qu'il fallait que les syndicats fassent leur place. Mais, parallèlement, il y a le quotidien des pratiques syndicales, à travers par exemple les bourses du travail, les expériences de librairies du travail, dont il faut aussi tenir compte pour nuancer le propos.

Tout cela me fait penser que les pratiques syndicales très diversifiées pourraient être pour les historiens un point de départ pour rechercher comment a pu s'élaborer la représentation des travailleurs, y compris des plus pauvres. Sans entrer dans trop de détails, je voudrais dire qu'il y a des secteurs géographiques qui peuvent être des laboratoires extrêmement intéressants : je pense au Nord, soit dans la métropole de Roubaix-Tourcoing, soit dans les mines.

Enfin, dernière remarque, il ne faudrait pas que le discours sur le syndicalisme occulte l'expérience des gens eux-mêmes. C'est-à-dire qu'il y a quand même une différence entre le discours syndical, la pratique syndicale, et ce que vivent les gens quotidiennement. Il me semble que les historiens du travail auraient aussi à s'intéresser à ce que vivent les gens, pour discerner si ne se trouveraient pas là des facteurs de solidarité. Il ne s'agit évidemment pas de faire de l'angélisme — on sait très bien que des gens peuvent s'entraider un jour et le lendemain se disputer ; ceux qui vivent aujourd'hui dans des cités de misère le savent bien : le jour où on va s'entraider, se serrer davantage chez soi pour recueillir une famille qui vient d'être expulsée, ce jour n'empêche pas que naisse la semaine suivante une dispute... Je veux dire qu'il existe des signes de solidarité — je ne parle pas là d'aujourd'hui, mais de ce qui s'est passé dans l'histoire — et ces signes devraient pouvoir être décelés sans se voir immédiatement figés dans les discours et les pratiques syndicaux.

ALAIN LEMENOREL. — *Je pense qu'il n'est pas besoin, ce n'était pas mon but d'ailleurs, de poser le problème du syndicalisme en termes marxistes et de nier les éléments de solidarité qui s'y trouvent. Mais il ne faudrait pas non plus idéaliser le syndicalisme. Qu'il suffise de rappeler, puisqu'on a évoqué la femme ce matin, qu'elle est un sujet presque tabou pour les syndicalistes. Le syndicalisme, même si on fait la part du discours et de la pratique, a quand même évacué, voire refusé, de défendre certaines causes. Je pense en particulier à la femme qui, dans les faits, était d'une certaine manière prolétaire du prolétaire.*

YVONNE KNIBIEHLER. — *Pourquoi est-il impossible de dire ici que les pauvres, notamment au XIXe siècle, sont en écrasante majorité des femmes ? Dans les bureaux de bienfaisance, 49 % des femmes de plus de 21 ans, presque la moitié, n'ont pas d'homme pour les nourrir, qu'elles soient célibataires ou veuves, et si ce sont des épouses, le mari est à l'hôpital, en prison, parti dans la nature, alcoolique buvant toute sa paie, ou au chômage, etc. Parmi ces 49 % de femmes non secourues* *par des hommes, beaucoup ont des enfants et, en conséquence, ne peuvent travailler. Je comprends bien pourquoi les notables du XIXe siècle ne peuvent pas voir les femmes — et c'est pareil pour le syndicalisme —, c'est qu'il faudrait reconnaître finalement qu'un des facteurs principaux de la pauvreté dans ce monde est la maternité. Ça m'écorche les lèvres de le dire, mais je crois qu'il fallait le dire.*

1. Cette séance plénière a suivi immédiatement la transmission des rapports de synthèse que l'on aura lus à la fin des chapitres 7 et 8.

Chapitre 9

*La représentation
des plus pauvres
dans la démocratie,
aujourd'hui et demain*

Enjeux et perspectives

MICHELLE PERROT

Ce colloque est une manière d'événement. D'abord par sa forme : 3 demi-journées de travail, 40 communications ; en deçà, beaucoup de recherches se révélant dans ce forum qui groupe un public très diversifié, avec notamment ceux dont nous n'avons cessé de parler durant ces journées : ces familles du Quart Monde dont la voix est si souvent absente et que nous voudrions entendre aujourd'hui.

Ce forum est le symbole même du passage d'un public à l'autre, et aussi du passé au présent. Symbole aussi de notre désir que nos savoirs ne soient pas des savoirs morts, inutiles, mais, tout en restant rigoureux, une réponse aussi aux problèmes les plus brûlants de notre temps. Or, la grande pauvreté, aux frontières de nos cités opulentes, est certainement un défi majeur pour nos démocraties.

Ce colloque est encore un événement par son histoire. L'initiative en revient au Mouvement ATD Quart Monde qui poursuit ainsi l'effort commencé par le Père Joseph Wresinski. Il avait, je crois, toujours recherché la jonction entre le Quart Monde et les intellectuels, entendons par là les universitaires. A la fois pour que les savoirs, précisément, ne soient pas morts, et avec l'idée que le Quart Monde avait son savoir et que les universitaires feraient bien de l'entendre.

L'occasion ! eh bien, c'est le Bicentenaire de 1789. Il y eut bien des colloques en 1989, dont plusieurs sur des exclus de la démocratie, comme l'étaient les enfants ou les femmes. Mais pas sur les pauvres. Or, la Révolution française a parlé des pauvres ; elle a même proclamé le droit à l'assistance et élaboré une politique originale. Elle a fait des pauvres des citoyens, mais les a exclus de la représentation politique — comme d'ailleurs aussi les femmes : il y a là une ressemblance.

Par conséquent, la Révolution française est une expérience paradoxale à l'aube de notre modernité, en même temps qu'un acte qui ne cessera de se répéter.

Durant cette journée et demie, nous avons beaucoup appris sur la Révolution française. C'est peut-être un des points forts du colloque. Je ne peux bien entendu vous répéter tout ce qui a été dit à ce sujet.

La question de la « représentation » était au cœur de ce colloque. Pourquoi ? Parce que sans représentation de soi dans la sphère publique, au sens le plus large du terme, on n'existe pas. Tout simplement, on n'a pas d'identité, ni pour soi ni pour les autres. On n'est rien, et c'est souvent ce qui arrive aux plus pauvres.

Qu'est-ce que cette question de la représentation ? Que veut-on dire ? Nous nous sommes beaucoup interrogés à ce sujet.

Pour simplifier, relevons au moins trois points. La représentation désigne d'abord les images que la société, extérieure aux pauvres, se fait d'eux, la manière dont elle les perçoit, dont elle les désigne par des mots, des images matérielles et symboliques. Ces images sont beaucoup plus révélatrices de la société qui regarde les pauvres que des pauvres eux-mêmes, car, dans ce discours, ils se trouvent sans cesse travestis. Ce n'en est pas moins important.

Par représentation, on peut aussi entendre les mécanismes de toute nature : sociaux, politiques, juridiques, formels, informels, par lesquels les plus pauvres sont présents, entrent dans la sphère publique, éventuellement y participent ou, au contraire, en sont exclus. Nous avons là, évidemment, un ensemble de problèmes essentiels.

Enfin, les représentations sont aussi les représentations que les pauvres se font d'eux-mêmes et de la société qui les entoure : comment ils se voient, comment ils se pensent, comment ils comprennent la société, les autres et eux-mêmes dans cette société.

Sur ces trois points, qu'avons-nous appris ? Tellement de choses que je ne peux en faire une complète transmission !

Dieu merci, il y aura plus tard la publication des Actes qui rendront compte de ce qui a été dit.

Cependant, je voudrais vous livrer rapidement au moins quelques-unes des conclusions auxquelles nous sommes parvenus et des questions qui demeurent.

1. Les images que la société se fait des pauvres

Ce que nous constatons, c'est que ces images bougent, ne cessent de se transformer, se décomposent et se recomposent tout le temps.

Il y a eu une première grande rupture, semble-t-il, vers la fin du Moyen Age : à ce moment-là, le pauvre cesse d'être la figure du Christ pour devenir quelqu'un qu'on rejette. Et le travail va devenir la notion fondamentale.

La pensée du XVIIIe siècle, siècle des Lumières, est à cet égard fondamentale. La Révolution en hérite, car si elle fait beaucoup de choses pour les pauvres, elle distingue soigneusement ceux qu'elle appelle les indigents, ceux qui sont pauvres sans que ce soit de leur « faute », et ceux qui ne veulent pas travailler.

La Rochefoucauld-Liancourt écrivait : « Si celui qui existe a le droit de dire à la société : faites-moi vivre, la société a également le droit de lui répondre : donne-moi ton travail. »

La question du travail est toujours au cœur de cette relation avec les pauvres.

Le XIXe siècle amène beaucoup de mutations : d'abord, un formidable brouillage des images avec la révolution industrielle : classe laborieuse et classe dangereuse, les ouvriers et les pauvres, c'est un peu la même chose. On ne sait plus trop où on en est.

A cette époque-là, il y a un foisonnement d'images des pauvres, presque toutes dépréciatives. En gros, ils sont : sales, bêtes et méchants ; sauvages, mineurs, irresponsables, imprévoyants ; ils ne font pas d'économies, ont beaucoup trop d'enfants, boivent trop, jouent, sont paresseux, simulateurs, font semblant d'avoir besoin de nous, etc. Et puis, ils sont dangereux. Au premier degré d'abord : criminels et délinquants viennent de leur milieu. Au deuxième degré : ils sont un danger pour la société parce qu'ils éduquent mal leurs enfants et qu'ils pourraient bien faire dégénérer la race avec leurs tares et leur mauvaise santé.

Voilà, pour résumer, en les schématisant, toutes les mauvaises images que cette époque a des pauvres.

Il y a, heureusement, des images plus positives qui viennent parfois des membres des sociétés charitables : ayant un contact avec les pauvres, ils parlent de la solidarité, de l'entraide, de la chaleur qu'on trouve dans ces milieux.

Et puis il y a le romantisme : Victor Hugo et *Les Misérables*, Eugène Sue, la Fleur-de-Marie des *Mystères de Paris*, nos grands classiques. Et peut-être encore un effet positif de la philanthropie sur les images du pauvre.

Le temps passe, et arrive la deuxième moitié du XIXe siècle avec un phénomène nouveau, dont nous sommes les héritiers : une séparation croissante entre classe laborieuse et classe dangereuse, pour des raisons multiples.

D'abord, parce que (autour de 1848) apparaît le suffrage universel masculin qui exclut un certain nombre de gens, par exemple ceux qui se déplacent beaucoup. Le mouvement ouvrier acquiert une forte image identitaire. La classe ouvrière est le prolétariat et se distingue du sous-prolétariat. Il s'instaure des frontières complexes de respectabilité : le prolétariat, en général, s'identifiant à la production, au travail, au corps viril et fort de l'ouvrier.

D'autres facteurs contribuent encore à séparer classe laborieuse et classe dangereuse, et d'une certaine manière à compliquer les choses : les politiques sociales elles-mêmes.

Elles ont en effet pour objectif (et comment ne pas les approuver) de réduire la pauvreté. Cherchant à la diminuer, ces politiques sociales opèrent des tris, des classifications ; elles catégorisent : ici, les enfants trouvés, là, les invalides, là encore, les vieillards. Sur les femmes, pas grand-chose : elles sont pourtant 60 % des assistés, mais on ne réfléchit pas beaucoup à leur sujet... Pourquoi ? Parce qu'elles sont censées vivre dans la famille. Et si une femme se trouve seule, c'est par sa faute... En conséquence, on ne s'en occupe guère. Et puis, voici les chômeurs sur lesquels on commence à s'interroger au début du XXe siècle.

Mais lorsqu'on a établi toutes ces catégories, il y a un résidu, un reste, dont on ne sait que faire. Ce sont ceux qu'une loi de 1885 appelle les « inaptes à toute espèce de travail ».

Quelle est la conception de cette époque ? Eh bien, on pense que le mieux est de s'en débarrasser, de les expulser. Cette loi de 1885 est captivante : elle décide qu'on va expulser dans les colonies pénitentiaires de la Guyane et de la Nouvelle-Calédonie les multirécidivistes, qui sont, à la vérité, de petits délinquants : vol, mendicité, vagabondage. Selon cette loi, la justice est en droit, au bout de 8 incriminations, de les expulser parce qu'ils sont « inaptes à toute espèce de travail ».

Voilà l'image même de ce résidu dont on ne sait que faire et qu'on cherche à évacuer complètement, même si la loi n'est pas réellement appliquée. Il y a même plus grave, à la fin du XIXe siècle, et au début du XXe siècle : une doctrine que l'on appelle *eugénisme* ou *darwi-*

nisme social et qui n'est pas loin de préconiser la stérilisation des pauvres, des plus pauvres, de ces gens qui souvent transmettent de mauvaises maladies. Avant 1914, c'est purement virtuel, mais nous savons qu'entre les deux guerres cela devient réel... Pensez à l'élimination des Tsiganes par le régime nazi. Vous avez là une image tout à fait frappante.

En somme, ces images des pauvres sont le fruit du traitement de la pauvreté. Il faut toujours s'interroger sur les effets que peut avoir ce traitement, et cela nous amène au deuxième point que je traiterai rapidement, bien qu'il soit central.

2. *La question des formes de représentation publique des pauvres : formes directes et indirectes*

Avant la Révolution française, on ne peut pas dire que les pauvres étaient représentés. N'idéalisons pas l'Ancien Régime. Mais on nous a signalé, au cours du colloque, que des assemblées générales de communes incluaient alors les veuves et les mendiants.

Pendant la Révolution française, la question se pose de la citoyenneté. Tous les pauvres sont, certes, citoyens, mais pour avoir le droit de vote, on met aussitôt des conditions, qui *grosso modo*, sont : de fortune, de propriété ; et même en 1850, après qu'on a établi le suffrage universel, on ajoutera des conditions de domiciliation. Autrement dit, pour voter, il faut répondre à un certain nombre de critères : être un homme, avoir un domicile fixe pendant un certain temps, être sur la liste de ceux qui paient (en 1850) l'impôt mobilier. Et puis, ne pas avoir de casier judiciaire (ce qui peut bien arriver, quand on est parmi les très pauvres).

La citoyenneté reste donc, en définitive, très théorique pour les plus pauvres, au point même que beaucoup ne se font pas inscrire sur les listes électorales. Le problème des non-inscrits est encore un problème actuel de notre démocratie. Combien de gens ne sont pas inscrits sur les listes électorales et qui appartiennent précisément au Quart Monde, parce que cette sphère si importante de la citoyenneté, ou bien ne leur est pas accessible — ils bougent tout le temps — ou bien même ne leur paraît pas désirable ni même intéressante.

Alors, pourquoi ? Il faut le dire : la citoyenneté est un bien et il faut souhaiter que tous puissent accéder à une citoyenneté active. Si on ne peut pas exercer cette citoyenneté, individualiste, ou si on n'y attache pas d'importance, pour être représenté, il y a des médiations ; c'est la grande question des porte-parole de toute nature.

Comme porte-parole, il y a d'abord ceux que le groupe éventuellement se donne à lui-même, ou reconnaît comme étant véritablement son expression.

On nous a parlé pendant ce colloque de ce qui se passe à São Paulo, mais cela pourrait aussi bien se passer ici : une femme émanant du groupe des pauvres a organisé « un quartier pauvre » et en est devenue la représentante.

Ces fameux *comedores*, c'est-à-dire groupes de quartier autour d'un repas, ont pour centre les femmes de ce quartier.

Dans la France d'autrefois, il était très fréquent que les ménagères soient considérées comme les gardiennes du juste prix du pain. Quand son prix était trop élevé, c'étaient elles, en général, qui menaient les groupes pour protester contre sa hausse. C'était leur rôle.

Et puis, il y a les personnalités extérieures au monde de la pauvreté lui-même, mais qui par leur vie finissent par s'identifier et par être reconnues par les pauvres. On nous a donné plusieurs exemples, notamment Raoul Follereau qui est devenu le porte-parole des lépreux, voire du tiers monde, entre 1950 et 1960, et auquel on a véritablement fait confiance.

Le Père Joseph, je crois, vous le reconnaîtriez pour un de ceux qui, venant du monde de la pauvreté, en a été le représentant.

Quand il n'y a pas de porte-parole émanant du groupe, ou reconnu par lui, alors il y a des tiers, des médiateurs, des personnes intermédiaires.

— Jadis, l'Eglise se considérait comme la représentante normale des pauvres : par l'intermédiaire de ses prêtres, de ses curés de paroisse. Peut-être en reste-t-il quelque chose aujourd'hui : l'idée que l'Eglise a en charge les pauvres.

— Et puis il y a ces philanthropes, hommes et femmes, laïcs ou religieux. Qu'est-ce que la philanthropie ? C'est la gestion privée de la pauvreté. On peut dire qu'au XIXe siècle il y a une véritable concurrence, une rivalité même, entre les philanthropes de tout bord : les catholiques, les protestants, les laïcs sont tous un peu rivaux — rivalité souvent bonne dans la mesure où elle permet que se multiplient les œuvres, donc les possibilités de parole, mais avec aussi un risque d'appropriation de la parole des pauvres. Ces philanthropes développent une « intelligence des pauvres », une science des pauvres, réelle ou supposée, qui a des effets de représentation sociale.

— Après eux, leurs successeurs, liés au développement de l'Etat : les travailleurs sociaux. Ce sont, en quelque sorte, des professionnels institués de la pauvreté, liés à l'application des lois. S'ils sont indispensables, il peut y avoir un revers à la médaille : parce que ces médiateurs privés ou institutionnels viennent avec leurs idées d'ailleurs, leurs valeurs extérieures au milieu, et ils interviennent souvent sur la vie des plus pauvres, parfois au nom de leurs propres normes, qui ne sont pas nécessairement celles des pauvres. Un exemple : en 1889, une loi est votée qu'on appelle la loi de la déchéance paternelle : un mauvais père pouvait être déchu de son rôle de père et ses enfants lui étaient en conséquence retirés. (Cette loi, même si les situations sont différentes, reste d'actualité.) Quand on en regarde les premières applications, on s'aperçoit que ceux à qui on enlevait leurs enfants n'étaient pas tant des mauvais pères, qui les brutalisaient, mais souvent des hommes qui n'avaient pas de travail. Il y a là évidemment l'existence d'une norme extérieure au milieu, et qui lui est appliquée alors que peut-être ils s'occupaient fort bien de leurs enfants. Cela ne signifie pas qu'une loi sur la protection des enfants ne soit pas nécessaire. Elle l'est. Mais il faut réfléchir à son application.

Différentes institutions font donc un effort d'intégration du monde de la pauvreté.

3. *L'autoreprésentation des pauvres*

J'en arrive au point le plus important : l'autoreprésentation des pauvres, la parole des pauvres eux-mêmes, leur expression, fondamentale pour saisir ce qu'ils sont, et peur eux et pour les autres.

Ce problème, des historiens se le sont posé et se le posent de plus en plus. Vous imaginez bien les difficultés qu'ils rencontrent. Comment faire l'histoire des plus pauvres, alors que ce sont des gens extérieurs aux plus pauvres qui écrivent sur eux et qui nous rapportent leurs paroles ? Tout un travail de lecture, de décodage, de confrontation est nécessaire pour arriver à lire et à entendre cette parole.

Ces dernières années apparaît toute une recherche historique sur la connaissance des vies obscures, innommables, qu'étaient celles des pauvres. On écrit par exemple aujourd'hui la monographie d'une famille ; on recueille son histoire orale. Où étaient les parents, les grands-parents ? Que faisaient-ils ? Pourquoi ? Quel était leur travail, leur lieu de vie ? Tout cela est essentiel pour faire émerger une histoire et une parole qui, autrement, ne seraient nulle part.

Et c'est ici que le rôle du Mouvement ATD Quart Monde est tout à fait fondamental et que les historiens professionnels peuvent les retrouver et les rejoindre pour faire un véritable travail et se mettre aussi à l'écoute de ces documents.

Il en a été question pendant le colloque : la parole dite, produite par les pauvres, on a commencé à l'entendre.

Quelle représentation, en général, voit-on à travers ces textes qui sont les leurs, ceux de leurs frères, en quelque sorte ?

Tout d'abord, l'importance de la famille, l'idée que c'est le seul groupe sans doute, dans un monde inhumain, qui ait quelque chaleur et où l'on puisse se réfugier. Ce qui pose d'ailleurs le problème de ceux qui sont hors de la famille, et il y en a beaucoup. Ceux-là ne sont-ils pas les exclus des exclus ? C'est une question que je me pose, et que je pose à ATD Quart Monde qui me paraît raisonner seulement en termes de famille.

D'autre part, ces pauvres parlent certes de leur misère, du travail qu'ils n'ont pas ou qu'ils désirent, mais autant et davantage peut-être de la souffrance, du mépris, de l'humiliation, du besoin d'être considérés, d'exister, du besoin aussi d'être utiles, de servir à quelque chose dans une économie, dans un échange de dons et de contredons : « Je reçois, mais, moi aussi, j'ai quelque chose à donner ! » Et puis ils expriment des désirs simples : une maison, un jardin, une famille, quelque chose qui permettrait d'être heureux, ici et maintenant, tout simplement.

On a parlé, en relisant tous ces récits, de culture du Quart Monde. C'est une notion difficile. Culture, oui, si l'on entend par là les manières de voir, de dire, de faire, par lesquelles les gens du Quart Monde organisent leur propre vie et s'expriment, voire même suggèrent une alternative à notre monde de la consommation.

Cela étant, méfions-nous de ne pas excessivement cristalliser une culture du Quart Monde qui serait un enfermement supplémentaire. Le Quart Monde, il faut l'abolir ; la misère, il faut la supprimer ; il ne faut donc pas créer des images qui soient ensuite des poids et des prisons.

Pour finir quelques remarques :

Il ne faut pas confondre pauvreté et exclusion. On peut être un exclu sans être pauvre ; les étrangers, sans être nécessairement pauvres, peuvent être exclus ; les femmes : certains et certaines d'entre vous ont trouvé que le problème des femmes, des rapports masculin-féminin, n'avaient pas toujours été suffisamment abordés au cours de ce colloque. Je partage fortement cette opinion.

L'histoire du Quart Monde pose problème. Si l'on suit ATD Quart Monde, on aurait peut-être tendance à privilégier l'idée d'une reproduction de la pauvreté : des familles se transmettraient la pauvreté de père en fils, et cela depuis très longtemps.

Chez les historiens, les sociologues, on aurait plutôt tendance à admettre qu'il y a certes un héritage de la pauvreté, mais qu'on peut aussi tomber dans la pauvreté et qu'en définitive il y a comme des flux de la mer qui apportent des flots nouveaux de pauvreté. C'est un problème, c'est une question. Mais j'attire votre attention sur le danger qu'il y aurait à faire des plus pauvres une catégorie, un quasi-« peuple », voire « une race ».

La question des valeurs. Quelles sont les valeurs importantes ? Celles du Quart Monde, telles qu'on les a vues à l'instant, ou bien aussi celles de la citoyenneté de l'individu, telle que nous l'a léguée la Révolution française ? Pourquoi pas les deux ? En tout cas, ne rejetons rien de tout cela.

Pour conclure, j'ajouterai ceci :
Quelle est l'utilité de cette démarche ? Je dirai d'abord : soyons modestes ! Nous n'abolirons pas la grande pauvreté seulement en en faisant l'histoire ! Faire l'histoire de la pauvreté est une chose, mais ce n'est pas suffisant. C'est une toute petite chose.

Et pourtant, cette démarche n'est pas inutile, car l'histoire, la sociologie ou l'économie, disons les sciences humaines, les sciences sociales pour être plus large, peuvent permettre de comprendre pourquoi c'est ainsi et où l'on en est. Bien entendu, il faut que ce savoir soit critique, **qu'aucune question ne soit éliminée**, qu'on soit intransigeant et qu'on accepte de s'affronter, de ne pas être d'accord. Je crois même qu'il faut poser au départ l'idée qu'on ne sera pas d'accord : un faux consensus serait mauvais ; cela masquerait les problèmes au lieu de les cerner.

L'histoire permet de rendre visible ce qui est caché, de le rendre visible pour l'extérieur qui ne voit pas qu'il y a eu des pauvres dans l'histoire et qui ne les voit pas davantage aujourd'hui. Cela permet aux plus pauvres de conquérir une identité, c'est-à-dire par conséquent une *représentation* qui leur permette d'exister dans le domaine public, dont justement ils sont exclus.

Il y a là, vous l'imaginez bien, une tâche immense à laquelle nous sommes conviés et tous nécessaires.

Enjeux et perspectives

JEAN-MAURICE VERDIER

Je ne vais pas vous livrer un point de vue de savoir universitaire parce que le problème de la représentation des plus pauvres n'est pas une question sur laquelle j'ai des lumières particulières, n'étant ni historien, ni sociologue, ni économiste..., mais juriste. Et les juristes ont toujours de la représentation une vision assez carrée, assez cadrée, qui, justement, se trouve un peu prise en défaut ici.

Je vais quand même essayer de poser quelques questions. Je n'irai pas plus loin, puisqu'il s'agit d'introduire un débat.

Il va être surtout question ici de représentation au sens de structure, au sens de représentation active, plus que de représentation-image, sans oublier bien sûr les liens qu'il y a entre les deux et le fait, important, que toute représentation, pour être efficace, doit reposer sur une image le plus fidèle possible. Vous excuserez mes hésitations. Cette charnière n'est pas commode à faire.

Cette question de la représentation, on l'a déjà dit, a été en arrière-plan de tous les travaux du colloque, à la fois parce qu'elle était l'objectif poursuivi par les organisateurs, mais aussi parce que, en vue d'une action en faveur des plus pauvres, leur représentation est un problème majeur, peut-être même, au fond, le principal ou le préalable —, le point de passage obligé en tout cas. Le seul moyen pour que des droits soient reconnus aux plus pauvres, les droits dont ils ont besoin, c'est probablement, effectivement, la recherche et l'invention d'une représentation véritable. Il faut redire qu'ils ont réclamé cette représentation, comme on le rappelait tout à l'heure, dès le début de la Révolution, dans les cahiers de doléances. Et ce qui était remarquable, c'est que les rédacteurs de ces cahiers s'interrogeaient et se préoccupaient beaucoup de l'authenticité de cette représentation. Là se trouve en effet le problème : comment assurer l'authenticité de la représentation des plus pauvres, qui n'était pas assurée par les trois ordres ? On a pu dire que les plus pauvres ne faisaient pas la révolution : c'était l'opinion qui la faisait, c'étaient les autres. Or, cette représentation n'a pas existé. Les pauvres n'ont pas eu de représentation malgré le suffrage universel ; d'autres ont parlé pour eux. On l'a très bien dit : ils n'ont pas été sujets de l'histoire, même en France, pays des Droits de l'Homme, premier pays qui a reconnu le suffrage universel. La parole ne leur a pas été donnée.

A partir de là, il me semble que deux questions se posent — même si les termes de leur énoncé ne sont peut-être pas les bons ou peuvent en irriter certains. La représentation des plus pauvres est-elle possible ? Comment est-elle possible ?

I. LA REPRÉSENTATION DES PLUS PAUVRES EST-ELLE POSSIBLE ?

A. Les pauvres sont-ils représentables en tant que tels ? et surtout les plus pauvres ? Cette question peut sembler incongrue, malséante, désagréable, mais elle a été posée.

On a fait remarquer que la difficulté pour les représenter était un peu de même nature que la difficulté rencontrée pour représenter les chômeurs, parce que les chômeurs constituaient une sorte de formation résiduelle de la société, un groupe sociologiquement virtuel, même s'il avait une réalité humaine évidente.

On se trouve donc ici devant une certaine difficulté à définir les pauvres, et surtout les plus pauvres.

A la question : « La représentation des pauvres est-elle possible ? », la réponse est probablement négative, si on se place dans la vision traditionnelle de la représentation. Dans la conception traditionnelle, la représentation doit dériver d'une structure sociale ; or il n'y a pas de structure sociale de la pauvreté. Mais il y a une vision plus moderne de la représentation, plus dynamique : la représentation est un droit naturel, lié à l'appartenance à un corps social. Il est évident que les pauvres appartiennent au corps social, ils en sont peut-être même la partie la plus éminente, sinon majoritaire. A ce titre, ils ont un droit naturel à être représentés. On comprend que dans cette perspective-là, les choses changent et obligent peut-être, aussi, à changer la conception qu'on a eue du pauvre. De cela, nous avons beaucoup parlé, je n'y reviens donc pas.

Avec l'expérience du capitalisme libéral, et même moins libéral, on s'est aperçu que le travail n'empêchait pas la pauvreté : n'étaient pas pauvres seuls ceux qui étaient privés de travail.

B. Il faut revenir sur une autre difficulté, qui a aussi été évoquée. Depuis un siècle, un siècle et demi, il est admis, du point de vue juridique, que, dans le cadre de la nation française en particulier, la représentation est celle de la nation tout entière : on ne représente pas de catégories sociales. Les élus de la nation, quels que soient ceux par qui ils sont élus, qu'ils soient du Nord, du Sud, etc., représentent la nation entière.

On ne représente pas les classes sociales : pas de représentation des pauvres, ou des moins riches, ou des plus riches. C'est un point très important, parce que, effectivement, une représentation de type purement politique, et en particulier de source électorale, est probablement difficile pour les pauvres, peut-être même impossible. Les pauvres doivent être compris dans les électorats communs.

Mais il y a d'autres représentations, des représentations *intermédiaires* entre la grande représentation politique et celle des personnes, des individus ou des catégories. Ces représentations intermédiaires ont pris une importance considérable dans nos sociétés modernes, industrielles ou post-industrielles développées.

La démocratie n'est plus ce qu'elle était. Elle n'est plus seulement politique, elle est largement sociale et ceux que l'on appelle les partenaires sociaux, les interlocuteurs sociaux, représentent bien des classes ou des catégories, par exemple les patrons et les salariés. Il y a aussi la représentation des familles, organisée à bien des niveaux de la vie sociale et économique, et c'est là, je crois, qu'il faut rechercher les possibilités de représentation des pauvres, peut-être davantage que sur le plan de la représentation politique au plus haut niveau. D'autant plus que dans notre démocratie actuelle, les grandes décisions ne se prennent pas seulement dans les parlements et les gouvernements, mais aussi à ces niveaux intermédiaires où se font les négociations et où se concluent les accords.

La protection sociale française repose, probablement en grande majorité, sur des accords qui ont été plus ou moins entérinés ou consacrés par ce que l'on appelle le législateur, par le Parlement, mais celui-ci n'en est pas l'auteur. On parle souvent de loi « négociée » et il est vrai que les lois ont souvent été prénégociées.

C'est à ce niveau-là, je pense, qu'il faut rechercher une représentation des pauvres. Dans la démocratie actuelle, les corps intermédiaires nouveaux ont pris une importance considérable, même si, par ailleurs, ils sont en crise, comme on le dit souvent. C'est là qu'on peut envisager d'organiser une représentation des pauvres, en se rappelant qu'il ne s'agit pas de gérer la pauvreté ou de gérer les pauvres : il s'agit bien de la lutte contre la pauvreté.

Voilà ce que je voulais dire sur ce point : une représentation est possible, mais il faut choisir les bons niveaux de représentation, les niveaux efficaces.

II. COMMENT LA REPRÉSENTATION DES PLUS PAUVRES EST-ELLE POSSIBLE ?

Je vais me borner à poser quelques questions, pour ne pas être trop long.
A. Il y a évidemment un préalable : c'est de reconnaître que la pauvreté est une violation des Droits de l'Homme, une violation permanente, insidieuse, rampante.

Par moments, pour avoir connu de près la grande pauvreté dans les pays en voie de développement, il me vient à l'idée de la comparer à cette autre violation des Droits de l'Homme qu'est la torture. Je pense qu'il y a là un rapprochement à faire : une violation continuelle.

Il y a des conditions à remplir pour espérer pouvoir inventer une représentation adéquate. Il faut éviter de représenter les pauvres en fonction d'une culture dominante. On l'a dit, et Michelle Perrot est revenue sur ce point il y a un instant avec toutes les nuances qu'il fallait, la culture des pauvres est une culture dominée.

Souvent les représentants des pauvres appartiennent à la culture dominante. Il faut qu'ils représentent, ou qu'ils parlent, ou qu'ils aident à parler les pauvres, en référence aux valeurs que portent ceux-ci. Ce n'est pas si simple. Il faut éviter les pièges du charisme, de l'élitisme, du leadership. On sait que, sur ce plan-là, le Père Joseph a su les éviter. Mais ce n'est pas si facile de le faire. Dans ce domaine, l'enfer peut être pavé des meilleures intentions. Ce matin dans un atelier, il a été bien montré qu'un fossé peut se recreuser entre ceux qui représentent, avec les meilleures intentions du monde, et ceux qui sont représentés. Mais il y en a qui ont réussi à être d'authentiques représentants, sans y prétendre d'ailleurs.

Il m'est apparu aussi, au cours des travaux qui ont précédé, que l'invention d'une représentation, la recherche d'une représentation, implique une interrogation sur l'identité des pauvres : savoir qui ils sont, ce à quoi ils aspirent, ce qu'ils pensent, ce qu'ils portent. Et aussi sur l'identité de ceux qui se rapprochent des pauvres : pourquoi le font-ils ? Que cherchent-ils en le faisant ? Cela a été très bien dit d'ailleurs dans certaines communications présentées dans les ateliers. Au fond, pour parler au nom d'autres que soi, pour faire parler les autres, pour être légitimé à le faire, il faut, je crois, s'être interrogé soi-même sur sa propre identité.

B. Reste la recherche des voies du « comment ». C'est pour cela que nous sommes ici. Je dirai simplement que la représentation est difficile, et à mettre en place, et à faire fonctionner. C'est une nécessité dans la démocratie mais c'est difficile. Actuellement en particulier, où l'on assiste à une multiplication des intérêts catégoriels, avec à la clé un recul des solidarités larges. C'est un des grands problèmes des syndicats, poussés par leur base à se replier sur des solidarités étroites. Ils résistent, mais ils ont du mal et les « coordinations », constituées dans certains grands conflits récents, ont mis en rapport la préoccupation, qui reste très vive chez certains, des solidarités larges et la préoccupation de ceux qui refusent de prendre en charge des solidarités autres que celles du groupe étroit qu'ils représentent.

Les structures classiques de représentation, aujourd'hui, ont du mal à assurer la représentation des grandes solidarités. Or, s'il n'y a pas souci des grandes solidarités larges, il n'y aura pas de représentation des pauvres, des plus pauvres. En conséquence, la représentation des pauvres connaîtra les mêmes difficultés, peut-être même accrues, que connaissent déjà maintenant les diverses représentations existantes.

On peut pousser plus loin les questions : qui rassembler ? Comment ? Qui doit se rassembler ? Quels pauvres ? En fonction de quoi ? En fonction de tel ou tel problème particulier : le travail, le logement, l'éducation ou la formation ? Ou bien en fonction de tous ces besoins à la fois ? Ce sont des problèmes pratiques auxquels on sera forcément confronté.

Il y a aussi le problème de la *représentativité*, problème incontournable auquel sont confrontées actuellement les grandes représentations sociales. Etre la voix des sans-voix, parler comme ils voudraient qu'on parle d'eux, les aider eux-mêmes à parler, à dire ce qu'ils veulent dire. Les spécialistes de l'action collective distinguent différents niveaux dans l'action collective : les noyaux actifs de militants, le groupe médian entre les militants et la base. Le problème de l'action collective, donc de la représentation qui est une forme de l'action collective, c'est de savoir comment constituer un noyau actif, représentatif, authentique, et comment mobiliser autour de ce noyau les sympathisants. Il y a eu des réflexions menées sur le problème de la représentation des chômeurs et on a constaté que, par exemple, il n'était guère pensable de mettre en place une représentation élective des chômeurs. On a cherché aussi du côté d'organes spécifiques. Mais comment les composer, comment les constituer ?

Ce qui est certain, c'est que sur tous ces points-là, nous, universitaires, nous sommes interpellés — que nous soyons juristes, historiens, sociologues, ou autres. Nous sommes appelés à réfléchir aux problèmes qui sont notre pain quotidien, en fonction des difficultés particulières aux pauvres, et surtout aux plus pauvres.

Nous sommes interpellés sur le plan de la réflexion, de la recherche, sur le plan aussi de la sensibilisation de l'opinion par la voie de l'enseignement.

Une représentation novatrice pour notre temps : le Père Joseph Wresinski

HANS PETER FURRER

« Une représentation novatrice pour notre temps : le Père Joseph Wresinski », tel est le thème qui nous est proposé pour ce forum. En tant que directeur des affaires politiques du Conseil de l'Europe, ce sujet m'apparaît particulièrement important.

Car le Père Joseph, en tant que représentant des familles les plus pauvres, et tel que nous pouvons en témoigner, n'a jamais posé la question de la pauvreté simplement comme celle d'un problème à résoudre. Pour lui, l'exclusion des familles les plus pauvres était une question qui touchait au cœur de la démocratie. En ce sens, il s'adressait à l'ensemble du Conseil de l'Europe qui représente, sur notre continent, l'institution la plus significative en ce qui regarde les Droits de l'Homme et la démocratie.

En frappant à la porte de l'institution de Strasbourg, le Père Joseph, que nous l'ayons voulu ou non, ne s'est pas trompé de porte, ne fût-ce que parce qu'y sont affichés les principes de la démocratie parlementaire, de l'Etat de droit, des Droits de l'Homme, non seulement civils et politiques, mais économiques, sociaux et culturels ; et que 23 pays européens se sont déjà installés dans cette Maison où leurs gouvernements essaient maintenant de dialoguer avec d'autres pays européens sur les questions qui touchent à la démocratie, aux Droits de l'Homme, aux principes de l'Etat de droit. Je parle des pays de l'Europe de l'Est, qui s'ouvrent enfin à des réformes de leurs institutions et de leur vie politique.

Je vous parlerai brièvement, d'abord, de la façon dont nous avons vu le Père Joseph fonder la représentation des plus pauvres auprès du Conseil de l'Europe tant par sa personne que par son choix de vie ; et, d'autre part, de l'impulsion qu'il a ainsi donnée à l'ensemble de nos conceptions et pratiques de consultation, de concertation et de décision démocratiques.

I. LA REPRÉSENTATION FONDÉE SUR UNE PERSONNE ET SUR UN CHOIX DE VIE

1. Un homme de confiance dans l'homme

Nous avons connu, au Conseil de l'Europe, un homme qui se remarquait, certes, par sa détermination et son intelligence, mais d'abord par son humilité, son effacement et son étonnante confiance en chacun de ses interlocuteurs, y compris dans la manière dont chacun, chez nous, exerçait ses fonctions.

On peut dire qu'une rencontre avec le Père Joseph était une rencontre personnelle au cours de laquelle son interlocuteur se trouvait écouté, reconnu dans sa personne et sa fonction et investi d'une responsabilité toute personnelle. Par cette confiance, il savait rappeler aux fonctionnaires que nous étions le sens profond de la mission du Conseil de l'Europe et, par là même, il a donné un dynamisme nouveau au secrétariat du Conseil de l'Europe et à ses organes eux-mêmes. Je pourrais vous en donner quelques exemples par la suite.

Mais je voudrais d'abord tirer une leçon politique de cette manière d'agir du Père Joseph, certainement due à son charisme personnel, mais aussi puisée dans l'expérience de vie des plus pauvres eux-mêmes. Par sa démarche d'homme à homme, inhabituelle dans une institution où, de tradition et de règles, les fonctionnaires sont trop souvent rencontrés au seul titre de leur fonction, le Père Joseph nous a rappelé une réalité politique à laquelle nous ne pouvions échapper : une population exclue du fonctionnement de nos structures démocratiques européennes ne peut commencer à se forger les instruments de sa propre représentation que dans la mesure où des hommes et des femmes, des fonctionnaires comme nous, disposant eux-mêmes des libertés civiles et politiques, osent les utiliser pour innover avec les pauvres.

Une des expressions favorites du Père Joseph n'était-elle-pas : « L'heure de l'homme est revenue » ? Pour lui, elle signifiait un appel moral, mais aussi un programme et une stratégie proprement politiques.

2. Un choix de vie.

Le Père Joseph a aussi fondé la représentation des familles du Quart Monde au Conseil de l'Europe par sa propre vie, par son choix de vie, si l'on peut dire. C'est ce qu'affirmera, dans une entrevue officielle avec des représentants du Mouvement ATD Quart Monde, le secrétaire général du Conseil de l'Europe, Mme Catherine Lalumière : « Le Père Joseph pouvait obtenir ce que d'autres n'eussent pas obtenu, car il était un représentant irréfutable des plus pauvres par sa vie. Sa vie consacrée à la restitution des Droits de l'Homme aux plus pauvres le rendait incontournable. » Nous le savons, le Père Joseph était né dans une famille en grande pauvreté. Sa personne, sa pensée avaient été façonnées par l'expérience de vie des plus pauvres des années 20-30. Lorsque la chance lui fut offerte d'entrer au grand séminaire, et peut-être, par là même, de sortir de la pauvreté, de tourner en quelque sorte le dos à la misère, il a fait un choix libre et conscient pour les siens. « Pour son peuple », ainsi qu'il le dit lui-même dans ses livres. A l'heure du sacerdoce, il choisit de ne pas abandonner les siens, de leur consacrer sa vie en partageant la leur.

Je pense, à la fois personnellement et en tant que fonctionnaire du Conseil de l'Europe — et je sais que c'est la pensée des secrétaires généraux qui s'y sont succédé — que ce choix de vie du Père Joseph garantissait deux qualités indispensables à la représentation des plus pauvres en Europe. Tout d'abord, sa solidarité avec ceux dont il se faisait le porte-parole était indiscutable. D'autre part, sa connaissance de la grande pauvreté en faisait, de par son origine, sa vie partagée et l'effort permanent d'étude qu'il y ajoutait, l'expert incontestable de cette question dans l'Europe des 23, et je pense aussi au-delà.

Il faut noter — et cela nous a permis de prendre la mesure de l'authenticité de sa représentation politique — qu'il n'a jamais sollicité un statut d'expert. Sans doute ne voulait-il pas être confondu avec ceux que nous appelons « experts », sous-entendant par là une certaine neutralité ou distance objective par rapport au sujet qui leur est confié. Le Père Joseph ne demandait que le statut bien inconfortable de porte-parole d'une population non reconnue, qu'il voulait avoir pour seul maître.

Il eût peut-être été plus facile pour des fonctionnaires du Conseil de l'Europe de le rencontrer comme expert. Car une expertise en vaut une autre ; elle peut être contredite ou simplement mise de côté. Mais le Père Joseph ne nous a pas permis de le rencontrer autrement que comme porte-parole des siens.

II. QUELQUES TRAITS HISTORIQUES ET LEUR CARACTÈRE NOVATEUR

Je voudrais maintenant dégager quelques faits qui ont jalonné l'histoire de la représentation conduite par le Père Joseph auprès du Conseil de l'Europe, pour souligner ce qu'il a réclamé, innové et changé par cette représentation. Pour bien situer cela, il faut garder à l'esprit que le Conseil de l'Europe est avant tout une instance de réflexion et de délibération. Les politiques s'y préparent ; parfois elles s'y décident ; mais nous n'avons pas les moyens d'engager leur mise en œuvre.

Cela étant, dès 1977, le Père Joseph a demandé et obtenu, pour le Mouvement international ATD Quart Monde, le statut consultatif auprès de cette institution de réflexion qu'est le Conseil de l'Europe. Jusqu'à présent, ce statut a été attribué à plus de 300 organisations non gouvernementales afin d'élargir la consultation des citoyens européens. Dans le cas de l'ATD Quart Monde cependant, il s'agissait d'une innovation, puisque ce Mouvement se propose non seulement de parler des pauvres, mais de regrouper les familles en grande pauvreté.

Au regard du Conseil de l'Europe, le Père Joseph a restitué aux familles du Quart Monde le droit civil à la vie associative. Avec l'ATD Quart Monde, ce n'est pas simplement un Mouvement contre la pauvreté et pour les Droits de l'Homme qui entre en scène. Ce sont les familles en grande pauvreté elles-mêmes qui se mettent debout pour faire valoir leur pensée et leurs attentes, pour réclamer leurs droits.

Dès 1978, la contribution des familles du Quart Monde au fonctionnement juste et efficace de la démocratie était proposée au plus haut niveau du Conseil de l'Europe, sous forme d'un aide-mémoire au Comité des ministres, qui venait de proclamer solennellement une déclaration sur les droits économiques et sociaux.

En 1979, c'était au tour de l'Assemblée parlementaire de prendre à bras-le-corps, sous l'impulsion du Père Joseph, la question de la pauvreté. Son rapport, fait en 1980, innovait, en ce sens que, pour la première fois en Europe, des parlementaires reconnaissaient la pauvreté persistante, regrettaient l'ignorance que nos sociétés en avaient et incitaient les gouvernements à adopter une série de propositions nouvelles pour l'époque.

En 1981, le Mouvement organisait, conjointement avec le secrétariat du Conseil de l'Europe, le séminaire : *Familles du Quart Monde et Droits de l'Homme*. La pauvreté y était définie sans détour en termes de violation des Droits de l'Homme. Pour le Conseil de l'Europe, c'était la compréhension des Droits de l'Homme qui était mise en question et renouvelée à partir de l'expérience de l'indivisibilité des Droits de l'Homme vécue par les familles en grande pauvreté.

Une nouvelle forme de consultation s'instaurait alors. Le Père Joseph était désormais reçu par le secrétariat général du Conseil de l'Europe pour un échange annuel sur la condition et les attentes des plus pauvres et sur l'état des Droits de l'Homme en Europe. Ces rencontres annuelles donneront lieu, à chaque fois, à des engagements concrets du Conseil, surtout des secrétaires généraux et des agents du secrétariat : études sur le placement des enfants, sur les relations entre l'école primaire et les parents de milieux très défavorisés, sur la pauvreté, défi pour la Charte sociale... Ces études avaient, elles aussi, un caractère inédit, puisque les familles du Quart Monde elles-mêmes avaient participé à leur élaboration à travers les Universités populaires du Quart Monde que le Père Joseph avait fondées à travers l'Europe. Au Conseil de l'Europe, nous avons donc pu noter que ce rôle d'expert que le Père Joseph n'avait jamais demandé pour lui-même, il l'avait obtenu pour les plus pauvres qu'il représentait.

En 1984, la représentation s'est consolidée par un autre colloque : *Le Droit des familles de vivre dans la dignité*. Les travaux et conclusions de ce Colloque ont été publiés par le Conseil de l'Europe.

En 1986, au bout d'un long effort de sensibilisation de l'ATD Quart Monde, c'est enfin le Comité des ministres, cet organe dans lequel s'expriment collectivement tous les gouvernements des 23 pays, qui a proposé un *Echange de vues sur la pauvreté en Europe*. Le Père Joseph s'y est vu confier le rôle d'introduire les travaux en tant que corapporteur.

A l'occasion du quarantième anniversaire du Conseil de l'Europe, le 5 mai 1989, le Comité des ministres a rappelé l'attachement des gouvernements des pays membres aux grands principes statutaires de l'organisation, y compris au plan des droits économiques et sociaux, et demandé que, dorénavant, les travaux soient recentrés sur un certain nombre, limité, de grands projets inter-disciplinaires. Voici la décision du secrétaire général : « La question de la grande pauvreté constitue le premier de ces grands projets inter-disciplinaires du Conseil de l'Europe. »

Telle est la patiente action de représentation du Père Joseph qui ne pouvait pas manquer de porter ses fruits, d'autant que d'autres ont saisi le relais, après que le Père Joseph nous eut quittés, tout en continuant à nous interpeller à travers les volontaires du Mouvement.

Il importe maintenant de passer aux actes. C'est ce qu'a constaté Mme Lalumière, en prenant ses fonctions de secrétaire générale. Le 17 octobre 1989, devant des milliers de personnes, réunis auprès de la Dalle commémorative des victimes de la misère, sur le Parvis du Trocadéro, à Paris, Mme Lalumière a déclaré : « ATD Quart Monde m'a convaincue que le secrétaire général du Conseil de l'Europe pouvait faire quelque chose d'efficace pour lutter contre la pauvreté, contre toutes les formes d'exclusion. Depuis 40 ans, cette institution a eu comme mission essentielle de défendre les Droits de l'Homme, et il n'est pas de défense des Droits de l'Homme satisfaisante, si sont laissés de côté ceux que la vie a abandonnés sur la rive, pour cette raison qu'ils n'ont pas d'argent, pas de travail, pas de logement, pas cette instruction suffisante pour se défendre dans une société si compliquée. Ce projet de lutte contre la grande pauvreté sera un des projets majeurs du Conseil de l'Europe dans les années qui viennent. Nous commencerons par recenser tous les renseignements, tous ces cahiers de doléances que nous pouvons recueillir partout en Europe, comme le Père Joseph Wresinski l'a fait en France. Et puis, nous essaierons de faire aboutir des idées simples et pratiques, à l'échelle de l'Europe entière. » Et Mme Lalumière nous disait par la suite que, de cette façon, il était clair que les premiers auteurs d'un tel Rapport Wresinski-Europe ne seraient pas des fonctionnaires, pas même probablement des volontaires du Mouvement ATD Quart Monde, mais les familles elles-mêmes vivant la grande pauvreté en Europe.

Je terminerai là ce qui ne pouvait être évidemment qu'une évocation du rôle du Père Joseph. Des analyses approfondies suivront. Elles sont indispensables au Conseil de l'Europe, chargé d'un rôle à la fois de gardien et de rénovateur des valeurs démocratiques européennes ; elles sont indispensables aux citoyens européens que nous sommes, comme elles le sont pour les familles du Quart Monde.

Le Père Joseph, dans notre expérience de contemporains témoins, représente une borne, un tournant dans l'histoire de la démocratie et des Droits de l'Homme. Ce tournant, nous devons le prendre ensemble, en fonctionnaires avertis et en citoyens non seulement engagés mais éclairés. C'est la raison pour laquelle je me réjouis d'avoir pu vous rejoindre dans ce cadre universitaire.

Nous espérons poursuivre aussi ce dialogue dans le cadre institutionnel européen qui est le nôtre. Et cela au plus grand profit de nous tous, si les familles du Quart Monde elles-mêmes, par leurs Universités populaires, veulent bien collaborer avec nous dans un véritable partenariat que le Père Joseph n'a cessé de nous proposer.

Le Père Joseph, représentant de son peuple

ALWINE DE VOS VAN STEENWIJK

La misère a été toute sa vie

C'est à vous, familles des Universités populaires Quart Monde, que je voudrais m'adresser aujourd'hui.

Nous sommes ici entourés d'universitaires : historiens, sociologues, économistes..., des hommes et des femmes de savoir. Et vous aussi, familles du Quart Monde, vous possédez et vous développez un savoir. C'est grâce au Père Joseph que vous le développez ensemble. Le Père Joseph qui avait dit un jour : « La plus grave des injustices est de priver des hommes et des femmes de la maîtrise de leur pensée et de leur parole. Car ils sont ainsi dans l'impossibilité de faire fructifier ce que tout homme porte en lui : esprit, amour, volonté de dignité et de liberté. » C'est pour mettre fin à cette injustice qu'avec le Père Joseph vous avez créé des Universités populaires, tout un réseau d'Universités à travers l'Europe occidentale, où vous exprimez votre pensée, où vous menez une réflexion commune et où vous dialoguez avec le monde qui vous entoure.

Cet après-midi, nous nous rencontrons, universités populaires Quart Monde, Université de Caen et universitaires d'autres villes, pour parler de l'histoire que le Père Joseph vous a fait vivre, pour parler de l'histoire de la prise de parole que le Père Joseph vous a permis de vivre.

Cette histoire, les universitaires qui nous entourent ont besoin de la comprendre en passant par vous, à travers votre expérience et votre pensée. Sinon, ne risqueraient-ils pas d'en rester à une compréhension insuffisante de la situation générale quant à la prise de parole et à la représentation politique dans les démocraties européennes ?

Comment, en effet, les universitaires pourraient-ils correctement interroger l'histoire de la représentation des plus pauvres, si leur questionnement ne leur est pas dicté par votre expérience de la grande pauvreté d'hier et d'aujourd'hui ? C'est pour cela que nous voudrions retracer une étape de votre histoire, en prenant pour témoins ces hommes et ces femmes de savoir qui nous entourent aujourd'hui.

Ma place est-elle vraiment là ?

« Le Père Joseph était notre représentant, affirment les familles des universités populaires à travers l'Europe. Il a eu le courage d'aller chez les riches pour leur dire ce qu'il en est. »
Vous qui parlez ainsi, vous ne savez que trop bien que le Père Joseph n'a pas toujours été bien reçu. Et vous savez encore ceci : ce Père Joseph, représentant des familles du Quart Monde, qui avait le courage de parler en votre nom, qui acceptait les outrages que cela devait lui attirer tôt ou tard, ce Père Joseph n'a pourtant jamais prétendu être un représentant politique. Depuis les années 60, au camp des sans-logis à Noisy-le-Grand, vous et moi ne l'avons jamais entendu dire : « Je vous représente... je les représente. »
Au contraire, nous l'avons vu entrer dans la vie publique avec beaucoup d'hésitations, presque malgré lui. « Ce n'est pas mon monde, disait-il souvent. Ma place est-elle vraiment là ? »
Mais alors, qui était-il et qu'avait-il fait, quelles conditions avait-il remplies pour devenir un représentant politique sans l'avoir cherché ? Pour devenir ce représentant politique peu habituel dont vient de vous parler M. Hans Peter Furrer ?

« Je suis prêtre et je suis un homme pauvre. »

Qui était-il ? Le Père Joseph le rappelle lui-même dans ses livres : « Je suis prêtre de l'Eglise catholique romaine et je suis un homme pauvre. » Très pauvre, il l'était de naissance, comme M. Furrer vient de le souligner.
Et au regard du Père Joseph, le fait d'être né dans une famille en grande pauvreté l'a certainement préparé à vouloir combattre la misère. Mais à la combattre aux côtés de qui, avec qui ? Il dit lui-même que d'avoir vu lutter ses parents et ses voisins lui avait fait

comprendre tout d'abord qu'un des droits essentiels violés par la misère est le droit à la responsabilité. Le droit d'être responsable de soi, de sa famille, de son milieu, mais aussi d'être responsable des combats de son choix, du combat pour la justice, pour les Droits de l'Homme.

C'est pour cela que le Père Joseph, à l'âge de faire des choix de vie, a choisi à la fois de servir Dieu et de rester auprès des familles les plus démunies, privées de tout moyen d'assumer leurs responsabilités comme elles le désirent. Pour lui, il s'agissait d'ailleurs d'un seul et même engagement. Et cet engagement, vous, familles des Universités populaires, l'avez reconnu. Vous avez souvent affirmé qu'il vous avait convaincus que vous pouviez lui faire confiance, parce qu'il était resté un des vôtres : un homme sans pouvoir, sans armes, sans moyens. De cela, des familles en grande pauvreté parlent à travers le monde entier : « La misère a été toute sa vie (...) il comprenait, il savait (...) »

Un peuple parle

En préparation du thème de cet après-midi, « Le Père Joseph, représentant de son peuple », j'ai cherché à savoir sur quels sujets lui et vous, les familles, vous aviez le plus discuté à travers les années.

En parcourant 30 années de comptes rendus, de relevés de bandes, de cassettes de réunions d'adultes dans les cités et de soirées aux Universités populaires, j'ai surtout remarqué deux questions sur lesquelles les débats ont été vifs parfois ; deux questions vivement discutées durant les années 60 surtout.

La première de ces questions suscite à l'occasion un véritable affrontement. Elle concerne l'image que vous avez de vous-mêmes : les pères et les mères de famille du Quart Monde sont-ils, oui ou non, capables de prendre leur destin en main ? Le Père Joseph affirme qu'ils en sont capables ; tous n'en sont pas convaincus ; et cette confrontation concrète trouve en quelque sorte son dénouement, sa réponse, en 1968.

En 1968 — vous vous en souvenez, ou sinon vos parents s'en souviennent —, les familles des cités et bidonvilles de France sont acculées à la famine par les grèves et par l'interruption de tout versement d'allocations ou secours, sous quelque forme que ce soit. Les familles font l'objet de distributions gratuites de nourriture. Il s'agit, en fait, des surplus du ravitaillement destiné aux ouvriers et aux étudiants en grève. On les déverse à l'improviste, à la hâte, parfois même déjà avariés, dans l'un ou l'autre bidonville. Les familles vont-elles en accepter l'humiliation ? Ou vont-elles, pour la première fois dans l'histoire, former leurs propres comités, organiser un vrai partage, une solidarité conforme aux Droits de l'Homme, où les plus démunis seront les premiers servis ? Le Père Joseph va de cité en cité. « C'est l'heure ou jamais », dit-il. Partout les familles ont peur ; elles hésitent, et pour cause ! Et pourtant, en mai et juin 1968, des comités se créent · à Noisy-le-Grand, à Créteil, à Stains, à La Courneuve, à Versailles, a Reims, à Marseille...

Le refus de l'assistance n'a pas commencé en ces jours-là. Il y avait plus de 10 ans qu'il se préparait, qu'il se consolidait, au camp de Noisy-le-Grand en particulier. Avec les familles, patiemment, pas à pas, le Père Joseph avait fait disparaître du camp tout ce qui avait un relent de distribution aux pauvres.

En s'installant au camp de Noisy-le-Grand en 1956, le Père Joseph avait littéralement, de son corps et de sa personne, fait barrage au déshonneur de l'assistance. Cette assistance qui se continuait à travers toute la vague de bonnes volontés suscitées autour des sans-abri dans les années 50. Il avait fait barrage à l'assistance et il avait fondé les libertés civiles et politiques, puisque, dès 1957, il avait créé, avec les familles du camp de Noisy, une première association, celle qui allait devenir l'ATD Quart Monde. La même année, un jardin d'enfants et une bibliothèque avaient pris la place de la soupe populaire et de la distribution de vêtements.

C'est bien dans la boue d'un camp de sans-logis, avec vous les familles, qu'a commencé, autour du Père Joseph, une nouvelle démocratie fondée sur du jamais-vu : la liberté d'association pour les familles les plus pauvres de France et, presque aussitôt, pour les familles les plus pauvres d'Europe. Mais c'est en 1968 qu'il devient tout à fait évident qu'avec le Père Joseph, les familles ont retrouvé confiance en elles-mêmes. « Le Père Joseph nous a rendu l'honneur », disent-elles. L'honneur et par conséquent la fierté et l'assurance de soi. Aussi, à partir de 1968, la question débattue dans vos réunions d'adultes n'est-elle plus : « Sommes-nous capables ? », mais : « Qu'allons-nous faire pour prouver que nous sommes capables ? »

C'est à partir de 1968 que le Père Joseph peut lancer, à travers les zones de grande pauvreté, une campagne à laquelle il réfléchissait depuis 10 ans : la campagne des cahiers de doléances, comme en 1789 au moment de la naissance d'une nouvelle citoyenneté. Mais cette fois, des cahiers non pas rédigés pour les citoyens réduits au silence, mais des cahiers écrits par eux.

En 1968, paraît le premier cahier. Il s'appelle *Un peuple parle*. Les plus pauvres ne sont pas représentés, ils se présentent. Pour la première fois dans l'histoire de l'Europe, les plus pauvres font eux-mêmes appel aux Droits de l'Homme. Et cette réalité historique doit nous faire sérieusement réfléchir. Car que voulait dire le Père Joseph, en allant dans le monde parler au nom des familles ? Que voulait-il obtenir ?

Ce qui doit nous faire réfléchir, c'est la manière dont il s'est toujours présenté, non pas comme représentant, mais comme témoin. Témoin de votre dignité, témoin de vos capacités, infiniment soucieux de ne pas faire écran entre vous et le monde. « Allez les voir, allez écouter les familles dans les Universités populaires, rencontrez-les en tant que partenaires à part entière. »

C'est cela que voulait obtenir le Père Joseph, et qu'il n'a pas cessé de réclamer partout. Avec lui, vous avez appris ce que peut être une représentation transparente ; et dans les Universités populaires, vous le dites : « Il ne prenait pas la place, il nous la laissait (...). »

Laisser la place aux plus pauvres, cette volonté du Père Joseph me conduit au deuxième sujet sur lequel la discussion entre vous et lui a été très animée.

Parler pour les absents

En effet, le second débat souvent passionné, en ces premières années de l'ATD Quart Monde, a eu pour thème : la place des plus démunis dans le combat. Le voisin le plus abattu, le plus enfermé dans la misère, allait-il avoir son mot à dire ? Son épouse, profondément marquée par la misère, allait-elle être accueillie avec une attention toute spéciale au foyer pour les femmes ? Les voisins allaient-ils tout faire pour éviter à cette famille le placement de ses enfants ?

Questions concrètes de la vie quotidienne, mais derrière lesquelles surgissait une question de fond : est-il juste, est-il peut-être même indispensable d'investir le plus et le meilleur auprès de ceux que la misère a le plus durement frappés ? C'est d'ailleurs la question qui a fait s'élargir l'association bien au-delà du camp de Noisy et des frontières françaises. Car elle s'est bientôt posée dans les termes suivants : les familles du camp, déjà en association, déjà en route, étaient-elles d'accord pour que les volontaires à leur service partent vers d'autres cités, et bientôt vers d'autres pays : Stains, La Courneuve, New York, Marseille, Frimhurst en Grande-Bretagne... ? Tous lieux où les familles réduites à l'assistance n'avaient encore aucune liberté, aucune vie associative. Etiez-vous d'accord, enfin, pour partager le volontariat et ses moyens d'action avec les familles rongées par la misère en Afrique et en Amérique latine ? Votre réponse — ou parfois celle de vos parents — a été : oui.

Dès les années 60 au camp de Noisy-le-Grand, cette interrogation, elle aussi, se transforme de réunion en réunion. Les familles ne se demandent plus tellement si les foyers les plus exclus doivent être servis en premier ; elles se demandent comment les atteindre, comment trouver « ceux que nous ne connaissons pas encore (...) », « ceux avec qui nous n'avons pas de contacts, parce qu'ils sont trop malheureux (...) ».

A partir des années 70, apparaît dans toutes les réunions d'adultes ce que vous allez appeler plus tard « le souci des absents ». Souvenez-vous de Rome ! « Nous nous réunisons en Université populaire pour les familles qui ne sont pas encore là », annonce un père de famille en ouverture d'une université populaire aux Pays-Bas. A cette démarche à Rome, participent des couples habitant un trottoir à Bangkok, un cimetière au Burkina-Faso, une caserne désaffectée en Allemagne fédérale. Or ils connaissent encore plus pauvres qu'eux. Au pape ils diront que c'est pour ceux-là que le Père Joseph s'est battu toute sa vie, et que c'est de ceux-là qu'eux-mêmes veulent désormais témoigner.

« *Je témoigne de vous.* »

Les plus pauvres capables de responsabilité, de partenariat ; les plus pauvres eux-mêmes défenseurs des Droits de l'Homme pour les plus abandonnés d'entre eux : c'est pour une représentation de cette qualité-là que vous, familles du Quart Monde, avez fait alliance avec le Père Joseph. Son : « Je témoigne de vous » du 17 octobre 1987 sur le Parvis des Droits de l'Homme, à Paris, était fondé sur cette alliance-là. « Je témoigne », c'est-à-dire : « Je certifie la vérité de leur qualité d'homme. Par ma personne, par ma vie partagée avec les familles, je suis témoin et j'apporte la preuve de leur honneur. »

C'est cela, aussi, la personne et la vie du Père Joseph devant le Conseil économique et social, devant le Conseil de l'Europe, la Commission des Droits de l'Homme à l'ONU, le conseil d'administration de l'UNICEF, comme devant le Parlement européen. C'est toujours le même « Je témoigne de vous », confirmé une dernière fois sur la Dalle commémorative des victimes de la misère, sur le Parvis des Droits de l'Homme. Comme est témoignage de l'existence des plus pauvres le *Rapport Wresinski*, ce Rapport du Conseil économique et social qui nous offre, pour la première fois dans l'histoire, une définition de la pauvreté de portée universelle, parce que en termes des Droits de l'Homme. La façon dont cette définition est reprise aujourd'hui dans tous les continents n'est-elle pas, d'ailleurs, une preuve de son universalité ?

Nous ne pouvons pas dire que le Père Joseph « faisait de la représentation ». Toute sa vie a été représentation, encore que lui-même ait toujours préféré le mot « témoignage ». Pendant 30 ans, les plus pauvres ont été représentés en ce en quoi ils croient le plus profondément. Le fait historique est là, l'homme est là et reste là, incontournable désormais. Bien plus, la façon dont il a assumé la représentation était inédite, elle aussi. Le changement intervenu est double : une population jamais encore prise en considération entre sur la scène publique ; et elle y entre d'une manière originale. C'est de ce double changement que vous, familles des Universités populaires Quart Monde, vous êtes témoins. Vous portez témoignage exactement comme le Père Joseph l'a toujours fait. Vous certifiez, vous apportez la preuve et vous êtes la preuve.

En conclusion : quel nouveau changement poursuivre ?

Sur la représentation des familles les plus abandonnées à l'assistance, tout reste à dire. Au demeurant, quel changement pouvons-nous poursuivre pour contribuer à ce que la représentation instaurée par le Père Joseph puisse durer et se consolider ?

Le changement que le Père Joseph demande depuis 30 ans n'est-il pas justement celui-ci : que l'Université classique prenne en compte les Universités populaires Quart Monde, et que la connaissance universitaire devienne autre parce que les plus pauvres y auront collaboré ? C'est un véritable contrat entre l'Université et les Universités populaires que le Père Joseph recherchait et qu'il continue de nous demander. Ce contrat dont il nous a lui-même donné les bases dans ce texte qui a fait date : *Echec à la misère,* lorsqu'en 1983, il introduisit les familles du Quart Monde à la Sorbonne.

Le jour où ces familles seront reconnues comme partenaires dans l'Université française et européenne, la représentation dont rêvait Dufourny de Villiers, et dont le Père Joseph a posé les véritables fondements, ne sera-t-elle pas, enfin, assurée d'un avenir ?

Débat

sous la présidence de PHILIPPE JOUTARD

Philippe Joutard, *président de la séance, ouvre le débat et rappelle en particulier l'interpellation faite aux universitaires par les délégués des Universités populaires du Quart Monde :* « *Vous avez besoin de nous*[1] ! »

Léon Dujardin, *du Secours populaire français, se réjouit des études présentées et de la publication de cahiers de doléances. D'autres organismes y travaillent aussi, et ainsi plus de 100 000 témoignages ont été consignés.*

Sa question aux universitaires : « *Comment arriver à une meilleure image-représentation des pauvres, des chômeurs, dans la population, et comment travailler à faire reconnaître l'être humain derrière le chômage et la misère qui font peur ?* »

Un sondage du Conseil national de la Vie associative montre que si 74 % des Français se réjouissent de l'existence du monde associatif, seulement 29 % y adhèrent, et parmi ces derniers seulement 25 % à des associations d'aide humanitaire (soit 7 % de l'ensemble). Dans ces conditions, comment multiplier les rencontres entre ceux qui vivent la pauvreté et ceux qui ne la vivent pas, pour qu'un jour de vraies questions soient posées à ceux qui décident, et qui pour l'instant ne sentent pas un désir de changement chez leurs électeurs ?

Un Participant. — *En effet, comment faire évoluer l'opinion publique ? Face à l'exclusion, les gens ne se rendent pas compte du problème* — *et je pense particulièrement aux instituteurs. L'image de l'ouvrier du xix*[e] *siècle a évolué, mais non celle des familles pauvres.*

Jean-Marie Anglade. — *La légitimité de la représentation des plus pauvres par le Mouvement ATD Quart Monde se fonde sur la* volonté du Père Joseph d'aller toujours vers la famille la plus exclue et de lui donner la parole.

Jean-Maurice Verdier. — *Il est important que les familles interviennent elles-mêmes dans le Mouvement.*

Alwine de Vos Van Steenwijk. — *Et ce seront les familles, et non les juristes, qui pourront dire si la représentation est légitime !*

Mais revenons à la question : Comment les universitaires peuvent-ils faire alliance avec les Universités populaires Quart Monde pour, ensemble, faire avancer la connaissance ?

Jean-Pierre Degive (Fédération de l'Education nationale). — *Il faut reconnaître qu'à l'école les plus pauvres sont les plus mal servis, et également que les responsables de cette situation ne sont pas seulement les éducateurs. Nous avons un système éducatif hérité de l'époque napoléonienne où l'on avait choisi d'éduquer les élites et de laisser tomber les autres, c'est-à-dire que le même programme était donné à tous et que ceux qui ne pouvaient suivre étaient peu à peu laissés de côté. Les plus pauvres, les plus démunis sont les premiers exclus. Une loi d'orientation récente accorde à tout jeune le droit d'être considéré comme individu et de jouir d'un système éducatif diversifié lui permettant d'atteindre le maximum de ses capacités. Ne faisons pas de procès trop rapide et disons que, de toute façon, pour les pauvres l'école est une chance.*

Philippe Joutard. — *En effet, l'instituteur est à la fois dans le système et victime de ce système. Ce droit à l'instruction et à la diversification des choix d'excellence doit être exploité. Nous devons aussi être attentifs à la multiplication des Zones d'Education prioritaires et à l'idée de mettre les moyens où il en faut.*

Mais l'opinion publique doit pouvoir suivre et accepter alors que le nombre d'élèves par classe puisse être plus élevé pour certains. Nous devrions pouvoir substituer à une égalité qui s'èchève inégalitaire une forme d'inégalité qui serait égalitaire.

Didier Anger (député au Parlement européen). — *Je veux dire mon inquiétude et mon espoir au sujet de ce Marché unique dont tous parlent. Inquiétude, car nous n'avons pas encore beaucoup de réglementations sociales communes, ce qui risque de renforcer les inégalités. Espoir, celui de pouvoir réaliser une harmonisation sociale au plus haut niveau.*

Les élus ont un pouvoir institutionnel, mais il existe des pouvoirs différents. Je pense à celui de Gandhi par exemple. Je crois que si tous ceux qui se préoccupent de l'extrême pauvreté, au lieu d'attendre la solution des élus et de l'institution, se mobilisaient et agissaient, le niveau central pourrait bouger. Il est nécessaire de réfléchir globalement, mais tout aussi nécessaire d'agir soi-même localement et avec les autres.

Il y a un problème réel de représentativité. Dans le domaine ouvrier, c'est simple : il y a des catégories. Dans le domaine associatif, c'est plus difficile : les frontières ne sont pas bien délimitées. La coordination serait souhaitable, ce qui permettrait peut-être, à nous les élus, de faire mieux.

MICHELLE PERROT *insiste sur l'importance pour les associations qui luttent contre la pauvreté et qui, évidemment et heureusement, sont différentes, d'avoir des contacts, échanges et concertations pour réaliser un front de lutte commun contre la misère.*

MADELEINE REBÉRIOUX. — *Les Zones d'Education prioritaires sont des endroits essentiels de coordination dans lesquels se retrouvent, autour de milieux misérables et en détresse, à la fois des enseignants, des associations, des animateurs culturels, des représentants de la police, etc. Il serait très important de faire connaître les résultats obtenus. Il se trouve que je connais quelques ZEP, et les résultats y sont remarquables.*

Je voudrais poser une question à ATD Quart Monde : en parlant des plus pauvres, il semble que vous les considériez essentiellement comme des familles. Ne pensez-vous pas qu'il est des gens vivant dans une très grande pauvreté et qui sont hors famille ou ont perdu toute forme de solidarité familiale ?

ALWINE DE VOS VAN STEENWIJK. — *Les conditions de vie des familles qui vivent dans la misère sont telles qu'elles cassent le tissu familial, font perdre les liens avec les parents, les frères et sœurs, et même avec l'épouse et les enfants. Cela nous le savons bien, évidemment, et nous rencontrons des personnes dans ces situations. Mais ne faudrait-il pas tout faire pour que la famille soit protégée ? Ne faudrait-il pas travailler en amont de cette situation que vous décrivez ? Tout être humain a une famille, et il faut donner les moyens à toute famille pour qu'elle ne soit pas brisée par une trop grande précarité. C'est une des dimensions de notre insistance sur la famille comme dernier rempart contre la misère.*

BRUNO COUDER. — *Deux points en réponse à la question sur les associations.*

Dans un pays démocratique, on trouve normal qu'il y ait plusieurs syndicats ouvriers, plusieurs associations de parents d'élèves, plusieurs partis, et que chacun et chacune puissent agir et parler indépendamment des autres. Mais pour les pauvres, on demande sans cesse qu'il n'y ait qu'une association, ou du moins que les associations de lutte contre la pauvreté, se coordonnant, parlent d'une seule voix, etc. C'est étonnant que l'on veuille réduire la possibilité, pour ces associations, d'être plurielles, d'avoir des visages différents ! Pourquoi veut-on réduire ainsi la richesse de la vie associative des plus pauvres ?

Au sujet de la concertation, le Père Joseph a souhaité que le Rapport Wresinski, qu'il a bâti avec les familles du Quart Monde et le Conseil économique et social, soit un terrain de rassemblement. En France, 2 150 associations très variées ont signé un manifeste demandant l'application du Rapport Wresinski et sa traduction dans une loi d'orientation. Elaborer une telle loi d'orientation est un long travail, car il faut tenir compte de tous les textes législatifs existant, dont la plupart n'ont pas été écrits en tenant compte des plus pauvres. Il s'agit de créer les fondements juridiques du respect des Droits de l'Homme pour tous, et non pas de créer des « droits spéciaux » pour les plus pauvres.

ALWINE DE VOS VAN STEENWIJK. — *J'aimerais répondre aux élus. Comme on vient de le dire, 850 ONG travaillent ensemble, et elles s'adressent à vous, les élus du Parlement européen : qu'attendez-vous pour faire un Rapport Wresinski pour l'Europe ?*

DIDIER ANGER. — *J'ai envie de vous répondre ce que répondront les élus : il faut un minimum de pression de l'opinion publique.*

JACQUES VATTIER. — *La Mutualité française, que je représente ici, a pour objet le bien-être physique et moral de ses membres. Mais il serait tragique qu'un organisme humanitaire fondé sur la solidarité soit sourd et aveugle aux difficultés de personnes qui ne sont pas devenus mutualistes faute de moyens ou de connaissance.*

Je voudrais donner un exemple de solidarité sur le terrain. A Nancy, notre union mutualiste de Meurthe-et-Moselle, associée à la mission locale pour l'emploi des jeunes et au centre de médecine préventive, offre gratuitement des soins et bilans de santé, dans un double but :

Un travail de sensibilisation à l'importance de la santé pour la vie et le travail des jeunes.

Développer en eux l'idée de démocratie et la possibilité de l'exprimer par une adhésion mutualiste à cotisation extrêmement réduite — ce qui leur permet d'apprendre à décider avec d'autres.

Le système mutualiste est centralisé au niveau de la réflexion, mais très décentralisé au niveau de l'action, et cette sensibilisation de la population devrait pouvoir aider ATD Quart Monde à faire avancer ses idées.

Thomas Riis (de l'Université de Copenhague). — Je veux répondre à la question des délégués des Universités populaires du Quart Monde : « Universitaires, avez-vous besoin de nous ? » Je réponds : « Oui, bien sûr ! »

Je me contenterai de rappeler la collaboration entre Anne-Marie Rabier et Guy Piquet qui conduisit à la publication d'une monographie d'une famille du sous-prolétariat à travers les âges[2]. Le témoignage oral des familles les plus pauvres est essentiel pour l'historien.

Pierre Fontaine (de l'Université de Louvain). — Je me réjouis de tout ce qui s'est dit au cours de ce colloque, qui augmente la connaissance que l'on peut avoir des plus pauvres. Mais dans mon domaine, celui de la psychologie des familles, les connaissances sont encore très morcelées et surtout appréhendées de notre point de vue, d'en haut. Il y a encore beaucoup à faire pour apprendre à regarder aussi avec les yeux des plus pauvres. Il faudrait être aidé pour acquérir une meilleure compréhension des plus pauvres. Dans ce domaine, ATD Quart Monde peut être un partenaire de choix.

D'autre part, il serait souhaitable de faire des recherches en partenariat avec les pauvres, en leur demandant par exemple un « feed-back » sur ce que nous croyons observer et comprendre.

Devant la complexité du problème de la grande pauvreté, un appel doit être lancé à un grand nombre d'universitaires de diverses disciplines pour travailler ensemble avec les familles du Quart Monde et pouvoir donner une réponse valable.

Marcel David. — Que peut faire l'Université par rapport aux plus pauvres ? Il y a 35 ans, des universitaires ont pris l'initiative d'ouvrir l'Université sur une partie des pauvres de l'époque : le monde ouvrier[3]. Ils ont proposé aux représentants des travailleurs de se rencontrer au sein de l'Université pour se connaître, s'estimer, parler à égalité et assumer ensemble un certain nombre de problèmes. Tout n'a pas été simple, tout n'a pas été possible. Nous avons dû nous battre, et cela ne nous a pas valu que des amis. Mais l'ouverture sur l'Université s'est faite, des tâches communes ont été prises en charge, et nous avons conscience d'être restés les uns et les autres fidèles à notre raison d'être.

Notre tentative avait été facilitée par le fait qu'existaient des associations syndicales.

Dans les Universités populaires du Quart Monde, à travers un travail de formation de ce type, se poseraient peut-être des problèmes de représentation par rapport à l'extérieur : défendre les gens du Quart Monde tout en restant en lien avec eux. Est-ce qu'à partir de là, une tâche commune et organique ne pourrait pas se réaliser entre le Quart Monde et l'Université ? Certes des questions demeurent : comment le Quart Monde ne serait-il pas méfiant ? Et comment les universitaires pourraient-ils aller plus avant sur un tel chemin ?

Mais quand vous dites : « Que pouvez-vous faire, vous les universitaires ? », je réponds : « Nous pouvons nous battre pour créer au sein même de l'Université — non pas en dehors, et donc en nous compromettant auprès de nos collègues — une structure qui manifeste une égalité de partenaires entre les pauvres et les universitaires. »

JEAN-MAURICE VERDIER. — *L'intervention que vient de faire Marcel David est tout à fait fondamentale. C'est vrai que l'Université a été capable de faire quelque chose de tout à fait impensable il y a un demi-siècle. Il y a eu là une alliance très fructueuse. Pourquoi ne referait-elle pas la même chose ? Cela pose évidemment la question des répondants. Les syndicats, eux, avaient déjà une importante activité éducative. Pour ce qui est des plus pauvres, outre ATD Quart Monde, diverses associations s'y intéressent et œuvrent, de différentes façons, pour trouver des solutions à cette situation de grande pauvreté. Comment regrouper ces possibilités diverses ? Peut-être ATD Quart Monde pourrait-elle prendre l'initiative à partir de la réalité des Universités populaires du Quart Monde.*

Encore une remarque. Il y a une dizaine d'années, ATD Quart Monde avait posé la question : « La législation du travail peut-elle contribuer à l'exclusion ? » Tenter de répondre à cette question nous a fait mieux comprendre qu'en effet des règles de droit social, qui pourtant semblaient bien être un progrès, pouvaient contribuer à marginaliser un certain nombre de gens. Ainsi, par exemple, les droits attachés à l'ancienneté tendaient à marginaliser ceux qui pour des raisons diverses étaient instables dans l'emploi. Et il y aurait bien d'autres exemples. En caricaturant, on pourrait dire : ce ne sont pas les marginaux qui se marginalisent, c'est le droit qui les marginalise, parce qu'en effet la loi est élaborée en fonction de la moyenne de la population, voire même en fonction des classes supérieures.

MICHELLE PERROT. — *Le travail que nous faisons aujourd'hui est très important. Il change nos perspectives.*

Pourquoi, pour poursuivre dans le sens d'un partenariat, les Universités populaires du Quart Monde ne prendraient-elles pas l'initiative d'une rencontre où nous ne serions pas ceux qui répondent aux questions que nos recherches pourraient susciter, mais où nous poserions des questions aux participants du Quart Monde ? Je lance l'idée...

Nous pouvons, chacun, faire de petites choses, mais qui, s'additionnant... Nous : ce peut être sensibiliser nos étudiants, à travers notre enseignement, à l'histoire de la pauvreté. Vous : répondre à leurs questions sur la pauvreté d'aujourd'hui, et peut-être aussi accepter leur aide dans un travail commun sur les problèmes de transmission ou de reproduction de la pauvreté. Ensemble, sensibiliser l'opinion à travers revues et journaux.

PHILIPPE JOUTARD. — *En conclusion, trois remarques :*

La valeur scientifique des apports des plus pauvres. Les dialogues avec eux ont une grande valeur scientifique. Je témoigne de ce que l'expérience que nous avons menée à Marseille avec les familles du Quart Monde racontant leur histoire m'a stupéfait par la qualité de leur parole. J'ai là beaucoup appris. Et je dis aux universitaires que s'ils se lancent dans une recherche avec le Quart Monde, ils en tireront profit au niveau scientifique.

L'opinion publique et l'enseignement. Le problème de l'enseignement reste une clé et il faut utiliser la chance de la loi d'orientation de l'Education nationale, c'est-à-dire être présent aux colloques régionaux qui s'organisent. Il faut expliquer les difficultés aux assistants sociaux et éducateurs qui croient que le Quart Monde est un autre monde, leur expliquer qu'une majorité de ces jeunes sont capables, à partir du moment où ils entendent une autre voix. Il faut des structures très modestes auxquelles les familles osent s'adresser, et dans lesquelles elles peuvent se retrouver. L'idée doit progresser qu'à l'école « égalité » signifie « diversité », et non « uniformité ».

Rencontre européenne. Deux universitaires qui sont intervenus dans ce débat viennent de Belgique et du Danemark : l'Europe se bâtit. Ma proposition est d'organiser une deuxième rencontre, mais alors plus européenne, qui serait prise en charge par exemple par le

Conseil de l'Europe. Après avoir parlé ici, à Caen, de l'histoire, on pourrait élargir le sujet à tous les problèmes posés par la grande pauvreté.

---

1. Les délégués des Universités Populaires du Quart Monde avaient pris la parole juste après l'intervention de M. J.-M. Verdier. On aura déjà lu leur contribution au premier chapitre de ces *Actes*. Il nous a paru en effet légitime de placer cette contribution au tout début de notre démarche, puisqu'aussi bien elle manifestait la profondeur de champ dans laquelle nous avions voulu nous mettre dès l'initiative de ce colloque.
2. *Igloos*, 96(1977), n° intitulé *Soleil interdit ou deux siècles de l'exclusion d'un peuple*, 136 p.
3. On lira plus loin la contribution de Marcel David sur la collaboration possible entre le Quart Monde et l'Université.

Que peuvent faire les universitaires avec le Quart Monde ?

MARCEL DAVID

La question qui se pose dans ce Forum et que je crois opportun de soulever, en tant qu'éducateur du monde ouvrier au sein de l'Université, est la suivante : « Que peuvent faire les universitaires avec le Quart Monde ? »

Il y a 35 ans, la création des premiers instituts du travail a répondu au besoin d'ouverture de l'Université sur la société, et plus particulièrement sur cette partie du monde des pauvres qu'étaient alors les ouvriers, les employés, les petits fonctionnaires, disons plus généralement les travailleurs d'exécution. Pauvres, ils le sont encore à maints égards, mais autrement que les familles du Quart Monde, pour autant que celles-ci demeurent en marge de la vie professionnelle et démunies de tout statut tant soit peu sécurisant. La question que je pose ici est celle de savoir si une structure analogue pourrait être imaginée et mise en pratique dans les universités en coopération avec le Quart Monde. Serait-il envisageable de coopérer à égalité et d'un commun accord ? A cette fin, je me dois d'évoquer nécessairement ce qu'a été « l'aventure institutionalisée », qui prit nom d'*instituts du travail* au sein de diverses universités. Il se trouve que j'y ai consacré 25 ans de ma vie, et c'est, me semble-t-il, ce qui m'autorise à faire état de ce que cette expérience nous a appris : je dis « nous », englobant de la sorte, non seulement les équipes d'universitaires qui s'y sont adonnés — et s'y adonnent encore — mais aussi nos partenaires syndicaux.

Auparavant, il convient que j'indique, d'un mot, selon quel cheminement je suis venu à en susciter la création — ce qui remonte à mes activités au sein des Equipes sociales.

Les Equipes sociales

Tout jeune étudiant à la fin des années 30, j'ai appris l'existence des Equipes sociales dont R. Garric était le fondateur. Il s'agissait de cercles d'études doublés d'une amitié à instaurer entre ouvriers et étudiants, se prolongeant au sein de leurs familles.

Pratiquement, cela consistait à susciter une rencontre, une prise de contact en fin de journée au coin des rues, à la faveur des habitudes consécutives au mode de vie des milieux populaires, de façon tout informelle. Jeune gens nous étions, et ceux qui répondaient à notre offre l'étaient aussi. Une fois le contact établi, il s'agissait de déterminer ce qu'on projetait de faire en commun, sur le terrain culturel et « convivial », comme nous disons de nos jours. « Qu'est-ce donc qui, sous cet angle, était susceptible d'intéresser nos interlocuteurs ouvriers ? Selon quelles modalités, allions-nous nous mettre à leur disposition et eux accepter de répondre concrètement à notre offre ? »

Une fois effectué le choix du local de fortune — par exemple un vieux garage désaffecté —, l'équipe était constituée, axée sur la mise sur pied d'un cercle d'étude, ouvert à un nombre de participants ne dépassant pas la quinzaine, afin que chacun puisse y participer effectivement et s'y sentir personnellement engagé. Aux ouvriers tout d'abord d'exprimer leurs besoins éducatifs et culturels, les étudiants étant là pour les aider à en prendre conscience. Bien entendu, ceux-ci devaient se garder de jouer aux « profs », tout autant qu'aux mentors. La grande affaire était de nous aider mutuellement à prendre conscience du savoir en gestation que nous avions les uns et les autres, afin d'en faciliter la manifestation et la structuration. Le tout assorti d'un contact amical, d'un échange entre nos familles respectives, de l'organisation, le dimanche, de promenades dans les environs et de prise en charge, par chacun et par le groupe comme tel, de nos soucis les plus préoccupants.

Les Equipes sociales ont d'ailleurs eu, sur le mode laïcisant, un précédent dans les universités populaires qui, de 1898 à 1902, ont été créées dans les quartiers ouvriers de Paris et dans diverses villes de France, après que l'affaire Dreyfus eut rapproché intellectuels et ouvriers pour la défense de la justice et de la vérité. Les universitaires, à l'origine de ces universités populaires et y consacrant leurs activités, étaient pleins de bonne volonté. Mais ils étaient intimement persuadés que leur tâche était de répandre leur savoir, de le mettre à la portée des ouvriers, qui ne pourraient qu'y trouver une source d'épanouissement. Il s'agissait d'aller au peuple, pour le faire accéder à un savoir préétabli, conforme aux normes culturelles en vigueur parmi les « intellectuels » épris de progrès et des valeurs humanistes, y compris de celles relevant de l'optique socialiste. L'erreur avait été de se figurer que cela ne pouvait que répondre à l'attente, à l'intérêt et aux possibilités d'assimilation des ouvriers. Elle avait été aussi de ne pas faire fond sur le savoir latent, à base d'expérience de la vie, de chaque groupe social, en l'occurrence celui dont le « monde ouvrier » était virtuellement dépositaire, du moins était-ce le jugement qu'aux Equipes sociales, nous portions sur ce précédent, avec le souci d'en éviter les erreurs.

Quand je cherche à retrouver ce qui motivait en profondeur notre « engagement » aux Equipes sociales, il me semble que, consciemment ou non, c'est sur la fraternité que nous misions ; cette « fraternité » sur laquelle, au soir de ma vie, je fais porter mes recherches d'historien, à laquelle, « existentiellement », je m'agrippe, et qui me tient lieu d'« horizon de sens », d'espoir en l'homme ! en tout homme, sans aucune exclusion.

Au lendemain de la guerre, une fois agrégé d'histoire du droit, j'ai été nommé à la Faculté de Strasbourg. Là, en marge de mon travail de professeur, j'ai d'abord cherché à reprendre mon activité à partir des Equipes sociales ; ce qui d'ailleurs correspondait, dans le milieu strasbourgeois, à une demande effective à l'instigation d'ex-étudiants, la plupart sortis des grandes écoles scientifiques et devenus dans l'intervalle cadres supérieurs, voire chefs d'entreprise ! On ne s'étonnera pas que, dans ce contexte, ait resurgi une question qui, déjà, s'était posée aux universités populaires de 1900 : fallait-il ou non les maintenir en marge du mouvement syndical, ou au contraire les structurer de telle manière que celui-ci y soit reconnu partenaire à part entière, en tant qu'organe le plus représentatif de la classe ouvrière ? Le plus sûr moyen d'éviter le paternalisme et de ne pas se complaire dans une « légende dorée » à trop bon compte n'était-il pas d'opter pour cette seconde branche de l'alternative ? Du moins, est-ce la conclusion à laquelle je suis parvenu.

Une autre faiblesse des Equipes sociales, drapées dans leur parti pris de faire abstraction du contexte des rapports conflictuels, était d'isoler l'ouvrier devenu « équipier social » de son monde d'appartenance. Le risque était de voir le personnalisme communautaire virer à l'individualisme pseudo-élitiste. Plus les ouvriers et les employés s'adonnaient aux équipes, plus ils étaient menacés de se comporter en intellectuels, oublieux de leur savoir d'origine. A se comporter individuellement en pseudo-intellectuels, le risque était, pour eux, de perdre sur tous les tableaux, y compris sur celui de leur structure de pensée et de leur possibilité de rayonnement. Au fond, les Equipes sociales m'apparurent comme manquant d'une dimension collective complémentaire de leur dimension individuelle.

J'ai donc cherché une formule qui permît de concilier l'individuel et le collectif, l'épanouissement du savoir latent et l'acquisition d'un savoir nouveau, la fidélité de l'Université à sa raison d'être scientifique et son ouverture, sans exclusive, sur la société. Cela supposait que les universitaires, prêts à s'engager dans cette voie, fussent disposés, le cas échéant, à écrire moins de livres et à moins se soucier de peaufiner leur propre pensée pour se consacrer à la mise sur pied d'une expérience originale de coopération entre l'Université et le monde ouvrier, par le truchement des organisations syndicales aptes à les représenter et reconnues légalement comme telles.

Les instituts du travail

J'étais dans cet état d'esprit quand, en 1953-1954, l'Université manifesta, pour de bon, sa volonté, à l'instigation du directeur de l'enseignement supérieur d'alors, Gaston Berger, de s'ouvrir sur la société. Ainsi virent le jour, en liaison avec le monde patronal et des cadres, les instituts d'administration des entreprises. Le moment me sembla propice à une proposition d'ouverture sur le monde du travail : ce m'apparut d'ailleurs comme la condition indispensable à la mise en œuvre, sans exclusive, de la mission universaliste de l'Université : dès lors qu'un groupe social, fort de ses propres réalisations éducatives, en est arrivé à susciter en son sein un besoin spécifique d'enseignement supérieur et de recherche scientifique (c'est-à-dire doté de méthodes éprouvées et animé d'un souci d'objectivité), n'appartient-il pas à une Université vraiment digne de ce nom d'y pourvoir ? Bien entendu, cela n'est pas allé tout seul, surtout en 1954-1955, en pleine guerre froide ! Il a fallu convaincre les organisations syndicales et aussi faire admettre le projet par les universitaires et les autres instances publiques concernées.

Les trois organisations syndicales les plus représentatives du monde ouvrier d'alors étant la CGT, la CFTC et FO, c'est avec elles que nous avons mis sur pied un institut destiné à compléter la formation de leurs militants. D'aucuns, en dehors de l'Université, auraient souhaité que nous écartions les « mauvais » pour ne garder que les « bons ». Mais, outre que nous n'avions pas à juger de la question de savoir s'il y avait des bons ou des moins bons, il nous semblait qu'un éducateur, de surcroît universitaire, avait d'autant moins à procéder à un tel tri que sa raison d'être est de se rendre disponible pour tout besoin de formation supérieure, si spécifique qu'il soit et de quelque groupe social qu'il provienne, moyennant un mode de coopération paritaire au sein même du conseil de gestion de l'organisme concerné. Quant à moi, j'ai cru bon de m'imposer une obligation de réserve : n'adhérer à aucun syndicat, puisque mon adhésion à l'un aurait pu indisposer l'autre et le faire douter de mon seul souci d'aider les militants à compléter, de façon aussi objective que possible, leur formation. Sur les modalités de fonctionnement, sur les activités, sur les méthodes, sur les recherches, je ne puis ici que renvoyer aux ouvrages et aux articles qui ont été publiés à ce sujet, y compris sous l'égide du Bureau international du Travail.

A la fin de 1959, venant tout juste, en tant qu'historien du droit, d'être élu à la Faculté de droit et des sciences économiques de Paris, je me vis inopinément appelé à la direction de l'Institut des sciences sociales du travail de l'Université de Paris : son directeur en exercice, Paul Durand, ayant été tué lors du tremblement de terre d'Agadir.

Cet Institut parisien se présentait autrement que celui de Strasbourg ; il y existait, outre une équipe de recherches, un centre de formation pour cadres sociaux du travail, tant privés que publics : inspection du travail, direction de Sécurité sociale, conseils professionnels, direction du personnel, direction d'hôpital, animateurs socio-culturels... Son originalité tenait à son mode d'accès, qui comportait un examen d'entrée, auquel tout candidat était astreint, qu'il soit ou non doté, préalablement, de titres universitaires. Licenciés et non-bacheliers y étaient également soumis. L'objectif était de réaliser entre eux, grâce à une formation personnalisée, un amalgame permettant un commun enrichissement : les non-bacheliers devaient avoir une solide expérience de la vie, notamment professionnelle, et faire preuve de « sens social », d'aptitude à exercer valablement une fonction de responsabilité dans le vaste domaine du travail social. A nous éducateurs de détecter qui, des candidats, présentait le plus sûrement le profil de futur cadre social du travail. Ainsi conçue et mise en pratique selon des critères appropriés, notre tâche relevait de « la promotion individuelle ». Sans doute en ai-je sous-estimé la portée novatrice. Je craignais que le « promu social », une fois atteint son objectif, ne se désintéressât de son milieu d'origine et que, de la sorte, ce type de promotion ne contribuât à l'écrémage du monde ouvrier. De fait, ce cas de figure ne fut pas inexistant. Mais, dans l'ensemble, les « promus » dont nous avons suivi le cheminement ultérieur ont su se montrer fidèles à leur modeste origine, se souvenir des difficultés qu'ils avaient eu initialement à surmonter, et en tenir compte dans leur attitude à l'égard de ceux dont ils eurent professionnellement et dans la vie quotidienne à se préoccuper. Il me semblait aussi que, même réussie, cette promotion individuelle, à elle seule, n'était pas réellement porteuse d'un projet novateur de société, ni d'une garantie suffisante de solidarité.

Aussi m'apparut-il indispensable de la compléter par des activités de « promotion collective ». D'où la création, non sans mal, d'une section d'éducation ouvrière, sur le modèle structurel de l'institut du travail de Strasbourg, mais visant à compléter les réalisations de celui-ci, notamment par la tenue de stages à plein-temps de plus longue durée et par la « formation de formateurs ». Les stagiaires, en provenance des organisations syndicales et ayant déjà reçu une formation élémentaire et de niveau moyen dans les écoles en relevant, pouvaient venir la compléter au sein de l'Université, conformément à l'approche scientifique des problèmes dans un cadre structurellement et pédagogiquement adéquat. Chaque stagiaire, bénéficiant d'une bourse englobant perte de salaire, frais de déplacement et de séjour, est à même, de la sorte, d'accroître sa capacité individuelle ; mais, en même temps, il lui incombe de répercuter ses acquis sur ses camarades, et de contribuer à la promotion de son monde d'appartenance, autrement dit de la classe ouvrière.

Plutôt que d'élire domicile dans les locaux prestigieux de la Sorbonne, nous prîmes le parti, d'un commun accord, de nous installer dans la banlieue sud, en bordure du parc de Sceaux : là, ces étudiants d'un nouveau genre que sont les militants syndicaux, n'ayant guère l'habitude de la vie universitaire, purent, tout en étudiant assidûment, se détendre et participer, en veillées, aux manifestations d'élargissement culturel. Avec le recul que me vaut « l'éméritat », il m'apparaît que les deux sections de l'ISST, l'une tournée vers les étudiants de type classique et vers les « promus sociaux », l'autre vers les militants ouvriers, avaient de quoi coexister harmonieusement, à la condition que les événements ne vinssent pas en contrecarrer la mise en œuvre et que pût être réalisée, à la satisfaction de tous les partenaires, l'indispensable complémentarité entre l'individuel et le collectif. N'est-ce pas en effet dans la symbiose de ces deux dimensions du réel que résident les chances les plus solides de cheminer vers plus de démocratie et de bonheur pour chacun et pour tous, en ne laissant personne sur le bord de la route ?

Perspective pour le Quart Monde à l'Université

Face au Quart Monde, la question qui me préoccupe est de savoir si n'est pas concevable et surtout susceptible d'être mis en pratique, *mutatis mutandis*, un mode de coopération analogue à celui qui s'est révélé efficace dans les instituts du travail, et plus largement quels services il incombe à l'Université de rendre au Quart Monde.

J'entends bien que d'ores et déjà, telle ou telle Université a pris comme objet d'étude le monde des pauvres. Les travaux de M. Mollat et de son équipe en constituent une des manifestations les plus réussies pour le Moyen Age (voir aussi ceux de B. Geremek). Mais, de même que pour étudier valablement le monde ouvrier, il a paru opportun à tel ou tel sociologue justement réputé de faire participer à ses recherches les représentants des travailleurs, ou des travailleurs de base particulièrement motivés, de même on peut se demander si une formule de ce type ne serait pas de nature à aplanir bien des obstacles devant les chercheurs soucieux de pénétrer dans les arcanes du monde des plus pauvres.

Pour ce qui est des enseignements, trois voies me paraissent à prospecter :

1. Il s'agit de faire en sorte qu'un nombre croissant d'enfants de familles pauvres, parmi les mieux doués — mais pas seulement eux — soient mis en état de surmonter les obstacles matériels et culturels, afin, non seulement de bénéficier de l'instruction initiale, mais d'accéder à telle ou telle filière universitaire, une fois comblé leur retard dans une instance adéquate — pré-universitaire — de rattrapage. Ceci au titre de la promotion individuelle et moyennant les divers types d'aide afférents à ce processus de la « seconde chance ».

2. Dès lors que dans chacune de nos Universités existent et se développent des centres d'éducation permanente, qui offrent leurs services à des « clientèles » pas toutes pourvues d'un langage universitaire, on ne voit pas pourquoi, selon des modalités appropriées, les familles pauvres seraient empêchées d'y avoir accès. Il est concevable qu'à l'instar des contrats afférents au RMI, une telle activité puisse voir le jour par accord entre l'instance universitaire et lesdites familles.

3. Au titre de la « promotion collective », il est envisageable d'organiser des stages ouverts aux responsables des associations du Quart Monde, dans la mesure où ceux-ci, issus eux-mêmes, pour la plupart, de familles pauvres, ont déjà reçu une formation spécifique au sein des instances *ad hoc* de leurs mouvements.

La difficulté, dans l'état actuel des réalisations éducatives de ces associations, tient, me semble-t-il, au manque d'un échelon intermédiaire entre le niveau de base (par exemple les Universités populaires d'ATD Quart Monde) et le niveau requis pour accéder à un stage universitaire, étant entendu que les critères de participation seraient adaptés aux acquis spécifiques des milieux de la plus grande pauvreté (expérience des contraintes de la vie quotidienne et du non-respect des Droits de l'Homme notamment).

Une autre difficulté, structurelle celle-ci, serait pour l'instance universitaire de déterminer les partenaires avec lesquels il lui conviendrait d'œuvrer, étant entendu également qu'aucune association réellement représentative du monde des pauvres ne devrait être exclue.

La troisième difficulté, dans le contexte actuel, est la plus redoutable. Car, si elle n'est pas surmontée, tout le reste risque fort d'être inopérant : je veux parler de l'existence d'équipes universitaires suffisamment préparées à pareille tâche et décidées à s'adonner pleinement à cette « aventure institutionnalisée ». Il y faudra le sens du concret, mais aussi une bonne dose d'idéal humaniste. Or, les universitaires, atteints comme d'autres par l'individualisme ambiant, par le souci de rehausser leur image de marque, par l'obsession du haut niveau scientifique et des débouchés professionnels sur une base redevenue monodisciplinaire, risquent fort de ne pas se presser au portillon donnant accès au monde de la pauvreté, où réside pourtant une partie non négligeable de leur raison d'être.

Postface

MICHEL VOVELLE

Si René Rémond a eu raison de souligner la spécificité, au cœur des manifestations du Bicentenaire, de cette interrogation collective sur la pauvreté, hier et aujourd'hui, il reste que cette rencontre n'a rien de fortuit. La Révolution française a été pour les pauvres, un temps du moins, l'occasion de la formulation d'un immense espoir : celui que le monde allait changer, dont une paysanne champenoise point si vieille et déjà si âgée faisait confidence en 1789 à Arthur Young, sur une route de Champagne. Celui que Saint-Just proclamera solennellement : « Les malheureux sont les puissances de la terre. Ils ont le droit de parler en maîtres à ceux qui les oppriment... »

Espoir déçu ? Oui et non. Nous savons les limites dans lesquelles la Révolution a formulé son discours sur le pauvre, celles d'une idéologie de la bienfaisance en 1790 et 1791, où la pensée des Lumières pose les jalons de la pensée libérale du siècle à venir. Et nous savons aussi les limites du discours social de la Montagne, partagée entre la compassion admirative d'un Marat pour « le peuple, ce petit peuple, si méprisé et si peu méprisable auquel nous devons tout », et la modestie des réalisations pratiques, voire de la façon dont est affronté le problème social. Mais il reste que la Révolution française a représenté une brèche dans le désespoir des plus pauvres et des plus démunis : et nous vivons encore des valeurs d'espoir qu'elle a proclamées.

On conçoit que cette rencontre ait été pour les animateurs d'ATD Quart Monde l'occasion d'inviter historiens et spécialistes des sciences de l'homme à discuter avec eux, sous l'angle de la « représentation », des problèmes de la pauvreté hier et aujourd'hui. Position ambiguë que celle de l'historien dans un débat où il paraît sévèrement mis en cause, pour avoir méconnu les pauvres non seulement dans leur réalité sociale, mais dans tout ce qu'ils peuvent apporter à partir de leur expérience spécifique qui constitue la « culture de la pauvreté ». A quoi le chercheur répond à bon droit en évoquant la difficulté d'écrire une histoire des silences, de ceux qui n'ont pu se payer le luxe d'une expression écrite, que les minutes notariales ignorent et les documents fiscaux aussi, et qu'il faut bien traquer finalement là où l'on peut les saisir, au fil des sources de la répression, du renfermement et du contrôle social des élites ou de la hiérarchie, politique ou religieuse.

Puis il s'interroge sur la définition même du pauvre et de la pauvreté, notion complexe derrière sa simplicité apparente. Où passe la frontière de l'extrême pauvreté, qui définit ce quatrième ordre ou ce Quart Monde dont on parle aujourd'hui ? Est-ce dans le rapport au travail ? Pas uniquement. Est-ce dans la capacité de se battre, de lutter, en un mot ce luxe d'une conscience de classe qui n'est point donné à tous, rejetant le groupe des exclus et des marginaux ? Enfin, les pauvres forment-ils un peuple à part, se renouvelant par lui-même ? On sent les dangers de toute lecture réductrice.

Y a-t-il une culture de la pauvreté, ou la pauvreté véritable n'est-elle point d'être rejeté, frustré d'accès à une expression culturelle propre ? Je crois qu'un des problèmes fondamentaux pour l'historien comme pour tout chercheur c'est de respecter l'éminente dignité du pauvre en évitant de faire de la pauvreté une catégorie positive par un processus de mythification. L'image du pauvre de Jésus-Christ, jusqu'à la veille du Grand Renfermement, impliquait la positivité de la douleur et de la souffrance dans une perspective de rachat. Dans cette perspective, il était concevable de faire du pauvre le détenteur d'une parole, ou d'un message. Depuis deux siècles, l'idée révolutionnaire de changer le monde avait ramené sur terre le rêve d'un monde sans inégalités, sans pauvres. Nous sommes plus loin que jamais de sa réalisation, il semble s'être détruit de lui-même.

Il faut vivre avec nos pauvres, avec ce Quart Monde qui se constitue à l'intérieur même de la bulle sécuritaire de nos sociétés libérales de consommation. Il faut faire vers eux tout le chemin possible en évitant la démarche paternaliste et incompréhensive des sociétés du XIXe siècle et bien encore du nôtre. Mais on sent la difficulté de cette démarche à travers toute l'ambiguïté du terme de représentation, qui a fourni l'une des idées-forces de cette rencontre : car il convient de ne pas jouer sur les mots. Etudier les représentations du pauvre dans l'imaginaire collectif, dans leurs avatars historiques : exercice salutaire, utile même par son pouvoir démystificateur. Mais chercher les modes possibles de représentation du pauvre — au sens où l'on parle de régime représentatif — dans un système démocratique en apparence et jusqu'à un certain point en réalité, mais qui, de fait, le marginalise complètement, le rejetant dans sa solitude et dans le silence, c'est autre chose.

Cela suppose d'aider les pauvres à retrouver leur dignité, comme le font les volontaires d'ATD Quart Monde. Pour moi, cela ne peut se faire sans leur rendre le sens de la lutte, c'est-à-dire de l'espoir. Dans cette perspective, on ne peut dissocier les luttes syndicales par lesquelles le monde ouvrier a depuis plus d'un siècle, dans nos pays, défendu et amélioré sa condition, et la réhabilitation du pauvre, laissé-pour-compte, semblerait-il, par des réactions ou comportements corporatistes. Je ne mésestime pas pour cela le problème de la « vraie » pauvreté (comme s'il y en avait une fausse), qui commence aujourd'hui là où cesse l'espoir.

Le spectacle de cette pauvreté qui nous entoure, nous côtoie, nous reproche, finalement nous instruit, que nous le chargions ou non du message évangélique. Car il nous rappelle à la nécessité de changer le monde. Par où l'on revient au thème initial : « Les malheureux sont les puissances de la terre. »

Table des matières

Préface, RENÉ RÉMOND 17

CHAPITRE 1
Citoyens à part entière

Tout être humain a sa dignité, GÉRARD LECOINTE 23
La lutte contre la misère concerne tous les hommes, ANNICK
    POUTAS. 25
Nous sommes un peuple en marche, ROGER RUSSEL 27

CHAPITRE 2
Du quatrième ordre au quart monde

La parole aux absents, JEAN IMBERT. 33
Du quatrième ordre au Quart Monde. La représentation des plus
    pauvres en démocratie, CLAUDE FERRAND 35
L'absence et la présence des plus pauvres : quelle signification pour
    la démocratie ? ALFRED GROSSER 43
Les plus pauvres dans la démocratie : enjeux et perception,
    YANNICK MAREC et ALAIN LEMÉNOREL 50

CHAPITRE 3
La période révolutionnaire.
Nouvelles représentations
et nouvelles pratiques sociales

Les pauvres font-ils partie du peuple à l'Assemblée constituante,
    1789-1791 ? EDNA-HINDIE LEMAY 65

Du Comité de mendicité au Rapport Barère : continuité et évolution, Madeleine Rebérioux 73
Babeuf et la pauvreté, Claude Mazauric. 86
Le citoyen et le pauvre dans le discours révolutionnaire liégeois, Philippe Raxhon 99
Les irreprésentables, Pierre Rosanvallon 103
Rapport de synthèse, Yannick Marec 104
Débat 111
De la communauté à la commune, ou les méfaits de la représentation, Jean Bart 116
Le quart état dans les cahiers de doléances, Claude Courvoisier. . 128
Louis-Pierre Dufourny de Villiers : pour le droit des pauvres, jusqu'aux plus pauvres, à la représentation politique (1789-1790), Henri Bossan 141
Les pauvres devant la militarisation de la France révolutionnaire, Alan Forrest 156
Les pauvres sous la Révolution : projets et réalités, Jean Imbert .. 167
Rapport de synthèse, Jean Bart 178
Débat 180

Chapitre 4
Pratiques sociales et œuvres sociales au XIXe siècle. Formes d'exclusion

Le fil du temps. Au pays de Liège à l'époque des révolutions, Marcel Deprez 191
Lutte contre la pauvreté avant l'industrialisation : tradition et innovation en Wallonie, Nicole Haesenne. 203
Histoire des hôpitaux au XXe siècle et leur refus des plus défavorisés, Henri Péquignot 213
« L'intelligence des pauvres », Alain Faure 219
Caractères spécifiques de la pauvreté féminine aux XIXe et XXe siècles, Yvonne Knibiehler 232
« Présentation de soi » et représentation politique : l'exemple des réfugiés en France, Gérard Noiriel 241
Rapport de synthèse, Marc-Henri Soulet 248
Débat 256

Chapitre 5
Religion, pauvreté, laïcisation du social

L'Église et les pauvres à l'automne du Moyen-Age : mission ou démission, Jean-Louis Goglin 269

Ambiguïté des attitudes ecclésiastiques à l'égard de la pauvreté aux XVIIe et XVIIIe siècles, MARCEL BERNOS 277
L'Église et les très pauvres dans la première moitié du XIXe siècle. Quelques observation issues de recherches régionales, YVES-MARIE HILAIRE. 289
La réponse des institutions charitables de Nîmes face à l'enfance abandonnée et marginale, du début du XIXe siècle à nos jours. Vers un partenariat ou un enfermement ? DANIEL MURAT. 295
Un non-lépreux porte-parole des lépreux, un Français porte-parole du tiers monde, un sexagénaire porte-parole des adolescents : Raoul Follereau, ETIENNE THÉVENIN 307
Rapport de synthèse, ÉTIENNE FOUILLOUX 319
Débat 323

CHAPITRE 6
Enfance pauvre et éducation

Les enfants en difficulté. De la discipline à la compréhension (1889-1989), PIERRE GUILLAUME. 341
Entre le rapt et l'exclusion : la salle d'asile face à l'enfant très pauvre au XIXe siècle, JEAN-NOËL LUC 348
L'aide apportée en France au XIXe siècle aux enfants des familles défavorisées, JACQUELINE ROUBERT. 360
Des exclus absolus : les enfants abandonnés, PHILIPPE-JEAN HESSE 373
Une société éducative et religieuse (les frères des Écoles chrétiennes) approche le monde des pauvres (1940-1990), NICOLAS CAPELLE . 387
Rapport de synthèse, ROBERT HÉRIN. 403
Débat 410
Séance plénière. 424

CHAPITRE 7
Confrontation de l'économique et du social

Les mouvements de longue durée : le déclin social et les causes de la pauvreté, THOMAS RIIS 433
Culture de pauvreté et représentation des pauvres : une alternative au productivisme ? JEAN-JACQUES GOUGUET 439
La pauvreté, paradigme de l'éthique économique, GEORGES ENDERLÉ. 453
Représentation de la pauvreté et modes de (re)présentation des pauvres, CHRISTOPHE GUITTON 470
Rapport de synthèse, ALAIN LEMÉNOREL 485
Débat 495

Chapitre 8
Représentation et discours sur la pauvreté

Les notables devant les problèmes de la pauvreté et de l'indigence dans une province française (Bourgogne) au milieu du XIXe siècle, PIERRE LÉVÊQUE 503
Les élites françaises face à la pauvreté au XIXe siècle. Essai d'analyse, ANDRÉ GUESLIN 516
Le droit des indigents aux secours. Naissance de l'assistance publique, 1880-1914, FRANCIS HORDERN 535
Fraternité et solidarité à l'égard des plus pauvres, MARCEL DAVID . . 550
Rapport de synthèse, JACQUES-GUY PETIT 564
Débat 572
Paroles populaires et pensée sur l'événement. Paris XVIIIe siècle, ARLETTE FARGE 578
Les pauvres et leur représentation dans la société athoise des XVIIIe et XIXe siècles, JEAN-PIERRE DUCASTELLE 589
La démocratie au jour le jour : la représentation politique des pauvres dans la démocratie brésilienne, LEILA WOLF. 599
Rapport de synthèse, DOMINIQUE BEYNIER. 612
Débat 620
Séance plénière. 628

Chapitre 9
Forum : La représentation des plus pauvres dans la démocratie, aujourd'hui et demain

Enjeux et perspectives, MICHELLE PERROT et JEAN-MAURICE VERDIER. 635
Une représentation novatrice pour notre temps : le Père Joseph Wresinski, HANS PETER FURRER 651
Le Père Joseph, représentant de son peuple, ALWINE DE VOS VAN STEENWIJK. 658
Débat 666
Que peuvent faire les universitaires avec le Quart Monde ? MARCEL DAVID 674

Postface, Michel VOVELLE 683

Extraits du catalogue des
Éditions Quart Monde[1]

Joseph Wresinski

Le Père Joseph Wresinski, Alwine de Vos van Steenwijk, 2ᵉ édition, 1989.

Droits de l'homme et grande pauvreté

Cahiers du Quart Monde, 1989.
Cahiers du Quart Monde, 1990-1991.
Les Droits de l'Homme à l'épreuve de la grande pauvreté, Jean-Marie Anglade, 1987.

Agir contre la grande pauvreté

Grande pauvreté et précarité économique et sociale, rapport présenté par le père Joseph Wresinski au Conseil économique et social, 1987.
Pour une lutte globale contre la pauvreté, Für einen umfassenden Kampf gegen die Armut, bilingue allemand/français, 1990.
Parle-moi!, Pré-écoles familiales en Quart Monde, Isabelle Sentilhes, avant-propos de Laurence Lentin, 1988.
Livre Blanc, Ils vont là où personne ne va, 1989.
Des clefs pour l'avenir. Sous-prolétaires assistés ou citoyens à part entière?, Dominique Camus, Louis Join-Lambert, en collaboration avec la caisse d'Allocations familiales d'Ille-et-Vilaine, 1989.

Comprendre la vie et l'histoire des plus pauvres

Des Suisses sans nom, Hélène Beyerler-von Burg, 1984.
Comme l'oiseau sur la branche, Histoire des familles dans la grande pauvreté en Normandie, Alwine de Vos van Steenwijk, 1987.
The human face of poverty (Le visage de la pauvreté), Vincent Fanelli, 1990.

La revue Quart Monde

Parmi les dossiers parus :

Droits de l'Homme, droits de l'autre (n° 122).
Une démarche Wresinski pour l'Europe (n° 131).
Nord-Sud : un autre dialogue (n° 132).
Joseph Wresinski : témoigner de l'homme (n° 133-134).
L'entreprise, une alliée indispensable (n° 135).
L'accès à l'écrit : une liberté (n° 136).
Les plus pauvres sont-ils représentés ? (n° 137).

Document de la revue :

Le Quart Monde, partenaire de l'histoire, avec des contributions de F. P. Codaccioni, A. C. Decouflé, P. Hosselet, J. Labbens, M. Mollat, M. Perrot, A. M. Rabier, A. de Vos van Steenwijk.

1. 15, rue Maître-Albert
   75005 PARIS
   Tél. : 46 33 49 77

*La composition de ce livre
a été effectuée par Bussière à Saint-Amand,
l'impression et le brochage ont été effectués
sur presse CAMERON
dans les ateliers de la S.E.P.C.
à Saint-Amand (Cher)
pour les Éditions Albin Michel*

Tous droits réservés. La loi du 11 mars 1957 interdit les copies ou reproductions destinées à une utilisation collective. Toute représentation ou reproduction intégrale ou partielle faite par quelque procédé que ce soit — photographie, photocopie, microfilm, bande magnétique, disque ou autre —, sans le consentement de l'auteur et de l'éditeur, est illicite et constitue une contrefaçon sanctionnée par les articles 425 et suivants du Code pénal.

*Achevé d'imprimer en avril 1991
N° d'édition 11632. N° d'impression 947-630
Dépôt légal : mai 1991*